AUGUST WILHELM HEFFTER

LE DROIT INTERNATIONAL PUBLIC DE L'EUROPE

Elibron Classics
www.elibron.com

Elibron Classics series.

ISBN 1-4212-1521-7 (paperback)
ISBN 1-4212-1520-9 (hardcover)

This Elibron Classics Replica Edition is an unabridged facsimile of the edition published in 1866 by E.-H. Schrœder, Berlin; Cotillon,Paris.

LE
DROIT INTERNATIONAL PUBLIC
DE L'EUROPE

PAR

A.-G. HEFFTER,

CONSEILLER A LA COUR SUPRÊME DE JUSTICE, PROFESSEUR A L'UNIVERSITÉ DE BERLIN,
SYNDIC DE LA COURONNE, MEMBRE CORRESPONDANT ÉTRANGER DE L'ACADÉMIE
DE LÉGISLATION A TOULOUSE ET DE L'ACADÉMIE DE SÉVILLE.

TRADUIT

PAR

JULES BERGSON,

DOCTEUR EN DROIT.

NOUVELLE ÉDITION REVUE ET AUGMENTÉE, APRÈS LE DÉCÈS DU TRADUCTEUR,

PAR

L'AUTEUR.

BERLIN.
E.-H. SCHRŒDER, LIBRAIRE-ÉDITEUR,
HERMANN KAISER,
Unter den Linden 41.

PARIS.
COTILLON, ÉDITEUR, LIBRAIRE
DU CONSEIL D'ÉTAT,
au coin de la rue Soufflot, 23.

1866.

PRÉFACE.

L'ouvrage dont nous publions aujourd'hui une nouvelle édition française, a trouvé un accueil favorable dans la littérature moderne.

L'auteur se félicite d'avoir obtenu les suffrages de l'Académie de Législation à Toulouse[1] ainsi que d'avoir rencontré de bienveillantes citations de son ouvrage dans les écrits de M. Laferrière,[2] de MM. Phillimore et Travers-Twiss en Angleterre, de MM. Wheaton, Hard, Lieber et Halleck en Amérique, de M. Katchenowski en Russie. Une traduction grecque a été publiée en 1860 par M. Diomède Kyriakou, professeur à Athènes, et une autre en langue polonaise par MM. Rzesinski & Rydzowski à Cracovie en 1864.

Bien loin d'attribuer ce succès presque européen à un mérite particulier de l'ouvrage, nous croyons le devoir uniquement à la constatation simple et ferme des principes de justice et de politique qui, en matière internationale, forment le progrès du siècle où nous vivons et dont l'initiative appartient en grande partie à la France et à son auguste Chef.

Quant à la traduction de M. Bergson que nous reproduisons maintenant, nous regrettons que lui-même n'ait pu se dévouer à cette tâche. Il est décédé à Paris le 12 août 1863, à peine âgé de 48 ans, en emportant dans la tombe les regrets d'une épouse chérie et d'un fils encore mineur.

[1]) V. Recueil de l'Académie de Législation de Toulouse t. XI (1862) p. 431. 548.

[2]) Séances et travaux de l'Académie des sciences morales et politiques t. XXIV, p. 455.

Né à Varsovie en 1815 il fréquenta un gymnase prussien et fit ses études de droit dans les années 1835—1837 aux universités de Breslau et de Berlin; dans cette dernière ville il suivit aussi un cours de droit des gens fait par l'auteur du présent ouvrage. En 1838 il reçut à Utrecht le diplôme de docteur en droit en vertu d'une dissertation „*de exercitoria actione*“ et se fixa bientôt après à Paris, où il utilisa depuis ses vastes connaissances en langues modernes ainsi que ses études de jurisprudence et de législation, comme interprète, avocat et écrivain, et surtout comme collaborateur et co-rédacteur de la Revue critique de Législation. Les fruits de ses travaux sont consignés dans un Nécrologue que M. A. Lalanne a fait insérer dans ladite Revue, année 1863, tome XXIII.

Le besoin d'une nouvelle édition de la traduction de M. Bergson a imposé au libraire-éditeur la nécessité de pourvoir à une révision du texte, afin de le mettre en accord avec les progrès récents de la jurisprudence internationale et avec le texte de l'original allemand, dont une cinquième édition va incessamment être mise sous presse. Après avoir obtenu le consentement des héritiers du défunt traducteur, l'auteur s'est chargé lui-même de cette révision avec l'aide de M. Schnatter, professeur au Collége français à Berlin.

Il a fallu à la vérité faire quelques changements, en rectifiant certains passages et en ajoutant çà et là de nouvelles observations; mais, tout en laissant à l'ouvrage le cachet que lui avait imprimé M. Bergson, nous nous sommes dit que notre traducteur, si une mort prématurée ne l'avait enlevé à une activité couronnée de bien des succès, se serait empressé d'apporter lui-même les changements nécessaires à un livre auquel il prenait un vif intérêt et que, comme nous, il eût aimé à maintenir à la hauteur de la science.

BERLIN, 31 décembre 1865.

L'AUTEUR.

TABLE DES MATIÈRES.

INTRODUCTION.

LIVRE PREMIER.

DROIT INTERNATIONAL FONDAMENTAL, SURTOUT PENDANT LA PAIX.

Chapitre Ier.

DES PERSONNES ET DE LEURS RAPPORTS FONDAMENTAUX.

Chapitre II.

DES BIENS DANS LEURS RAPPORTS INTERNATIONAUX.

Chapitre III.

DES OBLIGATIONS.

LIVRE DEUXIÈME.

DROIT INTERNATIONAL PENDANT LA GUERRE.

Chapitre Ier.

DES CONTESTATIONS INTERNATIONALES ET DES MOYENS DE LES VIDER.

Chapitre II.

DU DROIT DE GUERRE.

Chapitre III.

DES DROITS DES NEUTRES.

Chapitre IV.

FIN DE LA GUERRE — DE L'USURPATION ET DU DROIT DE POSTLIMINIE.

LIVRE TROISIÈME.

DES FORMES DU COMMERCE INTERNATIONAL

OU DE LA PRATIQUE DES ÉTATS DANS LEURS RELATIONS RÉCIPROQUES

EN TEMPS DE PAIX ET EN TEMPS DE GUERRE.

Chapitre Ier.

RÈGLES GÉNÉRALES DU CÉRÉMONIAL DANS LES RELATIONS RÉCIPROQUES DES NATIONS ET DES SOUVERAINS.

Chapitre II.

DU COMMERCE DIPLOMATIQUE DES ÉTATS.

Chapitre III.

ÉTABLISSEMENTS INTERNATIONAUX PARTICULIERS POUR LES INTÉRÊTS SOCIAUX DES PEUPLES.

Chapitre IV.

DE L'ESPIONNAGE.

APPENDICE.

INTRODUCTION.

I.

DU DROIT INTERNATIONAL EN GÉNÉRAL.

EXISTENCE D'UN DROIT INTERNATIONAL: SA DÉFINITION.

§ 1. Les jurisconsultes romains définissaient le droit des gens (jus gentium), les usages des peuples qui servaient de règle commune et uniforme à leur commerce international comme à leurs institutions civiles et sociales, autant que ces dernières n'avaient pas revêtu un caractère particulier et individuel.[1] Il représentait dès lors à la fois le droit public externe et le droit commun de l'humanité. C'est le premier élément surtout, celui d'un droit public externe, d'un droit international (jus inter gentes)[2] qu'on retrouve dans notre droit des gens moderne. L'autre élément du droit antique, celui d'un droit privé commun à tous les hommes, du moins d'une nationalité reconnue, ne fait partie de la Loi internationale qu'autant qu'elle a placé certains droits individuels et certains rapports privés sous la sauvegarde et la garantie des nations.

Existe-t-il un droit public externe reconnu partout? Certainement non. Un droit semblable n'a jamais existé chez toutes les nations. Ce n'est que dans certaines contrées du globe qu'il

[1]) Voir sur cette définition Isidore, Origines V, 4. Dirksen, im Rheinischen Museum für Jurisprudenz I, 1. Welcker, Encyclopädie und Method. Stuttgart 1829. p. 88. 123. v. Savigny, System des heutigen römischen Rechtes I, p. 109. 413.

[2]) Zouch dans son Jus feciale, publié en 1650, s'est pour la première fois servi de cette expression comme de la seule vraie. d'Aguesseau l'appelait le droit entre les gens. Depuis Bentham le terme droit international (international law) est devenu le terme usuel. V. Wheaton, Histoire du droit des gens, p. 45 et 46. (2e édit. p. 142.)

s'est développé: c'est surtout dans notre Europe chrétienne et dans les États fondés par elle qu'il a obtenu l'assentiment universel, en sorte qu'avec pleine raison on lui a décerné le nom de droit européen.[1] Dans ce droit les divers États, c'est-à-dire les souverains et leurs peuples, figurent comme personnes ou êtres moraux.

FONDEMENT ET SANCTION DU DROIT INTERNATIONAL.[2]

§ 2. Le droit en général se manifeste dans la liberté extérieure de la personne. L'homme individu pose son droit lui-même lorsque par sa volonté il crée le fait et la modifie selon les inspirations de sa conviction intime ou selon ses intérêts du dehors. Mais dans les rapports sociaux des individus, le droit s'établit par leur volonté collective ou par celle de l'autorité à laquelle ils obéissent: le droit alors c'est l'ordre social. Aucune association permanente n'existe dépourvue de lois: UBI SOCIETAS IBI JUS EST. Le droit néanmoins ne comporte pas toujours avec lui la sanction qui le protége et l'impose d'une manière efficace: à côté de ce droit obligatoire, il existe un droit libre que les individus mêmes doivent protéger afin de le conserver entre eux. Le droit international avec son caractère primordial appartient à cette dernière catégorie. Chaque État commence par poser lui-même la loi de ses rapports avec les autres États. Dès qu'il est sorti de l'isolement, il s'établit dans son commerce avec les autres une loi commune à laquelle aucun ne peut plus se soustraire, sans renoncer en même temps ou du moins sans porter atteinte

[1]) Les peuples sauvages, les Musulmans etc. n'observent pas la même loi internationale, ainsi que l'ont judicieusement observé Leibnitz, Codex juris gentium, prooemium; Montesquieu, Esprit des lois I. chap. 3; Ward, Inquiry into the law of Nations I, 156; K. Th. Pütter, Beiträge zur Völkerrechts-Geschichte. Leipz. 1833. p. 50 suiv. Sur le droit international des Chinois, des Indous et des Perses on peut consulter H. Ph. E. Haelschner, de jure gentium apud gentes Orientis. Halae 1842; sur celui des peuples sauvages et demi-sauvages: Fallati, Tübinger Zeitschrift für Rechtswissenschaft 1850; sur celui de la Porte v. au § 7 ci-après.

[2]) Nous indiquerons au § 9 ci-après les diverses théories et la littérature du droit international. M. Wheaton, dans ses Éléments du droit international. Leipzig 1848. t. I, p. 18, ne nous a compris que d'une manière imparfaite.

à son existence individuelle et à ses rapports avec les autres. Cette loi se retrécit ou s'élargit avec le degré de culture des nations. Reposant d'abord sur une nécessité ou sur des besoins purement matériels, elle emprunte dans ses développements à la morale son autorité et son utilité: elle trace à l'action un but strictement moral, après s'être affranchie successivement de ses éléments impurs. Fondée en effet sur le consentement général soit exprès soit tacite ou présumé du moins d'une certaine association d'États, elle tire sa force de cette conviction commune que chaque membre de l'association, dans les circonstances analogues, éprouvera le besoin d'agir de même et pas autrement pour des motifs soit matériels soit moraux. La loi internationale néanmoins ne s'est pas formée sous l'influence d'un pouvoir législatif, car les États indépendants ne relevent d'aucune autorité commune sur la terre.[1] Elle est la loi la plus libre qui existe: elle est privée même, pour faire exécuter ses arrêts, d'un pouvoir judiciaire organique et indépendant. C'est l'opinion publique qui lui sert d'organe et de régulateur: c'est l'histoire qui, par ses jugements, confirme le juste en dernière instance et en poursuit les infractions comme Némésis. Elle reçoit sa sanction dans cet ordre suprême qui, tout en créant l'État, n'y a pourtant proscrit ni parqué la liberté humaine, mais a ouvert la terre tout entière au genre humain. Assurer au développement général de l'humanité dans le commerce réciproque des peuples et des États une base certaine, telle est la mission qu'elle est appelée à remplir: elle réunit à cet effet les États en un vaste faisceau dont aucun ne peut se détacher.[2]

[1]) Les jurisconsultes anglais notamment, p. ex. Rutherforth, Institutes of national law II, 5. ont par suite nié le caractère positif du droit international. Ils ont perdu de vue que le droit civil s'est pareillement développé dans les États, du moins en grande partie, en dehors de l'intervention de l'autorité suprême: il constitue ce *Jus non scriptum, quod consensus fecit.* C'est ce que M. Austin (Province of jurisprud. determ. London 1832) a déjà entrevu.

[2]) L'Espagnol François Suarez (décédé en 1617) dans son ouvrage „De legibus et Deo legislatore" professait déjà ces idées élevées; v. aussi v. Ompteda, Literatur des Völkerrechts I, 187. R. von Mohl, Staatsr. Völkerr. Polit. Tübing. 1860. I, p. 578.

CARACTÈRE DES LOIS INTERNATIONALES.

§ 3. Un grand nombre d'auteurs enseignent que l'accord formel des États souverains, résultant tant des traités conclus entre eux que des modes de conduite réciproque ou bien encore de l'analogie des principes par eux adoptés, est la source constitutive unique des règles du droit international. D'autres auteurs les appuient surtout sur les usages des nations: d'autres encore supposent une loi naturelle supérieure qui oblige tous les États et dont ils découvrent les éléments par une espèce d'intuition philosophique. La vérité, ainsi que nous l'avons déjà observé, est que les États n'admettent entre eux d'autres lois obligatoires que celles résultant d'un consentement réciproque, lequel toutefois pour être valable n'a besoin ni de la sanction formelle des traités ni de l'homologation de la coutume. Les traités comme la coutume constituent uniquement des espèces formelles du droit international.[1] Nous devons en effet admettre les distinctions suivantes, savoir:

I. Un droit réciproque des États, de ceux notamment placés au même niveau de culture qui dérive d'une nécessité intérieure et qui par suite n'a besoin d'aucune sanction formelle. Car il existe certains principes qu'aucun État qui d'une manière régulière et permanente veut participer au commerce international ne saurait renier et dont il suppose la reconnaissance chez les autres: il éviterait autrement ou romprait ses relations avec eux. Tel est le droit de respect réciproque de la personnalité, fondé sur le besoin de vivre ensemble en paix. Telle est la loi des traités politiques et des ambassades, qui repose sur le besoin d'un commerce international régulier. Telle est encore la loi qui ordonne que les guerres soient faites avec humanité: elle est le résultat de la négation d'un état de guerre permanent. Vouloir méconnaître l'existence de ce droit non écrit et nécessaire, ce serait rabaisser au dernier niveau la morale des États chrétiens.

[1]) Il est permis d'appliquer au droit international ce que Modestin disait dans la loi 40. D. de legib. „Omne jus aut necessitas fecit aut consensus constituit aut firmavit consuetudo."

II. A côté de ce droit préexistant, on rencontre en outre dans les associations d'États un droit fondé sur certains actes volontaires, établi et constaté:

1° par la reconnaissance générale expresse ou tacite d'un principe général dans une espèce déterminée sans y être limité dans l'application;

2° par le contenu et l'esprit des traités publics;

3° par l'application et l'observation uniformes partout du même principe dans des cas analogues, laquelle repose d'une part sur l'opinion d'un engagement envers les autres, d'autre part sur celle du droit d'en exiger l'exécution; c'est-à-dire par les usages, les observances des États dont la preuve résulte surtout de l'existence des mêmes intérêts réciproques et de la réciprocité de traitement. De ces usages internationaux il faut distinguer ceux qui sont purement unilatéraux, adoptés par un État particulier à l'égard des États et des sujets étrangers, conformes à sa constitution particulière ou bien commandés seulement par de simples égards de politesse et d'humanité. Cette *comitas gentium* et les considérations purement personnelles qui forment par exemple la Courtoisie des États, ne créent aucun droit aux profits des autres, à moins qu'elles n'aient reçu une sanction obligatoire.[1]

A côté de ce droit commun ainsi établi des associations d'États, il peut exister encore des droits spéciaux pour les rapports internationaux de certains États, dont nous expliquerons les modes d'origine ci-après au § 11.

DIVISIONS DU DROIT INTERNATIONAL: SES RAPPORTS AVEC LA POLITIQUE.

§ 4. Aucune société ne peut compter sur une paix éternelle. Les nations comme les individus pèchent elles-mêmes et entre elles. La guerre est la voie d'expiation par laquelle les nations se relèvent de la décadence. Supposer un âge d'or sans la

[1]) La valeur de ce qu'on nomme *comitas gentium* a été souvent exagérée. Elle peut influer sur le droit municipal, mais elle ne constitue pas tout d'abord une loi internationale. Comp. John C. Hurd, Topics of Jurispr. New-York 1856. § 78 suiv.

guerre et sans ses nécessités, c'est supposer un état des nations exempt de péchés. Il est certain que la guerre en provoquant un certain mouvement moral raffermit des forces qui pendant la paix dorment ou s'émoussent sans profit.[1] En offrant une protection contre l'injustice et contre les violations de la volonté libre et rationnelle des nations, elle conduit elle-même au rétablissement de la paix troublée. Loin de vouloir l'ignorer, le droit international doit donc au contraire lui tracer ses lois. Par suite ce dernier comprend essentiellement deux sections distinctes, à savoir:

I. Le droit de paix qui expose les rapports fondamentaux des États entre eux, à l'égard des personnes, des choses et des obligations.

II. Le droit de guerre, analogue au droit des actions du droit civil[2] qui trace les règles de la justice internationale.

A ces deux sections re rattache ensuite comme une troisième

III. La pratique extérieure des États, notamment les lois et les formes du commerce diplomatique.

A côté du droit international, comme la plus rapprochée de lui parmi les sciences politiques, se place la politique externe des États, la théorie de la sagesse de leur conduite réciproque. Une contradiction entre le droit international et la politique, bien que trop fréquente en réalité, ne doit pas exister naturellement: il n'y a qu'une vérité, il n'y a pas de vérités contradictoires. Une politique moralement correcte ne peut jamais faire et approuver ce que réprouve la loi internationale, et d'un autre-côté celle-ci doit admettre ce que l'oeil vigilant de la politique a reconnu absolument nécessaire pour la conservation des États. Car la propre conservation de l'État forme sans contredit la condition tacite de son entrée dans une association internationale: il faut en dire autant de sa prospérité publique.

1) „Nullum omnino corpus sive sit illud naturale sive politicum, absque exercitatione sanitatem suam tueri queat. Regno autem aut reipublicae iustum atque honorificum bellum loco salubris exercitationis est. Bellum civile profecto instar caloris febrilis est, at bellum externum instar caloris ex motu, qui valetudini imprimis conducit. Ex pace enim deside et emolliuntur animi et corrumpuntur mores.“ Baco, Serm. fidel. t. X. p. 86. Polyb. IV, 31.

2) „Jus belli.“ Isidore, Orig. cap. 9. 10. D. 1. l'appelle „jus militare.“

GARANTIES ACCIDENTELLES DU DROIT INTERNATIONAL: L'ÉQUILIBRE DES ÉTATS.

§ 5. L'histoire raconte les périls et les violations sans nombre du droit international là même où il s'est établi d'une manière certaine dans la conscience des nations. Exposé à un degré éminent aux séductions de la force ambitieuse de dominer les autres pour les asservir à ses desseins, il n'est protégé en quelque sorte que par un certain équilibre politique des nations. Cet équilibre consiste généralement en ce que l'État individu qui voudra tenter une violation du droit international contre un autre, provoquera une réaction non-seulement du côté de l'État menacé, mais aussi de tous les autres cointéressés au système international commun, assez énergique pour empêcher toute altération dangereuse des rapports politiques établis. Dans la pratique il ne suppose pas précisément l'équilibre matériel des États dont l'histoire ne fournit guère d'exemples, et s'il pouvait jamais s'établir, il serait sujet à des transformations continuelles, la loi qui préside au développement, au progrès et à la décadence des forces nationales n'étant pas toujours la même. Il consiste surtout dans la garantie collective et morale d'une association d'États inégaux, garantie qui a pour but d'obliger ses membres de s'opposer à la suprématie d'un seul par la force réunie de tous. En ce cas il va sans dire que la force physique ou morale nécessaire pour repousser les agressions du plus fort ne doit pas faire défaut, car autrement l'équilibre et la loi internationale deviendraient un vain mot. Considérée en elle-même, l'idée d'un équilibre politique des États n'est donc nullement une chimère, ainsi que plusieurs auteurs l'ont prétendu, mais une idée éminemment naturelle aux États professant la même loi. Ce sont les applications seulement qu'on en a faites, les déductions qu'on en a tirées à certaines époques que nous devons réprouver.[1]

[1]) Les ouvrages bibliographiques publiés par Ompteda (Lit. II, 484 suiv.) et par Kamptz (N. Lit. 97. 99) contiennent des notices littéraires sur l'équilibre européen. V. Klüber, droit des gens § 42. V. aussi Fichte, Reden an die deutsche Nation. Berlin 1808. p. 411—417. Sur l'influence de l'idée d'équilibre dans le droit des nations on peut consulter le § suivant.

II.
LE DROIT PUBLIC EUROPÉEN.

ORIGINES.[1]

§ 6. Chez les peuples de l'antiquité déjà on rencontre dans leurs rapports internationaux des usages uniformes, surtout en ce qui concerne leurs modes de faire la guerre, de recevoir les ambassades, de conclure des traités entre eux et d'admettre le droit d'asile. L'observation de ces usages néanmoins ne reposait nullement sur la sanction d'une obligation morale envers les autres peuples, mais plutôt sur des idées religieuses et sur les moeurs qu'elles avaient établies. Les ambassadeurs et ceux qui venaient implorer la protection du peuple étaient réputés inviolables, parce qu'il les considérait comme étant placés sous la sauvegarde de la religion dont ils revêtaient les symboles sacrés. Pareillement des solennités, des serments et des sacrifices plaçaient les traités politiques sous la protection divine. Mais en dehors de ces idées religieuses on ne se croyait nullement tenu envers les étrangers. „La guerre éternelle aux barbares", fut le mot d'ordre, le „schiboleth" de la nation la plus civilisée du monde antique, les Grecs, dont les philosophes aussi ne reconnaissaient d'autres rapports juridiques avec les nations étrangères que ceux fondés sur des traités.[2] Des liens plus étroits existaient sans doute, même les rapports juridiques permanents entre les tribus de même race, mais ils tiraient leur

¹) Le principal ouvrage a été publié par R. Ward, Inquiry into the foundation and history of the law of nations in Europe from the time of the Greeks and Romans to the age of H. Grotius. London 1795. 2 vols. Ensuite H. Wheaton, histoire des progrès du droit des gens depuis la Paix de Westphalie. Leipz. 1841. 2ᵉ édit. 1846. 3ᵉ édit. 1865. Müller-Jochmus, Geschichte des Völkerrechts im Alterthum. Leipzig 1848. F. Laurent (professeur à Gand), histoire du droit des gens. Paris 1851. T. I—VIII. 3ᵉ édit. 1853. de Wal, Inleiding tot v. W. d. h. Volkenregt. Groning. 1835. p. 124—171.

²) „Cum alienigenis, cum barbaris aeternum omnibus Graecis bellum est." Liv. XXXI, 29. V. aussi ce que dit le philosophe Épicure dans Diogène Laert. Apophthegm. XXXI, 34—36.

force surtout de la communauté du Culte religieux et des institutions politiques auxquelles elle servait de base.[1]

Les Romains ne professaient guère des idées plus libérales.[2] Ils avaient un droit fécial, mais uniquement pour les usages de la guerre et pour les solennités des traités; leur politique était, il est vrai, plus noble par sa tendance cosmocratique que celle d'autres peuples de l'ancien monde; on accordait aisément l'amitié du peuple romain à ceux qui y aspiraient, ainsi que le droit des gens privé aux étrangers dans leur commerce mutuel et avec les Romains; mais on ne souffrait point de rivaux: on les écrasait.

En général on pourra dire que le droit des gens de l'ancien monde était fondé sur des préjugés religieux et appliqué suivant les intérêts et les circonstances.[3]

La coutume internationale du moyen âge se présente encore sous des formes plus rudes, non dans les rapports des peuples chrétiens avec les infidèles seulement, mais aussi entre eux. Cette rudesse nous apparaît surtout dans les contrées maritimes du Nord, dans ces contrées d'où la race aventureuse et hardie des Normands s'est répandue en essaims nombreux sur toutes les côtes de l'Europe et y a fondé des royaumes prospères.[4]

Au Christianisme néanmoins échut la noble mission de diriger les peuples dans une nouvelle voie. Son amour de l'humanité, son précepte: fais du bien aussi à tes ennemis, ne pou-

[1]) Ce qu'on désignait sous le nom de *κοινὸς νόμος Ἑλλήνων*. Thucydide III, 58. V. St. Croix, Gouvernements fédératifs p. 51. C'est là notamment qu'il faut remarquer l'institution moitié religieuse, moitié politique de la Ligue amphictyonique.

[2]) Nous rappelons cette maxime de la Loi des XII Tables: „adversus hostem aeterna auctoritas esto", maxime qui se retrouve encore dans les collections Justiniennes, où elle est formulée ainsi: que tous les peuples avec lesquels des pactes n'ont pas été conclus, sont réputés „hostes." L. 5. § 2. L. 24 Dig. de capt. L. 118 D. de Verb. Sign. V. Osenbrüggen, de jure belli et pacis Romanor. Lips. 1835.

[3]) Ces conclusions se trouvent motivées dans les ouvrages suivants: W. Wachsmuth, jus gentium quale obtinuit apud Graecos. Berol. 1822. et A. W. Heffter, prol. acad. de antiquo jure gentium. Bonn. 1823.

[4]) V. le tableau intéressant publié dans l'ouvrage de Pütter, cité p. 2 note 1 ci-dessus, p. 48 suiv.

vaient guère s'accommoder avec un état d'hostilité permanente. Les circonstances suivantes surtout méritent d'être remarquées comme ayant contribué à rapprocher entre eux les États chrétiens de l'Europe et à faire admettre des droits communs réciproques, savoir:

I. La réunion de l'Église occidentale sous un chef spirituel. Rome a eu le mérite de provoquer par son autorité morale la suppression de nombreux usages barbares dans le commerce des peuples;[1]

II. La chevalerie et les croisades:

III. La propagande du droit romain avec son caractère de droit commun de toute la chrétienté.[2]

Sous cette triple influence s'est formé le droit public européen dont les bases positives furent les principes du christianisme et du droit romain, ce dernier dans les limites tracées par l'Église. Dès lors les règles de la loi civile considérée comme loi naturelle et divine, et par suite comme infaillible, ayant été appliquées aux rapports internationaux, ont formé le lien commun que le schisme religieux du XVIe siècle ne pouvait plus dissoudre et qui fut admis dans les doctrines de la réforme. La consolidation intérieure des États qui avait lieu à cette époque apporta en même temps au droit international une nouvelle base sur laquelle il s'est développé depuis, à savoir celle de la souveraineté territoriale et par suite de l'égalité politique de tous les États.[3]

[1]) Walter, Kirchenrecht § 340. Pütter, loc. cit.

[2]) Les jurisconsultes du moyen âge, et encore André Alciat (sur les lois 118 et 225 D. de Verb. signif.) en donnaient l'explication suivante: La loi d'Antonin Caracalla ayant déclaré citoyens romains tous les habitants de l'empire, il s'ensuit que tous les chrétiens représentent actuellement le peuple romain, tandis que les infidèles ne sont pas réputés Romains. Les Romains seuls admettent entre eux des droits et des devoirs communs: ils sont engagés dans une guerre permanente contre les Turcs et les Sarrazins, état de guerre régi par les règles du droit romain. V. Leibnitz, praef. ad Cod. iur. gent.

[3]) M. Oppenheim, System des Völkerrechts p. 20, a bien expliqué ce point de vue. M. Klüber (droit des gens § 12) a observé avec raison que cette transformation a commencé lors du concile de Bâle, qui a relâché considérablement les liens de dépendance établis jusqu'alors entre les États et le Saint Siége.

Bien autrement que le schisme religieux, une autre influence allait entraver le développement de la jeune science. Je veux parler de la propagande successive de l'art politique, cet art qui en ne consultant que des intérêts égoïstes, méconnaît les droits et les intérêts de tous les autres sans éprouver aucun scrupule dans le choix de ses moyens; cet art politique qui, né en Italie et cultivé avec un remarquable succès en Espagne, s'est frayé un accès dans tous les cabinets en y provoquant sinon des efforts positifs, du moins des contre-efforts semblables. Tout en se servant avec une apparence trompeuse des formules légales consacrées, il reniait au fond tous les axiomes du droit. Comme une réaction contre cette politique envahissante, on imagina l'idée de l'équilibre européen, c'est-à-dire le principe qui impose à chaque État le devoir d'empêcher, soit seul soit au moyen d'une coalition, l'établissement de la suprématie d'aucun autre État, principe qui découle du droit légitime de défense, mais qui à son tour a donné lieu à de fréquents abus. La réalisation pratique de cette idée fut dès lors le principal problème de la politique européenne[1]: autour de ce pivot commun se sont concentrés les motifs et les solutions de tous les démêlés politiques depuis le XVIe siècle. Il est vrai que les droits des nations et des États n'y ont figuré que sur l'arrière-scène, abandonnés presque exclusivement aux soins de la science. Celle-ci toutefois sous les orages de la guerre de trente ans, malgré les agitations du XVIIe siècle, comme précédemment lors de la réforme religieuse, acquérait une autorité, à laquelle les puissances de cette époque ne pouvaient même se soustraire entièrement. L'aurore

[1]) A cette idée se rattache aussi le projet de Henri IV de former une grande république des États européens, projet qui fut développé depuis, lors du traité d'Utrecht, par l'abbé de St.-Pierre dans son pamphlet intitulé: „Projet de traité pour rendre la paix perpétuelle. Utrecht 1713." V. là dessus Toze, allgemeine christliche Republik. Götting. 1752. Buchholz, neue Monatsschrift. 1824. I, 28 suiv. Ortolan dans la Revue de législation 1850. T. III. p. 345 suiv. Wheaton, histoire I, 317. Ces projets étaient rarement dépourvus de quelque but égoïste, et ne manquent pas de nos jours. V. p. ex. G. Fr. Leckie, historical research into the nature of the balance of power in Europe. Lond. 1817. Marchand, projet de paix perpétuelle. Paris 1842.

en fut marquée par Hugo Grotius (Huigh de Groot), enfant d'une petite république nouvellement née mais riche d'actions, où les principes de tolérance religieuse et d'un libéralisme modéré avaient trouvé un asile. Grotius a rappelé dans un langage généralement intelligible les maximes du christianisme, les enseignements de l'histoire, les sentences des philosophes sur le juste et l'injuste à la mémoire des souverains: son traité est devenu successivement le code européen des nations, adopté également par toutes les confessions chrétiennes.[1]

Néanmoins le droit ne réussissait pas à reprendre entièrement la place usurpée par la politique, laquelle se servait plutôt de la science du droit pour colorer ses prétentions qu'elle ne se soumettait à ses décisions. Une certaine modération seulement se fait remarquer dans ses succès, des transactions équitables tiennent lieu du droit strict, afin de ne pas troubler l'équilibre politique, soit vrai soit imaginaire (§ 8). La fin du XVIIIe siècle voit disparaître le droit public et l'équilibre européen sous le torrent de la Révolution qui fait place à l'Empire et à son génie de conquête.[2] La coalition générale de l'Europe, en faisant rentrer le torrent débordé dans son ancien lit, provoqua les traités de 1814 et de 1815, qui, après avoir reconstitué du moins les États germaniques de l'Europe dans leurs démarcations naturelles, ont rendu momentanément possible l'équilibre politique des puissances continentales. Pour en garantir la solidité ainsi que les créations nouvelles, il fallait alors remettre en vigueur les principes du droit international ou cet „équilibre politique qui est synonyme avec les principes de conservation des droits de chacun et du repos de tous“, comme écrivait le prince de Bénévent, dans une note du 19 décembre 1814. Dans cet esprit fut conclue la Sainte-Alliance, où presque tous les monarques chrétiens de l'Europe se sont donné personnellement la parole de se considérer entre eux et de considérer leurs peuples comme membres de la grande famille chrétienne, et ont reconnu par là

[1]) Voy. les excellentes observations publiées par Frédéric Schlegel, Vorlesungen über die neuere Geschichte. Wien 1811. p. 421 suiv.

[2]) Les nombreuses violations du droit international amenées par là ont été développées par Kamptz, Beitr. zum Staats- und Völkerr. I, n. 4

l'existence réelle d'une association morale des États.[1] Enfin les plénipotentiaires des cinq grandes puissances européennes, lors du Congrès d'Aix-la-Chapelle en 1818, ont déclaré que leurs gouvernements étaient fermement résolus à ne pas vouloir s'écarter de l'observation la plus stricte du droit international tant entre eux que vis-à-vis des autres États (voy. Appendice I. II.).

Depuis lors et d'après les conventions arrêtées à cette époque, les grandes puissances s'érigèrent en aréopage politique appelé à délibérer et à statuer sur les affaires les plus importantes non-seulement de leurs propres États, mais aussi sur celles des autres. Sous ses auspices commença dès lors la réaction contre la révolution qui continue à couver sous les cendres: loin de l'éteindre, elle l'a fait éclater avec une nouvelle énergie en 1830. Ni le principe révolutionnaire, ni même le constitutionalisme régularisé des nations ne pouvaient naturellement être satisfaits de cette autorité dictatoriale des grandes puissances. Dès lors aussi le principe monarchique et le démocratique ont commencé à se surveiller mutuellement dans la politique générale de l'Europe. Ils ne renient ni l'un ni l'autre la loi internationale, bien qu'ils la construisent et l'interprètent d'une manière différente.

En résumé: les États de l'Europe de même que les États transatlantiques issus de son sein obéissent à une loi commune. Cette loi néanmoins sur bien des points n'est encore qu'une simple doctrine des auteurs: n'ayant pas pénétré suffisamment dans la conscience générale des nations, elle est privée d'une certitude absolue dans l'application. Sa solidité croissante dépend d'un équilibre durable des États qui repose autant sur une pondération de leurs forces matérielles que sur leur respect réciproque. Cet équilibre existe jusqu'à un certain point entre les puissances continentales, bien moins sur mer: aussi le droit maritime continue-t-il à former la partie la plus faible du droit international. Enfin un équilibre permanent supposerait l'équi-

[1]) Martens, Supplém. VI, 656. Pufendorf dans son Jus nat. et gent. II, 2, chap. 11 contient une déclaration curieuse contre des traités de cette nature. V. toutefois Oke Manning, Comment. on the Law of nations p. 85.

libre des quatre autres continents, qui doit encore être réservé à l'avenir.

Toujours est-il que le droit public européen se distingue par un caractère d'humanité qui constitue sa supériorité sur celui qui l'a précédé, notamment sur celui du monde antique. Car ce dernier avait la guerre pour base, tandis que la paix est devenue l'état normal du droit moderne.

LIMITES TERRITORIALES DU DROIT PUBLIC EUROPÉEN.

§ 7. Le droit international né en Europe, s'est développé d'une manière complète chez les nations chrétiennes de l'Europe et du dehors. C'est chez elles qu'on trouve un commerce permanent, une dikéodosie mutuelle, un véritable „commercium iuris praebendi repetendique", qu'elles entretiennent entre elles d'après les règles traditionnelles de la société européenne et avec leur garantie collective et morale. A l'égard des États non-chrétiens, comme de ceux qui n'ont pas encore été admis d'une manière régulière dans le sein de la famille européenne, l'application du même droit est tout-à-fait libre et fondée sur une réciprocité purement conventionnelle. Les relations avec eux se forment d'après les exigences de la politique et de la morale.

Ainsi les relations des États chrétiens avec les peuples musulmans ne reposaient jadis, et lors du temps des Croisades, que sur les convenances politiques et sur les traités conclus avec eux, traités qu'ils avaient la coutume d'observer religieusement. Toutefois le Coran, qui leur sert aussi de Code du droit international, et l'exclusivisme religieux qui leur est propre ne se comportaient pas avec une application réciproque et absolue des principes du droit des gens européens.[1] Mais enfin la Haute Porte a été reçue par le traité de Paris de 1856 dans le concert européen et dans la communion du droit public européen,[2] ce qui s'applique sans doute aussi à ses dépendances.[3] Le temps

[1]) Comparez Ward, Enquiry I, 166. II, 321. Mably, Droit des gens t. II, p. 13. Wheaton, Internat. Law § 10. Pütter, Beiträge p. 50.

[2]) V. l'Appendice No. III.

[3]) D'après la Convention de la France, de la Grande-Bretagne, de l'Autriche, de la Prusse et de la Russie avec la Porte du 15 juill. 1840,

va montrer s'il lui sera possible de vaincre tous les scrupules religieux qui pourraient s'opposer à l'observation stricte dudit droit public. Vis-à-vis des autres peuples musulmans, ainsi que des peuples païens les règles ci-dessus exposées continueront encore à recevoir leur application. Quant aux pirates, qui, sans autorité reconnue, se livrent aux exactions de toute espèce contre des personnes et les propriétés, ils ont été toujours considérés et traités en ennemis communs du genre humain[1] et par cela même exclus du droit commun. Mais on n'y pourra point compter les sujets des états barbaresques reconnus par des traités, tant qu'ils s'abstiennent d'aggressions hostiles.[2]

SOURCES DU DROIT INTERNATIONAL EUROPÉEN EN GÉNÉRAL.

§ 8. Le droit public européen est en grande partie un droit non écrit dans le sens juridique de cette phrase: il attend encore sa codification, qui a été tentée jusqu'à présent avec très-peu de succès.[3] Il se compose de lois conventionnelles qui se trouvent consignées dans les traités publics (§ 9) ou qui sont reconnues par l'usage non équivoque et constant des nations européennes et de leurs gouvernements, ou qui peuvent être abstraites des institutions, du degré de civilisation et des moeurs

Art. 5: „Tous les traités et toutes les lois de l'Empire Ottoman s'appliquent à l'Égypte et au paschalik d'Acre, comme à toute autre partie de l'Empire Ottoman.“ Martens (Murhard), Nouv. Rec. gen. I, 161.

¹) Cicéron déjà, de Offic. III, 6 les a qualifiés ainsi. Comparez du reste le § 104 ci-après.

²) Comparez C. van Bynkershoek, Quaest. iur. publ. I, chap. 17. Nau, Völkerseerecht § 130 et quant aux anciens traités conclus avec les Barbaresques Leibnitz, Cod. dipl. p. 13. 14. Ward, Enquiry II, 331.

³) L'assemblée Nationale décréta le 28 octobre 1792 la rédaction d'une déclaration du droit des gens dont l'abbé Grégoire fut chargé. Le projet en 21 articles fut présenté par lui en 1795 à la Convention. Cette dernière toutefois, qui commençait à renoncer au système d'isolement, rejeta le projet. On le trouve avec les critiques de Bentham réfutées par Isambert, dans les Annales politiques, publiés par ce dernier en 1823, Introduction *in fine*. On peut consulter également là-dessus les observations judicieuses de Martens, Einleitung in das europäische Völkerrecht von 1796, préface p. V suiv.

de ces nations, vu que tout ce qui est contraire à la moralité ne saurait être tenu pour juste par les gouvernements.[1]

S'agit-il de la vérité de certains principes: c'est dans l'histoire, chez les autorités de la science, enfin dans les arrêts des tribunaux qui ont à décider des questions internationales, qu'il faut chercher les témoignages et la confirmation, sauf une critique raisonnable pour démêler le vrai d'avec l'erreur, dont même une décision judiciaire n'est pas toujours exempte.[2] En dernier lieu il ne faut pas confondre les règles internationales établies entre quelques États avec les principes reconnus entre tous les États européens.

CARACTÉRISTIQUE DES TRAITÉS PUBLICS.

§ 9. La source la plus féconde du droit des gens ce sont sans doute les traités internationaux avec les négociations précédentes; leurs textes et leur esprit témoignent de l'accord des nations et des gouvernements.

Dans le monde antique ces actes étaient à-peu-près la manifestation unique d'un principe commun de droit. Les traités de l'antiquité néanmoins présentent un intérêt médiocre: rarement ils dépassent le cercle étroit des besoins momentanés. Tantôt ils révèlent les malheurs des vaincus, tantôt ils ont pour but la conclusion d'un armistice plus ou moins long, parfois aussi l'établissement de relations commerciales ou bien même celui d'une espèce de dikéodosie fondée sur les droits réciproques.[3]

[1]) Bynkershoek, Quaest. iur. publ. III, 10. „Jus gentium oritur ex pactis tacitis et praesumtis, quae ratio et usus inducant." C'est là la raison naturelle, la „recta ratio."

[2]) Ainsi on ajoute souvent une trop grande valeur aux décisions des tribunaux de prise. Telle est l'erreur p. ex. de M. Phillimore, Intern. Law I, 51. L'application qui en est faite par Mr. Hurd dans ses Topics § 94 est beaucoup plus restreinte.

[3]) Une collection précieuse des traités politiques de l'antiquité se trouve dans Barbeyrac, Supplément au corps universel diplom. de J. du Mont. la Haye 1739. t. I. Les *σύμβολα περὶ τοῦ μὴ ἀδικεῖν* de la Grèce et surtout les traités conclus entre Athènes et Sparte, entre Rome et Carthage et en 561 entre les empereurs Justinien et Cosroës, que contient cette collection, sont du plus haut intérêt. V. Barbeyrac, part. II, p. 196.

Les traités conclus entre les États ou plutôt entre les princes du moyen âge offrent encore moins d'intérêt. L'État lui-même n'était alors qu'une agglomération de rapports et de besoins privés: on disposait de pays et de peuples comme de son domaine particulier. La féodalité et l'église jouissaient seules d'une certaine protection qu'elles accordaient à leur tour, et encore fut-elle souvent insuffisante.[1]

Dès le XVe siècle il commence à se former une jurisprudence des traités politiques qui, marquée au coin du progrès et de la réaction, se lie aux commencements de la politique européenne et en réfléchit l'esprit général.[2] D'innombrables traités

---

[1]) Les traités de cette époque se retrouvent aussi dans Barbeyrac loc. cit. part. II. V. là dessus les observations dans Ward II, p. 231 suiv.

[2]) V. les observations sur cette nouvelle politique et les affaires politiques de cette époque dans J. F. Schmaufs, Einleitung zu den Staatswissenschaften. Leipzig 1740. 1747. 2 vol. Fr. Ancillon, Tableau des révolutions du système politique de l'Europe. Berlin 1803—1805. 4 vol. Paris 1806. 6 vol. G. Fréd. de Martens, Cours diplomatique ou tableau des relations extérieures des puissances de l'Europe. Berlin 1801 (t. I. II. Guide diplomatique. t. III. Tableau.). Le même: Grundrifs einer diplomatischen Geschichte der europäischen Staatshändel und Friedensschlüsse. Berlin 1807. Koch, Tableau des révolutions de l'Europe. Paris 1807. 3 vol. nouv. édit. Paris (1813) 1814. 4 vol. Abrégé de l'histoire des traités de paix entre les puissances de l'Europe par Koch. Bâle 1796. 1797. 4 vol. refondu par Fr. Schoell. Paris 1817. 1818. 15 vol. C. D. Vofs, Geist der merkwürdigsten Bündnisse des 18. Jahrh. Gera 1801. 1802. 5 vol. Geist der merkwürdigsten Bündnisse des 19. Jahrh., par le même. 1803. 1804. 2 vol. Histoire générale et raisonnée de la diplomatie française par M. Flassan. Paris et Strasbourg. 6 vol. nouv. édit. en 7 vol. 1811.

Nous allons indiquer les recueils généraux des traités politiques qui ne s'appliquent pas uniquement à certains États particuliers: G. W. Leibnitz, Codex juris gentium. Hannov. 1693. 1727. Guelferb. 1747. Ejusdem Mantissa. Hannov. 1700. 1724. Guelferb. 1727. Jacques Bernard, Recueil des traités de paix etc. Amst. et la Haye. 4 vol. 1700. Jean Du Mont, Corps universel diplomatique. Ibid. 1726—1731. 8 vol., avec les suppléments par J. Barbeyrac, J. Rousset et J. Yves de St. Priest. F. A. Wenck, Codex juris gent. recentiss. 3 vol. Lips. 1781. 1786. 1795. G. F. de Martens, Recueil des principaux traités d'alliance. 8 vol. et 7 vol. de Suppléments publiés par le même auteur; puis les Suppléments rédigés par Saalfeld, Ch. de Martens, Sartorius et Murhard. Les principaux États possèdent également leurs recueils particuliers, qui ont été indiqués par se concluaient alors qui souvent ne servaient qu'à masquer passagèrement les véritables intentions des parties et que rarement elles prenaient au sérieux. Elles les rompaient ensuite avec la même facilité, pour les remplacer par des traités d'alliance avec les adversaires des alliés précédents.[1] Là où il y avait quelque chose à gagner ou à partager, chacun s'empressait d'accourir et de saisir sa part („le système copartageant"). Les mariages et les dots y jouaient un rôle accessoire très-considérable.[2]

Avec le schisme religieux du XVIe siècle de plus nobles intérêts firent leur entrée sur la scène du monde. Ils furent agités à l'intérieur des États d'abord, mais la politique du dehors allait bientôt s'en emparer pour tirer profit des démêlés religieux, sans scrupule pour les intérêts de la propre religion d'État. Au XVIe siècle encore la politique commerciale acquit une influence prépondérante sur les affaires générales de l'Europe: en y rattachant les intérêts coloniaux, elle transporta, surtout depuis l'insurrection des Provinces-Unies contre la monarchie espagnole, le théâtre de la guerre dans les contrées les plus éloignées du globe.

La première moitié du XVIIe siècle est remplie des luttes sanglantes des intérêts religieux dont le congrès de Westphalie vient enfin sceller la transaction définitive. Dans ce congrès la diplomatie des grandes puissances célèbre ses triomphes. Longtemps elle regardait avec orgueil son oeuvre qui néanmoins, comme une nouvelle Pandore, laisse échapper de son écrin de nombreux

de Ompteda et par de Kamptz dans la Littérature du droit des gens. Klüber, Bibliothèque choisie, insérée dans son Droit des gens *in fine,* ainsi que dans Mohl, Zeitschrift für Staatswissenschaft. 1846. I, p. 87. Nouveau Cours de diplomatie ou recueil universel des traités, publié par MM. L. B. Bonjean et Paul Odent. Paris 1857. Un choix des principaux traités se trouve dans le Recueil manuel et pratique des traités depuis 1760 par M. Ch. de Martens et J. de Cussy. Leipzig 1846—1853. 7 vol. Dr. F. W. Ghillany, Diplomatisches Handbuch. Sammlung der wichtigsten europäischen Friedensschlüsse, Congreſsacten und sonstigen Staatsurkunden vom Westphäl. Frieden bis auf die neueste Zeit. Mit kurzen geschichtlichen Einleitungen. (En 4 parties.) 2 vol. Nördlingen 1855.

1) Il suffit de rappeler les guerres d'Italie provoquées par les prétentions de la France sur les couronnes de Milan et de Naples.

2) V. Buchholz, Geschichte Kaiser Ferdinands I. t. I, p. 60.

dons funestes. Cependant le traité de Westphalie formera la base durable du statu quo et de l'équilibre politique de l'Europe occidentale et méridionale, en même temps qu'il sera la ligne de démarcation entre l'ancienne et la nouvelle diplomatie. Jusque-là elle s'est appuyée dans les négociations sur des droits au moins apparents: lors de la rédaction des traités de Munster et d'Osnabruck elle se propose déjà bien moins le rétablissement des droits violés, et en se réglant d'après les convenances politiques, elle détruit de nombreux droits établis par la voie des sécularisations, des médiations ou autrement.[1]

A la conclusion de la paix de Westphalie succède comme une conséquence directe une politique extrêmement remuante, dirigée tantôt vers l'acquisition de certains avantages matériels, tantôt vers le maintien de cet équilibre rétabli au prix de tant de sacrifices. La politique d'intervention arrive à sa maturité complète et avec elle l'usage des congrès et des concerts européens: les gouvernements s'y trouvaient peu gênés depuis la suppression des états généraux. La Haye devient le foyer neutre de la diplomatie: c'est là qu'elle bat les cartes et qu'elle cherche à terminer le jeu, car les adversaires engagés ailleurs sur les champs de bataille peuvent s'y rencontrer librement.

Pendant tout le XVIIIe siècle jusqu'à la révolution française, la jurisprudence internationale de l'Europe continue à présenter un système de combinaisons politiques, ayant pour but principal d'écarter autant que possible toute prépondérance menaçante pour l'équilibre générale, aussi longtemps du moins que la fortune des armes ou la complication des événements n'avaient pas livré l'une de ses parties sans merci à la discrétion des autres. L'arrangement des affaires politiques échut à une diplomatie peu caractérisée et pâle, qui poursuivait surtout la conservation du statu quo.

Cet esprit de conciliation disparut à son tour pour longtemps dans le Nord d'abord lors du partage de la Pologne, et dans l'Occident à la suite des victoires de la révolution. La révolution victorieuse dictait les traités: les vaincus étaient ob-

[1]) Les ouvrages les plus importants qui ont été publiés sur la paix de Westphalie ont été indiqués par Martens, Staatshändel, p. 55; on peut consulter aussi: Die Urkunden und Friedensschlüsse zu Osnabrück und Münster, nach auth. Quellen. Zürich 1848.

ligés de s'y soumettre pour obtenir des ménagements momentanés. Des sénatusconsultes ou de simples manifestes annonçaient à l'Europe les changements intervenus dans le statu quo. Les traités conclus au commencement de notre siècle jusqu'en 1814 pivotent tous autour de la politique Napoléonienne, soit pour la consolider, soit pour préparer cette coalition secrète qui, transformée en résistance ouverte, a créé le tissu politique de 1815. La conservation et, lorsqu'il le fallait, la correction de ce tissu était dès lors le but des congrès monarchiques et des conférences ministérielles avec leurs déclarations et leurs protocoles, jusqu'à ce que la pentarchie fut rompue par l'énergie des peuples et des gouvernements jaloux de leur indépendance.

Les grandes matières de la diplomatie européenne, qui ne se rattachent quelquefois que d'une manière indirecte aux questions du jour, furent dans la seconde moitié du siècle précédent les droits maritimes des neutres, et dans notre siècle d'abord le système continental Napoléonien, puis la suppression de la traite des noirs et ensuite l'union douanière allemande, l'émancipation internationale du commerce, de la navigation, des arts, de la littérature et de l'industrie.

Autant il est vrai que les traités publics servent à construire un système de jurisprudence internationale, autant il faut être circonspect dans l'usage de cette source. D'abord les traités n'obligent que ceux qui y ont pris part, et il y en a fort peu où tous les gouvernements aient été représentés. A peine pourra-t-on y compter la paix de Westphalie et l'acte du Congrès de Vienne, qui fut au fond une collection de beaucoup de traités spéciaux sous l'approbation et l'adhésion des grandes puissances, enfin la déclaration célèbre concernant les règles internationales de mer émise par la Conférence tenue à Paris en 1856. C'est donc uniquement l'harmonie des idées et des principes non équivoque et suivie partout qu'il est permis de déduire des règles communes à la grande société européenne.

THÉORIES ET LITTÉRATURE DU DROIT PUBLIC.

§ 10. Les auteurs qui exposent sous une forme doctrinale ou purement narrative le droit public européen et qui appartiennent aux diverses époques de ses développements, constituent une autre source aussi féconde de ce droit. Comme ailleurs, le rôle de la science et de la presse consistait ici tantôt à approuver, tantôt à précéder la pratique et à lui frayer une voie. L'esprit général et les fréquents tâtonnements de chaque époque se réfléchissent dans cette source.[1]

L'Antiquité ne nous a légué aucun traité complet du droit des gens. Au moyen âge les jurisconsultes cherchaient, à l'aide des textes du droit romain et du droit canon, à résoudre les questions internationales. Lors de la Renaissance la science du droit céda la place à la science politique raffinée dont Nicolo Macchiavelli devint l'interprète et le principal représentant. Son traité du Prince est un chef-d'oeuvre de la politique personnelle et égoïste que n'arrêtait aucune barrière extérieure, nécessaire à la vérité à certaines époques et à certains peuples, pour les rappeler au sentiment de la dégradation dans laquelle ils étaient tombés et pour les relever vers un nouvel essor.[2] Depuis lors les jurisconsultes pratiques du XVIe siècle cherchaient à introduire un système de droits mutuels chez les nations chrétiennes, en vue d'abord des questions du jour surtout.[3] Hugues de Groot (né en 1583, décédé en 1645), en résumant l'ensemble des questions

¹) On peut trouver des essais d'une histoire littéraire dans la Bibliotheca iuris imperantium (publiée par Burch. Geffroi Struv). Norib. 1727. Isambert, Annales politiques. Paris 1823. Introduction. V. G. de Wal, Inleiding tot de Wetensc. van het Europ. Volkenregt. Groning. 1836. p. 1—123. 201—218. Les travaux les plus récents à ce sujet ont été indiqués par M. Mohl, Zeitschrift für Staatswissenschaft. 1846. I. p. 3 suiv. Tübinger Vierteljahrsschrift. 1854. V. aussi v. Kaltenborn, Kritik des Völkerrechts. Leipzig 1847. p. 18—230.

²) Isambert, à l'endroit cité p. 76, a présenté d'excellentes observations sur le vrai caractère de Macchiavel et de ses doctrines. V. aussi Corn. Star Numann, Macchiavelli opusc. del Principe. Traiect. 1855. Th. Mundt, Macchiavel und der Gang der europäischen Politik. Leipzig 1853. 2e éd.

³) P. ex. le traitement des Indiens et l'introduction de l'esclavage dans le Nouveau-Monde. L'Espagnol François Suarez (1538—1617), le premier auteur important du droit international, nomme dans son traité de Legibus ac Deo legislatore les usages depuis longtemps observés dans les relations réciproques des États européens la Loi coutumière des nations chrétiennes. Alberico Gentile, Italien décédé à Oxford en 1611, peut être considéré comme le plus considérable parmi les prédécesseurs de Grotius. Les ouvrages publiés par lui sont les suivants: de legationibus — de jure

qui jusqu'alors s'étaient présentées dans la jurisprudence internationale des États, l'érige en science particulière et indépendante, cultivée depuis lors jusqu'à nos jours sans interruption. Dans son traité immortel du „Droit de guerre et de paix", achevé en 1625, il rétablit la double distinction du droit des gens, celle d'un droit immuable ou naturel et d'un droit volontaire de toutes ou du moins de plusieurs nations.[1] Son livre manque d'une base plus profonde et n'explique nullement la corrélation intime qui existe entre le droit naturel et le droit positif. Rédigé principalement dans le but de constater le droit déjà usité du moins en certaines espèces, autant que ce dernier répondait à la morale, il donne aux autres questions encore non décidées des solutions tirées des règles générales du droit ou des autorités respectables et conformes à la morale.[2] C'est cette transparence morale qui a assuré le succès le plus durable de ce livre. Deux tendances se sont depuis produites tant dans l'idée fondamentale que dans le mode d'explication du droit international, dont chacun à son tour offre des nuances particulières.

L'une de ces tendances, en prenant pour point de départ le droit naturel, suppose l'existence ou la fiction d'une loi rationnelle innée ou commandée à la nature humaine, et à laquelle aucun individu ni aucune association humaine ne peuvent se soustraire. Cette tendance commencée déjà avant Grotius,[3] fut la contradiction nécessaire pour renverser le règne précédent des purs intérêts matériels dans la politique: mais à son tour elle a prêté le flanc à la contradiction. D'un côté en effet plusieurs auteurs ont nié complètement l'existence d'une loi positive, notamment d'une loi internationale, obligatoire par elle-

belli — de justitia bellica. v. Kaltenborn, Die Vorläufer des H. Groot. Halle 1848.

1) V. sur les destinées de ce livre Ompteda § 120 suiv., et sur son contenu § 57 suiv.

2) V. pour les détails Gust. Hartenstein, Darstellung der Rechts-Philosophie des H. Grotius. (Abhandlungen der phil.-histor. Klasse der Königl. Sächs. Gesellschaft der Wissenschaften.) Leipzig 1850.

3) On pourra comprendre parmi les partisans de cette tendance J. Oldendorp (déc. en 1557) dans son Isagoge juris natur. Col. 1539. et Nic. Hemming (à Copenhague) dans sa Method. apodod. juris natur. Vitemb. 1562.

même. Suivant ces auteurs la seule vraie loi naturelle consiste dans le pouvoir matériel de l'autorité, dans une mission divine de domination, dont la loi humaine est descendue elle-même. C'est ce qu'enseignaient p. ex. l'Anglais Hobbes (né en 1588, déc. en 1679) qui accordait à l'autorité une origine divine,[1] et naguère encore en France, bien que d'une manière différente, M. de Bonald.[2] Les règles éthiques de la justice communes à tous les hommes, ont encore été considérées comme le fondement du droit naturel, d'abord par Samuel de Pufendorf (né en 1631, déc. en 1694) dans son Jus naturae et gentium,[3] ensuite par Chrétien Thomase (1655—1728) dans plusieurs ouvrages.[4]

Ces théories durent rencontrer une opposition d'autant plus énergique qu'elles étaient en contradiction avec la réalité des choses, ou qu'elles ouvraient le champ à l'arbitraire du pouvoir. La plupart des auteurs préférèrent suivre la voie plus commode et plus pratique tracée par Grotius, et en même temps qu'ils accordaient aux lois positives une autorité absolue, ils admettaient néanmoins le droit naturel des individus et des nations comme une source directe, du moins comme une source subsidiairement obligatoire des lois positives. En ce sens enseignait et écrivait le premier après Grotius, l'Anglais Richard Zouch (1590—1660).[5] Les philosophes se sont ralliés également à cette opinion, notamment Chrétien-Frédéric de Wolf (1679—1754) qui dans les points fondamentaux a adopté les doctrines de Grotius.[6]

[1]) Son ouvrage principal furent les Elementa philosophica de cive. 1642.

[2]) D'abord dans la théorie du pouvoir politique et religieax. Constance 1796; ensuite dans sa Législation primitive etc.

[3]) Publié d'abord en 1672, après avoir été précédé des Elementa jurispr. universalis. 1660. Il publia ensuite l'ouvrage intitulé De officiis hominis et civis. 1673. V. sur Thomase et ses adversaires Struv, bibl. juris imper. I, V.

[4]) Notamment dans ses Fundamenta juris naturae et gentium. Halae 1705 et 1708. V. Struv, loc. cit. I, VI.

[5]) Iuris et iudicii fecialis sive juris inter gentes et quaestionum de eodem explicatio, publié d'abord à Oxford, 1650 et souvent réimprimé plus tard. V. Ompteda, à l'endr. cité § 64. 130. Wheaton, Histoire des progrès etc. p. 45 (I, 141).

[6]) Son ouvrage principal est: Jus gentium methodo scientifica pertractatum. 1749. V. Ompteda § 93 suiv. Wheaton, Histoire p. 121 (I, 227).

Ainsi encore pensaient et écrivaient Germain-Frédéric Kahrel (1719—1787), Adolphe-Frédéric Glafey (1682—1754)[1] et surtout Émeric de Vattel, Suisse d'origine (1714—1767) dont l'ouvrage écrit entièrement dans l'esprit du système professé par Wolf, s'est frayé par sa manière élégante et pratique bien que souvent superficielle, une entrée dans les bibliothèques des hommes d'état à côté du livre de Grotius.[2] Nous nommerons encore T. Rutherford,[3] J.-J. Burlamaqui[4] et Gérard de Rayneval.[5]

Les partisans du droit historico-pratique se sont montrés encore plus hostiles aux idées de Pufendorf. Il se sont à leur tour divisés en deux fractions, savoir d'un côté les partisans du pur droit positif qui admettent seulement le droit international fondé sur les traités et les usages. Ils nient d'une manière absolue ou ils ignorent l'existence du droit naturel, notamment du droit naturel international. D'un autre côté ceux qui, en même temps qu'ils regardent la volonté des nations comme la source du droit commun et pratique, la retrouvent autant dans les manifestations des actes internationaux, que dans la nécessité des choses, dans la position et dans les rapports mutuels des États. Bien qu'ils n'admettent point un „jus naturale" comme une source obligatoire par elle-même, ils conviennent néanmoins que la volonté présumée des nations implique la raison naturelle (ratio naturalis) des personnes, des choses et des rapports ainsi que les préceptes de la justice en général.

A cette dernière fraction appartiennent Samuel Rachel (1628—1691), l'adversaire direct de Pufendorf,[6] ensuite Jean-Wolfgang Textor (1637—1701) et plusieurs autres.[7] Les partisans du

¹) Son livre intitulé: Vernunft- und Völkerrecht, parut en 1723 et un autre ouvrage: Völkerrecht, en 1752.

²) Le droit des gens, publié pour la première fois en 1758; avec les notes de Pinheiro Ferreira. Paris 1838. 1863. V. Ompteda, loc. cit. p. 39. Wheaton p. 127 (I, 236).

³) Institutes of natural law. 2 vol. London 1754.

⁴) Principes ou éléments du droit politique, publiés d'abord à Genève en 1747, puis à Lausanne 1784. Cet auteur est très-estimé en Angleterre.

⁵) Institutions du droit de la nature et des gens. Par., an XI (1803) et 1832.

⁶) V. sur lui et sur ses opinions Ompteda, loc. cit. § 73.

⁷) V. Ompteda, loc. cit. § 74. 75.

pur droit positif, les hommes de la tradition, de l'histoire et de la jurisprudence sont: Corneille de Bynkershoek (1673—1743),[1] le Chevalier Gaspard de Réal;[2] en Allemagne J. J. Moser[3] (1701—1786) qui n'admet que l'autorité des faits; ensuite la nouvelle école des publicistes presque tout entière, depuis que Kant, en renversant le droit naturel, après l'avoir détaché de l'éthique et de la spéculation, a donné au droit la volonté positive pour base unique. Dans cet esprit enseignait et écrivait G.-Fréd. de Martens[4] (1756—1821) qui n'admettait à-peu-près dans le droit public des nations aucune autre autorité que celle des traités conclus entre elles et les principes y établis, ensuite Ch.-Théophile Günther (né en 1772), Frédéric Saalfeld (à Göttingue, 1809), Th.-Ant.-Henri Schmalz (1760—1831), Jean-Louis Klüber (1762—1835), Jules Schmelzing, Charles-Louis Pölitz (1772—1834) et Chr.-Sal. Zachariae (1769—1843). Tous ces auteurs ne reconnaissent l'existence d'un droit naturel ou philosophique entre les nations qu'autant qu'il est capable d'influer sur la rédaction des lois positives. Quelquefois ils le consultent au besoin à titre de loi subsidiaire, sans s'expliquer aucunement pour quels motifs ils lui accordent ce titre ni sur les fondements du droit naturel. Les théories enseignées par ces auteurs sont elles-mêmes dépourvues souvent d'une base positive. M. Pinheiro-Ferreira s'est élevé naguère avec énergie contre cette école de publicistes: dans ses commentaires sur Martens il s'est rapproché de nouveau de l'école opposée qui, pour l'interprétation des lois positives, appelle à son secours la spéculation et la critique scien-

[1]) Son ouvrage principal sur la matière est le suivant: Quaestionum juris publ. Libri II. Lugd. Bat. 1737, réimprimé depuis. V. Ompteda § 150. Wheaton, Histoire I, 244 et intern. Law. § 7.

[2]) Dans son ouvrage publié en 1754, intitule: La science du gouvernement. P. V.

[3]) Le principal ouvrage de cet infatigable publiciste est intitulé: Versuch des neuen europäischen Völkerrechts. 1777—1780. 10 vol. V. Ompteda § 103. Kamptz, Neue Literatur. § 35.

[4]) Ci-devant professeur et puis diplomate. Il a publié pour la première fois ses idées dans un programme publié à Goettingue en 1787 et intitulé: Von der Existenz eines positiven europäischen Völkerrechts. V. la liste de ses publications dans Kamptz, Neue Literatur. § 35 suiv.

tifique.[1] M. Wheaton aussi, tout en se plaçant du côté de la pratique et des lois positives, n'a nullement fermé l'oreille à l'équité et à la critique au point de vue élevé de la justice universelle.[2] C'est ce point de vue qu'ont embrassé en général les publicistes français, anglais et espagnols les plus récents.[3]

Parmi ces théories si diverses dont nous venons d'esquisser l'analyse rapide, on rencontre au point extrême celle qui donne au droit international pour base unique l'intérêt des États, soit l'intérêt individuel de chaque État en particulier,[4] soit l'intérêt collectif de tous. Montesquieu d'abord[5] et tout récemment Jérémie Bentham[6] ont professé cette théorie. Le vrai utile sans doute s'identifie avec les commandements de la morale: néan-

1) Le droit des gens par G. Fr. de Martens, avec des notes par Pinheiro Ferreira. 1831. 1863. 2 vol.

2) Elements of the intern. Law. Lond. 1836. 2 vol. publ. aussi à Boston par Mr. Lawrence, traduit en franç. sous le titre: Éléments du droit intern. Leipz. et Paris 1848. 1858.

3) Nous nommerons parmi les auteurs français: Du Rat-Lasalle, Droit et législation des armées de terre et de mer, qui contient dans le t. I. p. 370 un précis du droit des gens; surtout Th. Ortolan, Règles internationales de la mer. Paris 1845; parmi les auteurs anglais: Oke Manning, Commentaries on the Law of Nations. Lond. 1839. James Reddie, Researches in maritime intern. Law. Edinb. 1844. 1845. 2 vol. Wildman, Intern. Law. Lond. 1849. 2 vol. Rob. Phillimore, Commentaries upon Intern. Law. Lond. dep. 1854. 4 vol. Travers Twiss, the Law of nations. Oxford 1861; pour l'Amérique du Sud André Bello, Principios de derecho de gentes, publié à Santiago de Chile, réimprimé à Paris en 1840; parmi les auteurs espagnols Jose Maria de Pando (décédé en 1840), Elementos del Derecho Intern. Madr. 1843. Ant. Riquelme, Elementos de Derecho Publ. internacional, con explication de las reglas que constituyon el derecho internacion. Espagnol. t. I. II.; pour l'Amérique du Nord Kent, Commentaries on American Law. Vol. I. H. W. Halleck, Internat. Law in Peace and War. New-York 1861.

4) On peut reprocher surtout cet égoïsme national aux auteurs du droit maritime dont nous parlerons ci-après, notamment aux auteurs anglais. Les auteurs français au contraire se sont rapprochés en ce dernier temps du point de vue cosmopolitique des auteurs allemands et scandinaves.

5) De l'esprit des lois. I, 3.

6) Jerem. Bentham, Principles of intern. Law. (Works, coll. u. s. of J. Bowring. P. VIII. p. 535 et suiv.)

moins il faut convenir en même temps que ce mot se prête facilement à des malentendus.[1]

La philosophie la plus récente n'a pas réussi non plus à mettre un terme à la contradiction des théories et des principes. Tantôt, avec Schelling, elle suppose une révélation de la loi, émanation de l'esprit divin, accordée aux nations: tantôt, avec Hegel, elle revendique le droit international aussi au profit de la liberté humaine, au profit de la volonté qui pose elle-même le droit, soit individuellement, soit dans la communauté sociale.

Nous avons déjà exposé notre propre opinion aux §§ 2 et 3 ci-dessus.[2]

III.

DROITS RÉCIPROQUES SPÉCIAUX DES NATIONS.

CARACTÈRE GÉNÉRAL DE CES DROITS.

§ 11. Le droit public européen est l'égide qui protége les droits particuliers des nations fondés soit sur les rapports naturels existant entre celles-ci, soit sur des modes d'acquisition spéciaux, dont nous parlerons au paragraphe suivant. Ils ont pour objet soit la conservation des nations et le développement de leurs intérêts matériels, soit l'observation de ce respect, de ces convenances mutuelles connus dans le langage diplomatique sous le nom de „Droits de cérémonie, droits cérémoniaux.“ Ces droits eux-mêmes ont une existence distincte et ne sont souvent que la manifestation formelle, extérieure de rapports nécessaires. Nous n'en tiendrons compte qu'autant que le droit international, autorise les gouvernements d'exiger leur observation dans leurs rapports mutuels. Mais nous n'entendons nullement nous livrer à l'examen du cérémonial intérieur des cours et des autorités

[1]) On trouve de bonnes observations dans Oke Manning p. 58 suiv.

[2]) Warnkönig a donné un aperçu très-estimable des diverses théories. Voy. Tübinger Zeitschrift für Rechtswissenschaft. VII, 622 suiv.

constituées dans leurs relations publiques ou au dehors, dont les dispositions sont réglées par l'autonomie de chaque État.[1]

MODES D'ACQUISITION.

§ 12. Les fondements particuliers sur lesquels les droits réciproques des États reposent, sont

1° les traités internationaux;

2° l'occupation ou la prise de possession des biens sans maître.

A ces deux modes, qui feront l'objet d'un examen spécial, il faut ajouter encore:

3° la possession immémoriale;

4° les usages, les coutumes reçus entre plusieurs nations, manifestés par des actes extérieurs et non contestés, lorsque notamment ils ne sont pas l'effet de l'erreur ou de la violence;[2]

5° la prise de possession par suite d'une renonciation expresse ou tacite.

Mais le droit public européen n'admet pas indistinctement l'autorité de la „prescription," bien que la prescription forme une partie intégrante et nécessaire d'un système complet de lois civiles. L'école, la doctrine a longuement discuté cette question, sans l'avoir pleinement résolue.[3] En effet la pratique internationale s'est toujours refusée à admettre la prescription d'une manière absolue. Elle pourrait servir de règle dans certains corps d'États fédéraux, comme autrefois elle a eu sa valeur dans l'ancien empire germanique, mais il serait même difficile de l'appliquer encore sans loi expresse aux rapports établis actuellement entre les divers souverains de l'Allemagne.

[1]) Nous employons le mot „droits cérémoniaux" dans un sens synonyme à celui qu'on attache au caractère cérémoniel des agents diplomatiques. Ompteda, loc. cit. § 206 déjà se plaignait des fréquents malentendus de ce mot, malentendus qui ont fait considérer tous les droits cérémoniaux comme une partie intégrante du droit international.

[2]) V. Günther, Europäisches Völkerrecht. I, p. 16—20. 28—31. Martens, Précis du droit des gens (1821) § 6. 65—67.

[3]) Ompteda § 213. Kamptz § 150. Pinheiro Ferreira sur Martens, note 31, remarque à juste titre qu'il faut distinguer droit et loi de prescription.

Il est donc constant que les droits une fois acquis, auxquels des clauses spéciales ou leur but n'assignent pas une durée limitée, subsistent indéfiniment et aussi longtemps que les parties intéressées n'y renoncent ou ne se trouvent pas dans l'impossibilité de les exécuter. La renonciation peut faire l'objet d'une convention expresse ou tacite, résultant d'un abandon volontaire qui met le possesseur à l'abri de toute contestation. Il est incontestable en même temps que l'abandon peut être présumé en cas d'une très-longue possession non contestée et non interrompue; c'est toujours aux principes de la renonciation qu'il faut recourir en pareille question.[1] La prescription est purement une question de fait.

Il en est de même à l'égard de la prescription immémoriale (antiquitas, vetustas, cujus contraria memoria non existit), c'est-à-dire la possession dont l'origine est inconnue et qui contient une présomption de propriété. La possession immémoriale est un titre approbatif du fait accompli, titre devant lequel doit se taire l'autorité de l'histoire. A combien de contestations les limites territoriales et les droits des États ne donneraient-ils pas lieu si on prétendait leur demander leurs titres légitimes, s'ils ne puisaient leur raison d'être dans la force de faits accomplis? Néanmoins il faut convenir en même temps qu'un siècle de possession injuste ne suffit pas pour enlever à celle-ci les vices de son origine.[2]

LA POSSESSION SERT DE RÈGLE SUBSIDIAIRE AUX RAPPORTS INTERNATIONAUX.

§ 13. A défaut de lois clairement définies, les hommes peuvent régler librement leurs rapports par la force seule de leur volonté. C'est là que repose le caractère légal de la possession qui, entre les nations comme entre les individus, sert de règle du moins provisoire aux rapports réciproques. En effet la possession exercée librement par une personne, est un acte

[1]) Grotius II, 4, 1 et suiv. Pufendorf IV, 12, 11. Vattel II, 11, § 149. Wheaton II, 4, § 4.

[2]) Grotius II, 4, § 7. Vattel II, 11, § 143. Waechter, De modis tollendi pacta inter gentes. Stuttg. 1779. § 39 suiv. de Steck, Éclaircissements de divers sujets. Ingolst. 1785. Günther, Völkerr. I, p. 116 suiv.

constitutif ou déclaratif de son droit individuel, lequel à la vérité ne saurait prévaloir sur un droit préexistant, mais qui néanmoins en suspend l'exercice et qu'il faut maintenir, en cas de contestation, jusqu'à la décision du litige. Si l'État lui-même protége la possession jusqu'à un certain point, à plus forte raison sous le nom de „uti possidetis" et de „statu quo", la possession s'applique aux rapports libres des États. Ce caractère d'un fait tenant lieu du droit du moins provisoirement et conférant une espèce de sanction aux rapports nés sous son empire, sauf les droits incontestables de propriété, la possession le conserve également à l'égard des tiers. Dès qu'elle est reconnue illégitime, personne n'est plus tenu de la respecter.[1]

Au surplus la nature de la possession en matière internationale est la même qu'en matière civile, sauf cette différence que les dispositions des lois civiles relatives aux conditions et aux formes des poursuites judiciaires ne sont pas applicables en matière internationale excepté les États fédéraux où l'autorité centrale exerce une espèce de juridiction entre les divers membres. C'est ainsi que la diète germanique intervient quelquefois dans les contestations possessoires nées entre les souverains de l'Allemagne, en se conformant dans ses arrêts aux dispositions du droit commun de l'ancien Empire. Devant un tribunal semblable il est permis aussi d'opposer les exceptions résultant d'une possession vicieuse.[2] Mais en matière internationale il suffit qu'on possède réellement et pour soi. Au reste il n'est pas douteux que, de même qu'en matière civile, la possession internationale comprend les choses corporelles et incorporelles (juris quasi possessio); mais en tout cas la possession suppose la connaissance du possesseur et ne dépasse pas les limites de la détention réelle. L'État est représenté à cet effet par les organes ou les délégués du pouvoir souverain.[3]

¹) Grotius I, 4, 20. II, 4, 8, § 3. Schmalz, Völkerr. 208. Klüber, Droit des gens. § 6. Wildman, Intern. Law. I, p. 57 professent une théorie analogue que nous retrouvons également dans la Déclaration du Saint Siége du 9 août 1831. (Voir l'appendice.)

²) „Quod nec vi nec clam nec precario alter ab altero possidetis."

³) Grotius III, 21, 26.

LIVRE PREMIER.

DROIT INTERNATIONAL FONDAMENTAL, SURTOUT PENDANT LA PAIX.

Chapitre Ier.

DES PERSONNES ET DE LEURS RAPPORTS FONDAMENTAUX.

OBSERVATIONS GÉNÉRALES.

§ 14. Les personnes physiques ou morales que l'on peut considérer comme des sujets immédiats du droit international actuel, sont:

I. les nations ou États appartenant au concert européen;
II. les souverains de ces États, leurs familles et leurs agents diplomatiques;
III. les regnicoles de ces États par rapport aux autres États.

Ces diverses personnes jouissent en leur qualité de membres de l'association internationale de certains droits incontestés et naturels, auxquels sont venus se joindre certains droits positifs, consacrés par les usages et les traités publics. Outre cela le droit commun prescrit aussi l'observation de certaines règles envers tout homme, de quelque nationalité qu'il soit, de manière qu'on doit regarder généralement l'homme en soi-même comme objet du droit européen.

D'un autre côté ce droit n'admet plus aujourd'hui l'existence politique et presque souveraine d'associations purement privées, dont il existait autrefois de fréquents exemples. Telles furent ces associations commerciales des villes qui ont exercé une influence considérable sur les développements du droit international, surtout maritime. La plus célèbre en fut la Ligue hanséatique, nommée ainsi dès 1315 et transformée par la suite en véritable corps politique, qui faisait la guerre sur mer et sur terre pour ses intérêts et s'établissait en vertu de traités et de priviléges dans des pays étrangers.[1] Les compagnies de commerce qui ont joué également un rôle important dans la politique coloniale des trois derniers siècles, en diffèrent essentiellement. Soumises au contrôle permanent des gouvernements sous les auspices desquels elles s'étaient formées, elles ne sont jamais devenues des personnes morales du droit international.[2]

SECTION I.
ÉTATS SOUVERAINS.

I. DÉFINITION, NATURE ET DIVERSES ESPÈCES D'ÉTATS.

§ 15. Une nation, un État est une association permanente d'hommes réunis dans le but de pourvoir à leurs besoins physiques et moraux. Le principe commun de toute société civile est le développement rationnel de la liberté humaine, cette société n'étant elle-même qu'une personnalité collective. Dès lors on ne peut admettre l'existence d'un État universel. C'est dans la diversité des États seulement que les forces humaines peuvent se développer librement d'une manière régulière et permanente, et l'État universel, s'il pouvait s'établir, provoquerait aussitôt l'insurrection de tous les éléments nationaux.

L'existence d'un État suppose les conditions suivantes, savoir:

I. Une société capable d'exister par elle-même et dans l'indépendance;

[1]) V. sur la ligue hanséatique les ouvrages de Sartorius et de Lappenberg; aussi Ward, Enquiry II, 276 suiv. Pardessus, Droit marit. t. II, 90, 453. III, 150. Pütter, Beiträge 137. Heinr. Handelmann, Die letzten Zeiten hanseatischer Uebermacht in Scandinavien. Kiel 1853. Barthold, Geschichte der deutschen Hansa. Leipzig 1854. 2 vol. Moser, Versuch. VII, 313.

[2]) V. les écrits indiqués par Kamptz (Contin. d'Ompteda) § 260. L'exemple le plus remarquable sera toujours la Compagnie anglaise des Indes orientales (Miltitz, Manuel des Consuls II, 621 suiv.), dont le pouvoir a cessé depuis le 1er novembre 1858.

II. une volonté collective régulièrement organisée ou une autorité publique chargée de la direction de la société vers le but que nous venons d'indiquer;

III. la permanence de la société (status), base naturelle d'un développement libre et permanent, et qui dépend essentiellement dè la fixité d'une propriété foncière suffisante, de l'aptitude intellectuelle et morale de ses membres.

Là où ces trois conditions ne se retrouvent pas entièrement, il n'y a qu'embryon d'État ou un État transitoire, simple agrégation d'individus dans certains buts. Ce sont des hordes, des sociétés sauvages qui, dépourvues de tout élément de développement intérieur, sont condamnées à se dissoudre elles-mêmes. La théorie ancienne est d'accord là-dessus avec la théorie moderne, que des hordes et des tribus livrées au pillage sont incapables de former des États.[1]

L'importance historique ou universelle des États établis est elle-même tantôt transitoire et de circonstance ou de nature à se dissoudre elle-même pour devenir le noyau d'États futurs, tantôt naturellement permanente, lorsqu'ils reposent sur la séve et sur l'unité nationales.

Nous regardons comme oiseuse la question agitée par l'école et qui consiste à savoir: quel est le nombre de personnes nécessaires pour former un État? si une, deux, trois personnes y suffisent? Les traits distinctifs de l'État que nous venons d'indiquer, répondent suffisamment à cette question.

§ 16. Le poids plus ou moins considérable que la puissance d'une nation jette dans la balance politique des États, ne modifie nullement le caractère légal des rapports internationaux. Sans doute l'importance de la puissance réelle des nations se révèle dans leur existence physique, dans la pratique et dans la politique des États. A cet effet on distingue entre les États de premier, de second, de troisième et même de quatrième rang, et cette distinction parfaitement fondée est d'une vérité incontestable, pourvu qu'on n'essaye pas de la réduire à de simples chiffres de population.

[1]) V. aussi H. Groot III, 3. I, 1 avec les citations de Cic. Philipp. IV, 15 et les jurisconsultes romains.

Dans les rapports internationaux il faut considérer également la constitution intérieure des États. Elle détermine notamment la capacité des parties contractantes, bien que l'adoption d'une constitution soit une affaire purement intérieure de chaque État dans laquelle les autres n'ont rien à voir. A cet effet, on distingue surtout deux espèces de gouvernement, la monarchie et la république, offrant chacune des combinaisons diverses. Entre ces deux espèces se placent les gouvernements bâtards appelés par Aristote „parecbases" et ceux mixtes.

La vraie monarchie repose sur le principe de l'autocratie entourée de lois et d'institutions légales et gouvernant d'après des maximes rationnelles.

Dans la monarchie absolue la volonté du monarque se confond avec la raison d'État (l'État c'est moi). Par une espèce de fiction on suppose que le monarque ne peut faire aucun mal.

Enfin la monarchie restreinte assujettit le gouvernement lui-même à certaines lois et le rend responsable envers la nation, qui par suite est regardée comme un Être légal.

Les États monarchiques portent des noms différents, et ces noms dépendent, d'après les traditions, des titres de leurs souverains. A cet effet on distingue les titres d'empereur, de roi, de prince et de duc.

Le titre de roi est plus ancien que celui d'empereur et en quelque sorte le titre primitif. Il indique chez les peuples germaniques le chef on seigneur patrimonial ou féodal, tandis que le titre postérieur d'empereur implique l'idée de maître absolu.

Le titre de prince (Fürst), s'appliquait en principe aux premiers sujets de l'État seulement; leurs dénominations spéciales sont empruntées au régime féodal du moyen âge, telles que duc, margrave, etc.

Le titre de grand-duc est devenu depuis le XVIe siècle un titre intermédiaire entre celui de roi et de prince.[2]

La tyrannie, l'ancienne tyrannis ou l'usurpation, occupe une

1) Grimm, Deutsche Rechtsalterthümer. 229.

2) Le titre de grand-duc a été créé d'abord au profit de la Toscane par un décret du Saint-Siége rendu en 1569, confirmé par une ordonnance impériale de 1575. V. Pfeffinger, Vitr. illustr. I, 747. 748.

place à côté de la monarchie. Elle gouverne non par le droit, mais par la force et l'intimidation.

Il y a un gouvernement populaire, lorsque le corps de la nation retient à lui l'empire ou le droit de commander, s'il commande et obéit à la fois. Cette dénomination comprend la démocratie, l'aristocratie et l'ochlocratie.

Dans la démocratie pure tous les membres naturellement capables de la nation participent à l'exercice du pouvoir souverain.

Dans l'aristocratie l'exercice du pouvoir souverain appartient à un certain nombre de citoyens privilégiés, et l'autonomie populaire y est fondée sur l'inégalité. L'aristocratie se manifeste sous les diverses formes de timocratie, d'oligarchie et de plutocratie.

L'ochlocratie, espèce bâtarde de la démocratie, est le règne mobile des masses qui s'inspirent de leurs passions et de leurs caprices passagers.

§ 17. D'après l'ordre historique il faut distinguer l'État oriental de l'État européen.

L'État oriental est celui de la résignation et du servage, dans lequel le despotisme ou l'oligocratie s'est alliée à la hiérarchie. L'État slave en est une forme ennoblie par le christianisme et par la culture intellectuelle, auxquels viennent se joindre quelquefois les institutions et les classes féodales.

L'État européen, savoir:

l'État classique de l'ancien monde, royauté héroïque d'abord qui gouverne avec le concours des gérontes, transformé par la suite en démocratie. Rarement il revêt les formes de la monarchie pure, jusqu'au moment où il se perdra dans l'empire romain qui, gouverné exclusivement d'après les convenances politiques, absorbera l'ancien monde tout entier;

l'État germanique primitif du moyen âge ou celui de la propriété foncière et de la commune rurale;

l'État romano-germanique, calqué sur le type de l'empire romain avec les modifications apportées par le régime féodal et communal;

l'État absolu, compris aujourd'hui sous le nom d'ancien régime;

enfin l'État moderne et constitutionnel, ou l'autorité publique basée sur l'accord de volonté, réel ou présumé, du gouvernement et des gouvernés. Il repose soit sur l'idée de la souveraineté du peuple (État populaire), soit sur l'autorité souveraine du prince et sur les droits garantis des sujets (État dynastique et constitutionnel), soit enfin sur le règne parlementaire de classes privilégiées qui ne laisse subsister qu'une ombre des prérogatives de la couronne.

Le principe constitutionnel a poussé des racines profondes surtout dans l'Europe occidentale. Au milieu des États monarchiques de l'Europe se trouvent disséminées plusieurs communautés républicaines, d'une couleur tantôt démocratique, tantôt aristocratique.

Le droit public interne indique les développements ultérieurs de ces diverses formes de gouvernement.

§ 18. La souveraineté internationale des États repose essentiellement sur l'organisation d'un pouvoir régulièrement constitué et indépendant. Cette indépendance des États néanmoins ne présente pas partout le même caractère absolu et exclusif, ni légalement ni de fait. A cet effet les auteurs distinguent plusieurs catégories, notamment l'État simple, l'État composé et les confédérations d'États.

L'État simple, en possession de la souveraineté complète, ne se rattache, en dehors des rapports internationaux ordinaires, à aucun corps politique d'une manière permanente.

L'État composé ou, selon l'expression de l'école, le système d'États (systema civitatum[1]), comprend

1° les rapports politiques d'un État mi-souverain[2] avec celui dont il relève d'une manière permanente, du moins dans ses affaires étrangères. Nous en parlerons au § 19 ci-après; et

[1]) V. Sam. a Pufendorf, De systematibus civitatum dans ses Dissert. acad. select. Lond. Scand. 1675. p. 264. J. C. Wieland, De system. civit. Lips. 1777 et dans ses Opera acad. I, n. 2. Pölitz, Jahrbücher der Geschichte und Staatskunst. 1829. I, 620. Ch. Lud. Stieglitz, Quaest. jur. publ. specim. I. Lips. 1830.

[2]) L'expression d'État mi-souverain a été employée pour la première fois par J. J. Moser, Beitr. zum Völkerrecht in Friedenszeiten. I, 508.

2° la réunion de plusieurs États souverains sous un chef commun (unio civitatum): il en existe également plusieurs espèces (§ 20 ci-après).

A côté de toutes ces catégories il y a encore des confédérations perpétuelles de plusieurs États (confoederationes civitatum) pour leur défense et la garantie commune de leurs droits (§ 21 ci-après).

Enfin l'État complétement souverain peut, dans ses rapports extérieurs, assujettir sa souveraineté à certaines restrictions, que nous examinerons au § 22.

§ 19. Il faut convenir que l'idée d'une mi-souveraineté est très-vague et présente même une espèce de contre-sens, le mot de souveraineté excluant toute dépendance d'une puissance étrangère. Il n'est pas même possible de ramener à un type unique les restrictions nombreuses dont cette dernière est susceptible. Néanmoins, comme le terme a une signification double: souveraineté extérieure par rapport aux puissances étrangères; souveraineté intérieure par rapport au régime intérieur de l'État, il est permis de parler d'un État mi-souverain pour indiquer la nature bâtarde d'un corps politique condamné à subir dans ses rapports extérieurs l'impulsion d'une puissance supérieure. Telle fut naguère l'autorité des princes territoriaux de l'empire germanique avant son extension démesurée, alors qu'elle était contenue encore par la force du pouvoir central.[1] Dans le monde ancien on peut citer comme exemples les alliés sujets des Athéniens et les populi liberi, alliés des Romains en vertu de la clause: „ut majestatem P. R. comiter servarent."[2] Les princes de l'empire germanique, médiatisés en 1806, au contraire, ne sont nullement mi-souverains (art. 14 de l'acte de la confédération germanique). De nos jours on pouvait citer comme exemple la seigneurie de Kniphausen située dans l'Allemagne du nord. Elle jouissait de tous les droits de souveraineté intérieure, notamment de sa législation propre et du droit de pavillon pour la protection de sa marine marchande, en même temps qu'elle relevait, sous la garantie de la Diète fédérale, de la suzeraineté du duché d'Oldenbourg, suzeraineté qui avait succédé à celle de

[1]) Günther, Völkerrecht. I, p. 121. [2]) V. l. 7. § 1. D. de captivis.

l'empire germanique. Un traité conclu entre le comte de Bentinck, dernier possesseur de cette seigneurie, et le duc d'Oldenbourg, sous la médiation des cours d'Autriche, de Prusse et de Russie, (compromis de Berlin du 5 juin 1825) et garanti le 9 juin 1829 par la Diète fédérale, avait scellé à cet état de choses particulier, auquel maintenant une transaction du 13 avril 1854 a mis fin au profit d'Oldenbourg. Restent encore les principautés électives de Moldavie et de Valachie, dont la constitution a été réglée par la Paix de Paris en 1856 et en suite de celle-ci par les décrets des assemblées nationales des deux principautés en 1859; pareillement la principauté héréditaire de Servie, qui jouit de bien des libertés,[1] et les États barbaresques, qui relèvent de la Porte, comme États mi-souverains.[2]

§ 20. Une union d'États souverains (unio civitatum) peut être le résultat de leur réunion accidentelle ou personnelle sous le même chef (unio personalis). Dans ce cas chacun conserve la plénitude de ses droits souverains. Bien qu'étrangers les uns aux autres, ils ne pourront que difficilement se faire la guerre entre eux, surtout lorsque leur chef commun les gouverne avec un esprit d'égalité parfaite. Ou bien les diverses nations dont se compose l'union, contractent des rapports qui préparent la fusion totale ou partielle de leurs destinées (unio realis).[3] A cet effet on distingue l'État incorporé de l'union fondée sur l'égalité politique des membres dont elle se compose.

L'État incorporé forme un accessoire de l'État principal et en partage le sort politique. Les colonies modernes par rapport à leur métropole en sont un exemple.

L'union politique qui a pour base l'égalité des droits, se présente sous des formes diverses. Tantôt elle a pour but de faire jouir en commun les nations qui la composent, des bien-

[1]) M. Tkalas dans son ouvrage sur le droit public de Serbie, Leipz. 1858, voulait même revendiquer à sa patrie une presque-souveraineté. V. l'acte de paix conclu à Paris le 30 mars 1856 art. 28. 29.

[2]) Le district de Poglizza en Dalmatie fut considéré aussi naguère comme État mi-souverain, sujet à la suzeraineté de l'Autriche. Il ne peut plus en être question aujourd'hui. V. Neigebaur, Südslaven. Leipzig 1851. p. 165.

[3]) Klüber, Droit des gens. § 27, a adopté une classification différente.

faits de la paix et de partager entre elles les hasards de la guerre: telle est celle de la Suède et de la Norwége en vertu de l'acte d'union du 31 juillet et 6 août 1815.[1] Tantôt plusieurs nations sont réunies en un seul État et sont gouvernées par leur souverain commun, soit d'après les principes purement monarchiques, comme les États héréditaires de la monarchie autrichienne et les trois royaumes unis d'Angleterre, d'Écosse et d'Irlande; enfin l'union peut avoir pour base l'État fédéral et démocratique. L'ancien monde nous fournit un exemple de ce dernier dans la confédération achéenne;[2] le monde moderne celui des États-Unis de l'Amérique,[3] et celui de la Suisse depuis 1848.[4]

L'union politique n'est nullement exclusive de l'existence individuelle des divers corps dont elle se compose, mais celle-ci est limitée d'après les clauses du pacte d'union au profit du pouvoir central. Ce pouvoir lui-même à son tour devient impuissant quelquefois en présence de la tendance centrifuge des États de l'union, tendance qui peut avoir pour résultat de faire succéder à l'État fédéral la confédération d'États.

§ 21. La confédération d'États diffère essentiellement de l'État fédéral. Privée d'un pouvoir général et central, elle forme pourtant une association politique permanente, ayant des organes communs et des institutions organiques conformes aux stipulations du pacte fédéral. Les divers États alliés conservent leur pleine souveraineté sous tous les rapports, et n'obéissent aux décisions du pouvoir fédéral qu'autant qu'ils s'y sont soumis volontairement, tandis que dans l'État fédéral les divers corps dont il se compose ont cessé d'être entièrement souverains. La

¹) Martens, N. Rec. II, 608—615.

²) V. Polybe II, 37, 10. 11. Fr. W. Tittmann, Griechische Staatsverfassungen. 1822. p. 673. 667. Saint-Croix, Des anciens gouvernem. fédératifs. Strasb. 1800. A. E. Zinserling, Le système fédératif des anciens mis en parallèle avec celui des modernes. Heidelb. 1809. Pölitz, Die Staatensysteme Europas und Amerikas. Leipzig 1826. 3 vol.

³) V. sur la Constitution des États-Unis Story, N. cours de droit politique, trad. par Odent. Paris 1843. James Kent, Comment. on the American Law. New-York. éd. 2. 1832. (Trad. en allem. par Bissing. Heidelberg 1836.) Phillimore, Intern. L. I, 138.

⁴) Phillimore, ib. 134.

confédération n'est le plus souvent qu'un premier pas fait par de petits États qui, pour sortir de leur isolement et rémédier à leur faiblesse, se rapprochent entre eux comme des tribus d'une souche commune. Quelquefois aussi, ainsi que nous venons de le dire, la confédération devient la dernière manifestation d'un État fédéral. Dans l'ancien monde, elle a porté le caractère de simples alliances de protection et de défense, comme dans les ligues des villes grecques et latines. Dans le monde moderne c'est la forme fédérale qu'avaient adoptée autrefois les cantons de la Suisse et les sept provinces unies des Pays-Bas, à la suite de leur insurrection contre la couronne d'Espagne, c'est encore aujourd'hui le lien politique qui unit l'Allemagne.[1] L'influence des rapports fédéraux sur la constitution particulière des divers États peut varier naturellement et rapprocher la confédération de la nature de l'État fédéral. C'est surtout dans les relations avec les puissances étrangères que se manifeste l'efficacité de la confédération: c'est par là qu'à son tour elle devient une personnalité morale du droit international. Il faut distinguer en outre la confédération dynastique de celle politique ou populaire.

La confédération dynastique sanctionne la ligue des gouvernements, et met les forces fédérales à leur disposition pour fortifier et étendre leur autorité;

La confédération politique des peuples a surtout pour but l'unité organique des races gouvernées.

Cette dernière seulement peut compter sur une durée permanente. La pure alliance des gouvernements est un produit éphémère des intérêts dynastiques.

§ 22. Ce ne sont pas seulement les rapports fédéraux qui modifient l'autonomie souveraine des nations. Cette autonomie peut subir encore d'autres modifications plus ou moins profondes, sans faire renoncer les nations à leur souveraineté. Nous allons en indiquer les principales, quoiqu'elles soient très-rares aujourd'hui:

I. Restrictions volontaires de certains droits souverains au profit d'une puissance étrangère, telles que des servitudes d'État, que nous traiterons au § 43, ou concessions de certains avan-

[1]) Un tableau intéressant de la Confédération suisse jusqu'en 1848 a été tracé par Zschokke dans: Rotteck und Welcker, Staats-Lexicon. V, 625.

tages et de certaines prestations permanentes, telles qu'une rente ou un tribut proprement dit comme prix de rachat destiné à faire cesser les vexations du plus fort;

II. Pactes de médiation et de garantie que nous expliquerons au chapitre relatif aux contrats (§ 97);

III. Rapports féodaux: une puissance ayant donné une souveraineté en fief, le souverain de celui-ci s'est rendu volontairement feudataire de l'autre. La constitution d'un fief fait naître certains droits privés et certains devoirs réciproques entre le suzerain (dominus feudi) et le vassal, notamment celui d'une fidélité mutuelle. Ainsi p. ex. ils ne doivent pas se faire la guerre entre eux; la félonie donne lieu à la commise du fief. L'hommage ne porte aucun préjudice aux droits territoriaux du vassal ni à ses rapports avec les souverains étrangers,[1] pourvu que ces rapports laissent subsister le lien féodal.[2] Les États feudataires sont devenus de nos jours très-rares. Le lien féodal du roi des deux Siciles par rapport à Naples envers le saint siége n'existe plus de fait.[3] En Allemagne la confédération rhénane l'a fait cesser presque partout et la confédération germanique le regarde comme incompatible entre ses membres souverains;[4]

IV. Traités de protection, par lesquels un État faible se soumet à la protection d'un plus puissant. L'histoire politique à toutes les époques a été féconde en exemples de ce genre. Les traités de soumission ont eu souvent pour effet de réduire la condition de l'État inférieur à celle d'État mi-souverain ou accessoire. Les derniers États protégés étaient:

les îles ioniennes, ci-devant république aristocratique sous la protection perpétuelle du roi d'Angleterre, en vertu du traité de Paris du 5 novembre 1815 et de l'acte constitutionnel du 29 décembre 1817; elles font maintenant partie du royaume de Grèce;

les principautés danubiennes, soumises depuis le traité d'An-

[1]) Bodinus, De republ. I, 9. Textor, Synops. jur. gent. IX, 21. H. G. Scheidemantel, De nexu feudali inter gentes. Jenae 1767.

[2]) Günther, Völkerr. I, 135. Moser, Vers. I, 7.

[3]) Ce lien datait des temps des Normands. Il fut déjà modifié en 1791. V. Colletta, Storia di Napoli. II, c. 13. III, 1. VIII, 25.

[4]) V. le décret de la Diète fédérale du 20 janvier 1848.

drinople de 1829 au protectorat de la Russie, protectorat remplacé par la garantie collective des puissances signataires de la paix de Paris en 1856;

la principauté de Monaco, propriété de la famille de Grimaldi-Valentinois: l'Espagne d'abord, la France depuis 1641 jusqu'à la révolution, enfin la Sardaigne (par le traité de Paris de 1815) se sont succédé dans le protectorat de cette principauté,[1] actuellement comprise dans le royaume d'Italie;

enfin la Ville libre de Cracovie (art. 6 de l'Acte final du Congrès de Vienne), incorporée depuis 1846 à la monarchie autrichienne.

Régulièrement le traité de protection a pour but de sauvegarder l'indépendance de l'État protégé, incapable de se garantir lui-même d'insulte et d'oppression. En reconnaissance de la sûreté qu'on lui procure, l'État protégé doit, dans ses relations extérieures, s'accommoder à la politique de l'État protecteur et régler en conséquence sa conduite à l'intérieur, afin d'éviter des complications au dehors. Les traités et les usages fixent en général les clauses de la soumission. Une soumission volontaire est essentiellement révocable.[2]

§ 23. L'origine des États est en général le résultat d'évolutions organiques. Tantôt, comme l'État patriarchal primitif, il a été le produit de la vie de famille et de tribu, tantôt, comme l'État hiérarchique, il s'est formé sous l'influence des idées religieuses, tantôt, comme l'ancien État héroïque, et plus tard l'empire romain et l'État féodal, il a été fondé par le génie et l'énergie d'hommes supérieurs. Souvent l'établissement de colonies a engendré de nouveaux États. Au moyen âge l'usurpation, la conquête, les partages, de nos jours l'émancipation, l'affranchissement de pays accessoires ou de colonies de leurs métropoles en ont été des sources fréquentes.

Un État existe de fait dès qu'il réunit les éléments nécessaires, indiqués au § 15 ci-dessus, c'est-à-dire la volonté unie à la force et aux moyens indispensables pour défendre son in-

[1]) V. Moser, Ausw. Staatsr. V, 3. 399. de Réal, Science du gouv. IV, 2. 3. 21. Murhard, N. Suppl. t. II. 1839. p. 343.

[2]) V. surtout Vattel I, §§ 191—199. Günther, Völkerr. I, 131.

dépendance. De là naît également l'obligation des autres de respecter cette indépendance. Néanmoins les principes de la justice qui régissent l'Europe chrétienne prescrivent en outre que l'existence d'un État ne lèse pas les droits des autres États qui appartiennent déjà au concert européen (Neminem laede!), que du moins la lésion cesse ou que l'État lésé renonce: c'est à cette condition qu'un nouvel État devient légitime. Aussi longtemps que l'État lésé n'a pas renoncé, qu'il s'oppose et qu'il a recours à la force des armes pour rétablir l'ancien ordre de choses, les autres puissances ne peuvent ni ne doivent reconnaître l'existence du nouvel État, ni entrer en relations politiques avec lui: il faut que l'État lésé, après avoir été indemnisé, reconnaisse le nouvel ordre de choses, ou qu'il se trouve dans l'impossibilité de recouvrer ses anciens droits. Jusque là il ne peut y avoir que de ces relations naturelles, surtout commerciales, autant que la guerre n'y met pas obstacle. Il n'appartient nullement aux puissances étrangères, parties non intéressées du litige, de décider si l'admission d'un nouvel État constitue une lésion de droits antérieurs: à leur égard cette création est un événement que la politique et la morale peuvent admettre ou empêcher. Elle forme au contraire une question légale à l'égard des parties réunies jusqu'alors sous un gouvernement commun, question qui doit être résolue d'après le droit public interne, et dont la solution admet seulement le concours des puissances qui ont stipulé l'intégrité de l'union politique précédemment établie, ou qui ont intérêt légitime et direct, et non pas seulement celui d'une garantie accessoire. Dans tous les cas le nouvel État doit remplir les engagements qui datent de l'union précédente, à raison de la portion à lui échue lors du partage.

D'un autre côté l'entrée du nouvel État sur la scène politique ne dépend nullement d'une reconnaissance expresse et préalable des puissances étrangères: elle s'accomplit de plein droit le jour où il commence à exister. De même ce sont les convenances politiques seules qui doivent décider ces dernières à le reconnaître et à entrer en rapports directs avec lui. La reconnaissance ne fait que confirmer ce qui existe légalement, en admettant un nouveau membre dans la grande famille européenne.

La pratique et la théorie s'accordent en général avec les principes qui viennent d'être énoncés. Ils ont reçu une application fréquente, notamment lors de l'insurrection des sept provinces unies des Pays-Bas et de celle, survenue depuis du Portugal contre la couronne d'Espagne, plus tard à la suite des guerres d'indépendance de l'Amérique du Nord, de l'Amérique du Sud, de la Grèce et naguère lors de la reconstitution de la Belgique. Les négociations surtout qui ont eu lieu entre la France et la Grande-Bretagne au sujet de la reconnaissance de l'indépendance des États-Unis sont très-instructives.[1] La question doctrinale de savoir si et à quelles conditions la portion d'un État peut s'en détacher, fut déjà traitée par les anciens publicistes, notamment par Grotius et par Cocceji, son commentateur;[2] elle a reçu de nos jours des solutions différentes selon le point de vue auquel on s'est placé. Nous aurons à l'examiner à l'occasion du droit d'intervention.

§ 24. Les États naissent, croissent, vieillissent et périssent enfin comme les individus. L'État n'est immortel que comme principe et comme cause première: l'État particulier n'est immortel qu'en ce sens tout au plus, qu'il ne dépend pas de l'existence physique de ses membres, mais subsiste aussi longtemps que la loi de reproduction fait succéder de nouveaux membres à ceux qui s'éteignent.[3] Au surplus il est condamné à périr comme toutes les choses terrestres, et son autorité ne lui survit en aucune manière. La question de savoir quand un État a cessé d'exister n'en est pas moins une question pratique, car avec lui ont dû s'éteindre nécessairement les rapports légaux qui dépendaient de son existence. Avant d'aborder cette question, nous rappelons le principe suivant:

¹) Ch. de Martens, Nouv. causes célèbres. t. I. 1843. p. 379—498. Moser, Versuch des neuen europäischen Völkerr. VI, p. 126 suiv. Günther, Völkerr. I, 75. Schmalz, Völkerr. p. 36 suiv. Klüber, Droit des gens. § 23. Wheaton, Intern. Law. I, 1. 2. § 19. p. 96.

²) Grotius III, 20. 41. 2. Cocceji II, 5, 24. 2. Comparez Pufendorf, Jus Naturae et Gentium VIII, 11, 4.

³) Respublica aeterna. Universitatis non moritur sed conservatur in uno. On trouve des déductions savantes de ces maximes, dont nous n'avons plus besoin, dans Grotius, J. B. ac P. II, 9. 3 et Pufendorf, J. N. et G. VIII, 12. 7.

Tout État souverain subsiste aussi lontemps que, sous une forme quelconque, il possède les éléments nécessaires à l'existence d'un corps politique, conformément à la définition que nous en avons donnée au § 16; par suite aussi longtemps que subsiste une association indépendante, capable de se protéger elle-même et de se reproduire, n'importe d'ailleurs que la reproduction s'opère d'une manière organique ou par voie d'immigrations.

En conséquence un État doit être considéré comme entièrement éteint dans les cas suivants:

1° lorsque tous les membres de la nation dont l'État se composait, ont péri d'une manière naturelle ou violente;

2° lorsqu'ils ont cessé de former une association politique par suite d'émigration ou d'expulsion de leur sol natal, ainsi qu'il est arrivé au peuple juif et à d'autres peuples de l'ancien monde;

3° lorsqu'une association politique se fond avec une autre (unio per confusionem), de manière que chacune perd son caractère individuel ou que l'une devient subordonnée à l'autre.[1]

Un État est réputé avoir cessé d'exister en partie seulement, par suite d'une diminution de sa substance, c'est-à-dire, par suite d'un partage ou d'un démembrement en plusieurs corps distincts, — ou bien par suite de la perte d'une portion de son territoire qui a été réunie à celui d'un autre, — enfin par l'incorporation à un État étranger, ou après avoir été réduit à la condition d'État mi-souverain (§ 19).

Un État, au contraire, continue à subsister, lorsqu'il subit seulement des changements dans les formes de son gouvernement ou dans les organes du pouvoir souverain. Il est vrai qu'Aristote était d'un avis opposé; mais tous les publicistes modernes s'accordent à repousser son avis. Ainsi p. ex. Bynkershoek disait: „forma civitatis mutata non mutatur ipse populus. Eadem ubique res publica est.“[2] En effet les éléments de l'État

[1]) Grotius, l. cit. § 6. Pufendorf, l. cit. § 9.

[2]) Aristote, Politique. III, 1. Bynkershoek, Quaest. juris publ. II, 25. Grotius, l. cit. § 8, 1. Pufendorf, l. cit. § 1. Boecler, De actis civitat.

continuent à être les mêmes. Par suite un État subsiste lorsqu'il est réuni à un autre à des droits égaux; ou bien lorsque le siége en est transporté d'un territoire dans un autre avec renonciation au territoire précédent, pourvu que l'association politique continue à offrir le même caractère de liberté et d'indépendance. Car ce n'est pas la glèbe qui forme l'État, bien que nous considérions des siéges fixés comme étant nécessaires à son existence.[1] Dans tous ces cas, les rapports légaux de l'État ne subissent d'autres modifications que celles résultant du maintien de l'ancien état de choses, p. ex. relativement aux traités publics conclus précédemment.

§ 25. Lorsqu'un État vient à se dissoudre en totalité ou en partie, il naît la question de savoir: à qui est échue sa succession avec les profits et avec les charges qu'elle comporte? On s'est demandé dans ce cas si la succession devait être considérée comme étant à titre universel ou à titre particulier?[2] En mêlant ainsi les principes du droit privé avec ceux du droit public, on a dû nécessairement troubler la simplicité et l'harmonie de ces derniers.

Nous posons en effet, dans le cas d'une extinction complète d'un État, la règle suivante, à savoir:

Tous les rapports publics de l'ancienne association politique, ayant été exclusivement établis en vue de cette dernière, doivent être considérés comme éteints, autant du moins que leur maintien dans le nouvel État de choses n'est pas possible et n'a pas été expressément stipulé;

Sont considérés, au contraire, comme continuant à subsister, tous lès droits et tous les engagements privés (jura et obligationes singulorum privatae) qui datent des anciens rapports politiques, sans qu'on puisse excepter la responsabilité privée des particuliers relativement aux engagements

(Dissert. acad. vol. I, p. 881). Hert, De pluribus hominibus unam personam sustinent. §§ 7. 8.

[1]) Grotius, l. c. § 7. Pufendorf § 9; et déjà Aristote l. cit. p. 74 (édit. Göttling).

[2]) V. Klock, Consilia. vol. VIII, 152, n. 28. v. Cramer, Wtzl. Nbst. 110, p. 233.

de l'État;[1] peu importe que ces derniers grèvent les personnes ou les choses. Il suffit que leur exécution soit possible d'une manière quelconque.

En effet les droits établis dont la durée n'a pas été limitée, sont considérés comme existant toujours, aussi longtemps du moins qu'existent les personnes et les choses à l'égard desquelles ils peuvent recevoir leur exécution.

Il faudra en dire autant de la persistance des droits privés, lors de la dissolution partielle d'un corps politique, tandis que les rapports publics de ses membres subiront les changements commandés par le nouvel ordre de choses, ou imposés par la loi du vainqueur, lorsqu'ils sont l'effet de la conquête.[2]

L'administration du domaine privé, avec les charges qui le grèvent, appartient, après la dissolution d'un État, à celui qui lui a succédé. C'est ce qui fait dire que le fisc nouveau succède à titre universel aux droits et aux obligations de l'ancien. Il ne faut pas non plus perdre de vue cette règle: „Bona non intelliguntur nisi deducto aere alieno." Les partages s'opèrent proportionnellement à la part de chacun.[3] Quant aux immeubles qui font partie du domaine privé, nous en parlerons au chapitre II du présent livre.

II. DROITS FONDAMENTAUX DES ÉTATS DANS LEURS RAPPORTS MUTUELS.

§ 26. Les droits généraux et mutuels des nations avec les formes et avec les modifications consacrées par les règles du cérémonial public et par les usages, doivent avant tout fixer notre attention. Voici l'ordre dans lequel ils se présentent:

le droit d'existence libre et indépendante dans toute l'étendue du territoire;

[1]) Ainsi ils répondent notamment du payement des emprunts contractés par l'ancien État.

[2]) V. les décisions portées par la députation de l'Empire de 1803, § 3 relativement à la constitution de la ci-devant principauté de Münster.

[3]) V. le journal périodique Hermes XXX, 1. p. 113. Grotius II, 5. 9. § 9 et 10. Pufendorf, l. cit. VIII, 12. § 5. Wheaton, l. cit. § 20. p. 99. Leonhardi, Austrägalverf. des deutschen Bundes. I, 645. Pinder, Das Recht getrennter Landestheile auf gemeinschaftl. Legate. Weimar 1824.

le droit d'être respecté comme personnalité politique souveraine;

le droit d'un commerce mutuel avec les autres nations.

Ces différents droits sont dominés par le principe fondamental de l'égalité de toutes les nations souveraines, sauf les modifications qu'il a reçues dans le droit positif.

On a encore parlé à la vérité, dans la pratique des nations, d'un Droit de convenance, c'est-à-dire du droit qui appartient à chaque nation, en cas d'une collision de ses intérêts avec ceux des autres, d'agir de la manière la plus conforme aux siens propres. Mais ce droit même suppose nécessairement l'absence d'un droit régulièrement consenti au profit d'une nation étrangère et de nature à en empêcher l'exercice. Le seul intérêt politique ne suffit pas pour motiver l'exercice d'un droit semblable.

On a de plus considéré comme des cas d'un droit de convenance les cas suivants, savoir:

premièrement, ce qui, en temps de guerre, est réputé la raison de guerre;

secondement, ceux d'une nécessité effective, qui constituent au profit des nations le droit suprême de sauvegarder leur existence et leurs intérêts menacés par un péril imminent, même aux dépens et en violant les droits d'autrui. La convenance se confond dès lors avec la légitime défense.

Nous établirons par la suite qu'aucune de ces deux espèces de convenances légitimes n'est affranchie de toute règle.[1]

PRINCIPE DE L'ÉGALITÉ DES ÉTATS.

§ 27. Les nations en tant qu'elles sont souveraines ou indépendantes les unes des autres, ne pourront être considérées entre elles que sous le point de vue d'une égalité complète. L'État le

[1]) Moser, Beitr. I, 5. F. H. Struben, Abhandl. von der Kriegsraison und dem Convenienzrecht (in der Sammlung auserlesener juristischer Abhandl. Leipz. 1768). p. 31 suiv. L. v. Dresch, Abhandlungen über Gegenstände des öffentlichen Rechtes. 1830. No. 1. Heffter, Beitr. zu dem Staats- und Privat-Fürstenrecht. p. 184. Klüber, Oeffentliches Recht des deutschen Bundes. § 175.

plus faible a les mêmes droits politiques que le plus fort. En d'autres termes, chaque État exerce dans leur plénitude les droits qui résultent de son existence politique et de sa participation au concert européen. Néanmoins il ne s'ensuit pas qu'un État, à moins d'y être autorisé par un titre spécial, puisse exiger d'un autre, lors de l'exercice des droits souverains de ce dernier, et dans leurs rapports mutuels, l'observation des règles de conduite qu'il a adoptées lui-même. Ainsi un État ne peut empêcher un autre de favoriser ses propres sujets au détriment de sujets étrangers, et d'accorder notamment certains avantages aux premiers sur ces derniers, en cas de collision d'intérêts réciproques. Ces faveurs ne constituent aucune illégalité, mais une iniquité seulement qui autorisera des mesures de rétorsion, ainsi que nous l'établirons au § 111 ci-après. De même encore un État peut accorder à certaines nations étrangères des avantages et des droits spéciaux, sans que les autres y puissent voir une lésion. Elles auront la faculté d'en faire autant et de recourir à des mesures de rétorsion.[1] Il ne faut pas oublier non plus, ainsi que nous l'avons déjà dit, que l'idée de souveraineté n'est nullement exclusive de certaines restrictions, de certains rapports de dépendance et de soumission politiques. Enfin l'inégalité politique des États et les traditions ont consacré dans le système européen le droit de préséance.

RESTRICTIONS DU PRINCIPE DE L'ÉGALITÉ PAR LES DROITS DE PRÉSÉANCE.[2]

§ 28. Déjà aux conciles religieux du moyen âge les prétentions rivales de rang et de préséance ont donné lieu à de vives contestations entre les représentants des diverses nations.

1) Günther, Völkerr. I, 316.

2) Les traités relatifs à cette matière, à laquelle on accordait autrefois une importance minutieuse et exagérée, ont été indiqués par Ompteda § 195 suiv. et par Kamptz § 124 suiv. V. en outre Zach. Zwanzig, Theatrum praecedentiae. Frcfrt. 1706. 1709. Rousset, Mémoires sur le rang et la préséance. Amst. 1746. Agostino Paradisi, Atteneo dell' uomo nobile. Venet. 1731. Gottfr. Stieve, Europ. Hofceremon. Leipz. 1715. 1723. Günther, Völkerr. I, p. 199 suiv. Hellbach, Handbuch des Rangrechts. Ansp. 1804. Fr. A. Mosheim, Ueber den Rang der europäischen Mächte. Sulzbach 1819.

Ces contestations et le commerce actif entre les puissances temporelles et le Saint-Siége ont fourni aux papes l'occasion de faire intervenir leur autorité, et les rangs des princes ont été réglés par eux à diverses reprises. Un règlement publié en 1504 par le pape Jules II notamment a fixé les rangs dans l'ordre suivant: l'empereur romain, le roi romain, les rois de France, d'Espagne, d'Aragon, de Portugal, d'Angleterre, de Sicile, d'Écosse, de Hongrie, de Navarre, de Chypres, de Bohême, de Pologne et de Danemark; la république de Venise, les ducs de Bretagne et de Bourgogne; les électeurs de Bavière, de Saxe et de Brandebourg; l'archiduc d'Autriche, le duc de Savoie, le grand-duc de Florence, les ducs de Milan, de Bavière, de Lorraine etc. L'autorité de ce règlement et d'autres semblables n'a jamais été reconnue généralement. De même plusieurs conventions conclues à cet effet entre divers gouvernements sont tombées dans l'oubli par suite du changement des circonstances.[1] — La franchise chevaleresque du roi Gustave-Adolphe de Suède et de la régence qui lui a succédé, s'est pour la première fois opposée ouvertement et avec hardiesse à ces vaines prétentions. Les paroles prononcées par lui: que toutes les têtes couronnées étaient égales, ont eu un retentissement général qui a produit des changements importants.

Aujourd'hui les rangs des divers États sont réglés d'après l'ordre conventionnel suivant:

I. Les États qui ou dont les souverains jouissent d'honneurs royaux (honores regii), ont des prérogatives d'honneur sur d'autres États souverains. Sont considérées comme prérogatives attachées aux honneurs royaux: l'usage du titre, de la couronne et des armes royaux; le droit incontesté de pouvoir nommer aux missions diplomatiques des ministres publics de première classe, ainsi que d'autres droits faisant partie du cérémonial public, dont nous parlerons ci-après. Les empereurs, les rois, les grands-ducs régnants, et en vertu d'anciens usages, l'électeur de Hesse, jouissent des honneurs royaux; enfin comme les cidevant Provinces-Unies des Pays-Bas et la république de Venise,

[1]) V. les ouvrages cités dans la note précédente et un résumé chez Günther § 18.

pareillement aujourd'hui encore les confédérations libres, telles que la Suisse et les États-Unis de l'Amérique, jouissent incontestablement de ces prérogatives. Il va sans dire que la confédération germanique y participe également, la plupart des souverains qui la composent étant eux-mêmes en jouissance des prérogatives royales.

II. Une égalité parfaite de rang est établie en principe entre les souverains qui appartiennent à chacune des deux catégories principales d'États, c'est-à-dire celles de premier et de second rang. Ce principe s'applique notamment aux titres d'empereur et de roi, les empereurs romains d'Allemagne qui autrefois étaient considérés comme occupant le premier rang dans la Chrétienté, ayant cessé d'exister. Le titre d'empereur n'a plus eu depuis sur celui de roi de prérogatives quelconques. Plusieurs rois se sont attribué la dignité impériale, ou du moins ont donné à leur couronne et à leurs droits le nom d'impériaux. C'est ainsi que les rois de France se donnaient le titre d'empereur dans leurs négociations avec la Porte et les États Barbaresques. De même la couronne d'Angleterre est qualifiée d'Imperial crown dans les actes publics.[1] Néanmoins les souverains qui jouissent des honneurs royaux, sans cependant porter le titre d'empereur ou de roi, accordent le pas à ces derniers. Ils ont également le pas sur les républiques actuellement existantes, bien que le rang de ces dernières, par rapport aux souverains qui jouissent des honneurs royaux, ne soit pas clairement défini.

III. Le vasselage d'un État ne confère pas nécessairement un droit de préséance à l'État suzerain, mais les États mi-souverains ou d'une souveraineté incomplète cèdent en tout le pas, sinon aux États souverains en général, du moins à celui dont ils relèvent. De même un État protégé cède le pas à l'État protecteur, dès que le protectorat porte un caractère général et qu'il ne s'agit pas d'affaires en dehors de ce dernier. Cette infériorité toutefois n'est que relative et ne se retrouve aucunement dans les rapports internationaux avec les autres puissances.[2] Il

[1]) V. (de Steck), Échantillon d'essais. Halle 1789. p. 3. — Le parlement britannique porte aussi le nom d'imperial parliament.

[2]) Günther I, 213. 214.

existait naguère tels États mi-souverains auxquels les usages européens accordaient la préséance sur d'autres entièrement souverains. Ainsi les électeurs du ci-devant empire germanique avaient le pas sur les souverains qui ne jouissaient pas des honneurs royaux.

IV. Les traités publics et les usages pourront modifier l'égalité du rang des États. Ainsi l'ordre parmi les États de l'Allemagne est réglé par l'acte de la Confédération, mais uniquement par rapport à la Confédération. Ces conventions doivent être respectées par les autres puissances, dès qu'elles sont portées à leur connaissance, pourvu qu'elles ne leur causent aucun préjudice.[1] En effet les conventions publiques ne peuvent profiter ni nuire aux puissances qui ne sont pas parties contractantes. Il faut en conséquence que celles qui ont pour objet de conférer à une puissance une priorité de rang sur les autres, obtiennent l'assentiment de toutes les parties intéressées. Autrement, en s'écartant des règles générales, elles constitueraient un acte de lésion. En cas de conflit c'est toujours aux règles générales qu'il faut recourir, et il ne faut jamais y déroger. Des considérations de famille mêmes ne permettront pas de s'éloigner des principes d'une stricte neutralité, dès qu'il ne s'agit pas de purs rapports de famille.[2]

V. Lorsque la forme du gouvernement vient à changer chez une nation, lorsque notamment les organes du pouvoir souverain suprême cessent d'être les mêmes, elle n'en conserve pas moins le rang et les honneurs dont elle a joui jusqu'alors. Le protectorat exercé par Cromwell, durant le „common wealth", les dernières années du Directoire et le consulat en France en fournissent des exemples éclatants.[3] Toutefois si le changement opéré dans la forme du gouvernement avait pour effet un changement du titre de souverain, de nature à en modifier également le rang conformément aux usages reçus (alin. II ci-dessus), il en serait autrement.

VI. Aucun souverain ne peut prétendre que les autres puis-

[1]) Günther I, 269.

[2]) Günther I, 269.

[3]) Art. 23 du traité de Campo Formio. V. Vattel II, 3, 39. Günther I, 208. Klüber § 99. Wheaton I, 196. (Élém. du droit intern. I, 152.)

sances reconnaissent les honneurs conférés par lui, si ceux-ci sont égaux ou même supérieurs aux siens propres. Ainsi la prétention d'un prince souverain ne jouissant pas des honneurs royaux lui-même, qui voudrait créer un de ses sujets prince ou duc, serait contraire aux usages reçus.[1]

DROITS FONDAMENTAUX ET INDIVIDUELS DES ÉTATS.

1. Droit d'existence territoriale libre et indépendante.

a. Droit d'intégrité ou d'inviolabilité territoriale.

§ 29. Les États, comme les individus, ont le droit fondamental d'exister et de se développer autant physiquement que moralement.

La condition naturelle en est la possession exclusive et assurée d'un territoire suffisant aux besoins de la société politique qui se trouve dans la possibilité de former un État à part. Alors cette possession devient son domaine, dont il peut jouir à son gré et dont il peut garder et défendre l'intégrité contre tout attentat par tous les moyens de défense. Par suite aucune nation ne peut, par ses lois ni par ses actes, affecter directement, lier ou régler des objets qui se trouvent dans un territoire étranger. Aucun acte de juridiction étrangère ne peut non plus être exécuté dans le territoire d'une nation sans son consentement exprès ou tacite. L'intégrité et l'inviolabilité d'un État trouve ses limites naturelles dans celle des autres. Voici les conséquences pratiques des principes qui viennent d'être énoncés.

I. L'autorité de tout acte et de tout établissement public expire aux limites du territoire. Ainsi l'administration des postes, celle des loteries, les bureaux d'enrôlement militaires ne peuvent pas fonctionner dans un territoire étranger. Les notaires ne peuvent pas non plus y instrumenter, ni les autorités judiciaires et de police y exercer des poursuites. Les fonctionnaires de l'État n'y ont aucun caractère public. Chaque territoire représente à cet égard un asile pour les individus vis-à-vis des autres États.

II. L'autorité publique d'un État ne peut faire aucun acte de nature à porter atteinte, d'une manière directe ou indirecte,

[1]) V. Klüber, Oeffentl. Recht des Deutschen Bundes. § 497, I in fine.

à l'intégrité d'un autre dans ses éléments naturels. Ainsi elle doit s'abstenir d'actes quelconques tendant à provoquer l'émigration des sujets d'un autre État, ou à le dépeupler, ou à en détacher une portion de territoire. Elle ne doit pas s'approprier arbitrairement les enclaves de son territoire appartenant à un État étranger. Il est vrai que la politique n'a pas toujours respecté ce principe incontesté du droit international. Souvent elle a provoqué ouvertement la révolte, ou du moins elle a favorisé dans un intérêt égoïste des conspirations et la propagande révolutionnaire. Il a été constaté que telle a été la politique constante de plusieurs cabinets de l'Europe. Mais elle n'a jamais osé s'abriter des maximes du droit: c'est en secret qu'elle a le plus souvent agi, et elle a toujours rencontré l'opposition des autres cabinets.[1]

D'un autre côté on ne peut empêcher un État de recevoir sur son territoire les émigrants d'un autre pays, ou de leur offrir en général certains avantages. On ne peut l'empêcher non plus d'incorporer à son territoire les parties d'un territoire étranger qui, après s'en être détachées, ont fait reconnaître leur indépendance conformément aux règles du droit international (§ 23 ci-dessus).[2]

III. Le pouvoir souverain d'un État ne doit refuser ni retirer à un État étranger les droits qui lui appartiennent d'après l'ordre naturel des choses. Les rapports naturels d'États limitrophes notamment doivent être maintenus d'après leurs conditions primitives, et un État ne peut revendiquer le domaine exclusif de choses que la nature a réparties entre tous ou entre plusieurs également. Ainsi on ne doit pas détourner le cours d'une rivière ou d'un lac au préjudice d'un État voisin, mais les États riverains peuvent l'utiliser dans son parcours sur leur territoire, pourvu que son cours naturel ne soit pas changé.[3]

IV. Le pouvoir souverain d'un État ne doit pas non plus ordonner ou autoriser sur son propre territoire des faits ou des établissements qui sont de nature à nuire aux voisins. A cet

[1]) V. Günther, Völkerr. II, p. 276 suiv.

[2]) V. Moser, Vers. VI, p. 118. Günther, loc. cit. II, p. 298 suiv.

[3]) Vattel I, 22, 271. 273.

égard on applique la maxime du droit privé: „In suo quisque facere non prohibetur dum alteri non nocet" bien entendu qu'on admette une distinction entre „damnum" et „lucrum cessans."[1]

b. Droit de conservation et de défense.

§ 30. La raison naturelle permet la protection et la défense de l'existence politique contre tous les dangers qui la menacent, et l'adoption des mesures de précaution propres à repousser toute agression du dehors.[2]

Les périls qui menacent l'existence des États sont nombreux. Tantôt ce sont des forces naturelles et surhumaines ou des bouleversements qui changent la face du monde, tantôt c'est la violence humaine. Les premiers par eux-mêmes ne justifient aucunement des lésions faites à l'existence, aux propriétés et aux droits d'États étrangers et de leurs sujets. Une extrême nécessité peut seule rendre légitime la défense, faite par une nation, de ses propres droits aux dépens des droits d'autrui. Encore faut-il, pour la légitimer, qu'elle ne l'ait pas provoquée elle-même, et que le préjudice occasionné puisse être réparé au moyen d'une indemnité.

Les principes du droit de conserver l'existence sont les mêmes pour les nations que pour les individus, bien qu'ils soient d'une application plus rare par rapport aux premières. Supposons qu'une nation manque absolument de vivres, elle peut incontestablement, après avoir épuisé tous les moyens, contraindre ses voisins qui en ont de reste, à lui en céder à juste prix, ou même en enlever de force, sauf indemnité.[3]

Le droit d'une juste défense est le droit qui appartient à chaque nation de repousser par la force toute agression quelconque. Les autres nations ont le devoir de la secourir, si seule elle ne peut repousser l'agression. Mais il faut une lésion réelle,

[1]) Multum interest utrum damnum quis faciat, an lucro quod adhuc faciebat, uti prohibeatur. L. 1. § 11. D. de aqua. L. 26. D. de damno inf. V. Cocceji, De iure nocendi aliis in Vol. dissert. II, 1199.

[2]) Adversus periculum naturalis ratio permittit se defendere. L. 4. D. ad legem Aquil.

[3]) Vattel II, 120. Bynkershoek, Quaest. jur. publ. II, 15. Grotius II, 2, 9.

résultant de l'intention de léser. Tant qu'il n'y a pas de lésion, il est permis seulement de prendre des mesures de précaution, telles que des coalitions, des armements, des constructions de forts etc. Dès que le danger existe, la nation menacée a le droit d'opposer la force, et même d'aller au-devant de l'attaque qui la menace en attaquant elle-même. C'est ce que conseillaient déjà les lois romaines: „melius est occurrere in tempore quam post exitum vindicare."[1]

Il est évident que le point de vue étroit du droit privé ne peut servir ici de règle aux rapports internationaux. Le secret qui enveloppe les trames de la politique ne laisse guère deviner très-souvent ses vues ni son but véritables. Une longue observation même du système politique poursuivi par un Cabinet ne fournira souvent que des suppositions et rendra l'erreur excusable. Toutefois on doit se prémunir contre des entraînements inconsidérés et procéder dans les explications réciproques avec une franchise complète.[2]

Une nation peut prendre un tel accroissement qu'il pourra devenir par la suite un danger pour les autres nations. Néanmoins cet accroissement seul ne constitue aucunement un cas de juste défense et de guerre légitime, tant qu'il s'opère dans les limites du droit et de la justice internationale. Mais quand une grande puissance tâcherait d'acquérir de nouveaux titres d'agrandissement p. e. par des mariages, des donations, des cessions etc., ce jour-là les autres, sans commettre aucune offense, pourront s'y opposer.[3]

La question de savoir si des changements de l'équilibre politique des États, prévus ou accomplis, autorisent les États menacés à s'y opposer par la force, doit être résolue dans un sens analogue. Tant que ces changements ont pour base des titres actuels et valables, vouloir les empêcher, ce serait commettre une insulte. Mais en dehors de ce cas, la politique conseille la réunion collective de toutes les forces, pour prévenir ou pour re-

1) Loi 1. Cod. quando liceat unicuique.

2) Nous examinerons le droit de demander des explications à l'occasion du droit d'intervention aux § 31 et suiv. ci-après.

3) V. un résumé des diverses opinions chez Günther I, p. 362 suiv.

pousser le danger commun. C'est là surtout que la politique de coalition a obtenu ses plus beaux triomphes. Nous citons comme exemples la coalition qui avait pour objet la succession d'Espagne après le décès du roi Charles II, celle formée en 1785 par le grand Frédéric sous le nom de Ligue des princes allemands, en vue de la succession de Bavière; enfin les coalitions contre la Révolution et l'Empire.

Il n'existe à la vérité aucun juge qui puisse déterminer d'une manière exacte où s'arrête le droit, où commence la nécessité d'une juste défense. Cette nécessité, elle surgira incontestablement le jour où des indices irrécusables révéleront les vues d'une puissance tendant à établir sa suprématie sur les autres et à fonder une monarchie universelle.

c. Droit de souveraineté.

§ 31. Un autre droit fondamental des nations est celui de remplir leur mission avec une entière indépendance. Chaque nation est donc libre de régler à son gré les formes de son gouvernement, les lois et les institutions pour son administration intérieure, ainsi que les mesures de politique extérieure, sauf les restrictions qu'un droit d'intervention ou le respect dû aux autres nations pourraient imposer à la souveraineté des États.

Il est encore incontestable que chaque nation est libre d'adopter elle-même et d'accorder à ses autorités les noms, les titres, les distinctions extérieures, les armes[1] etc. qu'elle juge à propos.[2] En général les autres nations n'ont rien à voir dans ces actes d'autonomie intérieure. Une contradiction ne serait juste à leur profit que dans les cas suivants:

premièrement si des traités en vigueur ou certains rapports envers quelque puissance étrangère s'y opposent;

[1]) La pratique des États se dirige, à cet égard, d'après les règles de l'art du blason. V. les écrits concernant cette matière, dans: Berend, Allgem. Schriftenkunde der Wappenk. 1835. 3 vol. Lower, Curiosities of Heraldry. London 1845. Pour l'histoire des armes v. Deutsche Vierteljahrsschrift. 1853. No. 64.

[2]) Vattel II, 3, § 41 suiv. de Réal, Science du Gouvern. V, 5, 6. Günther, Völkerr. II, 4, 1.

secondement, si les titres ou les honneurs appartiennent déjà à une autre puissance.

Enfin les puissances étrangères ne sont point obligées de déférer aux volontés du souverain qui prend un titre et un nom nouveaux, et de lui décerner les honneurs qui y sont attachés.

En conséquence, le souverain qui veut prendre avec plein effet un nouveau titre ou une nouvelle qualité, doit s'assurer, d'avance ou après, le consentement des autres souverains, du moins de ceux qui ont le droit ainsi que le pouvoir de s'y opposer. Il en est de même quand il s'agit du changement de titres, d'armes et d'autres distinctions extérieures.[1] Telle est la pratique constante des États. Sous ce rapport les négociations qui ont précédé l'adoption du titre royal par l'électeur de Brandebourg,[2] et du titre d'empereur que le czar Pierre I s'est décerné lui-même, sont utiles à consulter.

L'opposition peut être justifiée par le motif de l'affaiblissement du prestige attaché au titre, si à ce titre ne correspondent pas des moyens suffisants pour le soutenir dignement; elle peut encore être fondée sur l'abaissement des autres souverains par suite de l'élévation de l'un d'entre eux.[3]

Au reste le droit revendiqué autrefois par le Saint-Siége de conférer des titres politiques n'est plus sérieusement soutenu aujourd'hui. Les écrivains politiques de la Prusse et la position décidée de son gouvernement vis-à-vis du Saint-Siége ont réduit à sa juste valeur cette prétention.

2. Droit de respect mutuel des États.

§ 32. Les nations, à moins qu'elles ne prétendant vivre dans un isolement complet, telles que la Chine, le Japon et d'autres tribus de l'ancienne Asie, doivent reconnaître et respecter mutuellement leur existence comme membres de l'association humaine. De même qu'entre les hommes, le droit de respect entre les nations résulte de leur existence physique. Le respect

[1]) Schmelzing, Europ. Völkerr. § 40. Schmalz, Völkerr. p. 182.

[2]) V. surtout de Ludewig, Opusc. miscell. I, p. 1 et 129.

[3]) Il existe un protocole du Congrès d'Aix-la-Chapelle très-curieux sous ce rapport, que nous communiquons dans l'Appendice.

dû à un État ne peut lui être refusé par un autre que dans le cas où ce dernier contesterait sa légitimé et romprait les relations avec lui. Et alors encore les devoirs commandés par la morale et par l'humanité ne pourront pas lui être refusés.

Les devoirs qui correspondent au droit de respect, d'un caractère tantôt positif, tantôt négatif, sont notamment le respect de la personnalité physique, celui de la personnalité politique et celui de la dignité morale.

I. Le respect de la personnalité physique d'un État résulte de sa qualité de membre de l'association humaine. Dès lors il n'est permis à aucune nation d'entrepretendre la destruction physique d'une autre, aussi longtemps du moins que son propre salut ne le commande pas impérieusement (§ 29 ci-dessus). Ce serait donc commettre une injustice que de fermer à un État enclavé des débouchés de son commerce ou de l'imposer de droits exorbitants qui équivaudraient à une prohibition, et de l'empêcher par là de se procurer les moyens de subsistance nécessaires et qu'il ne possède pas lui-même.[1]

II. Le respect de la personnalité politique des États, c'est-à-dire de tous les droits généraux et spéciaux, sanctionnés par leur constitution propre, tant que leur exercice ne dépasse pas de justes limites, ou ne fait pas naître des conflits qui résultent de l'existence de droits opposés.

Ainsi les États dans leurs relations réciproques se doivent les égards et les honneurs consacrés par les règles du cérémonial public. Ils doivent s'abstenir d'actes arbitraires qui sont de nature à usurper sur les droits souverains d'un État étranger ou à en empêcher l'exercice. Toute lésion ou toute usurpation des droits et des établissements d'un souverain étranger, telles que la contrefaçon de monnaies faite surtout avec une diminution du poids, l'emploi illicite d'armes ou d'un pavillon étrangers, et en général toute fraude, constituent des lésions.[2]

Mais d'un autre côté les États ne sont aucunement tenus de s'aider et de s'assister réciproquement dans l'exercice de leurs droits particuliers.

1) V. Vattel II, 134. La simple perception des droits d'entrée ou de transit ne constitue pas une lésion.

2) V. Vattel I, § 108.

Les États doivent en outre, dans leurs relations réciproques, respecter les institutions particulières de chacun. Ainsi il ne leur est pas permis d'ignorer dans leurs négociations la constitution d'un pays, à moins qu'ils n'aient le droit d'en contester la validité. De même lorsqu'un souverain fait poursuivre ses droits devant des tribunaux étrangers, ou est appelé à s'y défendre, il doit se conformer aux lois du pays, sans aucunement être tenu de leur accorder par voie de réciprocité une autorité semblable dans son propre territoire.[1]

III. Respect de la dignité morale des États, ces derniers faisant partie de l'ordre moral universel, pourvu que par leur conduite ils ne se rendent point indignes du respect des autres.

Il n'est donc permis à aucune nation de traiter une autre avec dédain ou d'une manière offensante. Mais en même temps il suffit que dans leurs rapports les nations s'accordent mutuellement les honneurs dus à leur rang parmi les États. Ainsi, bien que la gloire d'une nation tienne intimement à sa puissance, elle ne peut pourtant exiger des autres qu'elles la traitent comme la plus grande et la plus brave.[2] En général c'est une conduite fondée sur le droit et sur la justice qui attire à une nation la considération des autres peuples. Il est vrai que si, passagèrement et par un acte isolé, elle venait à s'écarter de la ligne étroite de la justice, cet acte seul ne devra pas lui faire perdre la considération à laquelle elle peut prétendre. Le droit de juger ces actes appartient à toutes les nations, selon l'adage des lois romaines: „peccata nocentium nota esse et oportet et expedit."[3] Où s'arrêtera le mensonge le jour où les souverains justiciables par le tribunal de l'histoire, dont ils sont pour ainsi dire les organes vivants, refuseront d'accorder à la vérité l'accès dans leurs conseils? Chaque souverain a donc le droit d'exiger qu'une foi entière soit accordée à ses paroles et à ses expli-

[1]) Nous examinerons les cas de conflits des lois internationales aux § 34 et suiv. ci-après.

[2]) La gloire d'une nation est sans doute un bien très-réel et incontestable. C'est en ce sens que Vattel (I, § 190) a pu dire: attaquer la gloire d'une nation, c'est lui faire injure.

[3]) L. 18 D. de injur.

cations, pourvu que ses actes attestent sa sincérité et sa bonne foi.[1]

Les gouvernements doivent veiller en outre que les engagements auxquels ils se sont soumis, soient exécutés également par leurs propres sujets. Jusqu'à présent néanmoins les lois spéciales des États de l'Europe ont gardé un silence à peu près unanime sur la protection qui est due aux droits et aux intérêts particuliers des gouvernements étrangers. La pratique égoïste des États n'a pas hésité à nier la nécessité d'une protection semblable. La contrebande à l'étranger, par exemple, d'après la jurisprudence constante des tribunaux, continue à être considérée comme une chose parfaitement licite dont personne n'a à rougir.[2]

[1]) V. les ouvrages cités par de Kamptz, Lit. § 93.

[2]) Qu'il nous soit permis de rapporter ici les termes d'un arrêt rendu en sens contraire par la Cour suprême dans laquelle nous avons eu l'honneur de siéger.

„Attendu que la Cour de cassation est compétente pour statuer sur la question de savoir: si une convention est contraire aux bonnes moeurs? Car cette question implique non pas des idées accidentelles, mais des principes constants qui doivent être considérés comme faisant partie de la loi à laquelle ils servent de base;

que les idées sur ce qui est moralement permis ou défendu, ne sont pas des idées locales, circonscrites dans les limites du territoire d'un État;

que la volonté morale, qui est le fondement des bonnes moeurs, consiste essentiellement dans l'obligation de ne léser les droits de personne, ni de s'enrichir aux dépens d'autrui;

que chaque État a le droit incontesté d'exiger une justification de marchandises importées de l'étranger et d'en percevoir des droits;

qu'à la vérité les États ne sont pas tenus de s'entr'aider réciproquement dans l'exercice de ce droit, mais qu'une violation à cet égard n'en constitue pas moins une lésion et un acte incontestablement immoral de la part de celui qui l'entreprend dans un but d'intérêt personnel, ou qui le provoque;

que par suite la Cour d'appel rhénane a jugé avec raison que la convention dont il s'agit, et qui avait pour objet l'introduction de marchandises de contrebande dans un pays ami, était contraire aux bonnes moeurs et aux lois etc.

La jurisprudence française professe des principes moins libéraux. Par arrêt du 25 mars et du 25 août 1835 la Cour de cassation a jugé que la contrebande à l'étranger n'est pas une cause illicite d'obligation; qu'elle peut être notamment l'objet d'une société entre Français, ainsi que d'un

Chaque gouvernement, sur ce terrain, semble attendre de l'État voisin l'initiative d'une réforme. Cette initiative on ne la rencontre jusqu'à présent que dans les États fédéraux: là du moins les intérêts collectifs ont été réglés d'une manière satisfaisante pour tous. Nous reprendrons les détails de cette matière dans le chapitre relatif aux obligations qui naissent des délits.

3. Commerce mutuel des nations.[1]

§ 33. Le but suprême du droit international, ainsi que nous l'avons expliqué (§ 2 ci-dessus), étant le rapprochement mutuel des nations, il fournit par le commerce des moyens d'échange de leurs ressources morales et matérielles, propres au développement de la nature humaine. La liberté de commerce à la vérité n'est pas un principe absolu. Il doit subir plusieurs restrictions. La première résulte de cette justice distributive qui, fondée sur l'égalité en nivelant les positions inégales, s'oppose à ce qu'un État entretienne avec un autre un commerce dont seul il supporterait les charges et ce dernier les bénéfices. Une autre restriction, fondée sur des motifs tout aussi graves, résulte de cette circonstance que l'intérêt de conservation ne permet guère à un État de se placer dans une dépendance absolue d'un autre, en lui accordant une liberté de commerce absolue.

La politique intérieure des États doit seule dicter les mesures de précaution, de défense, de réciprocité et d'encouragement qu'il convient de prendre à cet effet. C'est à elle de proscrire du territoire d'un État les branches nuisibles du commerce,

contrat d'assurance valable. Ces arrêts s'appuient sur les motifs que la contrebande en pays étranger, à l'aide de ruse employée pour tromper les préposés chargés de l'empêcher, n'est prévue ni réprimée par aucune loi française; — qu'on viole les lois prohibitives qui n'obligent que les sujets du prince qui les a établies (Sirey 1835, 1, 675 et 805). La jurisprudence anglaise et américaine n'est guère plus libérale. V. dans le sens de notre opinion Pfeiffer, Prakt. Ausf. III, 83 et l'auteur espagnol Pando, Elem. del derecho intern. p. 144; sur les contestations entre États pour faits de contrebande, v. Moser VII, 756. V. aussi la loi prussienne du 22 août 1853 (Gesetzsammlung, 926), qui punit même l'introduction de contrebande dans un pays étranger à moins qu'il n'y ait réciprocité.

[1]) Voir les écrits concernant cet objet dans: Ompteda, Lit. § 277. de Kamptz § 252. Klüber, Droit des gens. § 69. Zachariae, 40 Bücher. IV, 21.

à assujettir celui des étrangers au régime des passeports et aux règlements de police, à favoriser les produits nationaux en grevant les produits étrangers de droits protecteurs, en traçant les routes que ces derniers, lors de leur entrée dans le territoire, doivent suivre, et en les assujettissant à la nécessité d'entrepôt. C'est à elle de décider s'il convient de favoriser le commerce étranger par des traités, par la création de ports libres (§ 243) et d'établissements analogues, ou bien seulement celui de certaines nations (§ 27); d'accorder même des monopoles, s'ils peuvent offrir encore aujourd'hui de réels avantages. Enfin une nation peut, par un traité de commerce, se soumettre à certaines restrictions, pourvu qu'elles n'affectent ni son indépendance ni les progrès de son développement intérieur.

On pourra résumer le droit public des nations civilisées à cet égard dans les propositions suivantes:

I. une nation qui, par rapport à son commerce, adopte un système d'isolement complet, renonce par là à la jouissance du droit commun des nations;

II. une nation ne peut, sans commettre un acte d'hostilité, priver une autre du commerce des objets qui sont pour cette dernière d'une nécessité absolue, conformément à ce que nous avons dit au § 30 ci-dessus;

III. une nation ne peut, sans commettre un acte d'offense et de lésion, priver une autre de l'usage paisible de ses routes de terre et d'eau, dont celle-ci a besoin pour tirer d'un pays tiers ses moyens de subsistance. Les anciens auteurs, qui désignent ce droit sous le nom de Jus transitus ou Passagii innoxii, ne s'accordaient pas entre eux sur la question de savoir s'il constitue une obligation parfaite ou imparfaite. La seule nécessité des besoins humains peut le justifier complétement; le refus non motivé d'objets utiles ne constituera qu'un procédé peu amical. Grotius et Vattel en font également l'objet d'un droit de nécessité dont l'appréciation appartient naturellement au propriétaire;[1]

[1]) Comp. Günther I, 225, note c. Pufendorf, J. N. III, 3, 6. Grotius II, 2, 13. Vattel II, 123. 132—134.

IV. une nation ne peut, sans offense ou sans lésion, prétendre exclure le commerce rival d'une autre d'un territoire où il est admis. Vainement quelques nations de l'Europe se sont réservées naguère le monopole du commerce surtout aux Indes Occidentales et Orientales. Seulement les colonies ne sauraient sous ce rapport être assimilées à des puissances tierces. Elles relèvent de la métropole et sont gouvernées par la politique qui tend à garantir à celle-ci leur commerce exclusif. Qu'il suffise de rappeler à ce sujet le régime des droits municipaux des colonies françaises.

V. Toute nation, dans ses transactions avec les étrangers, est tenue de se conformer aux règles de la bonne foi. Elle ne doit pas abuser de la foi des nations étrangères: une nécessité rigoureuse peut seule lui servir d'excuse, lorsque, par exemple, elle commet une violation du secret des lettres.[1]

VI. Aucune puissance ne peut refuser de recevoir sur son territoire les sujets d'une puissance amie, dès qu'ils justifient d'une manière régulière de leur individualité. Elle ne peut, après les avoir reçus, les renvoyer de son territoire sans des motifs qui doivent être communiqués à leurs gouvernements respectifs. Dans tous les cas le renvoi ne peut s'effectuer avec des formes blessantes, si la conduite de l'individu renvoyé ne les justifie pas. C'est une conséquence du droit au respect.[2]

VII. Tout commerce contraire aux droits fondamentaux de l'homme est illicite. Celui qui l'empêche ou le détruit, ne commet aucun acte d'injustice.

La traite des noirs présente ce caractère. On connaît les tentatives tendant à sa suppression qui ont été faites par les nations européennes, surtout depuis le congrès de Vienne, tentatives qui n'obtiendront de succès complet que le jour où l'équilibre général sera établi sur les mers, le jour surtout où tous les États du concert européen auront proscrit l'esclavage.[3]

1) V. de Kamptz, Lit. § 94.

2) L'article relatif au renvoi de MM. Hecker et Itzstein de la Capitale de la Prusse, inséré dans les Annales de jurisprudence prussienne (LXV, p. 569) ne présente pas exactement ces principes.

3) Traité de Paris conclu avec l'Angleterre, art. addit. 1. Déclaration

III. MODIFICATIONS DES DROITS FONDAMENTAUX DES ÉTATS DANS LEURS RAPPORTS MUTUELS.

1. Conflits des droits souverains de différentes nations.

§ 34. Le principe de la souveraineté et de l'indépendance de chaque nation n'a pas un caractère absolu et exclusif au point de faire considérer des lois et des actes émanés des souverains étrangers comme dépourvus de toute autorité hors du territoire. Une pareille exclusion ne s'accorderait guère avec le respect mutuel que les nations se doivent les unes aux autres. Il faut ajouter en outre que certaines causes les obligent à avoir égard aux rapports nés sous l'influence des lois étrangères. Nous allons les indiquer.

I. Dans les relations internationales, le caractère politique des personnes diplomatiques ainsi que leurs biens sont régis exclusivement par les institutions de l'État qu'elles représentent. Pour refuser d'admettre sur son territoire les conséquences de cette exemption, il faudrait ou qu'elles fussent contraires aux usages internationaux, ou de nature à porter quelque préjudice à l'État qui les repousse. Ainsi, par exemple, un gouvernement ne peut refuser de reconnaître les qualités, les titres etc. dont les agents diplomatiques accrédités auprès de lui ont été investis par leurs gouvernements respectifs.[1]

II. Lors de l'examen d'un acte reçu à l'étranger, il faut recourir aux dispositions des lois étrangères. De même il faut

des plénipotentiaires des cinq puissances de l'Europe du 8 février 1815. Bulle du Saint-Siége du 3 décembre 1839 dans Martens-Murhard, N. R. XVI, 1034. Décret de la Confédér. german. du 19 juin 1845, qui assimile la traite des noirs à la piraterie et au rapt. V. Klüber, Droit des gens. § 72. Murhard, N. Suppl. III, p. 48. 238. Le journal „Ausland" de 1842. No. 335. Traités conclus entre l'Angleterre, la France et les Pays-Bas des 30 novembre 1831 et 22 mars 1833 (Martens, N. R. IX, 547. 555), auxquels ont accédé la Sardaigne, 8 août 1834, les villes hanséatiques, 9 juin 1837 et la Toscane (Martens XIII, 194. XV, 191 et 292). Traité conclu entre l'Autriche, la Prusse, la Grande-Bretagne et la Russie, du 20 décembre 1841 (N. R. S. II, 392), entre la Grande-Bretagne et la France du 29 mai 1845 (VIII, 284), entre la Grande-Bretagne et l'Amérique septentrionale du 7 avril 1863. V. aussi Phillimore I, 320.

[1]) V. Schmelzing, Völkerr. § 14.

ajouter pleine foi aux communications émanées des autorités étrangères, pourvu que leur compétence ni l'authenticité de l'acte ne soient contestées. A cet effet il est d'usage de faire légaliser par les agents diplomatiques les signatures des actes délivrés par les autorités locales. Il est vrai que l'observation de ces formalités entraîne des lenteurs que l'on a cherché à abréger dans les pays où la connaissance des institutions étrangères est tenue en honneur. En Prusse notamment une circulaire concertée entre les ministres de la justice et des affaires étrangères, datée du 22 mars 1833, a tracé à ce sujet des limites raisonnables.[1]

Assurément les lois d'une nation peuvent encore accorder certains effets aux actes émanés des autorités étrangères, bien entendu à la condition expresse ou tacite d'une parfaite réciprocité.

Lorsqu'enfin les autorités publiques de plusieurs États sont également compétentes pour statuer sur une affaire, chacune peut procéder indépendamment de l'autre et décider l'affaire de son côté, sans la concurrence de l'autre puissance.

Conflits de justice entre plusieurs États.

§ 35. S'agit-il de résoudre les conflits en matière de justice entre différents territoires,[2] les principes généraux qui régissent en général la matière des conflits se résumeront dans les propositions suivantes:

I. L'État jouit du pouvoir incontesté de soumettre ses citoyens à l'autorité de ses lois, de manière qu'ils sont tenus de

[1]) de Kamptz, Jahrb. XLI, 220. V. aussi Halleck, Int. L. p. 180.

[2]) La riche littérature de ce sujet est indiquée et jugée par R. de Mohl dans son excellent ouvrage: Geschichte und Literatur der Staatswissenschaften. I, 441. Les ouvrages les plus complets sur cette matière sont ceux de Kent, Commentaries on Americ. Law. t. I. Story, Commentaries on the conflict of laws foreign and domestic. Boston 1841 (v. Krit. Zeitschrift des Auslandes. VII, 228); Foelix, Traité du droit international privé. Paris 1843. Nouv. éd. par Demangeat. Paris 1855. Hurd, Topics of Iprud. New-York 1856. Bar, Das internationale Privat- und Strafrecht. Hannover 1862. V. aussi l'article de Günther, Rechts-Lexicon. t. IV, p. 721. V. en outre la Note du § 37 ci-après. — La Prusse et d'autres États de l'Allemagne ont conclu récemment des traités à ce sujet, qui pourront servir de base au droit commun de l'Allemagne. V. O. Krug, Das Internationalrecht der Deutschen. Leipzig 1851.

les respecter autant dans le pays qu'au dehors. Il est encore investi du même pouvoir à l'égard des étrangers, lors de leur séjour sur son territoire.

II. Tout État a le droit de déterminer les conditions et les formes sous lesquelles les actes reçus sur son territoire, ou entre ses sujets à l'étranger, produiront leurs effets. D'autre part il peut refuser d'admettre sur son territoire les effets des actes reçus à l'étranger, ou du moins les faire dépendre de l'accomplissement de certaines conditions. Mais il ne peut ni soumettre aux dispositions de ses lois les personnes ou les choses qui lui sont et qui continuent à lui être étrangères, ni exercer une juridiction quelconque contre un État ou un souverain étranger.[1]

III. Tout État peut faire juger par ses propres tribunaux les contestations civiles nées ou à vider sur son territoire, d'après les règles de procédure en vigueur, et faire exécuter les jugements rendus.

IV. Aucun État enfin n'est tenu d'autoriser sur son territoire l'exécution des actes et des jugements étrangers. Néanmoins l'intérêt commun des nations leur conseille sous ce rapport un rapprochement réciproque, et il a fait admettre certains usages généralement reçus.

Les législations de l'Europe s'étendent plus ou moins sur cette matière, où les convenances et les usages ne laissent pas d'avoir une certaine influence. Néanmoins l'accord accidentel de plusieurs législations sur certains points ne constitue aucunement un principe d'une application générale, et, à défaut de lois ou de traités, c'est surtout à la jurisprudence qu'il appartient de montrer le chemin en conciliant les intérêts de la souveraineté avec le respect dû aux autres États, et en sauvegardant plutôt la liberté et les droits individuels de l'homme par la souveraineté qu'en les abandonnant à la merci de celle-ci.

a. Conflits des lois pénales.[2]

§ 36. Les questions de conflits des lois pénales des différentes nations reçoivent en définitive les solutions suivantes:

[1]) Par in parem non habet imperium. Comp. l'arrêt de cassation du 24 janv. 1849 dans la Gazette des Tribunaux du 26 janv. 1849.

[2]) V. les ouvrages de C. A. Tittmann, Die Strafrechtspflege in völker-

I. La loi pénale est territoriale et personnelle à la fois.

Elle est territoriale en ce sens qu'elle saisit toutes les personnes qui se trouvent sur son territoire, les regnicoles comme les étrangers.

Elle est personnelle en ce sens qu'elle suit les regnicoles, et qu'elle réprime les infractions qu'ils ont pu commettre en dehors du territoire.[1]

Les auteurs sont loin d'être d'accord avec nous sur la dernière partie de notre proposition: ils contestent à l'État le droit de punir les infractions qui ont été commises en dehors de son territoire. La plupart des législations criminelles vont même plus loin encore en autorisant les poursuites contre les étrangers qui se sont rendus coupables, hors du territoire, de crimes attentatoires à la sûreté de l'État et à ses institutions fondamentales.[2] Quelques-unes de ces lois mêmes admettent la compétence des tribunaux du pays pour la répression de tous les crimes, en quelque lieu qu'ils aient été commis, pourvu qu'ils n'y aient pas été poursuivis. Mais quoiqu'on ne puisse désapprouver l'esprit de justice qui a présidé à la rédaction de ces dispositions, à savoir que chaque État est tenu de prêter son concours pour la répression des crimes, en quelque lieu qu'ils aient été commis:

rechtlicher Hinsicht. Dresden 1817. Schmid, Lehrbuch des gemeinen deutschen Staatsrechts. § 87. 88. et A. F. Berner, Wirkungskreis des Strafgesetzes. Berlin 1853. p. 81. V. aussi le traité de l'instruction criminelle par M. Faustin Hélie, tome II, et Phillimore I, 355. — Il règne toujours entre les auteurs une grande divergence d'opinions sur cette matière épineuse.

[1]) V. Heffter, Lehrbuch des Criminal-Rechts. § 25—27, et l'avis de la faculté de droit de Halle, inséré dans: Neues Archiv des Criminal-Rechts. XIV, p. 546. Nous persistons toujours dans l'opinion précédemment émise à ce sujet.

Tel est aussi l'avis de M. Faustin Hélie (t. II, p. 563): „Il nous paraît, dit-il, que le principe qui déclare la loi pénale essentiellement territoriale, a reçu en général une fausse application, ... que si la loi pénale est territoriale en ce sens qu'elle ne peut être appliquée que sur le territoire, elle peut néanmoins régir, dans une certaine mesure, les actions des citoyens pendant leur séjour momentané à l'étranger, et réprimer à leur retour les infractions qu'ils ont pu commettre."

[2]) V. de Kamptz, Jahrbuch der preufs Gesetzgeb. XXIX, p. 19 suiv. et les lois les plus récentes. V. aussi Foelix, loc. cit. II, 9, 2.

néanmoins, tant que les lois pénales continueront à présenter des divergences fondamentales entre elles, leur application à des espèces qui ne sont pas nées sous leur empire ou en pays étranger, offrira toujours de graves inconvénients.[1]

Le mandat émané d'autorités étrangères saisira-t-il valablement la juridiction d'un tribunal à l'effet de procéder à la répression d'un délit?[2] En thèse générale un mandat semblable devrait être regardé comme licite, mais il est contraire au principe constitutionnel, qui veut que personne ne puisse être soustrait à son juge naturel.

II. La loi du lieu de la poursuite est seule applicable à la punition du fait incriminé.

Suivant l'opinion de plusieurs anciens auteurs la loi du lieu où le fait a été commis, serait la seule applicable. Cependant presque tous les auteurs modernes et les lois les plus récentes ont établi le principe contraire, qui vient d'être énoncé.[3] En effet la peine n'est encourue qu'en suite d'une obligatio ex lege contractée envers l'État qui fait exercer les poursuites.

III. Lorsqu'une infraction tombe sous l'application des lois pénales de différents États, les poursuites commencées dans un territoire ne constituent aucune espèce de priorité. Les règles de la litispendance n'étant pas obligatoires en matière pénale, l'infraction même qui a été l'objet d'une condamnation ou d'un acquittement dans un territoire, pourrait encore être poursuivie dans un autre, à moins

[1]) On sait que les art. 5 à 7 du Code d'instruction crim. rendent la poursuite simplement facultative. Ils ne sont pas applicables aux délits dont un Français s'est rendu coupable, hors du territoire de l'Empire, contre un Français (Cass. 26 septembre 1839 Dalloz 1840, 1, 374). Ils ne s'appliquent pas non plus aux crimes dont un Français s'est rendu coupable hors du territoire contre un étranger. Ainsi un Français, après avoir commis un crime ou délit en pays étranger, peut, en se réfugiant en France, se mettre à l'abri de toutes les poursuites. Pour rémédier du moins en partie à cet état de choses, un projet de loi fut présenté en 1842 par M. le Garde des Sceaux. Ce projet n'a pas été sanctionné ni repris depuis.

[2]) C'est la théorie de Martin, Lehrbuch des Criminal-Proz. § 20, et de Klüber, Völkerr. § 63. Contra Weigand, Erörterungen des Criminal-Rechts, 1836. p. 64. Oppenheim, Völkerr. p. 385.

[3]) Foelix, loc. cit.

que la maxime humanitaire: „Non bis in idem“ ne s'y oppose.[1]

IV. La loi pénale étant essentiellement territoriale, aucun État n'autorise, dans son territoire, l'exécution des jugements rendus en matière criminelle par les tribunaux étrangers, contre la personne ou les biens d'un individu.[2] On est aujourd'hui d'accord sur ce principe, auquel des traités seuls peuvent déroger,[3] et qui conserve toute sa force dans les pays fédéraux mêmes.[4] Les jugements ne produisent d'effets en pays étranger, que quant aux incapacités civiles qui en résultent pour les regnicoles jugés dans leur pays. Nous en reparlerons plus loin. Néanmoins la poursuite et la répression des infractions aux lois criminelles étant généralement d'un intérêt commun, aucun État, sur une réquisition régulière des autorités étrangères compétentes, ne refuse aisément de prêter son concours pour la recherche des auteurs et la constatation des crimes. Mais il peut le refuser aussi, en accordant aux inculpés sa protection, faculté qu'on ne pourra lui contester, lui seul étant juge de la justice et de l'opportunité des poursuites.

V. La validité formelle des actes d'instruction reçus devant un tribunal étranger, est régie par les lois du lieu où ils ont été dressés. Ce principe est reconnu dans presque

[1]) V. Heffter, Lehrbuch des Criminal-Rechts. § 180. 181. note 2. Schmid, loc. cit. § 90. II.

[2]) Plusieurs auteurs, à la vérité, ont prétendu que les États sont tenus de s'entr'aider réciproquement dans l'exercice de la justice criminelle. Schmid p. ex. (à l'endroit cité § 87) dit: „que les États ont le devoir commun de considérer comme leur mission principale le maintien de l'ordre moral et légal entre les hommes, et par suite de s'assister mutuellement pour faire respecter la justice criminelle.“ Mais c'est un point de vue moral, qui n'est nullement exclusif de la faculté pour chaque État d'apprécier librement si les poursuites exercées dans l'autre sont fondées. Rien ne peut, sous ce rapport, être exigé de lui.

[3]) V. Foelix p. 572 (§ 604 2e éd.).

[4]) Jul. Clari, Receptae Sententiae. V, § fin. p. 38. not. 10. Ainsi il a fallu un traité spécial entre les États de la Confédération germanique, pour régler l'obligation réciproque d'extradition en matière de délits politiques.

tous les pays; mais il ne s'ensuit pas que les tribunaux soient obligés de tenir pour constants les faits admis par les tribunaux étrangers.[1]

Quant au droit d'asile et d'extradition, nous en traiterons au § 42 ci-après.

b. Conflit des lois en matière civile.[2]

§ 37. Les règles de juridiction des tribunaux des différents États en matière civile diffèrent en partie considérablement de celles consacrées en matière pénale.

Chez les Romains nous rencontrons les traces d'un droit international privé universel (jus gentium privatum commune), qui cependant ne s'est pas développé sans discontinuation. Le principe germanique des lois personnelles du moyen âge, principe suivant lequel l'étranger était régi, sous tous les rapports, par la loi de la nation dont il faisait partie, n'offrait aucun mode de solution des nombreux conflits qu'il faisait naître, et dut être remplacé par celui de la souveraineté territoriale. Le principe territorial, par cela même qu'il s'impose à tous les rapports civils nés sur le territoire, semble, au premier abord, peu favorable à l'application des lois étrangères. La loi civile, de même que la loi pénale, étant essentiellement territoriale, son autorité semble expirer aux limites mêmes du territoire. Mais ce raisonnement repose sur une erreur profonde. En effet l'État qui voudrait nier l'autorité d'un droit civil en dehors de celui par lui établi, nierait en même temps la liberté de la personnalité humaine: c'est ce qu'il ne peut pas, n'étant lui-même qu'un organe spécial du genre humain. Tous les hommes pouvant prétendre au même titre, du moins moralement, à être admis à la jouissance du droit civil, chaque État doit y contribuer. Mais comme le droit civil, dans ces développements,

1) Cette question a donné lieu à bien des discussions. Elle a été décidée affirmativement dans un règlement pour les états Pontificaux du 5 nvbr. 1831. V. Foelix p. 575 (§ 606 2e éd.).

2) V. les ouvrages de Schäffner, Entwurf des internat. Privatrechts. Frankfurt 1841. de Wächter, Ueber die Collision der Privatrechtsgesetze (Archiv für civil. Praxis. XXIV, XXV). de Savigny, System. t. VIII etc. Mailher de Chassa, dans son traité des statuts, a adopté un système différent.

a besoin de la sanction du pouvoir souverain, une nation doit admettre l'autorité fraternelle de l'autre, à laquelle cette sanction est échue, conformément aux règles de l'égalité et du respect mutuel des nations. La difficulté consiste seulement dans la fixation de la compétence, que nous essayerons d'analyser par la suite. Mais considérés en eux-mêmes, les rapports nés sous l'empire des lois spéciales d'une nation, se présentent partout avec la force de faits accomplis, sans toutefois produire nécessairement partout les effets légaux que leur accordent les lois du pays où ils ont pris naissance. Ici l'autonomie des États reprend tout son empire. Le législateur d'un pays peut refuser d'admettre sur son territoire certains effets des lois étrangères, ou bien les faire dépendre de l'accomplissement de certaines conditions accessoires. C'est à la jurisprudence de chaque pays à examiner à ce sujet les dispositions des lois particulières; mais, lorsqu'elles se taisent, elles doivent être réputées vouloir laisser subsister les effets légaux des rapports nés à l'étranger. Ce qui n'implique toutefois en aucune manière l'obligation d'une nation d'admettre sur son territoire des rapports réprouvés par ses propres lois. Ainsi un Musulman ne peut, dans un État chrétien, invoquer les lois de sa patrie relatives à la polygamie, pour contracter des liaisons bigames. De même un étranger divorcé valablement dans son domicile d'origine, ne peut contracter un nouveau mariage dans le pays où le divorce est aboli.[1] Les lois étrangères ne peuvent non plus produire dans un pays des effets contraires aux lois de ce dernier, ni les effets que celles-ci seules peuvent produire. Ainsi l'autorité paternelle, pendant le séjour en pays étranger, subira les modifications prescrites par les lois du domicile actuel. Les fictions légales tolérées dans un pays, ne peuvent être invoquées dans un autre où elles sont inconnues, bien qu'on n'y puisse repousser les conséquences des rapports nés sous le régime de ces fictions. Ainsi, par exemple, les déclarations de décès présumé, admises par les lois allemandes, ne peuvent tenir lieu de preuves de décès dans les

[1]) Arrêts de la Cour d'appel de Paris du 30 août 1824 (affaire de la dame Bryan) Sirey t. 25, 2, 203, et du 28 mars 1843 (affaire Jackowski) Dalloz 1843, 2, 566.

pays où ces déclarations sont inconnues; ni la légitimation d'un enfant naturel non plus de celle de la naissance légitime exigée par certaines lois. D'un autre côté on maintiendra les partages de succession, opérés à la suite de ces déclarations de décès. Mais le système qui voudrait soumettre la validité même et les conditions des rapports nés à l'étranger aux dispositions des lois du territoire où l'on en réclame l'exécution, donnerait au principe territorial une interprétation exagérée, en même temps qu'une force rétro-active, et par suite ne pourra obtenir aucune exécution.

§ 38. Nous allons indiquer maintenant les règles générales qui servent communément à la solution des conflits nés en matière civile.

I. Tout ce qui concerne l'état civil des personnes, leur capacité de contracter, de faire tels ou tels actes, de tester, de succéder, est compris sous la dénomination de Statut personnel (statutum personale) et régi par les lois de la nation à laquelle elles appartiennent. Ce ne sont pas seulement les lois civiles de leur nation qui les régissent, même pendant leur séjour à l'étranger: elles continuent aussi à être soumises à sa juridiction contentieuse et volontaire (jurisdictio voluntaria mixta). Ainsi, pour parvenir à la nomination d'un tuteur, d'un conseil judiciaire etc., il faut avoir recours aux tribunaux du domicile d'origine.

Les lois d'origine suivent la personne partout où elle se trouve. Le séjour plus ou moins prolongé en pays étranger ne fait pas cesser les effets des lois personnelles, qui continuent à régir la capacité civile, tant qu'un changement de nationalité n'est pas survenu. On est allé jusqu'à soutenir qu'un changement de nationalité ne peut pas modifier l'état civil d'une personne, par exemple l'époque de sa majorité. C'est aller évidemment trop loin, bien que certains traités, notamment celui conclu entre la Prusse et la Saxe, contiennent une disposition formelle à ce sujet.

Les lois particulières d'une nation peuvent à la vérité modifier ce principe:[1] mais tant qu'elles n'en ont pas disposé autre-

[1]) Ainsi le Code néerlandais, art. 9, dispose: „Le droit civil du royaume est le même pour les étrangers et les Néerlandais, tant que la loi n'a pas expressément établi le contraire.“ Le Code des Deux-Siciles,

ment, il faut suivre les dispositions des lois personnelles.[1] Elles répondent le mieux à la stabilité et à l'indépendance des rapports privés, ainsi qu'au respect mutuel que les nations se doivent entre elles. Aussi ce principe a-t-il obtenu l'assentiment presque unanime des auteurs et de la jurisprudence, et il est admis par la plupart des législations modernes. Supposé enfin qu'un individu réunît en sa personne plusieurs nationalités distinctes, il faudrait appliquer les lois qui s'accorderaient le mieux avec sa position actuelle: autrement la question serait insoluble.[2]

II. Les lois de chaque État régissent les biens de toute nature qui se trouvent dans le territoire (statut réel). Néan-

art. 5: „Les lois obligent tous ceux qui habitent le territoire du royaume, qu'ils soient citoyens, étrangers domiciliés ou passagers." De même, d'après les lois russes, l'étranger, pendant tout le temps de son séjour en Russie, est soumis, quant à sa personne et à ses biens, aux dispositions des lois russes. V. Foelix § 30. 31.

[1]) V. Eichhorn, Deutsches Privatrecht. § 35.

[2]) Allgem. Preufs. Landrecht. Einl. § 35. — Cette question ne pourra pas se présenter en France: la naturalisation d'un individu en France implique la renonciation à son domicile d'origine. Qu'il nous soit permis d'appeler à cette occasion l'attention sur la position précaire de la masse d'individus qui, après avoir émigré de leur pays, se sont fixés en France. Reniés par les autorités de leur pays d'origine, la loi française refuse de les comprendre parmi ses enfants adoptifs, tout en les soumettant aux contributions et aux charges publiques. Le faubourg St. Antoine est rempli de milliers de ces individus, dont il serait difficile d'indiquer d'une manière exacte les lois personnelles. On n'a qu'à compulser les régistres des mairies, pour se rendre compte des inconvénients qu'entraîne cet état de choses. La succession d'un marchand d'estampes très-connu du boulevard des Italiens, M. Rittner, a donné lieu à ce sujet, il y a quelques années, à d'intéressants débats devant la Cour impériale. Enfant naturel, ayant quitté très-jeune son pays natal, le Wurtemberg, établi depuis 25 ans à Paris, sa veuve, Française d'origine, et ses collatéraux du Wurtemberg se disputaient sa succession, en invoquant tour à tour les dispositions des lois françaises et de celles du Wurtemberg relatives à la succession d'un enfant naturel. Des certificats émanés des autorités locales constataient que Rittner, ayant émigré sans une autorisation spéciale, avait cessé d'être Wurtembergeois, mais il était constant en même temps qu'il ne jouissait pas des droits civils en France. Quelles lois fallait-il appliquer? Cette question fut discutée dans deux mémoires intéressants présentés par M. Foelix à la Cour.

moins la plupart des législations modernes restreignent les effets du statut réel aux biens immeubles, soit par leur nature, soit par leur destination, soit par l'objet auquel ils s'appliquent. C'est donc un principe constant dans toute l'Europe que les immeubles sont régis par les lois du lieu de leur situation.[1] Il reste seulement à examiner s'il faut accorder à ce principe un caractère absolu, au point que les étrangers qui possèdent des immeubles dans un territoire, seraient régis, même quant à leurs personnes, par les lois, et justiciables par les tribunaux du pays? Le droit international, sans répondre d'une manière générale à cette question, dont la solution varie selon les lois et la jurisprudence de chaque pays, fournit cependant à ce sujet les éléments suivants:

Si les lois locales n'en disposent pas autrement, elles sont réputées admettre la validité des actes reçus à l'étranger, conformément aux dispositions des lois étrangères et ayant pour objet des immeubles situés dans le territoire, pourvu qu'ils soient revêtus des formalités nécessaires pour l'acquisition des immeubles dans ce pays.

Les meubles possédés par un étranger sont régis par les lois de son domicile, à moins que des dispositions spéciales ne s'y opposent, telles que la maxime: en fait de meubles la possession vaut titre, et autres.

En effet les meubles n'ayant pas d'assiette fixe, on les a toujours considérés comme devant suivre la personne, et comme n'ayant pas d'autre situation que la sienne (mobilia ossibus inhaerent, personam sequuntur). Plusieurs codes cependant soumettent les meubles aussi au régime du statut réel.[2]

[1]) Wächter, Arch. XXV, 200. 383. Foelix p. 54 suiv. de Savigny VIII, 181.

[2]) P. ex. le Code de Bavière, part. III, chap. 2, § 17; celui du Canton de Vaud (art. 3. 8); du Canton de Berne (art. 4). — Par application du principe susénoncé il a été jugé que les tribunaux français sont incompétents pour connaître d'une demande en liquidation et partage d'une succession d'un étranger, quant aux meubles. D'un autre côté il a été décidé que la succession d'un étranger décédé en France sans parents au degré successible, ni enfant naturel ni conjoint survivant, appartient non au souverain du pays étranger, mais est acquis au gouvernement français (Cassation 28 juin 1852, Sirey 1852, 1, 537). V. Foelix p. 71.

III. La validité des actes licites de l'homme est régie par les lois du lieu où ils doivent produire leurs effets, lorsque ces lois ont adopté un système exclusif. Autrement la matière des actes constitutifs d'un certain état ou d'un droit réel sur des immeubles sera régie par les lois du lieu de leur exécution, la capacité des parties intéressées demeurant subordonnée à leurs lois personnelles. Quant aux obligations contractuelles, il faut recourir ordinairement aux lois de domicile de chaque partie. L'interprétation des actes se fera d'après les lois du lieu où ils ont été reçus.[1] Quant à leurs formes, il suffit d'après un usage général de les revêtir de celles prescrites par les lois du lieu de la confection. La question de savoir cependant si l'observation des formes locales est facultative ou nécessaire, est controversée. Nous la résoudrons dans le premier sens, si les lois gardent le silence. Les parties contractantes ont évidemment le droit de choisir soit les formes prescrites par les lois locales, soit celles du lieu d'exécution.[2] Il est vrai que si, pour l'authenticité des actes, les lois exigent qu'ils soient reçus par des officiers publics du pays, ils ne peuvent valablement être dressés par des officiers publics étrangers, bien que connus sous une dénomination équivalente.[3]

IV. Les obligations quasi-contractuelles sont régies à la fois par le statut personnel en ce qui concerne la capacité des parties intéressées, et par la loi du lieu où s'est passé le fait qui a donné naissance au quasi-contrat; à défaut d'un pareil fait, par la loi du domicile.[4]

V. Cette dernière doit aussi prévaloir en tout ce qui concerne les actes illicites de l'homme. Car on ne peut admettre en thèse générale que les actes illicites de l'homme soient régis exclusivement par la loi du lieu de la poursuite, et que la loi du domicile d'origine ne saurait les atteindre. Quelques législations et écrivains à la vérité donnent la préférence à la règle: „Lex loci ubi delictum commissum est.“ Mais comme cette règle ne

¹) Wächter p. 365 suiv. Foelix p. 87 suiv. § 69. de Savigny VIII, p. 264.

²) Wächter p. 377. 405. 406. 413. Foelix § 73 suiv. de Savigny VIII, p. 348 suiv.

³) V. Foelix § 471.

⁴) Foelix § 114.

repose sur aucune nécessité interne, les jurisconsultes les plus célèbres l'ont rejetée presque unanimement.[1]

Dans les différentes espèces qui viennent d'être indiquées, il n'a été question que des effets purement civils et immédiats des actes et des contrats passés en pays étranger. Quant à la force exécutoire, à la constitution d'hypothèque, aux droits de privilége, les lois n'accordent en général ces effets qu'aux actes authentiques reçus dans le pays même, à moins que des traités internationaux ne contiennent des stipulations contraires.[2]

§ 39. Après avoir examiné la nature et les effets des actes extrajudiciaires, nous allons nous occuper des actes et formalités de justice, et notamment de la compétence des tribunaux. Les règles généralement reconnues en cette matière sont les suivantes:[3]

I. Il appartient à tout État de régler en justice les effets des actes qui devront être exécutés dans son territoire, soit contre un regnicole, soit contre un étranger. La compétence de ses tribunaux toutefois n'a aucun caractère exclucif. Elle n'a pas non plus un caractère obligatoire, d'après cet axiome: Nemo invitus ad agendum cogitur, qui forme la base de la procédure civile. Elle ne l'a pas non plus en ce sens que les tribunaux seraient tenus de statuer, du consentement même des parties, sur des contestations auxquelles les lois et les intérêts du pays sont tout à fait étrangers.

II. La forme de procéder est régie par la loi du pays où la demande est introduite. Suivant un usage adopté par toutes les nations, les tribunaux de différents pays se prêtent une assistance volontaire et réciproque, lorsque, pendant le cours d'une instance, il devient nécessaire de procéder à un acte quelconque d'instruction dans un lieu situé hors du ressort du juge saisi de la cause, ce qui se fait par des commissions rogatoires. Le juge requis procède conformément aux dispositions des lois de son pays. Il peut observer aussi les formes indiquées dans la

1) Wächter, loc. cit. p. 388. de Savigny p. 247. 261. 278. V. aussi plus haut § 36. I.

2) V. Foelix § 473.

3) V. Foelix § 125. Klüber, Völkerr. § 58. 59.

commission rogatoire, pourvu qu'elles ne soient point en contradiction avec les lois prohibitives du territoire.[1]

III. Les décisions judiciaires, en tant qu'elles ne concernent pas la forme de la procédure, doivent suivre les lois qui dominent la matière (§ 38), ce qui s'étend naturellement aux exceptions qui affectent le fond même de la demande, et aux preuves.[2]

IV. Les jugements passés en force de chose jugée, sont exécutoires dans le territoire où ils ont été rendus, et dans les pays où leur exécution a été garantie par des traités ou par des usages internationaux. Cependant dans aucun État on ne devrait refuser d'accorder aux jugements rendus par des tribunaux compétents à l'étranger, l'autorité d'un contrat judiciaire intervenu entre les parties, et par suite ils devraient être déclarés exécutoires après avoir été soumis à un examen préalable. L'examen porterait sur la compétence du tribunal, sur la régularité de la procédure, l'absence de toute disposition contraire aux lois et aux institutions du pays, enfin sur la force de la chose jugée acquise au jugement.

Il faut en dire autant des sentences arbitrales, des exceptions de litispendance, de la chose jugée en pays étranger. Elles présentent le même caractère de contrat judiciaire qui forme la base de toute instance engagée devant les tribunaux.[3]

¹) Foelix p. 300 suiv. (§ 209).

²) Quant à l'exception tirée de la prescription, elle fait l'objet d'une controverse sérieuse. Est-ce qu'elle n'est qu'une exclusion de procédure par le laps du temps ou bien du droit même de la partie? Pour s'en rendre un compte exact, il faut avant tout examiner le caractère que les lois particulières de chaque pays attribuent à la prescription. En cas de doute nous suivrons la dernière opinion. Comparez Foelix p. 140. Wächter, Archiv. p. 408. de Savigny p. 273. Contra: arrêt de la Cour suprême de justice de Berlin, Entsch. X, 105.

³) de Kamptz, Litt. § 140; idem, Beiträge zum Staats- und Völkerr. I, n. 5. Schmid, Teutsches Staatsrecht. § 86. Wächter, Archiv. p. 417. Foelix p. 360. Kappler, Juristisches Promptuarium, art. „Ausländische Urtheile." Pour la Belgique, v. arrêt de la Cour d'appel de Bruxelles, dans la Gaz. des tribunaux, 24 septembre 1844. V. aussi Foelix p. 446. 227. Gaz. des tribunaux du 22 novembre 1851.

2. Rapports des États avec le pouvoir spirituel.

§ 40. Les rapports des États avec le pouvoir spirituel, et surtout avec le chef de l'Église catholique et romaine, professée soit par la majorité, soit par un grand nombre de leurs sujets, sont d'une nature toute spéciale. Les conflits qui naissent entre les deux puissances spirituelle et temporelle, présentent en effet l'alternative suivante: Ou bien les États souverains, en se soumettant d'une manière générale aux décisions de la puissance spirituelle, et en lui accordant par là une autorité absolue sur la direction de leurs affaires temporelles, se transformeront en une vaste famille politique, gouvernée théocratiquement. Cette théorie, les papes l'ont poursuivie avec une logique persévérante pendant le moyen âge, mais ils n'ont jamais réussi à la réaliser entièrement. De nos jours encore, bien que prêchée par quelques champions ardents de l'Église, elle n'a trouvé qu'un écho très-affaibli dans les pays purement catholiques mêmes, car elle est destructive de l'indépendance nationale de l'Europe. Ou bien, et c'est là la seconde partie de notre proposition, la puissance spirituelle renoncerait à une existence politique distincte et à toute influence sur la direction des affaires du monde matériel, en se retirant dans le domaine du monde invisible.

Les rapports entre l'Église et l'État, qui aujourd'hui coexistent ensemble complétement indépendants l'un de l'autre, sont régis par les mêmes principes auxquels obéissent en général les États ou pouvoirs indépendants les uns des autres dans leurs relations mutuelles. Ils se résument dans les propositions suivantes:

I. En ce qui concerne le caractère des deux puissances temporelle et spirituelle, aucun souverain qui commande à des sujets catholiques, ne peut se refuser à reconnaître dans le pontife romain le représentant de l'unité centrale de l'Église catholique, auquel elle se rattache par des liens indissolubles. Rien ne peut s'accomplir dans le sein de l'Église sans l'assentiment de son chef, qui prononce en dernier ressort sur ce qui est vrai et ce qui est faux.[1] Vouloir exclure son autorité, ce

1) Nous n'ignorons nullement que *l'infaillibilité* du Saint-Père n'est point partout admise dans le monde catholique, qu'elle ne forme non plus

serait faire violence à la conscience des sujets catholiques. D'autre part l'Église romaine ne doit pas vouloir ignorer l'existence de l'État et ses droits de se maintenir et de se développer librement: elle doit au contraire éloigner tous les obstacles de nature à le gêner dans le libre exercice de ses prérogatives.

Aucune des deux puissances ne peut faire la loi à l'autre: elles sont entièrement indépendantes l'une de l'autre. L'État n'est qu'une partie de l'ordre divin des choses: l'Église, dans ses rapports temporels, n'est pas plus infaillible que l'État. Si l'antagonisme vient à éclater entre eux, la voie de la transaction seule peut le terminer.

II. Les concordats[1] du Saint-Siége avec les puissances catholiques, ainsi que ses conventions avec des princes non-catholiques que l'on a évité de nommer concordats, sont une autre source des rapports établis entre l'Église et l'État, quelquefois également les conventions spéciales arrêtées avec les prélats de l'Église dans les limites de leurs fonctions. Leur force obligatoire ne diffère pas de celle des traités publics. Souvent même le Saint-Siége n'a pas refusé de traiter avec les puissances infidèles. Ce n'est pas lui, mais ce sont certains hommes d'église trop zélés qui ont osé émettre des doutes sérieux sur la nécessité de remplir fidèlement les engagements contractés par lui envers les puissances non-catholiques.

un article du dogme de l'Église et qu'il s'est formé même, dans le sein de cette dernière, un système d'opposition qui tend à soumettre le pouvoir de l'évêque romain à une autorité ecclésiastique supérieure, et à ne lui accorder que le pouvoir exécutif et le droit de législation suprêmes. Cependant ce système n'a pas réussi à obtenir l'assentiment universel. Considéré au point de vue de l'état de choses actuel, le pape est un monarque spirituel, auquel les fidèles sont soumis par la conscience, et qui lui-même n'est lié que par certaines règles émanées du Christ ou du Saint-Esprit, et conservées dans les Écritures et les traditions, ainsi que par des décrets de conciles acceptés spontanément, mais nullement par la volonté des membres actuels de l'Église, pas même par celle des évêques qu'il convoque quand il le juge convenable. En un mot, il est l'image d'une monarchie absolue entourée d'anciens états-généraux, dont les prérogatives n'ont obtenu aucune garantie constitutionnelle!

[1]) Comp. Münch, Vollständige Sammlung aller Concordate. Leipzig 1830. 2 vol. Weiss, Corp. jur. eccles. hod. Giessen 1833.

III. Les usages réciproques, ou l'observation uniforme de certaines règles, par suite de leur vérité interne ou de leur nécessité externe, forme une autre source des rapports légaux entre l'Église et l'État. Aussi le droit canon reconnaît-il comme obligatoires pour l'Église et pour tous ses membres, les usages qui ne sont contraires ni à ses institutions, ni à ses doctrines fondamentales, ni à son propre principe.[1] Par là-même qu'elle se réserve le droit d'examiner à son point de vue l'admissibilité d'un usage et d'émettre là-dessus un avis obligatoire pour le clergé, l'État a incontestablement le droit analogue d'examiner les prétentions temporelles qu'elle fonde sur de prétendus usages, et il peut leur refuser l'autorisation d'exequatur dès qu'elles sont en opposition avec ses institutions fondamentales.

IV. En cas de contradictions et de conflits une jouissance immémoriale, une tolérance tacite, l'observation constante pendant qu'on avait le pouvoir, et l'intérêt de s'opposer donnera au moins à la possession un caractère provisoire (§ 11 ci-dessus), que ni l'Église ni l'État ne peuvent, sans injustice, méconnaître et troubler. C'est ce qu'exprimait déjà l'archevêque de Paris, Pierre de Marca, dans les termes suivants: „Conniventia sedis Apostolicae id maxime praestat, ut bona fide principes in eo negotio tractando versentur, quod ad se pertinere non improbabili ratione putant, ita ut patientia illa, si necesse sit, vicem privilegii et dispensationis subeat.“[2]

§ 41. Maintenant nous allons indiquer très-sommairement la situation qui caractérise les rapports internationaux du Saint-Siége avec les États du concert européen. Ils reposent tantôt sur l'histoire, tantôt sur les sources sus-indiquées.

I. Le grand Évêque romain est à la fois l'autorité spirituelle des fidèles de l'Église, et l'autorité temporelle du pays appelé d'abord le Patrimoine de Saint-Pierre, agrandi ensuite par Pepin et par Charlemagne,[3] qu'elle gouverne avec des formes

1) V. can. 7. Dist. 11, cap. 6. Dist. 12, cap. 4—9. Dist. 8, cap. 1—11. X. de consuetud. Walter, Kirchenr. § 62. Richter, Kirchenr. § 181.

2) De concordia Imp. et sacerdot. III, 9, 8.

3) V. Cenni, Monum. Dominat. Pontif. Romae 1760. Hasse, Vereinigung der geistlichen und weltlichen Obergewalt. Haarlem 1852. Sam. Sugen-

hiérarchiques, et elle jouit, par rapport aux autres puissances, des droits d'État souverain et indépendant. Tous les monarques catholiques accordent au Saint-Siége la préséance, et lui témoignent en fils fidèles de l'Église les honneurs dus. Celles non catholiques, tout en lui contestant le droit de préséance, le tolèrent cependant dans un intérêt de paix.[1] Ainsi, au Congrès de Vienne, les ministres des grandes puissances, ceux de la Russie et de la Grande-Bretagne compris, cédaient le pas aux nonces du pape.

II. Comme puissance spirituelle, le pape exerce dans les États où le culte catholique est reconnu, toutes les fonctions qui découlent de son caractère traditionnel. D'après les règles constantes de l'Église romaine, ces fonctions consistent dans le maintien de l'unité de la doctrine et des institutions canoniques, et en conséquence dans la direction, la représentation et la surveillance des intérêts généraux de l'Église, conformément à sa constitution et à ses dogmes.[2] Lorsque la puissance spirituelle dépasse ses limites incontestées, l'État, en vertu de son droit de police intérieure, peut lui résister et prendre à l'avance des mesures contre des empiétements éventuels, „ne quid detrimenti respublica capiat." Ces mesures sont tracées par le droit public interne et par la politique. Dès le XVe siècle la pratique des nations admet à cet effet l'examen des bulles et des dispenses émanées du Saint-Siége, leur suspension et le placet regium ou le droit d'exequatur pour leur mise à exécution, et les appels comme d'abus en cas d'excès de la puissance spirituelle; des mesures pénales et de police contre la propagation clandestine des règlements ecclésiastiques destinés à être soustraits à l'examen de l'État; la surveillance des relations de l'Église nationale avec ses chefs étrangers.

III. La dignité papale est élective; l'élection, depuis le moyen âge, s'opère par le collége des cardinaux d'après la constitution de l'Église, „jure humano." Certaines puissances (l'Au-

heim, Geschichte der Entstehung und Ausbildung des Kirchenstaates. Leipzig 1854.

1) Günther I, 221. Rousset, Mémoires I, 1.

2) Marheineke, System des Katholicismus. II, 344. Clausen, Kirchenverf. übersetzt von Fries. I, 27.

triche, la France, l'Espagne) jouissent, lors de l'élection du pape, du privilége de récusation de certains candidats, privilége que les cardinaux sont obligés de respecter sous serment.[1] Les relations que les États étrangers entretiennent avec la cour de Rome, sont établies sur le pied diplomatique ordinaire. Dès le xve siècle l'usage a consacré en outre, au profit de plusieurs souverains catholiques, le droit de nommer des cardinaux protecteurs (cardinales protectores nationum).

IV. D'après un antique usage l'Église romaine et son chef jouissaient du patronage du saint Empire romain, jusqu'à la dissolution de ce dernier survenue en 1806, patronage qui datait du règne de Pepin et de Charlemagne.[2] Depuis la chute de l'Empire germanique, cette protection a cessé comme droit; elle est exercée de fait par la France.[3]

Le droit public de chaque État et le droit ecclésiastique indiquent les autres rapports du Saint-Siége. A une certaine époque Rome prétendait soumettre à son autorité les affaires temporelles mêmes des nations. Elle s'arrogeait notamment la sanction suprême des droits des empereurs, des rois et des princes, la faculté de censurer leurs actes de gouvernement, de lever des impôts sur leurs territoires etc. La France a la première résisté victorieusement à ces prétentions exagérées, qui depuis ne se sont plus reproduites.[4] La plus belle et la plus digne mission temporelle pour le chef commun de l'Église catholique était, au moyen âge, l'exercice d'un pouvoir conciliateur entre les puissances, dont, dans l'intérêt d'une paix générale, il pourrait être investi encore aujourd'hui, dès que des parties en litige viendraient invoquer son arbitrage.

[1]) Jus exclusivae. V. de Kamptz, Litt. § 103. Toze, Kleine Schriften. Leipzig 1791. p. 412 suiv. Moser, Beitr. in Friedenszeiten. I, 307. Günther II, 415.

[2]) Hüllmann, Kirchenverf. 167. 172 suiv.

[3]) Al. Müller, Die neu aufgelebte Schirmvogtei des österreichischen Kaisers über die römisch-katholische Kirche. Erfurt 1830.

[4]) Günther, Völkerr. I, 162 suiv.

Note du premier traducteur sur le Concordat et la Loi organique du 18 germinal an X.

(Ecrite en 1858.)

Les questions de conflits entre le pouvoir spirituel et l'État, pour avoir beaucoup perdu de leur importance d'autrefois, n'en cessent pas moins d'offrir un puissant intérêt. En ce moment encore elles sont débattues avec ardeur à Turin, à Madrid, à Lisbonne, au Mexique. Les temps sont passés certainement où les foudres parties du Vatican remplissaient de terreur les populations de l'Europe et faisaient le vide autour des trônes, où le successeur des Césars, accouru au château de Canossa, en faisant amende honorable devant le Saint-Père irrité, subissait le châtiment du plus humble de ses sujets. Aujourd'hui un descendant de Henri VII soutient avec difficulté l'autorité chancelante du Saint-Père dans ses propres États. Ces conflits ont naguère profondément influé sur la constitution politique de l'Europe. Ils ont fait perdre surtout à l'Allemagne cette unité qu'elle n'a plus retrouvée depuis, en même temps qu'à l'Italie son indépendance. Ils ont dépouillé la couronne impériale, lors de ces expéditions restées célèbres sous le nom de romaines (Römerzüge), de ses joyaux les plus précieux, dont les grands vassaux territoriaux se sont emparés successivement. Ils ont amené l'asservissement politique de l'Italie ......

Plus heureuse, la France a échappé à leur funeste influence. De bonne heure la royauté en France, en même temps qu'elle consolidait son autorité affaiblie par l'arrogance des grands vassaux, en repoussant les prétentions ultramontaines, a fondé les libertés et les franchises de l'Église gallicane. Elles forment l'un des principaux éléments de l'admirable unité politique, issue d'efforts séculaires, sur laquelle repose la grandeur de la France.

Saint Louis déjà, dans la pragmatique sanction de 1268, élève une digue contre les abus de la papauté, et maintient par les élections les libertés de l'Église gallicane. La lutte de la puissance temporelle contre les progrès toujours croissants de la juridiction cléricale donne naissance à l'institution de l'appel comme d'abus (1329). La pragmatique de Charles VII, 1438, renouvelle les dispositions de la pragmatique de saint Louis sur la liberté des élections, sur les provisions et les collations des bénéfices, sur l'abolition de la levée des tributs connus sous le nom d'Annates. Repoussée par les bulles fulminantes de la cour de Rome, elle est remplacée par le concordat de François I et de Léon X (1516). Par cette transaction Léon X investit le roi des libertés intérieures de l'Église, et François I rend au pape l'immense revenu des annates avec son titre de juridiction. Au concordat succède la déclaration du Clergé de France du 19 mars 1682, oeuvre immortelle de l'évêque de Meaux, que le décret impérial du 25 février 1810 et un arrêt solennel de la cour de Paris (3 décembre 1825) ont proclamée être toujours loi de l'État. Les positions fondamentales, énoncées dans la déclaration, se résument dans les quatre articles suivants:

1° que le pape et l'Église elle-même n'ont reçu de puissance de Dieu que sur les choses spirituelles et non temporelles et civiles, maxime qui fonde l'entière indépendance du pouvoir temporel;

2° que le pouvoir des conciles généraux est supérieur au pouvoir du pape, suivant les décrets du concile de Constance;

3° que les canons reçus généralement dans l'Église, que les règles, les usages, les institutions, les libertés du royaume et de l'Église gallicane doivent rester inébranlables;

4° que le jugement du pape n'est infaillible et irréformable que lorsqu'il est confirmé par le consentement de l'Église.

Ainsi la théorie de l'ancien droit public ecclésiastique de la monarchie française se réduisait à ces trois grands principes: 1° concours du pouvoir temporel aux effets de la puissance législative de l'Église; 2° protection de l'Église par le pouvoir temporel, et protection des citoyens contre les abus du ministère ecclésiastique; 3° maintien de l'ordre public de l'État, conservation des droits et libertés de l'Église gallicane.

De ces trois principes qui régissaient autrefois les rapports de l'Église et de l'État, un seul, la protection exclusive en faveur de l'Église catholique, a subi, dans les décrets de l'assemblée constituante, une modification profonde et durable: au principe politique de l'unité de la foi a succédé le principe social de la liberté de conscience et de religion.

Le concordat et la loi du 18 germinal an X, sous le point de vue des libertés extérieures de l'Église gallicane, ne pouvaient que confirmer les règles de l'ancien droit. La déclaration de 1682 et l'édit du 23 mars 1695 redevenaient donc une loi de l'État. La nécessité pour le pouvoir spirituel de soumettre tous ses actes à l'autorisation du gouvernement avant leur publication, redevenaient, dans la loi de l'an X, une disposition fondamentale. Le conseil d'État héritait de la prérogative du parlement. Ainsi l'autorisation préalable est exigée par la loi organique,

1° pour la publication et exécution des bulles, rescrits, décrets, mandats, provisions et signatures servant de provision ou autres expéditions de la cour de Rome, même ne concernant que les particuliers;

2° pour l'exercice sur le sol français des fonctions de nonce, légat, vicaire ou autres commissaires apostoliques, sous quelque dénomination que ce soit;

3° pour la réunion des conciles nationaux ou métropolitains, des synodes diocésains ou autres assemblées du clergé;

4° quant aux décrets des synodes étrangers, même ceux des conciles généraux, l'examen, avant toute publication, de leur forme, de leur conformité avec les lois, droits et franchises de l'État et de tout ce qui, dans leur publication, pourrait altérer ou intéresser la tranquillité publique, est aussi maintenu, selon la tradition des anciennes maximes (art. 1—4 de la loi organique).[1]

3. Exterritorialité.[2]

§ 42. L'exterritorialité est une immunité de droit public dont jouissent certaines personnes, immunité qui a pour objet de les exempter de la juridiction civile du territoire dans lequel elles résident effectivement. Par une espèce de fiction légale on considère généralement ces personnes comme n'ayant pas quitté le territoire de leur nation. C'est peut-être aller trop loin et donner à ce droit un caractère trop absolu. Il en résulterait, par exemple, cette conséquence singulière que tous les actes passés par une personne exemptée dans le territoire étranger,

[1]) V. Laferrière, Cours de droit public et administratif. Liv. I. chap. II.

[2]) Les ouvrages consacrés à cette matière traitent seulement de l'exterritorialité des agents diplomatiques, mais aucunement de celle des autres personnes. Le traité le plus complet est toujours celui de Bynkershoek, De jud. competent. legati. Lugd.-Bat. 1721. traduit par Barbeyrac 1723. 1727, traduction qui se retrouve dans les éditions de l'Ambassadeur par Wicquefort. V. Foelix, Revue étrangère. 1845. I. p. 31. V. aussi son droit international privé p. 266. Les recherches les plus récentes se trouvent dans la dissertation d'Evertsen de Jonge, over de grenzen van de Regten van Gezanten u. s. f. Utr. 1850.

seraient régis exclusivement par les lois de son domicile d'origine, que la règle: „Locus regit actum“ ne pourrait être invoquée contre elle, ce qui certainement ne serait pas admissible.[1] Le privilége de l'exterritorialité en effet repose sur la considération unique que, dans un intérêt exclusivement international, la juridiction d'un État cesse d'être applicable aux rapports civils de certaines personnes, et que son exercice est suspendu à leur égard. Les personnes qui jouissent de ce privilége sont les souverains, leurs agents diplomatiques, et leurs forces militaires, lors de leur admission dans le territoire étranger. Nous aurons à examiner par la suite dans quelle étendue elles sont appelées à en jouir. Nous nous bornerons dans ce paragraphe à retracer les principes généraux et non contestés de l'exterritorialité.

I. Les personnes exemptes conservent en général leur domicile d'origine, et par suite tous leurs rapports civils continuent à être régis par les lois du domicile. C'est ce qui toutefois ne leur enlève pas la faculté d'élire un domicile sur le territoire de leur résidence réelle. De même elles peuvent conserver le domicile qu'elles y avaient précédemment.[2] Ainsi, par exemple, un agent diplomatique accrédité auprès du souverain dont il était le sujet avant sa nomination, peut ne pas renoncer à ces rapports. Rien ne s'oppose non plus à ce qu'une personne exempte ne se soumette librement à la juridiction étrangère: rien, par exemple, n'empêche qu'un souverain ne puisse avoir un domicile en territoire étranger. Cette élection de domicile entraîne la soumission de la personne exempte, dans tous les rapports civils en dehors de son caractère public, à la juridiction des tribunaux étrangers.[3]

II. L'exterritorialité a pour effet direct l'exemption des personnes et des objets privilégiés de toute espèce de juridiction

[1]) V. sur l'origine de cette fiction Evertsen p. 158.

[2]) V. Bynkershoek c. XI, § 5 suiv.; c. XVIII, p. 6 in fine.

[3]) C'est ce que le traité de Westphalie (V, § 28) a sanctionné notamment à l'égard des anciens chevaliers de l'Empire dans ces termes: „nisi forte in quibusdam locis ratione bonorum et respectu territorii vel *domicilii* aliis statibus reperiantur subjecti.“

territoriale. Aucun acte de police, aucun acte du pouvoir judiciaire ne peuvent les atteindre. Mais les autres droits souverains de l'État subsistent dans toute leur force, tels que ceux de sûreté et de défense intérieures, le droit de faire respecter ses lois par une intervention positive du gouvernement etc.

III. Lorsqu'il s'agit, pour la personne exempte, de l'acquisition de certains droits qui ne sont accordés qu'aux regnicoles, ceux, par exemple, de diriger une imprimerie ou d'exercer le commerce, elle doit se conformer aux lois du territoire.

IV. La personne exempte n'est pas affranchie non plus des charges qui grèvent l'usage de certaines choses faisant partie du domaine public, par exemple des droits de péage des routes de terre ou d'eau, à moins que le gouvernement étranger ne consente à les en exonérer par courtoisie, ainsi que cela se pratique quelquefois.

V. Il faut en dire autant quant à l'exercice de droits civils en pays étranger. Ainsi, pour l'acquisition d'immeubles y situés, la personne exempte doit se conformer aux dispositions des lois locales.[1]

VI. L'immunité de la personne exempte se communique aux personnes de sa suite. Elle s'étend en même temps aux effets et aux biens meubles qui lui appartiennent. Néanmoins les personnes comme les biens qui précédemment étaient soumis à la juridiction d'une puissance étrangère, ne peuvent, sans son consentement exprès, être soustraits à sa juridiction; ils ne le pourront pas non plus contrairement aux dispositions formelles des traités internationaux.[2]

VII. La personne exempte est soumise à la juridiction territoriale du pays où elle réside, dans toutes les affaires privées pour lesquelles, lors même qu'elle n'y résiderait pas, elle serait tenue de répondre en justice. Car dans les affaires de cette sorte la juridiction territoriale ne saurait être moins compétente dans le cas où la personne exempte réside dans le pays même, que

[1]) C'est un principe généralement adopté. V. Bynkershoek chap. XVI. Merlin, Répertoire, m. ministre public. S. 5. § 4. art. 6 et 8. Wheaton I, 2, 3. § 16. En Prusse par le Code de proc. civile: Allg. G.-O. I, 2, 66.

[2]) Wicquefort, l'Ambassadeur. I, 28. p. 422. Bynkershoek chap. XV. § 6.

dans le cas contraire.[1] La jurisprudence internationale toutefois a posé à ce sujet certaines limites, à la vérité non obligatoires; elle ne reconnaît en général la compétence des tribunaux locaux qu'en matière réelle, ou lorsqu'il s'agit de demandes reconventionnelles ou accessoires de la demande principale formée contre la personne exempte, enfin dans le cas d'une continuation d'instances commencées auparavant.[2] Des mesures conservatoires où il ne faut pas le concours de la justice seront également autorisées. Pour les judiciaires, il y a lieu d'en douter;[3] du reste la soumission volontaire à la juridiction du territoire n'est pas exclue, si ce n'est de la part d'un ministre étranger, sans le consentement de son souverain.[4] Enfin dans le cas où la personne exempte aurait conservé d'une manière non équivoque son précédent domicile dans le territoire, conformément à ce que nous avons dit au n° I du présent paragraphe, elle ne pourra décliner la compétence des tribunaux du pays.

Il est inutile d'ajouter qu'en aucun cas les personnes exemptes ne peuvent être l'objet d'une contrainte ou d'une mesure d'exécution quelconque, et qu'il faut observer envers elles les égards qui sont dus à leur rang. Ainsi, par exemple, des sommations ou des citations ne peuvent leur être signifiées que par voie diplomatique.[5]

[1]) Ainsi en principe rien ne s'oppose à ce qu'on n'applique le principe du forum contractus. Un mémoire de la Cour de Versailles de 1772 observe à ce sujet avec beaucoup de raison ce qui suit: „L'immunité du ministre public consiste essentiellement à le faire considérer comme s'il continuait à résider dans les États de son maître. Rien donc n'empêche d'employer vis-à-vis de lui les moyens de droit dont on userait s'il se trouvait dans son domicile ordinaire.“ Flassan, Histoire de la diplom. franç. VII, 22.

[2]) Bynkershoek chap. XIV. § 13. chap. XVI. § 2. Merlin, Répert. Ministre public. V, 4. 10.

[3]) Bynkershoek chap. IV. § 5. 6. chap. XVI. § 6 admet des saisies-arrêts. V. cependant Foelix II, 2, 2, 4. Un arrêt de la Cour imp. de Paris, du 5 avril 1813 (Sirey 1814. 2. 306) a jugé qu'aucune saisie ne peut avoir lieu dans le pays de la résidence du Ministre étranger pour des dettes contractées avant ou pendant le cours de sa mission.

[4]) Bynkershoek chap. XXIII. Ch. de Martens, Causes célèbres. I, 229.

[5]) V. A. G. O. für die preufsischen Staaten. I, 2, § 66. Bynkershoek chap. XVI. § 19 n'est pas tout-à-fait du même avis.

VIII. L'exterritorialité cesse avec les causes qui l'ont motivée. On ne reconnaît plus le droit d'asile dans l'hôtel d'un ministre étranger, ni la franchise du quartier.[1]

4. Servitudes internationales.[2]

§ 43. Les rapports naturels des États qui sont appelés à se développer les uns à côté des autres, portent avec eux la nécessité de certaines restrictions des droits souverains, restrictions auxquelles aucun d'entre eux ne peut se soustraire sans léser l'ordre des choses établi et les règles de bon voisinage. Elles portent le nom de servitudes publiques naturelles (servitutes juris gentium necessariae).[3] Au nombre de ces servitudes naturelles on comprend, par exemple, l'obligation de recevoir les eaux qui découlent naturellement d'un territoire limitrophe,[4] la défense de construire sur une rivière des ouvrages tendant à en détourner le cours, à les rejeter sur la rive opposée, et en général de nature à causer quelque préjudice à un État voisin (§ 33 ci-dessus). Les dispositions du droit romain s'appliquent sans difficulté à ces sortes de servitudes.

A côté des servitudes naturelles, on rencontre des servitudes positives consenties librement par les États (servitutes juris gentium voluntariae). Elles ont pour objet l'établissement d'un droit

[1]) V. ci-après au livre III et au § 63 in fine.

[2]) V. les ouvrages indiqués par Ompteda, Lit. § 214 et de Kamptz § 101, surtout ceux de Ph. J. Elwert, De servitutib. s. jurib. in alieno territorio. Argent. 1674, de C. J. C. Engelbrecht, De servitutibus jur. publ. Helmst. 1715. 1749. Nic. Thadd. Gönner, Entwicklung des Begriffs und der Grundsätze der deutschen Staatsrechtsdienstbarkeiten. Erlangen 1800. Ces auteurs traitent surtout des rapports anciennement établis entre les États de l'Empire germanique, appelés „servitutes juris publici germanici" par opposition aux „servit. juris gentium." de Steck, dans ses Éclaircissements, traite la matière d'une manière plus générale.

[3]) V. Hert, Opusc. II. III. p. 103 suiv. Cet auteur, ainsi que Engelbrecht, comprend au nombre des servitudes naturelles les cas de force majeure et de légitime défense; c'est aller trop loin. Klüber § 139. not. a. au contraire, et d'autres nient l'existence des servitudes naturelles.

[4]) „Semper haec est servitus inferiorum praediorum, ut natura profluentem aquam recipiant" (Loi I. § 22. Dig. de aqua). V. sur les développements de ce principe Hert p. 135 suiv.

restrictif du libre exercice de la souveraineté territoriale au profit d'un État ou d'un particulier étrangers. Autrefois elles étaient d'une application plus fréquente, surtout en Allemagne, qu'elles ne le sont aujourd'hui.[1]

Pour la validité de ces servitudes il faut d'une part: un État souverain, quelquefois aussi, ce qui est plus rare, un particulier étranger appelé à en jouir, et d'autre part un État indépendant, obligé de les souffrir. Elles peuvent aussi être réciproques lorsque, par exemple, elles ont pour objet l'établissement d'un impôt commun à plusieurs États. Le droit régalien des postes garanti par le recès de l'Empire germanique de 1803 (§ 13) et par l'acte de la Confédération germanique (art. 17), à la maison de Thurn et Taxis dans toute l'étendue du territoire fédéral, où elle en a joui lors dudit recès, et sauf quelques traités spéciaux qui y dérogent, est une servitude internationale. Un droit régalien au contraire accordé par un État à un regnicole ou, en dehors d'un traité public, à un étranger, ne constituerait pas une pareille servitude. Ce seraient plutôt des concessions régies par les principes du droit public interne.[2]

Ces servitudes ont pour objet exclusif des droits souverains ou régaliens,[3] et généralement le domaine public, non le domaine privé de l'État, ni la propriété privée de ses regnicoles, bien que celle-ci puisse se trouver indirectement atteinte par une servitude semblable.[4]

Les effets des servitudes publiques consistent tantôt à faire jouir un État étranger de certains droits souverains dans un autre territoire, tantôt à lui interdire sur son propre territoire l'exercice d'un droit semblable. Il en résulte que la distinction des lois civiles entre servitudes affirmatives et négatives est applicable en matière internationale. Comme exemples de servitudes négatives nous citons la défense de construire une forteresse, d'établir des forces militaires au-delà d'un chiffre déter-

[1]) V. Moser, Nachbarliches Staatsrecht. p. 239. Engelbrecht II, 2. Römer, Völkerrecht der Deutschen. p. 230.

[2]) V. Engelbrecht II, 1. 12.

[3]) Regalia majora et minora.

[4]) Gönner, loc. cit. § 27—36. Klüber § 138.

miné sur la frontière etc.[1] D'autres distinctions, telles que celle de „servitutes continuae et discontinuae“, nous paraissent peu utiles. Peu importe d'ailleurs que ce soit l'État lui-même ou ses nationaux qui soient appelés à jouir de la servitude. Ainsi, par exemple, le droit de couper du bois de campêche dans certaines contrées, au profit des sujets britanniques, formait une clause expresse du traité de Paris de 1763 (art. 17).[2]

L'extrême limite de ces servitudes est indiquée par le respect mutuel que les nations doivent à leur indépendance: elles ne peuvent jamais avoir pour effet de rendre une nation entièrement dépendante d'une autre. Du moins, tout en restreignant le libre exercice des droits souverains, la laisseront-elles subsister comme nation mi-souveraine. C'est au surplus le problème le plus délicat de la théorie, problème que la pratique ne sera que rarement appelée à résoudre.[3]

Les servitudes publiques s'acquièrent par voie de traités, même sans tradition.[4] Elles peuvent aussi être constituées valablement par un usage immémorial (§ 11 ci-dessus). La seule possession d'une servitude toutefois ne suffit pas pour imposer à un État indépendant l'obligation d'en tolérer la jouissance: il peut au contraire exiger en tout temps qu'il en soit justifié par un titre régulier, et la présomption de la liberté militera toujours en sa faveur. Klüber (§ 139), Engelbrecht et Gönner, qui soutiennent la thèse opposée, s'appuient sur les rapports tirés de l'ancien état de choses établi en Allemagne, et il est incontestable qu'encore aujourd'hui l'acte fédéral (article 11) maintient entre les États de la Confédération germanique l'autorité légale de la possession. Toutefois, entre des souverains entièrement indépendants les uns des autres, la simple possession ne pourra jamais suffire pour établir un droit permanent.

Les traités constitutifs de servitudes internationaux s'interprètent d'après le sens clair et strict des termes y employés.

[1]) V. Engelbrecht II, 2. 27.

[2]) de Steck, Essais. 1775. Gönner § 24. 25.

[3]) Une formule différente a été proposée par Schmelzing § 239. V. aussi Gönner § 37. 38.

[4]) Gönner § 67.

Il n'est pas permis de tirer de la concession d'un droit de souveraineté une induction en faveur d'un autre: dans le doute, c'est seulement le droit le plus faible qu'il faudra admettre.[1] — L'usage immémorial s'établit par une jouissance constante et uniforme, conformément à l'adage: „tantum praescriptum quantum possessum."[2] Dans le doute, l'État obligé ne peut en aucune manière être troublé dans la co-jouissance du droit concédé, à moins que ce dernier ne soit naturellement exclusif ou de nature à ne pouvoir être exercé que par un seul État, ou que l'autre n'ait renoncé à cette co-jouissance.[3] La jouissance d'un droit souverain dans un territoire étranger ne peut s'effectuer que de la manière la moins nuisible ou la plus convenable pour l'État obligé.[4] La concession d'un droit contraire à un droit précédemment établi serait nulle.

Toute servitude est regardée comme un droit réel permanent, autant par rapport à l'État obligé que par rapport à celui auquel elle est concédée.[5] Elle se transmet activement et passivement aux successeurs et héritiers du pouvoir souverain. Elle prend fin d'après les règles ordinaires de nullité ou de résolution des traités internationaux.[6] Elle s'éteint encore par voie d'abandon, de consolidation et de renonciation expresse. Ainsi p. ex. l'acte de la Confédération du Rhin (art. 34) semble avoir abrogé dans les territoires qui faisaient partie de cette Confédération, toutes les servitudes y établies anciennement. Cependant une grande divergence d'opinions a éclaté sur ce point. Plusieurs auteurs exceptent de l'abrogation tacite les servitudes négatives; d'autres celles fondées sur des priviléges impériaux. Nous pensons que les petits droits régaliens (regalia minora) doivent seuls être exceptés de cette abrogation générale.[7]

¹) Gönner § 80—82. Klüber § 139.

²) Sixtin., De regalib. I, 5. 171.

³) Engelbrecht II, 1. 12. Gönner § 90.

⁴) Engelbrecht II, 3. 14. Gönner § 78.

⁵) Gönner § 94 suiv.

⁶) V. Klüber, Abhandlungen und Beobachtungen. I. 1830. p. 1—57. de Kamptz, Beiträge zum Staats- und Völkerr. I, p. 140. Brauer, Beiträge zum Staatsrecht der Rheinbundstaaten. p. 264. Maurenbrecher, Deutsches

5. Droit d'intervention.[1]

§ 44. De tout ce que nous avons établi jusqu'à présent, il résulte clairement qu'aucune puissance n'est en droit de s'immiscer dans les affaires intérieures d'un État étranger. Aucune puissance ne peut donc imposer à un État indépendant, quelque faible qu'il soit, une constitution particulière, ni exiger l'introduction de changements dans celle qu'il s'est donnée, ni s'opposer aux réformes par lui projetées, ni régler les conditions du pouvoir souverain. Aucune puissance ne peut dicter à un État indépendant ses règles de conduite et de gouvernement, ni lui imposer certaines institutions ou le faire renoncer à d'autres. Aucune puissance enfin ne peut prétendre vouloir tracer la ligne politique d'un souverain indépendant. C'est donc le principe de non-intervention qui est le seul vrai, tandis que celui d'intervention n'est qu'un droit exceptionnel, fondé sur des raisons spéciales qui n'ont pas toujours été, dans la pratique des nations, des raisons légitimes et n'ont souvent eu d'autre fondement que des intérêts égoïstes. Mais le droit des nations n'admet que des raisons fondées sur la justice.

Pour être exacts nous distinguons, quant à l'objet:

L'intervention dans les affaires constitutionnelles d'un pays de celle dans ses affaires de gouvernement y compris les démêlés politiques de diverses gouvernements entre eux.

Staatsr. § 138 e. Medicus, Rhein. Bund. IV, p. 184. Schmelzer, Verhältnifs auswärtiger Kammergüter. 1819. p. 75.

[1]) L'examen des points principaux qui se rattachent à la question du droit d'intervention, se trouve dans Moser, Vers. VI, p. 317 suiv. Vattel II, 54. Günther, Völkerr. I, 280 suiv. de Kamptz, Völkerrechtliche Erörterung des Rechts der europäischen Mächte, in die Verfassung eines einzelnen Staats sich zu mischen. Berlin 1821. (V. la critique dans Hermes XI, p. 142.) Traité sur le droit d'intervention par MM. D. et R. Paris 1823. Krug, Dikäopolitik. Leipzig 1824. p. 322 suiv. Wheaton, Histoire du progrès etc. p. 394 suiv. (II, 199). Heiberg, Das Princip der Nicht-Intervention. Leipzig 1842. H. de Rotteck, Das Recht der Einmischung. Freiburg 1845, et dans le Dictionnaire intitulé: Staats-Lexicon. t. VII. Phillimore I, 433. Halleck, Intern. Law. Chap. IV, § 3. 1. Berner, dans le Staatslexicon de Bluntschli, art. Intervention.

Quant à la forme, nous distinguons encore:

L'intervention proprement dite, ou le cas où une nation intervenant comme partie principale dans les affaires intérieures d'une autre, cherche à lui imposer sa volonté par la force même des armes,

de la simple coopération, ou du concours accessoirement prêté à une autorité ou à un parti quelconque de la nation dont les affaires intérieures l'ont motivé.

Enfin on peut user de simples mesures de précaution arrêtées en vue de dangers éventuels, telles que la paix armée,[1] et d'une intercession purement officieuse, entreprise par une nation dans son propre intérêt ou dans l'intérêt d'une autre.

Ces formes et ces dénominations diverses d'intervention appartiennent encore à la pratique récente des États. C'est surtout le principe de coopération qui est devenu la base du traité de la quadruple alliance du 22 avril 1834 et de celui additionnel du 18 août de la même année.[2] Cependant longtemps avant déjà il était en usage dans les affaires générales de l'Europe.

Ces diverses mesures ont toutes pour but de provoquer dans les affaires intérieures d'un autre État un changement voulu. Décidément la nature différente des gouvernements ne modifie en rien le caractère des principes internationaux, bien que dans l'ancienne pratique la nature spéciale des États électifs et fédéraux ait fourni une vaste carrière à toute espèce d'intercession politique.[3]

§ 45. Une intervention proprement dite, par laquelle une puissance, comme partie principale, intervient dans les affaires intérieures de constitution ou de gouvernement d'un État indépendant, ne peut être justifiée que dans les cas suivants:

[1]) Mot inventé en 1840 par M. Thiers.

[2]) V. Martens (Murhard), Nouveau Recueil. t. XI. 1837. p. 808 et t. XII. p. 716.

[3]) La Confédération germanique, dans un arrêt du 18 septembre 1834, a adopté un système très-prononcé contre toute intervention étrangère. Martens (Murhard), N. Suppl. Göttingue 1842. p. 56. — Il est inutile de rappeler que c'est sous la forme d'une intervention que se sont accomplis les premiers actes relatifs au partage de la Pologne.

I. Lorsque l'intervention s'opère avec le consentement formel de cet État, ou en vertu d'une clause expresse d'un traité public qui a pour objet la garantie de sa constitution ou de certains droits, dès que cette clause a été invoquée par l'une des parties contractantes. Des liens fédéraux ou de protection indissolubles peuvent encore motiver le droit d'opposition à des changements projetés ou bien faire provoquer, dans un intérêt de conservation, certains changements à introduire, ou certaines mesures à prendre que le maintien de ces liens rend nécessaires. Ainsi la Diète germanique jouit du droit d'intervention dans les États de la Confédération, par rapport aux affaires qui touchent aux institutions fondamentales et aux garanties de cette dernière.

II. Il y a lieu à des mesures d'intervention lorsque les changements intérieurs survenus dans un État sont de nature à porter préjudice aux droits légitimes de l'État voisin. Lorsque, par exemple, les changements auraient pour effet de dépouiller un souverain étranger de ses droits de succession éventuels ou de ceux seigneuriaux, devrait-il se laisser dépouiller de ces droits sans aucune opposition ni résistance?

III. Les nations qui admettent entre elles l'existence d'un droit commun et qui se proposent l'entretien d'un commerce réciproque fondé sur les principes de l'humanité, ont incontestablement le droit de mettre, d'un consentement commun, un terme à une guerre intestine qui dévore un ou plusieurs pays. S'affranchir, même par une intercession armée, d'un état d'inquiétude prolongé, et chercher en même temps à en prévenir autant que possible le retour, c'est resserrer des liens internationaux relâchés.

IV. Une intervention peut enfin avoir le but légitime d'empêcher l'ingérence non justifiée d'une puissance dans les affaires intérieures d'un pays, lorsqu'elle est de nature à créer un précédent attentatoire à l'indépendance de plusieurs ou de tous les États. Nous en reparlerons dans la section relative aux obligations qui naissent d'actions illicites.

En dehors des cas qui viennent d'être indiqués, il n'existe aucune autre cause d'intervention effective. Ces causes en déterminent en même temps le but et le moyen. Le but, c'est l'exercice d'un droit établi, c'est la réparation d'une lésion qui y porte atteinte. Le moyen, l'extrême remède, c'est la guerre, après que les voies pacifiques ont été épuisées.

Les événements et les changements survenus dans un pays qui sont de nature à menacer l'existence ou les intérêts des États limitrophes, autorisent seulement l'emploi de mesures préventives, de précaution et des négociations amiables. Ainsi lorsqu'une révolution a éclaté dans un pays, lorsqu'une propagande s'y est formée dans le dessein manifeste de répandre au dehors des théories subversives, les gouvernements intéressés peuvent avoir recours à des mesures de police ou à l'établissement d'un cordon militaire, destinés à les contenir dans des limites étroites, ou bien encore à une demande de garanties. Ils peuvent en outre, si leurs intérêts ont été lésés, employer des mesures de rétorsion. De même des armements extraordinaires, sans un but clairement avoué, les autorisent à demander des explications catégoriques qui ne peuvent leur être refusées sans offense (§ 30 et 31 ci-dessus).[1]

Des hostilités qui ont éclaté entre deux États, donnent aux autres le droit d'arrêter les mesures nécessaires pour prévenir le dérangement de l'équilibre politique; soit que, par une intercession amiable, ils réussissent à circonscrire le but et les limites des hostilités, soit que, par une alliance défensive, ils établissent un contrepoids suffisant, ou qu'ils arrêtent des armements suffisants au besoin pour la protection des intérêts individuels ou communs (la paix armée). Dans la pratique des nations l'intervention réelle a souvent pris la place d'une intercession ou de simples mesures de sûreté. La révolution française, les congrès de Troppau, de Laibach et de Vérone, ainsi que les affaires belges, ont provoqué des délibérations incessantes sur cette grave question, sans que les opinions divergentes aient toujours réussi

[1]) V. J. J. Moser, Vers. VI, p. 398. Fr. Ch. de Moser, Vom Rechte eines Souverains, den andern zur Rede zu stellen. Kl. Schriften VI, p. 287. Günther I, p. 293. On y trouve de nombreux exemples empruntés à la jurisprudence du siècle précédent. Le nôtre en offre également un grand nombre.

à se mettre d'accord.[1] — Nous avons déjà observé que la prétention hautement avouée de fonder une monarchie universelle équivaudrait à une déclaration de guerre faite à l'indépendance de l'Europe (§ 30).

§ 46. La conduite d'un souverain, quelque blâmable qu'elle soit, tant qu'elle ne porte aucune atteinte ni aucune menace aux droits des autres souverains, ne donne à ces derniers aucun droit d'intervention. Car aucun souverain ne peut s'ériger en juge de la conduite de l'autre. Néanmoins il est du devoir des autres de tenter auprès de lui les voies d'une intercession amiable, et si, malgré ces avis, il persévère dans sa conduite, s'il continue à fouler aux pieds les lois de la justice, il faudra rompre toutes les relations avec lui.

Il en sera autrement, et l'on pourra intervenir d'une manière effective, chaque fois que les choses en viennent à une guerre civile. En ce cas les puissances étrangères pourront assister celui des deux qui leur paraîtra fondé en justice, s'il invoque leur secours. La loi en effet est la même pour les États que pour les individus. Si elle permet à l'individu de voler au secours de son prochain menacé dans son existence ou dans ses droits fondamentaux, à plus forte raison le permettra-t-elle aux États souverains.[2] Il faut seulement que ces derniers n'usent pas légèrement de ce droit, car les notions de juste et d'injuste, étant sujettes à erreur, sont d'une application difficile. L'intervention impose en outre des sacrifices en hommes et en argent: elle peut créer à la partie intervenante des périls et des résultats désastreux. Dans tous les cas elle ne doit pas dépasser les limites naturelles, réglées d'avance, d'une coopération purement accessoire: elle ne doit pas non plus être imposée, et il faudra qu'elle cesse, dès que la partie qui l'a provoquée a cessé d'exister ou s'est soumise.

Ces principes s'appliquent en outre aux cas d'intervention

[1]) V. Wheaton, Internat. Law. II, 1. 4. Heiberg et de Rotteck, aux endroits cités. Pando, Derecho intern. p. 74.

[2]) Vattel, loc. cit. § 56. J. G. Marckart, De jure atque obligatione gentium succurrendi injuste oppressis. Harderov. 1748. V. aussi le § 30 ci-dessus.

dans les affaires religieuses d'une nation étrangère. Ils président notamment à la solution de la question de savoir s'il est permis à une nation d'intervenir en faveur de ses frères en religion qui sont l'objet de mesures d'intolérance et de persécutions dans un pays étranger.[1] Ils expliquent en quelque sorte l'intervention des trois grandes puissances en Grèce et la légitimité de la bataille de Navarin.

IV. DROITS INTERNATIONAUX ACCIDENTELS.

§ 47. En examinant les droits fondamentaux des nations, nous avons déjà eu l'occasion d'expliquer en partie plusieurs droits accidentels qu'un État peut acquérir envers un autre par titres valables (§ 11 et 26). Ils retrouveront naturellement leur place dans les sections suivantes du présent livre, où nous traiterons des biens, des obligations et des actions. Le droit public de l'Europe n'admet pas une loi générale sur les successions. Mais rien ne s'oppose à ce que des traités spéciaux garantissent à un souverain étranger la succession éventuelle d'un territoire. Au moyen âge les pactes successoriaux furent assez fréquents. Ainsi, par exemple, ce fut en vertu d'un pacte successorial conclu en 1016 et 1018 que le royaume de Bourgogne (Arélat) échut en 1032 à l'Empire germanique.[2] On rencontre encore aujourd'hui en Allemagne plusieurs de ces pactes d'une origine très-ancienne, et qui n'ont pas été mis hors de vigueur jusqu'à ce jour. En général le droit de succession qu'ils établissent, est personnel en ce sens qu'il profite seulement à la famille régnante d'un pays, non au pays même. Ils portent en général le nom d'unions héréditaires (uniones hereditariae), quelquefois aussi celui de confraternités héréditaires (confraternitates hereditariae), parce que, en quelque sorte, ils opéraient l'union, au moins fictivement, des territoires respectifs en un seul domaine sous l'adoption d'un nom fraternel, et en imposant aux sujets l'obligation de prêter hommage aux princes confrères.[3] La validité de ces

[1]) V. les développements chez Vattel, loc. cit. § 58—62. Schmelzing § 190.

[2]) Mascov., De regni Burgund. ortu etc. I, § 10.

[3]) V. Günther II, 106. Beseler, Vergabungen. I, 215 suiv.; II, 3. 90.

pactes dépend de l'époque de leur origine: les révolutions récentes ont toutefois rendu souvent leur exécution impossible.

SECTION II.
DES SOUVERAINS ET DE LEURS RAPPORTS PERSONNELS ET DE FAMILLE.

§ 48. Les souverains avec leurs familles et leurs représentants forment la seconde catégorie des personnes dont le droit international doit s'occuper.

Le Souverain d'un État est la personne physique ou morale réunissant les diverses fonctions du pouvoir suprême, et qui par suite forme une partie intégrante de l'État même. Les fonctions dont il est investi, ont un double caractère tant interne qu'externe, selon que leur action se fait sentir en dedans ou au dehors du territoire. La souveraineté a tantôt un caractère absolu, tantôt un caractère limité constitutionnellement, tantôt elle ne se présente que sous la forme de la mi-souveraineté. Elle peut être conférée à une ou à plusieurs personnes. Lorsqu'elle est déléguée à plusieurs personnes, celles-ci l'exerceront ordinairement en commun. Quelquefois une souveraineté collective ne pourra être établie que par rapport à certains objets;[1] d'autres fois elle s'exerce individuellement et solidairement, dans les cas par exemple, où un souverain, tout en continuant à régner, s'adjoint un co-régent; il en est de même dans les gouvernements consulaires où les fonctions du pouvoir souverain ne sont pas divisées. Dans ces cas on applique la maxime du droit

Reichard, Monarchie, Landstände und Bundesverfassung in Deutschland. Leipzig 1836. p. 149. 150. V. aussi l'Acte du Congrès de Vienne, art. 99.

[1]) C'est une espèce assez rare pour laquelle on peut citer comme exemple, d'après le droit public de l'Allemagne, les successions dites „Ganerbschaften", les communautés de domaine exercées par plusieurs princes (v. § 65 ci-après), le gouvernement exercé en commun par plusieurs princes allemands dans certaines affaires, p. ex. par les princes de Mecklembourg, ceux de la maison ducale de Saxe, et de la maison cadette de Reuss dans le duché de Lippe. V. Klüber, Oeffentliches Recht des deutschen Bundes. § 81. Heffter, Beiträge zum Staats- und Fürstenrecht. p. 311. Dans les républiques on rencontre d'autres restrictions du pouvoir souverain.

romain ainsi conçue: „Magistratus (plures) cum unum magistratum administrent, etiam unius hominis vicem sustinent.“[1] Chaque membre exerce alors un droit d'intercession et de „veto“ sur les actes de ses collègues, tant que ces actes ne sont pas des faits accomplis.

ACQUISITION DE LA SOUVERAINETÉ EN GÉNÉRAL.

§ 49. Un souverain est regardé comme légitime, s'il est entré en possession du pouvoir conformément à l'ordre légal des choses établi, et sans opposition des parties intéressées; comme illégitime, si son règne repose sur une violation de droits antérieurs: d'illégitime il peut devenir légitime par suite du consentement ou du décès des parties intéressées. C'est à ces simples propositions que peut être ramenée la controverse relative à la souveraineté légitime ou illégitime. Nous reparlerons au surplus de la souveraineté usurpée dans le livre II, qui traite du droit de la guerre.

Tant que l'origine ou la légitimité du pouvoir souverain est contestée, le seul fait de sa détention réelle tient lieu du droit, non-seulement dans les rapports avec le peuple soumis, mais aussi dans les relations internationales. C'est que la souveraineté réelle, lors même qu'elle serait illégitime, est une continuation de l'État, elle le représente et elle crée des droits et des obligations pour l'avenir, sauf les droits particuliers du souverain légitime. Car l'État ne peut changer de nature. En Angleterre ce principe a été sanctionné par un ancien acte du parlement (2, Henry VII) dans les termes suivants: „That he, who is *actually* King, whether by election or by descent, yet being once King, all acts done by him as King, are lawful and justiciable, as by any King.“ Aussi Cromwell pouvait-il concevoir la pensée sérieuse de prendre le titre de roi.[2]

Le souverain non légitime, à la vérité, ne peut valablement imposer aux nations étrangères l'obligation de le reconnaître

[1]) L. 25. D. ad municip. V. Moser, Staatsr. XXIV, p. 236. Hert, De pluribus hominibus personam unam sustinentibus, dans: Comment. et Opusc. III, p. 61.

[2]) Oliv. Cromwell and his times, by Coxe. p. 328.

comme légitime, ni prétendre aux honneurs y attachés, ni exiger le maintien des rapports internationaux. Mais à un refus il peut répondre par un refus semblable d'une continuation des rapports avec le gouvernement offenseur.

Dans tous les cas, tant que se prolongent les contestations relatives à la souveraineté d'un territoire, le droit international et la politique conseillent l'observation d'une stricte neutralité. Nous nous sommes déjà expliqué sur la question de savoir dans quelles limites ces contestations peuvent donner lieu à l'intervention d'une puissance étrangère (§ 44). Il n'appartient en aucune manière aux autres nations de se prononcer sur leur valeur intrinsèque, mais pendant le temps qu'elles continuent, il ne leur est pas défendu d'accorder leurs sympathies plutôt à l'un qu'à l'autre prétendant, sans que l'on puisse y voir une atteinte portée au droit international. Dès le moment où l'un des prétendants est entré en possession du pouvoir, c'est à lui seul que les États étrangers ont affaire, et c'est avec lui qu'ils reprendront de fait les relations interrompues, sans qu'il puisse en résulter un préjudice ou une offense quelconque envers les autres prétendants.[1]

MODES D'ACQUISITION DE LA SOUVERAINETÉ.

§ 50. La souveraineté ou l'autorité suprême de l'État n'est pas un pouvoir matériel, attaché par soi-même soit à un seul membre de la société, soit à celle-ci tout entière. Considérée comme fait et non comme idée dominante, la souveraineté du peuple, de même que celle dynastique, est un fait hypothétique. C'est un objet dont l'appropriation dépend originairement d'un acte de volonté et de forces suffisantes d'une ou de plusieurs personnes. Les modes de constitution de la souveraineté sont donc d'une part le résultat du développement organique des États, que ce développement aboutisse d'ailleurs à la souveraineté populaire, ou à celle dynastique. D'autre part ils obéissent à des influences du dehors ou internationales, car le sort des

[1]) V. § 23 ci-dessus. Günther II, 421. Vattel II, 12. 198. Moser, Vers. I, p. 185 suiv. Nous donnerons aussi dans l'appendice le texte conforme d'une décrétale de Grégoire XVI.

batailles et la conquête peuvent détruire l'autonomie d'une nation en lui substituant la loi du vainqueur. De même la transmissibilité du pouvoir souverain n'est aucunement une qualité inhérente à son principe. Elle dépend de la loi constitutive, en l'absence de celle-ci de la volonté générale, et lorsque cette dernière se tait également, de la volonté du détenteur actuel du pouvoir et de ses moyens pour s'y maintenir. Il en résulte que la loi de succession peut circonscrire la transmission du pouvoir souverain dans le cercle d'une seule famille (successio gentilitia), ou bien y appeler éventuellement d'autres. Ainsi, par exemple, les constitutions de la Bavière, de la Hesse, de la Saxe et d'autres ont reconnu entre plusieurs souverains de l'Allemagne ces confraternités héréditaires dont nous avons parlé au § 47 ci-dessus. Mais en principe la transmissibilité du pouvoir n'implique en aucune manière la faculté de le transmettre à une famille étrangère: il n'implique pas non plus une idée de domaine, c'est-à-dire, la faculté de disposer librement du pays et de ses habitants, à moins que cette faculté n'ait été accordée ou réservée expressément. A ce sujet les anciens publicistes distinguaient entre „regna usufructuaria“ et „regna patrimonialia“.[1] Nous ne pouvons donc admettre, même par rapport aux souverains de l'Allemagne, l'opinion professée par Maurenbrecher, qui, contrairement à l'origine de la souveraineté, pose comme principe général son caractère essentiellement transmissible, du moins en ce qui concerne l'Allemagne.[2] En France aussi, à l'époque déjà où Louis XIV voulait assurer à ses descendants naturels et légitimés la succession éventuelle de sa couronne, le parlement a maintenu avec énergie le principe opposé. En effet la transmissibilité permanente de l'autorité souveraine suppose un droit spécialement acquis ou un pouvoir illimité.

ENTRÉE AU POUVOIR.

§ 51. La souveraineté internationale reprend, dès l'entrée au pouvoir, ses droits ou l'acquisition matérielle de la souve-

[1]) Grotius, De J. B. I, 3. 11 suiv. V. là-dessus Klüber § 31.

[2]) Maurenbrecher, Die deutschen Fürsten und die Souverainetät. Frankf. 1839. p. 109. 119. Struvii Jurisprudentia heroica. t. IV. p. 544 seq.

raineté interne. Elle ne suppose en aucune manière une reconnaissance préalable par les puissances étrangères, et le seul fait d'une détention du pouvoir, conformément aux règles générales ou spéciales du droit public interne, est considéré comme suffisant. Toutefois les usages et les convenances politiques exigent une notification du changement de règne aux nations amies et alliées ou à leurs représentants, notification qu'on fait suivre ordinairement de la promesse d'une continuation de bons procédés et de l'expression du désir d'en obtenir de semblables en retour.[1] Lorsque le pouvoir est nouveau, lorsqu'il n'est pas le résultat d'un droit de succession garanti, lorsqu'il est douteux ou contesté, il est aussi d'usage de demander une reconnaissance expresse aux puissances étrangères.[2] Cette reconnaissance ne peut être valablement exigée à aucun titre que comme condition de la continuation des rapports internationaux.

DOUBLE PERSONNALITÉ DU SOUVERAIN.

§ 52. Le souverain réunit en sa personne un double caractère légal, savoir le caractère public et par suite le caractère international, et celui civil. Ce dernier toutefois dépend toujours du premier et ne peut jamais lui préjudicier, suivant l'ancien axiome que le droit public déroge toujours au droit privé. Ainsi rien ne s'oppose à ce que le souverain d'un État acquière et exerce des droits civils, ou consente à une restriction de ceux par lui possédés en pays étranger; à ce qu'en qualité de particulier, il devienne vassal ou sujet d'un souverain étranger, qu'il entre au service civil ou militaire d'une puissance étrangère, et y jouisse de droits politiques ou parlementaires. Ainsi l'évêque souverain de la principauté d'Osnabrück, le duc d'York, siégeait comme pair d'Angleterre dans la chambre des lords (1787).[3] Le duc de Cumberland, feu roi de Hanovre, en a fourni un exemple plus récent. L'incompatibilité de ces différentes fonctions ne com-

1) Günther II, 430. Le Saint-Siége regarde comme un devoir des souverains catholiques l'envoi d'ambassades d'obédience dès leur entrée au pouvoir. Ibid. note e. Buder, de legationibus obedientiae. Jenae 1737.

2) Günther II, 432.

3) Günther II, 271.

mencerait que le jour où leur exercice simultané serait en contradiction avec les règles constitutionnelles de l'un des deux États, ou serait de nature à compromettre l'honneur et la dignité du souverain. Il faudra alors sinon renoncer aux fonctions étrangères, du moins en faire suspendre l'exercice. C'est dans ce sens que la Cour de Chancellerie à Londres a décidé par un arrêt en date du 13 janvier 1844, la cause du duc Charles de Brunswick contre le roi de Hanovre. Pour éviter de pareils conflits, le souverain pourra toujours, en renonçant à ses rapports privés, recouvrer tout l'éclat de son caractère public.

RANG INTERNATIONAL DES SOUVERAINS.

§ 53. Les droits de souveraineté, lorsqu'ils se confondent avec la personne qui en est investie, régis d'ailleurs par les principes de la réciprocité et de l'égalité, peuvent être résumés dans les règles suivantes:

I. Les souverains représentent leurs États d'une manière absolue (jus repraesentationis omnimodae), autant du moins que les constitutions particulières n'y apportent pas certaines restrictions, en sorte qu'en dehors de celles-ci toute manifestation du souverain est considérée comme étant celle de l'État dont il est l'organe. Les engagements contractés par un souverain au nom de l'État obligent ce dernier, en même temps qu'ils lui profitent. C'est un principe du droit constitutionnel, adopté en Angleterre, en France, énoncé dans les lois fondamentales de plusieurs États d'Allemagne,[1] et qui n'est nullement exclusif ni de celui de la responsabilité ministérielle, ni du concours parlementaire des corps législatifs, lorsqu'il s'agit de la mise en exécution des traités contractés. Mais le souverain ne peut pas disposer directement de la personne et des biens de ses sujets, excepté dans les cas où les règles générales ou spéciales du droit public en autorisent le sacrifice au profit de l'État.

II. Le souverain comme chef ou représentant suprême de l'État, a droit au respect.

III. Les souverains sont égaux entre eux: lorsque leurs

[1]) Acte constitutionnel du Wurtemberg, § 85; Const. du duché de Brunswick, § 7; Const. du duché d'Altenbourg § 6 etc.

droits sont transmissibles par voie de succession, leurs familles jouissent entre elles d'une égalité de naissance absolue, égalité toutefois qui laisse subsister les rangs que le droit cérémonial de l'Europe, les règlements et les traités ont consacrés entre les différents souverains (§ 28. 41).

IV. Le souverain peut prétendre aux titres et aux honneurs que les usages internationaux accordent aux différentes catégories d'États, ou dont elles ont toujours joui sans contestation.

Les titres consacrés sont:

pour le chef de l'Église romaine, celui de *Sanctitas Sua* (*Sanctissimus Pater*), titre accordé autrefois aussi aux évêques en général. *Summus Pontifex*, usité dès le troisième siècle. *Papa* dès le cinquième siècle, employé dans un sens exclusif depuis Grégoire VII;[1]

pour les empereurs et les rois le titre de *Majesté*, accordé d'abord exclusivement à l'empereur romain (d'Allemagne) et depuis le xve siècle aux rois également, mais que depuis le xviiie siècle seulement l'empereur d'Allemagne a consenti à partager avec eux. A l'empereur de Turquie (padischah) la plupart des souverains ne donnaient autrefois que le titre d'Altesse; aujourd'hui on lui accorde également celui de Majesté;[2]

pour les grands-ducs et l'électeur de Hesse le titre d'*Altesse Royale* (*Celsitudo Regia*) a été consacré, titre dont jouissait aussi le duc de Savoie, par rapport au royaume de Chypre possédé autrefois par ses ancêtres;[3] le duc de Holstein-Gottorp l'a obtenu en 1736;[4]

les ducs et les princes portent le titre d'*Altesse*[5] *Sérénissime* (*Serenitas*), auquel les ducs d'Allemagne préfèrent celui

1) Richter, Lehrbuch des Kirchenrechts. § 110.

2) Fr. Ch. de Moser, Kleine Schriften. VI, 20. Moser, Versuche. I, 238.

3) V. ci-dessus page 37, note 2 et page 54. Lettre touchant le titre d'Altesse roïale du Duc de Savoye. à Cologne 1701.

4) Moser, Staatsrecht. IV, 193; idem, Versuche. I, 242.

5) Fr. Ch. de Moser, Kleine Schriften. VII, 167 suiv. Heumann, Progr. de tit. Serenissimi. Goetting. 1726.

d'Altesse: ainsi les ducs régnants de Saxe, d'Anhalt, de Brunswick et de Nassau ont adopté en 1844 le titre d'Altesse.[1]

Quant aux États fédéraux et aux républiques, leurs titres sont moins constants. La Confédération germanique, dans ses relations diplomatiques, reçoit le titre de *Sérénissime Confédération germanique.*[2] De même les républiques de Pologne, de Venise et de Gênes étaient qualifiées de *Sérénissimes Républiques.*[3] Les monarques ont conservé en outre, en suite de leurs anciennes relations avec l'Église, certains titres honorifiques: le roi de France celui de *Rex Christianissimus* ou de *fils premier-né de l'Église;* le roi d'Espagne, depuis 1496, celui de *Rex Catholicus;* celui d'Angleterre depuis 1521 celui de *Defensor fidei;* celui de Pologne le titre de *Rex Orthodoxus;* le roi de Portugal, depuis 1748, celui de *Rex fidelissimus;* le roi de Hongrie, depuis 1758, celui de *Rex Apostolicus.* Le Pape lui-même se donne le titre modeste de *Servus Servorum Dei.*[4]

Les monarques jouissent de la prérogative de parler d'eux-mêmes au pluriel et d'employer cette formule: *Nous par la Grâce de Dieu,* formule usitée chez les évêques dès le IVe siècle, et à laquelle ils ajoutaient postérieurement les termes suivants: *et apostolicae Sedis gratia.* Les princes laïques n'ont commencé à s'en servir qu'au Xe siècle.[5] Nous en verrons l'emploi au § 237. Quant aux changements de titres, les règles expliquées au § 28 leur sont applicables.

V. Les souverains, tant dans un but de prestige du pouvoir suprême, que pour leur service personnel et pour celui de leur famille, jouissent de la prérogative de tenir une cour, prérogative qui découle d'anciens usages. La cour au moyen âge

[1]) Décret de la Diète fédérale du 16 août 1844, et la brochure intitulée: Prädicatsfrage (par Wahlkampf). Giessen 1845.

[2]) Klüber, Oeffentliches Recht. § 144.

[3]) Moser, Vers. I, 241.

[4]) J. C. Becmann, Syntagma dignitat. I, n. 2 et 3. Moser, Vermischte Schriften. Abh. I, p. 63.

[5]) Pfeffinger, Vitr. illustr. I, 4. 9. Heumann, Progr. de tit. Dei Gratia. Allendorf 1727. B. Tilesii, Comment. de titulo: Nos Dei Gratia. Regiomont. 1751.

se composait d'abord de ministériaux, plus tard de grands vassaux. La cour moderne est surtout un produit du règne des ducs de Bourgogne et de Louis XIV.[1]

VI. Les souverains, pendant leur séjour dans un pays étranger, sont exempts de la juridiction territoriale (§ 54), par application de cette maxime: „par in parem non habet imperium."[2] Mais il n'est pas défendu d'interdire à un souverain étranger l'entrée ainsi que le séjour dans le territoire, et de prendre à cet effet les mesures de sûreté nécessaires. C'est ainsi, par exemple, que le roi Henri IV interdisait au duc Charles-Émanuel de Savoie le séjour en France.[3] Dans ses rapports privés en outre, et surtout en ce qui concerne les immeubles possédés, les successions recueillies et les engagements civils, ceux de vasselage ou de service contractés, ou enfin le domicile élu par lui en pays étranger, le souverain est soumis à la juridiction étrangère. Toutefois la personne souveraine étant inséparable de la personne civile, elle ne peut jamais être atteinte directement ou être l'objet d'un acte d'exécution. La soumission volontaire du souverain à la juridiction étrangère ne pourrait guère produire d'effets analogues, car elle impliquerait une renonciation aux droits de souveraineté, et par là même elle léserait la dignité de sa position. Quelques auteurs qui soutiennent la thèse contraire, ont cité, il est vrai, à l'appui de leur opinion, trois exemples célèbres, savoir la conduite du roi Henri VII envers Robert, roi de Naples, celle de Charles d'Anjou envers le malheureux Conradin, enfin celle d'Élisabeth envers Marie Stuart.[4] Mais qu'est-ce que ces exemples, dont au surplus il serait facile de grossir le chiffre, prouvent, sinon que les notions du droit international n'étaient que trop souvent

[1]) Fr. Ch. de Moser, Hofrecht. 1754. C. E. de Malorti, Der Hofmarschall. Hannover 1842.

[2]) Pour les crimes, v. § 102.

[3]) d'Aubigné, Histoire univ. III, 5. 5. Stephanus Cassius, De jure et judice legator. II, 18. Pufendorf VIII, 4. 21. Bynkershoek, De jud. legat. III, 3.

[4]) Zouch, De jure fec. II, 2. 6. V. la loi Clement. 2. De sent. et re judic. Herm. Conring, De finibus imperii german. II, 22. Bynkershoek, De jud. leg. III, § 16. 17.

méconnues dans les anciens temps, et qu'il recevait alors des atteintes continuelles? C'est donc par une juste appréciation que le tribunal de première instance de la Seine, dans un jugement en date du 17 avril 1847, a proclamé le principe suivant: „Attendu que selon les principes du droit des gens, les tribunaux français n'ont pas juridiction sur les gouvernements étrangers, à moins qu'il ne s'agisse d'une action à l'occasion d'un immeuble possédé par eux en France comme particuliers" etc.[1]

§ 54. Le souverain étranger, lors de son entrée dans un territoire, y jouit des droits d'hospitalité. Ces droits consistent d'abord dans les cérémonies traditionnelles d'une réception solennelle et d'un traitement conforme à son rang, à moins qu'il n'y ait renoncé par l'adoption de l'incognito,[2] ou par l'entrée au service du pays, ou par l'entrée dans le pays contre la volonté du gouvernement. De là la nécessité d'une demande préalable. Mais le droit le plus éminent consiste dans *l'exterritorialité*, tant au profit du souverain étranger que de sa suite et des objets destinés à leur usage personnel. Elle comprend en outre son exemption de tous les impôts personnels, la juridiction contentieuse sur ses sujets, bien entendu dans les limites tracées par les lois de son propre pays et dans des cas urgents seulement, et enfin la juridiction gracieuse (volontaire). En effet un souverain étranger ne saurait exercer dans le pays où il séjourne passagèrement, plus de droits sur ses propres sujets qu'il n'en possède chez lui: ce séjour dépend d'une autorisation préalable, qui en même temps en détermine les conditions. Il en résulte que les autorités du pays peuvent protester contre l'exercice d'une juridiction qui leur déplaît et exiger qu'il y soit sursis instantanément. L'exterritorialité est un produit du droit moderne. Rien de semblable n'existait chez les souverains du moyen âge. L'emprisonnement et les mauvais traitements de princes étran-

[1]) Aff. Solon contre Mehemed Ali. Sirey 1847. Dans le même sens C. roy. Paris 16 janvier 1836 (Sirey 1836, 2. 70. — Contra Foelix, § 472).

[2]) On distingue à cet effet entre l'incognito strict et l'incognito simple sous un nom d'emprunt. Moser, Grundsätze des Völkerrechts in Friedenszeiten. p. 128 suiv. Dresler, De jurib. principis incognito peregrinantis odiosis. Martisb. 1730. Günther I, 478.

gers étaient alors à l'ordre du jour, et c'est par là qu'on débutait souvent lors d'une déclaration de guerre.[1] Longtemps même les auteurs ont contesté l'existence de ce droit,[2] qui est néanmoins une conséquence du principe de l'égalité des souverains (§ 53 ci-dessus). Au reste, on est d'accord que l'exterritorialité n'implique en aucune manière un droit d'asile au préjudice du gouvernement étranger.

RAPPORTS INTERNATIONAUX DE LA FAMILLE DU SOUVERAIN.

§ 55. Les membres de famille du chef de l'État jouissent incontestablement, dans les monarchies héréditaires, d'une partie des prérogatives dont celui-ci est investi. Ainsi l'épouse mariée au souverain par mariage égal, partage son rang et ses titres, et les conserve pendant son veuvage, tout en cédant le pas, en ce cas, dans les occasions solennelles, à l'épouse du souverain régnant.[3] Dans les États où les femmes ne sont pas exclues de la succession au trône, les lois constitutionnelles du pays détermineront alors les droits de l'époux de la souveraine, surtout lorsqu'il ne jouit pas lui-même d'une position indépendante parmi les Princes de l'Europe, et serviront de base dans les rapports internationaux.[4] Tous les autres membres de la maison régnante ont droit à des titres et à des honneurs cor-

[1]) Ward, History. I, 279. Pütter, Beitr. zur Völkerrechts-Geschichte. p. 115.

[2]) Ainsi par exemple Cocceji, De fundata in territorio et plur. concurr. potestate. II, § 12. Leibnitz, De jure supremat. cap. XXV. Contra J. Tesmar, Tribunal principis peregrinantis. Marp. 1675. Stephan. Cassius, De jure et jud. legator. II, 18. Bynkershoek, De jud. comp. leg. III, 3 seq. Franz Joach. Christ. de Grape, Unters., ob der Souverain eines Staates der Souverainetät dessen unterworfen sei, wo er sich befindet. Frankfurt, Leipzig 1752, et les Auteurs les plus récents. Günther I, 480, laisse encore la question indécise.

[3]) Moser, Vers. I, p. 316. Staatsr. XX, 352. Klüber, Oeffentl. Recht des deutschen Bundes. § 248. de Neum. in Wolffsfeld, J. principis privat. t. II. tit. 29. § 361.

[4]) Schwertner, De matrimonio feminae imperantis cum subdito. Lips. 1686. Parthenius, Dissert. II. de marito reginae. Gryphisw. 1707. Moser, Vers. I, 314. Surland, Vom Gemahl einer Königin. Halle 1777. De Steck, Vom Gemahl einer Königin. Berl. 1777.

respondants à leur position, mais qui en général, du moins dans les maisons impériales et celles royales, sont inférieurs à ceux du souverain. Ainsi les princes et les princesses des maisons impériales portent le titre d'*Altesse impériale*, ceux des maisons royales le titre d'*Altesse royale*, pourvu qu'ils descendent les uns et les autres d'empereurs ou de rois, ou qu'ils aient acquis ce titre d'une manière expresse. Ceux des maisons grand-ducales et de la maison électorale de Hesse portent le titre d'*Altesse*, tandis que l'héritier présomptif du trône, qui descend du grand-duc régnant, reçoit ordinairement celui de son père ou d'*Altesse royale*.[1] — Tous les membres des familles ducales et princières, lorsqu'ils sont d'une origine princière, portent le titre d'*Altesse sérénissime*, mais depuis 1844 les premiers, du moins leurs descendants directs ainsi que leurs héritiers présomptifs, reçoivent également celui d'*Altesse*.[2]

Ces titres ne subissent aucune modification par l'usage établi dans plusieurs pays d'accorder à certains membres des maisons régnantes des titres particuliers, en dehors de ceux auxquels ils peuvent prétendre par leur naissance, usage en vigueur notamment en France et en Angleterre. En Allemagne également les princes puînés portaient quelquefois des titres de haute noblesse.[3] Les princesses mariées, suivant leur rang, conservent leurs titres de naissance, auxquels elles ajoutent ceux de leurs époux, en commençant par les plus élevés.[4]

Les membres de toutes les maisons souveraines, pourvu qu'ils soient successibles ou du moins de la même origine que

[1]) V. le protocole d'Aix-la-Chapelle dans l'appendice.

[2]) Ainsi arrêté par les statuts des maisons ducales de Saxe, du 10 avril 1844, et depuis dans d'autres maisons ducales. Les autres puissances n'ont pas encore reconnu généralement ce titre. Pour la Prusse v. la Circulaire minist. en date du 9 janvier 1845 (de Kamptz, Jahrb. LXV, p. 126). V. aussi p. 106 ci-dessus.

[3]) Eichhorn, Rechtsgeschichte. II, § 301, not. c. Lünig, Thes. jur. Comitum. p. 390. Huld. ab Eyben. de tit. nobilis. Giess. 1677. § 7. Pfeffinger, Ad Vitriar. I, 17. 3. 6. p. 575. t. II.

[4]) Ludolf, De jure feminarum illustr. p. 28. Moser, Staatsr. XX, p. 353. Schmid, Beiträge zur Geschichte des Adels. 42, 43. Cocceji, De lege morganatica. III, 12. Ch. Fréd. de Moser, Hofrecht. I, p. 593.

les successibles, sont, quant au rang, égaux entre eux et de naissance égale. Cette règle toutefois n'a rien d'obligatoire, et les traités et les statuts des familles souveraines en ont souvent élargi les limites. C'est le manifeste impérial de Russie du 20 mars 1820 qui maintient avec le plus de rigueur les règles de l'égalité de naissance.[1]

Tous les membres de la famille souveraine,[2] de même que l'épouse du chef de l'État, sont ses sujets. Ce dernier point était autrefois très-controversé, surtout en Allemagne, à cause de la constitution spéciale de l'Empire germanique.[3] Mais en thèse générale, la question ne peut recevoir d'autre solution légale que celle que nous venons d'indiquer. L'époux même d'une souveraine, dès qu'il a établi son domicile dans le territoire de celle-ci, devient sujet de l'État, à moins qu'il n'ait droit à une position exterritoriale. — Les rapports légaux des membres des familles souveraines étant exclusivement régis par l'autorité du chef de l'État, et subsidiairement par les statuts et les usages particuliers, ils ne peuvent devenir l'objet d'une intervention étrangère que par voie d'une simple intercession, ou lorsqu'elle s'appuie sur la violation de droits stipulés. En effet les liens de famille, qui reposent sur la nature et la morale, continuent à subsister malgré le mariage, et ils créent le droit comme le devoir d'assistance réciproque: une maison souveraine peut donc intercéder d'une manière efficace en faveur de ses membres mariés à l'étranger, lorsqu'ils sont l'objet de mauvais traitements.[4]

D'après les usages reçus, les membres d'une famille souveraine ne jouissent pas de l'exterritorialité en pays étranger, bien qu'ils y soient reçus avec les égards dus à leur rang. Toutefois les héritiers de trône sont l'objet d'une attention spéciale et honorés même quelquefois, bien que non d'une manière générale, des priviléges d'exterritorialité.[5]

[1]) V. sur les usages des différentes maisons régnantes de l'Europe: Hallische Allg. Lit.-Zeit. 1829, Mai No. 96 suiv.

[2]) Moser, Familien-Staatsr. II, 338. 471. Klüber, Oeffentl.Recht. § 249.

[3]) Moser, Staatsr. XX, p. 388 suiv. Struvii Imper. heroic. II, 438.

[4]) de Martens, Völkerr. § 170. Günther II, p. 491.

[5]) Schmelzing § 211.

Le Co-régent régnant, ainsi que le régent souverain, jouissent, à l'exception des titres, des mêmes droits que les souverains.

RAPPORTS PRIVÉS DES FAMILLES SOUVERAINES.

§ 56. Dans leurs rapports privés, les membres des familles souveraines, à l'exception du prince régnant, sont régis, comme les autres regnicoles, par les lois générales du pays, à moins que celles-ci n'établissent des exceptions en leur faveur, ou qu'ils ne jouissent d'un droit spécial de famille, ainsi que cela se pratique en Allemagne. On y rencontre même un droit privé commun des princes, qui, il est vrai, se confond souvent avec le droit public du territoire.[1]

Quant au souverain, bien qu'il ne relève pas directement de l'autorité des lois civiles en ce sens qu'il ne peut faire l'objet d'aucune espèce de poursuite personnelle, il n'en est pas moins vrai que, quant aux modes d'acquisition et de poursuite des droits purement civils, il est tenu de les observer, et ne peut s'en dispenser que dans les cas où il pourrait en affranchir ses propres sujets. Ce qui sera vrai alors surtout que, par une violation des lois civiles, il viendrait à froisser les sentiments de justice du pays. Car les lois d'une nation forment sa morale, et il n'est dans le pouvoir de personne de rendre moral ou légal ce qui est profondément immoral ou contraire aux lois de la justice.

Le droit romain, déjà tout en établissant la maxime célèbre: „princeps legibus solutus est", y a ajouté cependant ce tempérament qu'il était plus digne du prince de se soumettre aux lois dans les affaires privées.[2] Et c'est la règle généralement admise dans la pratique moderne des nations, là du moins où le caprice du souverain ne forme pas la loi exclusive. Car les nations modernes n'admettent d'autre droit que celui des lois. C'est ainsi que la jurisprudence anglaise interprète cette autre maxime: „the king is not bound by any statute unless

¹) Les ouvrages qui traitent de cette matière sont indiqués par Maurenbrecher, Grundrifs des deutschen Staatsr., avant le § 227.

²) L. 23. Dig. de legat. III. l. 4. Cod. de legibus § fin. J. quemadm. testam. infirm.

expressly named therein.“ Il en était encore de même dans les monarchies absolues de l'Allemagne. L'inviolabilité du souverain s'oppose seulement à toute espèce d'exécution personnelle.

PERTE DE LA SOUVERAINETÉ PERSONNELLE.

§ 57. La souveraineté du prince cesse par son décès: car le prince décédé ne peut avoir de droits, mais bien sa famille, qui a le devoir de respecter sa mémoire et de la faire respecter par les autres.[1] La souveraineté se perd encore par suite d'une déchéance ou d'un dépouillement de l'autorité suprême, déchéance qui peut être soit définitive, lorsqu'elle est l'effet d'une cause légitime, politique ou internationale, soit seulement temporaire, lorsqu'elle est la conséquence d'une violence illicite (sedes impedita), non exclusive de l'esprit et du droit de retour (postliminium. Voir livre II. § 185 et suivants ci-après). Les convenances seules peuvent guider les autres souverains s'ils doivent continuer à accorder au souverain déchu les titres et les honneurs précédents, tandis qu'ils ne doivent pas le refuser au souverain empêché temporairement dans l'exercice du pouvoir, alors surtout qu'ils reconnaissent expressément ses droits d'y rentrer. L'histoire fournit des exemples nombreux de souverains auxquels des honneurs royaux ont continué à être accordés, même après leur abdication: citons celui de la reine Christine de Suède (1655—89) qui, pendant son séjour en France, réclamait non-seulement le droit d'exterritorialité, mais aussi celui de juridiction;[2] ensuite celui du roi Stanislas Lescinski (1709—1766), tandis que d'autres, p. ex. le roi Charles IV d'Espagne (depuis 1808), Gustave IV de Suède, enfin le roi Louis de Hollande se sont retirés tout-à-fait dans la vie privée.

Il est inutile d'ailleurs d'observer que dans les relations internationales les actes souverains du prédécesseur, rendus conformément aux lois fondamentales du pays, obligent ses successeurs.[3]

¹) L. 1. § 4. 6. D. de injuriis.

²) V. Bynkershoek, De jud. legat. chap. III, 4 et 16. de Martens, Nouv. Causes célèbres. t. II. Append. no. IV.

³) Comparez les écrits où cette question est traitée dans toute son

SECTION III.
L'HOMME DANS SES RAPPORTS INTERNATIONAUX.

§ 58. Suivant Aristote l'homme est né pour la société et pour l'État; mais il n'est pas toujours sous l'empire de ce dernier; il peut exister sans l'État, et l'État n'est pas le même partout: il y en a des espèces fort différentes d'après l'esprit, les moeurs, la religion des peuples et par suite de la nature du sol. En conséquence aussi le droit n'est pas le même partout et pour tous.

Assurément, s'il y a certains droits primordiaux auxquels l'homme peut prétendre par cela seul qu'il existe, ces droits devront être également respectés par tous, sans distinction à quelle nation l'individu appartient, les nations n'étant elles-mêmes que des personnalités collectives du genre humain. En effet, on n'a pas seulement enseigné l'existence de droits de l'homme en général, mais on les a même formulés légalement dans quelques pays, principalement en France. Si d'un autre côté on a nié la force obligatoire et universelle de ces prétendus droits primordiaux, il faudra admettre néanmoins qu'ils sont une norme pour les États qui ont adopté pour règle de leur conduite les lois de la morale naturelle.

Les exigences communes à tous les individus se résument dans l'idée de la liberté personnelle. L'homme étant appelé à se développer physiquement et moralement en tout ce dont la nature humaine est capable, l'État, qui n'est lui-même qu'une portion de l'humanité, loin de troubler ou d'entraver ce développement libre, doit au contraire le favoriser par tous les moyens. En vertu de sa haute mission l'État doit en outre prêter son assistance aux membres qui, passagèrement ou d'une manière permanente, sont empêchés de jouir de la liberté commune. En leur fournissant les choses les plus nécessaires à leurs besoins, il tâche en même temps de les élever au niveau moral de la société.

étendue et qui sont indiqués par Zachariae, Das Staats- und Bundesrecht. § 58.

En conséquence du même principe l'homme ne peut pas être la propriété d'un autre ni de l'État lui-même. Aucune nation qui se dirige d'après les préceptes de l'humanité ne doit donc tolérer l'esclavage ni admettre sur son territoire les conséquences qui en découlent. L'esclave et le serf étranger seront pour l'État des hommes libres. A la vérité ce principe que l'air rend libre a été proclamé en France déjà par le roi Louis X (Ordonn. V, 1. p. 1311); il l'a été également en Angleterre, en Prusse et ailleurs. L'acte du Parlement anglais 3. 4, Will. 4, chap. 73, publié le premier août 1834, a inauguré une nouvelle ère par l'abolition de l'esclavage dans les colonies; et la guerre civile dans le Nord de l'Amérique vient d'achever la victoire du système abolitioniste. Bien peu s'en faut-il encore pour qu'on puisse enrégistrer au droit européen le principe qu'il n'y a plus d'esclavage.[1]

§ 58a. L'analyse de la liberté individuelle nous fait distinguer les droits élémentaires suivants, savoir:

Premièrement le choix libre d'une résidence dans un pays quelconque où l'homme croit pouvoir vivre le plus librement et à son aise. Aucun individu n'est attaché irrévocablement à la glèbe de l'État, qui l'a vu naître ou qui l'a protégé quelque temps. La terre est la patrie commune de tous les hommes, et pour sauvegarder sa liberté il faut avoir la faculté de chercher une nouvelle patrie dans une autre partie du globe. Le droit d'émigration est donc un droit imprescriptible, limité seulement par des engagements volontaires ou légaux auxquels les hommes ont été soumis dans les temps passés. L'ancienne théorie de même que l'ancienne pratique des États n'avaient qu'une intelligence très-imparfaite d'un principe qui aujourd'hui ne fait plus l'objet d'aucun doute. M. de Haller même admet le droit d'émigration comme un droit fondamental.[2] Quant aux

1) Parmi les écrits qui ont traité ce grand sujet nous nous bornerons à citer Biot, L'abolition de l'esclavage ancien. Paris 1841. Agenor de Gasparin, Esclavage et traite des noirs. Paris 1838. Foelix, dans la Revue étrangère. t. IV et V. Warnkönig, Rechtsphilosophie. p. 286.

2) V. sur l'ancienne théorie les écrits indiqués par de Kamptz § 122. — V. sur M. de Haller le compte-rendu dans la Revue critique de législation

restrictions particulières de ce droit, nous les examinerons au § 59[a] ci-après.

Deuxièmement, conservation, défense et développement de la personnalité physique dans les limites de la nécessité et sans lésion d'autrui. De là découlent la faculté d'assujettir la nature aux besoins matériels de la vie, la propriété, sa conservation et son accroissement par le libre échange, le mariage comme moyen de reproduction de l'espèce humaine, tous ces droits contenus dans les limites tracées par la loi morale.

Troisièmement, droit d'existence et de libre développement de la personnalité morale et par suite faculté d'acquérir et de développer des connaissances par un libre échange intellectuel; faculté enfin de se former des convictions religieuses sur le monde invisible et d'y conformer sa conduite.

Tels sont les droits primordiaux et privés de tous les hommes, droits qu'on ne doit pas confondre avec les droits politiques ou de citoyen. A l'égard de ces derniers il n'existe aucun principe uniforme et généralement admis par toutes les nations. Leurs formes et leurs modifications dépendent de la condition du pouvoir et de l'esprit publics. La déclaration des droits de l'homme et du citoyen, placée en tête de la constitution française du 3 septembre 1791, avait tâché de les réunir ensemble.

C'est à l'État à prescrire les formes ou les modes d'expression de ces droits qui existent indépendamment de lui, à en tracer l'ordre et les limites, et à fournir les moyens de les réaliser. C'est par là qu'ils entrent dans le domaine de la législation intérieure de chaque État. Mais le concert commun de l'Europe a consacré le principe qu'il n'y a plus de personnes ou nationalités proscrites et hors de loi, comme il y en avait jadis, p. e. celle des nommés Égyptiens ou Bohémiens (Cingari), et qu'il faut accorder à toute personne une protection de sa vie et de ses biens. Il y a encore plus.[1] L'esprit cosmopolitique des

t. VII. (1855) p. 478. Il appelle le droit d'émigration „flebile beneficium." Comparez aussi Merlin, Répert. m. Souveraineté. § 14. Zachariae, 40 Bücher vom Staat. IV, 1, 258.

[1]) Comparez déjà de Réal, Science du Gouvernem. IV, 7, 1, 1. Vattel, Droit des gens. II, 1, 19. 6, 17. Günther II, 344.

États modernes fait jouir les étrangers presque partout des mêmes droits privés que les regnicoles, ainsi qu'il sera dit au § 60 ci-après. Les régulations particulières ne concernent que l'étendue de cette concession et constituent cette partie de la jurisprudence que l'on appelle habituellement le droit international des étrangers, ou droit international privé, et que l'on pourrait nommer aussi bien le droit international de l'homme.

LES REGNICOLES ET SUJETS DES ÉTATS.

§ 59. Constatons d'abord le caractère distinctif de la sujétion, c'est-à-dire de la dépendance personnelle d'un certain État.

Sont considérés comme membres ou sujets de l'État, d'après le droit international:

1° Les regnicoles, c'est-à-dire tous ceux qui sont établis dans le territoire d'un État à demeure perpétuelle, peu importe qu'ils y soient nés ou qu'ils y aient fixé leur domicile;

2° les personnes qui, d'une manière définitive, y sont entrées en service, soit dans les armées de terre ou de mer, soit dans l'administration civile;

3° les femmes de ces personnes, de même que les enfants légitimes d'un père, les enfants naturels d'une mère, et les enfants nés à l'étranger de parents regnicoles, tant qu'ils n'ont pas la capacité civile nécessaire pour choisir leur domicile.[1] Jusqu'alors l'enfant doit être regardé comme étant régi par les lois du pays auquel appartiennent ses parents, quoique les tribunaux du pays où l'enfant réside, ne prennent pas toujours en considération la nationalité de ses parents;

4° enfin les enfants trouvés dans un pays, à moins que leur origine n'ait pu être constatée.

Le droit public interne indique les droits politiques et civils dont jouissent ces différentes classes de personnes, ainsi qu'il peut admettre, en dehors de ces catégories, encore d'autres aux droits de cité. Néanmoins il est évident que l'extension donnée par les lois ou patentes d'un État à la qualité de sujet,

[1]) Vattel I, 19. § 215. Quant aux enfants nés sur mer v. § 78 ci-après.

ne peut porter aucun préjudice aux liens de sujétion envers un autre État suivant les règles internationales ci-dessus exposées.

Sont considérés comme sujets d'un État sous certains rapports seulement (subditi secundum quid) les personnes ci-après dénommées, savoir:

les étrangers possédant des immeubles dans un territoire ou y exerçant certains droits qui les font assimiler aux regnicoles (forenses, foranei, cives qui foras habitant), sujets mixtes quant aux propriétés;[1]

les étrangers qui font un séjour plus ou moins prolongé sur le territoire (albini, alibi nati, aubains).[2]

CARACTÈRE INTERNATIONAL DE LA SUJÉTION.

§ 59ª. La qualité de sujet d'État opère une soumission entière sous l'empire de l'État, mais elle ne constitue pas, d'après ce que nous avons déjà établi, un lien indissoluble sous le point de vue international; elle cesse de fait par l'émigration; il n'y a pas lieu à une revendication du sujet émigré dans un autre pays. Néanmoins l'émigration peut être surveillée et réglementée par l'État. Les lois peuvent notamment imposer l'obligation d'en donner un avis préalable aux autorités locales, avis qui fournira à ces dernières le moyen de s'assurer si l'émigrant a satisfait à tous ses engagements, et d'exiger de lui une caution destinée à assurer l'accomplissement de ceux qu'il doit remplir encore. Autrefois il était d'usage d'exiger des émigrants le sacrifice d'une portion de leur patrimoine. Les traités internationaux n'ont pas encore aboli tous les restes de cette coutume barbare.

A la question d'émigration vient se rattacher naturellement une autre. Le sujet d'un État peut-il être à la fois sujet d'un autre ou sujet mixte? Cette double nationalité, bien que tolérée dans une grande partie de l'Europe, a été proscrite expressément par plusieurs législations, qui dans ces cas exigent que

¹) V. l'article de Jordan, inséré dans le Staats-Lexicon. VI, 361.

²) Une dissertation complète sur ces diverses catégories se trouve dans Schilter, De jure peregrinorum, dans ses Exercitatt. ad Digesta. Gaschon, Code des Aubains. Paris 1818.

la personne choisisse entre son domicile actuel et celui de son origine.[1]

Tant que les rapports de sujétion n'ont pas été dissous par l'émigration, la loi internationale accorde à l'État certains droits, en même temps qu'elle lui impose certaines obligations. Ces droits et ces obligations se résument dans les règles suivantes:

I. L'État pourra appuyer les justes réclamations de ses regnicoles à l'étranger, défendre ses sujets par les voies internationales, lorsqu'ils sont l'objet de poursuites arbitraires, et exiger la réparation des lésions commises à leur préjudice (jus protectionis civilis, in specie jus repraesentationis omnimodae). Conformément à ce principe aussi la Confédération germanique s'est chargée expressément d'une représentation solidaire des différents États qui la composent et, le cas échéant, de leurs sujets.[2]

II. L'État peut rappeler ses sujets établis à l'étranger, dès qu'il le juge convenable (jus avocandi). Néanmoins, pour obtenir leur retour, il ne peut réclamer à cet effet l'assistance des autorités étrangères. C'est une conséquence du droit de cité universelle. Aussi un gouvernement n'est-il pas même tenu d'autoriser sur son territoire la publication des lettres de rappel envoyées par un gouvernement étranger.[3]

III. Le sujet d'un État continue, pendant son séjour à l'étranger, à être soumis à la juridiction et aux lois de sa patrie. C'est en observant ces lois seulement qu'il y conserve ses droits civils et politiques. D'autre part l'État fera droit aux

[1]) Zouch, De j. fecial. II, 2. 13, qui nie la possibilité d'être sujet de plusieurs États, va trop loin. Car tout dépend des dispositions des lois des divers pays. Déjà les lois de l'ancien monde variaient sur ce point. V. Cicéron pro Balbo chap. 12: „Sed nos (Romani) non possumus et hujus esse civitatis et cujusvis praeterea; ceteris omnibus concessum est." V. Moser, Vers. VI, 52. Günther II, 326. Gaschon (Disc. prél.) p. 73. Les lois françaises n'admettent pas la double nationalité d'un individu.

[2]) Provisorische Competenz-Bestimmungen, du 12 juin 1817. § 5. 3, c. Schlufsacte, art. 37. 50[4]. V. Klüber, Oeffentl. Recht. § 173 a.

[3]) Moser, Nachbarliches Staatsrecht. p. 118. 687. Idem, Versuch des Völkerrechts. VI, chap. 4. 6. Les anciens auteurs admettaient cette espèce de revendication d'un Gouvernement étranger, p. ex. Moser, Grundsätze in Friedenszeiten. V, 1, § 27. Günther II, 309 suiv.

engagements contractés par ses regnicoles à l'étranger, pourvu qu'ils ne soient pas contraires aux lois de la mère-patrie (§ 35). Mais les lois fiscales ne sont pas applicables aux immeubles de ses sujets situés dans un autre pays, bien que les anciens traités et usages n'aient pas toujours suivi cette règle, notamment lors de l'établissement d'un impôt sur les revenus.[1]

IV. Le sujet d'un État ne peut invoquer l'intervention d'un gouvernement étranger, et le rendre juge des démêlés avec son propre gouvernement. Tout au plus celui-là pourra-t-il intercéder en sa faveur par des voies amiables.[2] Autrefois il n'était pas rare de voir les sujets porter plainte contre leurs princes devant le Saint-Siége par la voie d'une „dénonciation évangélique.“ Cette voie de recours est aujourd'hui rejetée partout.

DROITS DES ÉTRANGERS EN GÉNÉRAL.[3]

§ 60. Les sujets d'un État ne relèvent d'aucune puissance étrangère, et ils ne peuvent se prévaloir de droits publics acquis par des concessions d'un autre gouvernement.[4] Ils ne sont justiciables par les tribunaux de ce dernier que lorsqu'ils y ont à exercer des droits privés ou qu'ils y possèdent des immeubles, et pendant qu'ils y séjournent.

Aucun doute n'existe sur le droit d'une nation de déterminer les conditions de l'admission des étrangers sur son territoire, de régler leurs rapports civils pendant leur séjour et de les exclure des fonctions politiques. Mais il est constant aussi qu'aussi longtemps qu'elle continue à entretenir des relations régulières avec les autres, elle doit admettre leurs sujets à la jouissance du droit privé sur le pied d'une complète égalité, et qu'elle ne doit point, à ce sujet, établir des distinctions qui ne

¹) Recès german. de 1544 § 45. Mynsinger, Cent. obs. V, 22. Klock, De contribution. chap. 13.

²) F. Ch. de Moser, Kl. Schriften. VI, 287. Günther, Völkerr. I, 280.

³) V. l'article de Jordan dans le Staats-Lexicon. VI, 360 suiv. Pütter, Fremdenrecht. Leipzig 1845.

⁴) V. § 33 ci-dessus. C'est une conséquence de l'indépendance des États. V. Günther, Völkerr. II, p. 262. 315. 323. de Martens, Völkerr. § 80. 87. Schmelzing § 142. Les brevets délivrés dans un pays ne sont pas valables dans un autre. V. Foelix, Droit international, II, 9, 6.

seraient pas motivées par la nécessité de représailles ou de mesures de rétorsion. C'est un principe généralement adopté aujourd'hui. Le développement des rapports internationaux ne permet pas de leur appliquer la distinction romaine entre „jus civile" et „jus gentium", entre le droit civil d'une et celui de toutes les nations, à moins que les lois particulières d'un pays ne fassent dépendre l'exercice de certains droits privés de la jouissance des droits politiques ou civiques. Aussi la position exceptionnelle des étrangers justifie-t-elle pleinement la disposition généralement admise qui soumet l'étranger demandeur à la nécessité de fournir caution; tandis que celle qui assujettit les successions et les legs échus à des étrangers à certains droits (jus detractus, traite foraine), est une pratique empruntée à des siècles où l'on regardait ces derniers presque comme des ennemis. Hostile au principe de la liberté des rapports internationaux, cette pratique a été abrogée par des traités, du moins en grande partie.[1]

S'il est constant que l'État n'a aucune juridiction sur les étrangers ne résidant pas sur son territoire ou n'y possédant pas des biens meubles ou immeubles, il n'en est pas de même relativement à ceux qui y ont établi leur résidence, alors surtout que la demande serait recevable, dans le cas où elle serait formée contre un regnicole devant un tribunal du pays. Sous ce double rapport la jurisprudence française s'est éloignée de celle des autres États. En effet la disposition de l'article 14 C. Nap., qui permet de citer tout étranger devant les tribunaux de France pour les obligations par lui contractées envers des Français nous paraît contraire au principe qui s'oppose à ce que personne puisse être soustrait à son juge naturel, contraire à la maxime: „actor rei forum sequitur" et à cette autre: „extra territorium jus dicenti impune non paretur."[2] En même temps, d'après la jurisprudence française, il est défendu à un étranger

1) V. de Martens, Völkerr. § 79. 93. Schmelzing § 132. 146. Foelix p. 169 suiv.

2) V. sur les mesures de rétorsion adoptées par les États de l'Allemagne au sujet de l'art. 14. C. N. Kappler, Juristisches Promptuarium. 2 édit. v. „Ausländer" p. 88 suiv. Foelix II, 2, 2, 3 n. 175.

de poursuivre un autre étranger pour une dette contractée soit dans sa patrie, soit en France, ce qui est contraire au caractère cosmopolite de l'homme qui doit être protégé par les lois partout où il réside. — A la vérité les questions d'état civil ne pourront être jugées que par les tribunaux du pays d'origine. Toutes les autres actions personnelles et mobilières devraient être portées devant les tribunaux du domicile réel. Quant aux actions ayant pour objet des immeubles, elles sont, sans aucun doute, de la compétence des tribunaux des lieux où ils sont situés.

D'un autre côté les engagements contractés par un gouvernement envers les sujets d'une autre puissance, loin d'être régis par les lois étrangères, sont soumis exclusivement aux règles du droit international. De tels engagements sont les emprunts contractés à l'étranger, dont nous traiterons dans le Chapitre consacré aux contrats. Enfin les tribunaux d'un pays ne seront pas compétents pour statuer souverainement sur des contestations civiles concernant des sujets étrangers, lorsqu'il s'agit d'une question internationale et que le gouvernement de l'autre pays a le droit d'intervenir par voie internationale, où, en conséquence, la contestation cesse d'être purement civile. Cette question a été traitée pour la première fois entre la Grande-Bretagne et la Prusse, à l'occasion des prises faites par des corsaires anglais.[1]

DROITS DES FORAINS.[2]

§ 61. On appelle forains (forenses) les étrangers qui sont soumis aux lois et tribunaux du pays à l'égard de leurs immeubles situés dans le territoire. Ces immeubles sont sujets aux taxes et aux contributions comme les autres immeubles,[3] ainsi qu'aux règlements de la police locale, et le propriétaire ne peut décliner à leur égard la compétence des tribunaux du territoire.

[1]) V. Ch. de Martens, Causes célèbres. II, p. 1—88. de Martens, Völkerr. § 95. Klüber, Droit des gens. § 58.

[2]) J. Ch. Limbach, De forensibus. Giess. 1669.

[3]) Quant aux taxes, aucun doute ne subsiste plus aujourd'hui. V. § 59. III. ci-dessus. de Martens, Völkerr. § 88. Klüber, Oeffentl. Recht. § 407h., ainsi que les ouvrages indiqués par de Kamptz, Literat. § 113.

Dans plusieurs contrées de l'Allemagne on va plus loin. Les étrangers qui y possèdent des immeubles, sont regardés sous ce rapport (jure landsassiatus) comme sujets et soumis, même pour leurs personnes, aux lois et tribunaux du pays: à cet effet ils doivent prêter le serment de sujétion.[1] En même temps leur famille et leurs autres biens continuent à être régis par les lois du domicile d'origine. Il est constant du reste que ni ces dernières ni celles des autres États n'accordent nécessairement à ces rapports les effets d'une sujétion réelle; on peut faire cesser ces restes du régime féodal en imposant la nécessité du choix entre ce domicile accidentel et celui d'origine.[2]

RAPPORTS LÉGAUX DES ÉTRANGERS.

§ 62. Chaque État est maître de fixer les conditions auxquelles il permet aux étrangers l'entrée et le séjour sur son territoire. Il peut, dans un intérêt de sûreté publique, les renvoyer individuellement ou en masse, à moins que les dispositions des traités conclus avec d'autres puissances ne s'y opposent. De même un État ne peut refuser de recevoir ses propres sujets expulsés d'un territoire étranger, réception d'ailleurs qui n'a aucun caractère obligatoire, à moins que des traités spéciaux ne l'exigent, comme ceux relatifs à l'extradition réciproque des vagabonds.[3] Toutefois l'exclusion complète d'une nation de tout commerce international, ainsi que le renvoi non motivé, ou fait d'une manière blessante, de ses nationaux serait regardé, d'après le droit public européen, comme une injure (§ 33 ci-dessus).[4]

1) C. H. Geisler, De landsassiatu. Marp. 1781. et Klüber, loc. cit. § 269. 466 a. Il n'est pas douteux que cette sujétion n'ait pour effet de soumettre l'étranger à la juridiction des tribunaux du lieu où les immeubles sont situés, par rapport à toutes les contestations purement personnelles. V. Eichhorn, Deutsches Privatr. § 75.

2) Günther II, p. 426.

3) de Martens, Suppléments. VIII, p. 282. Sur la définition v. Thomasius, De vagabundis. Lips. 1681. van Haesten, De vagabundis. Ultraj. 1773. Günther II, p. 259.

4) A. Contostaulos, De jure expellendi peregrinos diss. Berol. 1849.

Chez les peuples de l'ancien monde les renvois en masse des étrangers (ξενηλασίαι) étaient assez fréquents. Dans nos États modernes on n'y a recours qu'en temps de guerre.[1] Le discours prononcé au parlement, le 3 avril 1824, par lord Canning, pour la défense de l'ancien bill des étrangers, présente à ce sujet un puissant intérêt. Aujourd'hui un système plus doux a prévalu également en Angleterre: il consiste dans un enrégistrement des étrangers qui est renouvelé de six en six mois (Stat. George IV chap. 54).

En dehors de ce que nous avons déjà indiqué au § 60 ci-dessus, les étrangers, pendant leur séjour sur un territoire, sont soumis aux règles fondamentales suivantes:

I. Tous les étrangers sont soumis à l'autorité des lois pénales et de police, ainsi qu'à la juridiction criminelle du territoire où ils résident.[2] Ils sont sujets à ses lois civiles et peuvent être poursuivis à l'occasion des engagements contractés par eux (§ 37. 39). L'exterritorialité, les traités et les usages, il est vrai, établissent des exceptions: en matière de procédure et de juridiction, les étrangers peuvent encore obtenir des faveurs spéciales. De telles faveurs sont, par exemple, la juridiction consulaire (livre III ci-après) et la maxime du droit anglais que l'étranger est justiciable s'il le veut par un jury, composé pour moitié d'étrangers (de medietate linguae).

II. Les étrangers ne sont pas soumis aux lois concernant les impôts personnels et la conscription militaire, établies dans le territoire où ils séjournent. Les autorités du pays ne peuvent mettre en réquisition leurs personnes ou leurs biens meubles qu'en cas de nécessité urgente, et sous la réserve d'une indemnité future. Mais ils sont tenus de payer les impôts qui grèvent l'usage ou la consommation de certains objets et l'exercice de certaines industries; par exemple, les droits de péage des chaussées, ceux

Cet auteur prend pour point de départ l'obligation de l'État de recevoir sur son territoire tous les étrangers.

[1]) V. ci-dessus § 33. Schmelzing § 168. Günther II, 219. 223. 314. Martens § 74. Schilter, loc. cit. § 52.

[2]) Les lois de sûreté et de police obligent tous ceux qui habitent le territoire (art. 3. C. N.).

de concession ou de patente, les contributions immobilières, les droits de timbre et d'enrégistrement.[1]

III. L'étranger conserve l'état civil de son domicile d'origine quant à ses affaires domestiques (§ 37 ci-dessus); mais son état politique n'est d'aucune valeur dans le pays étranger. Ainsi, par exemple, la dégradation civile ou l'interdiction de certains droits publics ou sociaux n'aura pas d'effets à son égard.[2] Pareillement les fonctions publiques dont il est revêtu dans son pays, ne peuvent être invoquées ni par lui ni contre lui, pendant son séjour dans le territoire étranger, à moins qu'il n'y soit chargé d'un mandat de sa patrie (§ 34). Néanmoins les rangs et titres d'un individu sont, d'après les usages des nations, respectés en pays étranger, pourvu qu'ils ne soient pas contraires aux lois de ce dernier,[3] et sans préjudicier au rang et aux titres des regnicoles.

IV. L'étranger qui a rempli tous les engagements contractés par lui dans un territoire, peut le quitter librement; ses biens ne pourront être retenus sous aucun prétexte.[4] Tous les usages contraires, tels que droits de retrait, d'aubaine (jus albinagii), celui qui était établi dans le Palatinat sous le nom de „Wildfangrecht"[5] ont successivement disparu, ou sont sur le point de disparaître. En France, où le droit d'aubaine s'est conservé le plus longtemps, un décret de l'assemblée constituante, en date du 6 (18) août 1790, l'avait déjà réprouvé: mais ce fut seulement une loi du 14 juillet 1819 qui l'abolit d'une manière définitive.[6]

¹) de Martens, Völkerr. § 88. Schmelzing § 187. 188. Sur le casus necessitatis, v. Schilter, loc. cit. § 46.

²) Ch. Thomasius, De existimatione, fama et infamia extra rempubl. Hal. 1709.

³) Günther II, p. 315. de Martens § 85. Schmelzing § 141. Klüber § 84. V. aussi Vitriar. illustr. Pfeffinger III, p. 112. Pütter, Erörterungen des deutschen Staats- und Fürstenrechts. I, p. 10.

⁴) V. de Martens § 78. Schmelzing § 179.

⁵) Moser, Nachbarl. Staatsr. 406. Günther II, 361. Jordan, Staats-Lex. VI, 368.

⁶) Les ouvrages indiqués par de Kamptz § 121. Pütter, Beitr. p. 128. Schilter, loc. cit. § 32. 39. Mittermaier, Grundsätze des gemeinen deutschen Privatrechts. 6. éd. § 106.

DROIT D'ASILE ET D'EXTRADITION.

§ 63. Tout État indépendant offre sur son territoire un asile naturel non-seulement aux nationaux, mais aussi aux étrangers, contre les poursuites dirigées au dehors contre eux. Mais c'est une question controversée depuis longtemps, de savoir si cette protection a un caractère obligatoire, si au contraire un État n'est pas tenu de satisfaire à une demande d'extradition formée par un autre gouvernement, à l'occasion d'un crime ou délit commis sur le territoire de ce dernier.[1]

Le droit public des peuples anciens n'autorisait guère l'extradition des individus qui, réfugiés chez un peuple, invoquaient la protection des dieux nationaux: tout au plus autorisait-il celle d'un étranger qui, dans le pays même où il s'était réfugié, s'était rendu coupable d'un crime envers un autre étranger: du moins on regardait en ce cas l'emploi de représailles comme licite.[2] Mais pour qu'un citoyen fût livré à un peuple étranger, il fallait que son crime envers ce dernier fût assez énorme pour que son extradition ne pût être refusée à la juste vindicte du peuple offensé.[3]

Au moyen âge l'Église ouvrait de nombreux lieux d'asile, en même temps qu'elle exerçait la juridiction pénale d'une manière très-étendue:[4] en dehors de l'Église, les puissances laïques n'admettaient d'autres règles que celles du plus fort. Depuis l'établissement de rapports plus réguliers entre les États modernes d'après le principe de leur indépendance réciproque, l'usage a consacré partout les règles suivantes:

[1]) V. Provó-Kluit, De deditione profugor. Lugd. Bat. 1829, surtout Berner, Wirkungskreis des Strafgesetzes. 1843. § 40—45. Rob. de Mohl, Revision der völkerrechtl. Lehre vom Asyle. Tübingen 1853. A. Bulmerincq, Das Asylrecht. Dorpat 1854. Sur les lois les plus récentes v. Foelix, Droit intern. p. 578 et Faustin Hélie dans la Revue de législation et de jurisprud. par Welowski. t. I, 2. p. 220. Pour la littérat. antérieure v. de Kamptz § 111.

[2]) V. Heffter, Athenische Gerichtsverfassung. p. 428.

[3]) Abegg, Untersuchungen der Strafrechtswissenschaft. p. 133.

[4]) Walter, Kirchenrecht § 270. 345. Grimm, Deutsche Rechts-Alterthümer. p. 886.

I. Chaque État est maître de refuser l'entrée sur son territoire aux étrangers réfugiés et aux étrangers en général, ainsi que nous l'avons déjà expliqué (§ 62). Cependant des considérations d'humanité font accorder facilement l'autorisation de séjour sur un territoire, en imposant l'accomplissement de certaines conditions (§ 63[a]). Il est vrai que l'opinion opposée, celle qui oblige l'État de recevoir chez lui les réfugiés, surtout politiques, a été soutenue avec énergie, mais on n'a réussi aucunement à en établir le fondement. La diète suisse elle-même, après l'avoir défendue pendant deux ans, en imposant aux cantons l'obligation de recevoir les réfugiés étrangers, a dû y renoncer (25 février 1851).

II. L'extradition ne s'applique pas aux nationaux rentrés dans leur patrie.[1] Il n'existe en effet aucune nécessité pour faire consentir leur extradition, surtout si l'État ne laisse pas impunis les crimes commis par ses nationaux à l'étranger, et qu'ils n'ont pas été commis par des étrangers naturalisés ensuite. Néanmoins, dans les pays où, sous ce dernier rapport, un système différent a prévalu, le Gouvernement consent quelquefois à livrer un individu réfugié qui a commis un crime d'une atrocité extraordinaire.[2]

III. En l'absence de traités formels, toute extradition d'un étranger est subordonnée à des considérations de convenance et d'utilité réciproques. L'intérêt de la société commande que les crimes ne restent pas impunis, et l'extradition pourra avoir lieu alors surtout qu'il n'y a à redouter aucune injustice de la part des autorités qui la réclament. Par cette raison les anciens auteurs, tels que Grotius et Vattel, ont déclaré l'extradition comme obligatoire: mais la négative est soutenue par les auteurs modernes, et elle a prévalu dans la pratique. Pinheiro-Ferreira,

1) Ce principe a été reconnu expressément en Prusse, en Bavière, en Wurtemberg, dans les grands-duchés de Bade, de Hesse et d'Oldenbourg, dans les duchés de Brunswick et d'Altenbourg, indirectement aussi par la loi belge du 30 décembre 1836. — Pour la France voir la circulaire de M. le Garde des Sceaux du 5 avril 1841. Dalloz, Dictionn. m. Extradition; Foelix p. 588 (no. 613 éd. 3).

2) Décret impérial du 23 octobre 1811. La légalité de ce décret a été contestée. V. Foelix no. 572 suiv. (611 ed. 3).

qui repousse toute extradition, va évidemment trop loin, et son opinion extrême n'a trouvé jusqu'à présent aucun partisan.[1]

Le principe de l'extradition une fois admis, y a-t-il lieu d'établir une distinction tirée de la nature différente des crimes? Régulièrement non. Néanmoins une exception a été admise en faveur des crimes politiques, et ordinairement on refuse aujourd'hui l'extradition d'individus prévenus exclusivement de crimes politiques. La crainte d'une peine disproportionnée a motivé sans doute cette dérogation à la règle générale. Par contre un arrêté de la Confédération germanique du 18 août 1836 a rendu obligatoire entre tous les États de la Confédération l'extradition réciproque des individus accusés de cette espèce de crimes.[2]

¹) V. Tittmann, Strafrechtspflege in völkerrechtlicher Beziehung. p. 27. Kluit p. 73. Allgem. Augsb. Zeitung. 1824. Append. no. 32. Contra Journal des Débats, 20 février 1824. Quant à la France v. Foelix p. 584. Quant aux États-Unis du Nord de l'Amérique, v. Kent, American Law I, p. 35 éd. 4.

²) L'arrêté fédéral du 18 août 1836 a été complété par une loi générale en date du 26 janvier 1854. (V. ma traduction dans la Revue critique de législ. 1855. p. 95. *Le traducteur.*) En voici les dispositions principales: „Les États de la Confédération s'obligent à livrer les individus arrêtés, prévenus ou condamnés par les tribunaux du pays où ils ont commis un crime ou un délit, pourvu que les faits soient qualifiés crimes ou délits par les lois du pays où l'extradition est demandée, et que la peine n'y soit pas prescrite (art. 1). Lorsque l'individu poursuivi a été arrêté pour d'autres crimes ou délits, l'extradition n'a lieu qu'après l'acquittement, après que la peine a été subie ou que l'arrestation a cessé (art. 2). — On remet avec l'individu arrêté les objets trouvés en sa possession (art. 3). — L'extradition a lieu à la réquisition du tribunal compétent. La demande énonce le crime ou délit pour lequel le prévenu est poursuivi (art. 4). — Si l'extradition est demandée par plusieurs États à la fois, celui qui a fait la première demande l'obtient (art. 5). — Les frais d'arrestation et d'entretien sont comptés du jour de l'arrestation et sont remboursés par le tribunal qui a demandé l'extradition (art. 6). — Les individus livrés sont transportés librement d'un État dans l'autre (art. 7). — L'entretien des individus livrés est réglé d'après les dispositions des lois du pays où l'extradition est demandée (art. 8). — Les autorités chargées de l'extradition remettent, avec l'individu livré, un certificat de transport. Les frais sont remboursés intégralement (art. 9). — Sont abrogées les dispositions des traités précédemment conclus, en ce qu'elles ont de contraire à la présente loi (art. 10)."

IV. Les demandes d'extradition se font par voie de commission rogatoire. Elles énoncent les faits et les motifs sur lesquels elles sont fondées. Lorsque l'extradition est requise par plusieurs gouvernements à la fois, elle devra être accordée à celui qui semble être le plus intéressé à la poursuite et offrir le plus de garanties d'une juste répression. Quelquefois on prendra aussi en considération la priorité de la demande.

V. Si l'individu inculpé est sous le coup de poursuites dirigées contre lui à raison de délits commis par lui dans le pays même où il s'est réfugié, il peut être jugé à raison de ces faits, avant qu'on procède à son extradition. Dans ce cas l'extradition peut aussi être faite conditionnellement et à la charge de le renvoyer après qu'il a subi sa punition.[1]

VI. L'examen d'une demande d'extradition est une affaire de haute police. Le gouvernement seul a le droit de prononcer sur les demandes d'extradition formées par les autorités étrangères. Quelquefois il délègue l'examen des pièces relatives à la demande à certaines autorités inférieures.[2]

VII. L'extradition s'effectue ordinairement par la remise de l'inculpé sur les frontières contre le remboursement des frais, si des conventions particulières n'en disposent pas autrement. Lors de la remise on dresse un procès verbal, et lorsque l'extradition n'a pas lieu en vertu d'un traité, on a soin de réserver, le cas échéant, des services analogues. Pour faire traverser à un inculpé le territoire d'un autre gouvernement, il faut que ce dernier y consente.

VIII. L'individu dont l'extradition a été consentie, ne peut être poursuivi ni jugé qu'à raison du crime pour lequel elle a été obtenue. En agir autrement, et le faire juger à raison d'autres crimes ou délits, ce serait violer le principe mutuel d'asile et la clause tacite comprise implicitement dans toute extradition.[3]

¹) Kluit p. 65.

²) Le même p. 113 suiv. Dans l'Amérique du Nord c'est aux tribunaux à en juger. V. Kent, ubi supra.

³) Kluit p. 87. Foelix p. 580. 586 (no. 609. 613 éd. 3). Le contraire a été jugé par la haute Cour à Berlin le 10 nvbr. 1855 dans l'affaire d'un Prussien remis aux autorités de son pays.

IX. Nous avons déjà vu (au § 42 ci-dessus) que l'exterritorialité n'implique aucun droit d'asile. Par suite l'extradition d'un inculpé qui s'est réfugié, par exemple, dans l'hôtel ou dans la voiture d'un ministre étranger, en cherchant ainsi à se placer sous la protection de ce dernier, ne peut être refusée. Seulement, pour l'extraire de l'endroit où il s'est réfugié, il faudra procéder avec tous les ménagements dus au caractère public de la personne exempte. — Le Saint-Siége, d'après une déclaration du mois de septembre 1815, accorde encore aujourd'hui un droit d'asile à la demeure des ministres étrangers, pourvu qu'il s'agisse de simples délits.[1]

X. Aucun gouvernement n'est tenu de recevoir les individus inculpés dont l'extradition lui est proposée, s'il n'a pas contracté un engagement formel à ce sujet.[2] Il peut seulement contraindre un étranger qui l'incommode, à quitter le territoire et même le faire conduire jusqu'aux frontières de sa patrie, sans toutefois pouvoir imposer aux autorités l'obligation de le recevoir.

Dans plusieurs pays on n'accorde l'extradition des réfugiés qu'en vertu de conventions expresses. Quelquefois, dans des cas spéciaux, les autorités de ces pays fournissent aux gouvernements étrangers la faculté de s'emparer des personnes poursuivies. Ainsi la loi de la Grande-Bretagne[3] n'accorde jamais l'extradition ni d'un regnicole ni d'un étranger accusé d'un crime commis hors du royaume uni. Dans les traités d'extradition conclus par ce gouvernement il spécifie ordinairement un nombre restreint de crimes comme étant de nature à donner lieu à l'extradition. Le traité le plus récent est celui conclu avec la France, le 13 février 1843.[4]

§ 63ª. L'État qui accorde à des réfugiés, et notamment à

[1]) Kluit p. 94. V. de Martens, Manuel diplom. § 31; idem, Causes célèbres. 1827. I, p. 326.

[2]) Une convention semblable a été conclue entre la Russie et la Prusse, le 25 mai 1816. — Kluit p. 91.

[3]) Foelix p. 605 (no. 641 ed. 3).

[4]) Gazette des tribun., 21 mars 1843. N. R. S. V, 20. Comparez aussi Phillimore I, 426.

des réfugiés politiques, l'hospitalité sur son territoire, ne fait que remplir les devoirs de bon voisinage et d'une puissance alliée, en leur imposant comme condition de leur séjour l'obligation de s'abstenir de toute tentative hostile ou coupable à l'égard de leur propre gouvernement ou d'un autre. Pour prévenir les conflits et les complications qui peuvent résulter de tentatives semblables, les autorités locales arrêtent les mesures commandées par les circonstances, soit en interdisant aux réfugiés le séjour sur la frontière, soit en fixant le lieu de leur séjour dans l'intérieur du pays (internement), soit en les plaçant sous la surveillance de la haute police, soit enfin en les expulsant du territoire. Dans les États d'une faible étendue territoriale surtout, cette dernière mesure sera à peu près la seule applicable. D'un autre côté un gouvernement a la faculté d'user envers certains individus de mesures moins énergiques, et de se contenter à leur égard de simples garanties morales ou matérielles. Il peut même, en leur conférant le droit de cité ou de naturalisation, les placer sous l'égide et la protection de ses lois. En général les États n'obéissent à cet égard qu'à leurs propres inspirations et ne sont tenus les uns envers les autres à aucune obligation positive. Celui qui a offert un refuge aux sujets de l'autre, doit seulement prêter l'oreille aux justes réclamations de ce dernier, les examiner et prendre des mesures en conséquence. Il n'encourra une responsabilité que le jour où, de connivence avec les menées hostiles des réfugiés, en favorisant leurs entreprises coupables, il aura provoqué ou fomenté des troubles dans des États amis.

Si l'Angleterre et l'Amérique du Nord ont adopté sous ce rapport des principes différents de ceux suivis sur le continent européen, cela ne prouve rien contre l'exactitude des propositions sus-énoncées. A certaines époques l'Angleterre elle-même a réclamé contre la conduite politique adoptée par des gouvernements continentaux en faveur de réfugiés anglais, et peut-être ces réclamations se renouvelleront-elles un jour.[1]

1) V. un article très-instructif où les propositions indiquées ci-dessus ont été développées avec autant de tact que d'énergie, dans le recueil intitulé: Europa, par G. Kühne. 1853. no. 95. 96.

Chapitre II.

DES BIENS DANS LEURS RAPPORTS INTERNATIONAUX.

DE LA DISTINCTION DES BIENS.

§ 64. Les distinctions du droit civil entre biens meubles et immeubles, corporels et incorporels, se retrouvent dans le droit international. Il distingue en outre les biens qui sont la propriété d'un certain État et ceux qui ne le sont pas (res nullius), et il subdivise ces derniers en biens vacants (adespota) et en ceux dont personne ne s'attribue la propriété et qui demeurent communs à tous (res communes). C'est surtout le *domaine international* qu'il importe de définir d'une manière exacte.[1] On entend par là les droits exclusifs de l'État sur certains biens qui se trouvent sur son territoire et dont il dispose librement, conformément aux règles du droit public interne.[2] Ce domaine possède, par rapport aux États, les qualités du domaine privé, savoir celles d'une disposition libre et exclusive. S'il protége le domaine privé, cette protection pourtant n'a pas pour effet d'en rendre l'État maître au point que ce dernier puisse se l'approprier en dehors d'une nécessité ou d'une réserve expresse. „Omnia rex imperio possidet, singuli dominio.“ Les anciens publicistes ont appelé le droit de l'État sur les biens privés de ses sujets le „domaine éminent“ (dominium eminens).[3] L'État et le souverain peuvent en outre acquérir ou posséder des biens à titre particulier, soit dans le pays, soit à l'étranger: dans ce dernier cas ces biens sont soumis aux lois et aux juridictions étrangères, à moins qu'ils n'aient acquis la nature de

[1]) V. Ortolan, Du domaine international dans la Revue de législation par Welowski. 1849. II, p. 289. III, p. 5. IV, p. 61.

[2]) Les personnes ne peuvent faire l'objet du domaine dans des États libres. V. § 58 ci-dessus. Grotius II, 9. 1.

[3]) Seneca, Orat. 31. Les ouvrages indiqués par Struve, Biblioth. jur. imp. II, 11 et par Pütter, Litter. des Staatsr. III, p. 378. V. aussi Vattel I, 20. 235. 244. II, 7. 81. Rutherford, Instit. II, 9. 6.

servitudes d'État. Les biens possédés ainsi par un État à l'étranger, lorsqu'ils n'ont pas un caractère patrimonial comme propriété de la famille souveraine, forment une véritable portion de son domaine public.[1] Néanmoins aucune nation n'est obligée d'autoriser sur son territoire l'acquisition d'immeubles par une nation ou un souverain étrangers: elle peut exiger encore l'aliénation des immeubles possédés par eux, si cette possession est de nature à porter atteinte à l'indépendance ou à la constitution du pays.[2]

TERRITOIRE D'UN ÉTAT.

§ 65. Le domaine international comprend surtout le territoire ou le pays occupé par une nation dans les limites qui la séparent des nations voisines.[3] Peu importe qu'il soit arrondi, morcelé ou enclavé: les droits de souveraineté et d'indépendance sont toujours les mêmes. Quelquefois un ou plusieurs territoires enclavés dans un autre relèvent de la suzeraineté de ce dernier, tout en obéissant à leur propre souverain et à une administration distincte (territoria subordinata); en même temps que, vis-à-vis des puissances étrangères, ils ne figurent que comme portions accessoires du territoire principal. Telle fut, par exemple, la condition de la principauté de Bar dans l'ancienne France: telle a été celle de plusieurs principautés d'Allemagne.[4] — Deux ou plusieurs États peuvent encore exercer la souveraineté divise ou indivise d'un territoire étranger (condominium): à ce titre, par exemple, la Prusse et la principauté de Lippe possédaient en commun la ville de Lippstadt.[5] — Autrefois on admettait encore, surtout en Allemagne, une distinction entre

1) V. surtout Schmelzer, Das Verhältniſs auswärtiger Kammergüter. Halle 1819. p. 48. 179 suiv.

2) Des dispositions semblables existent dans plusieurs États, p. ex. en Mecklembourg. V. Günther II, 216. Klüber, Droit des gens. § 124. 128.

3) Moser, Grunds. in Friedenszeiten. 361. Idem, Versuche. V, 58. 164.

4) V. Heffter, Beitr. zu dem Staats- und Fürstenr. I, p. 289 suiv. M. H. Griebner, s. C. H. Drewer, De jure territorii subordinati. Diss. I et II. Lips. 1727. Merlin, Répert. univ. m. Bar.

5) J. A. Frommann, De condominio territorii. Tüb. 1682. G. J. Wagner, De condominio territorii dissertat. Mogunt. 1719.

les territoires clos et non clos (territ. clausa, non clausa), selon que la souveraineté était exercée par un pouvoir central et unique, ou qu'elle rencontrait des interruptions fréquentes dans les exemptions et les priviléges locaux. Les révolutions du commencement de notre siècle et l'acte de la Confédération rhénane (art. 34) ont mis fin à cet état de choses, qui d'ailleurs existait plutôt en théorie qu'en pratique.[1]

Les limites territoriales de tous les États actuels reposent sur une base essentiellement volontaire. Jusqu'à ce jour la science politique n'a pas encore réussi à découvrir les limites naturelles des nations. Quelquefois le séjour prolongé d'une race dans une autre contrée et sous un nouveau climat, suffit pour la dénationaliser. Des États intermédiaires se placent naturellement et forment des transitions entre les nations fortement caractérisées de l'Europe: c'est ainsi que la Belgique et la Suisse forment des barrières naturelles entre l'Allemagne et la France, les Pays-Bas entre l'Allemagne et l'Angleterre. Le génie de Montesquieu a le premier aperçu les rapports profonds qui rattachent les nations aux territoires par elles occupés.[2]

LIMITES DES TERRITOIRES.[3]

§ 66. Les limites d'un territoire ou d'un État sont physiques ou intellectuelles. Les limites physiques sont la mer, les hautes montagnes, les terrains incultes ou inoccupés. Les rivières, loin d'être des barrières naturelles, forment au contraire de vraies artères de communication des différentes nations. Lorsque les bords d'un fleuve ont été fixés comme limites, il n'est pas permis de les étendre jusqu'à la moitié du lit, et lorsqu'un fleuve appartient entièrement à un pays, les deux rivages en font incontestablement partie. Cependant plusieurs auteurs ont soutenu la thèse contraire.[4]

¹) V. Hildebrand, De territ. clauso et non clauso. Altorf. 1715. Klüber, Oeffentliches Recht des deutschen Bundes. § 277.

²) V. aussi Ideen über das politische Gleichgewicht. Leipz. 1814. chap. IV. R. von Mohl, Politik I, 333.

³) V. les ouvrages indiqués par de Kamptz. § 106. Günther II, p. 170.

⁴) V. Günther II, 20. 21.

Les limites artificielles consistent dans des lignes purement conventionnelles, ordinairement faciles à reconnaître par des signes extérieurs placés à certaines distances, tels que palissades, fossés, tonnes, digues. Elles reposent tantôt sur des traités formels, tantôt sur une possession immémoriale et non contestée. Des frontières contestées sont réglées par des commissions spéciales ou par des traités:[1] s'il devient impossible de retrouver les véritables limites, le terrain contesté est partagé ou déclaré neutre, et administré en commun jusqu'au règlement définitif.[2] C'est le mode adopté, par exemple, à l'égard du district des mines de Moresnet, situé entre la Prusse rhénane et la Belgique. Si un fleuve sépare deux États, l'empire de l'un et de l'autre s'étend jusqu'au milieu du fleuve.[3] Quelquefois le chenal dit „Thalweg" sert de limite, comme celui du Rhin; ce mode a encore été adopté dans le traité conclu en 1809 entre la Russie et la Suède. Si un fleuve se détourne entièrement de son cours et se jette dans un territoire voisin, le lit qu'il abandonne reste alors pour limite. Les droits de navigation de l'État exclu du nouveau lit deviennent en ce cas l'objet d'un nouveau règlement.[4] Il en sera de même quant aux lacs situés entre deux territoires: il faudra y appliquer également les dispositions du droit civil.[5] Nous traiterons plus loin des limites maritimes d'un territoire (§ 75).

CARACTÈRE TERRITORIAL DES CHOSES.

§ 67. Le territoire, avec tout ce qu'il renferme ou ce qui s'y passe, est soumis à la juridiction de l'État. „Quidquid est in territorio, est etiam de territorio." La vérité de cet axiome ne pouvait être contestée qu'à une époque où la souveraineté terri-

[1]) Günther II, 176. 184 suiv. Bielefeld, Institut. polit. II, 6. § 22. 23.

[2]) Moser, Vers. V, 25. 354. Günther II, 17. 181.

[3]) Grotius II, 3. 18. Vattel I, 22. 266. de Martens § 121. Günther II, 20. Schmelzing § 220. Klüber § 133.

[4]) Grotius II, 3. 17. Pufendorf IV, 7. 11. Vattel § 270. Günther II, 25. 198.

[5]) Günther II, 55. 203. Des dispositions spéciales règlent le lac de Constance. V. déjà Buder, De dominio maris Suevici. Jen. 1742. Moser, Nachbarl. Staatsr. 440.

toriale n'était pas encore complétement développée.[1] — La souveraineté s'arrête aux limites du territoire qu'il ne lui est pas permis de franchir. Elle ne peut donc pas disposer des objets qui se trouvent en dehors de ses limites, lors même qu'ils ne seraient pas occupés.[2] Ainsi l'exploitation d'une mine concédée ne peut jamais s'étendre sur le territoire étranger sans une autorisation spéciale. — Tout ce qui se trouve sur les frontières de pays limitrophes leur appartient en commun.[3] L'exterritorialité, les servitudes publiques constituent des exceptions au principe exclusif de la souveraineté territoriale (§ 42, 43 ci-dessus). Il est aussi certaines choses sans maître, mais qui sont susceptibles d'être possédées à titre particulier. Les bêtes sauvages, par exemple, tant qu'elles errent sur le territoire d'un pays, deviennent sa propriété passagère (dominium transiens) qui cesse dès qu'elles le quittent. Elles ne sont donc pas susceptibles d'une revendication. D'après Grotius, elles sont la propriété commune du genre humaine et des États. D'autres écrivains ont fait encore diverses distinctions[4] qui sont aujourd'hui d'une importance secondaire. C'est aux lois civiles des différentes nations et aux traités publics d'indiquer les choses qui sont susceptibles d'être possédées à titre particulier, ainsi que les droits de l'État à leur égard.

DÉPENDANCES DE L'ÉTAT ET COLONIES.[5]

§ 68. Sont considérés comme dépendances d'un État les droits réels qu'il possède dans un territoire étranger, tels que des servitudes actives, des immeubles, des droits de suzeraineté et d'usufruit (§ 43 et 64 ci-dessus) qui, par le seul fait de leur

[1]) C'est ainsi que Thomase écrivait la thèse ainsi intitulée: De inutilitate brocardici: Quidquid est in territorio est etiam de territorio.

[2]) Comp. aussi Vattel II, 7. 86 suiv.

[3]) Suivant Ch. A. Menius, Dissert. de finib. territ. Lips. 1740. § 20 les arbres plantés sur la frontière appartiennent au territoire du côté duquel se trouvent les bornes indicatives de la frontière.

[4]) Grotius, De J. B. ac P.. II, 3 in fine; II, 4. 14. Pufendorf IV, 6. 4 suiv.

[5]) S. Stryck, De probatione pertinentiarum. Frcf. Viadr. 1668. H. Engelbrecht, De reunione pertinentiarum. Helmst. 1715. Günther II, p. 178.

acquisition, obtiennent un caractère réel. Sont encore considérés comme dépendances les terres, les districts, les pays expressément annexés, qui, bien que situés hors du territoire principal, étant dépouillés cependant de leur autonomie, sont régis par la même constitution, et qu'une administration commune fait comprendre sous une dénomination générique (§ 20. I). Régulièrement la qualité de dépendance d'un territoire peut être l'effet seulement d'un titre formel. Elle ne résulte pas notamment de cette circonstance qu'à une certaine époque un gouvernement y jouissait de certains droits qui ont cessé par la suite. Telle était pourtant la politique de réunion de Louis XIV, laquelle, en s'appuyant sur quelques dispositions du traité de Münster de 1648 (XI, 70), prétendait au XVIIe siècle faire revivre des droits depuis longtemps éteints. Assurément le chef d'un État ne transmet aux successeurs du pouvoir que ce qu'il possède en sa qualité de souverain, non pas à titre privé ou patrimonial; lorsque la transmission s'opère en vertu d'un acte de cession partielle, les stipulations de l'acte déterminent les limites des droits souverains transférés. En cas de doutes il faut interpréter ces droits comme étant restés communs entre le cédant et le cessionnaire. Ces doutes se présentent souvent dans l'interprétation des traités de cession, et il est prudent d'éviter à ce sujet des termes trop génériques.

Les colonies fondées par un État dans un territoire étranger ne peuvent pas toujours être considérées comme dépendances de cet État ou comme domaines de son souverain.[1] Quelquefois les citoyens d'un pays, en renonçant à leur mère-patrie, sont allés s'établir sur un sol vierge, libre encore de toute autorité souveraine, et y ont fondé, avec leurs propres ressources et avec leurs seuls moyens, de nouveaux États. Telle fut en général la

[1]) Pour l'histoire des colonies chez les anciens voir Hegewisch, Nachrichten die Colonien der Griechen betreffend. Altona 1808. Raoul-Rochette, Histoire critique des colonies etc. Paris 1815. Heeren, Ideen zur Geschichte der Menschheit. — L'histoire des colonies modernes est disséminée encore dans quelques ouvrages spéciaux. Quelques notices se trouvent chez Moser, Beitr. zum neuesten europäischen Völkerr. V, 398 suiv., et dans l'art. de Roscher, Ueber Colonialwesen, inséré dans Rau, Zeitschrift der politischen Oeconomie. Neue Folge VI, 1.

politique coloniale de la Grèce, politique qui permettait aux colonies de se développer avec une entière liberté et d'atteindre la haute prospérité dont jouissaient plusieurs d'entre elles. De nos jours on peut citer à ce sujet l'exemple du Paraguay. Mais le plus souvent la politique moderne n'a vu dans les colonies que des voies commodes pour remplir les caisses du trésor de la métropole, en les soumettant à un régime d'exploitation par des compagnies privilégiées et à une administration conçue dans l'esprit de monopole.[1]

Les colonies placées sous le gouvernement direct de la métropole en forment une dépendance naturelle. Quelquefois une colonie relève de l'autorité suzeraine du territoire où elle a été fondée, en même temps que les colons conservent les droits de cité dans leur mère-patrie et jouissent de sa protection.[2] Dans des contrées dépourvues de toute autorité souveraine, les rapports légaux des colonies peuvent présenter des difficultés sérieuses entre les diverses puissances, comme, par exemple, dans les colonies européennes établies sur les côtes occidentales de l'Afrique. Le maintien seul du status quo permettra, dans ces cas, de prévenir des conflits fréquents.

MODES D'ACQUISITION DU DOMAINE INTERNATIONAL.[3]

§ 69. Le droit international admet comme modes d'acquisition réguliers les actes et les événements seulement qui, sans violation de droits préexistants, ont pour objet de garantir d'une manière permanente la disposition directe et exclusive de certaines choses, et notamment de certains territoires, à un ou à plusieurs États. Ces modes sont la cession, les accroissements naturels et l'occupation.

I. La cession ou succession conventionnelle de droits souverains peut être obtenue par des voies pacifiques ou par la guerre. Elle n'opère la transmission de la propriété à l'égard des tiers, que du moment où l'acquéreur réunit en lui la volonté et la faculté de disposer de la substance physique de la chose d'une

1) V. Günther II, 132.
2) V. Grotius II, 9, 10 et le comment. de Cocceji; Vattel I, 18, § 210.
3) Ortolan, dans la Revue de législation. Paris 1849. III. p. 5 suiv.

manière directe. Jusque-là il ne jouit que d'un droit à la propriété, droit dont l'exercice, pourvu que le titre réunisse les conditions prescrites, ne rencontrera aucune entrave, mais qui n'exclura pas les effets intermédiaires d'une possession tierce. Il faut en conséquence, si l'acquéreur ne se trouve pas déjà saisi, qu'une mise en possession ou tradition s'opère à son profit. C'est cette faculté de disposer librement de la substance de la chose, qui est le signe incontesté de la propriété à l'égard des tiers: les fictions légales et l'exécution forcée sont des remèdes de droit civil, impraticables en matière internationale. Tout au plus la volonté clairement exprimée et rendue publique peut être regardée comme translative de la propriété. Les anciens auteurs, et en partie encore les modernes, sont peu d'accord sur cette question.[1]

II. Les accroissements et les transformations naturels des objets, la naissance de nouvelles îles dans les limites territoriales ou maritimes d'un État, les alluvions constituent un second mode d'acquisition. Les principes du droit romain, qui répondent si bien à la nature des choses et à l'équité, sont d'une application incontestable dans cette matière et ont été adoptés par toutes les nations.[2] Il est encore incontesté que tout ce qui se trouve en dehors de terres d'alluvion, ne peut s'acquérir que par voie d'occupation. Il y aurait une prétention arbitraire à vouloir revendiquer, au profit d'un territoire, comme ses dépendances, de nouvelles îles qui se sont formées en dehors de ses limites; telle serait celle qui regarderait la Hollande comme une simple alluvion du Rhin. Tant qu'une alluvion peut être ramenée à son état primitif, elle ne constitue pas un objet d'acquisition.[3] — Quant aux fruits, le droit international n'admet pas la règle du droit civil que le possesseur fait les fruits siens. Il peut en disposer de fait, il peut s'approprier des fruits industriels, mais il ne peut pas refuser au propriétaire la restitution de fruits naturels.[4]

1) V. Günther II, 86. Ortolan, loc. cit. no. 120. 55. (III, 38.)

2) de Cancrin, Wasserr. III, 2. Günther II, 57—62.

3) Wheaton, Intern. Law. I, p. 216. V. aussi § 72, II, a.

4) V. Grotius II, 8, 23 et 10, 4. Pufendorf IV, 7. 23. Comp. cependant § 73 in fine.

III. L'occupation des biens sans maître dont nous allons parler au paragraphe suivant, forme un troisième mode d'acquisition.

Quant à la prescription et à la possession immémoriale, nous avons déjà vu qu'elles peuvent, jusqu'à un certain point, tenir lieu d'un titre d'acquisition valable.[1] On rencontre surtout en Allemagne un grand nombre de droits souverains qui ne reposent sur aucun autre fondement que sur une longue possession.

DROIT D'OCCUPATION.

§ 70. Pour occuper valablement, il faut que les biens soient sans maître, et qu'à l'intention d'en acquérir le domaine, vienne se joindre le fait de la prise de possession effective. Examinons chacune de ces trois conditions.

I. L'occupation ne s'applique qu'aux biens qui, quoique susceptibles d'être possédés, n'ont pas de maître. Elle ne s'étend pas aux personnes[2] qui ne peuvent être l'objet que d'une soumission soit volontaire soit forcée. L'occupation s'applique notamment aux contrées ou aux îles non habitées ou non occupées entièrement, mais aucune puissance sur la terre n'a le droit d'imposer ses lois à des peuples errants ou sauvages mêmes. Ses sujets peuvent chercher à nouer des relations commerciales avec ces derniers, séjourner chez eux en cas de nécessité, leur demander les objets et vivres indispensables, et même négocier avec eux la cession volontaire d'une portion de territoire destinée à être colonisée. — La nature, il est vrai, ne défend pas aux nations d'étendre leur empire sur la terre. Mais elle ne donne pas le droit à une seule d'entre elles d'établir sa domination partout où cela lui convient. La propagande de la civilisation, le développement des intérêts commerciaux et industriels, la mise en activité de valeurs improductives, ne le justifient pas non plus. Tout ce qu'on peut accorder à ce sujet, c'est que, dans un intérêt de conservation du genre humain, il sera permis aux

[1]) Voyez § 11 ci-dessus et Phillimore I, 265.
[2]) Grotius II, 9. 1. Ortolan, Du dom. internat. 75 suiv.

nations de se réunir, pour se faire ouvrir d'un commun accord les ports d'un pays fermé hermétiquement à leur commerce.[1]

II. Toute occupation suppose une volonté bien arrêtée de s'approprier d'une manière permanente des biens sans maître. Personne ne peut acquérir à son insu et involontairement.

III. La volonté d'appropriation doit être suivie d'une prise de possession effective, et être constatée par des mesures propres à établir une domination permanente. Le domaine ainsi acquis ne se perd pas par une interruption momentanée et transitoire. De simples déclarations verbales au contraire, des signes incertains d'une appropriation projetée, lorsqu'ils sont contredits par les faits et qu'ils rendent l'intention douteuse, ne pourront pas être regardés comme un titre valable, bien que la pratique des nations se soit quelquefois prévalue de mesures semblables.[2]

On peut d'ailleurs prendre possession au nom d'un tiers, en vertu d'un pouvoir général ou spécial, et le domaine lui sera acquis dès le moment de la prise de possession.[3] On peut également, par une ratification subséquente, valider l'occupation effectuée par un „negotiorum gestor“ et acquérir ainsi la possession ou le domaine dès l'instant de la ratification et après en avoir pris connaissance, en vertu de cet axiome „ignoranti non acquiritur possessio.“[4] La prise de possession qui a lieu au nom de plusieurs États les rend copropriétaires par indivis, à moins qu'il n'ait été procédé à une déclination de leurs portions respectives. Autrefois ce fut le pape qui statuait sur les contestations nées à l'occasion de découvertes de nouvelles terres. Le partage des Indes, opéré par lui entre l'Espagne et le Portugal, en est un exemple célèbre.[5] Enfin l'occupation effective

[1]) V. Vattel I, 18, § 205 suiv. Günther II, 9. Wildman I, 70. Z.

[2]) Grotius. Vattel I, 18. 207. 208. Günther II, 11. Ortolan no. 68 suiv. Wildman I, 69. Sur la controverse engagée à l'occasion de l'ouvrage de Bynkershoek intitulé: De dominio maris. cap. 1. voy. Klüber, Droit des gens. § 126.

[3]) V. les exemples dans Wheaton, Intern. Law. I, p. 209. Un pouvoir tacite, qui serait donné à tous les sujets d'un État, est inadmissible. Il n'y a que l'esclave qui puisse acquérir de plein droit pour son maître.

[4]) V. de Savigny, Besitz. p. 365.

[5]) V. les bulles de 1454, 1481 et 1493 dans Du Mont, Corps univ.

de la chose principale comprendra aussi ses dépendances, lorsqu'elles ne se trouvent pas dans une possession séparée.[1]

ALIÉNATION DU DOMAINE INTERNATIONAL.

§ 71. Les modes d'aliénation du domaine public sont en général ceux du droit civil. En dehors de la vente et de l'échange (§ 72), nous distinguons surtout ceux de constitution de rente, de fief et d'hypothèque.

I. La constitution d'une rente perpétuelle au profit d'un État ou d'une personne étrangère, était un mode très-usité autrefois. Le recès de l'Empire germanique de 1803, dont les dispositions à ce sujet ont été reproduites par l'Acte de la Confédération rhénane et par celui de la Confédération germanique, stipule de nombreuses rentes au profit des princes médiatisés et non médiatisés. A défaut de stipulations contraires, elles grèvent la totalité des biens susceptibles de porter des fruits et affectés à leur payement, et elles ne s'éteignent que par la destruction complète de ces biens ou par l'impossibilité d'en tirer des fruits.[2] Si leur perte n'était que partielle, le montant de la rente serait réduit proportionnellement jusqu'à leur rétablissement intégral. C'est ce qu'a déjà décidé une bulle rendue par le pape Pie V en 1569: „Census omnes in futurum creandos re in totum vel pro parte perempta, aut infructuosa in totum vel pro parte effecta, volumus ad ratam perire."[3]

II. La constitution d'un fief au profit d'étrangers est un

III, 1, 200. III, 2, 302. Schmauss, Corp. jur. gent. I, 112. 130. Günther II, 7. Walter, Kirchenr. § 342.

[1]) Martens, Droit des gens. II, 1, 38. Phillimore I, 247.

[2]) Une rente ne peut être constituée que sur les fruits d'une chose. V. Multz, De censibus. Altorf 1659. th. 11 et 13. Martini, De jure censuum. Colon. 1660. IV. no. 1. Grusemann, De censu reserv. Rinteln 1705. § 12.

[3]) Magn. Bullar. Rom. t. II, p. 295. G. Frantzke, Var. resolut. IV, no. 9. Multz I, c. th. 69. Cette règle néanmoins n'est pas admise généralement. V. Censius, S. Rotae Rom. decis. ad tract. de censib. Lugd. 1658. dec. 1. Martini, loc. cit. chap. VIII. no. 224 suiv. Zoll, De censu reserv. Rinteln 1705. § 21.

second mode de transmission.[1] La validité de cet engagement et ses effets légaux sont jugés d'après les lois particulières de chaque État, excepté les fiefs situés dans un territoire étranger (feuda extra curtem) lesquels sont régis par les lois et les usages de ce dernier.[2]

III. Enfin le territoire d'un État peut, en entier ou en partie, être engagé, hypothéqué, ou donné en nantissement à un créancier, avec le droit de juridiction souveraine. Des engagements semblables très-usités autrefois,[3] sont devenus très-rares aujourd'hui. La Corse engagée, du moins en apparence, en 1768 à la France par la république de Gênes, la ville de Wismar hypothéquée en 1803 encore par la Suède au duché de Mecklembourg, en sont des exemples récents.[4] Mais en général les usages internationaux ont remplacé ces sortes d'engagements par l'affectation spéciale de certains biens ou revenus au payement des emprunts contractés par l'État, affectation qui, pour être efficace, doit être faite conformément aux lois de cet État. Le langage diplomatique comprend même sous la dénomination de „dettes hypothéquées" celles contractées au profit d'un pays ou de certains districts, et il n'entend par là que l'engagement permanent qui les grève, sans y attacher aucunement la signification d'une hypothèque civile.[5]

La question de savoir si un souverain peut, pour la garantie des emprunts par lui contractés, engager valablement les biens particuliers de ses sujets, ne peut être résolue, d'après

1) Günther II, 152. 159.

2) Griebner, De domino directo in territorio alieno. (Jenichen, Thes. juris feud. II, 206.) de Cramer, Observ. juris univ. 741, § 14. Du Moulin, sur la coutume de Paris. § 12 no. 4 et sur Chassaneul, De feudis. III, § 7. Cujac. lib. I. feud. cap. 2.

3) J. P. O. V, 26. 27. de Senkenberg, De reluitione territ. oppignor. Halae 1740. N. H. Gundling, De jure oppignorati territorii. Halae 1706. rec. 1741. de Neumann in Wolffsfeld, Jus reale principum. (t. IV.) III, 3, 400 seq.

4) de Martens, Recueil. VIII, 1. 229; VIII, 54.

5) D. Haas, Ueber das Repartitions-Princip der Staatsschulden. Bonn 1831. § 24 suiv. Pour ce qui est du § 80 du recès de l'Empire germanique de 1803, voy. Leonhardi, Austrägalverfahren. II, 161. 314. 405; I, p. 640. Emminghaus, Corp. jur. germ. acad. p. 930.

les principes du droit public interne, que négativement, les cas de nécessité seuls exceptés.[1]

COMMENT SE PERD LE DOMAINE INTERNATIONAL.

§ 72. Le domaine international se perd dans les cas suivants:

I. Quant aux choses qui ne se trouvent que temporairement sur un territoire (§ 67), qui n'y ont pas été occupées régulièrement ou qui ont recouvré leur liberté naturelle, dès le moment qu'elles en sont sorties.

II. En ce qui concerne le territoire et ses différentes parties, il faut remarquer ce qui suit:

Dans le cas assez rare qu'on appelle avulsion, si la pièce de terre qui s'est détachée d'un terrain et s'est jointe à un autre, n'est pas revendiquée en temps utile par l'ancien maître (§ 69. II), elle cesse de lui appartenir. Hors ce cas la propriété territoriale se perd de plein droit à la suite d'un abandon et d'une possession immémoriale; enfin la perte du domaine peut être le résultat d'une cession volontaire, conventionnelle ou forcée des droits particuliers et souverains d'un État au profit d'un autre.

Les charges qui grevaient un territoire cédé, continuent à subsister sous le nouveau maître (§ 25). Personne en effet ne peut conférer à un autre plus de droits qu'il n'en possède lui-même, ni porter préjudice aux droits d'un tiers, suivant l'ancien adage: „Id enim bonorum cujusque esse intelligitur quod aeri alieno superest.“[2] Si la cession ou l'aliénation a pour objet une portion du territoire, les charges qui grevaient le territoire entier, sont réparties, à défaut de stipulations contraires, entre ses différentes parties,[3] à l'exception des charges indivisibles parmi les-

[1]) Grotius III, 20. 7. Simon, Quomodo jure gent. bona subdit. pro debitis principis obligari possunt. Jen. 1675. (Praesid. acad. I, no. 20.) de Neumann in Wolffsfeld, De pact. et contract. Princ. I, 3. 86.

[2]) L. 31. § 1. D. de Verb. Sign. L. 11. D. de j. fisc.

[3]) Ainsi jugé par la Cour d'appel de Celle dans l'affaire des Obligations d'État du Palatinat rhénan, dans Leonhardi, Austrägalverfahren. p. 550. Dans le même sens Cour d'appel de Jena. p. 888. 897.

quelles l'usage diplomatique ne comprend pourtant pas les dettes dites hypothéquées (§ 71).

Le domaine international peut être revendiqué contre tout possesseur, même contre celui de bonne foi, sans qu'on soit tenu de lui rembourser le prix d'acquisition. Il est vrai que les auteurs ne sont pas tout-à-fait d'accord entre eux sur ce point, sur lequel la jurisprudence n'est appelée à se prononcer qu'en de rares occasions. En adoptant à ce sujet l'opinion de Grotius et de Pufendorf, nous ne faisons que constater les principes de la justice adoptés par toutes les nations. Car la possession ne peut, du moins d'une manière absolue, prendre le caractère légal du domaine. Les frais utiles faits par le possesseur de bonne foi dans l'intérêt de la chose, et qui ne sont pas compensés par les fruits perçus, doivent lui être remboursés; il profite des fruits par lui perçus avant la demande, lorsque le propriétaire a gardé le silence. Car par là même ce dernier est censé avoir ratifié la possession, et il ne peut plus attaquer les actes accomplis en conséquence.[1]

CHOSES NON SUSCEPTIBLES D'ÊTRE POSSÉDÉES. — LA MER.

§ 73. Il est des choses qui de leur nature ne peuvent faire l'objet du domaine privé; tels sont l'air, l'eau courante et notamment la mer, qu'il est impossible d'occuper d'une manière exclusive et permanente. D'une importance égale pour tous les hommes, ils ont tous le même droit d'en jouir librement, droit qui cesse avec l'occupation même.[2] Il n'est pas tout aussi constant si l'État ne peut pas acquérir le domaine de ces choses, et notamment de la mer et de ses différentes portions?[3] Cette

[1]) Günther II, p. 214. Grotius II, 10. 1. Pufendorf IV, 13.

[2]) L. 13. § 7. D. de injur.: „Et quidem mare commune omnium est et litora sicuti aër. — Usurpatum tamen et hoc est, *tametsi nullo jure*, ut quis prohiberi possit ante aedes meas vel praetorium meum piscari; quare si quis prohibeatur, adhuc injuriarum agi potest.“ L'action injuriarum du droit romain s'accordait en général dans tous les cas où quelqu'un était empêché dans la jouissance d'une chose commune. On disait alors: Qui prior venit, potior jure. Comp. Klüber, Droit des gens. § 47.

[3]) V. les ouvrages indiqués par d'Ompteda § 218 suiv. de Kamptz § 172 suiv.; surtout de Cancrin, Abhandlungen von dem Wasserrechte.

question a divisé les nations à toutes les époques. Le moyen âge encore imbu des idées romaines, en se fondant sur le rescrit d'un empereur Romain (l. 9 Dig. de l. Rhodia): „Ego quidem mundi dominus", attribuait à l'empereur Romain le domaine éminent de la mer,[1] quoiqu'il ne soit guère à présumer que les Romains eux-mêmes aient accordé à leur empereur un droit semblable. Aussi Venise se regardait-elle à cette époque comme le souverain de l'Adriatique, en même temps que Gênes revendiquait l'empire exclusif de la mer de Ligurie.[2] Lorsque plus tard l'Espagne et le Portugal entrèrent en lice pour se frayer de nouvelles routes vers les Indes, elles s'arrogèrent le domaine des mers par elles découvertes. La Grande-Bretagne de son côté prétendait jouir de la souveraineté des quatre mers qui entourent les îles britanniques (the narrow-seas), sans toutefois jamais en indiquer les limites exactes.[3] C'est contre toutes ces prétentions que Grotius écrivit son célèbre traité intitulé: „Mare liberum", publié pour la première fois à Leyde en 1609, et qu'il ouvrit ainsi la lice à cette question de droit politique. Toutes ces prétentions ont été abandonnées successivement, et c'est le droit au salut du pavillon qui seul a continué à être revendiqué jusqu'à nos jours par la Grande-Bretagne dans ses mers intérieures, droit toutefois qu'on ne saurait regarder absolument comme un signe de domaine.[4]

Halle 1789. Günther II, 25. Klüber § 130. Wheaton, Intern. Law. I, 4. § 10 et Histoire des progrès p. 99 suiv. (I, p. 198. 2). Pöls, Seerecht IV, § 495. Ortolan I, p. 109 suiv. Hautefeuille, Des droits des nations neutres. Paris 1848. t. I, p. 175 suiv. et surtout la dissertation de B. D. H. Tellegen, Disp. de jure in mare, impr. proximum. Gron. 1847.

1) V. F. G. Pestel, De dominio maris mediterranei. Rinteln 1764.

2) V. Tellegen p. 9.

3) Wheaton, Progr. p. 101 (I, 200). Phillimore I, 194. L'ouvrage principal dans lequel les anciennes prétentions de l'Angleterre ont été discutées, est celui de J. Borough, Imperium maris Britannici. London 1686. V. aussi Tellegen p. 36 suiv.

4) Wheaton, Intern. Law. l. c. § 9. Edinbnrgh Review XI, p. 17 suiv. Hautefeuille I, p. 212.

SUITE: DU DOMAINE DE LA MER.[1]

§ 74. En considérant seulement les rapports naturels des hommes entre eux et avec le monde physique, on ne saurait nier qu'une ou plusieurs nations ne puissent réunir les forces nécessaires pour exercer l'empire d'une mer intérieure ou même du vaste Océan, et dicter les lois sous lesquelles il sera permis aux autres d'y naviguer. Mais cet empire ou cette suprématie, en dehors des difficultés qu'il présenterait et qu'aucune nation ne pourrait surmonter dès que les autres résisteraient à ses prétentions, serait en même temps illicite et contraire à la liberté et à la mission du genre humain, avec quelque modération d'ailleurs qu'il pût être exercé. Il aurait pour effet d'imposer aux nations indépendantes des conditions relatives à l'usage d'un élément qui forme la seule voie de communication entre les diverses parties du globe, voie qu'il est impossible de réglementer. Il impliquerait la faculté de priver le genre humain de la pêche des poissons, de fossiles et de tant de richesses naturelles; des efforts gigantesques suffiraient à peine pour en assurer à un peuple la possession exclusive dans un seul district maritime. La loi naturelle qui s'oppose à ce que l'homme en possession de la plénitude de sa volonté morale puisse être soumis aveuglément aux commandements d'un autre, s'oppose à plus forte raison à ce qu'une nation, en s'emparant d'une chose commune à toutes, vienne dicter aux autres des lois obligatoires qu'elles n'auront pas librement acceptées. Elles devront au contraire les combattre avec toutes leurs forces. Aussi l'idée d'un empire semblable a-t-elle rencontré toujours une opposition énergique. Le droit public de l'Europe n'admet donc aucune espèce de domaine sur l'Océan et ses différentes parties, aussi loin que leurs eaux sont accessibles à la navigation des peuples et des individus, à moins que des traités ou une tolérance tacite ne dérogent au principe de la liberté des mers, dérogation qu'un auteur célèbre regarde comme non obligatoire.[2] C'est ainsi

[1]) On peut consulter avec fruit Ortolan, Règles internat. de la Mer. I, p. 116 suiv. Hautefeuille I, 190. Wildman I, p. 72.

[2]) Hautefeuille I, p. 222.

que la police et la surveillance de certains districts maritimes, dans un intérêt de commerce et de navigation, ont été confiées à l'État le plus voisin, en même temps que, pour indemnité des charges qui résultent de cette police, ce dernier perçoit certains droits de péage souvent fort lucratifs. L'intérêt de la conservation peut en outre conférer à un État certains droits sur un district maritime (§ 75 ci-après).

L'acquisition exclusive d'une portion quelconque du vaste Océan par voie d'occupation au contraire est juridiquement impossible. L'endiguement d'un district maritime par des travaux de défense de toute espèce, dès qu'il n'aura pas obtenu le consentement des autres nations, ne constituerait jamais qu'un simple fait, qui disparaîtrait avec la destruction de ces travaux. De même le long usage, lorsqu'il ne résulte pas d'une manière incontestée d'un acquiescement tacite et général des nations, ne conférera aucun droit exclusif sur la mer dont l'usage est une „res merae facultatis."[1]

LA MER PRÈS DES CÔTES PEUT ÊTRE SOUMISE A LA PROPRIÉTÉ.[2]

§ 75. Les États maritimes ont le droit incontestable, tant pour la défense de leurs territoires respectifs contre des attaques imprévues, que pour la protection de leurs intérêts de commerce et de douanes, d'établir une surveillance active sur les côtes et leurs voisinages, et d'adopter toutes les mesures nécessaires pour fermer l'accès de leurs territoires à ceux qu'ils refusent d'y recevoir, ou qui ne se seront pas conformés aux dispositions des règlements établis. C'est une conséquence naturelle de ce principe général: „ut quod quisque propter defensionem sui fecerit, jure fecisse videatur."[3] Chaque nation est donc libre d'établir une surveillance et une police de ses côtes, comme elle l'entend, à moins qu'elle ne soit liée par des traités. Elle peut, d'après les conditions particulières des côtes et des eaux,

[1]) Vattel I, 23. § 285. 286. Wheaton n'admet pas ici un consentement tacite (Intern. Law § 10 in fine).

[2]) Hautefeuille I, 234.

[3]) L. 3. Dig. de just. et jure. V. Vattel I, 23. § 288.

fixer la distance convenable. Un usage commun a établi à cet effet la portée du canon comme la distance qu'il n'est permis de franchir qu'en des cas exceptionnels, ligne de limite qui non-seulement a obtenu les suffrages de Grotius, de Bynkershoek, de Galiani, de Klüber, mais qui a été consacrée également dans les lois et les règlements de beaucoup de nations.[1] Cependant on peut soutenir encore avec Vattel que la domination de l'État sur la mer voisine s'étend aussi loin qu'il est nécessaire pour sa sûreté et qu'il peut la faire respecter; et l'on pourra regarder avec Rayneval la distance de l'horizon qui peut être fixée sur les côtes, comme limite extrême des mesures de surveillance.[2] La ligne de la portée du canon elle-même, bien qu'elle soit regardée comme de droit commun, ne présente aucune base invariable et peut être fixée par les lois de chaque État, du moins d'une manière provisoire. Autrefois elle comptait deux lieues: aujourd'hui elle comprend ordinairement trois milles marins. C'est ce qu'établissent les traités anglo-américain du 28 octobre 1818 (art. 1) et anglo-français du 2 août 1839 (art. 9 et 10), ainsi que la loi belge du 7 juin 1832.[3]

Tout navire qui franchit les limites maritimes d'une nation doit se conformer aux dispositions des règlements établis, peu importe qu'il soit entré volontairement ou par suite d'une force majeure. A cet effet les États riverains jouissent de certains droits incontestés, qui sont:

1° le droit de demander des explications sur le but du voyage du navire: si la réponse est refusée ou si elle paraît inexacte, les autorités des lieux peuvent, par des voies directes, prendre connaissance du véritable but du

¹) V. les indications dans Tellegen p. 46. Ortolan, Règl. intern. I, p. 176. Hautefeuille I, p. 239. Wildman I, p. 70, b. Traité entre la France et la Russie du 11 janv. 1787, art. 28; entre l'Angleterre et l'Amérique du Nord de 1794, art. 25. — Jacobsen, Seerecht p. 580 fait remarquer que par suite de la marée, la limite de la côte est variable. Un traité conclu entre la France et l'Angleterre le 2 août 1839 et relatif à la pêche dans le Canal, prend pour base la marée basse.

²) Vattel I, 23. § 289. Rayneval, Instit. du droit des gens. II, 9. § 10.

³) Jacobsen, Seerecht. p. 586. 590. Tellegen p. 50. Halleck VI, 13. En Espagne on prend pour limites six lieues (millas). Riquelme I, p. 253.

voyage et, en cas d'urgence, prendre des mesures provisoires commandées par les circonstances;

2° le droit d'empêcher que la paix ne soit troublée dans leurs eaux intérieures et d'y intervenir de facto;

3° celui de faire des règlements relatifs à l'usage des eaux qui baignent les côtes, par exemple, le droit de régler les différentes espèces de pêche;

4° le droit de mettre l'embargo et d'établir des navires croiseurs pour empêcher la contrebande (§ 111);[1]

5° enfin le droit de juridiction.[2]

Le simple passage d'un navire étranger dans les eaux qui forment les limites maritimes d'un État, n'autorise pas ce dernier à l'assujettir à certains droits de péage, excepté ceux qui grèvent l'usage des établissements de navigation ou des pêcheries. Des concessions volontaires des nations peuvent seules faire naître d'autres droits que ceux que nous venons d'indiquer. Le péage du Sund qui appartenait à la couronne de Danemark, présentait sous ce rapport un exemple unique en son espèce.[3] Maintenant ce droit de péage est racheté par les puissances et nations maritimes. (Voir l'appendice.)

EAUX MARITIMES EN DEÇÀ DE LA MER DES CÔTES.[4]

§ 76. Si l'eau maritime des côtes est censée appartenir aux États contigus, il s'en suit à plus forte raison que les eaux

[1]) Moser, Vers. VII, p. 801 suiv.

[2]) Dans les deux premières éditions nous avions émis des doutes relativement à ce dernier point, qui cependant est la conséquence naturelle des autres et admis en outre par l'usage, ainsi que par les auteurs de cette matière spéciale. V. Ortolan, Règl. intern. I, p. 175. Tellegen p. 54. Massé, Droit commercial, § 105.

[3]) V. là-dessus les ouvrages indiqués par de Kamptz § 176. de Steck, Vers. p. 39. Moser, Kleine Schriften. IX, p. 290 suiv. Vattel I, 23. § 292. Wheaton, Histoire des progrès. p. 105 suiv. La question du droit est traitée d'une manière étendue dans les Mémoires du Gouvernement Suédois relatif au péage du Sund. Stockh. 1839. Réplique du Gouvernement Danois. Ibid. 1840. W. Hutt, On the Sund-dues. London 1839. Lemonius, Verhältnisse des Sundzolles. Stettin 1841. H. Scherer, Der Sundzoll. Berlin 1845.

[4]) Hautefeuille, Droit des nations neutres. I, 241.

maritimes situées en deçà de cette portion de la mer doivent être du domaine de l'État contigu, qui se trouve en même temps dans la possibilité d'en garder et d'en défendre les accès et de les tenir sous sa tutelle exclusive. Telles sont:

1° Les canaux artificiels du pays qui communiquent avec la mer.[1]

2° Les ports et les havres, soit artificiels soit naturels, qui forment l'accès du territoire.[2]

Quelques nations, tant par une extension de leurs droits sur les eaux des côtes, que par d'autres raisons, et à la faveur de circonstances particulières, se sont arrogé une espèce de domaine ou du moins l'usage exclusif de certaines portions de la haute mer. Ainsi en Angleterre on comprend sous le nom de „Kings ou Queens chambers" les baies situées entre deux promontoires dans le domaine de l'État.[3] Une interprétation analogue semble avoir prévalu en France,[4] car le traité anglo-français du 3 août 1839 concernant les limites des pêcheries entre la France et l'Angleterre y a compris les baies d'une dimension de moins de 10 milles.[5] — On a regardé également jusqu'à une époque fort récente comme mer fermée le golfe de Bothnie dans la Baltique dominé longtemps par la Suède.[6] Mais le traité de Friedrichsham ($\frac{5}{17}$ septembre 1809), par suite de la cession de la Finlande à la Russie, a fixé ce golfe comme limite, et il a prescrit en même temps le partage des îles y situées, d'après leur proximité des côtes respectives de la Suède et de la Russie:[7] le golfe a donc cessé d'appartenir à la Suède et paraît dès lors être commun aux deux couronnes. Enfin le Danemark veut regarder la mer autour de l'île d'Islande et aux côtes de Grönland comme une dépendance de ces pays-là jusqu'à

1) Grotius II, 3, § 10, n. 1. 2.
2) L. 15. D. de publicanis. Vattel I, 23. § 290.
3) Wheaton, Elem. I, 1. 4. 7. Phillimore I, 213. Hautefeuille I, 240.
4) Wheaton, Elem. I, 1. 4. 7. Hautefeuille I, p. 240.
5) Martens, Nouv. Rec. XVI, 957.
6) Günther II, 53. § 5.
7) Martens, Nouv. Rec. t. I, p. 19; t. IV, p. 33.

une distance de quinze milles, ce qui n'est pas toutefois resté hors de contestation.[1]

SUITE: DÉTROITS ET PORTIONS DE LA MER ENCLAVÉES DANS LES LIMITES TERRITORIALES DES ÉTATS.

§ 76ª. Il va sans dire que les détroits entre deux portions de la mer qui servent à la communication entre ces dernières doivent être réputés libres et communs à l'usage de toutes les nations, lorsqu'on peut les passer hors de la portée des canons des pays adjacents, comme par exemple le détroit de Gibraltar. En cas contraire le détroit sera soumis à la souveraineté de ces États riverains ou de l'un d'eux. Néanmoins on est d'accord qu'aucun peuple ne peut interdire aux autres l'usage innocent de ces voies de communication (§ 33).

Quant à la mer qui s'étend au delà du détroit non-libre, bien qu'elle soit partout ailleurs enfermée par le territoire d'un ou de plusieurs pays, elle ne pourra aucunement être considérée comme une mer domaniale de ces États ou du souverain du détroit, mais le caractère universel de la mer y prévaudra aussi (§ 73. 74). Il faut convenir à la vérité que les restrictions auxquelles le passage innocent par le détroit est ou peut être soumis, influent d'une certaine manière sur l'usage de la mer qui s'ouvre au delà du détroit, pourvu que le souverain de celui-ci soit assez fort pour maintenir son droit de tutelle pendant la guerre entre tierces puissances. Dans ce sens la fermeture ou la neutralité de la mer Baltique, proclamée en 1780 et en 1800 par les puissances du Nord vis-à-vis de toutes les nations qui n'y ont pas de possessions, n'était pas, quoiqu'elle fût contestée par l'Angleterre, une incongruité, si le Danemark avait été assez fort pour repousser la guerre maritime du Sund.

[1]) Phillimore I, 204. En ce qui concerne la mer du Nord d'Amérique et le traité y relatif conclu entre la Russie et les États-unis, v. Wheaton, Intern. L. I, 2. 4. § 5.

DOMAINE DES LACS, DES MERS TERRITORIALES ET DES FLEUVES.[1]

§ 77. Les lacs et les mers purement territoriales sont une propriété incontestable de l'État ou des plusieurs États dont ils sont enclavés, et dans les limites indiquées au § 66. Il n'est pas moins certain que l'empire d'un État s'étend sur le cours des fleuves qui passent par son territoire, jusqu'à leur embouchure, c'est-à-dire, jusqu'aux points extrêmes des rivages où leurs eaux quittent le territoire,[2] dussent-elles se confondre déjà d'avance avec celles de la mer dans un bassin plus vaste que celui qui est propre à la nature des fleuves.[3] Les lacs mêmes qu'elles forment dans le voisinage immédiat de la haute mer font encore une partie du territoire, surtout lorsqu'ils sont protégés par quelque langue de terre ou par des îles,[4] comme l'ancien et le nouveau Haff et celui de Courlande. On pourra en dire autant des lacs aux embouchures de fleuves qui sont dilatés par les irruptions de la mer du Nord dans les terres Frises, ainsi que le Zuydersée et la Jahde, qui couvrent d'anciennes terres fermes.

Décidément les principes de la liberté de la mer et du passage innocent ont ouvert la mer Noire[5] à la marine marchande de toutes les nations par le traité d'Andrinople et la convention des détroits du 13 juillet 1841,[6] en maintenant seulement la clôture des détroits du Bosphore et des Dardanelles à l'égard du pavillon de guerre des puissances étrangères. Ensuite le traité de Paris du 30 mars 1856 (art. 11—14) a neutralisé cette mer; ses eaux et ses ports sont formellement et à perpétuité interdits aux bâtiments de guerre, soit des puissances riveraines, soit de toute autre puissance.[7]

1) Comparez sur cette matière la dissertation très intéressante de M. Karatheodory: Du droit internat. concernant les grands cours d'eaux. Leipz. 1861.

2) Jacobsen, Seerecht p. 583.

3) Le St. Laurent en Amérique est-il un détroit ou un fleuve? V. là-dessus Phillimore I, 182. III, 4. Wheaton, Histoire II, 195.

4) Une contestation sur les îlots à l'embouchure du Mississippi est rapportée par Wheaton, Elem. I, 2. 4. § 7.

5) van Hoorn, De navigatione et mercatura in mari nigro. Amsterd. 1834.

6) Martens, Nouv. Rec. VIII, 143.

7) V. l'appendice.

SUITE.

§ 77ª. Si le fleuve parcourt ou baigne plusieurs territoires, les États riverains se trouvent dans une communion naturelle à l'égard de la propriété et de l'usage des eaux, sauf la souveraineté de chaque État sur toute l'étendue du fleuve depuis l'endroit où il atteint le territoire jusqu'au point où il le quitte (§ 66). Aucun de ces États ne pourra donc porter atteinte aux droits des autres; chacun doit même contribuer à la conservation du cours d'eau dans les limites de sa souveraineté et le faire parvenir à son voisin. De l'autre part chacun d'eux, de même que le propriétaire unique d'un fleuve, pourrait „stricto jure" affecter les eaux à ses propres usages et à ceux de ses regnicoles, et en exclure les autres. Mais le concert européen n'est pas resté dans cette exclusion. Premièrement un fleuve qui serait une voie de communication indispensable pour la subsistance d'une autre nation ne pourrait lui être fermé (§ 32. III). Outre cela on reconnaît avec Grotius, Pufendorf et Vattel, au moins en principe, un droit beaucoup plus étendu, celui d'usage et de passage innocent, lequel ne peut être refusé absolument à aucune nation amie et à ses sujets dans l'intérêt du commerce universel.[1]

En effet les traités de Paris et de Vienne de 1814 et 1815 y ont pourvu positivement en sanctionnant à ce sujet des règles communes à toutes les nations de l'Europe et qui se résument dans les propositions suivantes:[2]

1° La navigation sur tous les fleuves qui, dans leur cours navigable, séparent ou traversent plusieurs États, est libre

[1]) V. Wheaton, Intern. Law. I, 2. 4. § 12. 18. 19 et son Histoire du droit des gens. II, p. 191 suiv. surtout les discussions intéressantes au sujet de la navigation du Mississippi et du St. Laurent.

[2]) Traité de Paris 1814, art. 5. Acte final du Congrès de Vienne art. 108—117 et 118. Décret de la Diète Germanique du 3 août 1820. V. l'historique des négociations dans Klüber, Actes du Congrès de Vienne. t. III. Le Baron Guillaume de Humboldt a présidé aux travaux du comité international, chargé de cette tâche par le congrès. V. aussi Wheaton, Histoire des progrés. p. 388 suiv. (II, 184). Cremer van den Bergh, Historia novarum legum de fluminum communium navigatione. Lugd. Bat. 1835.

jusqu'à leur embouchure dans la mer,[1] et ne peut être interdite en fait de commerce à personne.

2° Les États riverains exercent les droits de souveraineté des rivières qui parcourent leurs territoires, sans porter le moindre préjudice à la liberté de la navigation. En conséquence on ne peut plus établir des entrepôts et des lieux de transbordement forcés, et ils ne peuvent être conservés qu'autant qu'ils sont utiles à la navigation et au commerce.

3° La fixation des droits de navigation est indépendante de la valeur et de la qualité particulière des marchandises: le montant de ces droits ne doit jamais dépasser le „maximum" fixé au mois de juin 1815;

4° La police de la navigation des fleuves doit être réglée d'une manière uniforme, et fixée d'un commun accord, sans pouvoir être changée par un seul des États riverains. Ils sont tenus de veiller à l'entretien des rivages et du lit des rivières, des chemins de halage etc.

Ces principes généraux ont été, par des conventions spéciales, appliqués à plusieurs des fleuves principaux de l'Europe.[2]

Le traité de Paris du 30 mars 1856 les a de nouveau reconnus en stipulant qu'à l'avenir ces principes seront également appliqués au Danube et à ses embouchures. A cet effet il a établi une commission européenne et une commission riveraine permanente. La première est chargée de désigner et de faire

[1]) On peut lire dans Klüber, Oeffentl. Recht des deutschen Bundes. § 571. not. d., et dans Wheaton, Histoire, II, 189, le récit du litige qui a surgi entre le Gouvernement des Pays-Bas et les autres États intéressés dans la navigation du Rhin, sur l'interprétation de l'expression „jusqu'à la mer" insérée dans l'Acte final de Vienne, litige qui fut enfin décidé par la convention conclue à Mayence entre tous les États riverains. La navigation du Rhin y fut déclarée libre depuis le point où il devient navigable jusque dans la mer „bis in die See." Martens, Nouv. Rec. IX, 252.

V. aussi l'article intitulé: la Hollande depuis 1815, publié par M. Bergson, le premier traducteur du présent ouvrage, dans la Revue des deux Mondes 1851, octobre p. 45.

[2]) Voyez l'appendice.

exécuter les travaux nécessaires pour dégager les embouchures du Danube, ainsi que les parties de la mer y avoisinantes, des sables et autres obstacles qui les obstruent, afin de mettre cette partie du fleuve et les dites parties de la mer dans les meilleures conditions possibles de navigabilité. La seconde, composée des délégués de l'Autriche, de la Bavière, de la Sublime Porte et du Wurtemberg, devait élaborer les règlements de navigation et de police fluviale, faire disparaître les entraves, de quelque nature qu'elles soient, qui s'opposent encore à ce que les dispositions du traité de Vienne soient appliquées au Danube, ordonner et faire exécuter les travaux nécessaires sur tout le parcours des fleuves, et veiller, après la dissolution de la commission européenne, au maintien de la navigabilité des embouchures du Danube et des parties de la mer y avoisinantes.

Il est vrai que les conventions particulières ne se trouvent pas partout en conformité avec les principes du Congrès de Vienne.[1] Les intérêts individuels des États riverains et de leurs sujets s'opposent à une libre concurrence de la navigation de toutes les autres nationalités même en fait de commerce. Sur cela la fixation des droits de navigation peut concurremment avec le taux des chemins de fer mettre des obstacles à l'usage du fleuve commun. Mais les principes vaincront le particularisme.

DES NAVIRES ET DES DROITS DE NAVIGATION EN PLEINE MER.

§ 78. Les navires d'une nation naviguant sur la haute mer sont regardés comme des portions flottantes de son pays, ou, pour nous servir de l'expression des jurisconsultes français, comme la continuation ou la prorogation du territoire.[2] Les publicistes anglais ont combattu vainement cette idée comme étant une fiction arbitraire, et peut-être aussi parce qu'elle était peu favorable à la jurisprudence de la Grande-Bretagne concernant la navigation des neutres. Nous y reviendrons dans le livre suivant.

[1]) C. F. Wurm, Fünf Briefe über die Freiheit der Flufsschiffahrt. Leipz. 1858.

[2]) Les conséquences de ce principe ont été discutées notamment à l'occasion de l'affaire du Carlo Alberto. V. ci-après § 79, V.

L'équipage d'un navire forme une société spéciale jouissant de la protection de l'État auquel elle appartient, et continuant à être régie par ses lois, même pendant son séjour dans les eaux étrangères. Les enfants des regnicoles nés à bord d'un navire sont regardés comme sujets de l'État.[1] Sur ce point encore la jurisprudence anglaise s'est éloignée du principe généralement suivi, et ne regarde comme sujets que les enfants nés dans les eaux britanniques. — Les lois particulières de chaque État règlent le mode de constatation de la nationalité des navires.[2]

La juridiction que tout État souverain exerce sur la navigation dans les limites de son territoire, comprend les droits suivants, savoir:

I. Le droit de faire des règlements qui déterminent les modes d'usage des voies de communication maritimes et fluviales au profit de la navigation et du commerce nationaux;[3]

II. le droit de législation et de juridiction sur les nationaux, tant dans les eaux de l'État que dans celles de la haute mer;[4]

III. la faculté de prendre les dispositions et les mesures nécessaires pour la protection de la navigation nationale, notamment celle d'établir des consulats dans les ports et les places de commerce étrangers, avec l'approbation des gouvernements respectifs;[5]

IV. enfin la faculté de régler le pavillon des navires nationaux et d'en conférer les immunités à des navires étran-

¹) Vattel I, 19. 216. Günther II, 258. Moser, Vers. VI, 8. — Code Napoléon art. 59—61.

²) Un résumé de ces dispositions a été donné par Ortolan I, p. 193 suiv. de Kaltenborn, Seerecht § 44. 45. Halleck, ch. XXIX. Pour la jurisprudence anglaise v. Murhard, N. Rec. G. V, p. 264 et Wildman II, p. 83. Pour la France v. Code de Commerce art. 226. L'acte de francisation est délivré par la Douane et il est signé par le Ministre des finances (Loi du 27 vendémiaire, an II, art. 10; arrêté ministériel du 30 juin 1819).

³) Jouffroy, Droit maritime p. 29 suiv.

⁴) Wheaton, Intern. Law. I, 2. 2. § 11. Dans les eaux territoriales d'une autre nation cette juridiction devra être suspendue, à moins qu'elle n'y soit tolérée, ce qui est ordinairement le cas en matière de discipline.

⁵) Ibid. § 12. V. aussi ci-après § 244 et suivants.

gers par une autorisation spéciale, laquelle toutefois ne peut avoir pour effet de faire participer ces derniers aux immunités réservées exclusivement par les traités ou par les usages aux nationaux: elle ne peut non plus porter aucun préjudice aux droits des tiers.

Tout usage illicite d'un pavillon étranger est un acte répréhensible, tant par rapport à l'État lésé qu'à l'égard des tiers intéressés. Néanmoins il est passé en usage que le capitaine d'un navire de commerce peut naviguer sous les couleurs qui lui conviennent le plus.[1]

§ 79. En ce qui concerne les rapports des navires étrangers et de leurs équipages avec l'État dans le territoire duquel ils séjournent, la loi internationale a adopté les principes généraux suivants:

I. Chaque nation a la faculté de déterminer les conditions sous lesquelles elle consent à admettre les navires de nations étrangères sur son territoire et dans ses eaux, pourvu que ceux de nations amies ne soient pas tout à fait exclus de toute communication commerciale avec le pays. La pratique des peuples européens s'est en cela de plus en plus conformée aux exigences libérales de l'économie politique. L'Angleterre même, jadis si exclusive en matière de navigation et de transport, a donné depuis 1850 la main aux autres nations[2] et plusieurs États ont suivi cet exemple. Il n'y a que le cabotage pour le transport de port en port du pays qui soit réservé ordinairement aux nationaux.[3] — Du reste il est inutile de remarquer que tous les peuples civilisés reconnaissent l'obligation de ne jamais refuser aux navires en détresse et à leurs équipages tous les secours nécessaires et l'usage libre de ses établissements de secours.

II. Aucune nation ni aucun individu ne doivent s'approprier

[1]) Moser, Vers. V, p. 303. Enschede, Dissert. de tutelis et insignibus navium. Lugd. Bat. 1770. Sur les abus de pavillon v. Hautefeuille, Nat. neutr. III, 433, et la Revue critique de législ. 1854. t. V. p. 64.

[2]) Jouffroy, loc. cit. p. 41. Alexandre de Miltitz, Manuel des Consuls. I, p. 182. 331 suiv. et Statut 3 et 4. William 4. chap. 54. 56. de Rotteck et Welcker, Staats-Lexicon, art. Navigationsacte, et Ortolan à l'endroit cité.

[3]) Poehls p. 997. Kaltenborn, I, 28. II, 346.

des navires étrangers abandonnés par leurs équipages, à moins que l'abandon fait par les armateurs du navire, n'ait été régulièrement constaté, ou qu'une prescription de la propriété ne soit survenue. Les lois et les usages maritimes diffèrent beaucoup sur ce point. Les juges anglais regardent un navire comme délaissé lorsque l'équipage l'a abandonné sans esprit de retour. Plusieurs législations prennent plutôt en considération la volonté manifeste des armateurs. D'autres laissent la question indécise, tout en la soumettant aux principes généraux relatifs au délaissement de la propriété.[1]

III. Il est défendu aux nations et aux particuliers de commettre des actes de pillage sur les personnes ou sur les biens naufragés. L'usage qualifié de droit d'épave remonte à une époque de barbarie. Les lois d'une nation civilisée n'admettent que le remboursement des frais de sauvetage et de garde des objets naufragés, mais elles s'opposent à ce que la propriété en puisse être acquise autrement que par voie de prescription.[2] Déjà les lois romaines protégeaient les naufragés et leur accordaient une prompte justice: de même le code visigoth d'Alaric. Mais au moyen âge le droit d'épave fut introduit, et il subsista malgré les bulles des papes et les décrets impériaux, royaux et autres; ce n'est que de nos jours qu'il a disparu enfin des lois d'à peu près toutes les nations. Néanmoins de temps en temps des plaintes se font encore entendre sur des actes contraires à ces règles dont les habitants des côtes continuent à se rendre coupables.[3]

1) V. Mittermaier, Deutsches Privatr. § 162 in fine. Jouffroy, loc. cit. p. 55. de Kamptz, Jahrb. LXVI, 27. Stovin, Analyse on the Law on abandonment of ships. Lond. 1801. Kaltenborn, Seerecht II, § 144 suiv. Pour la France: Code de Commerce art. 216. 369—396. V. aussi l'article sur la responsabilité des propriétaires de navires, dans la Revue étrangère et française, 1840. t. VII, p. 275.

2) Jacobsen, Seerecht p. 774.

3) V. le rapport de la commission du parlement anglais de 1843. De même en France. Pütter, Beitr. p. 118—128. Jouffroy p. 51. Klüber, Droit des gens. § 77. de Miltitz, loc. cit. I, p. 144 suiv. Les lois et les usages varient seulement sur les frais de recouvrement. V. Jacobsen, Seerecht p. 745 suiv. M. Pöhls, Seerecht t. III, p. 968 suiv. de Kaltenborn, Seerecht II, § 145 suiv.

IV. Tout navire étranger admis dans les ports ou dans les eaux d'un État peut se servir des voies et des établissements destinés à la sûreté de la navigation, ainsi que des moyens de communication avec la terre.[1]

V. Tout navire entré dans les ports ou dans les eaux d'un État est assujetti à la police et aux droits de navigation, ainsi qu'à la juridiction territoriale de ce dernier.[2] Sont exceptés seulement de cette juridiction:

1° les navires qui portent des souverains étrangers ou leurs représentants, ou qui sont affectés exclusivement au service de ces personnes;

2° les vaisseaux de guerre de nations étrangères, lorsqu'ils ont reçu l'autorisation d'entrer dans un port, autorisation qui, en temps de paix même, ne s'accorde que difficilement;[3]

3° les navires ne faisant que traverser les eaux qui coulent en avant d'un port, ainsi que ceux qui ont été obligés d'y chercher un refuge par suite d'une force majeure, en sont excempts en tant qu'il s'agit de la juridiction civile.[4]

Dans les autres cas, lors même qu'il existerait un intérêt pour faire retenir l'équipage, l'honneur national peut quelque-

[1]) Jouffroy p. 47. Wheaton, Intern. Law. I, 4. § 13 et 18. Grotius II, 2. 15. Pufendorf III, 3. 8.

[2]) Ce point a été contesté par rapport aux navires de commerce, dans la Gazette des tribunaux du 28 janvier 1843. Cependant les publicistes et les tribunaux l'ont résolu jusqu'à présent dans un sens conforme à notre solution. V. Wheaton I, 2. § 10. Jouffroy p. 28. Ortolan, Règl. intern. I, 274. Riquelme I, 245. Halleck, VI, 26. Le conseil d'État, dans un avis du 22 novembre 1806, a statué ce qui suit: que la protection accordée aux vaisseaux neutres ne saurait dessaisir la juridiction territoriale pour tout ce qui touche à l'État. Cet avis a été développé par Dupin dans un excellent réquisitoire relatif à l'affaire du Charles-Albert. On le trouve avec les arrêts rendus dans cette affaire, dans Sirey, Rec. gén. des Lois et des Arrêts. 32, 1. 577 suiv.; 33, 2. 238.

[3]) Ortolan, R. intern. I, p. 213. Un témoignage plus ancien est donné par Casaregi, Discursus legales de commercio. Florent. 1719 (disc. 136). V. Wheaton, Histoire, IIe périod. § 16 p. 293 de la 2e édit. Klüber, Droit des gens. § 136, note e, cite plusieurs traités relatifs à l'admission conditionnelle de bâtiments de guerre. V. aussi Ortolan, R. intern. I, p. 156. Riquelme I, 205. Halleck VII, 25.

[4]) V. déjà la L. 19. § 2. D. de judic.

fois commander de le relâcher, comme les tribunaux français l'ont décrété dans l'affaire des naufragés de Calais; ou bien la question sera décidée strictement d'après le droit, comme dans l'affaire du Carlo Alberto; ou elle recevra sa solution par l'interposition d'une puissance intéressée, comme dans le cas du Cagliari, navire sarde, qui fut, disait-on, contraint par les 27 Napolitains conjurés qu'il contenait, d'aborder à l'île de Ponza (en 1857).

§ 80. En temps de paix, les nations n'ont aucun droit sur les navires étrangers qui voguent sur la haute mer. Le droit de défense légitime en cas d'attaques illicites ou de dommages causés arbitrairement, constitue une exception à ce principe, exception fondée sur la raison que sur la haute mer il n'existe aucune loi commune ni aucune autorité capable de la faire respecter.[1]

Les inconvénients qui résultent de l'absence d'une loi commune, se trouvent atténués par les règles suivantes:

1° Les lois de chaque État obligent ses sujets, même sur mer, dans leurs rapports avec des étrangers, et elles admettent les droits et les devoirs qui en découlent;

2° les étrangers dans leurs contestations avec les regnicoles, sont traités sur le pied d'égalité avec ces derniers. Le juge du lieu applique les lois de son territoire;

3° d'après la plupart des législations maritimes, les tribunaux sont compétents pour statuer sur les contestations nées entre étrangers, dès que leur intervention est invoquée par l'une des parties (§ 39);

4° enfin les lois maritimes des différentes nations ont toujours présenté entre elles une grande analogie dans leurs dispositions.

En conséquence les nations n'admettent plus sur la haute mer le droit de la force, sauf les cas de légitime défense ou de refus de se conformer aux règles du droit international;

[1]) V. Arrêt de la Cour supérieure d'appel de Lubeck, en date du 30 janvier 1849. Auswahl handelsrechtlicher Streitfälle. Bremen 1851. p. 37 suiv. Seuffert, Archiv der Entscheidungen der obersten Gerichtshöfe. IV, p. 60 suiv.

et elles déclarent hors la loi (outlaws) ceux qui refusent de se soumettre à la loi commune, comme les pirates (§ 7. 104).

En dehors de ses eaux particulières où elle exerce la police de mer, aucune nation n'a le droit de faire arrêter les navires étrangers, de les faire visiter et d'en faire ordonner la saisie dans un but même licite, à moins qu'elle n'ait conclu avec une autre nation une convention expresse à ce sujet. Cette question fut discutée avec beaucoup de vivacité à l'occasion de l'abolition de la traite des noirs, et elle n'a pas encore reçu sa solution définitive. La distinction qu'on a essayé d'établir entre le droit de visite et le droit de perquisition (right of search) ne résout aucunement la question. Accorder quelque chose sous ce rapport, c'est s'enchaîner irrévocablement. Néanmoins, dans un intérêt d'humanité, les nations devraient s'entendre sur les concessions à faire réciproquement au sujet de navires suspects de faire la traite, tout en imposant une responsabilité rigoureuse et suffisante pour prévenir des abus.

Le traité anglo-français de 1845 (art. 8) contient à ce sujet des instructions convenables ayant pour but la recherche de la nationalité des navires suspects „prima facie.“[1]

D'un autre côté la loi internationale autorise la poursuite sur la haute mer d'un navire dont l'équipage s'est rendu coupable de crimes dans les ports d'un territoire: telle est du moins la jurisprudence américaine.[2] De même elle autorise des poursuites dirigées contre les auteurs de crimes commis sur la haute mer, dès leur retour dans le pays, pourvu que ses lois pénales répriment les crimes commis à l'étranger (§ 36).

Le droit maritime et commercial ne se développera librement et d'une manière uniforme chez toutes les nations que le jour où, conformément à l'exemple donné par l'ancien monde, elles consentiront à s'en rapporter dans leurs différends à la décision impartiale de tierces puissances.

Jusqu'à ce jour les lois maritimes et commerciales des na-

[1]) V. Wheaton, Enquiry into the validity of the British claim to a right of visitation and search of American vessels. Lond. 1842. Hautefeuille, Droit des nat. neutres. III, 471. 477. Phillimore III, 419.

[2]) V. Wheaton, Enquiry p. 148.

tions civilisées ont conservé leur caractère spécial et individuel, à l'exception de quelques principes généralement adoptés que nous avons essayé de résumer. Une analyse complète de ces lois n'est donc pas du ressort du droit international, mais fait plutôt partie du droit public et privé des différents pays. Dès le moyen âge toutefois plusieurs de ces lois locales ont servi de base commune au développement progressif des autres, et ont acquis une autorité reconnue. Nous citons à cet effet:

Les assises des bourgeois du royaume de Jérusalem;
le rôle d'Oleron;
les jugements de Damme et les lois de Westkapelle;
les coutumes d'Amsterdam;
le droit maritime de Wisby;
le „consolato del mare";
le guidon de la mer;
le droit maritime hanséatique;

enfin le droit d'Amalfi,[1] ainsi que plusieurs autres d'une importance moindre, ayant toutes des rapports directs avec celles que nous venons de nommer.

Pour les étudier, il faut surtout consulter l'excellente collection des lois maritimes antérieures au XVIIIe siècle, publiée par Pardessus. Paris 1828. 5 vol. 4. Pour la connaissance des lois maritimes et commerciales les plus récentes on peut consulter avec fruit le Manuel des Consuls, t. I. II, par Alex. de Miltitz. V. aussi: de Kamptz, Lit. § 160—171. 252—255. Mittermaier, Grunds. des deutschen Privatrechts. § 26. 44. de Kaltenborn, Seerecht. Berl. 1851. 2 vol. Enfin: Henrichs, Archives du commerce. II éd. Paris 1838. 39. 21 vol., et Nouvelles archives du commerce, par Ternante et Colombel. Paris 1838. suiv.

[1]) Carlo Troya, Capitula et ordinationes maritimae civitatis Amalphitanae. Vienne 1844. V. Holtius, Abhandl. civilistischen Inhalts, von Sutro. 1852.

Chapitre III.

DES OBLIGATIONS.

SECTION I.

DES TRAITÉS PUBLICS.[1]

CARACTÈRE OBLIGATOIRE DES TRAITÉS INTERNATIONAUX EN GÉNÉRAL.

§ 81. A toutes les époques les traités, en l'absence même d'une loi commune, ont servi aux peuples sauvages comme aux nations civilisées, de liens légaux, bien qu'on ait souvent refusé de leur accorder une foi exclusive. Anciennement, pour les rendre plus solides, on avait recours à la puissance de la religion et à la crainte des choses surnaturelles. Ces moyens ayant été trouvés à leur tour trop peu suffisamment efficaces pour le même but, la seule foi dans la validité intrinsèque des traités survécut, et elle puisa de nouvelles forces dans le christianisme, dans le droit positif et dans la philosophie. Trop souvent néanmoins la pratique des gouvernements l'a regardée avec dérision, et jusqu'à présent on n'est pas encore tombé d'accord sur la question de savoir si, pourquoi et jusqu'à quel point un traité signifie quelque chose ou oblige par lui-même?[2]

Il faut convenir qu'un traité ne fait naître des droits que par l'accord des volontés (duorum vel plurium in idem consensus), que par suite il ne subsiste qu'avec celui-ci, et dès qu'un changement de volonté survient du côté de l'une des parties contractantes, l'autre peut exiger seulement le rétablissement de l'ancien état de choses et des dommages-intérêts à raison du préjudice par elle éprouvé. C'est la volonté collective fondée sur la communauté d'intérêts et de sentiments moraux, qui rend

[1]) V. les auteurs cités par Ompteda § 269 suiv. de Kamptz § 239 suiv. Parmi les systèmes on distingue notamment ceux de Moser, Vers. VIII, de Neumann in Wolffsfeld, De pactib. et contractib. Principum. 1752, et Vattel II, chap. 12.

[2]) V. les différentes explications dans Warnkönig, Rechtsphilosophie. § 176.

l'engagement individuel plus solide, en exigeant l'exécution directe et continue de ce qu'on a promis. L'État possède à cet effet des moyens de contrainte suffisants à l'égard des individus: le droit international en est privé, et par suite les traités publics peuvent recevoir seulement l'autorité et la signification naturelles dont nous avons parlé. Il repose surtout sur le besoin commun d'un intermédiaire destiné à créer des relations permanentes et des droits nouveaux entre les différents États. Il trouve une garantie plus puissante encore dans le système politique européen, basé lui-même sur la réciprocité et l'accord des volontés, et dont par suite on ne peut faire partie qu'autant qu'on reconnaît les principes relatifs à la force obligatoire de traités. En dehors de ces principes, aucune confiance, aucun commerce ne sont possibles, car ils répondent aux intérêts de tous. Les traités internationaux signifient donc certainement quelque chose, bien qu'ils soient privés des garanties du droit civil. „Pacta sunt servanda“, telle a été toujours la règle fondamentale du droit public.[1] C'est par leur objet seulement que ces engagements offrent certaines particularités, en même temps qu'ils jouissent d'une plus grande latitude d'exécution, ainsi que nous allons l'expliquer.

DIVISION DES TRAITÉS PUBLICS.

§ 82. Si le droit des gens peut être encore pris et appliqué dans son acception antique de droit naturel commun à tous les hommes, il régira en général les conventions qui ne sont pas soumises aux lois et à la juridiction particulières des différents États. Par suite seraient de son domaine:

toutes les conventions conclues par des personnes qui n'obéissent à aucune autorité, à aucune volonté souveraine, par exemple dans les contrées où aucune association politique ne s'est établie, conventions qui ne peuvent

[1]) Les anciens publicistes se servaient aussi du lieu commun: La parole d'un prince vaut un serment. V. p. ex. de Neumann, loc. cit. § 83. Il est inutile de recourir à de pareilles propositions, car le principe moral du droit ne permet pas de distinguer entre les engagements des grands et ceux des inférieurs.

obtenir aucune autre sanction que celle de la volonté individuelle;

ensuite, jusqu'à un certain point, les pactes constitutionnels relatifs à certains objets de droit public interne, convenus entre les souverains et leurs propres peuples.

Mais sans nous arrêter ultérieurement à ces catégories, nous nous occuperons exclusivement de celles qui aujourd'hui font partie du droit international proprement dit. Tels sont:

I. Les traités conclus entre plusieurs États ou leurs représentants, par lesquels ces derniers s'obligent réciproquement, ou par voie unilatérale, de manière à restreindre la libre disposition de leurs droits et possessions souverains, ou par lesquels l'un s'engage d'une manière générale envers l'autre — traités publics proprement dits —;

II. les traités réciproques des souverains, relatifs à des objets à l'égard desquels ces derniers ne sont soumis à aucune loi politique ni à aucun juge intérieur (v. § 52), par exemple ceux qui ont pour objet le maintien et la garantie réciproques de leurs droits, ou leurs biens propres et indépendants situés en dehors des territoires par eux gouvernés.[1]

Les conventions conclues par un souverain avec un particulier, ou qui ont pour objet des choses régies par les lois civiles d'un État, sont d'une nature mixte. C'est à ces lois qu'il faut recourir, lorsqu'il s'agit de statuer sur les engagements de la partie contractante non souveraine ou sur la nature des droits réels ou des engagements régis par les lois étrangères. Mais quant aux obligations du souverain, à moins qu'elles ne tombent elles-mêmes sous l'application des lois civiles de son pays, elles sont régies par les règles du droit international.[2]

[1]) Vattel II, 12. § 195. 196.

[2]) D'anciens publicistes à la vérité, en exceptant les souverains de l'application des lois civiles, n'ont voulu les soumettre qu'à celle du droit naturel ou des gens. V. les auteurs indiqués par Moser, Staatsr. XXIV, p. 194, et surtout Hellfeld, Dissert. de fontib. juris quo illustres utuntur, § 37 (en tête du t. I. Jurispr. heroic.); mais la jurisprudence moderne l'entend autrement, ainsi que nous l'avons indiqué au § 56. En général

CONDITIONS ESSENTIELLES DES TRAITÉS PUBLICS.

1. Cause licite.

§ 83. Une cause licite est la première condition essentielle d'un traité public. Nous entendons par là la possibilité de l'engagement contracté:[1] Un traité n'existe qu'autant que son objet est physiquement et moralement possible.[2] Ainsi, par exemple, toute convention contraire à l'ordre moral des choses et notamment aussi à la mission des États de contribuer au développement de la liberté humaine, est regardée comme impossible; ainsi l'introduction ou le maintien de l'esclavage ne pourra jamais valablement être stipulé dans un traité. Il faudra en dire autant de la clause qui aurait pour but de faire cesser le commerce entre plusieurs nations, au détriment de leurs besoins mutuels moraux ou physiques. Ainsi encore un manque de foi aux engagements contractés envers des tiers ne pourra être valablement stipulé: dans ce cas la partie coupable sera tenue à des dommages-intérêts envers l'innocente.

Un traité ne peut pas non plus porter préjudice aux droits incontestés d'un tiers ni à ceux qui lui ont été accordés précédemment:[3] on ne peut s'engager ni stipuler au nom d'un tiers sur lequel on n'a aucun pouvoir.[4] Néanmoins on peut se porter fort pour un tiers, en promettant le fait de celui-ci, soit par l'emploi de bons offices (bona officia) de nature à le déterminer en faveur du but projeté, soit par une intercession proprement dite, en employant toutes les voies licites selon les circonstances, à

toutefois on ne rencontre pas de règles précises à ce sujet dans la plupart des systèmes. V. cependant Vattel II, 12. 214. Riquelme I, p. 176.

1) V. sur les différentes significations de la cause des contrats de Neumann à l'endroit cité § 217 suiv. et Cocceji, sur Grotius II, p. 610.

2) de Neumann § 177 suiv. Pufendorf (III, 7. 2) ainsi que Schmalz (p. 64) et Schmelzing (§ 383) soutiennent qu'il n'y a pas lieu à la restitution de ce qui a été donné. Mais il serait difficile de démontrer l'exactitude de cette proposition dans sa généralité.

3) V. Moser, Vers. VI, p. 420 suiv. Vattel § 165—167. Klüber, Droit des gens, § 144. Pufendorf III, 7. 11. Mably, Droit des gens I, p. 27.

4) V. la loi 83 prim. D. de verb. oblig. de Neumann § 187.

l'exception de la force, à moins que l'éventualité d'une intervention armée n'ait été également prévue. Une indemnité toutefois en cas de non-réussite du but projeté, n'est due que lorsqu'elle a été convenue.[1] Les parties peuvent s'entendre encore sur des mesures à prendre à l'égard de tiers. En dehors des espèces que nous venons d'indiquer, une convention internationale ne peut produire d'effets qu'entre les parties. Elle ne profite ni ne nuit à des tiers,[2] à l'exception des cas suivants:

lorsqu'il y a mandat;

lorsque le tiers, par suite de rapports de protection, se trouve d'une manière conditionnelle ou relative dans la dépendance de l'une ou de plusieurs des parties contractantes;

lorsqu'il a été stipulé au profit du tiers ce qu'il a le droit d'exiger en vertu d'un titre précédent, lequel acquiert par là un accroissement de force;

enfin dans le cas où une tierce adhésion a été réservée, comme la condition d'une stipulation qu'on faisait pour soi-même, condition comprise implicitement dans toute convention passée au nom d'autrui.

Dans ces circonstances la validité du traité est suspendue jusqu'au moment où le tiers aura déclaré son intention d'en profiter. Jusque là l'engagement peut être révoqué à moins qu'on ne soit convenu d'attendre cette déclaration.[3]

D'ailleurs le droit international n'admet pas les distinctions du droit civil relativement aux contrats nommés ou innommés, à ceux qui donnent ou qui ne donnent pas lieu à une action en justice. C'est encore sans motif qu'on a prétendu que tout traité public supposait une cause (causa debendi) spéciale, en

[1]) Pufendorf loc. cit. § 10. de Neumann § 146 suiv. § 187 suiv.

[2]) Fr. Lang, De nonnullis fundamentis obligationum ex pacto tertii quaesitarum. Goetting. 1798.

[3]) Les anciens auteurs présentent sur ce point une grande divergence de vues, née du conflit des lois romaines avec les théories du droit naturel. V. Grotius II, 11. 18 et le Comment. de Cocceji; Pufendorf III, 9. 4 suiv.; de Neumann § 151; Runde, Beitr. 1799. I, p. 137. Les codes modernes reproduisent les principes ci-dessus énoncés, qui sont les plus simples et les plus naturels. V. Allgem. Preufs. Landr. I, 5. § 74. Code Nap. art. 1121. 1165.

d'autres termes, qu'il devait avoir pour but des prestations réciproques, par le motif que tout engagement reposerait sur un équivalent. En effet la faculté de disposer librement du domaine implique celle d'y renoncer, même à titre gratuit, au profit d'un tiers.[1] Le défaut d'utilité apparente, ni la lésion ne peuvent non plus vicier ces sortes de contrats, pourvu qu'il n'existe pas d'autres causes de rescision.[2]

Toutefois il en serait autrement de la convention par laquelle un État, en temps de paix, consentirait à se soumettre d'une manière permanente à l'autorité d'un autre, alors surtout que cette soumission, en dépassant les limites du protectorat, aurait pour conséquence de le dépouiller irrévocablement de son indépendance politique. C'est à cette simple proposition que nous croyons pouvoir réduire la théorie des anciens publicistes sur les traités égaux et inégaux, théorie professée depuis Grotius, qui l'a puisée dans certains passages d'Aristote.[3]

2. Capacité des parties contractantes.

§ 84. La seconde condition essentielle de la validité des traités c'est la capacité des parties contractantes. Sous ce rapport nous admettons les distinctions suivantes:

I. Les représentants ou détenteurs actuels du pouvoir souverain, même usurpé (§ 49), possèdent seuls la capacité nécessaire pour conclure des traités proprement dits (§ 82, I), pourvu que, dans leurs relations extérieures, des liens de dépendance[4] ni les termes incontestés de la constitution de l'État n'y apportent d'entraves.[5] Le prince légitime au contraire, dé-

[1]) Grotius II, 14, 4 et 12. de Neumann, De pactis principum I, 3. 90; I, 5. 219. Günther, Völkerr. II, p. 95.

[2]) de Neumann, loc. cit. I, 5 p. 220. Vattel § 158. de Martens, Europ. Völkerr. § 45 in fine. Schmelzing § 381.

[3]) Vattel § 174 suiv. Cocceji Comment. sur Grotius II, 12 p. 8 suiv. Martens, Europ. Völkerr. § 46 in fine et § 55.

[4]) V. § 19 ci-dessus. Wheaton, Intern. Law. III, 2. 1.

[5]) „Incontestés." Dans les relations internationales en effet, la possession seule peut être prise en considération. V. § 12. 23 et 49 ci-dessus. Sur les restrictions de la constitution anglaise et de celle des États-Unis, v. Wheaton, loc. cit. § 5. 6. D'autres constitutions modernes contiennent

pouillé du pouvoir souverain, ne peut valablement contracter pour l'État qu'après avoir recouvré le pouvoir. — Le souverain peut disposer aussi des droits de ses sujets,[1] à moins que leur inviolabilité ne soit sauvegardée par la constitution particulière de l'État ou par les principes de la morale, tels que ceux qui ont pour objet la garantie de la liberté de conscience.[2] Le droit public interne trace les limites des sacrifices personnels et réels que l'État peut imposer à ses sujets moyennant ou sans indemnité.

II. Les souverains ont la faculté exclusive de traiter de leurs droits propres et individuels, sans que toutefois ils puissent disposer des droits particuliers de leurs familles, à moins d'y être autorisés par les statuts de famille. Les actes du souverain ne doivent donc pas préjudicier aux droits des membres de sa maison, hors les cas d'une nécessité urgente, où ils doivent, dans les conventions publiques, être sacrifiés à la raison d'État, comme ceux des autres sujets. Telle est du moins la règle incontestée de la constitution de famille des maisons souveraines d'Allemagne.[3]

En ce qui concerne les particuliers intéressés dans un traité public, on doit leur appliquer les dispositions des lois du domicile d'origine.

Des mandataires munis de pouvoirs suffisants peuvent seuls traiter au nom des personnes ci-dessus dénommées. Tout ce qu'un mandataire qui a dépassé ses pouvoirs, ou un „negotiorum gestor" aura fait, ne deviendra valable que par une ratification subséquente. Cela s'applique notamment à ce qu'on appelait autrefois „sponsio" ou accord conclu par le sujet d'un État avec un gouvernement étranger, sans autorisation du sien.[4] Aucune obligation n'en résulte ni pour le gouvernement non dûment

aussi des restrictions analogues, mais la présomption milite en faveur du Chef de l'État; cependant il ne peut pas seul sacrifier la constitution même.

[1]) Grotius III, 20. 7. de Neumann § 86. 159. 467.

[2]) V. Vattel § 161.

[3]) Moser, Familienstaatsr. 910. 1065. Heinr. Hersemeyer, De pact. gentilit. Mog. 1781. p. 109.

[4]) Les nombreux ouvrages qui ont traité cette matière ont été indiqués par Ompteda II, p. 585 et de Kamptz, N. Lit. § 244. Vattel, L. II, § 209 suiv., s'est le plus rapproché de la vérité sur ce point.

représenté, ni pour celui qui a traité ainsi, à moins qu'il n'ait promis de la faire ratifier ou exécuter: en ce cas il est tenu à des dommages-intérêts.[1] Le gouvernement représenté ainsi d'une manière irrégulière, doit en outre, en temps de paix, restituer les avantages qu'il a retirés de la convention. En temps de guerre il se dirigera d'après les lois de l'honneur et de la politique. — Un mandat tacite ne peut être que le résultat de certaines fonctions conférées par l'État et ayant pour objet une mission à accomplir auprès d'une puissance étrangère, avec une certaine latitude d'appréciation. Tout ce qui dépasse les instructions données a besoin d'une ratification ultérieure, à défaut de laquelle il deviendrait caduc. C'est notamment lors de l'examen du droit de guerre que nous rencontrerons quelques applications de ce principe (§ 143).

3. Consentement libre.

§ 85. La liberté du consentement, ainsi que l'absence des circonstances qui l'empêchent, sont une troisième condition essentielle de la validité des traités publics. L'erreur, la fraude et la violence produisent à leur égard les mêmes effets que dans les contrats privés. On ne doit cependant pas regarder comme véritable empêchement toute espèce de pression qui influe sur la liberté de la résolution. Il faut au contraire que la violence soit de nature à ébranler un caractère fort et énergique, ce qui aura lieu chaque fois que l'existence physique ou morale sera menacée, au point que la nécessité de la conservation commande la soumission, alors surtout qu'un devoir supérieur ne fait pas taire ce sentiment. Un danger semblable se produit pour un État, lorsque son existence ou son indépendance est mise en question: pour un Souverain ou ses représentants officiels, lorsque leur vie, leur santé, leur honneur ou leur liberté sont sérieusement menacés, alors surtout que l'agresseur a assez de puissance pour mettre ses menaces à exécution. Le traité néanmoins qui a pour but de faire cesser un état de contrainte ou de violence

[1]) Grotius II, 15, 3 et 16, trompé par l'usage des anciens peuples connu sous le nom de „deditio“, soutient que celui qui avait traité était personnellement tenu.

légale, n'est entaché d'aucun vice, celui par exemple qui est destiné à faire cesser une captivité ou l'évacuation d'un pays conquis.[1]

PERFECTION DES TRAITÉS.

§ 86. Toutes les conventions, et les internationales aussi, supposent en premier lieu l'accord des volontés à la suite d'une promesse et d'une acceptation, après qu'il a été clairement expliqué ce que chacune des parties est tenue d'exécuter ou est en droit d'exiger. De simples pollicitations, non suivies d'acceptation, ne confèrent aucun droit, lors même qu'il y a eu un commencement d'exécution, à moins qu'il n'implique une acceptation: la sanction d'une promesse religieuse (votum) ou le serment ne pourra pas non plus suppléer au défaut d'acceptation.[2] Un traité n'a pas d'existence légale tant que continuent les négociations ou les arrangements préliminaires, alors même qu'on serait tombé d'accord sur certains points destinés à figurer dans la convention définitive, à moins qu'il n'ait été convenu qu'on se regarderait mutuellement comme engagé par les points déjà arrêtés. Cela s'applique notamment à ce qu'on appelle „pacta de contrahendo", qui contiennent tout ce qui concerne l'affaire, sauf seulement la rédaction complète et formelle.[3]

En aucun cas le simple acquiescement d'une partie à des actes faits par une autre, n'équivaut à un consentement contractuel. Tout au plus constate-t-il la disposition, mais nullement l'intention bien arrêtée d'une renonciation à des droits au profit d'autrui. — Les conventions dites présumées ne constatent pas non plus d'une manière régulière et sûre l'unité des volontés: souvent, il est vrai, dans les rapports internationaux, une partie procède d'après certaines règles de conduite dans la prévision unique de les faire agréer par l'autre. Si celui-ci les adopte,

[1]) Ces questions sont traitées dans les ouvrages cités par de Kamptz § 249; voir aussi Pufendorf III, 6. de Neumann § 192 suiv. Schmelzing § 382.

[2]) Cocceji, Comment. sur Grotius II, 11. 3.

[3]) Il serait difficile de formuler cette règle d'une manière plus précise. V. aussi Cocceji ibid. II, 11, § 1, p. 600 suiv.

il se forme une convention présumée, fondée fréquemment sur les usages du cérémonial public des États, sans qu'il en résulte aucun engagement permanent pour les parties. De ces conventions diffèrent les conventions tacites ou les clauses qui découlent implicitement, comme conditions ou comme conséquences nécessaires d'un traité;[1] il faut en dire autant des circonstances sur lesquelles on a gardé le silence lorsqu'il fallait s'expliquer là-dessus.[2] Nous en reparlerons plus loin.

FORME SUBSTANTIELLE.

§ 87. Aucune forme précise n'est prescrite pour la constatation de la volonté dans les traités internationaux. Ils existent dès le moment que l'une des parties s'est engagée à faire quelque chose avec l'intention de se regarder comme liée par l'acceptation de l'autre, et que cette acceptation est suffisamment constatée.[3]

La prudence, il est vrai, et l'usage conseillent la rédaction par écrit, laquelle notamment est une conséquence naturelle des traités conclus par procuration. Mais de ce que les parties auront adopté une autre forme de rédaction, il ne résultera aucune nullité du traité.[4]

¹) V. de Leonhardi, Austrägalverfahren des deutschen Bundes. II, 749.

²) V. sur ces distinctions Ad. Fr. Reinhard, Sammlung jurist. philos. und crit. Aufsätze. 1775. I, 5 n. 1, p. 307. Klüber, Droit des gens. § 3. de Neumann § 52.

³) Notons à ce sujet ce que le jurisconsulte romain Gaius déjà enseignait dans ses Commentaires III, § 94: „Dicitur uno casu hoc verbo (Spondesne? Spondeo) peregrinum quoque obligari posse, velut si Imperator noster Principem alicujus peregrini populi de pace ita interroget: Pacem futuram spondes? vel ipse eodem modo interrogetur: „quod nimium subtiliter dictum est;" quia si quid adversus pactionem fiat, non ex stipulatu agitur, sed jure belli vindicatur." Ainsi liberté complète de la forme. Cependant trois formes étaient usitées dans le droit public des Romains, savoir de simples pactiones, sponsiones et foedera solennels. Tite-Live 34, 57. Cic. pro Balbo 12, pro Rabir. 16. Sigonius de antiquit. juris. Hal. p. 465 suiv.

⁴) Neyron, De vi foederum inter gentes. Goett. 1788. § 23, et Schmalz, Europ. Völkerr. p. 52 suiv., soutiennent que les traités, pour être obligatoires, doivent être rédigés par écrit. Mais pourquoi l'engagement sérieux, après avoir été accepté, et lorsqu'il peut être prouvé, serait-il moins obligatoire, quand même il n'eût pas été rédigé par écrit? C'est ce

Lorsqu'un traité a été conclu par mandataires, il est d'usage aujourd'hui entre les États souverains d'en regarder les ratifications et leur échange comme un complément nécessaire pour sa validité, lors même que la ratification n'a pas été expressément réservée.[1] Elle constate que le mandataire n'a pas dépassé les limites de son mandat, constatation à laquelle aucun juge ne peut suppléer. Elle suspend l'exécution du traité conclu, et elle lui donne, dès qu'elle est intervenue, une force rétroactive, sauf une stipulation contraire.[2] Elle ne peut à la vérité être refusée moralement, si le traité conclu est conforme aux termes des pouvoirs présentés à la partie co-contractante. Mais lors même qu'il a été ratifié d'un côté, l'usage n'autorise pas l'emploi de la force pour contraindre l'autre partie qui refuse l'exécution du traité.[3] Le refus non motivé est une insulte faite à la bonne

qu'admettent Martens, Europ. Völkerr. § 45. Schmelzing § 377. Klüber § 141. 143, ainsi que de Neumann § 226. 238. Peu importe d'ailleurs que le traité soit compris dans un instrument ou dans des explications réciproques: c'est ainsi qu'ont été conclus les concordats entre le Saint-Siége et les puissances non catholiques; il suffit que l'intention de s'obliger mutuellement soit établie. L'une des parties peut s'engager par écrit et l'autre l'accepter par des actes ou par des signes incontestables. V. Martens, à l'endroit cité, et Vattel § 234. Wheaton III, 2. 3.

¹) Cet usage est très-ancien. On trouve l'exemple de la ratification d'un traité intervenu entre Justinien et Chosroës dans Barbeyrac, Suppl. au Corps univ. de Du Mont. II, p. 197. Les anciens auteurs sur cette matière sont cités par de Kamptz § 249; Klüber, Droit des gens. § 142. La dissertation la plus récente est celle de Wurm, Vierteljahrsschrift 1845. I, p. 168. Sur une ratification conditionnelle, v. Martens, N. Rec. gen. XII, p. 391.

²) de Neumann § 213. Klüber, loc. cit. note e. Martens § 42.

³) C'est ce qui est confirmé par d'anciens et de nouveaux exemples. Tel est aussi l'avis des auteurs les plus distingués. Vattel II, 12. 156. Bynkerhoek, Quaest. jur. publ. II, 7. Klüber, loc. cit. Wheaton, loc. cit. § 4. Wildman I, 172. Riquelme I, 176. Les opinions des anciens auteurs sont résumées dans Wicquefort, l'Ambassad. II, 15. — Martens § 42 ne diffère qu'en ce qu'il pense que la ratification d'une partie entraîne celle de l'autre. Une opinion analogue qui repose tout entière sur des considérations tirées du droit privé, se trouve dans Leonhardi, Austrägalverfahren p. 319 suiv. Des exemples de traités non ratifiés sont indiqués par Martens et Klüber, aux endroits cités, et par Pölitz, Völkerr. p. 158.

foi de l'autre, de nature à le mécontenter et même à provoquer, suivant les circonstances, une demande en indemnité du préjudice occasionné. La ratification est essentiellement nécessaire dans le cas où elle a été réservée, ou lors d'une „sponsio" (§ 84) pour qu'elle puisse devenir obligatoire pour la partie intéressée. Dans ces cas encore elle fait remonter les effets du traité jusqu'au moment de sa conclusion. Relativement aux pouvoirs tacites, (84 in fine), là ratification seule fournit la certitude complète de leur étendue. Mais il est constant en même temps qu'elle peut être suppléée par des actes équivalents et notamment par l'exécution tacite des stipulations arrêtées.[1]

CONCURRENCE DE TIERS LORS DE LA CONCLUSION D'UN TRAITÉ.

§ 88. La conclusion des traités publics se fait souvent sous l'aide d'une ou de plusieurs tierces personnes, savoir:

1. Par les bons offices (bona officia) d'une tierce puissance, soit dans le but d'ouvrir la voie aux négociations des parties intéressées, soit dans celui de les faire reprendre après qu'elles ont été interrompues. Ils peuvent être proposés soit par une initiative spontanée, soit par suite d'une demande ou d'un engagement contracté (§ 83). Ils n'emportent aucune responsabilité des conseils donnés (consilium), à moins qu'elle n'ait été expressément stipulée;

2. par la médiation proprement dite (mediatio), lorsqu'une tierce puissance, avec le consentement des parties intéressées, participe d'une manière régulière aux négociations jusqu'à leur conclusion, en sorte que les explications réciproques ne peuvent être données qu'en sa présence et par son intermédiaire.[2] Personne ne peut imposer une médiation: mais dès qu'elle a été acceptée, le gouvernement médiateur doit faire des propositions

La ratification d'un traité est surtout un point important du droit constitutionnel.

[1]) Grotius II, 15. 17. Wheaton § 3 in fine.

[2]) V. là-dessus des observations étendues dans Bielfeld, Institutions politiques. II, 8, § 17. Vattel § 328. de Steck, Essais sur plusieurs matières. n. 1. Martens, Völkerrecht. § 172. Klüber, Droit des gens. § 160. Wheaton, Inter. Law. III, 2, § 16. Des exemples nombreux sont cités par Wicquefort, l'Ambassadeur. II, 11. Moser, Vers. VIII, p. 421 suiv.

équitables, donner son avis sur celles faites par l'une des parties et repousser celles qui lui paraissent injustes. Il lui est interdit d'employer la force: une médiation armée serait contraire au droit libre des traités et constituerait un commencement d'hostilités.[1] Les fonctions du médiateur cessent avec la conclusion d'un traité, dont il n'a ni le pouvoir ni le devoir de garantir l'exécution. Elles cessent encore par la rupture des négociations du côté de l'une des parties intéressées.

Une tierce puissance peut en outre, par un acte formel, déclarer son adhésion à un traité précédemment conclu, tant à la suite qu'en dehors d'une invitation préalable des parties principales.[2] A cet égard on distingue les espèces suivantes:

1° Accession d'une tierce puissance comme partie principale, lorsque le traité contient des stipulations à son égard, ou est de nature à modifier ses rapports internationaux. Par là elle devient partie co-contractante directe;

2° accession d'une tierce puissance à l'effet de faire approuver par elle les dispositions qui peuvent lui nuire, et par laquelle elle renonce notamment aux exceptions contre sa validité;

3° accession solennelle par pure convenance, afin de donner au traité plus de solennité ou une espèce de témoignage de sa valeur. Ce qui a lieu surtout dans le cas où l'on fait approuver un traité par une tierce puissance supérieure ou envers laquelle on doit observer certains devoirs de déférence. Celle-ci ne contracte par là aucun engagement: seulement elle ne pourra plus invoquer son ignorance du contenu du traité.

MODALITÉS, RÉDACTION ET DIVISION GÉNÉRALE DES TRAITÉS.

§ 89. En ce qui concerne leur contenu, les traités publics, de même que les conventions privées, sont susceptibles de certaines conditions, de certains délais et de certaines autres modalités. A l'égard de leur portée, on les distingue en traités préliminaires et définitifs. Les premiers ne constituent le plus

[1]) V. Vogt, Europ. Staatsrelationen. V, n. 1.

[2]) Moser, Vers. VIII, p. 306 suiv. 314. de Steck, Ausführung politischer und rechtlicher Mater. no. 2, p. 49. Klüber § 161.

souvent que des „pacta de contrahendo“, ou n'établissent qu'un état provisoire.[1] Les seconds se subdivisent encore en traités principaux et accessoires, dont les derniers sont conclus quelquefois entre d'autres parties que les premiers.

Lors de la rédaction des traités on adopte ordinairement celle par articles, et l'on distingue quelquefois les articles principaux des accessoires. Souvent la teneur du traité proprement dit est accompagnée d'additions ou d'articles additionnels, publics ou secrets, sans que toutes ces circonstances influent en aucune manière sur la validité des diverses stipulations. Enfin les traités solennels des puissances chrétiennes se concluent d'après un usage général „au nom de la sainte Trinité“, formule à laquelle, dans les conventions avec la Sublime Porte, est substituée l'invocation „du Dieu Tout-puissant.“

Les objets des conventions internationales sont d'une grande variété, ce qui a fait naître différentes classifications.[2] Martens, Klüber et d'autres auteurs ont divisé, d'une manière trop vague et trop peu expressive, les traités en transitoires, en alliances et en traités mixtes. Il nous paraît qu'à part les traités de paix, dont nous parlerons au livre suivant, les traités sont:

1° des conventions constitutives, qui ont pour objet soit la constitution d'un droit réel sur les choses d'autrui, soit une obligation quelconque de donner ou de faire ou de ne faire point; ou bien ce sont

2° des conventions réglementaires pour les rapports politiques et sociaux des peuples et de leurs gouvernements; ou enfin

3° des traités de société;

ce qui répond à peu près aux termes d'accord, de cartel et d'alliance, dont la diplomatie moderne se sert ordinairement pour désigner nos trois catégories.

Il est inutile de remarquer qu'un traité peut avoir un caractère mixte de plusieurs espèces.

¹) Moser, Vers. VIII, 55. X, 2. 356.

²) La distinction de Pölitz, Völkerr. § 50 suiv. entre traités politiques et privés, nous paraît tout-à-fait manquée. Les Romains distinguaient principalement trois objets des traités publics: „amicitia, hospitium, foedus.“ L. 5 § 2 D. de captivis.

ACCORDS OU TRAITÉS CONSTITUTIFS.

§ 90. La première classe des traités internationaux se compose à peu près de conventions semblables à celles qui appartiennent au commerce social et privé. Ce sont là les traités relatifs à des intérêts politiques, moyennant lesquels les puissances s'accordent ou constituent certains droits, par voie soit unilatérale soit réciproque, avec ou sans un équivalent correspondant; quelquefois ils ont aussi pour objet de déterminer, de préciser plus exactement, ou de faire cesser des rapports de cette nature déjà établis. Tels sont notamment

les traités de cession ou de renonciation moyennant vente, échange ou donation;
les traités de limites;
ceux de partage;
ceux de prêt;
l'établissement de servitudes publiques;
les traités qui ont ou auraient encore pour objet de constituer une souveraineté en fief;
les traités de succession.

Toutes ces espèces sont régies en général par les mêmes principes, qui, fondés pour la plupart sur le droit romain, se sont développés d'une manière uniforme et se retrouvent dans les lois de tous les États de l'Europe chrétienne. Il faudra seulement excepter ceux que les intérêts particuliers d'un État ont introduits dans son droit privé, par exemple ceux qui concernent les formes des actes ou qui, par égard pour les moeurs d'une nation, prohibent certains autres. Ainsi les pactes successoriaux relatifs à la souveraineté d'un prince régnant ne doivent pas être regardés comme illicites par cela seul que le droit romain et quelques Codes modernes (Code Nap. art. 791) les proscrivent en matière civile. Mais il est incontestable que dans les traités commutatifs, où l'une des parties s'engage à donner ou à faire quelque chose moyennant un équivalent, une garantie est due pour cause d'éviction et à raison des défauts cachés dont l'absence a été une clause tacite de la convention.[1] Certainement la perte ou les détériorations, survenues depuis par force majeure ou par accident, ne sont pas une cause de résiliation des traités.[2]

Il nous paraît inutile de nous livrer à de plus amples développements sur les rapports qui, dans ces diverses espèces, existent entre le droit international et le droit privé d'un État, tant à cause de leur grande rareté, que des précautions employées aujourd'hui dans la rédaction des traités.

TRAITÉS RÉGLEMENTAIRES OU CARTELS.

§ 91. Les traités que l'on comprend pour la plupart sous la dénomination de Cartels (Carta, Cartula, Cartellus) sont ceux qui règlent la conduite politique de plusieurs États ou souverains, soit entre eux, soit envers d'autres, dans un intérêt commun ou individuel, d'une manière générale ou dans des cas déterminés.[3]

Nous y comptons les suivants:

I. Les traités qui stipulent seulement des rapports pacifiques et d'amitié, et qui comportent l'obligation expresse ou tacite d'une justice réciproque (dikéodosie), conformément aux principes internationaux.

Tels étaient, chez les peuples de l'ancien monde, les traités par lesquels on s'engageait simplement à s'abstenir envers ses amis de toute espèce d'offenses, et, en cas de lésion, à leur accorder une satisfaction.[4] Aussi pourra-t-on comprendre dans

[1]) Souvent elle est stipulée expressément; v. Günther, Völkerrecht. II, p. 135.

[2]) De même en cas de partage de biens communs. L. 11. pr. Dig. de eviction. Mais les auteurs du droit naturel sont toujours très-divisés sur la question de savoir qui supporte la perte de la chose aliénée et non livrée. V. Grotius II, 12. 15. Pufendorf V, 5. 3.

[3]) Dans les éditions antérieures de notre ouvrage nous avons rangé cette sorte de pactes publics avec Püttmann, De obligatione foederum, Lips. 1753, parmi les alliances dans l'acception la plus large de ce mot. Cependant il ne s'y agit pas toujours d'une véritable association, mais plutôt de promesses ou de concessions soit mutuelles soit unilatérales.

[4]) Comme chez les Grecs les *σύμβολα περὶ τοῦ μὴ ἀδικεῖν*. V. Heffter, Athen. Gerichtsverf. p. 89 suiv. et les notes; et sa Prolus. acad. de an-

cette catégorie les traités de reconnaissance qui ont pour objet l'admission de nouveaux corps politiques dans la famille des nations, ou celle de nouveaux titres, pour servir de base à leurs rapports futurs.

II. Les traités par lesquels on règle les conditions du commerce réciproque, ou par lesquels on s'accorde certaines faveurs ou certains droits communs.

A cette catégorie appartiennent, dans l'ancien monde, les concessions du droit de cité et de „connubium" entre des peuples alliés, ainsi que les traités de commerce et de navigation tant de l'ancien monde que du monde moderne (§ 243). Ensuite les conventions qui, dans le but de faciliter le commerce international, établissent un système uniforme de monnaies, de mesures, de poids, de péages, ou qui règlent l'extradition des criminels et l'administration de la justice en cas de conflits etc.

TRAITÉS DE SOCIÉTÉ OU D'ALLIANCE.

§ 92. Les traités d'alliance constituent une sorte de société entre les pouvoirs contractants, quoiqu'on ne puisse y appliquer toutes les règles du contrat civil de société. On s'engage par là à contribuer d'après un plan arrêté à la réalisation d'un certain but politique par des moyens soit égaux soit inégaux. L'un des alliés pourrait même se charger seul de l'exécution, accorder à l'autre la totalité des bénéfices et l'affranchir de toute contribution aux pertes, pourvu que cela se fasse expressément; car autrement ce serait une société léonine contraire à la nature d'une véritable société,[1] ou bien ce serait une autre espèce de convention, par exemple un mandat, s'il était à propos de donner un nom juridique à toute sorte de conventions politiques.

Le but de l'alliance pourra être tantôt pacifique tantôt con-

tiquo jure gent. p. 7 suiv. Des traités semblables forment le premier pas vers des rapports internationaux, et ne se rencontrent plus sous cette forme générale. V. aussi Vattel II, 12, § 171.

[1]) Grotius II, 12. 24. Pufendorf V, 8. 3. Cependant la restriction que nous avons ajoutée „à moins qu'il n'y ait stipulation contraire expresse," est incontestable à l'égard des personnes capables de contracter. Stryk, De diversis sociorum pactis. Hal. 1708. p. 26. de Neumann, loc. cit. § 731. V. aussi le Code général prussien. I, 17. § 245.

cerner la guerre, autant pour un temps déterminé qu'à perpétuité. Ordinairement il s'agira de mesures vis-à-vis de tierces puissances ou de dangers extérieurs, par exemple contre des pirates, quelquefois aussi de mesures à l'intérieur des États alliés, ou simultanément des unes et des autres.

Ainsi les alliances peuvent avoir pour but

le maintien de la paix intérieure contre des factions;

le maintien de la paix vis-à-vis de tiers ou entre les parties contractantes;

le maintien de la neutralité;

la protection de certaines frontières (traités de barrière);

les moyens de défense pour repousser une attaque injuste (alliances défensives);

une guerre offensive pour faire valoir des droits légitimes (alliances offensives).

Il y a eu aussi des alliances à fin de supprimer la piraterie et la traite des nègres. Souvent elles ont été d'une portée très-ample et générale, tant à l'extérieur qu'à l'intérieur des États, comme le pacte de famille conclu en 1701 entre les maisons de Bourbon[1] et surtout la nommée sainte Alliance de 1815.[2]

Les engagements contractés par les alliés ne s'appliquent qu'aux cas expressément stipulés (casus foederis), qui tantôt

[1]) Martens, Recueil I, p. 16 éd. 2.

[2]) Voyez l'Appendice I et supra p. 12. 13. Il y est dit: Art. I. „Les trois monarques contractants demeureront unis par les liens d'une fraternité véritable et indissoluble, et se considérant comme compatriotes, ils se prêteront en toute occasion et en tout lieu assistance, aide et secours; se regardant envers leurs sujets et armées comme pères de famille, ils les dirigeront dans le même esprit de fraternité, pour protéger la religion, la paix et la justice.“ Art. 2. „En conséquence le seul principe en vigueur soit „entre lesdits gouvernements,“ soit „entre leurs sujets“ sera celui de se rendre réciproquement service, de se témoigner par une bienveillance inaltérable l'affection mutuelle dont ils doivent être animés, de ne se considérer que comme membres d'une même nation chrétienne etc.“ Des stipulations semblables ne peuvent avoir d'autres conséquences légales que celle d'exclure toutes hostilités autant que possible, et en cas de dissentiment d'opinion, de faire admettre des observations amicales et des négociations, de ne consentir à aucune intervention illicite et de se prêter mutuellement assistance.

n'ont en vue que certaines éventualités ou certains événements, tantôt sont d'une durée permanente.[1] A défaut de stipulations expresses chaque allié doit user de tous les moyens dont il peut disposer pour atteindre le but commun. Aussi les bénéfices et les pertes se partagent-ils à raison des ressources mises à la disposition de l'oeuvre commune, et, en cas de doute, par moitié entre les parties contractantes.[2] Si toutefois l'alliance a pour but l'intérêt exclusif d'une seule partie, elle jouit seule des profits, de même qu'elle supporte en entier les pertes. Les profits obtenus accessoirement se partagent entre les alliés, en cas d'action commune, pro rata; en cas d'action isolée, ils appartiennent à une seule partie qui supporte aussi les pertes, sauf stipulation contraire.

Remarquons en dernier lieu deux espèces singulières d'alliance, qui ont pour objet le maintien d'un certain état de choses légal ou de la possession, savoir les traités de protection librement consentis, par lesquels un État se met sous la protection d'un autre, avec les effets expliqués au § 22 ci-dessus; ensuite ceux de garantie, par lesquels une partie promet à l'autre la conservation ou l'acquisition de certains droits ou choses, ou bien d'une universalité de biens et de choses.[3] Ils ont pour effet de mettre à la disposition de l'allié, sur sa réquisition, toutes les forces de la partie obligée, autant que l'exige la défense des droits garantis contre des prétentions et des attaques injustes. Néanmoins l'État garant ne répond pas du préjudice souffert par un allié malgré ses efforts, à moins qu'il n'ait promis également de le garantir en cas d'éviction.[4]

L'alliance la plus intime s'établit par un traité d'union fédérale, dont nous allons traiter au paragraphe suivant.

[1]) V. Vattel, à l'endroit cité § 88 et Wheaton, Intern. Law. III, 2, § 13 suiv. Nous y reviendrons dans le livre II, chap. 2, en traitant du droit de guerre.

[2]) Grotius II, 12. 24. Pufendorf V, 8. 2. Püttmann, à l'endroit cité § 21.

[3]) Neyron, Essai historique et politique sur les Garanties. Götting. 1777. Moser, Vers. V, p. 455, et surtout Günther II, p. 243 suiv.

[4]) Wheaton, Intern. Law. § 10. de Neumann § 259.

SUITE. TRAITÉS D'UNION FÉDÉRALE.

§ 93. Les traités d'union fédérale de plusieurs États offrent cette particularité qu'ils se proposent un but commun, qui doit être atteint par des institutions communes et permanentes. Leur efficacité s'étend aux affaires extérieures comme aux intérieures dans le domaine tout entier des intérêts moraux et internationaux. Leur légitimité repose sur la nature sociale de l'espèce humaine, sur l'obligation de l'État de favoriser le bien-être de ses membres par le développement et l'association la plus complète des forces physiques et morales.[1] Aussi ces unions, pour être valables, n'ont-elles nullement besoin d'être reconnues par les États étrangers: l'union fédérale, qui n'est pour ainsi dire qu'une extension des États reconnus déjà dont elle se compose, existe par elle-même: de tierces puissances ne peuvent refuser de recevoir ses représentants communs, ses déclarations communes sans commettre d'offenses, et le droit international regarderait un refus de ce genre comme non avenu.

A cette catégorie appartiennent les confédérations d'États proprement dites, plus ou moins étendues (§ 21), l'union douanière allemande et toute autre union fondée en vue de l'adoption d'un système commercial et industriel commun, soutenu par des mesures communes. La volonté expresse des souverains contractants forme la loi fondamentale de ces unions: à son défaut on a recours aux principes généraux du droit international, notamment au principe suprême de la justice, à savoir l'égalité et la suppression des inégalités, ainsi qu'aux règles sociales qui en découlent. Ce sont surtout les suivantes:

Les droits et les obligations des membres fédéraux sont égaux. La part de chacun dans les profits et les charges de l'union se détermine à raison des ressources et des forces par lui apportées.

La majorité ne peut introduire aucun changement dans la constitution fédérale dès qu'un seul membre s'y oppose. Mais aucun ne peut empêcher non plus par son opposition l'exécution

[1]) Suivant l'ancien proverbe: „Ubi societas ibi et jus est." V. Cocceji ad Proleg. Grotius § VIII.

constitutionnelle des principes fédéraux, tant que l'union subsiste. Plusieurs membres de l'union peuvent aussi, sans violation de leurs devoirs, concerter entre eux et mettre à exécution des mesures qui ne sont pas contraires à la constitution fédérale et ne portent aucun préjudice aux autres membres. Tel est le sens de la maxime applicable également aux associations politiques: „in re pari potiorem esse prohibentis causam.“[1]

Dans les cas mêmes où l'on applique le principe de la majorité des voix, les résolutions par elle décrétées ne peuvent obliger les membres qu'autant qu'elles sont comprises dans les devoirs fédéraux. A plus forte raison elle ne peut, sans le consentement libre des co-intéressés, prendre des résolutions relatives aux rapports internationaux et indépendants de l'union. Ces derniers sont compris sous la dénomination de „jura singulorum,“ dont la définition, depuis la paix de Westphalie (Instr. Osnabr. V, 52) surtout, a toujours présenté des difficultés sérieuses.[2]

EFFETS GÉNÉRAUX DES TRAITÉS.[3]

§ 94. Tous les traités internationaux sont des contrats „bonae fidei.“ Ils obligent non-seulement à tout ce qui a été stipulé expressément, mais aussi à ce qui convient le mieux à la matière du contrat et à la commune intention des parties contractantes. C'est là l'esprit des conventions.[4] — Les engagements contractés par le souverain au nom de l'État, dans l'exercice de ses fonctions, même ceux d'une nature mixte, obligent ce dernier en entier et sont d'une nature réelle. Ils continuent à être valables tant que l'État subsiste, même sous une forme

[1]) L. 28. D. communi divid. V. Ludolph. Hugo, De statu regionum German. (Fritsch, Exercit. juris. t. III, p. 1 suiv.) chap. 6 § 17. Il dit toutefois, avec l'opinion commune, ce qui suit: Quando aliquid commune est ut universis, id ratum est, quod major pars statuerit; quando vero commune est ut singulis tunc potior est causa prohibentis. Gail, De pignor. chap. 20; Anton Faber in Cod. III, 26, defin. I, n. 7.

[2]) Ab Ickstadt, Opusc. t. II, 1—5. Une définition semblable a été faite pour la Confédération germanique par l'Acte final de 1830, art. 15. V. Klüber, Oeffentliches Recht des deutschen Bundes. § 129.

[3]) Neyron, De vi foederum inter gentes. Goetting. 1778.

[4]) V. Code Nap. art. 1156—1158.

et sous une constitution différentes (§ 24), sauf les modifications qui résultent du changement des rapports: la cessation complète de ces rapports entraîne leur abrogation (§ 98). Les engagements contractés par le chef de l'État et relatifs à ses droits souverains, se transmettent régulièrement à tous ses successeurs, car ils grèvent l'État lui-même: ses engagements privés se transmettent à ses successeurs privés seulement, à moins que, dans l'un comme dans l'autre cas, il n'ait promis qu'un fait purement personnel.[1] Les traités publics réels qui concernent les sujets et leurs rapports individuels, ont la même autorité que les lois de l'État, s'ils ont été contractés et publiés régulièrement.[2]

Un traité public ne peut jamais avoir pour effet d'imposer aux États ou aux souverains, représentants ou organes de la justice, des obligations contraires à la morale, au droit et aux principes de la religion. Lors de son exécution il faut procéder avec modération et avec équité, d'après la maxime qu'on doit traiter les autres comme on voudrait être traité soi-même. Il faut en conséquence accorder des délais convenables, afin que la partie obligée subisse le moins de préjudice possible ni aucune lésion de ses droits. A moins qu'il ne s'agisse de prestations assujetties à certains termes fixes, l'exécution doit être précédée d'une sommation préalable: c'est à partir de ce moment que la partie obligée est mise en demeure et qu'elle est tenue à des dommages-intérêts qui, en matière internationale, ont le même caractère qu'en matière civile.

Dans le livre II, qui traite du droit des actions, nous ex-

[1]) Les anciens auteurs, tels que Grotius et Pufendorf (VIII, 9, 6), et leurs disciples se sont livrés à ce sujet à de longues recherches. Depuis lors les rapports entre le souverain et l'État ont été beaucoup éclaircis. Vattel déjà (II, 12, § 183 suiv.) professe des notions exactes. La simple mention du souverain, sans celle de l'État, ne change rien à l'affaire. On pouvait demander avec raison si la sainte Alliance était un traité réel ou personnel? D'après les explications données dès le commencement par plusieurs gouvernements, l'idée d'un traité public devait en être exclue. V. Wiener Jahrbücher de 1822. t. IV. p. 93. Aujourd'hui il n'en est plus question.

[2]) Grotius II, 14. 9; II, 22. 5. de Neumann § 333. Pufendorf VII, 4. 1. Hert, Opusc. II, 3, p. 82.

pliquerons quels sont les effets de la non-exécution des contrats internationaux.

Décidément un traité ne peut par lui-même ni profiter ni nuire à de tierces puissances. Celles-ci, s'il leur fait éprouver un préjudice direct ou indirect, peuvent prendre des mesures conservatoires et réserver provisoirement leurs droits par une protestation, laquelle toutefois ne préjudiciera ni à la validité ni à l'exécution d'un traité régulièrement conclu entre les parties intéressées.[1]

INTERPRÉTATION ET APPLICATION DES TRAITÉS PAR VOIE D'ANALOGIE.

§ 95. En cas de doute, les traités s'interprètent d'après l'intention conforme des parties:[2] ultérieurement d'après ce que, aux termes de la convention, l'une est présumée avoir promis à l'autre, selon les règles de la bonne foi et de la logique. Ainsi celui qui a stipulé n'a pas le droit d'exiger ce qui ne lui a pas été promis distinctement:[3] ce qui n'a pas été rédigé clairement, ne peut pas s'interpréter contre le souverain et la nation obligés. Lorsqu'une clause est susceptible de deux sens, on doit l'entendre dans le sens le moins onéreux.[4] Lorsqu'on a stipulé une chose générique (genus), on ne prendra dans le doute qu'une qualité ordinaire et moyenne, ainsi qu'il a été généralement établi en matière civile d'après les dispositions

[1]) L'Église romaine et ses membres ont quelquefois protesté contre les traités qui lui étaient nuisibles; p. ex. l'évêque d'Augsbourg contre la paix de religion de 1555, Rome contre le traité de Westphalie, et plus tard. Les États n'y ont pas toujours eu égard; l'Église aussi est assujettie aux nécessités de ce monde.

[2]) V. Grotius II, 16 et le commentaire de Cocceji; Pufendorf V, 12, surtout Vattel II, 17, qui s'étend longuement sur l'interprétation des conventions. V. aussi de Neumann, Jus princ. loc. cit. tit. 6. § 221. Rutherford, Instit. II, 7. Crome et Jaup, Germanien. II, 2. 161. Pando p. 230 suiv. Riquelme I, p. 192. Wildman I, p. 177. Phillimore II, 79. Les propositions développées dans le texte du présent paragraphe s'expliquent par ce qui a été dit au paragraphe précédent.

[3]) Mably, Droit public. I, p. 59.

[4]) de Neumann § 225. Vattel § 277.

du droit romain.[1] Ce qui découle des termes précis de l'engagement comme une conséquence nécessaire, peut être exigé comme y étant compris tacitement. Pareillement un traité s'applique par voie d'analogie à des rapports nouveaux essentiellement identiques, à moins que les parties, en contractant, n'aient eu exclusivement en vue ceux précédemment établis, ou que, ces rapports ayant été changés, le traité n'ait perdu son efficacité légale ou physique.[2] — Les parties intéressées seules ou l'arbitre par eux choisi peuvent naturellement donner aux traités publics une interprétation forcément obligatoire: toutes les règles d'interprétation ne peuvent servir qu'à l'appui des prétentions et des explications réciproques.

SURETÉS DONNÉES POUR L'OBSERVATION DES TRAITÉS.[3]

§ 96. Afin de donner aux conventions internationales plus de force et de solidité, différents moyens ont été employés tant dans le monde ancien que dans le monde moderne. En dehors des solennités religieuses usitées autrefois, auxquelles on a renoncé de nos jours,[4] et des actes de reconnaissance destinés à faire maintenir entre les parties contractantes ou leurs successeurs l'autorité des traités, nous indiquerons notamment les moyens suivants:

I. Le serment, qui a pour but de consacrer, par la sanction religieuse, un engagement conclu.[5] D'un caractère purement

1) L. 37. D. de legatis I.

2) Grotius II, 16, § 20. 25. Pufendorf V, 12. 17. 20. Vattel II, 17, § 290. 296. 304. 305. H. Cocceji, De clausula: Rebus sic stantibus. La règle cidessus expliquée s'appuie surtout sur la Loi 40 in fin. Dig. de pactis.

3) F. L. Waldner de Freundstein, De firmamentis conventionum publ. Giess. 1709 et 1753. C. F. Woller, De modis qui firmandis pactionibus publicis proprii sunt. Vindob. 1775. Vattel II, 16. § 235 suiv. de Neumann I, tit. VII.

4) de Neumann § 241. 242.

5) Grotius II, 13. Pufendorf IV, 2. de Neumann tit. VIII, se sont livrés à de longues dissertations sur l'autorité du serment. Les principes que nous adoptons sont ceux du droit canon, qui accorde au serment le plus d'effets. Ils se retrouvent dans les traités des auteurs et dans les

personnel, en ce qu'il ne lie que la conscience de la partie obligée, il ne confère à l'autre partie d'autres droits que ceux résultant de l'engagement même. Il ne peut pas non plus légitimer des rapports illicites, ni faire cesser les droits acquis d'un tiers. Mais il peut exclure les exceptions dont la partie obligée aurait pu se servir relativement à ses promesses lors de la prestation du serment.

II. La constitution d'hypothèque, suivie ordinairement d'une mise en possession réelle (§ 71).[1]

III. La stipulation d'une clause pénale en cas de non-exécution, clause qui ne rencontre d'autres restrictions positives que celles qu'imposent les principes généraux des contrats.[2]

IV. Le mode anciennement usité et connu sous le nom de „jus obstagii."[3]

V. Les cautions, qui garantissent le remboursement de créances.[4]

VI. La remise d'otages, c'est-à-dire, de personnes livrées au créancier et qu'il peut retenir jusqu'au moment où l'engagement contracté envers lui sera rempli. Les otages sont volontaires ou forcés: ils ne répondent pas de l'engagement, mais tant que continue ce dernier, ils sont privés de leur liberté personnelle, sans que toutefois, même après l'échéance de la créance, le créancier puisse, d'après les lois des nations civilisées, se livrer à leur égard à des actes arbitraires. — L'otage volontaire pourvoit lui-même à son entretien, tandis que celui de l'otage forcé est à la charge du débiteur. S'il s'enfuit, il est restitué au créancier, et si l'on ne peut le retrouver, il faut le remplacer par un autre; cette obligation toutefois n'existe pas

codes. V. Vattel § 225 suiv. Sur le serment employé accessoirement lors de la conclusion des traités, depuis celui de Verdun de 843 jusqu'à celui intervenu en 1777 entre la France et la Suisse, v. Klüber, Droit des gens. § 155.

1) V. des exemples dans Günther II, 153. Klüber § 156.

2) Autrefois on connaissait encore les traités contractés sous la foi d'honneur etc. de Neumann § 256 suiv.

3) de Neumann § 770.

4) de Neumann § 779 suiv.

à l'égard de celui qui est décédé. L'engagement principal une fois éteint, il n'est permis de retenir l'otage sous aucun prétexte, si ce n'est à raison de ses propres faits ou engagements.[1]

VII. L'intervention de garants d'un traité, dont nous allons nous occuper dans le paragraphe suivant.

GARANTS DES TRAITÉS.[2]

§ 97. On a souvent, dans les relations internationales, regardé l'intervention de garants comme un mode très-efficace d'assurer l'exécution des engagements convenus, bien que les faits en aient démontré l'insuffisance. Anciennement les Seigneurs faisaient intervenir leurs vassaux ou sujets comme garants (warrandi, conservatores pacis) de leurs engagements.[3] Dans les temps modernes les traités de garantie accessoire d'une tierce puissance sont plus communs, traités par lesquels ces dernières promettent de veiller par tous les moyens en leur pouvoir à l'observation des stipulations contractées tant entre les parties qu'à l'égard des étrangers. Ils ne sont qu'une application des traités d'alliance décrits dans le § 92 ci-dessus, au lien conventionnel formé entre deux ou plusieurs parties principales.

¹) L'usage de constituer des otages s'est perdu dès le xvie siècle: on en rencontre quelquefois encore de rares exemples en temps de guerre (v. § 143). Sur leur condition légale v. Grotius III, 20. 52 suiv. Moser, Vers. IX, 2 p. 457. de Neumann § 751 suiv. Vattel II, 16 § 311 suiv. de Steck, Versuche über verschiedene Gegenstände. 1772. p. 48. Pando p. 227. Riquelme I, p. 185 et les auteurs cités par d'Ompteda § 276 et de Kamptz § 250.

²) V. les monographies citées par d'Ompteda § 276 et de Kamptz § 250; surtout H. Cocceji, Dissert. de guarantia pacis. Frcf. V. 1702. Moser, Vers. VIII. p. 335 suiv. de Neumann § 774 suiv. de Steck, Versuche. 1772. no. 5. Neyron, Essai sur les garanties. Goetting. 1777. Scheidemantel, Repertorium. II, p. 156 suiv. Vattel II, 16 § 235 suiv. Klüber § 157. Pando 224. Wildman I, p. 168.

³) Les exemples du xvie siècle sont cités par Leibnitz, Cod. jur. gent. I, p. 8. Recueil des traités. I, p. 471. Klüber § 155 note c. L'exemple le plus récent est celui du traité d'Aix-la-Chapelle de 1748: l'Angleterre envoya alors le duc de Buckingham qui devait rester à Paris jusqu'à la restitution du Cap Breton.

Des garanties ne s'imposent pas, mais elles doivent être acceptées librement par les parties intéressées.[1]

La garantie doit être certaine et acceptée par tous ceux entre lesquels elle doit produire des effets. Elle ne résulte ni d'un simple traité d'accession ni d'une médiation.[2] De même lorsqu'un traité est intervenu entre plus de deux parties, elles ne sont nullement regardées[3] comme mutuellement garantes des stipulations particulières à chacune, à moins de clause expresse à cet effet.

L'acceptation de la garantie s'effectue soit lors de la conclusion de la convention principale, soit par une convention accessoire, soit par une simple déclaration réservée au tiers. Elle est ou générale, lorsqu'elle comprend toutes les stipulations d'un traité, ou spéciale, lorsqu'elle ne s'applique qu'à certaines de ces stipulations; tantôt elle embrasse la durée entière de la convention principale, tantôt elle comprend un délai plus rapproché. Les effets de la garantie accessoire consistent surtout dans la faculté donnée au garant dès qu'il est requis par l'une des parties intéressées,[4] et que le cas prévu se présente réellement de faire exécuter le traité conformément aux principes internationaux. Le garant ne peut intervenir sans être appelé: il ne peut donner à l'engagement principal une explication ou interprétation différente de celle sur laquelle les parties se sont entendues. Si elles ne se sont pas accordées sur ce point, il doit accepter l'interprétation donnée par la partie qui invoque son intervention. S'il diffère lui-même d'opinion à ce sujet, il peut refuser à celle-ci son assistance. Mais lorsqu'il a été appelé par les deux parties, il jouit du droit d'interprétation, à la condition de ne pas dépasser leur intention commune.

Le garant ne peut empêcher ni des changements du traité

[1]) L'acceptation d'un garant par l'un des contractants ne produit aucun effet à l'égard des autres. V. de Neumann § 792. 796.

[2]) Cocceji loc. cit. IV, 13. de Neumann § 793.

[3]) C'est ce qu'on a voulu déduire du contenu ordinaire des actes de ratification: mais ce ne sont que des déclarations émanées d'une seule partie. Cocceji II, 3. Klüber § 158 b. c.

[4]) Les auteurs sont d'accord sur ce point. V. Cocceji IV, 12. de Neumann § 796 in fine. Vattel § 236.

ni la résiliation de son engagement, sur lesquels les parties principales se sont entendues, à moins qu'il ne figure dans le premier comme partie co-intéressée.[1] De même la garantie d'un traité recognitif et approbatif, conclu par les mêmes parties, n'entraîne pas celle des dispositions particulières du traité antérieur: elle ne porte que sur la validité de la reconnaissance, à moins que les parties contractantes n'en soient convenues autrement.[2]

RÉSILIATION DES TRAITÉS. — EXCEPTIONS.[3]

§ 98. D'après le droit international, un traité peut être attaqué comme étant entaché de nullité, s'il manque d'une des conditions essentielles indiquées au § 83; notamment:

pour cause d'impossibilité absolue ou même relative, connue des deux parties, de l'engagement au moment où il a été contracté;

pour cause d'erreur de fait, de nature à rendre impossible une entente réelle entre les parties, soit que l'erreur porte sur la substance de l'affaire, soit sur la personne de l'un des contractants, soit sur l'objet même.[4]

Dans ce cas le traité n'a pas d'existence légale. — Un traité peut en outre être attaqué par l'une des parties:

pour défaut de capacité;

pour cause de violence arbitraire, personnelle, exercée par une puissance quelconque et qui a eu pour résultat la conclusion du traité;[5]

1) Wildman I, p. 169.

2) Une question de cette nature a été provoquée par la paix de Teschen. V. les ouvrages en sens contraire cités par de Kamptz, Liter. p. 81. no. 5 suiv.

3) Chr. Otto van Boeckelen, De exceptionibus tacitis in pactis publicis. Groen. 1730. van Bynkerskoek, Quaest. jur. publ. II, 10. Fr. Platner, De exceptionibus necessariis juris publ. Lips. 1764. Roſsmann, dans: Siebenkees, Juristisches Magazin. I, no. 4. C. H. Breuning, De causis juste soluti foederis. Lips. 1762. C. E. Wächter, De modis tollendi pacta inter gentes. Stuttg. 1779.

4) V. les observations de Savigny, System des heutigen römischen Rechts. III, § 115. 135 suiv. et p. 354. V. aussi de Neumann § 183.

5) N. H. Gundling, De efficientia metus in promissionibus liberarum

pour cause de fraude pratiquée par l'une des parties et qui a déterminé le consentement de l'autre.

Dans ces cas, la validité du traité ne peut être attaquée que par la partie même qui en a été la victime.

La partie obligée peut également refuser l'exécution de l'engagement contracté:

dans le cas d'une impossibilité survenue et durable, bien que relative, de le remplir, notamment dans le conflit avec ses propres devoirs, avec les droits et le bien-être du peuple ou les droits de tiers, alors surtout que ces droits existaient déjà avant le traité. Mais elle sera tenue à des dommages-intérêts, si, lors de la conclusion du traité, elle avait connaissance de cette impossibilité.[1] Elle peut refuser encore l'exécution de l'engagement contracté,

à cause d'un changement des circonstances survenu depuis la conclusion du traité et non prévu, lorsque, d'après l'intention évidente des parties, elles en formaient la condition tacite. Les nations et les souverains ne sont pas maîtres de leurs destinées au même point qu'ils le sont de celles de leurs membres ou sujets. Il est donc indispensable d'admettre la condition implicite: „rebus sic stantibus", dans le sens qui vient d'être indiqué.[2]

Il faut regarder comme un changement semblable celui qui ne permettrait pas à l'État obligé de maintenir sa position politique antérieure et qui le placerait dans une condition d'infériorité vis-à-vis des autres, infériorité qui n'existait pas lors du traité et qui n'était pas dans l'intention des contractants. Un changement pareil a lieu encore lorsque l'événement ou les circonstances qui ont motivé l'engagement contracté, ne se sont

gentium etc. Hal. 1711 et Exercitat. acad. II, no. 2. Le traité obtenu le 19 août 1742 par la flotte anglaise à Naples, fournit un exemple d'un traité arraché par la violence.

[1]) V. de Neumann § 177. Klüber § 144. 164 note c. Breuning à l'endroit cité § 4. 10.

[2]) V. surtout Sam. Cocceji, De clausula: Rebus sic stantibus, et Klüber § 165 note a.

pas réalisés ou ont cessé d'exister; lorsque, par exemple, l'alliance de famille qui a formé la condition tacite d'une alliance politique, a été rompue.[1]

Lorsque l'impossibilité d'exécution ou le changement des circonstances ne concerne qu'une partie du traité, on peut en exiger seulement une modification partielle, mais aucunement la résiliation entière. Il y aurait lieu à l'application de ce principe dans le cas d'union réelle d'un État jusqu'alors indépendant avec un autre, ou de sa soumission à un autre sous la forme d'un protectorat; de la perte d'une partie de son territoire etc.[2]

Il est enfin incontestable que si l'une des parties contractantes refuse positivement de remplir ses engagements, en dehors d'un des motifs indiqués ci-dessus pour faire modifier le traité, il est permis à l'autre de s'en affranchir également, lors même que le refus ne porterait que sur un seul point ou sur une seule disposition. Car l'accord complet sur tout ce qui a été convenu forme la base de tout traité, et la violation d'une seule disposition fait craindre celle de toutes les autres et entraîne un état d'incertitude.[3]

Toutes les exceptions indiquées ci-dessus peuvent au surplus être écartées soit par une renonciation préalable, soit par une confirmation expresse ou tacite d'un traité naturellement possible, et surtout par son exécution volontaire après que l'obstacle qui s'opposait à sa validité a cessé.

¹) V. aussi Schmelzing § 403.

²) V. Vattel II, § 204.

³) V. dans le même sens Grotius II, 15. 15. Mably, Droit des gens. I, p. 164. Vattel II, 200 suiv. Klüber § 165, note c, où l'on trouve l'indication des principaux ouvrages; Schmelzing § 407. Wildman I, p. 174. Martens distingue entre les articles principaux et accessoires (droit des gens § 59). Cette distinction est trop arbitraire, attendu qu'elle est laissée à l'appréciation individuelle. V. Vattel, à l'endroit cité. Quelquefois il est réservé expressément dans les traités qu'en cas de violation il faudra faire une tentative de conciliation aimable. Traité de Westphalie art. 17, § 5. Traité d'Oliva art. 35, § 2. Traité conclu en 1756 entre le Danemark et Gênes. Wenck III, p. 103; celui conclu en 1843 entre la France et l'Ecuador. N. R. S. V, p. 415. Traité de Paris conclu en 1856, art. 8.

EXTINCTION DES TRAITÉS.[1]

§ 99. Les traités s'éteignent de plein droit:

par leur exécution complète, lorsqu'ils n'ont pas pour objet des prestations permanentes, mais des actes qui s'accomplissent d'une seule fois;[2]

par l'accomplissement d'une condition résolutoire et par l'expiration du terme prescrit;

par une renonciation expresse de la partie intéressée;[3]

par la résiliation mutuelle d'un traité bilatéral, pourvu qu'elle ne puisse pas être empêchée par un tiers;[4]

par l'anéantissement complet de la chose qui forme l'objet du traité, pourvu qu'il n'ait été occasionné par la faute d'aucune des parties;

par le décès de la partie intéressée ou obligée, sans que personne succède de plein droit ou d'après les règles de l'analogie des traités dans leurs prétentions et leurs obligations respectives.[5]

Enfin une guerre générale, non partielle, survenue entre les parties contractantes, est une cause sinon entièrement extinctive, du moins suspensive des effets d'un traité, à moins qu'il n'ait été conclu expressément en prévision et pour la durée de la guerre. Nous justifierons cette proposition dans le livre suivant, lorsque nous examinerons le caractère légal de la guerre.[6]

1) Outre les ouvrages cités au § 98 on peut consulter les suivants: Leonh. de Dresch, Ueber die Dauer der Völkerverträge. Landshut 1808. E. W. de Tröltsch, Versuch einer Entwickelung der Grundsätze, nach welchen die Fortdauer der Völkerverträge zu beurtheilen. Landshut 1809. Mably, Droit public. I, p. 165 suiv.

2) Si le traité n'est pas valable et qu'il n'ait pas été librement exécuté, il y a lieu à restitution. V. Vattel II, 192.

3) Le contractant n'est pas toujours libre de renoncer à ses droits, ainsi que l'observe très-bien de Neumann § 395.

4) Vattel II, 205.

5) A cet effet on distingue entre les traités réels et personnels. V. § 24. 25. 53.

6) V. en attendant les ouvrages cités par Klüber § 165 note a, ainsi que Wheaton, Intern. Law. III, 2. § 8. Wildman I, p. 176 et § 122 et 181 ci-après.

Un traité éteint peut être renouvelé par le consentement commun, exprès ou tacite des parties contractantes. Le traité ainsi renouvelé devient seul obligatoire pour l'avenir, et il est soumis en général aux règles et aux conditions des traités ordinaires. Le renouvellement tacite ne peut donc résulter que d'actes manifestes établissant d'une manière incontestable l'intention des parties de faire revivre l'ancien traité dans toutes ses dispositions. En dehors de ce cas l'exécution continuée d'un engagement éteint, du consentement du créancier, n'est regardée que comme un fait isolé.[1]

SECTION II.

ENGAGEMENTS QUI SE FORMENT SANS CONVENTION.

1. FAITS LICITES.

§ 100. Certains actes et certains rapports produisent dans le droit public, en dehors des conventions et d'une manière analogue aux quasi-contrats du droit civil, des effets pareils à ceux des traités.[2] Nous les comprenons dans les deux catégories suivantes:

I. Obligation unilatérale,

laquelle résulte de l'acceptation volontaire d'un payement ou d'une prestation faite par erreur dans un but déterminé et licite qui n'a pas été atteint, et en général dans les cas où le droit civil admet une condiction „sine causa";[3]

[1]) V. Frédéric de Martens, Ueber die Erneuerung der Verträge in den Friedensschlüssen der europäischen Mächte. Goett. 1797.

[2]) La plupart des auteurs gardent le silence sur cette matière. Plusieurs anciens auteurs ont nié tout-à-fait l'existence d'engagements semblables. Mais il est impossible de regarder dans le droit public comme une chimère ce que les Codes et la jurisprudence des nations civilisées admettent comme valable dans les engagements privés. V. de Neumann, Jus Princ. Priv. de pact. et contract. § 824 suiv. Il ne peut y avoir aucun doute sur les principes, mais seulement sur les points où les Codes varient entre eux. Il est vrai que les cas d'application se présentent assez rarement dans la pratique des nations.

[3]) C'est une application des principes du droit romain. V. de Savigny, System. § 218 suiv.

II. Obligation bilatérale de reddition de compte et d'indemnité réciproques. Elle résulte:

1° de toute gestion d'affaires faite utilement pour un autre, sans opposition de son côté;[1]

2° de l'acceptation et de la gestion d'une tutelle de personnes souveraines, lorsque, par exemple, la régence d'un pays, par suite de la minorité ou de l'incapacité de son souverain, a été déférée à un prince ou à une république étrangers;

3° d'une communauté accidentelle (communio rei vel juris), par exemple, lors d'une succession échue à plusieurs États ou souverains, ou lors de l'acquisition d'une chose en commun, sans que les dispositions des lois civiles d'un pays puissent être appliquées. Il faut recourir dans ces cas aux principes expliqués ci-dessus, relatifs aux traités d'association, savoir à celui de l'égalité des droits et des charges, à moins que la proportion n'ait été réglée d'avance; à celui de la jouissance libre de la chose par chacun des coïntéressés, pourvu qu'ils ne s'entrenuisent pas; enfin au principe qui défend de disposer arbitrairement de la chose entière sans le consentement des autres, en restreignant cette faculté à la portion respective de chacun. La dissolution de la communauté ne peut s'opérer que par voie de traité ou accidentellement.

2. FAITS ILLICITES.[2]

§ 101. Le droit international n'admet pas à la vérité l'existence de crimes dans la signification expliquée par le droit public

[1]) Non pas de ce qu'on appelle un emploi utile, ayant eu pour effet d'enrichir une partie aux dépens de l'autre, ainsi qu'on l'a déduit de la disposition de la Loi 206. D. de Reg. juris; v. p. ex. Toullier sur le Livre III, tit. 4. chap. 1. § 20. 112.

[2]) La plupart des auteurs gardent encore le silence sur cette matière importante. Grotius II, 20. 21 s'est renfermé dans les généralités, ainsi que Pufendorf III, 1. Monographies: J. P. de Ludewig, De juris gentium laesionibus. Hal. 1741. (Observat. selectae Halenses VIII, observ. 6. 7.) de Neumann i. W., De delictis et poenis principum. Frcf. ad M. 1753, qui pourtant ne s'occupe que des rapports du ci-devant Empire germain. Quelques remarques sur cette matière se trouvent chez Wildmann I, p. 199.

interne, c'est-à-dire, celle de faits ou d'omissions que puissent atteindre les lois répressives et dont il faille répondre devant les autorités compétentes. Mais il regarde comme faits illicites ou comme lésions les atteintes portées sans motifs légitimes aux droits fondamentaux des personnes par lui sauvegardées, notamment à leur liberté, à leur honneur et à leur propriété. Toute lésion semblable oblige l'auteur à la réparer: car les lois éternelles de la justice veulent que l'équilibre social soit rétabli chaque fois qu'il a été dérangé par une iniquité quelconque.

La réparation consiste dans l'indemnité offerte à la partie lésée dans les limites de l'équité. Le premier élément de son appréciation est le dommage ou préjudice matériel, c'est-à-dire, celui qu'on peut extérieurement reconnaître et apprécier; le second est le préjudice moral souffert par le lésé dans sa dignité et sa considération. L'atteinte portée aux droits de la personne lésée du moins aura toujours besoin d'être réparée par des actes ou prestations équivalents, qui lui serviront d'indemnité du préjudice souffert dans l'intégrité de ses droits: des explications suffisantes, une amende honorable, des garanties pour l'avenir sont des moyens usités en pareils cas.[1] Autrement l'offensé pourra se faire justice lui-même et chercher à obtenir par la force une satisfaction équitable, proportionnée à la lésion subie par lui.[2] A l'exception de plusieurs actes également hostiles aux droits généraux des nations et de nature à être réprimés par toutes (§ 104 ci-après), la partie lésée ou ses successeurs ont ordinairement seuls le droit d'exiger une réparation de l'offense. Le caractère des personnes et les rapports généraux établissent à ce sujet les distinctions suivantes.

[1]) V. le paragraphe suivant.

[2]) Le droit de talion, qui forme l'extrême limite de la justice, n'est pas approuvé par la morale. Sous ce rapport, les principes du droit public sont ceux du droit criminel. V. déjà Augustinus Exposit. Psalmi 108 (c. 1. C. 23. qu. 1) „reddere mala pro malis propinquum malis; convenit tamen et bonis. Unde et lex modum ultionis statuit: Oculum pro oculo. Quae, si dici potest, injustorum justitia est, non quia iniqua est ultio quam lex statuit, sed quia vitiosa est libido ulciscendi." V. Vattel II, 51. 52. 339. Le talion ne peut être regardé comme représaille nécessaire que vis-à-vis des peuples sauvages ou barbares.

§ 102. Lorsqu'un État ou son souverain a été lésé dans ses droits personnels et internationaux par une autorité étrangère placée en dehors de sa juridiction, il peut exiger non-seulement, par voie de réclamation, une satisfaction, mais encore il pourra, si elle lui est refusée, chercher à l'obtenir par la force. Cette satisfaction les États puissants mêmes ne la refusent ordinairement pas à de plus faibles, auxquels ils ont causé des torts réels. La réparation consiste soit dans une indemnité du dommage matériel, soit dans l'envoi d'ambassades et dans des explications solennelles.[1]

Le principe d'exterritorialité s'oppose à la vérité à ce que les infractions commises par un souverain étranger aux lois du territoire où il se trouve passagèrement, puissent être déférées à la juridiction criminelle ordinaire. Néanmoins l'État offensé est en droit non-seulement d'arrêter au besoin par la force une tentative criminelle, mais encore, lorsqu'elle est devenue un fait accompli, de s'emparer de l'offenseur et de le retenir jusqu'au moment où il aura obtenu une réparation. Il pourrait même répondre à un attentat dirigé contre son existence et son intégrité, par une déclaration de guerre.[2]

[1]) L'histoire moderne fournit des exemples nombreux de réparations accordées pour injures ou lésions. En voici quelques-unes:

1662 entre l'Espagne et la France, pour droits de préséance violés. Ch. de Martens, Causes célèbres. II, p. 391. Schmauss, Corp. Jur. Sent. I, p. 760. Günther I, p. 233. 235.

1685 entre Gênes et la France. de Martens, loc. cit. II, p. 399.

1687 entre l'Angleterre et l'Espagne. de Martens, Nouv. Caus. cél. II, p. 497.

1702 entre Venise et la France. de Martens, Caus. cél. II, p. 405.

1709 entre l'Angleterre et la Russie, après que l'Ambassadeur russe eut été offensé à Londres. Ibid. I, p. 47.

1752 entre la Suède et la Russie. Ibid. II, p. 414.

1785 entre les Pays-Bas et l'empereur d'Allemagne, le pavillon de ce dernier ayant été offensé sur l'Escaut. Ibid. II, p. 271.

V. aussi Wicquefort, l'Ambassadeur. I, sect. XXVII. Dans les temps les plus récents ce sont les violations des droits des neutres sur mer qui sont les causes les plus fréquentes de réclamations.

[2]) V. surtout Bynkershoek, De jud. comp. leg. chap. III. Huber, De jure civitatis. I, 3. 3. 1. Thomasius, Jurisprud. divina. III, 9. 76. Ward, Enquiry. II, p. 485.

Cela s'applique également aux représentants diplomatiques d'une puissance étrangère qui, à l'abri de leur caractère exterritorial, commettent des crimes dans le territoire de l'État où ils sont accrédités,[1] peu importe d'ailleurs que ces crimes soient le résultat d'un mouvement spontané ou d'un ordre de leurs gouvernements.[2]

S'il existe entre deux États des rapports de suzeraineté, les infractions commises par l'État inférieur envers le suzerain peuvent en outre présenter le caractère de félonie. Il faut néanmoins convenir que les progrès des moeurs et l'influence de l'opinion publique ont en général ôté aux questions de cette nature une grande partie de leur intérêt pratique.

§ 103. En cas de lésions commises envers un État ou ses sujets, soit par un particulier, soit par l'agent d'un gouvernement étranger, sans l'aveu de ce dernier, il faut distinguer encore si elles se sont passées sur son territoire ou au dehors.[3] Dans le premier cas elles tombent sous l'application des lois pénales et sont déférées aux tribunaux de ce pays, pourvu que le coupable ait continué à y résider ou y ait été arrêté (§ 36). Dans le second cas le gouvernement offensé peut seulement former une réclamation auprès de celui auquel est soumis le coupable, pour obtenir soit une réparation suffisante par des voies civiles ou criminelles, soit son extradition, soit toute autre satisfaction conforme à ses intérêts.[4] Car il est impossible que des États amis qui reconnaissent entre eux l'existence d'un droit commun (ce que nous avons appelé une „dikéodosie"), refusent, en cas de

¹) Comparez § 214 ci-après. L'histoire des siècles précédents en fournit des exemples nombreux. V. Wicquefort, l'Ambassadeur. I, sect. 27—29; Ward, loc. eit., Merlin, Répertoire, m. Ministre public. V, § 4, n. XII. XIII. Sur les affaires des comtes Ghillenborg, de Goertz, de Cellamare (1717. 1718) Ch. de Martens, Causes célèbres. I, p. 75. 179. Bynkershoek, loc. cit. chap. XVII—XX.

²) Thomasius à l'endroit cité: „Illud autem absurdum, quod quidam arbitrantur impune licere legato exequi quidquid sibi a principe est mandatum" cet.

³) Autrement il faudrait comprendre le cas sous le § 102. Le gouvernement devra toujours manifester sa désapprobation d'une manière expresse. Vattel II, p. 338 cite un exemple relatif à la France et à la Sardaigne.

⁴) V. Vattel II, 71—78. Grotius II, 17. 20. Wildman loc. cit.

violations de leurs droits fondamentaux, soit politiques soit civils, de s'accorder mutuellement une réparation suffisante. Autrement si une demande semblable et bien établie pouvait être arbitrairement repoussée, le droit lui-même serait dépourvu de toute réalité ou raison d'être. Il est vrai, ainsi que nous l'avons déjà observé plusieurs fois, qu'une obligation commune à tous les États de réparer les offenses commises entre eux, ne peut être soutenue qu'à l'égard de ces droits primordiaux auxquels on attribue partout la même valeur et la même nécessité; — non pas de ces rapports accidentels auxquels les lois particulières des différents États seulement donnent leurs formes et leur signification, peu importe d'ailleurs l'analogie qu'elles présentent à ce sujet.[1]

VIOLATIONS DU DROIT INTERNATIONAL RÉPRIMÉES PARTOUT.

§ 104. Toute négation réelle et absolue des droits des hommes et des nations, tout attentat d'un caractère général ou spécial dirigé contre eux, lorsqu'il s'est manifesté par des actes extérieurs et par des moyens propres, constitue une violation du droit international, une offense envers tous les États qui obéissent aux mêmes lois morales, de nature à être réprimée par leurs efforts communs. Parmi ces violations on comprend notamment les cas suivants:

une tentative sérieuse d'établir un empire universel sur les ruines des États particuliers ou sur le territoire commun à tous, la haute mer (§ 16. 29 in fine, 74 ci-dessus):

des violations des droits sacrés d'ambassadeurs, dont le maintien est une base essentielle des rapports internationaux;[2]

le refus de faire droit à des prétentions universellement admises;[3]

l'adoption de principes contraires aux droits de tous et mis en avant vis-à-vis d'un seul État;[4]

[1]) V. § 32 ci-dessus.

[2]) Lors de violations semblables tous les membres du corps diplomatique prennent fait et cause pour le membre offensé, soit spontanément, soit après y avoir été invités. Des exemples dans Ch. de Martens, Causes célèbres. I, p. 83. 220.

[3]) Vattel II, § 70. [4]) Vattel II, § 53.

les empêchements et troubles apportés au commerce libre des nations sur la haute mer et sur les routes de terre généralement accessibles.

La piraterie est une espèce particulière qui consiste dans l'arrestation et dans la prise violente de navires et des biens qui s'y trouvent, dans un but de lucre et sans justifier d'une commission délivrée à cet effet par un gouvernement responsable.[1] Elle est regardée comme un acte d'hostilité flagrante contre l'humanité entière, dès qu'elle a reçu un commencement d'exécution ou dès qu'elle a été constatée d'une manière suffisante. Les pirates qui sont surpris en flagrant délit et qui ont fait usage de leurs armes, encourent la peine capitale et sont justiciables d'après les lois de l'État par lequel ils ont été arrêtés.[2]

En supposant que l'abolition de l'esclavage des nègres fût un principe adopté par toutes les nations Européennes, et qu'il eût cessé de jouir de toute protection, le transport maritime des noirs deviendrait un crime attentatoire aux droits communs de l'humanité. En attendant ce résultat, les nations qui ont proscrit l'esclavage, ne peuvent qu'offrir un asile aux esclaves réfugiés sur leurs territoires, en refusant leur extradition à des maîtrés dénaturés et en leur restituant un bien dont ils ne pouvaient être dépouillés.

1) Sur la définition de la piraterie v. § 7. Wheaton, Intern. Law. II, 2. § 16. Wildman I, p. 201. Riquelme I, p. 237. Loi française du 10 avril 1825. V. Ortolan, Règl. internat. I, p. 250 suiv. Phillimore I, 379.

2) Déjà dans le monde ancien la peine capitale était la peine régulièrement prononcée. Cicéron, Verrines. V, 26. Au moyen âge on noyait les pirates. Leibn., Cod. jur. gent., document 124. Sauf le cas d'attaque, les sujets d'un État n'ont pas le droit de procéder à l'exécution de pirates. Loccenius, De jure marit. II, 3. 9. Valin (ordonn. de 1681) III, 9. 3. p. 236. Ortolan I, p. 254.

LIVRE DEUXIÈME.

DROIT INTERNATIONAL PENDANT LA GUERRE.

Chapitre Ier.

DES CONTESTATIONS INTERNATIONALES ET DES MOYENS DE LES VIDER.

LEURS CAUSES.

§ 105. Les contestations naissent en général entre les nations des prétentions hostiles dont la solution n'est pas de la compétence des tribunaux ordinaires ou éprouve des difficultés suscitées arbitrairement par quelque pouvoir public aux parties en litige. Elles ont tantôt pour objet des réclamations réciproques de souverains, tantôt des prétentions formées par des particuliers contre un gouvernement ou contre des sujets étrangers lorsque le gouvernement des réclamants, en défenseur des intérêts violés de ses sujets, qu'il représente naturellement, prend fait et cause auprès du gouvernement étranger. Mais s'il peut intervenir ainsi en faveur de ses regnicoles, il ne jouit pas d'une faculté semblable à l'égard des sujets étrangers. Il ne pourra intervenir régulièrement en leur faveur que dans les cas indiqués aux §§ 45 et suiv.

DIFFÉRENTS MODES DONT PEUVENT ÊTRE TERMINÉES LES CONTESTATIONS.

§ 106. Les contestations internationales sont privées en général de toute autre garantie que celle que donnent la force de la vérité et la puissance matérielle des parties en litige. Elles n'ont d'autre „forum“ que la bonne foi et l'opinion publique. C'est donc aux parties elles-mêmes à s'entendre sur le mode le plus convenable pour le règlement de leurs différends, et si elles n'y réussissent pas, à aviser aux moyens les plus propres pour soutenir ou pour faire triompher leurs prétentions respectives. Le dernier ou le moyen extrême, propre à sauvegarder des droits méconnus ou violés, c'est l'emploi de la force. Tantôt d'un caractère purement passif, elle cherchera à repousser l'agression; tantôt, agressive à son tour, elle s'efforcera d'obtenir la réparation refusée.[1] Dans le premier cas elle se contentera de repousser l'attaque et d'en empêcher le retour, dans le second elle ne déposera les armes qu'après avoir obtenu une pleine satisfaction. Pour atteindre ces fins, il est permis même de détruire l'ennemi; mais c'est une extrémité qu'il ne faut jamais regarder comme le but direct de la force légitime. Elle doit s'appuyer en même temps sur des causes légitimes, et, hors le cas de nécessité, elle ne pourra dépasser son but. Autrement l'agression et la défense cessent d'être justes et légitimes, lorsque surtout, au lieu de formuler les griefs et de les justifier, on recourt immédiatement à l'emploi de la force, sans qu'il existe aucun péril imminent. Car c'est la nécessité seule qui en fournit la justification.

TENTATIVES AMIABLES.

§ 107. Les moyens propres à convaincre la partie adverse de ses torts et à l'amener à la conciliation, auxquels il faut recourir dès qu'il n'existe aucun danger imminent, sont les suivants:

premièrement, des négociations diplomatiques entamées avec la partie adverse ou avec une puissance tierce qui peut réussir à faire entendre sa voix conciliatrice dans le litige. A cet effet les pièces et les titres de nature à éclaircir les débats lui seront communiqués;

secondement, un appel directement fait à l'opinion publique, à laquelle sont livrés les documents et les pièces justificatives qui concernent le litige, après que les négocia-

1) V. les articles de Wurm dans le Staats-Lexicon, t. XII, p. 111 suiv. et dans la Deutsche Vierteljahrsschrift de 1858.

tions n'ont abouti à aucun résultat satisfaisant et qu'elles ont été rompues;

troisièmement, une médiation internationale préalable et pacifique, opérée dans le sens de l'art. 8 du traité conclu à Paris le 30 Mars 1856, soit par les bons offices, soit par la médiation d'une tierce puissance acceptée par les parties en litige.

Ce dernier mode est le plus efficace. Car l'intervention d'une puissance médiatrice fait de plein droit suspendre les hostilités, tant que ses fonctions ne sont pas terminées. De simples offices d'amitié au contraire n'ont qu'une importance purement morale (§ 88).

Lorsque les droits d'une partie ne sont nullement menacés d'une manière sérieuse, une protestation ou de simples réserves suffiront pour garantir contre toute fausse interprétation ses actes ou l'inactivité observée par elle, pourvu que les réserves ne soient pas en opposition avec la situation réelle des choses ou avec les propres actes de la partie (protestatio facto contraria).

MOYENS D'ENTENTE PARTICULIERS SUR CERTAINS POINTS LITIGIEUX.

§ 108. Lorsque certains rapports, quoique établis d'une manière générale, ont cependant besoin d'être fixés d'une manière définitive, comme par exemple, lorsqu'il s'agit de la délimitation des terres restées dans l'indivision, il faudra, dès que les parties ne peuvent se mettre d'accord sur leur partage, recourir à la voie impartiale du sort ou de l'arbitrage. Le sort surtout se prête parfaitement à certaines éventualités, soit que, par la division de l'objet litigieux, il en attribue leur part aux divers intéressés, soit qu'à un état de choses incertain et contesté il fasse succéder une situation définitive ou seulement temporaire. Souvent on l'a employé pour mettre un terme aux contestations nées du partage des souverainetés ou des questions de préséance.[1] Tout ici dépend naturellement des conventions des parties. Même le duel, qui n'est autre chose que le sort des armes,

[1]) V. Ch. Fr. de Moser, dans: Schott, Jurist. Wochenblatt. Jahrg. III, p. 615 suiv.

a été quelquefois proposé, mais rarement accepté à ce titre, et sans que par là on ait réussi toujours à terminer le litige.[1] Rien en effet ne peut le justifier au point de vue légal, puisqu'il peut favoriser le coupable. C'est la soumission à un arbitrage qui restera toujours la voie la plus équitable, quoiqu'elle ne réussisse pas toujours à mettre un terme aux contestations internationales.

COMPROMIS.[2]

§ 109. Les contestations entre deux États peuvent être soumises à la décision d'une tierce puissance par un compromis régulièrement intervenu entre les parties intéressées, d'après les règles des conventions publiques. Le compromis a tantôt pour objet l'exécution d'une mesure antérieurement arrêtée entre les parties (arbitratio), telle qu'une délimitation ou partage d'après certaines règles proportionnelles;[3] tantôt il a pour but la décision d'une affaire au fond suivant les principes de l'équité et de la justice. — L'acte de compromis énonce le mode dont il sera procédé, mais il ne contient pas nécessairement une clause pénale en cas de non-exécution.

Les arbitres choisis sont ou des personnes privées, mode autrefois d'une application très-fréquente, ou des souverains.[4] Celles-là ne peuvent pas régulièrement se faire représenter dans l'exercice de leurs fonctions, tandis que ces derniers délèguent

[1]) V. des exemples empruntés à l'histoire ancienne dans Pet. Müller, De duellis principum. Jenae 1702. Ward, Enquiry. II, p. 216 suiv. On se rappelle le cartel envoyé en 1611 par Charles, roi de Suède, au roi Chrétien IV de Danemark et par le roi Gustave IV à l'empereur Napoléon I. Sur le duel proposé par François I à Charles-Quint en 1528 v. Vehse, Geschichte des österreichischen Hofes. 1852. I, p. 168 suiv.

[2]) V. en général Abr. Gerh. Sam. Haldimund, De modo componendi controversias inter aequales et potissimum de arbitris compromissariis. Lugd. Bat. 1738. Welcker, Staats-Lexicon. t. XI, p. 778.

[3]) Cette distinction entre le cas mentionné ci-dessus et celui d'arbitrage propement dit, est due à la doctrine de procédure civile. Nous la regardons comme étant fondée sur la nature des choses. V. de Neumann, Jus principum privat. t. VIII, § 1 et suiv.

[4]) Hellfeld dans Struv., Jurisprud. heroica. chap. I, § 21 suiv. 77. de Neumann, loc. cit. chap. 12 et 13.

ordinairement l'examen de l'affaire à des juges spéciaux ou à leurs conseils privés, en sorte qu'ils n'interviennent d'une manière directe que pour prononcer la sentence définitive.[1]

Lorsque plusieurs arbitres ont été nommés, sans que leurs fonctions respectives aient été déterminées d'avance, ils ne peuvent, suivant l'intention présumée des parties, procéder séparément.[2] En cas de désaccord entre eux, l'avis de la majorité doit prévaloir, conformément aux principes de la procédure ordinaire. Si les voix venaient à se partager ou à offrir une divergence absolue de vues, il appartiendrait aux parties, pour vider la difficulté, d'y pourvoir ultérieurement; sinon, le compromis serait sans effet. Le droit romain à la vérité autorisait les arbitres élus à nommer un tiers arbitre:[3] mais cette disposition positive purement civile n'a été admise d'une manière générale ni dans les codes modernes ni dans la jurisprudence internationale.

Lorsque le mode de procéder n'a pas été déterminé d'avance, les arbitres ont la faculté de fixer un délai pendant lequel les parties seront tenues de produire leurs moyens et leurs défenses respectifs. Après que cette production a eu lieu, ils peuvent procéder à la prononciation de la sentence.[4]

L'arbitre ne dispose d'aucun moyen d'exécution.

Le compromis finit par de nouveaux engagements intervenus entre les parties en litige, par l'expiration du délai stipulé, par le décès ou l'empêchement de l'arbitre, enfin par la sentence même, qui a, entre les parties, l'autorité d'une transaction régulière. Sous ce rapport les dispositions du droit romain, relatives à la validité des sentences arbitrales, conçues dans un esprit trop étroit, ont fait place aux règles plus larges du droit moderne. C'est ce qu'il faut dire notamment de la disposition

1) de Neumann, loc. cit. t. VIII, § 18.

2) V. Loi 17 in fine. Loi 18 D. de receptis. La disposition contraire du droit canon, contenue au chap. 2 de arbitrio in VI, est inadmissible en matière internationale.

3) Loi 17. § 5. 6. D. de receptis. Contra Code de proc. français art. 1012. 1017.

4) Loi 27. prim. l. 49. § 1. D. de receptis.

romaine qui, dans le cas où une clause pénale avait été stipulée, affranchissait la partie défaillante des effets de la sentence, lorsqu'elle payait la somme promise.[1]

La décision arbitrale est susceptible d'être attaquée dans les cas suivants:

1° Si elle a été rendue sans compromis valable ou hors des termes du compromis;
2° si elle l'a été par des arbitres absolument incapables;
3° si l'arbitre ou l'autre partie n'a pas agi de bonne foi;
4° si les parties ou l'une d'elles n'ont pas été entendues;
5° s'il a été prononcé sur choses non demandées;
6° si ses dispositions sont contraires d'une manière absolue aux règles de la justice, et ne peuvent par conséquent former régulièrement l'objet d'une convention (§ 83).

De simples erreurs au contraire qui peuvent être reprochées au contenu de la sentence, lorsqu'elles ne sont pas le résultat d'un esprit partial, ne constituent point une cause de nullité.[2] Néanmoins une erreur de calcul et, dans l'engagement décrit ci-dessus et connu sous le nom d'„arbitratio", la preuve d'une erreur de fait donneront lieu à la demande de rectification.[3]

L'arbitrage se présente sous des formes très-variées dans l'histoire. Chez les Grecs nous le rencontrons sous la forme d'un recours auprès d'une ville tierce ou alliée (πόλις ἔκκλητος).[4] Chez les Romains de la première époque il porte le nom de „reciperatio".[5] Dans les confédérations et les unions d'États, l'institution de tribunaux fédéraux a reçu un certain caractère fixe et en quelque sorte politique, qu'avaient déjà, dans les confédérations grecques,[6] notamment dans la ligue Achéenne, les

1) V. Grotius III, chap. 20. 46.

2) V. Grotius, loc. cit. Vattel II, chap. 18. §. 329. Wildman I, p. 186.

3) C'est ce qui est appelé „reductio ad boni viri arbitrium" dans les lois 76. 78. 79. D. pro socio et loi 9. D. qui satisd. coguntur.

4) V. Heffter, Athen. Gerichtsverf. p. 340.

5) Gallus Aelius dans Festus: „Reciperatio est, cum inter populum et reges, nationesque ac civitates peregrinas lex convenit, quomodo per reciperatorem reddantur res reciperenturque, resque privatas inter se persequantur." V. Carl Sell, Die Recuperatio der Römer. Braunschw. 1837.

6) Polybe II, 37. 10. Tittmann, Griechische Staatsverfassung p. 687.

réunions amphictyoniques, bien que leur importance ait été sans doute exagérée. Une institution toute moderne de cette nature est celle dite austrégalienne,[1] chargée de la mission de statuer sur les contestations nées entre les Souverains de la Confédération germanique et qui, suivant l'arrêté fédéral du 30 octobre 1834 (article 12), peut être remplacée par une cour arbitrale. La Diète elle-même fait exécuter les arrêts de l'une et de l'autre.

ACTES DE VIOLENCE ET REPRÉSAILLES.

§ 110. Le droit d'user de voies de fait commence au moment même où les tentatives faites pour arranger un conflit à l'amiable, ont échoué, ou lorsque des circonstances urgentes ne permettent pas de recourir à cette mesure préliminaire. En ce cas, s'il s'agit de réclamations liquides, on s'empare de leurs objets partout où ils se trouvent, ou d'un équivalent à la créance, en saisissant des biens appartenant à la partie adverse et qui se trouvent déjà dans le pouvoir de l'État créancier. Dans les autres cas on aura recours à des actes de violence, soit en entrant en état d'hostilités ouvertes (dont nous nous occuperons au paragraphe suivant), soit en usant d'abord de représailles. Par représailles on entend aujourd'hui toutes les mesures de fait dont un gouvernement se sert vis-à-vis d'un autre État, des sujets de ce dernier ou de leurs biens, dans le but de contraindre la puissance étrangère de faire encore droit sur les questions en litige on d'en obtenir une juste satisfaction, ou de se faire au besoin justice lui-même.[2] Anciennement les représailles se faisaient surtout par des lettres de marque délivrées par un gouvernement à ses sujets ou même à des étrangers, par lesquelles il les autorisait à commettre toutes sortes d'exactions et de

[1]) de Leonhardi, Das Austrägalverfahren des deutschen Bundes. Frkf. 1838. Jordan dans Weiske, Rechts-Lexicon I, p. 474. Zachariae, Deutsches Staatsrecht II, p. 719. Zöpfl, Allgemeines und deutsches Staatsrecht I, p. 359.

[2]) Les nombreuses monographies sont indiquées par d'Ompteda § 288. de Kamptz § 270. Le mot représailles dérive de reprendre, en anglosaxon withernam.

violences sur la nation ennemie.[1] Il y avait des représailles spéciales, que l'on accordait aux offensés eux-mêmes, et des représailles générales, qui autorisaient tous les sujets à courir sus à l'ennemi. Celles-ci ne différaient pas à la vérité de la pleine guerre, tandis que celles-là n'étaient autre chose que la faide autorisée par l'État. Des traités ont successivement modifié cet usage,[2] qu'aujourd'hui on ne rencontre plus dans le code des nations que sous la forme de la course, pratiquée exclusivement sur mer (§ 137). Les moyens usités encore à présent sont les suivants:[3]

Premièrement, la cessation dans l'accomplissement des engagements pris envers l'autre État ou envers ses sujets;

secondement, la suspension de l'intercourse amicale entre les deux États, soit en entier, soit en partie;

troisièmement, la saisie et puis la séquestration de sujets et de biens ennemis.

Simple mesure de précaution, une telle séquestration a exclusivement pour but d'offrir un gage, sans conférer aucun droit quelconque sur la vie des personnes ni sur les biens séquestrés. Ces derniers toutefois, si la satisfaction exigée continuait à être refusée, pourront incontestablement servir à la réparation des intérêts lésés. De même la partie offensée pourra retenir les sujets ennemis comme otages. Car les anciens auteurs et encore Cocceji (sur Grotius) se trompent évidemment lorsqu'ils soutiennent qu'il est permis d'attenter à la vie de ces malheureux.[4]

Tout refus et tout retard qu'une partie oppose arbitrairement aux justes réclamations de l'autre, donnent à celle-ci le

[1]) V. sur les anciennes formes Hüllmann, Städtewesen. t. I, p. 197. Martens, Caperei I, § 4. Pütter, Beiträge zur Völkerrechtsgeschichte I, p. 49. P. Frider., De process. I, cap. 46 suiv. Valin III, 10. p. 414.

[2]) Oke Manning p. 108. Sur l'abolition ultérieure de cette sorte de représailles v. Ortolan I, p. 396. Wildman I, p. 192.

[3]) Sur l'usage international moderne voir Grotius III, 2. de Neumann, Jus principum priv. t. VIII, § 35. de Steck, Essais. p. 42. Vattel II, § 342 suiv. Wheaton IV, 1. § 2 et 3. Wurm, Staats-Lexicon XII, p. 124. Halleck, Int. Law, chap. 12, § 11.

[4]) Schilter, De jure obsidum, considérait déjà des sujets arrêtés par mesure de représailles comme des otages. V. aussi Vattel II, § 351.

droit incontesté de recourir à des représailles, peu importe d'ailleurs sous quelles formes ce refus et ce retard se manifestent, fût-ce sous celle d'un acte législatif, ou sous celle d'une décision judiciaire ou d'un arrêté administratif.[1] Mais il appartient aux gouvernements seuls d'ordonner l'application de mesures semblables.

Certainement des puissances tierces ne sont tenues en aucune manière de donner suite aux réclamations qui leur sont adressées à ce sujet par la partie lésée ou même par l'État intéressé. Elles ne peuvent faire usage d'actes de représailles dans l'intérêt d'une autre puissance, qu'autant que les traités leur imposent un devoir d'intervention. Ce devoir se manifeste surtout avec une certaine force dans le sein des États fédératifs, et l'article 37 de l'Acte final de Vienne l'a consacré en 1828 expressément au profit de la Diète germanique. Aussi en Suisse il avait été reconnu également qu'un Canton pourrait exercer des représailles dans l'intérêt d'un autre Canton.[2] Du reste une tierce puissance pourrait participer aux représailles d'une autre, lorsque sa coopération aurait pour but de mettre un terme aux violations du droit international ou à des procédés contraires à l'humanité et à la justice. En ce cas les États ne font que remplir une mission commune qui leur est tracée naturellement. Organes suprêmes et multiples de l'humanité, ils sont appelés à en faire respecter les lois partout où elles sont violées.

L'EMBARGO, LE BLOCUS ET LES MENACES DE GUERRE EFFECTIVES.

§ 111. Pour exercer des représailles, les états maritimes se servent encore de simples mesures d'embargo et de blocus.

L'embargo („embargar“ en espagnol, arrêter) est un acte

[1]) Des exemples sont cités par Ch. de Martens, Causes célèbres II, p. 1. 151 suiv. Pour le principe v. Grotius III, 2. §. 4. 5. Bynkershoek, Quaest. jur. I, 24. Oke Manning, Law of nations p. 107. Wurm à l'endroit cité p. 125. Wildman p. 195.

[2]) de Martens, Völkerr. § 256 (261). Bynkershoek (de foro legator. chap. 22) admet la faculté d'un gouvernement d'exercer des actes de représailles dans l'intérêt d'un autre; contra Oke Manning p. 111 et Wildman t. I, p. 193. Halleck XII, § 28.

conservatoire ou préparatoire qui consiste à faire arrêter provisoirement les navires trouvés dans les ports ou dans les mers intérieures d'un territoire, dans le but d'en empêcher la sortie. Invention d'origine britannique, elle a passé successivement dans les lois et coutumes des autres nations.[1]

Appliquée après le commencement d'un état de guerre, ou suivie d'une déclaration de guerre cette mesure va produire les effets que nous retracerons au chapitre suivant.[2] Quelquefois encore l'embargo est un simple acte de sûreté intérieure ordonné par un gouvernement, notamment dans le but d'empêcher que certaines nouvelles sur la situation du pays ne soient portées au dehors; ou bien encore pour faciliter des recherches de police ou judiciaires. Un gouvernement peut en outre, en cas de nécessité urgente, user de l'embargo pour exercer le droit d'angarie (§ 150). Enfin des représailles peuvent se produire sous la forme d'un embargo. Il est constant toutefois que, cet acte ayant manqué de but et n'étant pas suivi d'une déclaration de guerre, tout préjudice résultant de la détention arbitraire doit être réparé.[3]

Le blocus ou l'emploi de forces régulières suffisant pour empêcher toute communication d'une côte, d'un ou de plusieurs ports avec le dehors, peut avoir en vue des fins différentes. Quelquefois c'est un acte de coërcition qui accompagne l'ouverture des hostilités, ainsi que nous l'expliquerons au chapitre suivant (§ 121). D'autres fois il précède une déclaration de guerre régulière, comme mesure de représailles destinée à prévenir le danger d'une violation de l'état de paix, qui résulterait

¹) Les ouvrages relatifs à cette matière sont indiqués par de Kamptz § 276. V. notamment de Réal, Science du gouvern. V, p. 630. Jouffroy, Droit maritime p. 31. Nau, Völkerseerecht (1802). § 258 suiv. M. Poehls, Seerecht IV, § 526. Massé, Droit commercial § 321 suiv. Karseboom, De navium detentione, quae vulgo dicitur Embargo. Amsterd. 1840. Halleck XII, § 25.

²) Wheaton IV, 1. § 4. Phillimore III, § 21. Halleck § 27.

³) de Steck, Essais. 1794. p. 7. Jacobsen, Seerecht p. 531. M. Poehls, loc. cit. p. 1170. Plusieurs traités, tels que ceux conclus le 11 juillet 1799 entre la Prusse et les États-Unis (art. 16), le 30 mai (11 juin) 1801 entre la Russie et la Suède (art. 32), proscrivent l'embargo comme mesure spéciale et ne l'admettent qu'à la suite d'une déclaration de guerre.

par exemple du départ d'une escadre, de l'introduction de troupes dans une place forte au moment même où le gouvernement suspect a été mis en demeure de s'expliquer sur ses véritables intentions. L'histoire la plus récente est féconde en exemples de cette espèce de blocus tout nouveau, qu'on emploie sans déclaration de guerre comme acte de représailles (blocus pacifique). Nous nous contentons de rappeler le blocus exécuté en 1827 par les forces combinées de l'Angleterre, de la France et de la Russie sur les côtes encore turques alors de la Grèce; le blocus du Tage (1831), de la Nouvelle-Grenade (1836), du Mexique (1838), blocus qui par suite de la déclaration du gouvernement mexicain s'est transformé en guerre formelle.[1] La légalité de cette mesure ne peut faire l'objet d'aucun doute, et les États neutres doivent respecter un blocus régulièrement proclamé, conformément aux règles expliquées au chapitre III ci-après. Mais une confiscation des objets saisis ne peut être prononcée qu'à la suite d'une déclaration de guerre.[2]

Le dernier moyen de se faire justice par soi-même sans ou avant la guerre consiste dans l'ouverture d'une opération hostile avec sommation de faire ce qu'on exige ou de choisir la guerre. C'est la justice brutale envers le faible. Nous ne citons pas d'exemples. Il y en a d'infâmes.

MESURES DE CORRECTION ET DE RÉTORSION.

§ 112. Il y a lieu à des mesures correctives et même au talion ou à des moyens analogues lorsqu'un gouvernement a com-

¹) Nouv. Supplém. au Recueil III, p. 570. Nouv. Recueil t. XVI, p. 803 suiv. Les cas assez rares où cette mesure avait été pratiquée jusqu'alors, avaient suscité d'abord quelques doutes sur sa légalité. Elle est contestée encore par Wurm, dans le Staats-Lexicon XII, p. 128 et dans la Vierteljahrsschr. de 1858 p. 74; ainsi que par Hautefeuille, Droits des nations neutres III, p. 176, et par L. Gessner, Le droit des neutres sur mer. Berl. 1865. p. 215. L'humanité d'ailleurs n'a qu'à s'applaudir de toute nouvelle institution internationale qui rend dispensable la guerre complète.

²) Avis du Conseil d'État du 1er mars 1848. Gaz. des Trib. 28 mars 1848 p. 54. L'Angleterre a adopté une jurisprudence différente, mais c'est celle de la France qui doit prévaloir si le blocus ne constitue pas un cas de guerre.

mis ou a fait commettre envers un autre État ou envers les sujets de celui-ci des actes absolument illicites et contraires au droit des gens et qu'il refuse une réparation convenable, dans le but de réprimer les excès flagrants, comme nous l'avons déjà exposé au § 101.

Quelquefois aussi un gouvernement, sans porter atteinte aux principes du droit des gens et aux traités existants, adopte pourtant envers un autre ou tous les autres ou envers leurs sujets des maximes contraires à l'équité. L'inégalité dans le traitement de sujets étrangers consistera tantôt dans leur exclusion absolue de certains avantages accordés aux nationaux, tantôt dans des faveurs accordées à ceux-ci au détriment des premiers. Quelquefois elle résultera également, même par rapport aux nationaux, de l'application de certains principes contraires à ceux reçus chez les autres nations et de nature à produire pour celles-ci des conséquences matérielles fâcheuses. Dans ces différents cas ce n'est pas à des représailles, mais à la voie de rétorsion qu'on aura recours; c'est-à-dire, dans un esprit d'égalité et afin d'obtenir le redressement de ces iniquités, on emploie envers la puissance qui en commet, des mesures analogues, jusqu'à ce qu'elle consente à y renoncer.[1] Ce qui distingue la rétorsion (retorsio juris) des représailles, c'est que celle-là a pour but de faire cesser des actes d'iniquité (jus iniquum), tandis que celles-ci ont pour objet de réagir contre l'injustice. Elle s'appuie sur cette maxime: „quod quisque in alterum statuerit ut ipse eodem jure utatur.“ C'est par là qu'elle fait ressentir à la partie adverse le caractère égoïste et exclusif de ses procédés.[2]

La rétorsion peut avoir lieu non-seulement dans les cas où un gouvernement a déjà fait l'application d'un principe préjudiciable à un autre dans certaines espèces, mais aussi dès le moment où il l'a proclamé. Néanmoins une simple divergence de dispositions dans les lois de deux pays, lorsqu'elles ont pour

[1]) V. les ourages indiqués par d'Ompteda § 287 et de Kamptz § 269, spécialement Moser, Versuch VIII, p. 485. Vattel II, § 341. de Martens, Droit des gens § 250. Mittermaier, Deutsches Privatr. § 110. Wurm, dans les articles cités au § 106 supra.

[2]) J. Gothofr. Bauer, Opusc. t. I, p. 157 seq.

effet d'exclure les sujets étrangers de certains avantages dont ils jouissent dans leur propre pays, ne suffira jamais pour justifier des mesures de rétorsion. Il faudra seulement que ces dispositions ne soient pas dirigées spécialement ou d'une manière expresse contre les sujets étrangers. Ainsi il est évident que les dispositions d'un code qui établissent des modes ou des ordres de successions particuliers, différents de ceux sanctionnés dans d'autres codes, ne suffiront pas pour motiver des mesures semblables.

D'ailleurs la rétorsion est une mesure essentiellement politique, dont les magistrats et les particuliers ne peuvent faire usage qu'en vertu d'une autorisation de leur gouvernement, rendue dans les formes légales, qui détermine en même temps le mode et les conditions de la rétorsion, ainsi que les personnes qui sont appelées à en profiter.[1] Les règles particulières à cette matière sont du domaine du droit public interne.

Si les circonstances ne permettent pas d'appliquer à un gouvernement étranger des mesures identiques sur les mêmes objets, la rétorsion s'effectuera par voie d'analogie et selon les circonstances données. Ainsi, par exemple, si le commerce d'un certain pays venait à être frappé dans un autre de droits exorbitants ou qu'il y éprouvât des difficultés sérieuses, le gouvernement lésé y répondrait en imposant les produits similiaires de droits analogues.

Chapitre II.

LE DROIT DE GUERRE.[2]

DÉFINITION DE LA GUERRE.

§ 113. La guerre se manifeste extérieurement comme un état d'hostilités existant entre plusieurs puissances, pendant lequel elles se croient autorisées à faire réciproquement usage entre

[1]) Struben, Rechtl. Bedenken V, 47. Spangenb. II, p. 321.

[2]) Les monographies relatives à cette matière, notamment celles publiées par Alberic Gentile, J. Gottl. Fréd. Koch et Joach. E. de Beust, sont

elles de violences de toute espèce. C'est la définition matérielle de la guerre. Mais considérée au point de vue légal, la guerre ne sera un droit qu'autant qu'elle présente un état régulier de violences et de destruction, lequel se propose un but légitime, et continue à l'être jusqu'au moment où ce but sera atteint. La guerre, en d'autres termes, est l'acte extrême de violences légitimes. Tantôt d'un caractère purement défensif, elle cherchera à repousser une agression injuste, et à cet effet elle préviendra même des menaces suspendues au-dessus d'elle.[1] Tantôt réellement offensive, elle exigera le redressement des offenses ou des injures éprouvées par une juste et pleine satisfaction. C'est ce qui constituera la justice de sa cause. Le grand Frédéric déjà écrivit en ce sens dans son Anti-Macchiavel (chapitre 26) ces paroles remarquables: „Toutes les guerres qui n'auront pour but que de repousser des usurpateurs, de maintenir des droits légitimes, de garantir la liberté de l'univers et d'éviter les violences et les oppressions des ambitieux, sont conformes à la justice.“

Il est vrai que si l'on ne voulait juger que d'après les résultats matériels, il deviendrait souvent très-difficile de se rendre compte de la justice d'une guerre. Les auteurs sont d'accord là-dessus. Ceux-là même en conviennent qui ont cherché minutieusement de faire une analyse des différentes causes d'une juste guerre, et ont inventé une espèce de responsabilité juridique à l'égard de celui qui prend les armes sans sujet légitime.[2] Il n'existe en effet sur terre aucun juge qui puisse, d'une manière infaillible, prononcer sur la justice d'une guerre. Celle-ci est dirigée par le hasard, sans qu'il soit possible de prévoir d'avance

indiquées par d'Ompteda § 290. 291. de Kamptz § 271. 272. — de Clausewitz, dans son ouvrage intitulé: Vom Kriege. Berlin 1832. t. I. p. 105, retrace une histoire générale de la guerre.

[1]) V. ci-dessus page 58 et Guil. Schooten, De jure hostem imminentem praeveniendi. Specim. jurid. Lugd. Bat.

[2]) Parmi ces auteurs figurent Grotius et Vattel III, § 183 suiv. 190. Déjà Cocceji, dans son commentaire sur Grotius III, 10, 3 suiv. a montré jusqu'à quel point la distinction entre le droit naturel et le droit positif est insuffisante sur ce point. Le grand nombre d'écrits concernant cette matière sont indiqués par d'Ompteda § 294. 298. 299. de Kamptz § 274. 280. 281.

ses nombreuses péripéties. En faisant succéder à l'ordre le chaos, elle fait sortir souvent de ce dernier un ordre de choses nouveau, quelle qu'ait été la cause de la guerre. Seulement les résultats moraux d'une guerre injuste ne seront certainement pas ceux d'une guerre légitime. Nous avouons aussi que des intérêts purement politiques, des intentions moralement bonnes mêmes, dès qu'elles ne sont motivées par aucune lésion imminente ou déjà accomplie, ne suffiront jamais pour enlever à une guerre son caractère illégitime. Mais nous regardons comme oiseuses toutes les discussions abstraites sur la légitimité des guerres de religion, de vengeance, d'équilibre politique. Cette question puise ses éléments de solution dans les circonstances particulières à chaque espèce et dans les principes internationaux que nous avons retracés dans les pages précédentes.

PARTIES BELLIGÉRANTES.
(Jus belli activum et passivum.)

§ 114. Un état de guerre ne peut exister valablement qu'entre parties qui ne sont pas empêchées d'avoir recours dans leurs contestations à des violences arbitraires et qui n'en sont responsables à personne. Ces parties sont d'abord les corps qui jouissent d'une indépendance absolue et ne relèvent d'aucune puissance supérieure, comme les États souverains;[1] puis les individus vivant isolément en dehors des conditions sociales, tels que les flibustiers, les pirates et autres. En ce sens il peut y avoir même une guerre entre les diverses fractions du même corps politique, quoiqu'elle ne constitue jamais un état de guerre régulier, produisant les effets d'une guerre politique entre plusieurs États, ainsi que cela est déjà remarqué par le jurisconsulte romain Ulpien, qui s'exprime ainsi:[2] „In civilibus dissensionibus, quamvis saepe per eas respublica laedatur, non tamen in exitium reipublicae contenditur: qui in alterutras partes discedent, vice hostium non sunt eorum, inter quos jura captivitatum aut postliminiorum fuerint.“

Des guerres privées et des guerres entreprises par des particuliers pour leur propre compte, peu importe qu'ils soient sujets

[1]) de Kamptz § 273. [2]) Loi 21. § 1. D. de captivis.

de la même ou de différentes puissances, ont disparu dans l'état moderne de l'Europe.[1] On n'accorde plus des représailles spéciales aux particuliers. Des sociétés formées de la réunion d'un certain nombre de particuliers, telles que les compagnies commerciales, ne sont pas non plus en droit de faire la guerre sans une autorisation de leurs souverains. Il faut naturellement excepter le cas où, protégées par leurs murailles de pierre ou de bois, elles ont cessé, comme autrefois la Ligue hanséatique, d'obéir à aucune puissance souveraine.[2]

Du reste nous distinguons parmi les parties belligérantes les parties principales des auxiliaires qui ne prennent part à la lutte principale que d'une manière secondaire.

PUISSANCES AUXILIAIRES.[3]

§ 115. Par parties auxiliaires on entend en général celles qui portent des secours à l'une des parties belligérantes. Les secours, tantôt d'une nature générale et non limitée, comprennent toutes les forces ou les ressources dont dispose la puissance auxiliaire; tantôt, d'une portée spéciale et restreinte, ils consistent en prestations ou fournitures déterminées d'avance par rapport au nombre et à l'étendue, notamment dans l'envoi de troupes, de subsides, dans l'autorisation d'occuper une place d'armes ou un port. Sous cette dénomination on comprend en général tout avantage qui a pour but de rendre plus solide le système d'attaque ou de défense de l'une des parties belligérantes vis-à-vis

[1]) V. sur les moeurs féodales du moyen âge Ward, Enquiry I, p. 344. II, p. 209 suiv. La guerre de trente ans encore fournit quelques curieux exemples à ce sujet: nous nous contentons de citer les ducs de Mansfeld et Bernard de Saxe. Ward II, p. 312. L'expédition de Schill, désapprouvée par le roi de Prusse, ne tombe pas sous le même point de vue.

[2]) Sur le caractère éminemment politique de cette Ligue on peut lire Ward II, p. 276 suiv. Pütter, Beitr. zur Völkerrechtsgesch. p. 141. La question de savoir si des compagnies de commerce ont le droit de déclarer la guerre, a été examinée spécialement par Ch. Fr. Pauli, De jure belli societatum mercatoriar. Hal. 1751.

[3]) d'Ompteda § 318. de Kamptz § 287. La théorie de cette matière est expliquée par J. J. Moser, Versuche X, 1. Vattel III, § 78 suiv. Martens, Völkerr. § 292 suiv. Klüber § 268 suiv. Schmalz p. 269. Wheaton III, 2. 11. Halleck XVII, 4 suiv.

de l'autre, et qu'on doit continuer à fournir jusqu'au moment où le but commun de la guerre sera obtenu. C'est là le point décisif, qui distingue l'état de guerre ouverte de la stricte neutralité (chapitre III ci-après).

Il arrive rarement que le secours fourni soit l'effet d'une intervention spontanée: le plus souvent il a été convenu et stipulé d'avance. C'est alors que le cas d'alliance (casus foederis) sera énoncé dans un traité de garantie qui a pour objet une guerre soit offensive soit défensive, et qui ne repose pas nécessairement sur la réciprocité. Si le traité de garantie est d'une portée générale, le „casus foederis" se déploie dès que le territoire allié est envahi ou menacé d'invasion.[1] Les principes relatifs aux conventions publiques s'appliquent à ces sortes de traités: mais leur application rencontre très-souvent des difficultés et fait naître des conflits sérieux. Souvent des circonstances résultant de la situation particulière de la puissance alliée, ou des engagements antérieurement contractés envers l'ennemi, s'opposent d'une manière absolue à ce que le secours promis puisse être fourni.[2] En tous cas l'allié peut, avec une pleine liberté, apprécier la justice de la guerre, à laquelle il est appelé à prendre part.[3] Il n'y a donc rien de si incertain et de si peu fréquent que la bonne foi dans l'exécution des traités d'alliance, lorsque surtout ils ne reposent pas sur des intérêts homogènes et permanents, tels qu'ils existent dans les unions ou les confédérations d'États.

§ 116. Lorsque les clauses du traité d'alliance n'ont pas déterminé les obligations réciproques des alliés, la nature des choses et la pratique des États ont consacré à l'égard de ces dernières les principes suivants:

I. Aux traités d'alliance d'un caractère général on applique

[1]) Vattel III, § 91.

[2]) Relativement au cas où des secours ont été promis à la fois aux deux parties belligérantes, v. Grotius II, 15, 13 et le commentaire de Cocceji. Il est difficile d'établir sur ce point des règles fixes.

[3]) Les auteurs sont d'accord à ce sujet. On trouve de nombreuses observations sur le moment d'appliquer les „casus foederis" dans Moser, loc. cit. p. 43 suiv. Comparez aussi Wheaton III, 2. § 13 et Halleck XVII, 7 et suiv.

la règle fondamentale du contrat de société, suivant laquelle la part de chaque associé dans les bénéfices ou pertes est en proportion de sa mise dans le fonds de la société et du but à atteindre en commun (C. Nap. art. 1853). Si les alliés ne réussissaient pas à se mettre d'accord sur l'entreprise commune, ni sur la part des sacrifices à faire par chacune, les unes ne pourraient à la vérité entreprendre une opération de guerre, conclure la paix ou un armistice, ni faire un acte quelconque de nature à causer quelque préjudice aux alliés. Il faudra néanmoins excepter les actes nécessités par le but de l'alliance, lorsqu'il ne pourrait être obtenu autrement: de même les cas où le maintien de l'alliance deviendrait impossible ou que ses clauses auraient été violées entre les alliés eux-mêmes. Les annales de l'histoire fournissent des exemples bien nombreux de guerres entreprises en commun, et qui ont été terminées par des traités de paix conclus séparément!

Enfin aucune des parties alliées ne peut s'enrichir aux dépens des autres. Chacune doit restituer ce qui a été enlevé à la partie alliée par l'ennemi, après l'avoir recouvré sur lui, conformément aux règles du droit de recousse. De même on devra procéder au partage des bénéfices obtenus en commun, en proportion des ressources fournies par chacune. Les pertes accidentelles au contraire que les vicissitudes de la guerre entraînent nécessairement après elles, sont supportées exclusivement par la partie qui en a été frappée, à moins que ses alliés ne les aient occasionnées par leur conduite peu conforme aux lois de la guerre.

II. Si le secours stipulé entre les alliés est d'une nature spéciale, la partie principale en a la disposition exclusive, sauf convention contraire. L'allié obligé de fournir des troupes doit les équiper et les tenir constamment au complet,[1] tandis que leur nourriture et leur entretien sont à la charge de la partie principale. En exposant leur vie pour ménager celle de ses propres troupes, elle commettrait un acte déloyal et contraire

[1]) Quelquefois l'allié pourra fournir de l'argent etc. au lieu de troupes. V. J. J. Moser, Vermischte Abhandl. I, 84.

au traité. Elle doit généralement éviter à ses alliés tout préjudice qui peut résulter de l'exécution de leurs engagements, et aller à leur secours, si l'ennemi commun venait à les attaquer. Elle ne doit pas non plus conclure la paix sans eux, et elle pourvoira à leur sûreté ultérieure, dont elle fera l'objet d'une clause spéciale dans les stipulations de paix.

Tout acte contraire aux clauses du traité d'alliance donne à la partie lésée le droit de la dissoudre. En ce cas celle-ci cesse de pouvoir prétendre au partage des avantages qui ont été obtenus en commun, à l'exception du butin antérieurement fait et des droits de revendication sur les objets recouvrés sur l'ennemi, ainsi que nous l'expliquerons au chapitre IV.

§ 117. En ce qui concerne la position des puissances alliées par rapport à l'ennemi, il est évident que ce dernier n'est aucunement tenu de souffrir la coalition des forces réunies contre lui, et qu'il peut y réagir par tous les moyens dont il dispose, sans attendre la mise en activité des secours attendus par l'ennemi. Il cherchera à se débarrasser d'une coalition avant qu'elle ne devienne trop redoutable, et afin de s'assurer la liberté de ses mouvements.

Les auteurs sont d'accord à ce sujet, lorsqu'il s'agit de secours stipulés pendant le cours d'une guerre ou en prévision d'une guerre imminente. Mais leur accord cesse dès que le traité d'alliance antérieur à la guerre a stipulé un secours particulier et qu'il n'est pas dirigé d'une manière formelle contre une certaine puissance; de même lorsqu'il a pour objet une guerre défensive.[1] Cependant, permettre aux parties alliées de garder leur neutralité, pour ne les traiter en ennemies qu'après qu'elles se seront prononcées d'une manière ouverte, ce serait méconnaître les droits légitimes de la partie menacée, à moins que ses intérêts ne lui conseillent une conduite semblable. Elle devra chercher au contraire à rompre une coalition dangereuse, et à cet effet elle posera aux alliés l'alternative suivante: ou de renoncer à la coalition, ou bien d'avoir à subir les consé-

[1]) V. de Beulwitz, De auxiliis hosti praestitis more gentium hodierno hostem non efficientibus. Hal. Sax. 1747. Schmidlin, de iurib. gentium mediarum. § 10.

quences d'une déclaration de guerre. Tel fut, par exemple, le mode de conduite qu'au commencement de l'année 1813, la Russie a adopté envers la Prusse, par rapport à l'alliance particulière de cette puissance avec l'empereur Napoléon. — Une pareille alternative, à la vérité, ne peut être proposée aux parties alliées de l'ennemi qu'autant qu'elles se disposent à fournir les secours stipulés. Tant qu'elles ne se sont pas ainsi prononcées, il est permis seulement de leur adresser des questions, conformément à ce qui a été dit aux paragraphes 29 et 45 ci-dessus. Une réponse évasive ou retardée malgré la gravité des circonstances, fournira en ce cas à la partie menacée une raison suffisante pour prévenir le complot en le déjouant. C'est ainsi que le grand Frédéric commença en 1756 la guerre par l'invasion de la Saxe électorale, pour sauver son royaume des projets des puissances qui s'en étaient partagé d'avance les dépouilles.

THÉÂTRE DE LA GUERRE.

§ 118. Le territoire des parties belligérantes, les eaux intérieures et les hautes mers forment le champ de guerre naturel. La nécessité seule justifie l'entrée dans un territoire neutre, à la condition qu'on n'y commette aucun acte d'hostilité: il faut au contraire y observer strictement les règles de la loi de neutralité. Néanmoins les troupes alliées qui ont pris part aux hostilités, peuvent être poursuivies sur leur propre territoire, lors même que, sous d'autres rapports, la neutralité a été accordée à son gouvernement. Les autres puissances alliées, dès qu'elles sont entrées ouvertement en état de guerre, en supportent toutes les conséquences.

Des conventions ou des motifs politiques peuvent limiter le théâtre de la guerre. L'histoire moderne fournit des exemples de ce genre; car bien souvent les puissances, dans le but de maintenir la paix ou l'équilibre européen menacé, ont consenti spontanément à circonscrire le théâtre de la guerre. Nous rappelons l'expédition en Grèce opérée par les trois grandes puissances; le siége d'Anvers, à la suite de la convention conclue le 22 octobre et le 10 novembre 1832 entre la France et la

Belgique; l'intervention en Syrie, par suite des différences entre le Sultan et Mehemet-Aly.[1]

DROIT DE LA GUERRE PROPREMENT DIT; — USAGES, RAISON DE GUERRE.

§ 119. La guerre, comme la paix, a ses lois et ses formalités déterminées qui constituent la nature externe du droit de guerre (jura belli). Un droit pareil était déjà connu dans l'ancien monde, quoique, à la vérité, la volonté arbitraire et désordonnée des parties belligérantes y rencontrât peu de limites.[2] Il acquit plus de consistance au moyen âge, sous l'influence tant du christianisme que de l'esprit de chevalerie, en même temps qu'il s'est dépouillé de certaines rigueurs. Mais c'est de nos jours seulement, et après avoir flotté longtemps entre plusieurs systèmes contraires, qu'il s'est assis enfin sur les principes d'humanité et de respect de l'espèce humaine.[3] Les nations civilisées admettent la guerre comme un état de choses forcé, comme un mal inévitable, qui ne doit pas dépasser les limites de la stricte nécessité. La guerre, qui arme les hommes les uns contre les autres, n'a pas pour but la destruction de l'ennemi. La raison et l'humanité, comme le propre intérêt des nations, ont consacré cette maxime fondamentale: „Ne causez pas plus de mal à votre ennemi, pendant la guerre même, que la nécessité de le ramener à la raison ne l'exige.“ L'ancienne

¹) V. Nouveau Recueil t. XII, p. 1 suiv.; XIII, p. 39. 57. Flassan, dans son Histoire de la diplom. franç. V, 146, allègue un exemple semblable: pendant l'armistice conclu dans le cours de la guerre de sept ans, le siége de la forteresse de Neisse en Silésie devait être continué sans interruption. Nous ajoutons à cette liste la guerre dernière d'Orient, circonscrite dans la mer Noire et la Baltique, et dont l'issue, par une espèce d'accord tacite, devait dépendre de l'issue du siége de Sébastopol. Comparez encore Halleck XIV, 27.

²) Tite-Live liv. II, 12. XXXI, 30: „Esse enim quaedam belli jura, quae ut facere ita pati sit fas.“ Polyb. V, 9, 11 *οἱ τοῦ πολέμου νόμοι καὶ τὰ τούτου δίκαια.*

³) V. les développements dans Ward, Enquiry. chap. X et suiv. V. aussi page 7 ci-dessus.

maxime de guerre au contraire voulait qu'on fît à l'ennemi le plus de mal qu'on pouvait et qu'on jugeait convenable.[1]

Au droit de guerre appartient d'abord la règle ou la manière ordinaire de faire la guerre, que les usages internationaux ont sanctionnée et dont les parties belligérantes ont le droit d'exiger entre elles la stricte observation, c'est la loi des nations civilisées entre elles. C'est elle qui proscrit et frappe de l'anathème de l'histoire tous les procédés cruels ou barbares; qui punit de la rupture des relations internationales l'État qui a violé ses prescriptions. Des circonstances exceptionnelles, ti-

[1]) Ainsi dans son discours d'inauguration du Conseil des prises, du 14 floréal an VIII, Portalis disait ce qui suit:

„Le droit de la guerre est fondé sur ce qu'un peuple, pour l'intérêt de sa conservation ou pour le soin de sa défense, veut, peut, ou doit faire violence à un autre peuple. C'est le rapport des choses et non des personnes, qui constitue la guerre; elle est une relation d'État à État, et non d'individu à individu. Entre deux ou plusieurs nations belligérantes, les particuliers dont ces nations se composent, ne sont ennemis que par accident: ils ne le sont point comme hommes, ils ne le sont même pas comme citoyens; ils le sont uniquement comme soldats."

Talleyrand écrivait à l'empereur Napoléon, en date du 20 novembre 1806, dans le même esprit:

„Trois siècles de civilisation ont donné à l'Europe un droit des gens que, selon l'expression d'un écrivain illustre, la nature humaine ne saurait assez reconnaître.

Ce droit est fondé sur le principe que les nations doivent se faire dans la paix le plus de bien, et dans la guerre le moins de mal qu'il est possible.

D'après la maxime que la guerre n'est point une relation d'homme à homme, mais une relation d'État à État, dans laquelle les particuliers ne sont ennemis qu'accidentellement, non point comme hommes, non pas même comme membres ou sujets de l'État, mais uniquement comme ses défenseurs, le droit des gens ne permet pas que le droit de guerre et le droit de conquête qui en dérive, s'étendent aux citoyens paisibles et sans armes, aux habitations et aux propriétés privées, aux marchandises du commerce, aux magasins qui les renferment, aux chariots qui les transportent, aux bâtiments non armés qui les voiturent sur les rivières ou sur les mers, en un mot à la personne et aux biens des particuliers.

Ce droit né de la civilisation en a favorisé les progrès. C'est à lui que l'Europe a été redevable du maintien et de l'accroissement de prospérité, au milieu même des guerres fréquentes qui l'ont divisée etc." (Moniteur univ. du 5 décembre 1806.)

rées de l'extrême nécessité ou du besoin de rétablir l'égalité du combat, permettent seules de s'en affranchir et de faire ce qui est de raison momentanément.[1] Des guerres entreprises contre des hordes ou des bandes sauvages qui ne respectent aucune loi humaine, sont aussi exceptées des règles communes. Enfin les guerres navales, plus cruelles et plus meurtrières que les guerres sur terre, dont elles n'ont pas acquis les règles précises,[2] ont au contraire, faute d'équilibre entre les puissances maritimes, conservé jusqu'à nos jours leur caractère essentiellement spoliateur.

Quant aux guerres civiles elles se feront d'abord sous la responsabilité des vaincus envers l'État, c'est-à-dire envers la partie triomphante. Elles ne prendront un caractère régulier qu'après l'accomplissement d'une scission territoriale reconnue de part et d'autre ou en suite de l'intervention d'une tierce puissance.

COMMENCEMENT DES HOSTILITÉS.

§ 120. Le droit de guerre veut qu'à la veille de se livrer à des actes d'hostilités matérielles, on adresse une déclaration de guerre à la partie adverse avec laquelle on avait entretenu jusque-là des relations d'amitié réciproques. Car la bonne foi disparaîtra, pour faire place à un système d'isolement et de crainte mutuelle, le jour où les nations, sans avis préalable et régulier, auront à redouter le fléau de la guerre. A cet effet les peuples de l'ancien monde se servaient de différentes formalités. Comprises sous la dénomination commune de droit fécial, la tradition romaine les faisait descendre des usages antiques du peuple des Équicoles.[3] L'esprit de la chevalerie au moyen âge inventa

[1]) F. H. Struben, Abhandlung von der Kriegsraison und dem Convenienzrecht (Sammlung auserlesener juristischer Abhandl. Leipzig 1768). Grotius III, 1, 19. 18, 4. Pufendorf II, 3. 23. J. J. Moser IX, 1. 111 suiv. Bynkershoek, Quaest. I, 3, et les écrits cités par d'Ompteda § 300. de Kamptz § 282 suiv.

[2]) Hautefeuille, Droits des nations neutres. I, p. 318. Gessner, Droit des neutres sur mer p. 9. En général l'article concernant „The belligerent rights at sea" dans Home and foreign Review, Jul. 1863. p. 1.

[3]) Tite-Live liv. I, chap. 32.

des règles analogues dont il exigeait la stricte observation, tant dans les guerres des États que dans les duels privés.[1] Jusqu'au milieu du XVIIIe siècle ces formes solennelles ont été maintenues. C'est à partir de ce moment qu'elles ont commencé à tomber dans l'oubli. Dès lors les gouvernements ennemis se sont contentés d'interrompre les relations diplomatiques entre eux, en même temps qu'ils faisaient connaître leurs griefs par des manifestes et d'autres voies de publicité. Quelquefois aussi ils procèdent de fait aux hostilités, sans se prévenir mutuellement par des déclarations, qui toutefois seront toujours la voie la plus régulière.[2] Le rappel de l'ambassadeur ne constitue pas nécessairement un acte de commencement des hostilités: il est vrai toutefois que c'est à ce moment que plusieurs traités ont fait remonter les effets de la guerre.[3]

Il résulte de la nature des choses qu'il n'est pas indispensable qu'une guerre défensive soit précédée d'une déclaration préalable: des hostilités déjà ouvertes par l'ennemi, ou sur le point de l'être, la rendent superflue. La justice et l'équité exigent seulement en pareil cas qu'une brusque levée de boucliers ne cause aucun préjudice aux particuliers, à la propriété privée ni aux gouvernements neutres, qu'elle ne devienne pas non plus un prétexte pour s'assurer des avantages que l'état de guerre seul peut donner aux belligérants. A cet effet aucun gouvernement ne doit, sans manquer à la foi publique, se dispenser de l'observation de certains délais destinés à donner aux intéressés la possibilité de prémunir leurs personnes et leurs propriétés contre des pertes imprévues. La pratique la plus récente même des États, il est vrai, n'est pas entrée toujours dans cette voie d'une manière assez franche. Trop souvent encore les publicistes ont à enrégistrer des actes qui constatent un empressement blâmable

[1]) Ward, Enquiry. t. II, p. 207 suiv.

[2]) Bynkershoek, Quaest. jur. publ. 1, 2. d'Ompteda § 295. de Kamptz § 275. Vattel III, § 51. Emerigon, Traité des assurances. I, 12. 35. Martens § 262. Schmalz p. 223. Klüber § 238. Wildman II, 5. Hautefeuille, Droits des nations neutres. I, p. 295. Halleck XV, 1—7.

[3]) de Martens, Manuel. § 262. note g. Martens, Supplém. VII, p. 213. X, p. 870. XI, 471. 483. 613.

de s'approprier, dès le commencement des hostilités, des avantages ou des profits qui constituent en réalité une vraie spoliation.[1] Il est évident au surplus que des cas isolés, où l'on s'est dispensé d'une déclaration de guerre préalable, ne constituent point une règle de nature à être toujours invoquée par les belligérants. Nous aurons l'occasion d'indiquer quelques applications du principe qui vient d'être établi (§ 139).

Il va sans dire que la déclaration de guerre faite entre les parties principales produira également ses effets par rapport aux alliés, dès qu'ils sont appelés à remplir leurs engagements, d'après les distinctions établies au § 117.[2]

Enfin il ne faudra aucune espèce de déclaration vis-à-vis de factions hostiles ou de pirates.[3]

MESURES QUI PRÉCÈDENT OU ACCOMPAGNENT LE COMMENCEMENT DE LA GUERRE.

§ 121. Le commencement d'une guerre peut être fait ou accompagné par un embargo et par un blocus (§ 111). Lorsqu'ils ont précédé provisoirement l'ouverture des hostilités, ils prendront un caractère définitif et permanent par suite d'une déclaration de guerre.[4]

Il y a encore plusieurs autres mesures préliminaires:

1° Publication de manifestes énonçant d'une manière solennelle les causes de la guerre, et suivis de pièces justificatives pour servir à l'appui des principaux faits relatés et

1) Vattel III, § 56. Martens à l'endroit cité. Ortolan II, 17. — Oke Manning, Comment. p. 120 admet des actes semblables comme mesures exceptionnelles.

2) Grotius III, 3. 9. Vattel III, § 102.

3) L. 118 Dig. de Verb. Signif. „Hostes hi sunt qui nobis aut quibus nos publice bellum decrevimus, caeteri latrones aut praedones sunt.“

4) C'est ainsi que, lors du blocus de Vera Cruz par l'escadre française (1838), les navires mexicains furent d'abord séquestrés; après la déclaration de guerre ils furent regardés comme capturés. Aussi la question arbitrale, conformément aux dispositions de la convention du 9 mars 1839, a-t-elle dû être posée ainsi: S'ils devaient être considérés comme légalement acquis aux capteurs? V. de Martens, Nouv. Recueil XVI, p. 610. Wildman II, p. 9 et plus haut § 111.

des prétentions qui en résultent. La dignité des États impose à ce sujet une certaine réserve et notamment un langage modéré sur le compte du souverain et de personnes ennemis. Les faits seuls doivent parler par eux-mêmes;

2° des lettres de rappel adressées aux sujets résidant en territoire ennemi;[1]

3° publication de lois martiales;[2] des défenses faites par chacune des parties belligérantes à ses sujets, d'entretenir avec les sujets ou le gouvernement ennemi des relations commerciales, ou bien des restrictions faites à ce sujet;

4° notification de l'état de guerre imminent ou commencé;

5° expulsion des sujets ennemis du territoire, afin d'éviter les inconvénients qui peuvent résulter de la continuation de leur séjour.

De pareilles expulsions (xénélasies) étaient très-fréquentes dans l'ancien monde comme dans les temps modernes. Encore en 1755 les Anglais furent expulsés du territoire de France au son du clairon et du tambour. On doit toutefois accorder aux sujets ennemis un délai raisonnable et suffisant pour quitter le territoire avec leurs biens. Il serait sans doute plus conforme à l'esprit de notre époque d'accorder aux sujets ennemis non suspects et paisibles l'autorisation de continuer à résider dans le territoire.[3]

L'opportunité de ces différentes mesures dépend exclusivement de l'appréciation politique des parties belligérantes.

EFFETS DIRECTS DU COMMENCEMENT DES HOSTILITÉS.

§ 122. La suspension réelle des relations paisibles d'État à État est en général la conséquence la plus directe de la dé-

1) de Kamptz, Litt. § 277. 2) Halleck XV, 24 suiv.

3) J. J. Moser, Vers. IX, p. 45. Vattel III, § 63. — On se rappelle que pendant la guerre de Crimée les sujets de la Russie ont continué à séjourner paisiblement en Angleterre et en France. On sait également que, pendant le cours de cette guerre, les gouvernements alliés n'ont pas cessé un seul instant, dans leurs actes comme dans la presse officielle, de se servir d'un langage courtois et plein d'urbanité à l'égard du souverain auquel elles avaient déclaré la guerre. La théorie aime à enrégistrer de pareils faits, qui sont une espèce d'hommage rendu à ses enseignements.

claration de guerre. Privées désormais des voies régulières pour applanir leurs différends, les puissances belligérantes, en réunissant les ressources et les forces dont elles disposent, vont remettre au sort des batailles le soin de prononcer entre elles. Il ne faudra toutefois pas conclure de là, du moins d'après les principes modernes, que la guerre fasse cesser nécessairement tous les liens légaux entre les États et que la paix seule puisse les renouer. Les auteurs qui soutiennent la thèse contraire, disent que la guerre remet en question l'existence même des États.[1] Mais autre chose est l'éventualité, autre chose l'accomplissement d'une catastrophe qui met fin à l'éxistence d'un État: c'est ce que ces auteurs semblent avoir oublié.

En premier lieu il est certain que les conventions stipulées ou renouvelées expressément en prévision des hostilités, continuent à subsister tant que l'une des parties belligérantes ne les aura pas violées. Car en ce cas l'autre devra se dispenser également de leur observation par voie de représailles, soit provisoirement, soit d'une manière définitive. Jusque là le fondement des conventions, l'accord des volontés, subsiste. Citons comme exemple le délai de six mois stipulé par les belligérants au profit des sujets respectifs, pour mettre en sûreté leurs personnes et leurs biens.[2] De même les rapports légaux nés de traités antérieurs et qui ont acquis l'autorité de faits accomplis, continuent à produire leurs effets: de nouvelles stipulations intervenues dans le traité de paix futur peuvent seules y mettre un terme.

En second lieu les rapports généraux et permanents des Etats ne cessent d'être en vigueur entre les belligérants qu'autant que la volonté de ces derniers ou les besoins de la guerre

[1]) C'est ce que soutiennent p. ex. Schmalz, Völkerr. p. 69 et jusqu'à un certain point Mably, Droit public. I, p. 169. Contra Wheaton III, 2. 7—9. La question est discutée par Fréd. Ch. Wächter, De modis tollendi pacta inter gentes. Stuttg. 1780. § 53 suiv. Leopold, De effectu novi belli quoad vim obligandi pristinarum pacification. Helmst. 1792. J. J. Moser, Vermischte Abhandl. I. Klüber § 165. Massé, Droit commercial § 144. Halleck XV, 8 suiv.

[2]) Mably à l'endroit cité. de Steck, Essais sur div. sujets. 1785. p. 5. Voir un autre exemple dans Wheaton § 8, 3. Klüber § 152. Martens § 263. Vattel III, § 175. Oke Manning p. 125.

l'exigent. Ainsi, d'après les usages modernes, les parties ennemies ne négligent pas d'observer entre elles, et notamment à l'égard des souverains respectifs, les lois de l'honneur et du respect. La bonne foi encore impose des devoirs dont il n'est pas permis de s'affranchir sous les armes.

Les conventions contractées antérieurement à la guerre cessent nécessairement de produire leurs effets, lorsqu'elles supposent un état de paix. D'autres doivent être considérées comme étant abolies de plein droit par la guerre qui a mis un terme à leur cause ou à la possibilité d'un consentement libre et permanent. Conformément à ce principe les usages internationaux n'exigent nullement l'accomplissement des engagements contractés antérieurement envers l'ennemi, et les regardent comme suspendus. Reste à savoir si la paix les fait renaître et jusqu'à quel point? Nous examinerons cette question au chapitre IV. Il est encore incontestable que, le terme stipulé dans une convention étant échu avant la guerre ou venant à échoir pendant la guerre, la partie victorieuse pourrait se mettre en possession des avantages qui lui ont été assurés par la convention. Mais cette possession devra être ratifiée par les clauses de la paix.

Enfin la guerre ne fait point cesser les droits communs et individuels de l'homme:[1] ils subissent seulement toutes les conséquences inévitables d'un fléau qui frappe sans discernement. Il est en outre évident que les sujets des parties belligérantes doivent subir les effets des restrictions que ces dernières jugent à propos d'imposer expressément au commerce ennemi ou neutre (§ 123). A défaut de restrictions expresses il n'y a pas lieu à en présumer; car les maximes modernes de la guerre ne permettent pas de porter atteinte aux droits individuels des sujets ennemis: elles ne s'opposent pas non plus à ce que ces droits puissent être régulièrement poursuivis devant les tribunaux compétents.[2] Malheureusement la pratique des nations dominantes se trouve encore en contradiction avec ces maximes.

1) Pufendorf, J. univ. IV, obs. 206, 2.

2) Zachariae, 40 Bücher vom Staat. XXVIII, 7. 2. (tome IV, p. 103.) Contra Wurm dans le journal: Zeitschrift für Staatswissenschaft. VII, p. 350 suiv.

EFFETS DE LA GUERRE SUR LE COMMERCE DES SUJETS ENNEMIS.[1]

§ 123. L'homme a naturellement le droit de faire un usage libre des voies de communication et de commerce établies entre les nations, et la guerre devrait respecter ce droit comme les autres droits privés. Son exercice toutefois sera toujours subordonné aux convenances des parties belligérantes et aux conditions sous lesquelles elles continuent à l'admettre. En effet le commerce, ce levier puissant, si, libre de toute surveillance, il était abandonné à ses propres ressources, se rendrait indépendant et deviendrait lui-même une puissance redoutable, dont les annales de l'histoire fournissent un exemple mémorable dans la Ligue hanséatique. En même temps qu'il dicterait des lois aux gouvernements, il étoufferait par son esprit étroit et exclusif beaucoup d'éléments généreux. Il gênerait surtout les opérations des belligérants et donnerait à leurs positions nettement définies une certaine couleur équivoque. Affranchi de toute surveillance, il portera souvent des secours à l'ennemi: car pour lui, cosmopolite qu'il est, il n'existe d'autre ennemi que celui qui arrête la liberté de ses mouvements. La force même des choses indique par conséquent clairement que les relations réciproques des sujets des parties belligérantes, loin d'être affranchies de toute surveillance, doivent au contraire être contenues dans des limites étroites.[2] Conséquemment tout gouvernement pourra interdire à ses sujets le commerce général ou partiel avec l'ennemi, en édictant des amendes et la peine de confiscation contre les contrevenants. Il peut encore arrêter les sujets ennemis livrés au commerce, et user à cet effet de représailles, dont nous parlerons dans le chapitre relatif aux prises maritimes. Il peut également priver de leurs effets sur son territoire les contrats commerciaux, comme,

[1]) Les monographies, celles notamment relatives au commerce des neutres, sont indiquées par de Kamptz § 257.

[2]) Autrefois l'interdiction était la règle commune. Pufendorf, loc. cit. obs. 207. Quelquefois néanmoins on admettait des exceptions. Ainsi en 1675 les États généraux, lors de la guerre avec la Suède, proclamèrent la continuation du commerce entre les parties belligérantes.

par exemple, les contrats d'assurance, qui ont pour objets des biens ennemis.[1] D'un autre côté les parties belligérantes ont la faculté d'autoriser certaines branches du commerce et d'accorder des licences que, bien entendu, elles ne sont nullement tenues de respecter entre elles.[2] Mais en thèse générale il n'est pas permis de soutenir qu'une déclaration de guerre emporte toujours une interdiction absolue de commerce entre les belligérants, bien que souvent il en soit ainsi. Ces derniers doivent au contraire s'expliquer clairement à ce sujet, lorsque surtout il s'agit d'une interdiction générale.[3] En effet le droit de commerce est essentiellement individuel et ne dérive pas de l'État, qui ne fait qu'en régler les conditions et qui ne peut pas non plus le frapper d'une manière absolue.[4] Ainsi une puissance ne peut pas obliger ses alliés à se soumettre sous ce rapport à une défense générale, dès qu'elle ne résulte pas des clauses du traité d'alliance. Il doit se contenter d'exiger qu'ils ne favorisent pas effectivement l'ennemi, et il s'y opposera au besoin par voie de saisie ou autrement.[5]

LES PERSONNES COMPRISES DANS L'ÉTAT DE GUERRE.

§ 124. D'après les usages internationaux de l'Europe moderne, les effets actifs et passifs de la guerre ne se produisent

[1]) de Steck, Essais sur div. sujets. p. 14 suiv. Wurm à l'endroit cité t. VII, p. 340 suiv.

[2]) Jacobsen, Seerecht p. 423 suiv. 719—731. Wheaton, Intern. Law. IV, 1. § 22. Oke Manning p. 123. Wildman II, 245.

[3]) Nau, Völkerseerecht § 263. Contra Bynkershoek, Quaest. jur. publ. I, 3. Wurm, loc. cit. p. 282 suiv.

[4]) V. pour la jurisprudence passablement rigoureuse suivie en Angleterre, en Amérique et en France, Wheaton, loc. cit. § 13. Valin, Commentaire sur l'Ordonnance de 1681. III, 6. 3. Halleck XV, 9 suiv. — Oke Manning p. 123, observe avec raison qu'il s'agit ici plutôt de mesures politiques que commerciales. V. aussi Massé, Droit commercial. t. I. 1844. no. 335. Wildman II, p. 15.

[5]) V. là-dessus Bynkershoek, Quaest. jur. publ. I, 10. Wheaton, loc. cit. § 14. Wurm, loc. cit. p. 294 professent une opinion plus rigoureuse. On doit néanmoins se demander à quel titre un gouvernement pourrait s'arroger le droit de tracer à ses alliés leur voie de conduite et d'exercer sur leurs sujets une espèce de juridiction.

dans toute leur rigueur qu'à l'égard des souverains des parties principales ou alliées, et des armées de terre ou de mer entrées en campagne. Sous la dénomination d'armée sont compris les troupes et les équipages réguliers, ainsi que les irréguliers convoqués par des voies extraordinaires. Outre les soldats armés, on y comprend encore les personnes non combattantes attachées au camp, telles que les aumôniers, les médecins, les vivandiers et les intendants militaires. A l'égard de ces personnes toutefois il est constant qu'ils ne participent pas à la guerre active et qu'ils ne peuvent faire usage des armes qu'en cas de nécessité et pour leur défense personnelle. — Les autres sujets des parties belligérantes remplissent dans le cours de la guerre un rôle purement passif et n'y interviennent que par leurs rapports avec les troupes, en même temps qu'ils subissent nécessairement les conséquences de la guerre et de ses diverses vicissitudes.[1] Il leur est défendu de commettre aucune espèce d'hostilités sans un ordre formel du souverain, qui peut appeler certaines classes ou la population valide tout entière à prendre les armes. A ce sujet le code général de Prusse (Introduct. § 81) contient la disposition suivante: „Le chef seul de l'État prend les mesures nécessaires pour la défense du territoire contre des ennemis étrangers.“ Si, aux termes de représailles générales, le souverain, lors de la déclaration de guerre, ordonnait à tous les sujets de „courir sus aux ennemis“: cette formule toutefois, suivant l'explication fournie déjà par Vattel,[2] ne signifiait autre chose qu'une autorisation accordée aux sujets d'arrêter les personnes et les choses appartenant à l'ennemi. Elle a cessé depuis d'être en usage (§ 110).

Les sujets non appelés aux armes des puissances belligérantes ont naturellement le droit de s'opposer directement aux troupes ennemies, dès qu'elles s'écartent de l'observation des lois de la guerre. Tous les autres actes d'hostilité commis sur les personnes ou sur les biens privés de l'ennemi ne constituent pas seulement une infraction aux lois de la guerre, mais en même temps aux lois pénales protectrices des personnes et de

¹) Vattel III, 15, § 226.

²) Loc. cit. § 227. Voyez aussi Pufendorf, Jur. univ. IV, obs. 206.

la propriété, et que par suite elles sont justiciables soit des tribunaux ordinaires, soit des cours martiales.[1]

CORPS FRANCS; CORSAIRES.

§ 124[a]. Ceux qui font la guerre pour leur propre compte, la pratiquent tantôt collectivement et en vertu des commissions ou lettres de marque délivrées par un gouvernement, comme les corps francs[2] et les corsaires autorisés, tantôt isolément et sans commissions, comme les pirates. Ces derniers sont placés en dehors des lois communes de la guerre, ainsi que nous l'avons déjà expliqué, tandis que tous ceux qui ne prennent part aux hostilités qu'en vertu d'ordres formels de leur souverain, dont ils sont en état de justifier, sont protégés par les dispositions de leurs mandats, aussi longtemps qu'ils n'en dépassent pas les termes. A cette catégorie appartiennent surtout les armateurs (privateers)[3] qui équipent des navires pour aller en course, en vertu des lettres de marque qui leur ont été délivrées par leur

¹) Abegg, célèbre criminaliste, observe là-dessus dans son ouvrage intitulé: Untersuchungen aus dem Gebiet des Strafrechts, p. 86: La raison apparente pour résoudre la question dans un sens contraire, serait que l'État dont le territoire, par suite des vicissitudes de la guerre, a été occupé par des troupes ennemies, n'a le devoir ni l'intérêt de les protéger contre des attaques du dehors, après qu'un état de violence a succédé à la situation légale. A l'exception de ces guerres à outrance (bella internecina) dont nous ne verrons sans doute plus le retour, la guerre ne met pas un terme à l'état des choses légal, au point d'affranchir les citoyens de l'observation des lois envers certaines personnes. Il faut surtout renoncer à l'opinion qui ne fait consister la valeur des lois criminelles que dans l'efficacité de leur protection. Une question différente sera celle de savoir, jusqu'à quel point la légitime défense ou d'autres motifs de guerre sont de nature à modifier le caractère du droit criminel, au point d'assurer l'impunité ou une atténuation de la peine, ou même la grâce du coupable. V. aussi Frisius Rinia van Nauta, De delictis adv. peregrinos, maxime adv. milites hostiles. Groning. 1825. Heffter, Lehrbuch des Criminal-Rechtes. § 37.

²) J. J. Moser, Nachtrag zu den Grundsätzen des Völkerrechts in Kriegszeiten. 1750. Idem, Vers. IX, 2. 49. Halleck XII, 8 s. Lieber, On guerilla parties. New-York 1862.

³) V. l'ouvrage classique, intitulé: Versuch über Caper, par G. Fr. de Martens. Gött. 1795. (Traduct. franç. ibid.) Hautefeuille, Droits des neutres. I, p. 327. de Kaltenborn, Seerecht II, § 217. Halleck XVI, 11.

propre gouvernement ou par un gouvernement étranger. Ils obéissent aux ordres de l'amirauté et font partie de la marine militaire.

Les lettres de marque sont un legs du moyen âge et de son système de représailles.[1] Les nations s'accordent sans doute depuis longtemps sur le caractère barbare de cet usage, et de plus en plus on y a renoncé. Nous aimons à rappeler à ce sujet la disposition d'un traité de commerce conclu en 1785 entre la Prusse et les États-Unis (art. 23), qui déclare la course abolie entre ces puissances, disposition qui à la vérité n'a pas été reproduite dans les traités de 1799 et de 1828.[2] La Russie donna un autre exemple de s'abstenir de lettres de marque, dans la guerre qu'elle soutint de 1767 à 1774 contre la Turquie, guerre connue par la victoire navale remportée par Orloff sur la flotte turque à Tschesmé.[3] Enfin la déclaration du 16 avril 1856 a proclamé la course abolie pour toujours (voir l'appendice). Pour qu'elle soit regardée comme la loi générale du concert Européen il n'y manque que l'adhésion de l'Espagne, des États-Unis de l'Amérique septentrionale et du Mexique. A l'égard de ces États les anciennes règles de mer serviront encore de loi, savoir: Les puissances belligérantes seules ont le droit de délivrer ces commissions: il est défendu à un gouvernement allié d'en faire usage, aussi longtemps qu'il veut faire respecter sa neutralité. La commission toutefois peut être accordée aussi à des étrangers et à des sujets neutres, pourvu que les traités ne s'y opposent pas.[4] De même elle peut être donnée à des

[1]) de Kaltenborn dans Pölitz-Bülau, Jahrbücher für Geschichte und Politik. 1849. t. II.

[2]) Nau, Völkerseerecht. 1802. § 279 cite encore le traité entre l'Angleterre et la Russie, mais il contient seulement quelques modifications dans le régime des lettres de marque. Des clauses analogues se retrouvent dans une foule d'autres traités, sans avoir jamais été exécutées. Hautefeuille p. 338.

[3]) Franklin (Works t. II, p. 448) a condamné la course. V. Wheaton, Histoire p. 223 (éd. 2. II, 371). Hautefeuille I, p. 339. Wurm (Zeitschrift für Staatswissensch. t. VII, p. 344 suiv.) cite plusieurs autres exemples de guerres qui n'ont pas vu de lettres de marque.

[4]) Hautefeuille I, p. 350. 351. t. IV, p. 252 en cite plusieurs exemples. Ibid. t. I, p. 345. Halleck XVI, 16.

navires marchands qui par là obtiennent la faculté de capturer des navires ennemis.[1] Le gouvernement qui délivre des lettres de marque, en détermine en même temps les clauses et les conditions.[2] Les corsaires qui sont en mesure de justifier de leur mandat d'une manière régulière et qui se sont conformés à leurs instructions, jouissent seuls de la protection des lois internationales. Ceux qui ont accepté des commissions des deux parties ennemies, sont traités en pirates.[3]

PRATIQUES LICITES DE LA GUERRE.[4]

§ 125. Comme pratiques licites ou conformes au but de la guerre on regarde non-seulement la force ouverte, mais aussi des ruses. L'honneur et l'humanité toutefois imposent à ce sujet aux nations des limites que la raison de guerre permet quelquefois de franchir exceptionnellement.

Est réputée comme pratique absolument illégale et contraire à l'esprit de l'humanité l'empoisonnement des sources et des eaux du territoire ennemi, proscrit également par les lois musulmanes. L'emploi d'armes empoisonnées fut déjà défendu au moyen âge par l'Église: jusqu'au XVIe siècle on rencontre cependant des exemples de cet usage barbare.[5] Nous comprenons dans la même catégorie en général toutes les armes qui occasionnent des douleurs inutiles ou des blessures difficiles à guérir, telles que des boulets à pièces, ceux mêlés de verre et de chaux, doubles ou taillés, et sans doute aussi les fusées à la congrève lorsqu'elles sont tirées contre des hommes; l'emploi de chiens braques et de troupiers sauvages qui ne connaissent pas les lois de l'honneur militaire et de l'humanité en guerre.[6] Enfin le carnage causé

1) Martens § 12. Hautefeuille I, 345 et sous réserves Halleck XVI, 10.

2) Pour la France v. le règlement des prises du $\frac{11}{22}$ mai 1803. Martens, Recueil. t. VIII, p. 9. Ortolan, Règles internat. II, p. 354. Surtout de Pistoye et Duverdy, Tr. des prises. I, p. 157. Riquelme I, p. 266. 267.

3) Martens (§ 14) et Valin contestent en outre qu'on puisse prendre des commissions de plusieurs gouvernements alliés: les neutres auraient de quoi se plaindre. Comparez Hautefeuille I, p. 351 et Halleck XVI, 15.

4) Nous félicitons les États-Unis du Nord de l'Amérique de posséder un „Code of Instructions for the Government of Armies in the field.“

5) Chap. 1. X. de sagittar. Ward t. I, p. 252. 253.

6) R. de Mohl, See- und Völkerrecht I, 765.

parmi des personnes qui n'opposent aucune résistance et qui en sont incapables, est l'objet d'une réprobation universelle. Une guerre à outrance même qui a été déclarée contre un gouvernement, ne lui permet pas d'avoir recours à des procédés semblables.

Les usages de la guerre proscrivent également, lorsqu'il ne s'agit pas d'actes de représailles ou de précaution tendant à prévenir des désastres irréparables, les ravages du territoire ennemi et les destructions des récoltes et des habitations. Quelquefois les belligérants ont recours à ces pratiques dans le but de faciliter certaines opérations de guerre. Ainsi, d'après un ancien usage anglais, suivi encore pendant la guerre d'indépendance, on regardait comme licites les dévastations du territoire ennemi, dès qu'elles avaient pour but de faire obtenir des contributions des habitants, de contraindre les troupes ennemies à quitter des positions occupées par elles pour couvrir le pays, enfin de nuire à l'ennemi et de le ramener à la raison, en cas de révolte et de rébellion.[1]

Les lois de la guerre proscrivent encore l'usage des moyens de destruction qui, d'un seul coup et par une voie mécanique, abattent des masses entières de troupes, qui, en réduisant l'homme au rôle d'un être inerte, augmentent inutilement l'effusion du sang. Citons l'emploi de boulets ramés dans une bataille sur terre, de boulets rouges ou de couronnes foudroyantes dans une bataille navale, projectiles qui souvent suffisent pour anéantir d'un seul coup des navires entiers avec leurs équipages.[2]

Les lois de la guerre réprouvent également les ruses ou stratagèmes qui constituent des violations de la foi jurée à l'ennemi. Les conventions violées par l'une des parties belligérantes cessent d'être obligatoires pour l'autre.[3] L'honneur ainsi que le

¹) de Martens, Völkerr. § 274 (280).

²) Sur ces différentes propositions v. Vattel III, § 155—157. 166. 167. de Martens § 268 suiv. Klüber § 244. 262. 263. d'Ompteda § 301. de Kamptz § 289. — Bynkershoek (Quaest. jur. publ.: De rebus bellicis chap. 1) n'admet aucune restriction. Contra Ortolan II, 27. 5. Oke Manning p. 149. Wildman II, p. 24.

³) Macchiavel (dei discorsi III, 40). Vattel III, § 176.

propre intérêt repoussent pareillement l'assassinat, la provocation à ce crime, l'excitation des sujets ennemis à la révolte contre leur souverain légitime. La nécessité toutefois d'épargner l'effusion inutile de sang ou d'atteindre plus promptement le but de la guerre doit en quelque sorte légitimer l'emploi de moyens de corruption et les pratiques mises en oeuvre pour corrompre certains individus et provoquer la trahison.[1]

C'est ainsi que chacune des parties belligérantes peut accepter les offres volontaires qui lui sont faites par des sujets ennemis et en profiter, pourvu qu'elles n'aient pour but aucun acte repréhensible, tel que l'assassinat. Il lui est incontestablement permis de recevoir des transfuges, des déserteurs, d'accueillir les propositions d'un traître et d'envoyer des espions.[2] Chacune peut se garantir des ruses et de la trahison, surtout de doubles intelligences par les moyens les plus énergiques.[3] Toutefois la dissimulation devra cesser avec l'emploi de la force ouverte. Ainsi au commencement du combat d'escadres ennemies, chacune devra arborer son véritable pavillon.[4]

L'ennemi qui, pendant le combat, fait usage d'armes illicites, se place en dehors des lois de la guerre. La loi du talion le frappera impunément, lorsque surtout elle atteindra les vrais coupables.

TRAITEMENT DES PERSONNES ENNEMIES ET DES PRISONNIERS.

§ 126. Les lois de la guerre de l'ancien monde n'ont établi aucune barrière contre le traitement arbitraire des prisonniers, Livrés à la merci du vainqueur, ils n'avaient qu'à choisir entre la mort et l'esclavage. Les lois modernes des nations chrétiennes, avec leurs principes pleins d'humanité, ne dépassent pas à ce sujet les limites de la stricte nécessité, ainsi que nous l'avons

[1]) Pufendorf VIII, 6. 18. Vattel III, § 180. Klüber § 243 note a. Grotius (III, 1, 21) a manifesté des doutes à ce sujet. d'Ompteda § 303. de Kamptz § 291.

[2]) Il sera question de l'espionnage à la fin du livre III. V. cependant Vattel III, § 181. Klüber § 266. Halleck XVI, 26.

[3]) Vattel III, § 182.

[4]) Bouchaud, Théorie des traités de commerce. p. 377. Ortolan II, p. 33. Wildman II, p. 25. Halleck XVI, 24.

déjà observé. Elles distinguent les personnes ennemies selon leurs conditions en différentes catégories, dans l'ordre suivant:

I. Le droit de la guerre proprement dit, celui de vie et de mort, n'est applicable qu'aux personnes ennemies qui portent des armes, aux combattants ou aux troupes régulières. A leur égard il est permis de faire usage de tous les moyens de destruction.[1] Le devoir d'épargner la vie humaine peut prévaloir dans certains cas individuels, mais il devra toujours céder devant la raison de la guerre qui est le point fondamental. Dès que celle-ci le permet, il ne faut pas refuser d'accorder pardon aux troupes ennemies, pourvu qu'elles aient toujours observé une conduite analogue, à moins que la nécessité de rétablir l'égalité du combat n'exige l'emploi de mesures de rétorsion.

Les individus non combattants qui forment le train ou la suite de l'armée, tels qu'aumôniers, chirurgiens, vivandiers, quartiers-maîtres, sont à la vérité l'objet de ménagements individuels, mais dans la mêlée générale ils subissent le sort commun. Ils n'échappent pas au traitement de prisonniers, à moins que des traités ou des capitulations ne leur assurent un traitement différent.[2]

Les lois de la guerre, qui sont celles de la légitime défense, s'opposent également à ce qu'on se porte à des excès envers un ennemi terrassé ou blessé, qui d'ailleurs n'échappe pas au sort de prisonnier. Les soins dus aux blessés de l'ennemi dépendent à la vérité de la générosité du vainqueur: mais un intérêt de réciprocité lui conseille de ne pas leur refuser ces soins, après avoir assuré la position de ses propres blessés et malades. Jamais il ne devra se permettre de les tuer: dans un seul cas un acte aussi féroce trouverait une explication, celui où il serait démontré que les soldats mis à mort s'étaient rendus coupables d'un forfait semblable.

Une certaine inviolabilité est assurée aux parlementaires qui observent les signaux conventionnels en s'approchant du camp. On leur accorde les délais et les sûretés nécessaires pour rentrer librement dans leur camp.

[1]) Zachariae, Vom Staat. XXVIII, 7. 2. (t. IV, 1. p. 99).

[2]) Klüber, Droit des gens § 247.

II. Les individus qui n'appartiennent pas à l'armée, ceux-là mêmes qui sont chargés du maintien de la sûreté et de l'ordre intérieurs, jouissent de la protection des lois de la guerre. Ils ne peuvent être soumis à un traitement violent que lorsqu'ils ont commis des actes d'hostilités. La seule condition d'ennemi ne justifie pas des procédés semblables. Mais on peut naturellement prendre envers les personnes sus-indiquées des mesures de sûreté de toute sorte, les désarmer, les arrêter et en exiger des otages.[1]

Les sujets ennemis qui, lors de l'ouverture des hostilités, se trouvent sur le territoire de l'une des puissances belligérantes ou qui y sont entrés dans le cours de la guerre, devront obtenir un délai convenable pour le quitter. Les circonstances néanmoins peuvent aussi rendre nécessaire leur séquestration provisoire, pour les empêcher de faire des communications et de porter des nouvelles ou des armes à l'ennemi.

Ces principes, il faut l'avouer, n'ont pas toujours été respectés par les belligérants pendant les fureurs de la guerre. Mais la grande Charte anglaise (Magna Charta, art. 41) contenait déjà de sages prescriptions à cet égard. Plus tard des traités ont stipulé d'une manière solennelle une protection au moins temporaire au profit des sujets ennemis. Qu'il suffise de citer les dispositions du traité d'Utrecht, conclu d'une part entre la France et l'Angleterre (art. 19), et d'autre part entre cette puissance et l'Espagne (art. 6); celles du traité anglo-russe de 1766 (art. 12).[2] Enfin, avons-nous besoin de rappeler les règles généreuses adoptées dès le principe de la guerre d'Orient par les puissances occidentales et par la Russie?

III. Conformément aux usages modernes, les souverains et les princes qui appartiennent à la famille souveraine, lors même qu'ils auraient pris part aux opérations de la guerre, ne sont pas soumis aux lois communes, et on leur accorde des ménagements particuliers. Ainsi on évite de faire tirer sur eux: mais ils peuvent être faits prisonniers. Aucun excès ne peut être commis sur des femmes et des enfants: ils ont au contraire

[1]) Grotius III, 4. 19.

[2]) Ward (I, p. 356. 357) cite de déplorables exemples du contraire. Contra Ortolan II, p. 281. V. aussi page 229 note 2 ci-dessus.

droit à être protégés contre toute molestation. Les troupes ennemies ne négligent pas non plus d'observer entre elles les règles consacrées de la politesse. Cela n'empêche en aucune manière de prendre des mesures de précaution et de recourir au besoin à des représailles.

IV. Sont exceptées de la protection des lois et des usages de la guerre les personnes suivantes:

1° Les individus qui, à leurs risques et périls, et sans aucun ordre de leur souverain, se sont livrés à la petite guerre. Nous distinguons de ces derniers, bien entendu, les corps francs régulièrement formés (§ 124. b.);

2° les militaires et les individus non-militaires qui, par leur conduite, enfreignent les lois de la guerre, comme les maraudeurs non régulièrement autorisés;

3° les déserteurs retrouvés dans le camp ennemi.

Le commandant militaire, entre les mains duquel sont tombés les individus appartenant à l'une des catégories qui viennent d'être indiquées, possède à leur égard un pouvoir discrétionnaire.

CAPTIVITÉ.

§ 127. D'après les règles de l'ancien droit des gens, toutes les personnes tombées au pouvoir du vainqueur subissaient le sort de la captivité. Lorsqu'il n'avait pas promis de les traiter avec ménagement, il disposait d'eux arbitrairement et selon ses caprices: encore les engagements pris par lui à ce sujet ne suffisaient-ils pas toujours pour les protéger. Il les tuait, les accablait de mauvais traitements, les livrait en esclavage.[1] Certains peuples à la vérité avaient des lois moins barbares: mais les observaient-ils strictement? Ainsi une loi adoptée par la Ligue amphictyonique proscrivait le meurtre d'un prisonnier qui s'était réfugié dans un temple.[2] Pareillement une loi qui, à ce qu'on prétend, était respectée dans toute la Grèce, assurait le pardon aux ennemis qui s'étaient rendus volontairement en im-

¹) Grotius III, 11, 7 suiv.

²) Saint-Croix Gouv. fédér. p. 51.

plorant leur grâce.[1] Il paraît encore qu'un usage romain garantissait la vie sauve aux assiégés qui s'étaient rendus avec leur matériel de défense.[2]

Au moyen âge l'Église proposait aux classes privilégiées livrées sans cesse entre elles à des guerres privées, une voie de paix et de conciliation par l'établissement des trêves de Dieu.[3] C'est ce qui n'empêchait en aucune manière les parties belligérantes de soumettre les sujets et les prisonniers ennemis aux traitements les plus violents et les plus cruels.[4] A peine le désir d'obtenir une riche rançon ou l'esprit de chevalerie apportait-il quelquefois de légers adoucissements à ces procédés barbares. L'Église parvint en même temps à supprimer graduellement l'esclavage des prisonniers chez les nations chrétiennes. Dans l'occident, ce fut par une décrétale rendue sous le pape Alexandre III par le troisième concile latéran (1179), que l'esclavage et la vente des prisonniers chrétiens furent abolis. En Orient une défense analogue existait dès l'année 1260, d'après le témoignage de l'évêque grec Nicéphore Grégoire.[5]

§ 128. Nous avons déjà dit que le souverain et les princes des familles souveraines, dès qu'ils ont pris du service dans l'armée active ou qu'ils sont capables de porter les armes, enfin tous ceux qui font partie de l'armée active, peuvent, d'après les lois modernes, être traités comme prisonniers de guerre.[6] Les sujets ennemis non-militaires au contraire ne peuvent qu'exceptionnellement être traités comme prisonniers (§ 125. II.).

Les effets de la captivité commencent à courir, à l'égard des prisonniers de guerre, dès le moment où, réduits à l'impossibilité d'opposer de la résistance, ils se sont rendus volontairement, soit conditionnellement soit sans condition, et qu'ils ont obtenu la grâce de leur vie.

1) Thucydid. III, chap. 52.

2) Caesar, De bello gallico. II, 32. Cicero, De offic. I, 12.

3) V. c. 2. X. de treuga.

4) Ward dans plusieurs endroits. Pütter, Beitr. p. 47 suiv.

5) Pütter, Beitr. p. 69. 86.

6) d'Ompteda § 311. de Kamptz § 305. Grotius III, chap. 7. Moser, Vers. IX, 2, p. 250. 311 suiv. Bynkerskoek, Quaest. jur. publ. I, 3. Vattel III, § 139 suiv. Klüber § 249. Wheaton IV, 2. 2. Oke Manning p. 155.

Les lois de la guerre défendent d'ôter la vie aux prisonniers sous aucun prétexte: car l'ennemi incapable de nuire a droit à des ménagements. Il est permis seulement de prendre à son égard des mesures de précaution et de s'assurer de sa personne. Si toutefois les circonstances rendaient l'application de ces mesures trop difficile, la nécessité de la légitime défense et les fins suprêmes de la guerre feraient repousser la reddition offerte. Ainsi les prisonniers qui, après avoir été désarmés, menacent de reprendre les armes, pourront être tués impunément. Le meurtre sera moins excusable s'ils se sont rendus sur parole, à moins qu'ils n'y aient manqué les premiers, ou que leur présence dans le camp ne présente des dangers sérieux.

De même le vainqueur a incontestablement le droit de faire appliquer au prisonnier qui s'est livré sans condition, la peine d'un forfait énorme contraire aux lois de la guerre, dont il s'était rendu coupable, d'après les règles de la vindicte sociale. Toute vengeance néanmoins exercée sur un ennemi qui n'a fait que remplir les devoirs militaires, doit être réprouvée:[1] telle sera, par exemple, l'exécution du brave commandant d'une forteresse assiégée, lors même que sa défense courageuse aurait provoqué pendant le siége la menace de cette punition. Espérons que les annales de l'Europe n'aient plus à enrégistrer de pareils forfaits.

§ 129. Le traitement du prisonnier de guerre consiste dans la privation effective et temporaire de sa liberté, pour l'empêcher de retourner dans son pays et de prendre de nouveau part aux opérations de la guerre. Les membres des familles souveraines, lorsqu'ils ont été faits prisonniers, sont traités avec les égards dus à leur rang. Détenus souvent sur leur simple parole, ils sont affranchis de toutes les mesures vexatoires de sûreté personnelle. De même les officiers, dès qu'ils ont engagé leur honneur, jouissent aussi d'une plus grande liberté. Les sous-officiers et les soldats au contraire, soumis à une surveillance active, sont employés à des travaux convenables pour gagner une partie des frais d'entretien fournis par le gouvernement qui les détient. Ce dernier pourra exiger le remboursement ou en exiger la compensation lors de la conclusion de la paix.

[1]) Vattel III, § 141. 143. Wildman II, 25. 26.

Les prisonniers de guerre sont, pendant toute la durée de leur captivité, incontestablement justiciables des tribunaux du pays où ils se trouvent détenus, notamment à raison des crimes qu'ils y ont commis. Les lois de la guerre réprouvent de mauvais traitements, des procédés arbitraires, des violences de toute espèce, lorsqu'elles ne sont pas justifiées par la nécessité. Ce ne serait que dans le cas où, contrairement aux conditions de leur détention, ils conspireraient contre la sûreté intérieure de l'État, que ce dernier pourrait user valablement à leur égard de moyens de correction ou de répression énergiques. Ceux qui sont restés étrangers aux faits reprochés, ne devront pas subir les conséquences des représailles, quoi qu'en disent certains auteurs anciens qui, sous le nom de pratiques de guerre, ont cherché à justifier des procédés semblables, ne fût-ce que comme de simples menaces.[1] — Les lois de la guerre défendent encore de contraindre des prisonniers d'entrer dans l'armée de l'État où ils sont détenus.

La captivité finit dans les cas suivants:

par la paix;

par une soumission volontaire acceptée par le gouvernement ennemi;

par le renvoi conditionnel ou sans condition;

par le rachat ou la rançon.

Les prisonniers qui, après avoir été rendus à la liberté par suite d'une promesse de payer une rançon qu'ils n'ont pas remplie, viennent à être repris une seconde fois, ne sont passibles d'aucune peine, car ils n'ont fait qu'obéir à la voix naturelle de la liberté et de la patrie. Mais s'ils ont manqué en même temps aux conditions acceptées de leur mise en liberté, à celle, par exemple, de ne plus servir contre le gouvernement qui les a renvoyés, ils seront passibles de peines sévères.

1) Vattel III, § 142. Le traité conclu en 1799 entre la Prusse et les États-Unis contient, dans l'art. 24, quelques dispositions curieuses sur le traitement des prisonniers.

DROITS SUR LES CHOSES QUI APPARTIENNENT A L'ENNEMI.[1]

§ 130. Par une conséquence naturelle des anciennes lois de la guerre, qui avait pour but exclusif la destruction de l'ennemi, le vainqueur pouvait s'approprier, par une simple prise de possession, les biens appartenant à ce dernier, ces biens étant regardés comme caducs et sans maître.[2] Les lois regardaient même le domaine des biens enlevés à l'ennemi comme le plus légitime et le plus solide.[3] Ceux que le vainqueur n'avait pas l'intention de garder étaient impitoyablement voués à la destruction. Rien n'était excepté de la ruine universelle: les campagnes et les villes, les édifices publics et privés, les temples même n'y échappaient pas. Encore dans l'époque romano-chrétienne les tombeaux ennemis, dont la religion avait placé le culte si haut, n'étaient pas respectés.[4] Tout ce qui, dès le commencement de la guerre, se trouvait sur le territoire ennemi, était la proie du vainqueur.[5]

Les lois présentaient cependant certaines différences entre elles par rapport à la personne de l'acquéreur. Ainsi les lois romaines admettaient cette distinction fondamentale que la prise de possession des terres ennemies (occupatio bellica) en rendait maître l'État vainqueur, tandis que les biens meubles devenaient la propriété des particuliers qui s'en étaient emparés, de manière que les meubles conquis en commun furent partagés proportionnellement entre les coïntéressés, après certains prélèvements opérés au profit du fisc et des temples publics.[6]

Les lois modernes de la guerre ont consacré des principes

[1]) Grotius III, chap. 5 et 6. Vattel III, 9 et 13. Martens, Völkerr. p. 274 suiv. d'Ompteda p. 308. de Kamptz p. 306.

[2]) Loi 1. § 1. l. 5. § 7 pr. D. de acquir. rer. domin. I, 20, § 1. D. de captivis et postlim. Gajus, Comment. II, 69, § 17. J. de divis. rerum.

[3]) Gajus (Comment. IV, § 16) dit des anciens Romains: „Omnium maxime sua esse credebant quae ex hostibus cepissent. Unde in centumviralibus judiciis hasta praeponitur."

[4]) Loi 4. Dig. de sepulcro violato. Loi 36. Dig. de religiosis: „sepulcra hostium nobis religiosa non sunt."

[5]) Loi 51. Dig. de acquir. rer. domin. Loi 12 pr. Dig. de captivis.

[6]) Grotius III, 6. 14 suiv. Cujas, Observat. XIX, 7. Vinnius ad § 17. Inst. de rer. divis. J. J. Barthélemy, Oeuvr. div. Paris 1798. t. I, p. 1.

différents, ainsi que nous l'avons déjà observé. La guerre n'est plus regardée comme un état de choses normal: elle ne dissout les rapports régulièrement établis qu'autant que la nécessité l'exige. Elle n'est pas un état d'hostilité éternelle entre les nations civilisées: elle ne perd surtout jamais de vue son véritable but, qui est le retour de la paix. Accident essentiellement transitoire, elle suspend seulement le règne de la paix. C'est un accident dont chacune des parties belligérantes profite avec une entière liberté pour conserver les avantages que lui procurent les succès de ses armes, sans qu'elle ait à en rendre compte devant une autorité quelconque. Mais toujours est-il constant que l'état de possession, résultant des succès de guerre, ne produit tous ses effets que par rapport aux États belligérants: par rapport à leurs sujets au contraire dans les limites seulement de la stricte nécessité. Depuis Grotius cette idée moderne de la guerre s'est fait jour avec une énergie persistante: sortie des ombres de la théorie, elle est appelée désormais à prendre place au sein des nations civilisées de l'Europe.[1]

§ 131. Du principe moderne de la guerre que nous venons d'énoncer, découlent naturellement les proposition suivantes:

I. La conquête totale ou partielle d'un territoire n'a pas pour effet direct de remplacer le gouvernement vaincu par le vainqueur, aussi longtemps que la lutte peut se continuer avec quelque chance. C'est seulement après avoir fait subir au peuple vaincu une défaite complète (debellatio, ultima victoria), après

[1]) Nous citons les Annales politiques et diplomatiques par Isambert, Paris 1823. Introd. p. CXV: „Nous pensons avec Grotius qu'on acquiert par une guerre juste autant de choses qu'il en faut pour indemniser complétement les frais de la guerre; mais il n'est pas vrai que par le droit des gens on acquière le droit de la propriété entière des biens des sujets. On n'admet plus aujourd'hui le principe que la conquête engendre des droits. Il n'y a d'immuable, dans la pratique des nations, que les principes qui dérivent immédiatement du droit de la nature.“ Zachariae, 40 Bücher vom Staate. IV, 1, p. 102: „Le droit des gens protége les biens des sujets ennemis: il n'est permis d'y toucher que par exception autant qu'il faut pour atteindre le but de la guerre. Car les biens particuliers des sujets ne font partie des forces de guerre des États que dans les limites du pouvoir qui appartient aux gouvernements sur les biens de leurs sujets.“

lui avoir enlevé la possibilité d'une plus longue résistance, que le vainqueur peut établir sa domination sur lui en prenant possession du pouvoir souverain, domination à la vérité usurpatrice, ainsi que nous l'expliquerons au chap. IV. Jusque là il ne pourra que séquestrer les domaines du gouvernement depouillé provisoirement et de fait de ses prérogatives. Il pourra tirer parti de toutes les ressources dont disposait ce dernier et qui sont d'une réalisation facile, pour se dédommager de ses pertes. Ainsi il saisira les revenus de l'État; il prendra les dispositions nécessaires pour se maintenir en possession du territoire conquis. Mais on ne saurait prétendre que la conquête opère de plein droit une subrogation du vainqueur dans les droits du gouvernement vaincu.[1]

II. Une simple invasion ne produit aucun changement dans la condition de la propriété civile: mais il est évident que celle-ci ne pourra se soustraire aux conséquences de l'invasion ni aux exigences du vainqueur. Ces exigences porteront à la fois sur le fond du litige et sur les sacrifices déjà faits ou à faire encore pour le faire vider.

Les particuliers répondent en outre de l'exécution des engagements contractés par l'État, tant envers leur propre gouvernement qu'envers l'ennemi vainqueur. En conséquence ce dernier pourra exiger des contributions, requérir des prestations en nature ou personnelles, et au besoin, s'il rencontre de la résistance, il emploiera la force et se mettra en possession des objets requis, sauf l'indemnité à fixer par voie de compensation ou autrement, lors de la conclusion de la paix. Il est impossible de tracer des règles précises sur l'étendue de la faculté dont jouit chacune des puissances belligérantes, de saisir les biens des sujets ennemis; car pendant la guerre les nations ne reconnaissent entre elles aucun juge supérieur. L'emploi d'actes de rétorsion et l'aggravation des conditions de la paix, lorsqu'un

[1]) Les monographies sur cette importante matière sont indiquées par de Kamptz § 307. La théorie de la plupart des auteurs est erronée en ce sens qu'ils confondent la simple occupation avec la prise de possession définitive. Cocceji, dans son Comment. sur Grotius III, 6, et dans sa dissert. De jure victoriae, a indiqué la véritable théorie.

retour de la fortune permet de les imposer, sont les seuls remèdes aux excès dont l'une d'entre elles s'est rendue coupable à cet égard.

III. Les biens possédés dans le territoire de l'une des parties belligérantes par des sujets de l'autre, continuent à y être protégés par les lois et ne peuvent leur être enlevés sans une violation de la foi internationale.[1] La partie qui s'en est emparée, pourra tout au plus les mettre sous séquestre, si cette mesure était de nature à lui faire obtenir plus facilement les fins de la guerre, et, pendant l'intervalle, en percevoir les fruits. — On observera moins de ménagements à l'égard des biens dont on s'est emparé pendant la guerre même: ils seront assimilés à ceux trouvés en pays ennemi.

IV. La partie vainqueur doit éviter de commettre des ravages ou destructions de biens ennemis, dès que la raison de guerre ne les justifie pas, ainsi que nous l'avons déjà dit (§ 124). Les nations civilisées devraient même éviter en pareil cas l'emploi de représailles.

ÉTAT DE LA JURISPRUDENCE MODERNE.

§ 132. La pratique moderne de la guerre est entrée, il faut en convenir, dans une voie conforme aux principes ci-dessus expliqués, sans que toutefois elle en ait tiré les dernières conséquences. Elle a au contraire maintenu quelques restes des anciens usages, dont les théoriciens de l'école historique surtout se sont constitués les ardents défenseurs.

En effet, en ce qui concerne d'abord le domaine des biens appartenant au gouvernement vaincu, la pratique du siècle dernier a souvent confondu la simple invasion avec la conquête définitive (ultima victoria), et elle a fait découler de la première des conséquences qu'il faut attribuer à la seconde seulement. D'après un usage presque constant, le souverain victorieux, après s'être emparé de l'intégrité ou d'une partie du territoire ennemi, se faisait rendre par ses habitants l'hommage de sujétion. De nombreux auteurs continuaient à professer l'an-

[1]) Comparez Massé, Droit commercial § 138.

cienne théorie, suivant laquelle les biens appartenant à l'ennemi étaient réputés sans maître (res nullius), et ils en concluaient que la conquête pourrait avoir pour effet une confiscation au préjudice du gouvernement vaincu. Le vainqueur disposait donc des terres par lui occupées comme de son domaine privé. C'est ainsi que George I, roi d'Angleterre, par un acte de cession ratifié le 17 juillet 1715, se fit transmettre le domaine des duchés de Brème, de Verden et de Stade par le roi de Danemark qui venait de les enlever en pleine paix à la Suède; car ce fut quelques mois après seulement que la guerre fut déclarée à ce dernier pays![1] Cette pratique s'est continuée pendant les guerres de l'Empire français au commencement de notre siècle. Moyennant une déclaration solennelle de déchéance le vainqueur opérait la prise de possession définitive du territoire conquis, après s'être, jusqu'à ce moment, contenté de tirer parti des ressources du pays abandonnées par le gouvernement vaincu. De même à l'égard des biens privés des sujets ennemis, il se bornait à leur imposer des contributions et des réquisitions, ou à les soumettre aux besoins momentanés d'une marode disciplinée. Les commandants de troupes ont toujours cherché à éviter autant que possible des ravages de propriétés ennemies, en ne les autorisant qu'en des cas exceptionnels.

Si l'on a réussi ainsi dans les guerres de terre à circonscrire le droit de butin (praeda bellica) dans des limites raisonnables, un système différent, profondément attentatoire au principe de la propriété privée, a prévalu dans les guerres maritimes, ainsi que nous aurons l'occasion de l'expliquer. Cependant les auteurs les plus récents, nous le disons avec regret, professent encore sur les changements que produit la guerre dans les conditions du domaine public et de la propriété privée, certaines théories inconciliables avec sa véritable nature. Nous aurons à discuter une à une les propositions qui découlent de ces théories erronées.

[1]) Martens § 277 note b. a cité d'autres exemples. Les auteurs anglais et américains défendent avec opiniâtreté le système par nous condamné. V. Oke Manning § 277 note 6. Wildman II, 9. Halleck, ch. XIX. Il est vrai qu'ils ont en leur faveur l'autorité de Grotius et de Bynkershoek.

EFFETS DE LA CONQUÊTE SUR LA CONDITION DE LA PROPRIÉTÉ IMMOBILIÈRE PRIVÉE.

§ 133. Quant aux immeubles des sujets ennemis, on est depuis longtemps d'accord sur ce point que l'invasion ou l'occupation ennemie ne produit aucun changement dans leur condition légale et qu'ils ne passent plus, comme dans les anciens temps, entre les mains du vainqueur. Sous ce rapport, les auteurs modernes ne présentent aucune divergence d'opinion. Ils s'accordent à dire qu'une prise de possession a besoin d'être ratifiée lors de la conclusion de la paix, ce qui veut dire en d'autres termes que l'occupation est un fait insuffisant.[1]

Il en résulte que toutes les dispositions arrêtées par le vainqueur relativement à la propriété immobilière du territoire par lui occupé, n'ont aucune valeur légale, qu'elles ne produisent que des conséquences de fait qui, lors de la reprise, par une application du droit de „postliminie", deviennent caduques. Si néanmoins le vainqueur réussissait à se maintenir définitivement dans le territoire conquis, ses dispositions obtiendraient une force légale, et les aliénations opérées par lui deviendraient valables.

Ce que nous venons de dire sur la condition de la propriété privée des sujets, s'applique également aux biens privés du souverain dépossédé temporairement. Aussi longtemps que le vainqueur n'aura pas acquis la possession complète du pouvoir suprême, il ne pourra disposer valablement de ces biens,[2] pas plus que de ceux qui font partie des domaines de l'État.[3]

[1]) Meermann, Von dem Recht der Eroberung. Erfurt 1774. Pufendorf VIII, 6. 20. Vattel III, § 195. 196. Klüber § 256. de Martens § 277. Wheaton IV, 2, § 16. Halleck, ch. XIX, 3. 1.

[2]) Ainsi jugé par la Cour de Cassation de Paris (Sirey XVII, 1. 217): „Le droit de conquête n'a d'effet au préjudice des princes que sur les biens qu'ils possèdent en qualité de princes, et non sur les biens qu'ils possèdent comme simple propriété."

[3]) Jugement de la même Cour (Sirey XXX, 1, 280): „La conquête et l'occupation d'un État par un souverain n'autorisent pas ce souverain à disposer par donation ou autrement du domaine conquis ou occupé." V. aussi Allgemeines Landrecht für die preufs. Staaten. I, 9, § 198.

Mais il pourra incontestablement disposer toujours à titre provisoire des fruits et des revenus qu'il aura fait saisir.

CHOSES INCORPORELLES (CRÉANCES).[1]

§ 134. L'occupation des choses incorporelles a toujours fourni aux auteurs l'occasion d'une controverse importante. Peuvent-elles être occupées ou saisies valablement? La plupart des auteurs[2] se sont prononcés pour l'affirmative, en ce sens que, le débiteur une fois valablement libéré par le vainqueur, le créancier primitif ne pourrait plus se prévaloir à son égard des conséquences résultant du droit de postliminie. Les mêmes auteurs disaient en outre que la libération était valablement faite par le vainqueur, lors même que les débiteurs avaient leur domicile en territoire tiers ou neutre. A l'appui de leur théorie, ils ont invoqué la maxime romaine qui donnait à l'occupation de guerre (occupatio bellica) un caractère absolu. Ils en faisaient descendre une sorte de droit de confiscation, dont on s'est prévalu pendant plusieurs guerres du siècle dernier, pour se faire rembourser le montant des sommes qui étaient dues au gouvernement vaincu. Ils se sont prévalus des dispositions de différents traités de paix qui ont également sanctionné des spoliations semblables.[3] Enfin, comme si tant d'arguments ne suffisaient pas, on a encore eu recours à un prétendu arrêt de la Cour amphictyonique. Il s'agissait alors d'une demande formée par la ville de Thèbes contre le peuple thessalien et dont elle aurait été déboutée après qu'Alexandre le Grand eut fait re-

1) Chr. Gottl. Schwartz, De jure victoris in res divictor. incorporales. Alt. 1720. de Kamptz, Beiträge zum Staats- und Völkerrecht. no. 9. B. W. Pfeiffer, Das Recht der Kriegseroberung in Beziehung auf Staats-Capitalien. 1823. Ferd. Ch. Schweikart, Napoleon und die kurhessischen Capitalschuldner. Königsberg 1833. de Kamptz, Litt. § 307.

2) V. encore Wildman II, 11, qui n'en excepte que les créances d'un État envers des particuliers.

3) Schweikart, loc. cit. p. 74. 82 suiv. cite un grand nombre de traités pareils. V. aussi Bynkershoek, Quaest. jur. publ. I, 7, p. 177. de Kamptz, Beitr. § 5 note 4. En général les exemples cités par ces auteurs contiennent des conventions faites en prévision de cas spéciaux et qui n'ont aucun caractère général.

mettre à ce peuple le document original, lors de la destruction de la ville.[1]

Quoi qu'il en soit, nous croyons, au point de vue légal, devoir combattre cette doctrine, ainsi que la jurisprudence à laquelle elle a servi de base. C'est en effet un principe élémentaire que le payement fait à un autre qu'au vrai créancier, ou que la libération d'un tiers ne fait pas régulièrement cesser les droits du créancier. Pour se rendre compte d'une manière suffisante de l'état de la question, il faut distinguer premièrement des créances purement personnelles les obligations qui dérivent de droits réels, sans en former précisément la partie principale. Car celles-ci participent de la nature des immeubles et elles en partagent le sort pendant la guerre, conformément aux règles précédemment retracées par nous.

Parmi les créances d'un caractère personnel, nous remarquons d'abord celles qui ont pour but de fournir un équivalent de certains immeubles concédés à titre d'usage, comme les loyers et les fermages. Ces derniers appartiennent incontestablement à l'ennemi dès qu'il s'est mis en possession des immeubles. C'est à lui de décider s'il veut maintenir les baux: dès qu'il n'en a pas disposé autrement, ces baux sont censés être tacitement renouvelés entre lui et les fermiers précédents.[2] — Mais d'un autre côté ce serait peu conforme à la vraie nature des créances personnelles, que de les regarder comme étant susceptibles d'une possession réelle, par suite d'une occupation de guerre (occupatio bellica). La simple détention d'un titre ne confère aucunement le droit d'en poursuivre l'exécution: c'est une règle constante.[3] Une créance, chose essentiellement incorporelle ou personnelle, ne fait naître des rapports qu'entre le créancier et le débiteur; le créancier seul peut céder valablement ses droits à

[1]) Cette histoire est racontée par Quintilien, Instit. orat. V, 10. 111 suiv. Les auteurs ont traité cette question avec une certaine prédilection; v. Schweikart p. 53 suiv. L'arrêt en question n'est probablement qu'une pure fiction. V. Saint-Croix, Des anciens gouvernements fédératifs. p. 52. F. W. Tittmann, Ueber den Bund der Amphictyonen. 1812. p. 135. On ignore jusqu'aux termes de ce jugement, qu'on a essayé de recomposer d'après le passage sus-indiqué.

[2]) Ziegler, De juribus majest. I, 33, § ult. [3]) de Kamptz, loc. cit. § 8.

un tiers, à moins que la cession ne soit l'effet d'une autorisation donnée en justice. La guerre, avec ses chances incessantes de succès et de défaite, ne peut pas conférer aux belligérants un droit semblable. Le débiteur qui avait été obligé de payer à la partie qui momentanément avait le dessus, supportera seul les conséquences de cet accident de guerre, conformément aux dispositions du droit civil.[1] Il ne pourra opposer le payement à son créancier: ce dernier lui tiendra seulement compte des dépenses utiles. Celui qui a payé indûment a encore le droit d'exiger le remboursement de ses dépenses de celui qu'il a libéré valablement de poursuites ennemies. Mais ce sera seulement lors de la conquête définitive et en vertu des clauses formelles du traité de paix, que la question recevra une solution définitive, notamment dans le cas où le débiteur est à la merci de l'ennemi qui s'est emparé du territoire. Toutefois les actes accomplis par ce dernier ne peuvent jamais nuire à une tierce puissance.[2]

Enfin, chacune des parties belligérantes pourra refuser d'admettre les réclamations formées contre ses sujets par des sujets ennemis (§ 122), à moins qu'elle ne se trouve liée à cet égard par des conventions précédentes.[3]

ACQUISITION DE CHOSES MOBILIÈRES.[4]

§ 135. Le butin est un mode d'acquisition régulier et généralement admis dans les guerres terrestres. Sous ce nom on comprend ordinairement toutes les choses mobilières et corporelles, enlevées à l'armée ennemie ou à quelques personnes qui en font partie, ou bien encore, par exception, à des individus étrangers à l'armée; comme, par exemple, lorsqu'une forteresse ou une place d'armes, à la suite d'une défense opiniâtre, a été livrée au pillage par ordre des chefs.

1) Schweikart p. 94 suiv. 105. 109.

2) Les auteurs qui prétendent que les choses incorporelles peuvent faire l'objet d'une occupation, professent dans cette matière une opinion différente de la nôtre. V. de Kamptz, loc. cit. § 6. 7.

3) Dans le traité conclu en 1794 entre l'Angleterre et les États-Unis, on rencontre une disposition semblable. Wheaton IV, 1, § 12.

4) d'Ompteda § 309. de Kamptz § 308. Grotius III, 6. Vattel III, 196.

Le butin repose sur cette idée fondamentale que les armées ennemies sont réputées abandonner aux chances de la guerre tout ce qu'elles portent avec elles lors de leur rencontre. Le pillage de particuliers, autorisé dans certains cas exceptionnels, a au contraire pour but d'offrir aux troupes une espèce de récompense de leurs efforts extraordinaires. Sans doute il serait plus généreux, plus conforme aux préceptes de l'humanité, de ne permettre aucune dérogation semblable à la loi commune, puisque l'indemnité à accorder en pareil cas offrira toujours les plus grandes difficultés d'appréciation. Le plus souvent ces actes de brutalité frappent des innocents, ainsi que la pratique elle-même l'a constaté.

Quoi qu'il en soit, il n'est pas douteux que tout ce qui, en dehors des cas qui viennent d'être indiqués, a été enlevé par des troupes aux sujets du pays qu'elles occupent, doit être restitué aux propriétaires légitimes, conformément aux prescriptions de la discipline militaire. Mais les objets enlevés qui n'ont pas été ainsi régulièrement restitués, prendront, dès la conclusion de la paix, la nature d'un vrai butin de guerre. Les choses au contraire appartenant aux sujets ou aux troupes ennemies, lesquelles leur ont été enlevées par des particuliers, ne peuvent être l'objet d'une possession valable.[1]

Quant à la personne de l'acquéreur, la pratique des États, sans s'appuyer à la vérité sur des textes positifs, distingue entre les choses qui forment le matériel d'une armée ou qui sont destinées aux opérations de campagne, et celles qui le sont exclusivement aux besoins des troupes, comme l'argent, les objets précieux, les objets d'équipement. Ces derniers échoient aux militaires ou aux corps de troupes qui les ont enlevés, tandis que l'artillerie, les munitions de guerre, les provisions de bouche appartiennent au souverain, qui ordinairement accorde une in-

[1]) Struben, Rechtliche Bedenken. II, no. 20, professe une opinion différente. V. cependant Pufendorf VIII, 6. 21. Le Code général de Prusse I, 9, § 193. 197 prescrit également que l'État seul peut accorder l'autorisation de faire du butin, et que le pillage des sujets ennemis étrangers à l'armée ne doit avoir lieu qu'en vertu d'une autorisation du chef de l'armée.

demnité aux troupes qui s'en sont emparées.[1] On applique en pareil cas les dispositions particulières des règlements militaires. Suivant un ancien usage assez bizarre, les cloches d'une place conquise appartenaient au chef d'artillerie, lorsqu'elles avaient servi pendant le siége.[2]

§ 136. En examinant de plus près la nature du domaine qu'on appelle le butin de guerre, on s'aperçoit aisément qu'il n'a aucunement pour base la fiction qui regarde comme étant sans maître (res nullius) les biens conquis, car en réalité ils ne cessent d'appartenir à leurs maîtres précédents. L'absence d'une justice commune entre les parties belligérantes ne suffit pas non plus, comme nous l'avons dit, pour expliquer comment une possession essentiellement arbitraire peut se transformer en domaine.[3] Si, comme dans le monde ancien, les États chrétiens n'admettaient entre eux aucune loi commune, la conquête serait toujours le mode d'acquisition le plus solide. Mais ce point de vue ne s'accorde plus avec la nature essentiellement transitoire de nos guerres actuelles. D'après nos idées, le pillage ne deviendra jamais un mode d'acquisition régulier. Il donne seulement la faculté matérielle de disposer librement des fruits et de la substance de la chose, autant que les circonstances ne s'y opposent pas. L'occupant ou celui auquel il a cédé l'objet, n'est pas non plus tenu d'en rendre compte, tant que la guerre continue ou que le détenteur actuel de l'objet se trouve à l'état d'ennemi vis-à-vis du propriétaire précédent. Ce dernier toutefois reprendra librement sa chose partout où il la retrouvera, soit sur le territoire neutre, soit dans une partie de son propre territoire non occupée par l'ennemi. Il la reprendra encore librement après la conclusion de la paix, en tant que les dispositions du traité n'excluent pas les réclamations à ce sujet. En un mot, la guerre n'a fait que suspendre temporairement les effets de la propriété privée, qui continue à être placée sous la sauvegarde

[1]) Allgemeines Landrecht für die preufs. Staaten. I, 9, § 195 suiv. V. aussi les anciennes lois militaires allemandes, par exemple celle dite Artikelsbrief de 1672, art. 73.

[2]) Moser, Vers. IX, 2, p. 109.

[3]) Pando p. 389.

individuelle et collective des États. Le fait de la détention matérielle remplace provisoirement le droit, pour passer tour à tour entre les mains de l'une ou de l'autre des parties belligérantes. Les lois particulières des États déterminent les conditions sous lesquelles la demande en revendication de l'ancien propriétaire des choses enlevées est admise contre le détenteur actuel soumis à leur juridiction. Mais nulle part le butin ne porte le caractère d'un domaine irrévocable en faveur du détenteur actuel et de ses successeurs. Du moins aucun principe général n'a consacré un domaine que le traité de paix ou des traités préexistants peuvent seuls consacrer.

C'est encore aux lois particulières à déterminer le moment où la propriété commence à être acquise à l'occupant: il n'existe aucune loi générale à ce sujet.[1] Anciennement, suivant les dispositions du droit des gens romain alors en vigueur chez la plupart des nations, le moment de l'appropriation de guerre fut celui où la prise de possession ou la détention exclusive ne pouvait plus être troublée ou empêchée par le propriétaire précédent ni par les camarades de guerre; en d'autres termes, dès le moment où les biens enlevés avaient été placés en sûreté devant l'ennemi et ne pouvaient plus être repris qu'à la suite de nouveaux efforts ou par des circonstances accidentelles. Aussi longtemps au contraire que l'action de combat se continuait en réalité et que, par un retour de la fortune, les choses enlevées pouvaient être reprises, le butin n'était pas regardé comme un fait accompli.[2] Cette distinction se retrouve dans plusieurs codes modernes.[3]

La difficulté de déterminer d'une manière exacte le moment de la prise de possession, a fait admettre encore le terme d'une occupation de vingt-quatre heures. Ce terme a passé en usage

[1]) Cocceji sur Grotius III, 6. 3 in fine.

[2]) V. sur les difficultés d'interprétation des lois romaines Ziegler, De juribus majestatis. I, 33, § 79. Les lois ne laissent subsister aucun doute sur le moment de l'occupation. L. 3. § 9. Dig. de vi.

[3]) V. par exemple Allgemeines Landrecht für die preufs. Staaten. I, 9, § 201. 202. „Le butin est regardé comme acquis, s'il a été rapporté par les troupes qui s'en sont emparées, dans leur camp, dans leurs quartiers de nuit ou autrement en lieux sûrs. Tant que l'ennemi est poursuivi, les objets enlevés peuvent être repris par l'ancien propriétaire.“

chez quelques nations dans les guerres terrestres et maritimes.[1] Toutefois il ne laisse pas de présenter certaines difficultés dans l'application, et il ne saurait être regardé comme une règle commune du droit international. Dans les pays régis par le code Napoléon la disposition de l'article 2279 est décisive, laquelle répond éminemment à l'état de guerre: „En fait de meubles la possession vaut titre."

OCCUPATION MARITIME.

§ 137. Pendant une guerre sur mer, les navires armés des puissances belligérantes, comme les navires privés de leurs sujets, avec les cargaisons, sont susceptibles d'une occupation et d'une saisie valables.[2] Par esprit d'humanité on a excepté seulement les canots, les ustensiles des pêcheurs des côtes, ainsi que les biens naufragés. En France notamment la jurisprudence, suivant d'anciens usages, s'est refusée constamment à valider la saisie de canots pêcheurs, même par voie de représailles.[3]

Les guerres maritimes, comme nous l'avons déjà observé, avaient, jusqu'aux traités de 1815, principalement pour but la destruction du commerce ennemi. Tant que les intérêts d'un

[1]) De Thou rapporte que cet usage a été observé lors de la reprise de la ville de Lierre en Brabant en 1595. Grotius III, 6. 3.

[2]) Büsch, Ueber das Bestreben der Völker neuerer Zeit, einander in ihrem Seehandel recht wehe zu thun. Hamburg 1800. Jouffroy, Droit maritime. p. 57 suiv. Zachariae, 40 Bücher vom Staat. IV, 1, p. 111. Weil, Constitut. Jahrbücher. 1845. I, p. 260. — Pour la jurisprudence v. N. Carlos Abreu, Tratado jurid. politico sobre las presas marit. Cadix 1746. Traduct. franç. 1758 et 1802. R. J. Valin sur l'Ordonnance de 1681, et son Traité des prises ou principes de la jurisprud. franç. concernant les prises. A la Rochelle et Paris 1782. de Steck, Versuch über Handels- und Schifffahrtsverträge. Halle 1782. p. 171. G. Fr. de Martens, Essai concernant les armateurs. 1795. Merlin, Répert. univ. mot: „Prise maritime." Nau, Völkerseerecht. § 265 suiv. Wheaton, Intern. Law. IV, 3, § 9 suiv. Wurm dans Rotteck et Welcker, Staats-Lexicon. V. Prise. Pando p. 412. Ortolan II, p. 39. Wildman II, p. 118 et surtout de Pistoye et Duverdy, Droit des prises maritimes. Paris 1855. Halleck, ch. XX.

[3]) Sirey, Rec. gén. I, 2, 331 et 296. Merlin, loc. cit. Ortolan II, 49. Halleck, ch. XX, 23.

commerce avide continueront à peser exclusivement, ou du moins d'une manière prépondérante sur leurs causes et leur direction, il ne faudra pas s'attendre à les voir changer de caractère.

Le principe pratiqué jusqu'à ce jour a été le suivant: tous les biens qui se trouvent sur mer, qu'ils appartiennent au gouvernement ou à des particuliers, sont regardés comme une bonne prise échue à la partie ennemie, dès qu'elle parvient à s'en emparer. Nous expliquerons par la suite jusqu'à quel point les licences et les droits des neutres dérogent à ce principe. Il produit ses effets, dès le moment de l'ouverture des hostilités, par rapport aux navires, avant même que leurs capitaines en aient été informés, ainsi que la jurisprudence anglaise moderne l'a décidé constamment.[1] Quelquefois néanmoins un certain délai est accordé à cet effet: ainsi, dans la dernière guerre, les puissances occidentales ont, par une déclaration des 27 et 29 mars 1854, permis aux navires russes de quitter, pendant un délai de six semaines, leur ports respectifs, pour retourner dans leur patrie. A ce sujet les parties belligérantes exercent leurs droits, tant sur la haute mer que dans leurs eaux ou dans celles de l'ennemi, soit directement par des navires d'État armés en course, soit par des commissions ou des lettres de marque délivrées régulièrement à des corsaires ou armateurs privés, à moins qu'on n'y ait renoncé définitivement.[2] Des troupes de terre même, lors de l'occupation d'un port ennemi, s'empareront valablement des navires de guerre qui y sont stationnés, et en ce cas les règles restrictives, relatives au butin ordinaire, ne sont point appliquées.[3] Sont considérées comme illicites les prises faites sur le territoire neutre, de même que celles faites

[1]) V. de Steck, Ueber Handelsverträge p. 171. Faber, Neue europ. Staatscanzlei. VI, p. 426. Nau, Völkerseerecht. § 257. Wheaton, Intern. Law. IV, 1, § 10. 11. de Pistoye et Duverdy II, p. 89.

[2]) Autrefois l'entrée de corsaires dans une rivière ennemie, pour y faire une prise, était regardée comme un acte illicite et criminel. Cette défense n'a aucun caractère général et cesse d'être obligatoire, dès que la commission n'en fait pas mention. de Pistoye et Duverdy I, p. 112. Wildman II, p. 361.

[3]) Martens, Versuch über Caperei. § 34. de Pistoye et Duverdy I, p. 111.

moyennant une violation de l'autorisation d'entrée dans un port neutre.[1]

§ 138. Pour fixer le moment où une prise sur mer doit être réputée accomplie, on suivait autrefois les dispositions du droit romain relatives au butin de terre, que nous avons déjà expliquées. Plus tard les lois et les traités publics ont pris souvent pour base le terme d'une détention de vingt-quatre heures: ils en faisaient dépendre les droits du capteur et ceux de recousse au profit du précédent propriétaire.[2] Ce terme néanmoins a cessé également de former une règle du droit commun. Ainsi le Code général de Prusse (I, § 208) dispose à ce sujet ce qui suit: „Les biens et les navires capturés par des corsaires ne sont regardés comme perdus que du moment où ils ont été conduits dans un port ennemi ou neutre.“ — D'après un ancien usage,[3] en vigueur en France dès le règne de Charles VI (1400), et dès lors chez toutes les autres nations sur mer, le capteur doit justifier de la légalité de la capture devant le Conseil des prises compétent, en faisant approuver par ce dernier son titre d'acquisition. Les formalités prescrites à ce sujet doivent être observées par les corsaires privés comme par les navires de l'État.[4] Le capteur doit avant tout conduire le navire capturé dans un port du territoire auquel il appartient ou, s'il y a lieu, dans un port neutre, et tant que ses droits n'ont pas été régulièrement constatés, il lui est défendu de disposer arbitrairement des objets saisis.[5]

Sont regardés comme étant compétents pour statuer sur la validité des prises, d'après la pratique constante des États, tantôt les tribunaux ordinaires, tantôt les conseils de prise et les commissions spéciales du pays auquel appartient le capteur. Un État neutre ne possède aucune espèce de juridiction régulière en matière de prises, alors même que des navires capturés ont

1) Wildman II, p. 147. Wheaton, Elements. IV, 2, § 14. Oke Manning p. 385. Phillimore III, 451.

2) Martens § 55 suiv. Wheaton, Intern. Law. IV, 2, § 12. (Elements II, p. 27.)

3) Valin, sur l'Ordonnance de 1681. III, 9. 1. V. sur le principe de cette institution Wildman II, p. 354.

4) Valin, sur l'Ordonnance de 1681. II, p. 309. 5) Wildman II, p. 168.

été conduits dans ses ports.[1] Les consuls établis par l'une des parties belligérantes dans le territoire neutre, ne peuvent pas non plus être regardés comme compétents, attendu que les fonctions consulaires n'impliquent pas ordinairement une juridiction maritime. Le gouvernement français avait, il est vrai, investi ses consuls d'une commission pareille, mais il l'a révoquée par Décret impérial du 18 juillet 1854. Par la même raison on ne pourra, à ce sujet, accorder aucune autorité aux ministres plénipotentiaires.[2] Cependant il suffit pour la validité de la saisie, quoique les objets capturés se trouvent encore sur le territoire neutre, qu'elle soit reconnue par la suite.[3]

La procédure des Conseils de prise, lorsque l'origine ennemie du navire ne peut pas être contestée, est très-sommaire. Dépourvue d'un débat contradictoire,[4] elle a exclusivement pour but de faire constater la régularité de la prise, et il ne pourra y avoir un procédé formel sur la validité de la capture que dans le cas où le capitaine conteste la nationalité ennemie de son navire, ou qu'il invoque un privilége ou une immunité particulière, afin d'en obtenir l'élargissement.[5] Les Conseils de prise d'ailleurs appliquent presque exclusivement les lois et les règlements de leur pays, et c'est d'après leurs dispositions que se fait le partage des biens capturés. Ils devront respecter pourtant les principes incontestables du droit international.[6]

Quelques griefs que présentent les règles relatives à la procédure et à la juridiction en matière de prises, la pratique, pendant le cours d'un siècle, s'est habituée à ne regarder la propriété de navires capturés comme perdue ou comme con-

[1]) Jouffroy p. 282. Hautefeuille IV, p. 294. Comparez cependant § 172.

[2]) Phillimore III, 469. Martens § 37. Wheaton § 15. Oke Manning p. 380.

[3]) Wheaton, Intern. Law IV, 2, § 13 in fine (édit. franç. II, p. 44). Oke Manning p. 382.

[4]) Jouffroy p. 86. 296 suiv. Pour la jurisprudence anglaise v. Wildman II, p. 352. Phillimore III, 551; pour celle française v. de Pistoye et Duverdy. Pour l'américaine: Halleck, ch. XXXI. V. aussi les observations de Wurm, Staats-Lexicon XI, p. 145.

[5]) Wheaton, Intern. Law IV, 1, 21. Édit. franç. II, p. 22.

[6]) Portalis a observé avec raison que ces règlements devraient reposer sur une base commune. Wheaton, Histoire I, p. 152. V. aussi Phillimore III, 533.

fisquée, qu'après que la légitimité de la prise a été prononcée par les tribunaux compétents. L'Angleterre elle-même, intéressée sans doute à voir se perpétuer un usage dont elle a retiré le plus de profit, continue à respecter à ce sujet les droits égaux des autres nations.[1]

§ 139. L'aperçu qui précède suffit pour montrer qu'inutilement on chercherait à retrouver au fond des règles consacrées en matière de prises maritimes, un principe juste et à l'abri de toute controverse. En supposant même que les différentes nations dont se compose la grande famille européenne, adoptent sans la moindre divergence des maximes uniformes, il n'en résulterait autre chose que, faute de s'être entendues sur les vrais principes, elles continueraient à n'observer que le principe tout matériel et individuel de la réciprocité, qui ne s'appuie sur aucune base morale. Ce principe manque surtout du consentement libre des nations elles-mêmes, qui ne sauraient se rallier à un système purement arbitraire. Comment justifier autrement la disposition qui regarde la détention des objets saisis pendant quelques, voire même pendant vingt-quatre heures, ou leur entrée dans un port du territoire, comme un titre suffisant pour en conférer le domaine, alors surtout qu'il s'agit d'objets privés? Quelle autorité faut-il accorder à une sentence qui a été rendue par des juges nommés par le gouvernement intéressé à voir maintenir la capture à son profit, lorsqu'ils sont tenus de prononcer conformément aux dispositions arrêtées par le même gouvernement? Il y a longtemps que des hommes regardés à la vérité comme théoriciens, ont proclamé que ce système était indigne d'une époque chrétienne et civilisée. Cette idée pénétrera davantage dans la conscience des nations, à mesure que leur propre dignité leur fera une loi du maintien des règles de la justice. Elles les défendront surtout contre ceux qui jusqu'à présent ont trouvé dans la continuation de ce système arbitraire la satisfaction de leurs intérêts égoïstes, et qui par là même sont très-disposés à le perpétuer. On ne prétendra certainement jamais contester à une puissance engagée dans une guerre, la

[1]) Wheaton, Intern. Law IV, 2, § 12. 13. Jouffroy p. 209 suiv. Oke Manning p. 382.

faculté de s'emparer de navires qui appartiennent soit à l'État, soit à des sujets ennemis, ainsi que de leurs cargaisons. Aucune nation n'est tenue de laisser ouvertes les routes de mer qui peuvent faciliter à ses ennemis les moyens de prolonger la lutte, ni de permettre la continuation d'un commerce préjudiciable au sien. Soutenir le contraire, ce serait défendre une chimère. Néanmoins il suffira qu'on admette la nécessité de principes moraux à la place d'intérêts purement politiques ou de simples fictions, pour qu'on tombe d'accord sur les conclusions suivantes:

que la prise d'un navire n'emporte jamais au profit du capteur la propriété du bâtiment et des biens qui s'y trouvent; — qu'il ne confère qu'un droit de saisie ou la faculté de disposer des objets qui continuent à être occupés pendant la durée de la guerre, en sorte que ces objets serviront au besoin à fournir une indemnité ou une réparation; enfin que la paix seule pourra donner aux actes passés à leur égard un caractère définitif et permanent, dans les cas, bien entendu, où leur restitution intégrale ou partielle ne forme pas une clause du traité de paix.

Jusqu'au moment de la conclusion de la paix le navire et les biens capturés peuvent être repris valablement au profit de leur vrai propriétaire par voie de recousse, dont nous aurons à nous occuper au chapitre IV du présent livre.

DROITS DES PARTIES BELLIGÉRANTES SUR LES BIENS ENNEMIS QUI SE TROUVENT DANS LEURS TERRITOIRES RESPECTIFS.

§ 140. Suivant les dispositions du droit des gens ancien, chaque citoyen pouvait valablement s'emparer de biens trouvés dans le territoire conquis, car ces biens étaient regardés comme butin de guerre. „Et quae res hostiles apud nos sunt, non publicae sed occupantium fiunt."[1] La théorie moderne plus humaine ne peut plus admettre une théorie semblable. Il n'en est pas moins vrai que jusqu'à présent la pratique des États, par des voies détournées, a réussi à obtenir des résultats analogues. En commençant, dès l'ouverture des hostilités, et souvent avant

[1]) Loi 51. Dig. de acquir. rer. dom. Loi 12. princ. Dig. de captivis.

la déclaration de guerre, par faire saisir les biens ennemis à titre de représailles, elle procédait ensuite à leur séquestre.[1] On commençait par frapper d'embargo les navires ennemis que des intérêts de commerce retenaient dans les ports du territoire. La mesure fut étendue ensuite aux marchandises, achetées ou consignées pour compte de négociants, sujets ennemis. Elle s'appliquait enfin même aux biens et aux marchandises appartenant à des sujets ennemis qui, jusqu'au moment de la déclaration de guerre, avaient résidé paisiblement dans le territoire. Dans tous ces cas, les Conseils de prise n'ont jamais manqué de faire examiner de la manière la plus scrupuleuse par leurs délégués savants la question du domicile d'origine, et dès qu'il s'élevait le moindre soupçon à ce sujet, on traitait les commerçants étrangers en ennemis, après avoir prononcé la confiscation de leur propriété. Des maisons de commerce et des comptoirs qui avaient été établis par des sujets ennemis, ne pouvaient naturellement pas échapper au sort commun.[2] Les stipulations formelles, telles que les contiennent la plupart des traités de commerce modernes de quelque importance, suffisaient seules pour sauvegarder les personnes et les biens contre les conséquences de cette jurisprudence, et leur permettaient de quitter librement le territoire ennemi.[3]

D'un autre côté les biens immeubles appartenant à des sujets ennemis n'étaient pas ordinairement compris dans les mesures de séquestre. On s'en abstenait afin d'éviter des représailles de nature à attirer aux sujets de pareilles ou de plus grandes calamités.[4]

[1]) On peut trouver des développements de cette théorie dans de Réal, Science du gouvern. V, chap. II, V, 3. de Steck, Versuche über Handels- und Schifffahrtsverträge p. 168. Moser, Vers. IX, 1, p. 45. 49. Son injustice est évidente.

[2]) Wheaton, Intern. Law IV, 1, § 16—19 et les observations de Pando p. 412—424. La jurisprudence anglaise est développée par Wildman, Instit. of intern. Law t. I, chap. 1. 2 et par Phillimore III, 38. 128. Celle de l'Amérique par Halleck ch. XXIX. Cpr. aussi: Enemys territory and alien enemys. By R. H. Daka. Boston 1864.

[3]) Des exemples sont cités par Nau, Völkerseerecht § 258.

[4]) Wheaton, loc. cit. § 12. Halleck XIX, 12.

On voit donc aisément que ce sont surtout les intérêts commerciaux, le désir de détruire le commerce ennemi au profit du commerce national, qui dirigent les actes des parties belligérantes. Pourquoi dès lors chercher à y retrouver un principe juridique et des applications logiques? Il est permis sans doute, ainsi que nous l'avons observé plusieurs fois, de chercher à réduire l'ennemi, en faisant tarir ses ressources et en frappant au coeur son commerce extérieur. Mais il n'en résulte aucunement, dès qu'on admet au fond du droit moderne de guerre un principe moral, qu'il faille confisquer les navires et les marchandises appartenant aux sujets ennemis, pour leur en faire perdre la propriété d'une manière irrévocable. Les représailles au contraire devraient se borner à une simple saisie et à l'application provisoire des biens saisis aux besoins de la guerre. Dès lors tout ce qui n'aura pas servi pour cette destination, ce qui subsistera encore lors de la conclusion de la paix, devra être restitué ou entrer en compensation d'une manière expresse ou tacite. — Il se peut que nous touchions au moment où les principes internationaux à ce sujet subiront une transformation fondamentale. Car c'est la première puissance maritime, la Grande-Bretagne elle-même, qui éprouverait le plus grand préjudice du maintien de la pratique actuelle. En effet, dans quelle partie du globe ses intérêts commerciaux ne se trouvent-ils pas engagés?

CONVENTIONS DE GUERRE.[1]

§ 141. Toutes les nations civilisées admettent aujourd'hui le principe que les traités et les promesses obligent même en guerre et entre ennemis, et qu'on doit, tant qu'il y a possibilité, les exécuter de bonne foi. Il est défendu surtout d'abuser, au préjudice de l'ennemi, de la confiance par lui témoignée. Violer la foi donnée, c'est l'autoriser à exiger une satisfaction éclatante, c'est encourir une flétrissure devant l'aréopage international de l'opinion publique. Déjà saint Augustin proclamait cette vérité:

[1]) V. d'Ompteda, Lit. § 314. de Kamptz § 298 suiv. E. C. Wieland, Opusc. acad. III, no. 1. Grotius III, 20. Vattel III, chap. 16. Martens, Völkerr. VIII, 5. Klüber, Droit des gens § 273 suiv. Pufendorf VIII, 7. Halleck XXVII.

„Fides etiam hosti servanda est", qu'aucun publiciste n'a osé encore contredire.[1]

Les conventions conclues pendant la guerre ont pour objet tantôt des rapports permanents, tantôt seulement certaines prestations temporaires. Dans la première catégorie nous rangeons les espèces suivantes:

Premièrement, les cartels conclus entre les belligérants et relatifs aux communications des postes;[2] aux signaux des parlementaires et à la réception de ces derniers, aux courriers et aux passeports, à l'emploi ou non-usage de certaines armes, au traitemant des prisonniers de guerre etc.

Secondement, les traités de neutralité, ayant pour but d'exempter de l'état de guerre certains territoires, certaines places, certaines personnes ou même certaines classes de sujets, avec les effets résultant d'une neutralité absolue ou restreinte. Comme exemple nous citons les conventions conclues entre la France et l'Angleterre, relatives aux pêcheries des côtes.[3]

§ 142. Parmi les conventions de guerre spéciales et actes obligatoires nous remarquons les suivants:

1° Des lettres de protection, notamment celles de sauvegarde (salva guardia), par lesquelles la partie qui les délivre, prend, par écrit et d'une manière solennelle, l'engagement de protéger des personnes ennemies contre de mauvais traitements. Quelquefois elle accorde une escorte militaire, chargée des ordres nécessaires. Cette dernière, tant qu'elle remplit paisiblement sa mission et jusqu'à son retour dans le camp, est regardée comme sacrée et à l'abri de toute attaque;[4]

2° des sauf-conduits, par lesquels on accorde à quelques

[1]) Augustinus c. 3. C. 23. quaest. 1. Bynkershoek, Quaest. jur. I, 1, qui admet d'ailleurs la fraude entre ennemis, ne le contredit pas. Wheaton IV, 2, 17. V. les monographies dans d'Ompteda § 302. de Kamptz § 290.

[2]) Des exemples intéressants sont cités par Wurm, Zeitschrift für Staatswissenschaft. 1851. p. 296.

[3]) Moser, Vers. X, p. 154 suiv.

[4]) G. Engelbrecht, De salva guardia. Jen. 1743. Vattel IV, § 171. Moser, Vers. IX, 2, p. 452 suiv.

personnes la faculté de pouvoir circuler librement dans des endroits défendus;[1]

3° des licences délivrées au profit de navires et de leurs cargaisons (§ 123);[2]

4° des conventions conclues avec les sujets ennemis, par lesquelles ils promettent de payer des contributions de guerre ou de fournir certains objets en nature: les engagements contractés à cette occasion remplacent souvent des sommes fixes payées à forfait. Il est vrai que ces engagements ne peuvent être poursuivis devant les tribunaux du territoire occupé que pendant la durée de l'occupation. Mais il est évident en même temps que leur exécution peut être imposée par la force. Nous examinerons au chapitre IV la question de savoir si ces engagements continuent à subsister après que l'occupation a cessé;

5° des conventions relatives à la rançon ou au rachat d'un navire capturé, ou qui ont pour objet l'élargissement de ce dernier au moyen d'un billet de rançon signé par le capitaine, ou de la remise d'un ou de plusieurs otages. Ces conventions ont commencé à être en usage dès la fin du dix-septième siècle. Leurs effets généraux, lorsqu'ils n'ont pas été limités par des lois particulières, consistent d'une part dans l'obligation de payer intégralement le prix de rançon, dès que la légalité de la prise a été maintenue et que l'exécution peut être poursuivie devant les tribunaux compétents; — d'autre part, dans la protection accordée au navire relâché par le gouvernement capteur contre des attaques ultérieures jusqu'à sa destination, pourvu qu'il ne quitte pas la route qui lui est tracée. Le billet de rançon peut à son tour être déclaré de bonne prise, par suite de la capture du corsaire. Si, en ce cas, le corsaire capteur se trouve être sujet du même État que le signataire du billet, la question de savoir s'il faut regarder ce dernier comme valablement libéré, se décidera d'après les dispositions légales relatives à la recousse;[3]

1) Grotius III, 21, § 14 suiv. Vattel § 265 suiv.

2) La jurisprudence anglaise est indiquée par Wildman II, p. 245 suiv. L'américaine par Halleck XXVIII.

3) Wheaton, Intern. Law IV, 2, § 27 (édit. franç. § 28). Martens, Vers. über Caper. § 23. Wildman II, 270—275. Phillimore III. 160. Massé § 381. Halleck XXVII, 20. Gessner, Le Droit des neutres p. 338.

6° des conventions relatives à l'échange des prisonniers, également assez fréquentes depuis la seconde moitié du dix-septième siècle.[1] A cet effet on distingue entre les diverses catégories de troupes, et l'on établit certains chiffres proportionnels, en compensant les différences par des sommes d'argent ou autrement;[2]

7° des capitulations[3] consenties par des corps de troupes ou par des places assiégées, conditionnellement[4] ou sans conditions. Elles se présentent le plus souvent sous la forme de propositions rédigées par la partie qui offre de faire sa soumission, auxquelles l'autre partie répond d'une manière analogue;

8° des armistices ou trêves[5] ayant pour objet une suspension des hostilités. Elles sont ou universelles, lorsqu'elles font cesser les hostilités sur tous les points à la fois, ou particulières, lorsqu'elles les font cesser sur quelques points ou en certains lieux seulement. De même elles peuvent être conclues pour un temps déterminé ou indéterminé. L'armistice devient obligatoire dès le jour où il a été conclu: toutefois les commandants militaires chargés de son exécution n'en répondent que du jour où ils en ont reçu l'avis. C'est à leurs gouvernements respectifs à réparer le préjudice qui pourrait résulter d'une communication tardive.

L'effet ordinaire de l'armistice est le maintien du statu quo des parties belligérantes dans leurs positions respectives, sans que l'une puisse en reculer les limites aux dépens de l'autre. Il est d'ailleurs loisible à chacune d'exécuter dans les lieux occupés

[1]) Du Mont, Corps univ. t. VII, 1, p. 231 donne le plus ancien Cartel de cette espèce, qui porte la date de 1673.

[2]) Moser, Vers. IX, 2, 388 suiv. Wheaton IV, 2, § 3. Ward, Enquiry I, 298 suiv. Halleck XVIII, 8.

[3]) J. Fr. Ludovici, De capitulationibus. Hal. 1707. Moser, Vers. IX, 2, 155. Halleck XXVII, 10. D'autres monographies sont indiquées par d'Ompteda § 315. de Kamptz § 300.

[4]) Souvent on stipulait autrefois d'attendre l'arrivée de renforts pendant un certain espace de temps, et de s'en remettre ensuite à la décision des armes. Ward II, 226 suiv.

[5]) Grotius III, 21. Pufendorf VIII, 7, 3. J. Strauch, Dissert. acad. no. 5. Moser, Vers. X, 2. 1. Vattel III, § 233 suiv. Riquelme chap. XIII. Halleck XXVII, 5.

par elle pendant l'armistice, tout ce qui peut contribuer à fortifier sa position et à la rendre plus solide. Réduite à ces termes notre proposition nous paraît préférable à celle formulée par M. Pinheiro-Ferreira dans les termes suivants: Qu'il ne faut rien faire de ce que l'ennemi aurait été intéressé d'empêcher et que, sans la trêve, il aurait probablement empêché.[1] — Il est encore évident que, pendant cet intervalle, les sujets des belligérants peuvent entrer ensemble en relations de commerce, pourvu qu'elles ne nuisent pas aux opérations ultérieures de la guerre.[2] — D'après les usages, lorsque l'armistice n'a pas été conclu pour un terme très-rapproché, la réouverture des hostilités est régulièrement précédée d'une dénonciation,[3] nécessaire surtout quand il s'agit d'une trêve générale et de longues années. On se dispense, bien entendu, d'une dénonciation de la trêve qui, par suite de circonstances imprévues, a été privée de ses effets.

§ 143. Les principes qui président à la conclusion des traités pendant la paix, régissent également les conventions de guerre, dont l'honneur militaire exige la stricte exécution avec plus de rigueur encore. Tout commandant supérieur de troupes se trouve implicitement investi de pouvoirs suffisants pour la conclusion de ces sortes de conventions, dès que la nécessité des circonstances les justifie ou qu'elles se rattachent d'une manière quelconque à ses fonctions, et sans qu'elles aient besoin de la ratification du souverain. Mais si elles excèdent le cercle de ses attributions, elles ne sont plus regardées que comme des promesses personnelles (sponsio) et ne deviennent valables qu'à partir du moment de la ratification[4] (§ 84).

1) Pinheiro-Ferreira sur Vattel III, p. 245. La question de savoir si, pendant l'armistice, l'ennemi assiégé peut réparer ses brèches et construire de nouvelles défenses, est controversée. Soutenue d'abord dans un sens affirmatif par Grotius (§ 7) et surtout par Pufendorf (§ 10), elle a été résolue négativement par Cocceji sur Grotius (§ 10), par Vattel (III, § 246 suiv.) et par Wheaton (IV, 2, 20). Il est généralement admis qu'il est défendu à l'assiégeant de continuer pendant la trêve les travaux de siége. V. Riquelme p. 163. Halleck, § 6.

2) C'est à quoi se réduisent les observations de Pufendorf, Jur. univ. IV, observ. 207.

3) Pufendorf, J. N. et G. VIII, 7. 6.

4) Riquelme p. 165. Halleck XXVII, 4.

Pour garantir ou pour faciliter l'exécution de ces conventions, on a recours aux voies précédemment indiquées (§ 96). Sont exceptées seulement celles d'un caractère purement civil ou d'une réalisation difficile en temps de guerre. Nous indiquons comme exemples la remise d'otages, qui doivent être traités d'après les mêmes principes que ceux envoyés en temps de paix: la cession provisoire de places fortes, ainsi que la livraison de gages, afin de permettre à l'autre partie, en cas de non-exécution des stipulations arrêtées, d'user de représailles.

Toute infraction commise par l'une des parties contractantes permet à l'autre de résilier immédiatement, sans aucune dénonciation préalable, les conventions arrêtées.[1] Il est donc évident que la rédaction de ces actes exige des soins particuliers et que leur exécution doit s'effectuer avec une prompte exactitude. Nous aimons à rappeler à ce sujet les observations suivantes de M. Wheaton: „In these compacts, time is material: indeed it may be said to be of the very essence of the contract. If any thing occurs to render its immediate execution impraticable, it becomes of no effect, or at least is subject to be varied by fresh negotiation.“ Au surplus les exemples de conventions de guerre non ratifiées abondent dans l'histoire. Qu'il suffise de rappeler celles de Zeven (1757), d'El Arisch (1800) et du maréchal de Saint-Cyr (1814), qui sont devenues célèbres.[2]

Chapitre III.

DES DROITS DES NEUTRES.[3]

INTRODUCTION.

§ 144. Des principes bien définis et constants sur la neutralité sont du plus haut intérêt pour la conservation des États.

1) Grotius III, 21. 11. Pufendorf VIII, 7. 12.

2) Wheaton IV, 2. 23.

3) Les ouvrages relatifs à cette matière sont indiqués par d'Ompteda § 319 et de Kamptz § 315. Les principaux en sont les suivants: H. Cocceji,

On entend par nations neutres (mediae in bello), dans l'acception la plus large, celles qui ne figurent point dans une guerre comme parties principales. On peut définir la neutralité d'être la continuation de l'état pacifique d'une puissance ou son abstention de tout acte d'hostilité directe ou indirecte envers les belligérants. Nous admettons à cet égard avec les principaux publicistes plusieurs subdivisions.

Nous distinguons d'abord la neutralité complète ou stricte de la neutralité incomplète. La première a lieu lorsqu'on s'abstient d'une manière absolue de favoriser aucune des parties belligérantes. La seconde a lieu lorsqu'un État se relâche un peu de la rigueur du principe ci-dessus exposé. C'est ce qui a lieu notamment dans les cas suivants:

Premièrement: lorsqu'une puissance, avant le commencement des hostilités, et non pas en vue même d'une guerre actuelle, a promis à l'un des belligérants des secours, pourvu que, purement défensifs, ils ne présentent aucun caractère agressif, que l'autre partie ne s'y oppose pas et qu'au surplus les conditions de la neutralité soient observées par elle (§ 117 ci-dessus);[1]

Secondement: lorsqu'une puissance accorde les mêmes faveurs

Disputat. de jure belli in amicos. 1697. (Exercitat. curios. t. II.) J. Ph. Vogt, Sammlung auserlesener Abhandl. Leipzig 1768. No. III. J. Fr. Schmidlin, De juribus et obligation. gentium mediarum in bello. Stuttg. et Ulm. 1780. Ferd. Galiani, Dei doveri dei principi guerregianti verso i neutrali. Napoli 1782. Trad. en allem. par C. Ad. Caesar. Leipzig 1790. (L'abbé Galiani est décédé à Naples en 1787.) Samhaber (ou Stalpf), Abhandl. über einige Rechte und Verbindlichkeiten neutraler Nationen in Zeiten des Krieges. Würzburg 1791. Aug. Henning, Abhandl. über die Neutralität, dans son livre: Sammlung von Staatsschr. I. Hamburg 1784. de Réal, Science du gouvernement V, 2. J. J. Moser, Versuche X, 1, 147 suiv. Bynkershoek, Quaest. 1, chap. 8—15. de Martens, Völkerr. VIII, 7. Klüber, Droit des gens § 279 suiv. Wheaton, Intern. Law IV, chap. 3. Oke Manning p. 166. Pando p. 455. Ortolan II, p. 65. Hautefeuille, Droits des nations neutres en temps de guerre maritime. Paris 1848. 4 vol. Riquelme p. 141. 270. L. Gessner, Le Droit des neutres sur mer. Berl. 1865.

[1]) Exemples: Le traité des Pyrénées (7 novembre 1659) art. III. Du Mont, t. VI, part. II, p. 265; la politique des Provinces-Unies lors de la guerre de 1658 et de 1659 entre le Danemark et la Suède. Nau, Völkerseerecht § 233. 234. Schmidlin § 10. Hautefeuille I, 382—393. Halleck XXII, 2.

à toutes les parties belligérantes ou seulement à l'une d'entre elles, soit en vertu de conventions antérieures, soit avec le consentement des autres parties, soit enfin d'une manière passagère et de bonne foi dans des cas urgents.

On distingue en outre la neutralité générale du territoire entier d'une nation de la neutralité partielle qui n'embrasse qu'une portion de ce territoire.[1]

CAUSES ET FIN DE LA NEUTRALITÉ.

§ 145. La neutralité est un droit naturel qui résulte de la liberté et de l'indépendance des nations. Mais elle peut également être réglée librement et garantie par les traités, ou bien encore elle peut avoir un caractère de nécessité permanente.[2] C'est ainsi que les traités de Vienne ont proclamé la neutralité perpétuelle de la Suisse et de la ville libre de Cracovie, et les traités de 1831 celle de la Belgique.[3]

Les gouvernements des États ne sont pas toujours libres de garder la neutralité. Divers motifs les obligent souvent à prendre le parti de l'un des belligérants. Ainsi les États liés entre eux par des pactes de famille refuseront difficilement de se prêter mutuellement des secours, soit que l'un d'entre eux vienne à être attaqué, soit qu'il se dispose à prendre l'offensive. Il faut en dire autant des pays qui font partie d'une confédération politique investie du droit de déclarer la guerre;[4] ou

1) Moser, l. c. p. 154.

2) Hautefeuille t. I, p. 393.

3) Déclaration des puissances alliées du 20 mars 1815, suivie de l'acceptation du Conseil fédéral du 27 mai. Acte du Congrès de Vienne art. 84. 92. Acte d'approbation du 20 novembre 1815. de Martens, Suppl. t. VI, p. 157, 173, 740. La neutralité d'une partie de la Sardaigne est garantie par l'art. 92 de l'Acte du Congrès de Vienne, et par le protocole du 3 novembre 1815. Martens, Nouv. Recueil t. IV, p. 189.

Pour Cracovie v. la convention du 3 mai (21 avril) 1815 art. 6 et Acte du Congrès art. 118. de Martens, à l'endroit cité p. 254. 429.

Pour la Belgique traité séparé du 15 novembre 1831 art. 1. Nouv. Recueil t. XI, p. 394. Traité du 19 avril 1839 art. 7. Nouv. Recueil t. XVI, p. 777. V. l'excellente brochure de Arendt, Essai sur la neutralité de la Belgique. Brux. et Leipz. 1845.

4) Pour la Diète germanique v. l'Acte final de Vienne art. 41.

bien des pays liés entre eux par une union réelle, peu importe d'ailleurs que les rapports qui servent de base à leur union, reposent sur le principe d'égalité ou non.[1] Par contre l'union purement personnelle de deux territoires distincts sous un souverain commun n'est en aucune manière exclusive de la faculté pour chacun de maintenir sa neutralité, pendant que l'autre est engagé dans une guerre.

Chaque nation a le droit incontesté de défendre avec les armes la neutralité par elle proclamée et de repousser par la force toute atteinte de nature à la troubler. Elle prendra à cet effet les mesures qui lui paraîtront les plus convenables, à la seule condition de ne pas dépasser le but proposé. Ces mesures portent le nom de neutralité armée. De puissantes alliances se sont formées sous cette bannière, et l'histoire moderne en a enrégistré plusieurs de très-célèbres.

La neutralité prend fin par une déclaration de guerre faite soit à la puissance neutre par l'un des belligérants, soit par celle-ci en faisant cause commune avec l'une des parties; ou bien encore par une ouverture directe des hostilités. Mais l'expiration du délai fixé pour la neutralité d'une puissance n'a nullement pour effet d'y mettre un terme de plein droit, en lui faisant succéder un état de guerre.[2]

DEVOIRS DES NEUTRES.

§ 146. La neutralité entraîne avec elle certaines obligations, certains devoirs, que les nations doivent remplir si elles veulent jouir de ses bienfaits. Ces devoirs sont principalement au nombre de trois, qui renferment tous lès autres:[3]

Premièrement, intervention contre des actes d'hostilité tentés par l'un des belligérants contre l'autre sur le territoire neutre.

Deuxièmement, abstention de tout acte de nature à gêner les opérations militaires de l'un des belligérants en dehors du territoire neutre.

1) Pour la Suède et la Norvége v. le traité d'union du 31 juillet et du 6 août 1815 art. 4. de Martens, Nouv. Recueil t. II, p. 612. V. en général Galiani t. I, chap. 3.

2) Moser, loc. cit. p. 491. 3) Klüber § 287.

Troisièmement, impartialité complète dans les relations avec les deux belligérants et abstention de tout acte ayant le caractère d'un secours auxiliaire porté à l'un contre l'autre (§ 115). Peu importe d'ailleurs qu'on offre à l'une des parties les secours qu'on a donnés à l'autre. Cette prétendue impartialité, dont plusieurs anciens publicistes ont fait une sorte de sauvegarde, est une formule insignifiante, un faux semblant d'impartialité incapable de changer la face des choses.[1]

Le souverain qui viole l'un de ces devoirs, perd ses droits à la neutralité et peut être traité en ennemi. Il s'expose non-seulement à des représailles, mais aussi à une déclaration de guerre immédiate de la part du belligérant lésé.

La neutralité incomplète ou limitée s'interprète de la manière la plus stricte. Chacun des belligérants a incontestablement aussi le droit de s'opposer de toutes ses forces à l'envoi de secours à l'autre partie, quel qu'en soit le motif, à moins d'une renonciation expresse de sa part.[2] Mais il ne peut se prévaloir de ce que ces secours ont été fournis, pour en exiger de semblables.[3]

DÉVELOPPEMENT DES RÈGLES PRÉCÉDENTES.

§ 147. Conformément à la règle première indiquée au paragraphe précédent, le neutre doit s'opposer de toutes ses forces à ce que l'un des belligérants commette sur son territoire des actes d'hostilité sur les personnes ou les biens de l'autre.[4] S'il est trop faible pour résister au belligérant, s'il n'a concédé le passage de son territoire que lorsqu'il y a été contraint et forcé, il doit du moins s'abstenir de tout acte approbatif de nature à légitimer des violations ultérieures. S'il accorde un asile aux troupes poursuivies (§ 149), il ne dépassera pas les bornes de l'hospitalité.[5]

1) M. Pöhls, Seerecht IV, p. 1076 (§ 513 in fine). Arendt, l. c. p. 108. Halleck XXII, 5.

2) Nau, Völkerseerecht § 233 in fine.

3) Les contestations qui à ce sujet ont eu lieu entre l'Angleterre et les États-Unis, sont racontées par Wheaton IV, 3, § 3.

4) Hautefeuille t. I, p. 444. Pour le droit d'asile v. § 149.

5) Bynkershoek, Quaest. jur. publ. I, chap. 8. de Martens, Caper. § 18.

Par une application analogue, un gouvernement neutre ne doit pas permettre à ses tribunaux de statuer sur la validité des prises faites par les belligérants ou par l'un d'entre eux,[1] sauf les cas où la compétence de ces tribunaux résulte de la nature particulière des faits et des circonstances, ainsi que nous l'indiquerons au § 172.

Les secours fournis par humanité, soit isolément soit en masse, aux victimes de la guerre de l'une ou de l'autre partie ont toujours été considérés comme des actes inoffensifs et exempts de tout reproche. Pareillement le passage dans les eaux qui longent les côtes d'un territoire, n'est pas réputé constituer une violation de la neutralité.[2]

En suite de la deuxième règle du paragraphe précédent le neutre ne mettra point d'entraves aux opérations militaires des belligérants,[3] p. ex. aux blocades légitimes (§ 154). Suivant la règle troisième, le neutre doit s'abstenir de fournir à l'un des belligérants aucun secours de nature à augmenter ses forces, de donner à l'attaque ou à la défense des chances plus grandes de succès. Il ne peut céder à l'une des parties aucune place fortifiée ni aucun port de guerre. Le souverain qui fournit directement et gratuitement à l'un des belligérants des armes, des munitions de guerre, des vivres, de l'argent, enfin tout ce qui peut servir à faire ou à soutenir la guerre ou à augmenter ses forces et ses ressources, cesse d'être neutre.[4] Il ne doit pas permettre dans ses États des enrôlements de soldats. Autrefois on voyait assez souvent des princes louer ou céder en quelque sorte leurs troupes, non pas en vertu de traités d'alliance antérieurs à la déclaration de guerre,[5] mais dans un pur esprit de fiscalité. Pour l'honneur de l'humanité nous espérons ne plus

Wheaton IV, 3, § 4. 6. 7. 9. Bouchaud, Théorie des traités de commerce p. 183. Pando p. 462. Hautefeuille t. I, p. 429. 454. Halleck XXV, 6. 5.

¹) Wheaton, Elem. II, 94. Ortolan II, 266. Pando p. 467, 17.

²) Wheaton, Elem. I, p. 252. Ortolan II, p. 241. Halleck § 16 ibid.

³) Tite-Live XXXV, 48. „Amici bello se non interponant."

⁴) Arendt p. 105. Hautefeuille I, p. 450. 462.

⁵) Une excellente dissertation historique et théorique sur la question se trouve dans Oke Manning p. 170. V. aussi Hautefeuille t. I, p. 433. Halleck § 14 ibid.

voir ce trafic honteux se renouveler. Rien d'ailleurs n'empêche la puissance qui se croit lésée par un marché semblable, de prendre des mesures énergiques pour en arrêter l'exécution. L'usage de ces marchés, connus souvent sous le nom de conventions militaires, s'est maintenu le plus longtemps dans la Confédération suisse. Néanmoins nous osons contester la légalité de pareilles conventions, lorsqu'elles ont été passées avec l'une des parties belligérantes. Comment en effet la Confédération pourra-t-elle en concilier l'exécution avec la neutralité perpétuelle qui lui a été garantie par les grandes puissances?

Il y a une autre question sur laquelle les anciens auteurs sont tombés dans une grave erreur. Ils ont prétendu que le belligérant avait le droit absolu d'exiger le passage de ses armées sur le territoire neutre toutes les fois qu'il en avait besoin ou qu'il le jugeait à propos, et que le souverain neutre ne pouvait le refuser sans commettre une injustice. Non-seulement le passage de troupes armées sur le territoire neutre n'est pas un droit, mais encore la concession du passage est, de la part du neutre, une violation de ses devoirs qui donne à l'autre partie un juste motif de lui déclarer la guerre et de le traiter en ennemi. Le neutre ne doit pas non plus permettre que ses ports, ses rades ou ses mers territoriales servent de station aux bâtiments des puissances belligérantes, ni que ces dernières y embarquent de l'artillerie ou des munitions de guerre. Il doit veiller avec soin à ce que l'un des belligérants n'arme dans ses ports aucun bâtiment de guerre, ni aucun corsaire. Il doit défendre à ses sujets d'accepter des lettres de marque, de faire la course sous le pavillon d'une autre nation et de s'engager sur ses corsaires. Ces diverses concessions ne peuvent se concilier avec les lois d'une stricte neutralité.[1] Car il est difficile d'empêcher qu'elles n'exercent quelque influence sur le sort de

[1]) La plupart des publicistes allemands se sont prononcés avec Vattel (III, § 119 suiv.) en faveur d'un droit de passage innocent (passagium innocuum), p. ex. Martens dans son Précis du droit des gens § 310. 311. L'auteur lui-même du présent ouvrage, bien que convaincu du peu de fondement de cette opinion, ne s'est peut-être pas exprimé sur ce point d'une manière assez nette dans la première édition. Aujourd'hui il n'hésite pas à adopter sans réserve une opinion qui a trouvé d'excellents défen-

la guerre. Presque toujours elles augmenteront les forces de l'un des belligérants, lui donneront des chances de succès et, par conséquent, nuiront dans la même proportion à l'autre. Presque toujours la situation du territoire neutre se prête plus facilement aux opérations de guerre de l'une que de l'autre partie. Leur en accorder simultanément le passage, c'est en réalité faire un acte direct d'hostilité contre l'une d'entre elles. Le souverain neutre doit donc s'abstenir en général des actes qui, dans les circonstances au milieu desquelles ils se produisent, ne se présentent pas avec le caractère d'innocuité parfaite. En ce cas la bonne foi et la prudence exigent de lui une entente préalable avec l'autre belligérant.[1]

L'autorisation accordée aux sujets d'un belligérant de séjourner dans le territoire neutre, l'entrée passagère des bâtiments de guerre dans ses ports et rades, les fournitures qui leur sont faites en bois, agrès et objets nécessaires pour réparer les avaries qu'ils ont souffertes, soit par accidents de mer, soit dans un combat, ne présentent pas un caractère aussi dangereux. Néanmoins le neutre doit exiger que ces bâtiments quittent ses ports dès que leur séjour prolongé paraîtra se rattacher à quelque combinaison de guerre.[2]

La validité des aliénations en pays neutre des biens conquis par l'un des belligérants, par une de ces voies connues sous le nom de butin ou de prise, après que la prise de pos-

seurs dans Hautefeuille (t. I, p. 424. 447), Oke Manning (p. 182) et Arendt (p. 121). Pando au contraire (p. 461) soutient encore l'ancienne théorie.

¹) Moser (Versuche t. X, p. 238) disait déjà dans le même esprit: „On ne doit pas permettre le passage d'armées ou de corps d'armée entiers sur le territoire neutre. Autrement on s'expose, selon les circonstances, à perdre la qualité de neutre. Accorder le passage à l'une des parties et le refuser à l'autre, c'est évidemment un acte de partialité. Lorsque le libre passage profite seulement à l'une des parties, sans pouvoir profiter à l'autre, celle-ci peut exiger certainement que le neutre le refuse au premier.“

²) Jouffroy (Droit marit. p. 92) et Hautefeuille (t. I, p. 461) regardent comme illicite la fourniture d'armes et de munitions de guerre. Pando (p. 467) professe la même opinion. Ne serait-il pas cruel de livrer des combattants désarmés à l'ennemi? D'ailleurs la vente en territoire neutre a toujours été considérée comme un acte parfaitement licite.

session est devenue inattaquable d'après les règles internationales ne peut faire l'objet d'aucun doute. Plusieurs traités contiennent une stipulation expresse à ce sujet. Mais rien n'oblige le neutre à autoriser ces aliénations. Aussi, tandis que certains traités les admettent, d'autres les proscrivent-ils formellement.[1] Toutefois la création sur le territoire neutre d'un lieu d'entrepôt destiné à recevoir ces sortes d'objets, devrait être regardée comme un acte d'hostilité. Il faut en dire autant de la mise en possession d'un neutre dans des terres conquises, dont le vainqueur ne peut disposer valablement qu'après la conclusion de la paix (§ 132).

§ 148. Nous venons de retracer les lois rigoureuses qui doivent présider aux relations des États neutres avec les belligérants. Ces règles obligent les particuliers comme les gouvernements, mais leur infraction par les premiers n'est pas toujours préjudiciable à l'État lui-même. Les particuliers peuvent se livrer à une foule d'actes plus ou moins hostiles, qui ne constituent pas cependant des violations de la neutralité. Il est en effet impossible de demander compte à un gouvernement de ce que plusieurs de ses sujets ont pris part d'une manière quelconque aux hostilités, de ce qu'ils ont passé des marchés de fourniture avec l'un des belligérants ou lui ont avancé des fonds, de ce qu'ils ont pris du service dans ses armées, en cédant à certains motifs belliqueux ou autres. Il y a en effet dans toutes les nations, grandes ou faibles, des époques où certains individus, mus par un sentiment guerrier et honorable, vont chercher à le satisfaire partout où l'occasion s'en présente. Quelquefois un gouvernement hésite à s'engager dans les périls d'une guerre même en faveur d'une cause juste, tandis que la morale fait un devoir aux particuliers d'y prendre part. Autrefois la faculté d'entrer dans des armées étrangères formait un des éléments fondamentaux de la bonne liberté allemande.[2] L'obligation du

[1]) Vattel III, 7, 132. Bynkershoek, Quaest. I, 15. de Steck, Handels- und Schifffahrtsvertr. p. 176. Pando p. 467. Ortolan (II, p. 270) se prononce pour la négative.

[2]) „Zur löblichen Gestalt deutscher Freiheit,“ c'est ainsi que s'exprime le recès de l'Empire de 1570 § 4.

gouvernement se réduit donc à interdire aux citoyens de porter aide ou secours à un belligérant, et à appliquer aux contrevenants les peines de la loi, s'il y en a. Il n'en sera plus de même, si les sujets d'une puissance neutre venaient à s'enrôler en masse au service de l'un des belligérants, au point d'attirer l'attention de l'autre belligérant et de faire craindre de sa part des représailles ou une déclaration de guerre. En ce cas, le souverain neutre sera dans son propre intérêt contraint à prendre à leur égard des mesures énergiques.[1]

D'après les usages internationaux modernes, un souverain neutre doit en outre défendre à ses sujets d'accepter des lettres de marque de l'un des belligérants et de se livrer à la course sous le pavillon de ce dernier. Ce principe est presque généralement admis aujourd'hui. Autrefois au contraire il était très-controversé. On ne l'admettait que dans les cas où il avait été formellement stipulé dans les traités.[2]

DROITS DES NEUTRES.

§ 149. L'état de guerre survenu entre deux nations apporte aux droits fondamentaux des autres certaines restrictions, que nous avons comprises sous la dénomination générale des devoirs spéciaux de la neutralité. Ces droits ainsi modifiés, diminués par les devoirs résultant de l'état de guerre, se résument dans les propositions suivantes:

Premièrement. *Inviolabilité du territoire neutre, — plein exercice des droits de souveraineté dans le territoire neutre avec une entière liberté et sans aucune restriction.*

Le territoire neutre devient par là un asile naturellement ouvert aux sujets des belligérants, pourvu qu'ils s'y présentent isolément[3] et que leur présence n'implique pas une faveur accordée

[1]) Hautefeuille t. I, p. 439. 459 a adopté en partie un point de vue différent.

[2]) de Steck, Versuche über Handels- und Schifffahrtsverträge 173. de Martens, Ueber Caper § 13. Hautefeuille I, p. 440.

[3]) Wheaton, Intern. Law IV, 3, 11. Ortolan II, 239. Hautefeuille I, 473. Principalement: Lud. Ern. Püttmann, De jure recipiendi hostes alienos. Lips. 1777.

à l'un des belligérants au détriment de l'autre. Il y a encore plus. Lorsqu'un corps armé fuyant devant son ennemi vient se réfugier dans un pays neutre, il y est reçu et est traité avec humanité, mais les troupes sont éloignées du théâtre de la guerre; on les fait sortir du pays d'une manière non préjudiciable à l'ennemi; en un mot on remplit les devoirs d'humanité à l'égard des individus, sans accorder un asile ou un lieu de rassemblement à l'armée prise comme un corps. Lorsqu'au contraire des navires des puissances en guerre se présentent devant un port neutre, et qu'ils y sont admis, on leur permet seulement d'acheter les vivres nécessaires, de faire les réparations indispensables et de reprendre la mer pour se livrer de nouveau aux opérations de guerre; mais on ne peut exercer sur eux aucun acte de suprématie. C'est une conséquence de l'immunité du pavillon et du principe que les navires sont considérés comme une portion du territoire de la nation à laquelle ils appartiennent. En tout cas le gouvernement neutre peut prendre des mesures convenables pour empêcher des actes d'hostilité qui pourraient se commettre entre les parties belligérantes sur son territoire, par exemple, en faisant sortir la plus faible la première et en retenant la plus forte pour un temps suffisant, au moins de 24 heures, pour donner le devant à la première.[1] S'il y a déjà un commencement d'hostilités, il peut les réprimer de toutes ses forces et contraindre le vainqueur à se défaire des fruits de sa victoire, faire relâcher les prisonniers et faire restituer le butin et les prises faites par lui. Le vainqueur n'est pas même en droit de continuer dans le pays neutre la poursuite de l'ennemi battu ou chassé.[2] Seulement si l'État neutre a fourni à l'un des belligérants des troupes auxiliaires ou qu'il lui a ouvert des places fortes, celles-ci peuvent incontestablement être attaquées sur le territoire neutre (§ 118).

[1]) Moser, Vers. X, 1, 159. 311. de Martens, Völkerr. § 307. Klüber § 258. note b. Ortolan II, 248. de Pistoye et Duverdy, Prises maritimes I, 108. Hautefeuille I, 474. II, 91. 137.

[2]) Wheaton, Intern. Law IV, 3, 6 et 7. de Martens, Caper § 18. Nau, Völkerseerecht § 235. Ortolan II, 255. 278. Pando p. 465. de Pistoye et Duverdy I, 22. Halleck XXII, 6 s.

§ 150. Deuxièmement. *Le souverain neutre* qui se conduit avec loyauté à l'égard des belligérants, *a le droit d'exiger d'eux qu'ils continuent à respecter ses déclarations et ses actes comme pendant la paix.* Il est toujours présumé vouloir observer entre les parties une stricte impartialité, à moins que les faits mêmes ne viennent donner tort à ses déclarations, et prouver qu'elles ont uniquement pour objet de tromper l'une des parties et de dissimuler sa partialité en faveur de l'autre. Cette règle acquiert une certaine importance lorsqu'il s'agit de déterminer la validité des passeports, des lettres de commission et des certificats délivrés par un gouvernement neutre.

Troisièmement. Il résulte du principe de l'égalité et de l'indépendance des États que les belligérants ne doivent pas soumettre les peuples avec lesquels ils sont en paix, à des lois et à des juridictions qui ne sont pas fondées sur les dispositions formelles des traités ou sur les principes généraux du droit international. Le souverain qui n'est pas lié par de pareilles stipulations, procède sur son territoire comme bon lui semble, pourvu qu'il observe les devoirs de la neutralité. Rien surtout ne doit l'empêcher de prendre les mesures qu'il croit nécessaires pour la protection efficace de ses sujets contre les actes arbitraires et les empiétements des belligérants.

Quatrièmement. L'État neutre continue à jouir de la disposition exclusive des biens meubles et immeubles qu'il possède dans le pays des belligérants ou de l'un d'entre eux, lors même que ces biens se trouveraient sur le théâtre des hostilités. Le droit au butin ne s'applique pas dans ces cas. Les usages de la guerre ont consacré une exception à l'égard des objets qui ont été mis à la disposition de l'un des belligérants et qui servent directement à ses opérations de guerre. C'est ce qui a lieu notamment en matière de contrebande, dont nous essayerons plus loin de donner une définition exacte. En ce cas la propriété neutre, pas plus que la propriété ennemie, ne peut échapper à la saisie et à l'occupation ennemies.

Les biens immeubles appartenant au souverain neutre ou à ses sujets, et situés dans le territoire de l'un des belligérants, ne peuvent naturellement pas se soustraire aux charges de la guerre. Les navires et les biens meubles des neutres au contraire qui se trouvent sur le territoire de l'un des belligérants ou sur la haute mer, ne peuvent être saisis par lui, pour être appliqués à ses propres besoins, qu'en cas de nécessité urgente. Les belligérants, très-portés à abuser de la force qu'ils ont entre leurs mains, ont, il est vrai, imaginé d'employer des navires neutres dans leurs expéditions maritimes comme de plein droit (jure angariae). Ce droit putatif d'angarie a été pratiqué surtout sous Louis XIV, qui l'a considéré comme l'une des prérogatives de la souveraineté. Dans les traités modernes il a été ou supprimé entièrement, ou accordé seulement moyennant une indemnité complète.[1] Il faut en dire autant du prétendu droit de préemption, exercé autrefois par l'un des belligérants sur les marchandises neutres destinées pour les ports de son adversaire. Il en sera fait mention plus bas.

LIBERTÉ DU COMMERCE DES NATIONS NEUTRES.

§ 151. Bien que les principes qui viennent d'être exposés aient obtenu à peu près l'assentiment général, leur application à la liberté du commerce et de la navigation des nations neutres, tant entre eux qu'avec les belligérants, éprouve des difficultés sérieuses.

La liberté absolue du commerce des neutres entre eux n'a pas été contestée à la vérité; cependant les difficultés de faire reconnaître ce commerce, et les nombreuses mesures vexatoires dont il a été l'objet, font regretter l'absence de règles fixes et précises à son égard. Celles-ci se rattachent elles-mêmes à la solution de la question principale, à savoir: Quelles restrictions doivent subir le commerce et la navigation des peuples neutres avec les belligérants? Depuis plusieurs siècles les nations sont divisées sur une question où l'absence d'un code et de tribunaux internationaux se font surtout sentir. Il est vrai que, dans la pratique des États, sa solution dépendait surtout du droit du

[1]) de Réal, Science du gouv. V, 2 in fine. Nau, Völkerseerecht § 260. Grotius III, 17. 1. de Steck, Essais p. 7. Hautefeuille IV, p. 434. Phillimore III, 41. Massé n. 321.

plus fort, ou plutôt elle était le résultat de l'absence d'un droit quelconque au profit des plus faibles.

Ce n'est pas seulement la pratique qui fournissait un vaste champ à des discussions ardentes: la théorie elle-même est loin d'avoir dit son dernier mot. En attendant elles sont parvenues à s'entendre quelquefois en vue de certaines lois intérieures et de certaines décisions judiciaires intervenues dans plusieurs pays, qui ont acquis une grande autorité. Mais il ne faut pas se le dissimuler: ces lois, ces jugements ne sont que des actes purement politiques émanés de gouvernements isolés qui n'obligent les autres peuples qu'autant qu'ils leur sont imposés par la force et qu'ils sont exécutés malgré leur injustice.

Dans aucune branche de la science du droit international l'absence de voies régulièrement tracées ne se fait sentir plus vivement. Nulle part on ne découvre un accord complet entre la pratique, les traités et la doctrine! Et pourtant il est impossible de méconnaître la nécessité de règles précises et généralement applicables entre les nations, dès qu'on admet entre elles l'existence d'un droit quelconque, dès qu'on convient que les rapports entre elles établis, que nous avons essayé de retracer dans les pages précédentes, sont exacts et répondent à la réalité des choses. C'est dans ces rapports que nous allons puiser les éléments de solution des diverses questions controversées. A cet effet nous considérerons comme lois communes les règles de réciprocité généralement admises dans la pratique des États, et là où elles se taisent, nous chercherons à nous aider des principes déjà expliqués.[1]

[1]) Le traité intitulé: Researches historical and critical in maritime internat. Law. By James Reddie, Esq. Edinb. 1844, 45. II Vols. contient un exposé approfondi de la théorie et de la pratique sur cette matière. Quoiqu'en définitive ce soit un plaidoyer en faveur des prétentions britanniques, il admet cependant quelques concessions. V. là-dessus les observations d'Ortolan t. II, p. 430. Les auteurs se démettent ici difficilement de leur nationalité.

ORIGINES ET DÉVELOPPEMENTS DE LA JURISPRUDENCE RELATIVE AUX DEVOIRS DES NEUTRES.

§ 152. L'histoire de notre sujet[1] commence surtout vers le milieu du xvie siècle. Le commerce maritime ayant cessé d'être le monopole de quelques peuples, de quelques compagnies ou cités privilégiées, commençait alors d'exercer une force attractive immense sur toutes les nations de l'Europe et à être encouragé par les gouvernements qui y voyaient une source inépuisable de richesses et de puissance. D'ardentes rivalités surgirent aussitôt: en même temps qu'elles contribuaient à l'accroissement de la marine tant militaire que marchande, elles donnèrent le signal de luttes sanglantes. Une seule nation réussit par des efforts héroïques à triompher de toutes ces rivalités et à asseoir sur les ruines des marines secondaires un empire comme le monde n'en avait pas encore vu de semblable. Aux yeux de cette nation, le droit international maritime se trouvait tout entier dans son intérêt, et c'est aux exigences de ce dernier que les usages des autres peuples durent se plier. Fidèle en apparence aux anciens principes si simples, dont elle s'imposait souvent la stricte exécution dans ses traités, ce fut lors de leur application qu'elle se réservait d'en éluder les dispositions et de faire sentir aux faibles sa supériorité. Ses prétentions suivent la progression ascendante de sa puissance et provoquent souvent des résistances énergiques. La réaction commence dès la seconde moitié du xviie siècle pendant les guerres continuelles de l'Angleterre contre la France et l'Espagne. Louis XIV renonce au système général si funeste au commerce qui était en vigueur alors, et donne à la France, dans l'Ordonnance de la marine de 1681, un nouveau code maritime, vrai chef-d'oeuvre de rédaction qui a reçu un succès à peu près universel. Bien qu'au fond elle ne soit qu'un résumé d'anciens règlements, d'anciennes coutumes, cette ordonnance présente cependant dans sa rédaction une forme éminemment originale et systématique. Il se peut que le droit maritime y ait été trop particularisé. Mais ne fallait-il pas que,

1) Hautefeuille I, 26 suiv. Gessner dans les préliminaires de son Droit des neutres.

dans l'antagonisme des théories et des doctrines, il traversât cette voie, pour arriver à des règles fixes et invariables?

Le traité de Fontainebleau (1763) allait consacrer la prépondérance maritime de la Grande-Bretagne. Elle était alors au faîte de sa puissance: aucun contrepoids n'existait, elle dominait seule les mers. Non contente de sa suprématie, elle voulait régner seule, s'enrichir seule et ruiner les autres nations. Une réaction dut dès lors se manifester, réaction qui, dès le début, se manifesta avec une certaine énergie. La France en donna le signal. Elle conclut dès 1778 avec les provinces insurgées de l'Amérique un traité, dans lequel elle reconnut solennellement leur indépendance politique. Dans la même année elle publia un nouveau règlement sur le commerce des neutres. Catherine II, surnommée par ses flatteurs la Minerve du Nord, conclut avec le Danemark d'abord, ensuite avec la Suède, une alliance ayant pour objet de forcer les belligérants au respect et à l'exécution des règles fondamentales du droit maritime à l'égard des peuples pacifiques. Bientôt la Prusse, l'Autriche, le Portugal, les Deux-Siciles et la Hollande accédèrent à cette nouvelle alliance préparée par Panin, qui prit le nom de neutralité armée.[1] Quoiqu'elle ne réussît pas à maintenir dans leur intégrité les règles par elle proclamées,[2] elle arracha pourtant au gouvernement britannique

[1]) On raconte que Catherine elle-même l'appelait „la nullité armée.“ Était-ce seulement pour faire un jeu de mot, ou de l'ironie à cause du peu de confiance qu'elle avait dans le succès de sa propre oeuvre, — c'est ce que nous n'osons décider. L'ironie à part, le fait n'en était pas moins digne d'un esprit élevé.

[2]) Les principes contenus dans la première déclaration de la Cour de Russie du 28 février 1780 peuvent se résumer dans les termes suivants:

1° Les vaisseaux neutres peuvent naviguer librement de port en port sur les côtes des nations en guerre;

2° les effets appartenant aux sujets desdites puissances en guerre, sont libres sur les vaisseaux neutres, à l'exception des marchandises de contrebande;

3° l'Impératrice se tient, quant à la fixation de celles-ci, à ce qui est énoncé dans l'art. X et XI de son traité de commerce avec la Grande-Bretagne, en étendant ces obligations à toutes les puissances en guerre (ces articles limitaient la prohibition aux armes et aux munitions de guerre);

quelques concessions consacrées par la convention du $\frac{5}{17}$ juin 1801, à laquelle adhérèrent le Danemark (23 octobre 1801) et la Suède ($\frac{18}{30}$ mars 1802).[1]

La résistance aux prétentions britanniques prit enfin des proportions gigantesques dans la grande lutte dont les premières années du XIXe siècle furent les témoins. Rappelons-en en quelques mots les phases mémorables. Par un ordre du conseil du 16 mai 1806, le cabinet de St. James notifie aux puissances neutres le blocus de tous les ports, rades, côtes, rivières, compris depuis l'embouchure de l'Elbe jusqu'au port de Brest inclusivement. L'empereur Napoléon y répond par le décret de Berlin (21 novembre 1806). Les îles britanniques sont déclarées en état de blocus. Tout commerce et toute correspondance avec ces îles sont interdits. Tout sujet anglais dans les pays occupés par la France est déclaré prisonnier de guerre. Toute propriété anglaise est déclarée de bonne prise. Tout commerce des marchandises anglaises est défendu; tout vaisseau ayant touché l'Angleterre est exclu des ports. Un nouvel ordre du conseil (7 janvier 1807) déclare de bonne prise tous les navires faisant route pour un des ports de la France, déclare en état de blocus tous les ports et places de la France et des États ses alliés. Le décret de Milan (17 septembre 1807) prononce alors la confiscation de tout

4° pour déterminer ce qui caractérise un port bloqué, on n'accorde cette dénomination qu'à celui où il y aura, par la disposition de la puissance qui l'attaque avec des vaisseaux arrêtés et suffisamment proches, un danger évident d'entrer;

5° ces principes servent de règle dans les procédures et dans les jugements sur la légalité des prises.

V. de Martens, Rec. t. III, p. 158. A ces dispositions sont venues s'ajouter plusieurs autres, inscrites dans des conventions postérieures. L'histoire de la neutralité armée et de ses nombreuses vicissitudes a été très-bien racontée par Klüber, Droit des gens § 303—309; Wheaton, Histoire p. 223. 311 suiv. (I, 358. II, 83 éd. 2). V. aussi les auteurs cités par de Kamptz § 258. Sur la position qu'on prit de la part du Congrès des États du Nord de l'Amérique vis-à-vis de la question on peut consulter Trescot, The diplomacy of the revolution. New-York 1852. p. 75.

[1]) La convention du $\frac{5}{17}$ juin 1801 se trouve dans Martens, Recueil t. VII, p. 260. Elle pouvait être regardée en quelque sorte comme l'ultimatum de l'Angleterre. Wheaton ibid. p. 314 suiv.

navire ayant souffert la visite d'un vaisseau anglais et le blocus des îles britanniques sur mer et sur terre.

Considéré en lui-même, ledit système continental établi par les décrets de Berlin et de Milan, était une conception politique très-féconde, digne du grand homme dont elle émanait.[1] Maintenu avec une sévérité rigoureuse au dehors, avec une sage modération au dedans, ce système, qui tendait à réunir tous les États du continent dans une puissante ligue, fut sans doute le moyen le plus efficace pour combattre avec succès les exigences britanniques. Ce fut plutôt par son exécution pleine de partialité, par les nombreuses licences, par les violations portées à l'autonomie des nations continentales, qu'il a laissé parmi elles de si tristes souvenirs. Il n'existait peut-être aucun autre moyen aussi efficace pour réduire à leur juste valeur les prétentions de la Grande-Bretagne à l'empire des mers.

Maintenant le concert Européen vient d'amener des transactions plus équitables. L'Angleterre même a fait, lors de la guerre de 1854, quelques concessions générales à la liberté du commerce neutre en sacrifiant une partie de ses préjugés à l'entente cordiale avec la France et à l'influence du génie supérieur qui, en réglant les destinées de la France, y sait concilier les grands intérêts des nations.[2] Enfin une tierce puissance au delà de l'Océan va jeter de plus en plus un poids important dans la balance des rapports maritimes pour la fixation du droit commun.

DIVERSES QUESTIONS RELATIVES AUX DROITS DES NEUTRES.

§ 153. La liberté du commerce et de la navigation des nations neutres, tant entre elles qu'avec les belligérants, n'a jamais été contestée en principe. Les auteurs l'ont proclamée, les traités ont souvent reconnu que le commerce et la navigation des peuples neutres étaient en eux-mêmes libres. Les diver-

[1]) Le système continental est aussi très-bien expliqué par Klüber, à l'endroit cité § 310—316. Oke Manning p. 330. M. Pöhls p. 1147. Les auteurs sont indiqués par de Kamptz § 257. no. 113 suiv.

[2]) Comparez là-dessus C. W. Asher, Beiträge zu einigen Fragen über die Verhältnisse des Seehandels in Kriegszeiten. Hamb. 1854.

gences des publicistes et les contestations des États n'ont rapport qu'à la détermination des restrictions que cette liberté doit subir dans l'intérêt des belligérants. A cet égard il faut distinguer principalement les trois questions suivantes:

I. Quels sont les droits des neutres en cas de blocus des côtes et des ports de l'une des puissances en guerre par les escadres de l'autre?

II. Quelles sont les branches spéciales du commerce que les belligérants peuvent interdire aux gouvernements et aux sujets neutres?

III. Quels sont les moyens que les belligérants peuvent employer licitement, à l'égard des neutres, dans la poursuite du but légitime de la guerre?

Ces questions sont étroitement liées entre elles.

On peut reprocher généralement aux publicistes de s'être attachés, dans l'examen de ces questions, à des points de vue trop exclusifs, en partant des principes établis a priori. A la liberté absolue du commerce des États neutres, défendue par les uns, d'autres ont opposé un droit de nécessité créé au profit des belligérants. Le conflit entre ces deux prétendus droits a dû donner lieu aux solutions les plus contradictoires. Nous croyons qu'il n'est nullement nécessaire d'avoir recours à ces diverses théories, et nous sommes d'avis que les règles précédemment exposées sur les rapports respectifs des États, peuvent suffire pour résoudre les nombreux problèmes dont cette matière est hérissée.

Il existe sur cette matière une infinité de monographies, pour la plupart des écrits de circonstance et des pamphlets qui ont pour objet tantôt la défense des belligérants, tantôt celle des neutres. Elles sont indiquées par de Kamptz § 257. Les anciens auteurs déjà: Albéric Gentile (De jure belli I, chap. 21); Grotius (III, 1, 5. 9, 4. 17, 3), Henri Cocceji (De jure belli in amicos — Exerc. curat. t. II, p. 19); Bynkershoek (Quaest. juris publ. I, chap. 10 suiv.) se sont occupés des questions relatives aux droits des neutres. Il faut faire remarquer ensuite les nombreux ouvrages qui sont consacrés à l'examen de la jurisprudence anglaise antérieure aux traités de Paris et de Hubertsbourg (1763), et expliquée dans le Discourse on the conduct of Great Britain in respect to neutral nations during the present war, by Charles Jenkinson (depuis Lord Liverpool). Londres 1757 (2e édit. 1794; 3e édit. 1801); — les pièces et les documents relatifs aux contestations entre l'Angleterre et la Prusse en 1752 et indiqués par de Kamptz no. 17—21; — le traité déjà mentionné ci-dessus, publié par l'Espagnol Don Carlos Abreu en 1758 et surtout l'ouvrage du publiciste danois Martin Hübner, intitulé: De la saisie des bâtiments neutres etc. A la Haye 1758. Trad. allem. ibid. 1789. C'est un plaidoyer en faveur de la liberté des neutres (v. là-dessus les observations de Wheaton, Histoire p. 159 suiv. — 2e édit. I, p. 273). Jean Ehrenreich de Böhmer († 1777), dans ses Observations sur le droit de la nature et des gens touchant la capture et la détention des vaisseaux et effets neutres. Hambourg 1771, et en latin dans son Novum jus controv., est entré dans la même voie. — La controverse a été reprise avec une énergie redoublée pendant la guerre de l'indépendance américaine. Les principaux ouvrages de cette époque, écrits dans l'esprit de la neutralité armée ou dans un esprit plus libéral encore, sont les suivants:

Ferd. Galiani, Dei doveri etc. (v. ci-dessus § 144. n. 2),

et pour la défense de la pratique usitée, l'ouvrage de Lampredi, Juris publici universalis theoremata, Liburni 1778, suivi d'un livre intitulé: Del commercio dei popoli neutrali in tempo di guerra. Fiorenze 1778. Trad. en français par Penchet. Paris 1802.

Totze, La liberté de la navigation. Londres et Amsterdam 1780.

A l'époque de la révolution française appartiennent les publications suivantes:

de Steck, Essais sur divers sujets. 1799.

D. A. Azuni, Sistema universale dei Principii del diritto marit. 1795; en français 1805.

Büsch, Ueber das Bestreben der Völker neuerer Zeit, einander in ihrem Seehandel recht wehe zu thun. Hamburg 1800.

Prof. Schlegel, Sur la visite des bâtiments neutres. Copenhague 1800, et les pamphlets opposés des publicistes anglais Alexandre Croke et Robert Ward.

Rayneval, De la liberté des mers. Paris 1801.

J. N. Tetens, Considérations sur les droits réciproques des puissances belligérantes et des puissances neutres. Copenhague 1805 (en allemand déjà en 1802).

Jouffroy, Le droit des gens maritime. 1806.

Et à la fin de cette période:

(Biedermann) Manuel diplomatique sur le dernier état de la controverse concernant les droits des neutres. Leipz. 1814.

V. aussi Jacobsen, Seerecht p. 521 suiv. et les ouvrages de Reddie (p. 289 ci-dessus), de Hautefeuille, de Massé, et pour l'état actuel de la question Gessner (p. 55) ainsi que National Review, Lond. January 1863. p. 116.

DROIT DE BLOCUS.[1]

§ 154. Nous avons déjà dit quelques mots sur le droit de blocus (§ 111 et 121 ci-dessus). C'est le droit du belligérant de s'emparer sur mer ou sur terre des abords d'une forteresse, d'un port, d'une rade et même de toutes les côtes de son ennemi, et d'y exercer les droits d'une occupation passagère pendant tout le temps qu'il se maintient dans la possession réelle vis-à-vis de cette partie du territoire ennemi,[2] à l'effet d'empêcher toute communication avec le dehors. Le pouvoir du belligérant de dicter des lois dans le rayon momentanément soumis à sa disposition, n'a jamais été contesté. Les nations neutres l'ont toujours respecté, et doivent le respecter, car le blocus est une opération militaire garantie par les lois de la guerre (§ 147). Conséquemment elles devront s'abstenir de tout empiétement à l'exécution du blocus et elles se rendront coupables d'une violation des lois de la guerre par toute sorte de manoeuvres qui font craindre que le but du blocus ne soit manqué et qu'il ne devienne illusoire. La saisie du navire contrevenant ou d'autres moyens de transport, avec leur cargaison, quels que soient leur nature et leur propriétaire, ainsi que la confiscation de ces objets sera la suite incontestable de l'infraction.[3] Les personnes coupables peuvent en outre être soumises à des représailles et même à des pénalités, s'il y a lieu. Les usages actuels des nations sont généralement d'accord sur ces principes dont néanmoins

[1]) Grotius III, 1. 5. Bynkershoek, Quaest. 1, § 11. de Steck, Handelsvertr. p. 188 suiv. Nau, Völkerseer. § 200 suiv. Jouffroy, Droit marit. p. 159. Jacobsen, Seerecht p. 677 suiv. Wheaton, Intern. Law IV, 3. 25 et son Histoire des progrès p. 84. Pöhls, Seerecht IV, p. 1142. § 523 suiv. Oke Manning p. 219. Pando p. 497. Ortolan II, p. 287. Hautefeuille III, p. 1. Wildman II, p. 178.

[2]) Hautefeuille III, p. 54. 55 et p. 14. 21. Ortolan II, p. 291 qualifie à tort le blocus une substitution d'une souveraineté à l'autre. Il ne saurait être question d'une souveraineté sur la mer libre.

[3]) Wildman II, p. 200. — La jurisprudence anglaise la plus récente autorise le propriétaire des marchandises à fournir la preuve de sa non-complicité. Oke Manning p. 320. De même la jurisprudence américaine. Halleck XXIII, 36.

l'application ne manque pas d'offrir des difficultés et un grand nombre d'opinions divergentes, surtout en matière du blocus sur mer, qui s'étend hors de la mer territoriale de l'ennemi.

§ 155. La première question très-controversée est celle de savoir: A partir de quel moment le blocus sur mer est-il réputé réellement établi à l'égard des neutres?[1] La nature des choses, il est vrai, semble l'indiquer. Du moment où, devant le lieu bloqué, des bâtiments de guerre sont stationnés en permanence et en assez grand nombre pour empêcher toute espèce de communication avec la place ou le port investi. Plusieurs traités contiennent des dispositions formelles à ce sujet. Ainsi le traité de neutralité armée (article 3) s'exprime en ces termes: „Pour déterminer ce qui caractérise un port bloqué, on donne cette dénomination à un port où par suite de la disposition prise par la puissance qui l'attaque avec des vaisseaux arrêtés *et* suffisamment proches, il y a un danger évident d'entrer.“ L'Angleterre consentit à insérer cette définition dans la convention de juin 1801, en substituant toutefois la particule alternative *ou* à la conjonctive *et*.[2] — Quelques traités vont jusqu'à fixer le nombre des vaisseaux qui doivent stationner devant un port pour qu'il soit réputé être réellement bloqué. La plupart de ces traités appartiennent au XVIIIe siècle: celui de 1818 entre le Danemark et la Prusse exige (article 18) la présence de deux vaisseaux pour le moins.[3] Enfin la déclaration de Paris du 16 avril 1856 § 4 porte: „Les blocus, pour être obligatoires, doivent être effectifs, c'est-à-dire maintenus par une force suffisante pour interdire réellement l'accès du littoral de l'ennemi.“

[1]) V. surtout Wheaton, Intern. Law II, p. 222 suiv. édit. fr. II, 172. Halleck XXIII, 4. Gessner p. 169.

[2]) Martens, Recueil VII, p. 176. Cette définition se trouve dans le Code général de Prusse (Allgem. Preufs. Landrecht) partie I. tit. 9. § 219: „Le lieu bloqué est celui dont des batteries de terre ou des vaisseaux ennemis stationnés au dehors ferment l'accès.“ — V. Wheaton, Histoire p. 326 (II, 86). de Steck p. 188. 189. Nau, Völkerseerecht § 202 suiv.

[3]) Klüber, Droit des gens § 297 donne par erreur le chiffre de vingt. Le traité de 1753 entre la Hollande et les Deux-Siciles (art. 22) exige que six vaisseaux au moins soient arrêtés devant le port. V. de Steck p. 188. Martens, Nouveau Recueil IV, p. 532. Hautefeuille III, p. 60.

La distance à laquelle les bâtiments de guerre doivent se trouver du port bloqué, dépend naturellement des circonstances. Il suffira qu'ils soient stationnés de manière à pouvoir surveiller l'entrée du port et en retenir tout navire qui tenterait de passer à leur insu.

Toutefois, suivant un usage généralement admis, qui repose sur la position indépendante des nations neutres, la seule présence de forces ennemies devant une place ne suffit pas pour la faire considérer comme en état de blocus formel. Cela est vrai surtout lorsqu'il s'agit d'un blocus maritime. Il faut que l'existence du blocus soit portée à la connaissance des nations neutres, soit par la voie d'une notification diplomatique, soit par des avertissements locaux ou personnels. Ainsi la déclaration faite par le commandant de l'escadre chargée du blocus au capitaine d'un navire neutre, que le port dans lequel il veut entrer est bloqué, équivaut à une notification faite par la voie diplomatique. On distingue à cet égard entre la notification générale et spéciale ou de fait.[1]

Après que la notification a été faite, le blocus continue d'exister alors même que les vaisseaux chargés de le former ont été forcés de s'éloigner momentanément par suite de coups de vents, de tempête ou autres accidents de mer. Dans ce cas le blocus notifié conserve les mêmes effets que le blocus de fait. Cette interprétation est conforme à la pratique constante des nations comme aux règles de l'analogie. Enfin l'état de blocus régulièrement publié par un gouvernement neutre sur son territoire, a pour les sujets l'autorité d'une loi intérieure.[2]

Le blocus est réputé levé et privé de ses effets à l'égard des neutres, lorsque les vaisseaux bloquants se sont éloignés volontairement pour réparer les avaries, pour ravitailler, ou

[1]) V. surtout Hautefeuille III, p. 61—92.

[2]) La simple notification du blocus dans les ports voisins n'a pas été toujours considérée comme un acte suffisant. Elle fut contestée de la part du gouvernement français lors du blocus ordonné par la république de Chili. Martens, Nouveau Recueil XV, p. 507. — V. du reste Jouffroy p. 165. Jacobsen p. 680. Wheaton, Intern. Law p. 233. Pöhls IV, p. 1145. Les traités entre la France et plusieurs États de l'Amérique ont réglé un mode spécial d'authenticité des notifications du blocus. Ortolan II, 303.

lorsqu'ils ont été chassés par les forces de l'ennemi. Il en est de même du siége d'une place: il est levé dès que l'armée assiégeante se retire volontairement ou forcément.[1] Il n'a jamais été question d'une notification de la fin du blocus: il ne continue à l'égard du commerce neutre, qu'autant qu'il est réel et effectif: c'est une règle fondamentale.[2]

§ 156. Aux observations précédentes sur le caractère et les diverses espèces de blocus, nous devons ajouter quelques remarques sur la question de violation du blocus.

Le cas de violation n'existe que par la réunion des deux circonstances suivantes:

1° Il faut d'abord que le blocus soit réel et effectif et qu'une notification quelconque du belligérant en ait pu avertir le contrevenant.[3]

Le juge équitable prendra toujours en considération les circonstances particulières à l'espèce.[4]

2° Il faut qu'il y ait infraction ou du moins une tentative d'infraction. La simple intention, sans un commencement d'exécution non équivoque sur les lieux mêmes, ne suffit pas; „Actus aliquis, non solum consilium punitur."[5] Ainsi, par exemple, le navire neutre arrivant du large qui, après avoir reçu la notification spéciale, entre ou tente d'entrer dans le port bloqué, pendant que le blocus existe réellement, peut être saisi et confisqué. Le navire au contraire sorti d'un port neutre, après la notification diplomatique du blocus, qui fait voile vers le lieu bloqué ne paraît pas par cela seul saisissable sur la haute mer. De même le navire qui, malgré les signaux et la semonce, ne s'est pas arrêté immédiatement, n'est pas par cela seul regardé comme ayant fait la tentative d'enfreindre le blocus.[6]

Conformément à ces propositions la neutralité armée de 1800

1) Jacobsen p. 683. Wheaton p. 241. Pöhls à l'endroit cité.

2) Oke Manning p. 324. Ortolan p. 310. Hautefeuille III, p. 114.

3) Pöhls p. 1160. Pando p. 497.

4) Wheaton p. 233. F. F. L. Pestel, Selecta capita juris marit. § 11.

5) Vattel III, § 177.

6) Le décret précité de la république de Chili, qui contient une disposition contraire, a été vivement critiqué.

portait: que tout bâtiment naviguant vers un port bloqué ne pourra être regardé comme contrevenant, que lorsque, après avoir été averti par le commandant du blocus de l'état du port, il tâchera d'y pénétrer en employant la force ou la ruse.[1]

Nous disons que le navire neutre qui fait voile vers le port bloqué, n'est pas par cela seul saisissable sur la haute mer. Il est facile d'en expliquer les motifs. Il se peut que le navire espère trouver à son arrivée l'entrée du port libre, par suite de la levée du blocus. Rien ne prouve non plus qu'il n'ait encore changé de direction pendant la traversée. Enfin la saisie d'un navire, faite pour exercer un acte de punition, en pleine mer et en dehors des territoires des belligérants, constituera toujours un attentat à l'indépendance du peuple auquel il appartient, une usurpation sur la liberté de la mer.[2] La jurisprudence anglaise, il est vrai, ne l'entend pas ainsi. Selon les juges anglais, la notification diplomatique d'un blocus a pour effet d'interdire aux neutres toute expédition commerciale pour le port déclaré bloqué, et à faire déclarer coupable de violation du blocus tout navire ayant mis à la voile postérieurement à la notification. Ils ont déclaré de bonne prise les navires et leurs cargaisons qui n'avaient fait que passer devant les vaisseaux chargés du blocus; ou bien les navires qui s'en retournaient; ou encore ceux que les vents avaient jetés sur les plages ennemies.[3] Ce n'est que la levée du blocus qui fait cesser la responsabilité pour la violation intentionnée.[4]

[1]) La convention britannique de 1801 avait effacé cette disposition.

[2]) Les traités récents se montrent en général très-indulgents: ils permettent aux navires qui arrivent de loin, de s'approcher de l'escadre du blocus. V. le traité entre la Suède et les États-Unis du 4 septembre 1816 art. 13, et celui du 4 juillet 1827 art. 18. Martens, Recueil IV, p. 258. Nouveau Recueil VII, p. 280. Le traité entre l'Amérique du Nord et les États de l'Amérique du Sud de 1824, 1825, 1831, 1832, 1836 et le traité entre les villes hanséatiques et le Mexique du 15 septembre 1828 art. 20. Nouv. Suppl. I, p. 687.

[3]) Voyez Phillimore III, 390—402 et d'autre part Hautefeuille III, p. 131. Ortolan II, p. 320. Jacobsen p. 682. 687. 698. Pando p. 500—503. La jurisprudence américaine paraît être d'accord avec la britannique. Halleck § 24.

[4]) Jacobsen p. 709.

La sortie ou la tentative de sortie d'un bâtiment d'un port bloqué où il était entré avant l'investissement, pourra constituer une seconde espèce de violation de blocus. Tout dépend ici des circonstances. Ainsi il y aura culpabilité de la part du navire qui tentera de sortir à la faveur de la nuit, en profitant d'un gros temps, en longeant la côte, malgré la présence des bâtiments bloquants. Il y aura encore violation de la part du navire qui tente de sortir du port avec une cargaison prise à bord après le commencement de l'investissement. Mais généralement les navires neutres sont libres de sortir du port bloqué sur lest ou avec une cargaison embarquée à bord avant l'ouverture du blocus.[1] Toujours la confiscation du navire ne peut-elle être prononcée que lorsque la violation est bien établie. De simples soupçons ne devraient entraîner qu'une saisie provisoire. Cependant la pratique accorde ici aux tribunaux une latitude presque sans bornes.

INTERPRÉTATION FORCÉE DU DROIT DE BLOCUS.

§ 157. Il y a des peuples maritimes dont la pratique ne s'est pas renfermée dans les limites que nous venons de tracer et qui, à diverses époques, ont cherché à donner au droit de blocus une extension peu conforme à son caractère naturel et généralement adopté.[2] Ils ont prétendu mettre de vastes côtes en état de blocus par un simple ordre de cabinet, en établissant quelques croisières dans leur voisinage et en portant le blocus à la connaissance des peuples neutres. Déjà en 1560 la Suède, dans sa guerre contre la Russie, se servait d'un pareil blocus. Plus tard ce furent les Hollandais qui en firent usage contre la Grande-Bretagne (1652), et ces deux puissances réu-

[1]) Jacobsen p. 697. Wheaton, Elements II, p. 245. Oke Manning p. 329. Pöhls p. 1162. Phillimore III, 402. Le traité précité entre les villes hanséatiques et le Mexique du 15 septembre 1828 autorise expressément ces espèces de sorties.

[2]) Un document très-important pour la manière d'envisager le droit de blocus maritime est l'édit hollandais de 1630, commenté par Bynkershoek dans ses Quaest. jur. publ. I, 11, dans lequel on rencontre déjà les éléments de la jurisprudence anglaise postérieure. V. Wheaton, Histoire p. 86. éd. fr. II, 163.

nies en 1689 contre la France. Depuis c'est la coalition qui a déclaré en 1793 toutes les côtes de la France en état de blocus, sous prétexte que les lois internationales ne pouvaient pas être appliquées à ce pays dans la situation où il se trouvait. En 1798 la Grande-Bretagne déclare en état de blocus tous les ports et les embouchures de la Belgique.[1] Ces mesures, réputées d'abord exceptionnelles, ont causé aux États neutres des pertes considérables et ont provoqué en partie le système de la neutralité armée. Il ne restait qu'un pas à franchir: on commençait à déclarer en état de blocus des territoires, des îles entières, sans disposer en aucune manière des forces nécessaires pour le maintenir; et l'on appliquait aux contrevenants sur lesquels on pouvait mettre la main, les dispositions relatives au blocus réel, en lui substituant le blocus fictif; de cabinet; sur papier; par croisière, *per notificationem.* Qu'il nous soit permis de transcrire ici comme spécimen de la jurisprudence anglaise en matière de prises, le passage d'un jugement rendu en 1780 par James Mariott contre des navires neutres néerlandais: „Vous êtes confisqués dès que vous êtes pris. La Grande-Bretagne, par sa position insulaire, bloque naturellement tous les ports de l'Espagne et de la France. Elle a le droit de tirer parti de cette position comme d'un don qui lui a été accordé par la Providence.“ [2]

Nous devons ajouter toutefois que ces prétentions outrées n'ont à aucune époque obtenu le consentement de tous les peuples. Issues d'un esprit étroit et d'une situation exceptionnelle, ces prétentions sont contraires aux principes de la justice internationale, puisqu'elles créaient des entraves à l'indépendance des peuples et leur imposaient des lois obligatoires.[3] Les neutres, par conséquent, ont le droit incontestable de leur résister de

[1]) Dumont, Corps diplom. VII, part. 2. p. 238. Wheaton, Histoire part. I, § 16 et II, § 31 (p. 284 suiv.). Nau, Völkerseerecht § 209—213. Ortolan II, p. 325.

[2]) de Martens, Causes célèbres II, p. 35.

[3]) V. les réflexions sur les représailles auxquelles une partie belligérante peut recourir, lorsque les lois de la guerre sont violées par l'autre, dans Pando p. 519 suiv.

toutes leurs forces. La loi de blocus dépourvue des moyens nécessaires d'exécution n'est qu'un prétexte destiné à couvrir des prohibitions arbitraires de commerce, une guerre clandestine faite au commerce ennemi et neutre.

PROHIBITION DU COMMERCE DE CONTREBANDE.

§ 157ª. C'est un devoir général pour les peuples restés spectateurs tranquilles de la lutte, de n'y prendre aucune part active, ni de participer directement aux actes de la guerre. Les gouvernements, les sujets étrangers qui fournissent à l'un des belligérants des secours directs, commettent une violation du devoir de la neutralité, un acte d'immixtion dans les hostilités auquel l'adversaire est en droit de s'opposer par tous les moyens. Dans la pratique on regarde comme de tels actes d'hostilité:

1° Le transport volontaire des soldats, matelots et autres hommes de guerre;

2° la construction dans les ports neutres de vaisseaux de guerre ou de commerce pour le compte de l'ennemi dès leur sortie;

3° le transport volontaire de dépêches de l'un des belligérants.

Ces diverses contraventions, lorsqu'elles sont régulièrement constatées, entraînent la saisie et la confiscation du navire employé au transport. La confiscation s'étend également à la cargaison, s'il est établi que les propriétaires avaient connaissance du but illicite du voyage. Toutefois cette pénalité n'est pas toujours exécutée à leur égard avec la même sévérité.[1] En réalité elle constitue un acte de légitime défense auquel le neutre

[1]) Les cas ci-dessus indiqués sont compris sous la dénomination commune, peu convenable peut-être, de „contrebande par accident.“ En réalité ils ne sont autre chose qu'une contrebande de guerre, ainsi que les puissances neutres l'ont reconnu naguère pendant la guerre d'Orient. V. Jacobsen p. 667—672. Jouffroy p. 136. Wheaton, Intern. Law IV, 3. 22 et 23 (édit. franç. p. 25). Ortolan p. 197. Pando p. 540. Hautefeuille II, p. 399. 450. 462. de Kaltenborn II, p. 424. Wildman II, p. 234. — Asher, Beiträge zu einigen Fragen neutraler Schifffahrt. Hamburg 1854. Marquardsen, der Trentfall. Erlangen 1862.

qui se rend complice de l'un des belligérants, ne saurait échapper du côté de l'adversaire.

En dehors des cas qui viennent d'être énumérés, il existe encore un certain nombre d'objets dont le commerce est regardé d'une manière plus ou moins générale dans la pratique des États comme prohibé. Il constitue la contrebande de guerre proprement dite.[1]

ORIGINES DE LA CONTREBANDE DE GUERRE.

§ 158. La jurisprudence relative à la contrebande de guerre est née des défenses faites depuis un temps immémorial par les souverains à leur sujets de se livrer à certaines branches de commerce avec l'ennemi.[2] Déjà dans les collections justiniennes on trouve quelques dispositions à cet égard.[3] Plusieurs décrets rendus par les papes et les conciles du temps des croisades, interdisaient tout commerce avec les Sarrasins.[4] Plus tard la ligue hanséatique, pendant ses guerres fréquentes, prohibait les objets de contrebande et quelquefois elle prétendait interdire

[1]) V. les ouvrages indiqués au § 154, ainsi que Bynkershoek, Quaest. jur. publ. I, chap. 10. Joh. Gottl. Heineccius (resp. Kessler), De navibus ob mercium illicitarum vecturam commissis. Hal. 1721 et 1740. de Justi, Historische und juristische Schriften I, p. 141 suiv. Christ. Gottl. Schmidt, Auserlesene Abhandlungen, das deutsche Staatsrecht betreffend. 1768. I. no. 1. Schmidlin, De jurib. gent. mediar. § 38 suiv. Robert Ward, Essay of Contraband. Lond. 1801. de Steck, Handels- und Schifffahrtsverträge p. 190 suiv.; Essais (1785) p. 68 suiv. Nau, Völkerseerecht § 153 suiv. et § 192 suiv. Jouffroy, Droit des gens marit. p. 102 suiv. Wheaton, Intern. Law IV, 3, § 21. Idem histoire des progrès p. 75 suiv. Pöhls, Seerecht IV, § 516. p. 1096. Oke Manning p. 281. Pando p. 486. Ortolan II, p. 154. de Kaltenborn, Seerecht II, p. 413. Wildman II, p. 210. Hautefeuille II, p. 297 et pour l'histoire de la question t. I, p. 34. Massé § 195. Gessner p. 70.

[2]) „Contra bandum," id est „contra bannum." Déjà au moyen âge le mot contrabannum était synonyme de marchandise prohibée et confisquée. V. Carpentier, Glossarium novum I, col. 1123.

[3]) Le passage principal est la constitution de Valens et de Gratien l. 2. Cod. quae res exportari non debeant.

[4]) Concil. Lateran. III de 1179 sous Alexandre III. Can. 24 et Lat. IV. de 1215 (Innocent III); cap. 6 et 17. X. de Judaeis et Sarac., chap. 1. X. vag. comm. V, 2.

aux gouvernements neutres toute espèce de commerce avec leurs ennemis.[1] C'est sous l'influence de l'école de Bologne que paraît s'être établie la théorie d'après laquelle les neutres, par le transport des objets de contrebande, commettent une infraction envers la partie belligérante qui en souffre, et que les contrevenants peuvent être saisis et punis. Cette théorie, il est vrai, ne s'est complétement développée et n'a été généralement reconnue que depuis l'établissement de marines militaires considérables et l'introduction du système de course, car par là les belligérants acquéraient les moyens nécessaires pour faire respecter leurs prétentions par les peuples pacifiques. Cependant la ligue hanséatique, dans ses jours de grandeur, lorsqu'elle jouait encore un certain rôle politique, réussissait quelquefois à maintenir contre les belligérants la liberté absolue du commerce, même à l'égard des objets de contrebande, et à assurer en même temps à ses alliés la libre navigation dans les eaux des puissances en guerre.[2]

Pendant les trois derniers siècles les États maritimes ont adopté, dans un intérêt commun et réciproque, la règle que les belligérants ont le droit de restreindre la liberté du commerce neutre, en ce qui concerne la contrebande de guerre, et de réprimer les infractions commises à cet égard. Un nombre infini de traités a consacré ce principe d'une manière expresse ou implicite.[3] Les lois intérieures des nations l'ont sanctionné également. Nous nous contentons de citer l'ordonnance de la marine de 1681 (III. 9. 11), celle de Louis XVI de 1778 et le Code général de Prusse (II. 8. § 2034 et suiv.; I. 9. 216 suiv.).[4] Jamais ce droit n'a été sérieusement contesté aux belligérants. Il n'a pas besoin d'être démontré spécialement par rapport aux diverses nations. Les nations se sont refusées seulement à recon-

¹) Sartorius, Hanseat. Bund II, p. 663.

²) Pütter, Beitr. p. 154.

³) On les trouve dans de Steck, loc. cit. p. 194—204 et dans Nau, Völkerseerecht § 156 suiv. Les traités de commerce et de navigation de notre siècle qui contiennent ce principe, seront indiqués par la suite.

⁴) V. de Pistoye et Duverdy I, p. 392. Hautefeuille II, p. 337. Phillimore III, 315. Halleck ch. XXIV. La jurisprudence anglaise est indiquée par Wildman II, p. 210.

naître les conséquences arbitraires et violentes, que certaines puissances ont essayé d'en tirer. En effet on ne saurait contester aux autres un droit dont on entend à l'occasion se prévaloir soi-même. C'est donc à tort que certains publicistes ont prétendu nier l'existence d'une loi commune internationale, relative à la contrebande de guerre, ou qu'ils l'ont fait découler exclusivement des dispositions formelles des conventions publiques.[1] Ce point de vue est en contradiction avec la vérité historique. Quoi qu'il en soit, il est nécessaire, pour que la contrebande de guerre existe, que le commencement de la guerre soit porté à la connaissance des nations neutres.[2]

DÉFINITION LÉGALE DE LA CONTREBANDE DE GUERRE.

§ 159. Il est impossible de donner, au point de vue naturel des choses, une définition a priori de la contrebande de guerre, reconnue par toutes les nations qui appartiennent au grand système Européen.[3] La définition doit nécessairement avoir pour base des données historiques. En effet il s'agit de lois positives qui imposent des restrictions à la liberté du commerce des peuples restés spectateurs pacifiques d'une lutte qui leur est étrangère. Ces lois ne sauraient être le résultat que du consentement libre des parties contractantes.

La jurisprudence ancienne des nations convenait dans l'idée commune, à savoir: que le fait de fournir à l'un des belligérants des objets de première nécessité pour la guerre, est un acte

1) V. notamment Sam. Cocceji dans son Novum systema prudent. nation. § 789, et les auteurs qui ont adopté sa théorie. Jouffroy p. 111. Klüber § 288 suiv. — Les déclarations de la neutralité armée de 1782 et de 1800 de même que celles concertées à Paris en 1856 ne contiennent aucune disposition à l'appui de cette théorie, ainsi qu'on l'a prétendu. Ces déclarations ne s'opposent pas au principe de la contrebande, mais seulement à ses interprétations arbitraires, et elles émettent à cet égard le voeu d'une entente commune entre les États.

2) Comparez l'Arrêt du Conseil d'État du 1 mars 1848 (Gazette des tribunaux, 28 mars 1848 p. 533) cité supra au § 111.

3) Sur les tentatives de donner une définition exacte de la contrebande naturelle v. Jouffroy, Droit marit. p. 102 suiv., où il critique les opinions des anciens publicistes.

punissable à l'égard de l'autre.[1] En conséquence, les objets de contrebande pouvaient valablement être confisqués, les coupables arrêtés en flagrant délit pouvaient être punis. Toutefois il n'est permis à une nation de s'arroger une juridiction sur des sujets étrangers, qu'autant qu'ils se trouvent sur son propre territoire ou sur le territoire ennemi provisoirement occupé par elle. Pour exercer une pareille juridiction sur un territoire essentiellement libre, tel que la haute mer, il lui faut le consentement de la nation à laquelle appartiennent ces sujets. A défaut de consentement, le belligérant ne peut faire usage envers des sujets étrangers que de certaines mesures de contrainte ou de représailles, qui ne pourront prendre un caractère pénal que pour des faits soumis à la juridiction territoriale (§ 36). Hors ce cas ses actes tombent dans le domaine du droit des gens, d'après lequel ils sont susceptibles d'être critiqués et contestés par les parties lésées, lorsqu'ils dépassent les justes limites de la nécessité de guerre. Cela posé nous n'aurons encore qu'à examiner les deux questions suivantes:

1° Quels sont les objets qui doivent être considérés comme contrebande de guerre?

2° Quels sont les moyens de contrainte tendant à la répression de ce commerce?

OBJETS DE CONTREBANDE.

§ 160. En vain les publicistes ont-ils tâché de comprendre les objets de la contrebande de guerre dans une seule formule ou définition.[2] De nombreuses classifications ont été proposées sans avoir obtenu l'assentiment général.[3] En effet, les usages internationaux sont loin de répondre à toutes les questions qui peuvent se présenter à ce sujet. Ils ont établi seulement d'une

[1]) Ainsi le traité d'alliance entre l'Angleterre et la Suède de 1661 art. 12 qualifie la contrebande de crime punissable, „qualis (poena) summis criminibus debetur."

[2]) La formule proposée par Jouffroy p. 130, 134 nous paraît trop vague: elle aurait besoin d'être longuement expliquée à chaque cas de guerre.

[3]) Les distinctions proposées par Grotius (III, 1, 5) sont insuffisantes. Il est vrai qu'elles ont été adoptées par bien des publicistes. V. Wheaton, Histoire p. 75 (2e édit. I, p. 169).

manière générale la règle suivante, à savoir: que les peuples qui veulent rester neutres, doivent s'abstenir de fournir aux belligérants ou à l'un d'eux les objets de première nécessité, dont l'emploi est un moyen direct de faire la guerre, c'est-à-dire de nuire à l'ennemi, de le combattre. Or il y a des objets dont l'usage est exclusivement possible pendant la guerre. Ce sont les armes, les munitions de guerre, l'artillerie. Il y en a d'autres qui sont également utiles et nécessaires pour la guerre et la paix, tels que les chevaux. Il y a des matières premières propres à la fabrication des armes et des munitions de guerre, à l'habillement des militaires, à la construction, au radoub et à l'armement des vaisseaux. Enfin l'or, l'argent et le cuivre, monnayés ou en barres, peuvent être considérés comme des instruments propres pour se procurer des objets de première nécessité. Ajoutons encore qu'à certains moments et dans certaines circonstances des objets peuvent acquérir pour les belligérants une importance qu'ils n'auront pas dans d'autres.

L'idée de la contrebande, on le voit, est une idée complexe, variable selon les temps et les circonstances, et qu'il est difficile de déterminer d'une manière absolue. Il faut donc que les nations se mettent d'accord sur la nature et les limites exactes de la contrebande, soit en général soit particulièrement au commencement d'une guerre. Car il ne peut être loisible aux belligérants d'imposer, suivant leurs intérêts spéciaux, et dès qu'ils en auraient les forces nécessaires, aux nations neutres des restrictions plus ou moins onéreuses. Rien ne les autorise à donner des lois.

Afin de constater le droit actuel on doit donc en premier lieu consulter les traités conclus par les nations européennes, y compris les peuples du Nouveau-monde.[1] Ces traités ne sont d'abord obligatoires qu'entre les contractants et doivent être interprétés de la manière la plus stricte, car ils contiennent un droit de répression et établissent des juridictions presque pénales.[2]

[1]) Ces traités sont indiqués par Pöhls p. 1104 suiv. Oke Manning p. 284 suiv. Ortolan II, p. 167. Hautefeuille II, p. 317. Phillimore III, 374. Halleck XXIV, 16. 17. Schmidlin, De juribus gentium mediarum § 38 suiv.

[2]) Le juge Sir William Scott n'a pas été du même avis dans son jugement contre des navires hollandais chargés de bois de construction (1779). V. Wildman II, p. 222. Schmidlin, loc. cit. § 43.

A défaut de traités, il faut puiser la décision dans les usages internationaux universels à la constatation desquels la concordance des traités peut aussi servir de preuve. D'après ces usages, la contrebande est exclusivement limitée aux armes, utensiles et munitions de guerre, en d'autres termes aux objets façonnés et fabriqués exclusivement pour servir dans la guerre, non pas aux matières premières propres à la fabrication des objets prohibés. Cette règle forme la base des divers traités conclus entre les puissances maritimes dans le cours du XVIIIe siècle. La France l'a reconnue dans le traité d'Utrecht (articles 19 et 20), et elle a toujours été considérée depuis comme faisant partie de son droit maritime. Elle se retrouve dans les déclarations de la neutralité armée, dans le traité entre la Russie et l'Angleterre du mois de juin 1801 et dans un grand nombre de traités de commerce et de navigation conclus depuis 1815.[1]

Il y a une autre classe d'objets qui, dans les traités seulement et dans les lois intérieures de plusieurs nations, sont indiqués comme objets de contrebande. Ainsi on y a compris:

1° les chevaux, qui en général sont exclus expressément dans le code prussien (II, 8, 2036), tandis que les traités américains mentionnés ci-dessus prohibent seulement les chevaux de cavalerie;

2° toutes les matières premières propres à la fabrication des

[1]) Traités entre les États de l'Amérique du Nord et du Sud: la Colombie du 3 décembre 1824, le Chili du 16 mai 1832 (art. 14), l'Amérique centrale du 5 décembre 1825, le Mexique du 5 avril 1831 (art. 16), Venezuela du 20 janvier 1836 (art. 17). Martens, Nouv. Recueil t. VI, p. 831; t. X, p. 334; t. XI, p. 442; t. XIII, p. 554. Nouv. Supplém. t. II, p. 415. Traité entre la France et le Brésil du 28 janvier 1826 (art. 21). Nouv. Recueil t. VI, p. 874; entre la France et le Texas du 25 septembre 1839 (art. 6). Nouv. Recueil t. XIII, p. 988; entre la France et la Nouvelle-Grenade du 1 octobre 1846. Traité entre la Prusse et le Brésil du 9 juillet 1827. Nouv. Recueil t. VII, p. 274; entre la Prusse et le Mexique du 18 février 1831 (art. 11). Nouv. Recueil t. XII, p. 544. Traité entre les villes hanséatiques et Venezuela du 27 mai 1837 (art. 16). Nouv. Recueil t. XIV, p. 242. Traité entre les Pays-Bas et le Texas du 18 septembre 1840 (art. 17). Nouv. Recueil t. I, p. 379. — Comp. Preufs. Allgem. Landrecht t. II, tit. 8, § 2034 suiv. — de Steck p. 203. Nau § 156. 157. Wheaton, Histoire p. 324 suiv.

armes et munitions de guerre, le fer, la fonte, l'acier, le salpêtre, le soufre; les munitions navales, telles que le bois de construction, le chanvre, le goudron;[1]

3° les vivres ou matières alimentaires;[2]

4° l'or, l'argent et le cuivre monnayés ou en barres.[3]

Ces divers objets ne sont pas d'un usage direct et exclusif pour la guerre ou uniquement propres à la guerre. On ne saurait donc prétendre qu'ils portent nécessairement le caractère de contrebande. C'est seulement dans le cas où, par leur transport vers l'un des belligérants, le commerce neutre prend le caractère de secours hostile, que l'autre belligérant a le droit de l'empêcher de fait.

On doit ranger dans la même catégorie certains objets nouveaux que les progrès de la science ont appliqués de nos jours aux besoins de la guerre. Telles sont les machines à vapeur, la houille etc., qui jouent un rôle si important dans les guerres maritimes modernes. Considérées en elles-mêmes, toutes ces choses sont également utiles et nécessaires pour la paix et pour la guerre. Elles ne sont donc pas, par leur nature, du nombre des marchandises prohibées. Il va sans dire aussi que les choses nécessaires pour les propres besoins du navire ne sont jamais regardées comme objets de contrebande.[4]

Nous devons noter enfin que pendant la dernière guerre d'Orient les puissances alliées ont pratiqué les principes les plus libéraux; qu'elles n'ont compris sous le nom de contrebande que les armes, les munitions et les objets uniquement destinés aux usages de la guerre, en maintenant à cet égard les dispo-

[1]) Cette classe d'objets a provoqué fréquemment des discussions ardentes. V. Wheaton, Intern. Law II, p. 187 (édit. franç. p. 141).

[2]) Les Provinces-Unies ont obtenu en 1741 de la Suède la révocation d'une prohibition relative à ces objets, qui, en France, n'ont jamais été compris parmi ceux de contrebande. Pothier, Traité de la propriété no. 104. Valin, Comment. sur le Code des prises art. 11. — V. de Martens, Récits II, p. 166. — Il n'en a pas été ainsi en Angleterre. Wheaton, Intern. Law II, p. 198 (édit. franç. p. 148).

[3]) Cocceji, De jure belli in amicos § 15. 20 comprend ces choses parmi les objets de guerre dans certains cas. V. surtout Jouffroy p. 136 suiv.

[4]) de Kaltenborn II, 420.

sitions des traités existants; qu'enfin les prohibitions d'exporter ne s'appliquaient qu'aux territoires respectifs des belligérants.[1] Ce bel exemple ne sera sans doute pas perdu dans les guerres maritimes futures!

CAS OU IL Y A LIEU A SAISIR POUR CONTREBANDE DE GUERRE ET CONSÉQUENCES.

§ 161. Le trafic d'objets prohibés ne constitue pas à lui seul le délit de contrebande de guerre. Il faut en outre que les navires neutres, par le transport de ces objets dirigé vers les ports ou les forces navales de l'ennemi, se soient rendus coupables d'un acte contraire aux devoirs de la neutralité et qui entraîne leur saisie légitime.[2] Une puissance neutre a sans doute la faculté de défendre d'une manière absolue à ses propres sujets la vente et la délivrance de certaines denrées.[3] Mais seule aussi elle a le droit de réprimer les infractions commises à ses règlements, et les belligérants ne sauraient y prétendre sous aucun prétexte. Il leur est permis tout au plus de se plaindre de violation des devoirs de la neutralité, si les règlements des puissances neutres donnaient lieu à cacher le commerce de contrebande (§ 148).

Le délit de contrebande de guerre est réputé éteint, dès que le navire porteur d'objets suspects ou prohibés a achevé son voyage. Ce principe est presque généralement admis; néanmoins la jurisprudence anglaise s'est refusée à l'appliquer dans un grand nombre de cas.[4]

Un usage très-ancien fondé en partie sur les dispositions des lois romaines et sur les doctrines des romanistes, autorise les belligérants à s'emparer des objets de contrebande transportés

[1]) V. Hautefeuille II, p. 411 et la brochure déjà citée de E. W. Asher, Beiträge zu einigen Fragen der neutralen Schifffahrt. Hamb. 1854.

[2]) V. pour la jurisprudence anglaise Wheaton, Intern. Law II, p. 219 (édit. franç. p. 165). Wildman II, p. 218. Jouffroy p. 154. Ortolan II, p. 178. de Kaltenborn II, p. 421. Halleck XXIV, 10. 11.

[3]) Nau, Völkerseerecht § 193 suiv.

[4]) Jacobsen, Seerecht p. 422. 423. Wheaton, Intern. Law IV, 3. 23 (édit. franç. p. 26). Wildman II, p. 218. Comparez aussi Halleck XXIV, 8.

vers les ports ennemis, et à faire valider la saisie par un acte connu sous le nom de jugement ou de déclaration de bonne prise.[1] Le navire saisi lui-même ne peut être déclaré de bonne prise que dans les cas où ses armateurs ou propriétaires avaient pleine connaissance de la destination clandestine du chargement ou de la cargaison.[2] Dans quelques traités, une exception a été expressément admise en faveur des navires saisis: ils permettent au capitaine de continuer librement le voyage, après avoir abandonné les objets prohibés trouvés à bord.[3] D'ailleurs le capitaine n'est sujet à aucune responsabilité personnelle: il encourt seulement la perte du fret et des dépenses.

En ce qui concerne les choses non comprises sous la dénomination d'objets de contrebande, ni d'après les règles générales, ni d'après les conventions spéciales, les belligérants ne peuvent les saisir sous aucun prétexte. Cependant on a vu souvent ces derniers élever la prétention d'avoir le droit d'arrêter les navires neutres destinés pour les ports ennemis et de s'approprier les cargaisons qu'ils portaient, en en payant le prix aux propriétaires. C'est ce que l'on appelle le droit de préemption.[4] Déjà dans l'ancienne jurisprudence française on rencontre un pareil usage: quelquefois, lorsqu'il s'agissait d'objets de contrebande, le droit de préemption remplaçait celui de prise.[5] Plus tard ce prétendu droit a été appliqué surtout, avec plus ou moins d'équité, aux choses connues sous le nom de contrebande

¹) V. sur les origines de cette juridiction Wheaton, Histoire p. 82 (2ᵉ édit. p. 179).

²) V. déjà à ce sujet la loi 11. § 2. D. de publicanis Jacobsen, Seerecht p. 642. Oke Manning p. 309: il cite la „haute autorité" de Bynkershoek et de William Scott. Pando p. 496. Wildman II, p. 216. Phillimore III, 371. Hautefeuille IV, p. 343. Halleck XXIV, 5. — Dans la pratique on ne respecte pas partout cette distinction. Pour la jurisprudence française v. Ortolan p. 180 et Jacobsen p. 656. Massé § 216.

³) Les traités entre les États de l'Amérique du Nord et ceux du Sud, cités plus haut au § 160, accordent expressément au capitaine cette faculté. V. aussi de Steck, Handelsverträge p. 208. 209.

⁴) Pöhls IV, § 520, p. 1127. Oke Manning p. 313. Hautefeuille II, p. 271. Halleck § 25. Gessner 132.

⁵) V. l'Ordonnance de 1584 art. 69. Grotius III, 1. 5. no. 6.

par accident.[1] D'ailleurs il n'a jamais formé une règle généralement reconnue du droit international. Au fond il ne sera toujours qu'un acte arbitraire, une atteinte portée à la liberté et à l'indépendance du pavillon neutre. Vainement, pour le colorer, le belligérant invoquera-t-il la nécessité de nuire à l'ennemi. Quelle est la nécessité qui lui permet de nuire aux peuples pacifiques? En tout cas, l'indemnité due aux propriétaires neutres devrait du moins comprendre non-seulement le prix des denrées saisies, mais aussi le gain dont ils ont été privés (lucrum cessans). La pratique de certaines nations ne l'a pas entendu ainsi, et elle a trouvé des juges tels que William Scott, qui ont étayé d'arguments spécieux leurs iniques décisions.[2]

Il y a des traités qui ont proscrit la confiscation des objets mêmes de contrebande proprement dite, en la remplaçant par une simple saisie avec indemnité. Cette disposition se trouve notamment dans le traité conclu le 11 juin 1799 entre la Prusse et l'Amérique du Nord, et elle a été renouvelée dans celui du 1er mai 1828;[3] mais elle ne subsiste plus de nos jours.

TRANSPORT DES PROPRIÉTÉS DES BELLIGÉRANTS PAR LES NAVIRES NEUTRES.[4]

§ 162. Le droit de butin si heureusement modifié et restreint pour les guerres de terre, existe encore dans une plus grande latitude pour les guerres maritimes. Il a survécu dans sa négation du droit des propriétés privées et de ceux des sujets étrangers aux opérations de la guerre. Les belligérants peuvent s'emparer, sur mer, des propriétés particulières ennemies qu'ils rencontrent et les faire déclarer de bonne prise par des tribunaux spéciaux. Dans cet état des choses, une question se présente naturellement. La loi internationale maritime n'en contient

1) Jacobsen, Seerecht p. 656. Wheaton, Hist. p. 83 et 285. Jouffroy p. 154. Wildman II, p. 219.

2) Oke Manning p. 317.

3) Martens, Recueil VI, p. 679 et Nouv. Recueil VII, p. 615.

4) La déclaration du 16 avril 1856 a enlevé aux observations de l'Auteur sur un des points les plus controversés du droit maritime, une certaine partie de leur intérêt pratique. Pourtant il y a des nations maritimes qui n'ont pas encore adhéré à cette déclaration.

pas de plus importante. La question est double: Les propriétés de l'un des belligérants peuvent-elles être transportées par les navires neutres, sans être soumises à la confiscation de la part de l'ennemi? La seconde partie de la question peut se formuler ainsi: Les propriétés neutres chargées sur les navires de l'un des belligérants, sont-elles confiscables, lorsque ce navire est pris par l'autre belligérant? Cette question était inconnue dans l'ancien monde. Les guerres maritimes ne furent le plus souvent que des guerres de pirates, le commerce maritime fondé sur des rapports fort simples, était privé encore des nombreux rouages qui le mettent en mouvement et le répandent aujourd'hui dans de nombreux canaux. Les contestations entre les belligérants et les peuples pacifiques et alliés furent jugées par voie d'arbitrages ou d'autres voies analogues. Quant aux peuples non alliés, les belligérants ne se croyaient tenus envers eux en aucune manière.[1]

Par suite du développement que la marine marchande et les marines militaires ont reçu depuis le moyen âge, deux systèmes se sont trouvés en présence.

Suivant le premier de ces systèmes, les belligérants ont le droit de confisquer les propriétés ennemies même à bord des navires neutres. La cargaison neutre, au contraire, qui se trouve à bord de navires ennemis, reste propriété neutre, pourvu qu'elle ne contienne pas de contrebande de guerre et qu'elle ne soit pas prohibée autrement. Ce système n'est au fond qu'une application par trop spécieuse de cette maxime suprême, source de toute justice: „Suum cuique."

Le second système est l'opposé du précédent: Le pavillon neutre couvre la cargaison ennemie. — Robe d'ami garantit celle d'ennemi; robe d'ennemi confisque celle d'ami; ou bien: navire libre, marchandise libre; navire ennemi, marchandises ennemies; ou enfin: le pavillon couvre, ou le pavillon ne couvre

1) La question a été traitée d'une manière très-approfondie dans les ouvrages suivants: Pöhls IV, § 518, p. 1112. Oke Manning p. 203—280. Pando p. 472—484. Massé § 227—276. Ortolan II, p. 74. Wildman II, p. 136. Hautefeuille III, p. 195—426. de Kaltenborn, Seerecht § 234. Phillimore III, 238. Halleck p. 631. Gessner 228.

pas la marchandise, — voilà autant de manières figurées d'exprimer cette double solution.[1]

Le second système est le plus récent. C'est celui qui protége le commerce neutre d'une manière assez efficace contre les molestations de toute espèce, inhérentes au premier. C'est un premier pas fait dans la voie qui tend à mettre le commerce neutre à l'abri des attaques des vaisseaux ennemis, et à ôter ainsi à la guerre maritime son caractère de barbarie.

LE PAVILLON NE COUVRE PAS LA MARCHANDISE.

§ 163. Ce système fut celui du moyen âge. Il se trouve dans le „Consolato del Mar", dont l'autorité était respectée dans toute la Méditerranée occidentale.[2] On le rencontre également

1) Free ship, free goods; enemy ships, enemy goods. — Frei Schiff, frei Gut; unfrei Schiff, unfrei Gut.

2) Nous croyons devoir transcrire en entier le passage si important, y relatif du Consolato, dans la traduction française (v. Pardessus, Collection des lois marit. II, p. 303. C'est le chapitre 231, suivant d'autres manuscrits 276, 273 ou 264):

„Lorsqu'un navire armé allant ou revenant, ou étant en course, rencontrera un navire marchand, si ce dernier appartient à des ennemis, ainsi que sa cargaison, il est inutile d'en parler, parce que chacun est assez instruit pour savoir ce qu'on doit faire, et, dans ce cas, il n'est pas nécessaire de donner de règle.

Mais si le navire qui sera pris appartient à des amis, tandis que les marchandises qu'il porte appartiennent à des ennemis, l'amiral du navire armé peut forcer et contraindre le patron du navire qu'il aura pris à lui apporter ce qui appartiendra aux ennemis, et même il peut l'obliger à le garder jusqu'à ce qu'il soit en lieu de sûreté; mais il faut pour cela que l'amiral, ou un autre pour lui, ait amarré le navire pris à sa poupe en lieu où il n'ait pas craint que des ennemis le lui enlèvent, à la charge néanmoins pour l'amiral de payer au patron de ce navire tout le fret qu'il aurait dû recevoir, s'il avait porté la cargaison là où il devait la décharger, ou de la manière qui sera écrite sur le régistre. Si, par événement, on ne trouve point de régistre, le patron doit être cru à son serment sur le montant du fret.

Encore plus, si, par événement, lorsque l'amiral ou quelque autre pour lui, sera en lieu où il puisse mettre la prise en sûreté, il veut que le navire porte la marchandise confisquée, le patron ne peut s'y refuser. Mais ils doivent faire une convention à cet égard, et, quelque convention ou accord qui intervienne entre eux, il faut que l'amiral ou celui qui le représente la tienne.

Si, par événement, il n'est fait entre eux aucune promesse ou convention relativement au fret, il faut que l'amiral, ou celui qui le représente, paie au patron du navire qui aura porté dans le lieu qu'ils lui auront prescrit les marchandises capturées, un fret égal à celui qu'un autre navire devrait avoir pour des marchandises pareilles, et même davantage, sans aucune contestation; bien entendu que ce paiement ne doit être fait qu'après que le navire sera arrivé au lieu où l'amiral, ou celui qui tient sa place, aura mis sa prise en sûreté, et que ce lieu, jusqu'auquel il fera porter la prise, soit en pays d'amis.

Lorsque le patron du navire capturé ou quelques-uns des matelots qui sont avec lui, disent qu'ils ont des effets qui leur appartiennent, si ce sont des marchandises, ils ne doivent pas être crus à leur simple parole; mais on doit s'en rapporter au régistre du navire, si l'on en trouve un. Si, par événement, on n'en trouve point, le patron ou les matelots doivent affirmer la vérité de leur assertion. S'ils font serment que ces marchandises leur appartiennent, l'amiral, ou celui qui le représente, doit les délivrer sans aucune contestation, en ayant égard cependant à la bonne réputation et à l'estime dont jouissent ceux qui prêteront ce serment et réclameront les marchandises.

Si le patron capturé refuse de porter les marchandises ennemies qui seront sur son navire, jusqu'à ce que ceux qui les auront prises soient en lieu de sûreté, malgré l'ordre que l'amiral lui en donne, celui-ci peut le couler à fond ou l'y faire couler, s'il le veut, sauf qu'il doit sauver les personnes qui montent le navire; et aucune autorité ne peut lui en demander compte, quelles que soient les demandes et plaintes qu'on lui en fasse. Mais il faut entendre que toute la cargaison de ce navire, ou la majeure partie, appartient à des ennemis.

Si le navire appartient à des ennemis et sa cargaison à des amis, les marchands qui s'y trouvent et à qui la cargaison appartiendra en tout ou en partie, doivent s'accorder avec l'amiral pour racheter à un prix convenable, et comme ils pourront, ce navire qui est de bonne prise; et il doit leur offrir une composition ou pacte raisonnable sans leur faire supporter aucune injustice. Mais si les marchands ne veulent pas faire un accord avec l'amiral, celui-ci a le droit d'amariner le navire et de l'envoyer au lieu où lui-même aura armé, et les marchands sont obligés de payer le fret de ce navire de même que s'il avait porté leur cargaison au lieu pour lequel elle était destinée, et rien de plus.

Si, par événement, les marchands éprouvent quelque lésion en raison de la violence que l'amiral leur aura faite, celui-ci ne doit leur répondre de rien, puisqu'ils n'ont pas voulu faire d'accord avec lui pour le rachat de ce navire qui était de bonne prise, encore par une autre raison, parce que souvent le navire vaut plus que les marchandises qu'il porte.

Mais cependent, si les marchands ont annoncé le désir de faire un accord, comme il est déjà dit ci-dessus, et que l'amiral s'y soit refusé par orgueil ou par esprit de jactance, et, comme il a été dit, emmène dans plusieurs traités jusqu'au dix-huitième siècle.[1] La pratique l'a reconnu comme règle fondamentale pendant fort longtemps.[2] Enfin il a été professé par plusieurs des principaux publicistes du XVIIIe siècle.[3] En Angleterre et dans plusieurs autres pays il a continué à être regardé comme la seule règle véritable du droit international, à laquelle les traités seuls permettent de déroger. La jurisprudence américaine enfin va jusqu'à déclarer

avec les marchands la cargaison sur laquelle il n'avait aucun droit, ceux-ci ne sont pas obligés de payer le fret, en tout ni en partie, à cet amiral: au contraire, il est obligé de leur rendre et restituer tout le dommage qu'ils éprouveront ou qu'ils auront possibilité d'éprouver par l'effet de cette violence.

Mais lorsque le navire armé se trouve avec le navire capturé en un lieu où les marchands ne pourraient pas réaliser l'accord qu'ils ont fait, si ces marchands sont des hommes connus, et tels qu'il n'y ait point à craindre l'inexécution de l'accord fait avec eux, l'amiral ne doit point leur faire violence; et s'il leur fait violence, il est obligé de payer le dommage qu'ils souffriront; mais si, par événement, les marchands ne sont pas des gens connus ou ne peuvent pas payer le rachat, l'amiral peut agir comme il a été dit."

1) Notamment dans un traité entre les villes de Pise et d'Arles (1221), dans un traité entre Édouard III d'Angleterre et les villes maritimes de Biscaye et des Castilles (1351), dans un autre entre le même souverain et les villes de Lisbonne et d'Oporto (Pardessus, à l'endroit cité, et de Steck, Handelsvertr. p. 211); ensuite dans les traités entre l'Angleterre avec les pays suivants: la Bourgogne (1406), Gênes (1460), la Bretagne (1486), le duché d'Autriche (1495), le Danemark (29 novembre 1669 art. 20). V. Nau, Völkerseerecht § 175.

2) Dans une lettre de Louis XI au roi de Sicile, qui se trouve dans Leibnitz, Codex juris gentium prodrom. no. XVIII. il est question d'un „usus in hoc occidentali mari indelebiliter observatus, res hostium et bona, etiamsi infra amicorum aut confoederatorum triremes seu naves positae sint, nisi obstiterit securitas specialiter super hoc concessa, impune et licite jure bellorum capi posse." Grotius, J. B. ac P. III, 1. 5. 4. note *e*, a mentionné cependant une décision néerlandaise de 1438 en faveur de la liberté de marchandises neutres à bord de navires ennemis.

3) V. surtout les auteurs cités per Wheaton, Intern. Law IV, 3, § 16 (19) et Histoire des progr. p. 56: Alb. Gentilis, Hisp. advoc. I, 27. Grotius III, 6, 6 et 26. I, 5, note 6. Zouch, Jus fecial. II, 8, 5 et 6. Bynkershoek, Quaest. I, 13 et 14. Heineccius, De navium ob vectur. merc. comm. II, 8 et 9. Robinson, Collectan. marit. p. 25. 26. 149. 171. 176. Loccenius, De jure marit. II, 4. 12. Vattel III, 115.

libre la cargaison neutre d'un bâtiment de guerre ennemi, pourvu qu'elle ne contienne pas d'objets de contrebande et que les propriétaires, lors de la capture du bâtiment, n'aient opposé aucune résistance.[1]

Néanmoins ce système, en apparence si simple, n'avait pas prévalu partout. En France notamment nous rencontrons une maxime différente, proposée par de Mornac d'après l'analogie du droit romain: „Robe d'ennemi confisque celle d'ami"; et comme corollaire cette autre: „Le navire neutre qui porte des marchandises ennemies, est confisqué." Il paraît que les parlements ont refusé pendant longtemps d'appliquer ce dernier principe. Cependant il se retrouve encore dans l'ordonnance de la marine de 1681, et ce fut en 1744 seulement qu'il fut effacé définitivement des lois françaises.[2]

LE PAVILLON COUVRE LA MARCHANDISE.

§ 164. L'application des anciennes règles que nous venons de décrire, dans les guerres des grandes puissances maritimes, ainsi que l'introduction de l'usage de délivrer des lettres de marque, donnaient lieu à des plaintes incessantes de la part des peuples pacifiques. Les belligérants, sur de simples soupçons, saisissaient les navires neutres et les conduisaient dans leurs ports respectifs, pour les soumettre au jugement des tribunaux chargés de statuer sur la validité des prises. Les visites faites à cette occasion servaient souvent de prétextes pour entraver le commerce neutre. Les peuples pacifiques durent songer dès lors à se garantir contre ces abus par des conventions spéciales, portant en substance que les parties contractantes renonçaient à la visite et à la saisie des navires respectifs dans le cas où l'une d'elles se trouverait engagée dans une guerre maritime, tandis que l'autre resterait neutre, pourvu qu'il ne s'agît pas d'objets de contrebande. Le pavillon neutre dès lors devait couvrir les propriétés ennemies, en même temps que des proprié-

[1]) Wheaton, Intern. Law IV, 3, p. 176 suiv. t. II. (édit. franç. p. 112) et p. 257, § 28 (édit. franç. p. 191, § 31).

[2]) Wheaton, Histoire p. 61 et 142 (2e édit. p. 150. 253). Oke Manning p. 203—280. Ortolan II, p. 74.

tés neutres pouvaient être saisies à bord des navires ennemis.[1] Cependant la concession de l'un de ces principes n'impliquait point de plein droit la concession de l'autre.[2]

C'est la France surtout qui, dans ses déclarations officielles comme dans ses décrets les plus célèbres, a formulé le principe: „Navire libre, marchandises libres," c'est-à-dire, le navire libre rend libres les marchandises qu'il porte, quel que soit leur propriétaire. Nous le rencontrons déjà dans les capitulations conclues en 1604 par la France avec la Sublime Porte.[3] Rarement on la voit d'une manière moins généreuse s'écarter de ce principe à l'égard de quelques États faibles, par exemple, des villes hanséatiques.[4] Les Provinces-Unies des Pays-Bas ont cherché également à introduire dans leurs traités de commerce le système dont nous venons de parler. L'Angleterre au contraire n'a consenti qu'en de rares occasions à souscire à un système qui consacrait la liberté de la navigation neutre. Dans le traité d'Utrecht (1713), et implicitement dans celui d'Aix-la-Chapelle, elle accorda aux peuples neutres la liberté, ou pour nous servir d'une locution des publicistes anglais, le *privilége* de libre navigation comme exception de la règle. Les puissances maritimes de l'Europe faisaient également de nombreux efforts auprès des États barbaresques en faveur de ce principe.[5] Ensuite les peuples du Nord se réunirent pour résister à l'ambition dé-

1) Wheaton, Histoire p. 69. 144 (162. 254). Moshamm, Ueber die neuesten Ansichten, nach welchen die auf neutralen Schiffen geladenen Güter behandelt werden. Landshut 1808. Ferd. Conte Lucchesi-Palli, Principi di diritto publ. maritimo. Napol. 1841, et Furneaux, Abridged history on the principal treatises of peace with reference to the question of the neutral flag protecting the property of the Enemy. London 1837.

2) Jouffroy p. 197. Wheaton, Intern. Law IV, 3, 20 (22).

3) Flassan, Diplomatie française I, p. 225 suiv. Les traités conclus avec les autres puissances sont indiqués par Büsch, Bestreben der Völker etc. Hamburg 1800. p. 56 suiv. Le traité le plus récent est celui conclu avec le Texas du 25 septembre 1839 art. 4. Nouveau Recueil t. XVI. p. 989.

4) Dans les traités de navigation du XVIIIe siècle entre la France et les villes hanséatiques, et notamment celle de Hambourg, on retrouve la maxime du Consolato del Mar. V. Nau, Völkerseerecht § 177.

5) Büsch, loc. cit. p. 242 suiv. Nau, Völkerseerecht § 130.

mesurée de l'Angleterre, pour protéger le commerce maritime de leurs sujets, et empêcher l'anéantissement de leur marine marchande. Les traités auxquels la déclaration du 28 février 1780 servait de base, proclamèrent d'une manière uniforme le principe fondamental: que les effets appartenant aux sujets des puissances en guerre, étaient libres sur les vaisseaux neutres, à l'exception des marchandises de contrebande; principe qui devait s'appliquer désormais à toutes les nations qui n'en avaient pas adopté de différents. Ces dispositions furent renouvelées dans les traités constitutifs de la seconde neutralité armée (16 et 18 décembre 1800). Mais cette nouvelle ligue des États du Nord ne fut pas de longue durée. L'Angleterre leur imposa bien des restrictions par le traité célèbre, connu sous le nom de convention maritime de 1801.[1]

Dès lors la liberté du commerce et de la navigation neutre fut suspendue entièrement durant la guerre de l'Angleterre avec la France en suite du système continental. Ce n'est qu'après la pacification universelle en 1814 et 1815 qu'on retourna à des maximes plus sages et modérées, soit dans les traités soit dans la pratique. Dans les dernières guerres les puissances maritimes en ont donné des preuves réitérées. Enfin la déclaration adoptée pendant les conférences de Paris, le 16 avril 1856, a énoncé en principe

que le pavillon neutre couvre la marchandise ennemie, à l'exception de la contrebande de guerre; et

que la marchandise neutre, à l'exception de la contrebande de guerre, n'est pas saisissable sous pavillon ennemi.

Ni l'Espagne ni les États-Unis de l'Amérique septentrionale n'ont, il est vrai, jusqu'ici adhéré formellement à cette déclaration. Mais du moins la jurisprudence Espagnole n'est pas tout-à-fait étrangère aux principes de la déclaration,[2] et quant aux États-Unis leur gouvernement a non-seulement fait application des dits principes dans plusieurs traités,[3] mais il les a aussi reconnus

[1]) de Martens, Nouv. Causes célèbres II, p. 167. Wheaton, Histoire p. 316 (II, 86). [2]) Riquelme I, 275—281.

[3]) Wheaton, Histoire 461. 462 (II, 55). Ajoutez le traité avec la Russie du 22 juillet 1854. (Martens, N. Rec. général. XVI, 1, p. 571.)

expressément, pourvu qu'on fasse encore des concessions plus larges à la liberté du commerce maritime en temps de guerre. (Voir l'Appendice.)

Dans cet état des choses nous osons constater qu'au moins entre les signataires principaux et adhérents de la déclaration de Paris la règle du Consolato del Mar à l'égard de marchandises ennemies sur vaisseaux neutres ne peut plus être invoquée comme existante en vigueur. La guerre de Danemark contre l'Autriche et la Prusse a déjà fourni la preuve que les puissances signataires se croient liés par ladite déclaration qui à la vérité n'a fait qu'exprimer la volonté générale, le „consensus omnium", dont il serait difficile et non pas sans blâme de s'écarter.[1]

Pour les marchandises neutres trouvées à bord de navires ennemis personne ne contestera qu'elles resteront au propriétaire neutre, sauf les cas de contrebande et de stipulation contraire dans les traités, qui pourtant ne sont pas appliqués dans toute leur rigueur lorsque les marchandises sont chargées à bord du navire ennemi avant le commencement de la guerre.

Du reste la question relative à la liberté du commerce neutre se rattache naturellement à celle qui a pour objet le droit de visite des belligérants (§ 167). Qu'il suffise de faire observer seulement que si les belligérants ont chacun le droit incontestable d'enlever les propriétés ennemies partout où ils les trouvent, il ne s'en suit aucunement qu'ils puissent violer arbitrairement les droits des peuples pacifiques. Le véritable noeud de la question se trouve dans la conciliation de ces deux intérêts opposés.

CAS CONTROVERSÉS DU COMMERCE NEUTRE. — CAS LICITES.

§ 165. Il existe un certain nombre de cas dans lesquels la liberté du commerce et de la navigation des peuples neutres est devenue un objet de controverses particulières. Ce sont notamment les suivants:

[1]) Mr. Phillimore (III, Préface p. X) est très-réservé sur ce point. Mais le gouvernement anglais est resté fidèle à la déclaration. Comparez the ordre in Council du 7 mars 1860 relatif à la guerre avec la Chine.

I. Le transport direct d'objets nécessaires aux besoins des troupes de terre ou de mer dans les ports de l'un des belligérants, et non compris parmi les objets de contrebande proprement dits. La jurisprudence anglaise et américaine applique ici les règles rigoureuses relatives à la contrebande, jusqu'à prononcer la confiscation du navire.[1] Au point de vue d'une stricte justice, nous ne pouvons admettre que la simple saisie de ces objets pendant la guerre, ou bien un droit de préemption à leur égard.

II. Le cabotage des ports des belligérants. La neutralité armée a cherché à introduire dans le code international, ainsi que nous l'avons déjà observé, le principe que les vaisseaux neutres peuvent naviguer librement de port en port sur les côtes des nations en guerre. Rien en effet ne s'oppose à ce que les sujets neutres puissent acheter librement des objets dans un des ports des belligérants, pour les revendre dans un autre. Cependant la pratique, et notamment la jurisprudence anglaise, a refusé jusqu'à présent d'admettre ce principe, par le motif que le cabotage pourrait facilement servir de prétexte pour couvrir le commerce de contrebande. Par conséquent elle admet seulement au profit des nations neutres, le commerce des objets de provenance ou d'origine neutre dans les ports ennemis. A l'égard des marchandises au contraire qui ont été chargées dans un port ennemi pour être transportées dans un autre port ennemi, elle a établi la présomption *juris et de jure* qu'elles doivent être considérées comme ennemies. En ce cas elle prononce la confiscation de la cargaison, non celle du navire qui perd seulement le fret acquis. La clause même insérée dans beaucoup de traités, qui permet aux neutres de naviguer librement de port en port et sur les côtes des nations en guerre, ne suffit pas pour écarter tous les doutes, notamment en ce qui concerne la question de savoir si elle s'applique également aux biens ennemis.[2]

[1]) Wheaton, Intern. Law II, p. 219 (édit. franç., p. 166). Oke Manning p. 289. de Kaltenborn II, p. 415.

[2]) Jouffroy p. 188 suiv. Pöhls IV, § 521, p. 1137. Hautefeuille II, p. 293. Halleck XXVI, § 19. Gessner p. 266. Des traités qui n'admettent

III. Les commerces *nouveaux,* et spécialement le commerce réservé des puissances belligérantes avec leurs établissements respectifs d'outre-mer, ont encore été fort longtemps l'objet de contestations entre les nations. La guerre peut-elle empêcher l'un des belligérants de déclarer libres, au profit de tous les peuples ou de quelques-uns d'entre eux, le commerce et la navigation jusque-là réservés à ses propres sujets? Peut-elle mettre obstacle à ce que les nations pacifiques acceptent ces nouveaux débouchés et profitent des avantages qu'ils peuvent présenter? Le cabinet de St. James l'a essayé à plusieurs reprises. Il l'a tenté d'abord lors de la proclamation de la loi célèbre: „Rule of the War" de 1756, sous prétexte que les licences accordées par la France pour le commerce avec ses colonies, profitaient exclusivement aux Hollandais. Les changements survenus depuis dans le régime colonial ne font plus craindre le retour de mesures semblables. Il est à remarquer que Hübner, dont les opinions sont ordinairement si favorables à la cause des neutres, leur a refusé cependant ce genre de commerce.[1]

Les maximes observées dans les cas indiqués ci-dessus sous II et III ne manquent pas à la vérité d'une certaine justification, comme étant une conséquence de la nature spéciale des guerres maritimes, lorsqu'il s'agit d'un transport de marchandises ennemies. Car ces guerres, ainsi que nous l'avons dit, ne se font pas seulement d'État à État. Elles sont dirigées en même temps contre les propriétés privées et contre le commerce des sujets ennemis. Les peuples neutres qui se livrent à ce

pas le commerce de cabotage, sont indiqués par Oke Manning p. 199. de Kaltenborn § 226.

[1]) „Ce qui pourrait faire envisager ce commerce comme illicite, dit-il, c'est que les mêmes peuples neutres ne le font jamais et n'osent le faire en temps de paix, qu'il ne leur est ouvert qu'en temps de guerre et à cause de la guerre; et qu'enfin, au rétablissement de la paix, ils en sont derechef exclus, de telle sorte que le commerce des sujets d'un souverain neutre avec les colonies d'un État qui est en guerre, paraît être un objet du droit rigoureux de la guerre." (De la saisie des bâtiments neutres I, 1, chap. 4, § 6.) V. aussi Jouffroy p. 199. Wheaton, Histoire p. 157. Pöhls p. 1130 suiv. Oke Manning p. 195. Pando p. 547—556. Hautefeuille II, p. 274 suiv. de Kaltenborn § 227. Halleck XXVI, 20. Gessner p. 271.

commerce, semblent ainsi en quelque sorte secourir l'un des combattants contre l'autre et lui porter des secours indirects. C'est sans doute le motif pour lequel les puissances maritimes ne se sont pas opposées jusqu'à ce jour d'une manière plus efficace à un usage si contraire à leurs intérêts. Toutefois la règle de 1756 n'est plus à concilier avec les régles de la déclaration de 1856.

§ 166. Les branches licites du commerce auxquelles les peuples pacifiques peuvent se livrer sans violer les devoirs de la neutralité, sont les suivantes: les assurances des navires et des cargaisons appartenant aux sujets des belligérants;[1] l'achat et la vente de denrées et de marchandises qui ne sont pas des objets de contrebande, et tant qu'elles ne sont pas devenues propriétés ennemies; par suite les transports de marchandises dans les ports ennemis, tant qu'elles n'y ont pas été vendues. De même le commerce de commission est libre en temps de guerre. Vouloir refuser aux neutres ce genre d'opérations, ce serait supprimer une des branches les plus importantes du commerce moderne. Ceci est vrai surtout à l'égard des marchandises envoyées d'un port neutre dans les ports de l'un des belligérants, lors même que des avances ont été faites déjà par le commissionnaire. Le commerce de commission fait d'un port ennemi dans un port neutre pourrait plutôt donner lieu à des doutes, par le motif que les marchandises expédiées sont encore la propriété des sujets ennemis,[2] laquelle, d'après la pratique actuelle, est sujette à la confiscation. Seulement le commissionnaire neutre a droit aux avances par lui faites qui doivent lui être remboursées.

Lorsqu'il s'agit d'un commerce direct fait entre les sujets des belligérants et les sujets neutres, les conventions particulières intervenues entre les parties, déterminent si les marchandises continuent, jusqu'à la livraison, à rester la propriété du vendeur, si par suite elles doivent être réputées ennemies ou neutres. Mais rien ne s'oppose à ce que les sujets neutres

[1]) Moser, Vers. X, p. 324.
[2]) Mittermaier, Deutsches Privatr. § 552. — Jouffroy p. 185.

achètent librement des navires dans le territoire de l'un des belligérants, pourvu que la vente soit faite „bona fide“ et qu'elle ne soit pas un acte purement simulé.[1] Il est vrai que sur ce point la jurisprudence anglaise et française de même que l'américaine se sont montrées en général très-rigoureuses.[2]

Les peuples neutres ont de plus le droit incontestable de faire le transport de propriétés neutres dans le pays d'un des belligérants. A cet égard ils doivent se conformer toutefois aux obligations résultant du droit de blocus et de contrebande.

En ce qui concerne les objets de contrebande, la vente faite aux belligérants en territoire neutre, ne saurait être considérée comme un acte illicite et contraire aux devoirs de la neutralité; ce n'est que leur transport qui en rend responsable.[3]

DROIT DE VISITE (JUS VISITATIONIS).[4]

§ 167. Le principal moyen pratiqué par les belligérants dans le but de maintenir le commerce neutre dans ses limites nécessaires ou conventionnelles, c'est l'exercice du droit de visite. C'est le droit qui appartient aux belligérants de faire arrêter, soit par des bâtiments de l'État, soit par des navires armés en commission, les navires rencontrés, de constater leur nationalité et de prendre connaissance de leur destination ainsi que de leur cargaison. Plusieurs publicistes d'une autorité considérable, parmi lesquels nous nommons Hübner en première ligne, ont, vers le milieu du XVIIIe siècle, contesté la légalité du droit de visite, du moins sur la haute mer, ce droit étant attentatoire

[1]) Jouffroy p. 184, réclame en ce cas une liberté complète en faveur des marchandises neutres. Il est à craindre malheureusement que ses raisons ne suffisent pas pour triompher d'une pratique de guerre très-rigoureuse.

[2]) Jouffroy p. 206. Jacobsen, Seerecht p. 694. 741. Halleck XXI, 15.

[3]) Pistoye et Duverdy I, p. 394. Ce principe a été respecté également pendant la guerre d'Orient. Contra: Phillimore III, 321.

[4]) Pöhls IV, p. 527 suiv. Wheaton, Intern. Law IV, 3. 19 suiv. Massé § 301. Oke Manning p. 350 suiv. Pando p. 549. Ortolan II, p. 202. Hautefeuille I, p. 86. IV, p. 427 suiv. Wildman II, p. 119. Phillimore III, 417. Halleck ch. XXV. Gessner p. 278.

à l'indépendance des peuples pacifiques.[1] Sans prétendre nous prononcer sur la valeur de ces objections, nous nous bornons à établir ce fait incontestable, que toutes les puissances maritimes qui disposaient de forces suffisantes, ont fait usage dans leurs guerres d'un pouvoir, lequel, tant qu'il s'est renfermé dans des limites raisonnables, n'a pas été sérieusement contesté, et qui en même temps a servi de base à de nombreuses conventions publiques. Déjà le Consulat de la Mer atteste l'antiquité d'un usage qui seulement, par suite de l'infinité d'abus auxquels il a donné lieu, a été l'objet des réclamations continuelles des nations neutres.[2] Renfermé dans ses limites exactes, le droit de visite ne porte aucune atteinte à leur indépendance et ne leur est nullement préjudiciable. Nous disons en conséquence que, dans l'état actuel des choses, la visite est un moyen généralement admis entre les belligérants, dont il est essentiel de définir le but, les conditions et les limites, conformément aux usages établis entre les nations.

§ 168. Le but de la visite est de faire valoir les droits du belligérant vis-à-vis de l'ennemi et des nations neutres.

Le belligérant peut exercer la visite:

1° sur son propre territoire;

2° sur le territoire de son adversaire, c'est-à-dire dans les rades, ports et mers ennemis, sans exception même des fleuves (§ 137);

3° enfin sur la haute mer, la mer libre.

Mais la visite ne peut avoir lieu dans les eaux neutres, ni dans celles des puissances alliées, sans le consentement exprès ou tacite de ces dernières. Les prises faites dans les eaux neutres doivent en conséquence être restituées sur la plainte de la partie lésée.[3]

Sont sujets à la visite les navires de commerce rencontrés dans les lieux sus-dits et dont la destination pacifique, étrangère

1) Les auteurs qui ont traité spécialement cette question, sont indiqués par Klüber § 283 a. Leurs diverses opinions ont été discutées par Jouffroy p. 213 suiv. Nau, Völkerseerecht § 216.

2) Nau, Völkerseerecht § 163. de Martens, Ueber Caper. § 21.

3) Jacobsen, Seerecht § 584. 585.

aux opérations de guerre, n'est pas établie par des signes évidents et incontestables. Les bâtiments de guerre neutres ne sont pas soumis à la visite, si leur nationalité est incontestable. Il est à remarquer toutefois que leur pavillon ne fait pas nécessairement foi de leur nationalité.[1] Les belligérants peuvent au contraire arrêter en pleine mer toute espèce de transports dont l'innocuité n'est pas suffisamment établie, tant par rapport à leur chargement et à leur propriétaire, que par rapport à leur provenance et à leur destination.

La visite a pour but spécial, d'abord:

1° de vérifier la propriété du navire et de la cargaison, et de savoir si l'un ou l'autre n'appartiennent pas à l'ennemi;

2° de s'assurer si des personnes ennemies ne se trouvent pas à bord du navire visité;

3° de s'assurer que le navire ne porte pas à l'ennemi des objets de contrebande de guerre ou de secours prohibé;

4° de l'empêcher de communiquer avec les lieux bloqués.

En conséquence la visite doit constater:

1° la nationalité du navire;

2° la qualité, l'origine et la destination de la cargaison;

3° la nationalité de l'équipage, lorsqu'elle ne résulte pas du pavillon du navire, ainsi qu'il a été stipulé dans plusieurs conventions conclues par la France. La plus récente de ces conventions est celle conclue avec le Texas.

D'ailleurs la maxime même: Le pavillon couvre la marchandise, ne suffira pas toujours pour empêcher les croiseurs des belligérants de procéder à la visite des navires neutres. Du moins il faudra leur permettre de s'assurer de leur nationalité, et s'ils ne portent pas d'objets de contrebande.[2]

§ 169. Les personnes qui peuvent procéder à la visite des

1) Des discussions qui ont eu lieu sur cette question, sont racontées par de Martens, Erzählungen merkwürdiger Fälle II, p. 1 suiv. V. aussi Oke Manning p. 370. Pando p. 564.

2) V. à ce sujet les justes observations que contient le jugement rendu par Sir William Scott dans une affaire de cette espèce dans Robinson, Admiralty Reports I, p. 340. Wheaton, Intern. Law II, p. 250 (édit. franç. p. 186).

navires neutres sont exclusivement les commandants de forces navales et militaires, spécialement les bâtiments de guerre et tous ceux pourvus de commissions délivrées par le souverain belligérant, y compris les armateurs ou corsaires en tant qu'il n'est pas renoncé à la course (§ 124[a]).

L'exercice du droit de visite a été réglementé surtout par le traité des Pyrénées, dont les dispositions sur ce point sont devenues en quelque sorte le droit maritime de l'Europe. Ces dispositions ont pour objet: la semonce; la distance à laquelle le croiseur doit se tenir; l'envoi d'un nombre limité d'hommes à bord du navire neutre; l'examen des papiers de ce navire. La semonce est un coup de canon tiré par le croiseur pour avertir le navire en vue de son intention de le visiter.[1] Ce dernier doit obéir à la semonce, s'arrêter et attendre la visite. S'il ne le fait pas, il s'expose à s'y voir contraint par l'emploi de la force. Le croiseur doit envoyer au navire visité une embarcation, et deux ou trois hommes seulement peuvent monter à bord.[2]

La dernière formalité de la visite, la plus importante, est l'inspection des papiers de bord. Les papiers qui peuvent être consultés et faire foi, sont les suivants:

le passeport et les autres certificats d'origine du navire et de la cargaison;

le connaissement et la charte-partie;

les rôles d'équipage;

enfin le journal du voyage.[3]

Si les traités n'indiquent pas d'une manière exacte l'état des papiers dont un navire doit être porteur, il faut admettre incontestablement toutes les pièces de nature à justifier de la nationalité du navire et de l'innocuité de son chargement. Dans tous les cas, des preuves subtiles et indirectes sont inadmissibles.

1) L'omission de cette sorte de semonce n'est pas considérée comme essentielle par les juges anglais et américains. Phillimore III, 429.

2) de Martens, Ueber Caper. § 20. 21. Hautefeuille IV, p. 2.

3) Sur les papiers à produire, sur les formalités à observer et sur la jurisprudence anglaise et française à cet égard, on peut consulter avec fruit Jacobsen, Seerecht p. 22. 67. 87. 410 suiv. Pando p. 566.

Les lois intérieures spéciales du croiseur belligérant doivent toujours être interprétées en ce sens. Si le navire reconnu neutre par sa nationalité est également trouvé neutre par sa conduite, s'il ne porte chez l'ennemi aucun objet prohibé, le croiseur doit se retirer et laisser le navire continuer sa route. Dans la pratique, à la vérité, il n'en est pas toujours ainsi. Trop souvent, au lieu de se borner à constater la nationalité du navire par l'inspection de ses papiers et l'innocuité de sa cargaison, par la vérification des factures et des connaissements, les croiseurs se livraient à des recherches minutieuses et vexatoires. C'est la jurisprudence française qui, guidée par les réquisitoires pleins d'équité de Portalis, a la première proclamé des principes plus généreux. Il faut regretter surtout l'extrême divergence que présentent les dispositions des lois intérieures des diverses nations, relativement aux modes de constater la nationalité des navires et des cargaisons. La jurisprudence anglaise notamment accorde ici une importance exagérée à la formalité du serment.[1]

CONVOI DES NAVIRES NEUTRES.[2]

§ 170. Le but de la visite, ainsi que nous l'avons dit, est de mettre le belligérant à même d'exercer son droit de guerre sur les navires ennemis, d'empêcher qu'ils ne lui échappent à la faveur d'un déguisement, et de mettre obstacle aux violations des obligations des neutres. De bonne heure on a dû songer à trouver un moyen qui, tout en répondant au but principal de la visite, mette pourtant les navires neutres à l'abri de vexations incessantes. Ce moyen consiste à faire naviguer les navires de commerce sous l'escorte de bâtiments de guerre. L'usage en est très-ancien. Dès le moyen âge on faisait escorter les navires marchands, pour les mettre à l'abri des actes de piraterie et des excès de toute espèce, si fréquents dans ces siècles de barbarie

1) Sur les formalités de la neutralisation et les nombreux abus on peut consulter Pöhls IV, § 530, p. 1180 suiv. Hautefeuille III, 427. IV, 121. La jurisprudence anglaise est indiquée par Wildman II, p. 84. 100.

2) V. Jouffroy p. 237 suiv. Nau, Völkerseerecht § 169 suiv. Wheaton, Histoire p. 93 suiv. Pöhls p. 532. Oke Manning p. 355. Ortolan II, 215 suiv. Hautefeuille I, 68. IV, 62.

(v. § 174 ci-après). Mais ce fut surtout vers le milieu du XVIIe siècle que la question du convoi des navires neutres prit une grande importance. Les Hollandais firent alors de grands efforts pour faire inscrire dans le traité conclu avec l'Angleterre en 1665, le principe que le privilége du bâtiment de guerre devait s'étendre à tous les navires convoyés. Ils ne purent l'obtenir: l'Angleterre refusa de le reconnaître. La question fut soulevée depuis lors dans les guerres fréquentes entre les puissances maritimes de l'Europe. Pendant la guerre de l'indépendance américaine elle reçut enfin une espèce de solution. Les puissances neutres, coalisées pour le maintien de leurs droits sous le nom de neutralité armée, déclarèrent que la parole de l'officier commandant l'escorte du convoi suffisait pour constater la nationalité des navires confiés à sa protection et l'innocuité de leur chargement.[1] La lutte

[1]) de Martens, Ueber Caper. § 20. — Voici le texte complet de cette déclaration, que nous transcrivons ici à cause de son importance:

„Que la déclaration de l'officier commandant le vaisseau ou les vaisseaux de la marine royale ou impériale, qui accompagneront le convoi d'un ou de plusieurs bâtiments marchands, que son convoi n'a à bord aucune marchandise de contrebande, doit suffire pour qu'il n'y ait lieu à aucune visite sur son bord ni à celui des bâtiments de son convoi.

Pour assurer d'autant mieux à ces principes le respect dû à des stipulations dictées par le désir des intéressés, de maintenir les droits imprescriptibles des nations neutres, et donner une nouvelle preuve de leur loyauté et de leur amour pour la justice, les hautes parties contractantes prennent ici l'engagement le plus formel, de renouveler les défenses les plus sévères à leurs capitaines, soit de hautbord, soit de la marine marchande, de charger, tenir, ou recéler à leurs bords aucun des objets, qui, aux termes de la présente convention, pourraient être réputés de contrebande, et de tenir respectivement la main à l'exécution des ordres qu'elles feront publier dans leurs amirautés et partout où besoin sera, à l'effet de quoi l'ordonnance, qui renouvellera cette défense sous les peines les plus graves, sera imprimée à la suite du présent acte, pour qu'il n'en puisse être prétendu cause d'ignorance.

Les hautes parties contractantes voulant encore prévenir tout sujet de dissension à l'avenir en limitant le droit de visite des vaisseaux marchands allant sous convoi, aux seuls cas où la puissance belligérante pourrait essuyer un préjudice réel par l'abus du pavillon neutre, sont convenues:

1. Que le droit de visiter les navires marchands appartenant aux sujets de l'une des puissances contractantes et naviguant sous le convoi

recommença avec une nouvelle violence pendant les guerres de la révolution française. Elle se termina par la convention maritime du 17 juin 1801, imposée par la Grande-Bretagne aux

d'un vaisseau de guerre de ladite puissance, ne sera exercé que par les vaisseaux de guerre de la partie belligérante, et ne s'étendra jamais aux armateurs, corsaires ou autres bâtiments, qui n'appartiennent pas à la flotte impériale ou royale de leurs Majestés, mais que leurs sujets auraient armés en guerre.

2. Que les propriétaires de tous les navires marchands appartenant aux sujets de l'un des Souverains contractants, qui seront destinés à aller sous convoi d'un vaisseau de guerre, seront tenus, avant qu'ils ne reçoivent leurs instructions de navigation, de produire au commandant du vaisseau de convoi leurs passeports et certificats ou lettres de mer, dans la forme annexée au présent traité.
3. Que, lorsqu'un tel vaisseau de guerre, ayant sous convoi des navires marchands, sera rencontré par un vaisseau ou des vaisseaux de guerre de l'autre partie contractante qui se trouvera alors en état de guerre, pour éviter tout désordre, on se tiendra hors de la portée du canon, à moins que l'état de la mer ou le lieu de la rencontre ne nécessite un plus grand rapprochement; et le commandant du vaisseau de la puissance belligérante enverra une chaloupe à bord du vaisseau de convoi, où il sera procédé réciproquement à la vérification des papiers et certificats qui doivent constater, d'une part que le vaisseau de guerre neutre est autorisé à prendre sous son escorte tels ou tels vaisseaux marchands de sa nation, chargés de telle cargaison et pour tel port; de l'autre part, que le vaisseau de guerre de la partie belligérante appartient à la flotte impériale ou royale de leurs Majestés.
4. Cette vérification faite, il n'y aura lieu à aucune visite, si les papiers sont reconnus en règle, et s'il n'existe aucun motif valable de suspicion. Dans le cas contraire, le commandant du vaisseau de guerre neutre (y étant dûment requis par le commandant du vaisseau ou des vaisseaux de la puissance belligérante) doit amener et détenir son convoi pendant le temps nécessaire pour la visite des bâtiments qui le composent; et il aura la faculté de nommer et de déléguer un ou plusieurs officiers pour assister à la visite desdits bâtiments, laquelle se fera en sa présence sur chaque bâtiment marchand, conjointement avec un ou plusieurs officiers préposés par le commandant du vaisseau de la partie belligérante.
5. S'il arrive que le commandant du vaisseau ou des vaisseaux de la puissance en guerre, ayant examiné les papiers trouvés à bord, et ayant interrogé le maître et l'équipage du vaisseau, apercevra des raisons justes et suffisantes pour détenir le navire marchand, afin

puissances du Nord, laquelle soumit à une sorte de visite même le bâtiment de guerre chargé de l'escorte.[1]

Jusqu'à présent les puissances maritimes n'ont pu se mettre d'accord sur des règles communes: plusieurs traités qui avaient consacré l'immunité des navires convoyés, ont été résiliés dans le cours de notre siècle. Mais il faut défendre comme un principe irrévocablement établi que les navires de commerce neutres régulièrement visités avant leur départ et convoyés par des bâtiments de guerre pourvus des papiers de bord nécessaires, ne doivent pas être soumis à la visite des croiseurs belligérants. Ces derniers violeront le respect dû à l'indépendance des peuples pacifiques, s'ils refusent d'ajouter foi au contenu de ces papiers et à l'affirmation de l'officier commandant un convoi. Plusieurs traités conclus depuis 1815 par les puissances maritimes, contiennent la disposition expresse, que le but de la visite sera complétement atteint, à l'égard des navires convoyés, par la déclaration du commandant de l'escorte, qu'ils sont réellement neutres et que leurs cargaisons ne contiennent aucun objet de contrebande. Nous citons le traité entre la Prusse et les États Unis de 1828, dont l'article 14 renouvelle expressément les dispositions du traité de 1799 à cet égard, les traités entre les États-Unis et les États de l'Amérique du Sud de 1824 et suiv., et enfin le traité entre la France et le Texas de 1839 (article 5).[2]

Au surplus il va sans dire que les navires seuls faisant partie du convoi sont exempts de la visite, et non pas ceux qui sont venus s'y joindre volontairement.[3] Ne jouiront pas non

de procéder à une recherche ultérieure, il notifiera cette intention au commandant du vaisseau de convoi, qui aura le pouvoir d'ordonner à un officier de rester à bord du navire ainsi détenu, et assister à l'examen de la cause de sa détention. Le navire marchand sera amené tout de suite au port le plus proche et le plus convenable appartenant à la puissance belligérante, et la recherche ultérieure sera conduite avec toute la diligence possible.

[1]) Les principes de la jurisprudence anglaise sont indiqués par Wildman II, p. 124 suiv. Ceux de l'américaine n'en diffèrent pas. Halleck, XXV, 21.

[2]) Ortolan II, p. 227. 228.

[3]) Mais ils ne peuvent pas pour cela être déclarés de bonne prise. V. Ortolan II, p. 237. Riquelme p. 291.

plus de cette exemption les navires qui ont quitté le convoi en route ou qui en ont été séparés; ces navires peuvent être arrêtés en pleine mer comme suspects et visités par les croiseurs belligérants.[1] Enfin ces derniers peuvent procéder à la vérification de l'état d'un convoi, pour s'assurer si, par hasard ou volontairement, des navires étrangers ne se trouvent pas en faire partie.[2]

SAISIE DES NAVIRES NEUTRES.

§ 171. Un navire neutre peut être saisi et déclaré de bonne prise dans les cas suivants:

1° si, au lieu d'obéir à la semonce et de s'arrêter, le capitaine du navire s'oppose à la visite par une résistance matérielle ou par des préparatifs de résistance. Dans ce cas les navires même convoyés peuvent être saisis avec le bâtiment de guerre qui les escorte. Comme exemple nous citons la prise d'un convoi suédois par une escadre anglaise en 1798;[3]

2° si le capitaine ne peut pas justifier sa qualité de neutre;

3° s'il viole ouvertement le blocus régulièrement notifié par l'un des belligérants, s'il porte des objets de contrebande, des troupes ou des dépêches ennemies;

4° si l'état du navire ou les déclarations du capitaine sont de nature à inspirer des soupçons; notamment lorsqu'on ne trouve pas de papiers de bord, ou lorsqu'ils sont doubles ou incomplets, lorsqu'ils ont été jetés en tout ou en partie dans la mer;[4] en un mot, si les circonstances font supposer qu'ils sont simulés;[5] enfin

1) Jacobsen, Seerecht p. 140.

2) Ortolan p. 231.

3) Le cas est raconté par de Martens, Erzählungen I, p. 299 suiv. Jacobsen, Seerecht p. 577. Wheaton, Intern. Law IV, 3, § 27. M. Pöhls p. 1177.

4) Pöhls p. 1178.

5) Jouffroy p. 278. de Martens, Ueber Caper. § 22. Le navire qui en route s'est joint au convoi, peut être arrêté comme suspect, sans nécessairement être sujet à la confiscation. V. Wheaton, loc. cit. § 29. Ortolan p. 233—237. Oke Manning p. 369 professe une opinion plus rigoureuse.

5° si le navire a changé de route, sans que les motifs de la déviation puissent être suffisamment expliqués.[1]

A défaut de défenses formelles il est permis au croiseur de relâcher le navire saisi moyennant une rançon.[2] Lorsqu'il s'agit seulement d'objets de contrebande ou prohibés qui sont trouvés à bord d'un navire neutre, le capitaine peut échapper à la saisie du navire, en les abandonnant au croiseur qui en donnera un reçu.[3] Le droit de guerre en effet permet seulement au belligérant d'empêcher des objets nuisibles d'arriver chez son adversaire, il ne va pas au delà.

Le croiseur est responsable des conséquences résultant d'une prise illégale, non-seulement envers son propre gouvernement, mais aussi envers les armateurs et les propriétaires neutres.[4] Il répond notamment des dommages et des pertes occasionnés par sa propre faute. En conséquence il doit apporter aux objets capturés tous les soins usités sur mer, faire dresser un inventaire de tous les objets trouvés à bord, faire sceller les papiers, faire fermer les écoutilles et s'abstenir, autant que possible, de tout déplacement ou changement des objets trouvés. Si un déplacement est nécessaire, il y fera procéder en présence du capitaine du navire capturé qui devra signer l'acte dressé à cet effet. La jurisprudence française exige en outre qu'un procès-verbal soit dressé de la saisie et des motifs qui l'ont provoquée; c'est une disposition qui nous paraît éminemment utile.[5]

Le mode de procéder à l'égard des navires neutres capturés est le même qu'à l'égard des navires ennemis.

1) Jouffroy p. 307.

2) L'arrêté du 2 prairial an XI défend expressément de rançonner les bâtiments neutres, lors même que leurs passeports seraient suspects ou illégaux (art. 39. chap. 5). V. Hautefeuille IV, p. 262.

3) de Martens § 24. M. Poehls p. 1195.

4) Jacobsen p. 565—577. Massé § 370.

5) de Martens, loc. cit. § 22. Poehls p. 1194 suiv. Jacobsen p. 564. Voyez aussi l'instruction américaine du 18 août 1862.

JUGE COMPÉTENT POUR PRONONCER LA PRISE.[1]

§ 172. La validité de la saisie d'un navire neutre doit être soumise au jugement d'un tribunal spécial des prises, de la même manière que celle d'un navire ennemi. Quel est le juge compétent des prises? Suivant une jurisprudence constante, les tribunaux du belligérant saisissant sont seuls compétents pour statuer sur la prise des bâtiments saisis et conduits dans les ports du saisissant. Il est vrai que, depuis le milieu du XVIIIe siècle, plusieurs publicistes ont élevé contre cette juridiction des objections sérieuses, jusqu'à nier tout-à-fait leur compétence.[2] Si, ainsi que cela a lieu dans plusieurs États, elle repose sur des traités formels, elle est à l'abri de toute contestation. Là où des traités ne lui servent pas de base, la déclaration de prise n'est au fond qu'une mesure essentiellement politique, en faveur de laquelle on pourrait légalement tout au plus invoquer l'analogie du „forum arresti sive deprehensionis"; bien entendu dans les cas seulement où le neutre a réellement violé ses devoirs envers l'un des belligérants. Les jugements rendus par les tribunaux des prises n'acquièrent l'autorité de la chose jugée que dans le territoire où ils sont rendus (§ 39 ci-dessus): les juges étrangers ne sont aucunement tenus de les respecter. Toutefois, dans le but d'éviter des contestations et de ne pas laisser la propriété dans l'incertitude, on admet ordinairement la validité des jugements rendus par ces tribunaux, pourvu qu'ils ne contiennent aucune violation des principes fondamentaux du droit international.[3]

Les règles relatives à la compétence des tribunaux des belligérants subissent une exception dans les cas suivants:

1° lorsque la saisie a été pratiquée dans un territoire neutre, soit d'une manière régulière, soit par une violation de ce territoire;[4]

[1]) V. § 137 ci-dessus. Comparez Massé § 329.

[2]) Jouffroy p. 282 suiv. Nau § 215 suiv. Poehls IV, § 537, p. 1219. Wurm, dans le Staats-Lexicon t. XI, p. 140. Oke Manning p. 378.

[3]) Oke Manning p. 383.

[4]) La poursuite d'un navire ennemi dans un port neutre pendant le délai de vingt-quatre heures, est considérée comme une violation du ter-

2° lorsque le navire et les biens capturés, avant d'avoir été déclarés de bonne prise au profit du croiseur, ont regagné un des ports du territoire auquel ils appartiennent.

Dans le premier cas, le juge du territoire neutre où se trouvent les biens saisis, est compétent pour statuer sur la validité de la prise. En pareil cas, les belligérants mêmes sont tenus de faire droit aux réclamations que le gouvernement neutre exerce par voie diplomatique au sujet de l'illégalité de la capture. Dans le second cas le juge neutre, sur la demande des propriétaires, est encore valablement saisi de la connaissance de la cause, qu'il décidera d'après les dispositions des lois locales et celles des traités en vigueur.[1] Qu'arrivera-t-il lorsque le navire a été conduit dans un port neutre étranger au saisi? En ce cas rien n'autorise le souverain du port d'asile à s'arroger la connaissance de la validité de la prise. Il doit provisoirement accorder de la protection au navire capturé; mais quant au fond du litige, il ne peut être vidé qu'entre le belligérant et le souverain neutre intéressé.

§ 173. Le mode de procéder devant les tribunaux chargés de statuer sur le sort des bâtiments neutres arrêtés, porte le caractère d'un procès en revendication: c'est au neutre saisi à prouver l'illégalité de la prise. Il est vrai que, d'après la maxime „spoliatus ante omnia restituendus" et d'après l'analogie de ce qui se pratique en matière de saisie-arrêt, ce serait au capteur à justifier qu'il avait des motifs suffisants pour la prise. Mais on n'y regarde pas de si près.[2]

En ce qui concerne les formes de la procédure et les règles relatives aux preuves et à la rédaction du jugement, le juge chargé de statuer sur la validité de la prise, doit se conformer

ritoire. V. Pando p. 471 et ci-dessus page 279 note 1. L'armement du bâtiment ennemi, qui a fait la prise, dans un port neutre est également considéré comme une violation du territoire. V. Ortolan p. 264.

1) Jouffroy p. 295. de Martens, à l'endroit cité § 36. Wheaton, Intern. Law IV, 3, § 6—10. IV, 2, § 13. Jacobsen, Seerecht p. 584. Oke Manning p. 385.

2) Martens, à l'endroit cité § 27. Pinheiro-Ferreira, dans ses notes sur de Martens, Introduct. § 317. Jouffroy p. 296. V. surtout Wurm, dans le Staats-Lexicon XI, 145.

aux dispositions des lois intérieures de son propre territoire, à moins que des traités spéciaux conclus avec la puissance neutre à laquelle appartiennent le navire ou les sujets saisis, n'aient disposé autrement. Il n'existe actuellement qu'un nombre très-limité de traités à cet égard. La plupart se bornent à stipuler réciproquement une justice impartiale par l'institution de juges non suspects.[1] Plusieurs prescrivent la communication réciproque des sentences rendues par leurs tribunaux respectifs: comme, par exemple, les conventions conclues entre les États-Unis et les républiques de l'Amérique centrale et de l'Amérique du sud.

En général les modes de procéder et les règles qui président aux motifs de décision des tribunaux des prises, sont peu favorables aux neutres. Très-souvent ce ne sont que des instruments, des hameçons politiques mis au service d'un égoïsme avide, ainsi qu'on peut s'en convaincre facilement en parcourant les recueils de la jurisprudence des prises; et cela malgré l'admiration que beaucoup de personnes ont professée pour „les savants juges des prises" de plusieurs nations. Ordinairement on n'admet comme preuves que les papiers trouvés à bord des navires capturés. A l'appui des faits résultant de l'examen des papiers, on fait subir à l'équipage un interrogatoire qui quelquefois porte un caractère presque inquisitorial![2]

D'après les maximes qui ont prévalu dans la pratique maritime moderne, il est facile de se rendre compte de la nature des pénalités qui attendent les propriétaires des objets saisis et condamnés. Les tribunaux, en validant la saisie, prononcent tantôt la prise du navire et de la cargaison, tantôt la prise de l'un ou de l'autre, ou bien la perte d'une partie de la cargaison ou du fret. Lorsqu'ils prononcent la main levée de la saisie, le navire arrêté est mis en liberté, les objets saisis sont restitués à leurs propriétaires: quelquefois même ils accordent à ces derniers des dommages-intérêts. Mais le plus souvent ils ménagent le croiseur saisissant. De simples soupçons non en-

1) V. par exemple la convention anglo-russe de 1801.

2) de Martens, à l'endroit cité. V. aussi les observations sur plusieurs cas très-intéressants dans Jacobsen, Seerecht p. 441 suiv. et p. 544 suiv.

tièrement repoussés sont assimilés à cet effet aux contraventions patentes, et suffisent du moins pour faire décharger les corsaires du remboursement des frais. Toutefois il n'existe sur cette matière aucun code international.[1] Tout dépend des dispositions des belligérants, de leur bonne ou mauvaise volonté, de l'impartialité ou de l'esprit prévenu des juges. Les puissances neutres ont incontestablement le droit de s'opposer de toutes leurs forces aux actes d'injustice dont ils auraient à se plaindre à cet égard, ou du moins de réclamer une indemnité.[2]

MESURES EXTRAORDINAIRES DES BELLIGÉRANTS A L'ÉGARD DES NEUTRES.

§ 174. Les belligérants ne se sont pas toujours contentés des mesures ordinaires. Déjà nous avons eu l'occasion de nous expliquer sur quelques-unes de ces mesures normales moins onéreuses, auxquelles le commerce s'est vu parfois assujetti, telles que l'embargo mis sur les navires neutres pour voiler certains buts politiques; la mise en réquisition des navires ou des cargaisons neutres pour des transports de troupes, pour des besoins momentanés ou imminents. Nous avons indiqué les limites rigoureuses de ces diverses mesures (§ 150). Ajoutons-y encore le blocus de rivières communes à l'autre belligérant et à des puissances neutres, à la faveur desquelles des modifications du moins devraient être admises aux rigueurs du blocus, ce qui n'a pas lieu toujours.[3]

Les restrictions apportées par l'un des belligérants à la liberté du commerce neutre, sous prétexte de la nécessité de

[1]) Jouffroy p. 299 suiv. a essayé de donner une classification des divers cas qui peuvent se présenter ici. V. aussi de Martens, Ueber Caper, § 30 et surtout l'excellent ouvrage de Hautefeuille aux chapitres: Blocus, Contrebande, Visite et Saisie.

[2]) Grotius III, 2. 5. Bynkershoek, Quaest. juris publ. I, chap. 9. Vattel II, § 84. Wheaton IV, 2. 15. Nous pouvons citer comme un exemple les représailles décrétées par le gouvernement prussien contre l'Angleterre et la correspondance diplomatique qui en est résultée, racontées par de Martens, Erzählungen I, p. 236 suiv. Ch. de Martens, Causes célèbres. II, p. 1 suiv.

[3]) Jacobsen p. 707. Hautefeuille III, 50.

réduire l'ennemi, qualifiées d'extraordinaires, sont d'une nature plus grave. Au nombre de ces restrictions on doit ranger:

1° L'augmentation arbitraire de la liste des articles de contrebande, et cela sans aucune indemnité accordée par la voie connue sous le nom de droit de préemption (§ 158);
2° la défense faite aux neutres de tout commerce d'objets ennemis, ou bien la défense de fréquenter les ports de l'ennemi et ceux qu'il fréquente;
3° la défense de communiquer avec l'ennemi et avec le territoire ennemi.

L'histoire moderne a eu à enrégistrer plusieurs exemples de pareilles excentricités. Ce fut le système imaginé par la Coalition qui voulait réduire par la famine la France révolutionnaire, système soutenu surtout en 1793 par l'Angleterre, malgré la résistance des puissances neutres.[1] Plus tard il reparaît sous la forme du blocus continental, dont nous avons déjà indiqué l'étendue énorme au § 152.

Les cas qui seuls peuvent légitimer le recours à des mesures aussi rigoureuses, sont:

1° lorsqu'on défend sa propre indépendance contre un ennemi plus puissant;
2° lorsqu'on est en guerre avec un ennemi du genre humain ou de tous les États, notamment dans une guerre contre un souverain qui voudrait établir une monarchie universelle.

Les neutres de leur côté peuvent repousser ces mesures:

1° lorsque les belligérants ne sont pas en état de justifier de motifs suffisants pour en légitimer l'emploi;
2° lorsque ces actes compromettent l'existence des puissances neutres;
3° lorsqu'ils entraînent après eux l'emploi de procédés inhumains ou barbares.

Dès qu'il n'est pas possible aux puissances neutres de s'en-

[1]) V. pour les détails Wheaton, Histoire p. 284. Ibid. Intern. Law IV, 3, p. 184 suiv. Nau, Völkerseerecht § 309. Büsch, Ueber das Bestreben der Völker etc. chap. 8 et 13. Oke Manning p. 295. V. aussi § 162 ci-dessus.

tendre à cet égard avec les belligérants, elles ne doivent consulter que leurs intérêts et leurs forces. Si, malgré toutes les représentations, les belligérants persistent dans leur système, les neutres n'ont que le choix entre la guerre et la soumission. Il n'existe aucun autre moyen pour vider un pareil conflit.

Toute puissance neutre a incontestablement le droit de prendre des mesures convenables contre des procédés contraires aux usages internationaux, ainsi que contre des excès arbitraires qui les menacent, de défendre ses prétentions légitimes à main armée et de faire usage de représailles contre les empiétements des belligérants.

Un moyen de sûreté parfaitement juste, c'est l'escorte de navires marchands par des bâtiments de guerre (§ 170). C'est un usage qui a été pratiqué déjà beaucoup par la ligue hanséatique. L'Angleterre elle-même qui, pendant la guerre du nord, avait envoyé, par suite des pertes éprouvées par les corsaires suédois, une escadre dans les mers septentrionales pour la protection de son commerce, ne saurait contester aux autres nations le droit do faire convoyer leurs navires de commerce.[1]

Un autre moyen c'est l'établissement d'une force armée pour le maintien des principes de neutralité. Tel fut le but de la neutralité armée du Nord, fondée sur la déclaration faite par les puissances membres de cette coalition, suivant laquelle la mer Baltique devait être considérée comme fermée aux vaisseaux de guerre des belligérants et à l'abri de toute espèce d'hostilités, ce qui ne manqua pas de contestations, notamment de la part de l'Angleterre, qui renouvela encore ses protestations par un acte du 18 décembre 1807.[2]

Enfin les neutres qui admettent indistinctement dans leurs ports les bâtiments de guerre des belligérants avec une impartialité, une égalité parfaite, pourraient, par réciprocité, stipuler en leur faveur le droit de juridiction en matière de prises sur tous les navires capturés et amenés dans leurs ports respectifs.

[1]) V. ci-dessus § 170. Lamberti, Histoire du siècle XIV. t. IX, p. 251.

[2]) de Martens, Recueil II, p. 195. 205. 250.

COUP-D'OEIL RÉTROSPECTIF SUR LES DROITS DES NEUTRES. VOEUX DE RÉFORME.

§ 175. En jetant un coup-d'oeil rétrospectif sur les droits des neutres, que nous venons de retracer d'après la réalité des choses, nous y apercevons, jusqu'au milieu du présent siècle, beaucoup plus de restrictions et d'entraves que de preuves de respect de la liberté et de l'indépendance des neutres, en même temps des prétentions exagérées de la part des belligérants. Nous pouvons le dire, sans crainte d'être démenti: dans le domaine du droit international on ne trouve rien d'aussi triste que la position des peuples neutres vis-à-vis des puissances maritimes de premier ordre. L'état de guerre survenu entre celles-ci rend précaire le commerce neutre tout entier et le fait dépendre de leurs décisions arbitraires. Toutes les puissances maritimes ont, jusqu'à un certain point, à se reprocher cet état de choses déplorable: chacune, lorsqu'une occasion s'en est présentée, est venue tour à tour pratiquer des maximes qui ont été ensuite invoquées contre elle.

S'en suit-il de là que ce qu'on appelle aujourd'hui le droit maritime international, soit juste? qu'il ne doive pas subir de modifications? qu'il puisse subsister?

La politique des puissances observée depuis 1850 et surtout les conférences tenues à Paris en 1856 ont amené, il est vrai, des améliorations considérables; mais l'humanité s'appuyant sur les principes de la justice doit attendre encore des progrès ultérieurs plus marquants.

Nous n'allons pas jusqu'à demander la liberté absolue du commerce en temps de guerre (§ 123); nous ne demandons pas non plus l'inviolabilité de toutes les personnes et propriétés privées, telle qu'elle a été proposée pour les propriétés par l'Amérique en 1856 et plus amplement réclamée par un grand nombre d'associations de commerçants, de même que par plusieurs corps politiques en Allemagne.[1] Nous n'insistons plus même tout-à-fait sur les thèses des éditions antérieures de cet ouvrage, qui sont

[1]) V. l'Appendice.

encore écrites sous l'impression de la pratique du droit de guerre observée au commencement de notre siècle, et nous les modifions, après un mûr examen, ainsi qu'il suit.

Lorsqu'on prend pour base le principe de l'égalité des États, d'après lequel aucun d'entre eux n'est soumis aux lois ni à la juridiction de l'autre;

lorsqu'on considère que les sujets d'un État neutre n'ont pas de lois à recevoir des autres États, tant qu'ils se trouvent sur leur propre territoire ou sur la haute mer, et tant qu'ils ne sont pas entrés dans un territoire étranger;

que la guerre ne modifie les rapports établis entre les belligérants et les peuples neutres qu'en ce sens que ces derniers doivent s'abstenir de tout acte d'immixtion au profit de l'un d'entre eux, qu'ils ne doivent pas favoriser l'un au détriment de l'autre, ces rapports, et spécialement ceux de commerce, ne subissant d'ailleurs aucun changement;

que jusqu'à ce jour il n'existe point de code maritime obligatoire pour tous les États, mais seulement un ensemble de maximes imposées par les uns dans un intérêt égoïste et subies par les autres par suite de leur faiblesse;

qu'en conséquence chaque État peut y renoncer pour se rapprocher des vrais principes de justice fondés sur l'égalité et l'indépendance des États et sur les droits communs de l'humanité;

on pourra envisager comme éléments du futur code international les règles suivantes:

I. Aucun des belligérants ne peut imposer des restrictions à la liberté du commerce des peuples neutres, sinon par le blocus effectif des ports, des côtes et des îles ennemis, ou bien en cernant les escadres ennemies.

Dans ces cas en effet, le belligérant occupe réellement le territoire maritime de l'ennemi; ou du moins il occupe une ligne d'opérations sur un territoire dont l'usage, à la vérité, est commun à tous, mais qui ne saurait être contesté au premier occupant, sans léser ses droits légitimes de premier venu. La rupture du blocus et la tentative de rupture sur les lieux mêmes donne au belligérant le droit de traiter le contrevenant en ennemi, lorsque celui-ci ne saurait justifier de l'ignorance du blocus.

II. Un navire ne peut être arrêté par les belligérants sur la haute mer, que pour constater la nationalité véritable du pavillon et pour empêcher qu'il n'y soit porté aucun secours direct à l'ennemi. Il suffit que des papiers à bord régulièrement tenus constatent la nationalité du navire et l'innocuité de sa cargaison, pour qu'il soit libre avec tout ce qu'il porte. Dans le cas contraire le navire peut être saisi provisoirement, et si, dans un délai convenable, les justifications exigées ne sont pas fournies, il sera déclaré de bonne prise.

En effet les navires ne sont autre chose que des portions ambulantes de l'État auquel ils appartiennent et dont ils relèvent seuls sur la haute mer. Les belligérants toutefois sont en droit de demander à tout navire, qui il est? la haute mer étant également ouverte aux amis et aux ennemis. La bonne foi doit être maintenue partout, et il est permis à chacun de se prémunir contre le danger. Accepter le combat, ou bien justifier qu'on appartient à une nation amie, c'est une alternative que le croiseur belligérant est incontestablement en droit de proposer au navire rencontré.

III. Entre les belligérants et les neutres il n'y a ni commerce prohibé ni contrebande de guerre. La confiscation de la contrebande dans l'acception minutieuse de ce mot qui a prévalu jusqu'ici, n'est qu'une usurpation ou une concession précaire. Le transport direct de secours profitables à l'ennemi peut seulement donner lieu à les saisir et à les retenir jusqu'à la paix.

IV. Les réclamations des neutres contre la saisie ou la prise de leurs navires et de leurs propriétés doivent être soumises au jugement impartial d'arbitres désignés par une tierce puissance.

En ce qui concerne l'admissibilité de mesures extraordinaires, nous pouvons nous référer à ce qui est dit à cet égard au § 172 ci-dessus.

Nous ne prétendons en aucune manière donner ces propositions comme des articles d'un code international parfait. La troisième aurait même besoin d'une explication plus exacte. Mais nous croyons que l'on s'en approchera de plus en plus, à mesure que la voix des peuples se fera entendre dans les conseils politiques et que les gouvernements consulteront les voeux, les besoins et l'honneur de leurs peuples. Ils y trouveront en même temps leur plus solide appui. Aucun sacrifice ne saurait être trop considérable, lorsqu'il s'agit de briser le joug de la servitude à laquelle la prépondérance de telle ou telle nation réduit les autres États.

Nous aimons toutefois à espérer que toutes les nations animées d'un sentiment commun de justice, d'un sentiment de la liberté humaine non pas nationale seulement, arriveront spontanément, et sans qu'il soit besoin d'en venir à une scission entre les puissances maritimes et continentales, à renoncer à ce bagage vermoulu de maximes de spoliation, qu'on se plaît toujours à appeler le droit maritime des neutres. Ce fut dans l'application de ces maximes que des juges de prises d'une triste célébrité, tels que Sir Marriot, Jenkinson et William Scott, animés d'un zèle patriotique exagéré, anéantissaient le commerce des peuples neutres; ils taxaient de chimère de l'âge d'or toute demande d'une autre justice.

Dans l'état des choses actuel les objets les plus pressants de conventions ou déclarations générales sont sans contredit la fixation des articles de contrebande, des cas de leur échéance, des formes de la saisie et de la juridiction de prises.[1]

[1]) On trouve de pareilles observations sur ce sujet dans Pütter, Beiträge p. 189. Marquardsen, Der Trentfall. 1862. p. 175. Gessner p. 427. L'Anglais Reddie (On maritime intern. Law II, p. 573) insiste notamment sur une amélioration de la justice en matière de prises et sur une plus grande sévérité de la part des neutres. On consultera surtout avec beaucoup de fruit l'ouvrage de Hautefeuille intitulé: Droits et obligations des nations neutres, dont nous adoptons bien des conclusions, ainsi que son récent article publié dans la Revue critique de législation V, p. 62.

Chapitre IV.

FIN DE LA GUERRE — DE L'USURPATION ET DU DROIT DE POSTLIMINIE.

I. FIN DE LA GUERRE.

§ 176. Les seuls modes véritables de finir la guerre sont:

1° la cessation générale des hostilités et le rétablissement des relations précédentes d'amitié entre les puissances jusqu'alors en guerre;

2° la soumission absolue, non conditionnelle, de l'un des États belligérants à l'autre;

3° la conclusion d'un traité de paix formel.

Tant que l'une des puissances en guerre n'est pas définitivement vaincue et qu'elle peut reprendre les armes, l'état des choses existant à son égard doit être regardé seulement comme transitoire ou usurpé. Il est même rétabli de plein droit avec l'éloignement de l'ennemi et par la rentrée en possession de la part du vaincu durant ou après la guerre. C'est ce qu'on appelle le *droit de postliminie.*

Nous allons retracer les règles principales relatives aux distinctions qui viennent d'être indiquées.

1. Cessation générale des hostilités.

§ 177. Il est d'usage, en même temps qu'il est utile, que les belligérants fassent cesser les hostilités par des conventions formelles, mais rien ne les y oblige. Ils peuvent au contraire, par une espèce de convention tacite, suspendre les hostilités et rétablir des relations réciproques d'amitié, et en ce cas il ne sera permis à aucune tierce puissance de se prévaloir de la continuation des hostilités. Le statu quo accepté par les belligérants lors de la suspension des hostilités, servira naturellement en pareil cas de base au rétablissement des relations pacifiques. De Steck cite à ce sujet, comme exemple, la guerre entre les couronnes de Pologne et de Suède, qui s'est terminée en 1716 par une cessation complète des hostilités, tandis que le rétablissement de l'état de paix entre ces puissances ne fut reconnu que dix ans plus tard par des lettres réciproques de leurs deux souverains.[1]

Néanmoins une déclaration formelle relative au rétablissement de la paix sera toujours une chose fort utile: seule elle permettra de constater l'arrangement définitif des différends qui ont occasionné la guerre, et de déterminer dans quelles limites les parties ont renoncé à leurs prétentions respectives.[2]

2. Soumission complète de l'un des États belligérants.

§ 178. L'histoire n'est que trop féconde en récits lamentables de guerres qui ont abouti à l'asservissement général et définitif des peuples vaincus et de leurs souverains! La soumission peut être absolue ou conditionnelle. La soumission même absolue doit être interprétée selon les lois d'humanité, en sorte que le vainqueur n'a aucunement le droit d'exiger ou d'imposer ce que l'homme n'a pas le droit d'imposer à l'homme.

Suivant les lois modernes de la guerre, l'État vainqueur acquiert le pouvoir souverain et absolu sur l'État vaincu, mais il ne peut nullement disposer des droits privés des sujets vaincus ni de leurs personnes.[3] Ordinairement le territoire vaincu est réuni à celui du vainqueur, de l'une des manières indiquées au § 19 et 20 ci-dessus, et avec les conséquences énoncées au § 24 et 25. Le souverain vainqueur peut-il se réserver personnellement la disposition du territoire conquis ou le céder à un autre souverain? Pour répondre à cette question, il faut prendre en considération le caractère constitutionnel du souverain. En effet la question est plutôt du domaine du droit public interne que du droit international. Aussi Vattel nous semble-t-il aller trop loin, lorsqu'il soutient comme une nécessité absolue l'incor-

[1]) de Steck, Essais sur divers sujets de politique. no. 2.

[2]) Comparez à ce sujet les observations de H. Cocceji, De postliminio et amnestia.

[3]) V. H. Cocceji, Disputationes de jure victoriae, § 10—32 et son Commentaire sur Grotius III, 8. Plusieurs de ses observations ont besoin d'être rectifiées, notamment celle que le souverain vainqueur n'acquiert pas d'autres droits sur le territoire conquis que ceux qu'il exerce sur son propre territoire.

poration du territoire conquis à celui du vainqueur. On peut opposer à son autorité une foule d'exemples de dispositions de pays conquis, faites par le souverain, soit à son profit personnel, soit au profit de membres de sa famille.

3. Traités de paix.

§ 179. Les traités de paix sont des conventions par lesquelles deux ou plusieurs souverains déclarent d'une manière solennelle les hostilités terminées entre eux, sans que l'un ou les uns se mettent dans la dépendance absolue de l'autre. C'est ce qui distingue un traité de paix de la soumission (deditio) proprement dite. Toutes les règles relatives aux conventions publiques en général sont éminemment applicables aux traités de paix.[1] Les règles spéciales à ces sortes de conventions vont faire l'objet des observations suivantes.

§ 180. Les principes généraux qui président aux rapports internationaux des États, et les objets des traités de paix sont la source d'où découlent naturellement les conséquences les plus importantes. Les voici:

I. Le traité de paix conclu entre les plénipotentiaires des États belligérants est obligatoire dans toutes les circonstances, fût-il même imposé par la prépondérance de l'une des parties contractantes, et dût-il impliquer une renonciation à des droits incontestés. Il suffit à cet égard qu'il ne soit pas le résultat de violences personnelles pratiquées envers le souverain étranger ou ses représentants.[2] Peu importe en outre que la guerre qui l'a précédé, ait été justement ou injustement entreprise par le souverain victorieux. Le traité de paix établit toujours des rapports internationaux nouveaux entre les contractants (§ 113).

[1]) Tout ce que Vattel, dans son Livre IV, et les autres auteurs enseignent d'une manière analogue sur les traités de paix, n'est en définitive qu'une application de la théorie générale des contrats. Les monographies indiquées par d'Ompteda § 323 et de Kamptz § 321 sont d'une faible importance. On peut consulter toutefois avec fruit: Chr. Dassel, Ueber Friede und Friedenstractate, Conventionen, Capitulationen etc. Neustadt 1817. Pando, Derecho internat. p. 579.

[2]) V. § 85 ci-dessus et en outre Fréd. Platner, De pactis principum captivorum. Lipsiae 1754. Klüber, Droit des gens § 325. Vattel IV, 37.

II. Toute espèce d'hostilités, toutes les pratiques de la guerre cessent avec la conclusion de la paix. Les lois de la paix succèdent à celles de la guerre. En conséquence il n'est plus permis de lever des contributions de guerre dans le territoire ennemi encore occupé, ni seulement d'exiger les arrérages de celles antérieurement fournies, quand même elles auraient été d'ailleurs régulièrement ordonnées conformément aux usages reçus. Quelquefois les traités contiennent une clause spéciale à ce sujet, par exemple le traité de Hubertsbourg de 1763 (art. 2). — Il n'en est pas de même à l'égard des engagements privés qui ont été contractés par des particuliers envers l'ennemi, dans le but de se libérer de certaines charges de guerre.[1]

III. La paix termine d'une manière définitive les différends internationaux: autrement elle ne serait qu'un armistice. En conséquence les contestations qui ont été la cause ou le prétexte de la guerre, sont considérées comme définitivement réglées. Les pertes et les préjudices occasionnés par la guerre ne doivent pas devenir entre les parties des motifs de nouvelles contestations; car autrement la guerre engendrerait la guerre, et la paix deviendrait impossible.[2]

Voilà ce que c'est que la clause d'amnistie[3], qui, d'après ce qui vient d'être expliqué, a une double signification, quoique ordinairement on n'entende par là que la renonciation réciproque à toutes les prétentions résultant de l'état essentiellement passager de guerre. Presque toujours cette clause est expressément énoncée dans les traités de paix, mais elle est sous-entendue dès qu'elle n'y a pas été insérée.[4]

Sont considérées au contraire comme étant réservées:

[1]) Ce dernier point est assez controversé. V. H. Cocceji, De amnestia, et Vattel IV, 49. Contra Pinheiro-Ferreira dans ses notes sur Vattel.

[2]) Pando p. 581.

[3]) V. les monographies relatives à ce sujet dans d'Ompteda § 327 et de Kamptz § 329. H. de Cocceji, De postliminio et amnestia. 1691. de Steck, De amnestia in Obss. subsec. no. 13. Grotius III, 20. 15.

[4]) Gudelin, De pace chap. 3: „In amnestia consistit substantia pacis, et absque illa nequit esse pax, atque adeo paci ista lex inesse intelligitur.“ V. Klüber, Droit des gens § 324. Wheaton, Intern. Law IV, 4. Pando p. 582. H. Cocceji seul est d'un avis contraire.

1° les obligations de tiers envers l'un ou l'autre des belligérants;

2° les réclamations privées d'un État belligérant contre les sujets de l'autre, lorsqu'elles sont nées pendant la guerre de causes légitimes, celles-là mêmes qui avaient pour but de se libérer de certaines obligations résultant de l'état de guerre, telles que les rançons, les dettes contractées par les prisonniers pour leurs besoins personnels et les engagements souscrits à l'occasion des contributions légales de guerre. En conséquence on a pris souvent, dans les traités de paix, la précaution de faire déclarer nuls tous les engagements pour faits de guerre, comme par exemple, dans le traité de Teschen de 1779 (art. 5). Quelquefois on a excepté seulement les engagements obtenus par des actes de violence; par exemple, dans le traité de Westphalie (ou d'Osnabrück, IV. chap. 46);[1]

3° les obligations privées légalement formées entre les sujets belligérants, ayant déjà existé avant l'ouverture des hostilités; enfin

4° les engagements non contestés entre les parties belligérantes elles-mêmes, antérieurs et étrangers à la guerre, sauf les distinctions du paragraphe suivant.[2]

[1]) V. ci-dessus § 142. Wheaton, à l'endroit cité § 3.

[2]) Wheaton observe à ce sujet avec beaucoup de raison, en s'appuyant sur l'autorité de Vattel (IV, 19—21), ce qui suit:

„The effect of a treaty of peace is to put an end to the war and to abolish the subject of it. It is an agreement to waive all discussion concerning the respective rights and claims of the parties, and to bury in oblivion the original causes of the war. It forbids the revival of the same war by resuming hostilities for the original cause which first kindled it, or for whatever may have occurred in the course of it. But the reciprocal stipulation of perpetual peace and amity between the parties does not imply that they are never again to make war against each other for any cause whatever. The peace relates to the war which it terminates: and is perpetual, in the sense that the war cannot be revived for the same cause. This will not, however, preclude the right to claim and resist, if the grievances which originally kindled the war be repeated — for what would furnish a new injury and a new cause of war equally just which the former.

If an abstract right be in question between the parties, on which the

§ 181. A défaut de dispositions contraires, le „statu quo" résultant des événements de la guerre, doit servir de base au rétablissement des rapports pacifiques entre les parties.[1] En effet l'état de guerre qui a succédé aux relations internationales précédentes, a répandu à cet égard, par suite de ses fréquentes péripéties, une incertitude qui ne peut être levée que par des stipulations formelles des belligérants, eu égard aux changements survenus. C'est ainsi que tout traité de paix marque une nouvelle ère dans les relations mutuelles des deux États contractants.

De là résultent, sauf stipulations contraires, les conséquences suivantes:

1° Chacune des parties retient tout ce qu'elle occupe „de facto".[2] On fait cesser toutefois la possession qui n'est justifiée que par les usages et les nécessités de guerre et tant que celle-ci continue, comme, par exemple, la détention des prisonniers. Ces derniers, selon les usages modernes, doivent être remis en liberté dès que la paix est signée, après avoir, bien entendu, rempli tous leurs engagements personnels, à moins que leur élargissement n'ait été stipulé d'une manière absolue.

2° Les engagements contractés antérieurement à l'état de guerre, continuent à produire leurs effets; particulièrement:

treaty of peace is silent, it follows, that all previous complaints and injury, arising under such claim, are thrown into oblivion, by the amnesty, necessarily implied, if not expressed: but the claim itself is not thereby settled either one way or the other. In the absence of express renunciation or recognition, it remains open for future discussion. Ad even a specific arrangement of a matter in dispute, if it be special and limited, has reference only to that particular mode of asserting the claim, and does not perclude the party from any subsequent pretensions to the same thing on other grounds. Hence the utility in practice of requiring a general renunciation of all pretensions to the thing in controversy, which has the effect of precluding for ever the assertion of the claim in any mode."

[1]) Grotius III, 20, § 11 suiv. Wheaton, Intern. Law IV, 4, § 4.

[2]) C'est aussi le sens de la clause qu'on rencontre si souvent dans les traités de l'ancienne Grèce: *ἔχοντες ἃ ἔχουσιν*. Comparez Phillimore III, 641. Halleck XXXIV, 12.

les engagements qui concernent les territoires acquis par chacun des belligérants ou qui leur ont été restitués, pourvu que ces engagements aient établi des rapports permanents et réels, inhérents aux territoires en question, les choses restituées à chacune des parties étant censées reprendre leur ancien caractère légal; ensuite

les créances définitives, constatées par des titres réguliers non contestés, antérieurs à la guerre, et ayant pour objets des prestations déterminées et également exigibles déjà avant l'ouverture des hostilités. En ce cas la cause de l'obligation était irrévocablement acquise et ne dépendait plus d'un changement de volonté du débiteur. Car la guerre elle-même n'est pas une cause destructive des dettes.

L'ouverture des hostilités rend au contraire douteuses toutes les conventions dont l'exécution future dépendait encore de la bonne foi des parties contractantes, rompue par les hostilités. En conséquence elles ont besoin, pour leur validité, d'être ratifiées ou renouvelées par une déclaration formelle.[1]

Les droits purement privés tant des sujets que des souverains belligérants, ainsi que ceux de leurs familles, ne subissent aucun changement, à moins qu'ils ne soient incompatibles avec les dispositions du traité de paix.[2]

CLAUSES SPÉCIALES DES TRAITÉS DE PAIX.

§ 182. Certaines clauses spéciales qui forment quelquefois une partie intégrante des traités de paix, sont interprétées d'après les règles suivantes:

1° Lorsque la restitution d'un territoire ou de certains objets occupés par l'un des belligérants a été stipulée, elle doit

1) Ce point est toujours très-controversé, mais nous n'en voyons aucune autre solution. V. ci-dessus § 99 et 122. Grotius III, 20. 19. J. H. de Wys, Quaestio an bello oborto pereat foederum auctoritas. Amsterdam 1830. Phillimore III, 660. Halleck XXXIV, 22.

2) Grotius à l'endroit cité § 7. Pufendorf VIII, 8. 3. V. aussi § 84 ci-dessus et ci-après le paragraphe relatif au droit de postliminie.

s'opérer dans l'état où ils se trouvaient lors de l'occupation. Toutefois, par suite d'une application de la clause d'amnistie, les changements et les détériorations survenus depuis ne peuvent faire l'objet d'aucune réclamation: le détenteur n'est pas non plus tenu à la restitution des fruits par lui perçus. Il jouit en outre de la faculté d'enlever les choses à lui appartenant qui sont affectées à l'usage des objets par lui occupés.[1]

2° Lorsque, dans le traité de paix définitif, la cession d'un territoire a été stipulée, au profit de l'une des parties contractantes, en totalité ou en partie, elle comprend également les diverses charges dont ce territoire est grevé, en même temps que les droits et les biens qui en dépendent. Car la cession a pour objet de dissoudre la communauté établie jusqu'alors entre le pays cédé et celui dont il faisait partie.

Les sujets du territoire cédé continuent à jouir de l'intégrité de leurs droits politiques, autant que ces derniers peuvent être conciliés avec le nouvel état des choses. Si, au contraire, le nouveau souverain, lors de l'occupation déjà et avant la conclusion de la paix définitive, a pris possession du pouvoir, en abrogeant les lois et la constitution établies antérieurement, les sujets ne peuvent invoquer des droits fondés sur l'état des choses antérieur. La cession subséquente, lors de la conclusion de la paix, n'est en pareil cas qu'une renonciation formelle de la part de l'ancien souverain (§ 25 et 72 ci-dessus).

Il est évident qu'il peut être dérogé à ces règles par des clauses spéciales.

A PARTIR DE QUEL MOMENT LES TRAITÉS DE PAIX PRODUISENT-ILS LEURS EFFETS?

§ 183. Toutes les fois qu'un traité de paix ne contient aucun délai pour la cessation des hostilités, celles-ci doivent

[1]) H. de Cocceji, De postliminio et amnestia, et sur Grotius III, 9 (tome IV, p. 140 suiv.). Vattel IV, § 31. Wheaton à l'endroit cité § 6. Pando p. 585. En ce qui concerne le droit aux fruits v. Schweikart, Hessische Staatscapitalien p. 72 suiv.

s'arrêter à l'instant même de la signature du traité par les plénipotentiaires des belligérants (§ 86 et 87 ci-dessus). Les hostilités commises après la conclusion du traité de paix définitif, donnent lieu à une demande en réparation de la partie lésée, belligérante ou neutre, lors même que l'officier qui s'en est rendu coupable, ignorait le fait et qu'il serait à l'abri de toute responsabilité personnelle.[1]

Les commandants des forces de terre et de mer qui, d'une manière officielle ou du moins positive, ont eu connaissance de la conclusion du traité de paix définitif, doivent cesser aussitôt toutes hostilités, avant l'expiration même du délai fixé à cet effet. En conséquence les saisies postérieurement pratiquées seront annulées, et une indemnité devra être accordée à la partie lésée. En pareil cas le délai convenu n'est que le terme extrême, à l'expiration duquel la partie qui commet des actes d'hostilité, ne peut plus se prévaloir de sa bonne foi.[2]

[1]) Grotius III, 20, 20. 21, 5. Pando p. 583. La jurisprudence française s'est prononcée dans le même sens. V. Pistoye et Duverdy I, p. 141. Hautefeuille IV, p. 277. Phillimore III, 645. Halleck XXXIV, 15—17. — Wheaton IV, 4, 5: „The better opinion seems to be, that wherever a capture takes place at sea, after the signature of the treaty of peace, mere ignorance of the fact will not protect the captor from civil responsability in damages: and that, if he acted in good faith, his own government must protect him and save harmly." — „When a place or country is exempted from hostility by articles of peace, it is the duty of the state to give its subjets timely notice of the fact and it is bound in justice to indemnify its officers and subjets who act in ignorance of the fact. In such a case it is the actual wrong-doer who is made responsible to the injured party, and not the superior commanding officer of the fleet, unless he be on spot and actually participating in the transaction. Nor will damages be decreed by the prize court, even against the actual wrong-doer, after the lapse of a great time." V. dans le même sens un jugement rendu par William Scott, lequel toutefois n'est pas à l'abri de toute critique, dans Jacobsen, Seerecht p. 565. Riquelme I, p. 168 n'admet une exception qu'en faveur de la puissance qui a agi de bonne foi. En ce cas, dit-il, il faut admettre la règle: „casum sentit dominus."

[2]) Wheaton à l'endroit cité. Valin, Traité des prises p. 47. de Martens, Ueber Caper. II, p. 38.

EXÉCUTION DES TRAITÉS DE PAIX; — LEUR SUSPENSION.

§ 184. Lorsqu'un traité de paix a été régulièrement conclu, les puissances contractantes et leurs sujets doivent en exécuter fidèlement les stipulations. Tout ce que nous avons dit sur les effets et sur l'interprétation des conventions publiques, s'applique également aux traités de paix.[1]

Certaines clauses rendent quelquefois nécessaires des arrangements ultérieurs: les parties s'entendent à cet effet par des conventions additionnelles ou nomment des commissions chargées du mode d'exécution.

La non-exécution ou la violation de quelques dispositions d'un traité de paix peut occasionner de nouvelles complications. Le traité ne sera pas regardé pour cela comme rompu, à moins que la partie qui se rend coupable d'une violation, ne persiste dans son refus et ne consente à aucun arrangement amiable.[2] Certains traités contiennent à cet égard des stipulations formelles.[3]

D'autres questions peuvent surgir lors de l'exécution d'un traité. Les règles par nous retracées suffiront pour les faire résoudre.[4]

II. INTERRÈGNE ET USURPATION.

§ 185. Lorsqu'un souverain belligérant parvient à s'emparer du territoire ennemi et à s'y maintenir, il laisse ou subsister le statu quo en se bornant à l'avantage matériel de l'occuper

[1]) Sur l'interprétation des traités on peut comparer Grotius III, 20, 23 suiv. Halleck XXXVI.

[2]) Grotius ibid. § 25 et Pufendorf VIII, 8, 9 regardent le terme fixé comme de droit strict et n'admettent pas ce qu'ils appellent en terme d'école „purgatio morae", à l'expiration du terme stipulé, à moins d'événements imprévus. C'est oublier le principe d'équité qui domine toutes les conventions publiques. V. § 94 ci-dessus et Vattel IV, 26. 27. 50.

[3]) Voyez § 98 ci-dessus. Sur la différence entre une rupture de traité et une nouvelle guerre v. Vattel IV, 42.

[4]) Sur la question de savoir: Si les traités de paix perdent leur validité par la reprise des hostilités? v. J. J. Moser, Vermischte Abhandl. no. 1 et P. C. A. Leopold, De effectu novi belli quoad vim obligandi pristinarum obligationum. Helmstädt 1792.

militairement (§ 131 et suiv.), ou bien il institue un gouvernement provisoire nouveau. Sans l'intention bien arrêtée de soumettre d'une manière permanente le pays conquis à sa domination, le vainqueur peut pourtant y exercer les droits du pouvoir souverain, et en disposer par interim au profit d'un tiers.[1] Il peut encore prendre possession parfaite du pouvoir à son propre profit et se subroger à l'ancien souverain, avec l'intention bien arrêtée d'exclure ce dernier pour toujours de la rentrée au pouvoir. C'est le cas de l'usurpation proprement dite.[2]

L'usurpation met quelquefois un terme à l'existence politique d'un État, soit par suite de son incorporation dans le territoire du vainqueur, soit par suite d'un démembrement. D'autres fois l'État conquis continue à exister comme indépendant, et il subit seulement un changement dans la personne de son souverain.

Les actes de l'usurpateur ont incontestablement, par rapport aux nouveaux sujets soumis de fait à son autorité, la même force que ceux d'un souverain légitime. Car l'État a besoin d'un pouvoir souverain, et le possesseur de celui-ci, quel qu'en soit le titre, peut seul l'exercer d'une manière efficace (§ 13). D'ailleurs le conquérant n'est dans ses actes aucunement astreint à la constitution précédente du pays conquis, ainsi que le soutiennent plusieurs publicistes.[3] Il est seulement tenu de respecter les droits généraux de l'homme, ainsi que les droits privés acquis de ses sujets par l'effet des lois en vigueur. Mais il a la faculté de régler d'une manière absolue les conditions des rapports

[1]) Comparez Halleck XXXII.

[2]) V. la littérature concernant l'usurpation proprement dite dans de Kamptz, Lit. § 312; surtout Sam. de Cocceji, Dissert. de regimine usurpatoris. Frcf. Viadr. 1702 (et son Comment. sur Grotius I, 4, § 15). Ludwig Schaumann, Die rechtlichen Verhältnisse des legitimen Fürsten, des Usurpators und des unterjochten Volkes. Cassel 1820. Pfeiffer, Das Recht der Kriegseroberung in Bezug auf Staatscapitalien. Cassel 1823. Comparez la feuille périodique Némésis X, 2, 127 suiv. Phillimore III, 603. Zöpfl, Grundsätze des deutschen Staatsrechts. Lpz. 1863. § 204—210.

[3]) Zachariae, 40 Bücher vom Staat. IV, 1, p. 104. Les opinions soutenues autrefois par cet auteur dans son ouvrage intitulé: Ueber die verbindende Kraft der Regierungshandlungen des Eroberers. Heidelb. 1816. s'y trouvent considérablement modifiées.

publics entre lui et ses nouveaux sujets. Il a la pleine disposition des biens appartenant à l'État conquis; il peut en changer arbitrairement la législation et l'administration. Les formes d'administration précédemment établies ne subsistent que tant qu'il lui plaît de les maintenir. Toutefois c'est un état de choses violent qui ne pourra porter aucun préjudice aux droits du souverain précédent, tant qu'il n'y a pas renoncé ou que son rétablissement est possible.[1] A son égard le droit de postliminie subsiste dans toute sa force, comme à l'égard de tous ceux qui se trouvent hors du territoire occupé ou qui continuent à résister au pouvoir usurpateur. Ils conservent leurs droits précédents en tant qu'ils n'ont pu être atteints par les actes du gouvernement intermédiaire.

Les règles indiquées au § 23 et 49 s'appliquent également aux rapports internationaux de l'État usurpé avec les États étrangers. De même les règles établies au § 25 doivent lui être appliquées pour les engagements contractés par l'ancien souverain.

§ 186. Le caractère et le pouvoir d'un gouvernement purement provisoire institué par le vainqueur dépendent surtout du but que le conquérant s'est proposé lors de son institution. Car il est évident qu'il ne dépend en aucune façon du souverain dépossédé et qu'aucun lien ne le rattache au pouvoir précédemment établi. Les lois de la guerre déterminent seules ses droits et ses devoirs. Il y a lieu cependant d'établir une distinction entre les deux cas suivants:

I. Ou bien le conquérant n'a ni l'intention bien arrêtée ni les moyens nécessaires pour garder le territoire conquis. En ce cas il peut à la vérité changer l'administration du pays, et empêcher le souverain expulsé d'y exercer aucune influence et de s'en approprier les ressources. Mais il ne saurait pour cela

[1]) Chr. Gottl. Schwarz, De jure victoris in res incorpor. Altorf. 1720 thès. XXVII: „Invasor quem usurpatorem vocant, ex victoria in subjectos nanciscitur exercitium juris regii, quod in ipsa possessione et administratione consistit, quia illi ipsi devicti subjectique cives victori non possunt non praestare obsequium. Interim rex injuste expulsus retinet salvum et intactum jus regni.“ V. aussi Cocceji, à l'endroit cité et Halleck XXXII, XXXIII.

être réputé avoir hérité du pouvoir souverain. Il s'est de fait et provisoirement investi de la gestion du pouvoir, d'une manière analogue à peu près au créancier qui a obtenu l'envoi en possession dans les biens de son débiteur (missio in bona debitoris). En conséquence il continuera à exercer le pouvoir souverain dans les formes et d'après les règles antérieurement établies, sauf l'obligation d'en rendre compte lors de la conclusion du traité de paix définitif.

En ce sens la Cour de cassation de France, par un arrêt en date du 22 juin 1818, a jugé que l'occupation d'un territoire sans une réunion formelle n'en rend pas les habitants sujets du vainqueur.[1]

II. Ou bien le conquérant a l'intention bien arrêtée de garder le territoire occupé et d'en disposer au besoin. En ce cas l'établissement d'une administration provisoire est le commencement d'une prise de possession complète du pouvoir souverain, et soumis aux mêmes règles. Cette administration provisoire exerce les divers droits régaliens ou de souveraineté au nom du conquérant. C'est ce qui est arrivé, par exemple, dans l'Électorat de Hesse, lorsque Napoléon I prit possession de ce pays en 1806. Des administrations analogues furent instituées en 1813 et en 1814 par les puissances alliées.[2]

La juridiction de ces autorités ne s'étend pas au delà du territoire occupé par l'ennemi: elle ne s'étend pas à la portion du territoire non occupée par lui, à moins qu'il n'ait conservé l'état de possession antérieur et qu'il n'ait apporté aucun changement dans l'ordre des choses établi. C'est surtout lorsqu'il s'agit de l'exécution des jugements rendus par des tribunaux du territoire occupé, que la question présente un grand intérêt pratique. Le traité de Westphalie (chap. IV. art. 49) admettait en pareil cas une revision des jugements.[3]

1) Ortolan I, p. 315.

2) Schweikart, Napoleon und die Curhessischen Staatsgläubiger. p. 25 suiv.

3) de Dalwigk, Juristische Aufsätze. Frankfurt 1796. no. II. p. 25.

III. DROIT DE POSTLIMINIE.[1]

§ 187. La paix remet souvent les choses dans leur premier état. Le postliminie produit des effets analogues: c'est-à-dire, les personnes et les choses prises par l'ennemi, recouvrent régulièrement leur premier état, quand elles sont délivrées de la puissance du vainqueur. Par une espèce de fiction elles pourront de plus être réputées n'avoir jamais perdu leur état antérieur. Il ne faut cependant pas perdre de vue que cette restitution n'a lieu qu'à l'égard des droits en eux-mêmes, et qu'elle n'abolit en aucune façon les faits matériels de la possession et de la jouissance, ni les conséquences légales qui en découlent. Tout ce qui est cédé à l'ennemi par le traité de paix, tout ce qu'il s'est approprié valablement d'après les lois de la guerre est et demeure aliéné.[2]

Le droit de postliminie s'applique aux rapports publics comme aux rapports privés. Il repose sur le principe qu'il y a des droits légitimes qui ne peuvent se perdre par le seul fait de la guerre. Il produira ses effets même après la paix, à moins qu'il n'ait été convenu autrement par une clause expresse ou implicite.[3] Enfin ce droit n'a pas besoin de la sanction des lois intérieures: il existe par lui-même, mais les lois peuvent en modifier ou en restreindre les effets.

Les dispositions des lois romaines sont presque exclusive-

[1]) Ouvrages: les commentateurs du titre des Digestes: De captivis et postliminio reversis (49, 15), et du Codex: De postliminio reversis et redemptis (8, 51). d'Ompteda § 328. de Kamptz § 313. Henr. Cocceji, De jure postliminii. 1683, et: De postliminio in pace et amnestia. 1752. (Exercitat. cur. I, no. 46. 78). J. H. Boecler, De pace Argentina. 1713. Bynkershoek, Quaest. jur. publ. I, 16. Grotius III, 9. Vattel III, chap. 14. Pando p. 404 suiv. — Comparez aussi sur le jus postliminii romain les publications de Hase, Das jus postlim. und die fictio legis Corneliae. Halle 1851, et de H. Ed. Young, De jure postlim. quod ad res pertinet. Berolini 1854.

[2]) Ziegler, De juribus majestatis. I, 33, § 83.

[3]) Les anciens publicistes, égarés par les dispositions obscures du droit romain, n'admettent cette règle qu'avec de nombreuses modifications. Vattel est tombé en contradiction avec lui-même, ainsi qu'il résulte d'une comparaison du § 214 avec le § 216 de son traité.

ment du domaine du droit privé. Mais elles confirment en grande partie les principes naturels, et ce qu'elles contiennent de spécial se rattache au caractère de l'ancien droit des gens et à celui du droit de la cité romaine. Depuis longtemps il a été reconnu que les usages modernes ont apporté à ces dispositions de nombreuses modifications sur beaucoup de points en même temps qu'ils se sont rapprochés des règles primitives très-simples et précises.[1]

DROIT DE POSTLIMINIE AU PROFIT DES NATIONS ET DE LEURS SOUVERAINS.[2]

§ 188. Si le souverain reprend, soit pendant la guerre, soit lors de la conclusion de la paix, le territoire qui avait été occupé en tout ou en partie par l'ennemi, il recouvre tous les droits qu'il avait là-dessus. Peu importe que l'ennemi qui s'en est emparé, se soit contenté de l'occuper militairement, ou qu'il s'en soit arrogé la souveraineté temporaire. Peu importe encore qu'il se soit retiré volontairement ou qu'il ait été repoussé par les troupes du souverain belligérant ou de ses alliés.[3] Dans le cas seulement où les troupes ennemies ont été repoussées par une puissance étrangère seule, l'ancien état de choses ne pourra être rétabli sans le consentement de celle-ci.[4]

Il est facile de déterminer les divers effets de cette espèce de postliminie.

Lorsque l'occupation d'un territoire n'a pas été suivie d'une prise de possession du pouvoir suprême, l'ancien souverain reprend la plénitude de ses droits. Il a en outre la faculté de

1) V. déjà Grotius à l'endroit cité § 15 et 19.

2) Franc. Hotomannus, An civitas bello capta, si in libertatem vindicetur, jure quoque suo pristina omnia recuperet? (Quaest. illustr. no. 5.)

3) Grotius II, 4, 14. III, 9, § 9 et 12, et Cocceji là-dessus. Vattel III, § 213. Klüber, Droit des gens § 270.

4) Vattel exige la restitution comme étant conforme à l'équité. Mais il n'existe aucune obligation à cet égard. La question a été discutée dans le Parlement anglais. V. Wheaton, Histoire p. 379 (2e édit. tome II, p. 173). Elle a été également discutée au Congrès de Vienne, mais elle n'y a reçu aucune solution. V. Klüber, Acten des Wiener Congresses. V, 10, 29—33.

revendiquer auprès de ses alliés ou des neutres les choses qui leur ont été aliénées par l'ennemi lors de l'occupation, à moins que ce dernier n'y ait été autorisé selon les règles généralement reçues.[1] En pareil cas il dépend exclusivement des dispositions du droit privé, si le détenteur des choses aliénées peut opposer des exceptions valables.

S'il y a eu une espèce d'interrègne, il faut, d'après ce qui a été observé au § 185, admettre les distinctions suivantes:[2]

I. Tous les changements opérés pendant l'invasion dans la constitution du pays, cessent d'être obligatoires à l'avenir. En ce cas les rapports politiques précédemment établis entre le souverain et le peuple rentreront en vigueur, à moins que le pouvoir constitutionnel ne trouve convenable d'y faire des changements ou de maintenir quelques parties de la constitution intermédiaire.

II. Par suite du rétablissement de l'ancien état des choses les institutions administratives et les actes purement administratifs pourront être révoqués par le gouvernement intermédiaire. Le souverain restauré peut rétablir les lois, l'administration et les autorités publiques, telles qu'elles existaient avant l'invasion. Mais les droits privés nés sous ce régime, ainsi que les jugements rendus à la même époque, sont à l'abri de toute contestation, pourvu qu'ils puissent se concilier avec l'ordre des choses rétabli.[3] Les conventions publiques conclues dans l'intervalle avec des souverains étrangers continuent à subsister, lorsqu'elles sont d'une nature réelle (in rem), sauf la faculté de les

[1]) Cocceji sur Grotius III, 9. IV, p. 125. Wheaton, Intern. Law IV, 2, 16 (édit. franç. § 17). Nous avons déjà examiné la question de savoir si le conquérant peut disposer de certaines choses? (§ 131 ci-dessus.)

[2]) Ici presque tous les points sont controversés. V. Klüber, Droit des gens § 258. 259 et les auteurs qui y sont cités. Wheaton, Intern. Law I, 2, § 20. B. W. Pfeiffer, In wiefern sind Regierungshandlungen eines Zwischenherrschers für den rechtmäſsigen Regenten nach dessen Rückkehr verbindlich? 1819. Weiſs, Deutsches Staatsrecht § 251.

[3]) Cette règle n'a pas toujours été strictement observée. V. au surplus Codex Theodos. tit. de infirmandis his quae sub tyrannis aut barbaris gesta sunt (XV, 14), surtout la constit. 9. Cocceji sur Grotius III, 6. 9. Pando p. 409.

abroger par suite d'un changement des circonstances ou d'autres motifs légitimes (§ 84).

III. Le souverain rétabli doit s'abstenir de faire un usage rétroactif de ses droits, soit envers ses propres sujets, soit envers des sujets étrangers, à raison de tout ce qui s'est passé pendant son expulsion, conformément aux règles établies par le pouvoir intermédiaire. Ainsi, par exemple, il serait injuste de réclamer des arriérés d'impôts ou de services, qui, aux termes des lois précédentes, auraient dû lui être payées pendant le temps de son absence. Car le gouvernement intermédiaire a succédé valablement aux droits et aux engagements de l'ancien État (§ 23). Les impôts au contraire échus à cette époque, mais non recouvrés, sont dus incontestablement au souverain restauré; il peut en outre réclamer l'exécution des marchés passés avec le gouvernement intermédiaire.

IV. Les aliénations de capitaux, de rentes, et en général de biens qui font partie du domaine de l'État, et non pas du domaine privé du souverain ou de la famille souveraine, opérées par le gouvernement intermédiaire, sont considérées comme valables. L'ancien souverain ne peut pas les attaquer, car l'ennemi qui s'était emparé du territoire et de tout ce qui en dépendait, pouvait valablement disposer de ces biens. Il ne saurait surtout faire résilier les aliénations faites à titre onéreux et avec charge de garantie en cas d'éviction. Car il sera permis en pareil cas à l'acquéreur d'opposer une exception analogue à ce qu'on appelle communément „exceptio rei venditae et traditae“. Néanmoins ce point est on ne peut plus controversé. C'est la question de la vente des domaines du ci-devant royaume de Westphalie, débattue depuis 1814 avec une extrême ardeur par les publicistes allemands. Les tribunaux ont rendu plusieurs jugements dans le sens qui vient d'être indiqué: mais il faut avouer qu'il y a des jugements rendus dans un sens opposé. L'exposé de motifs, présenté par le gouvernement d'Oldenbourg à la diète germanique, dans sa séance du 4 décembre 1823, résume ce qui a été dit de mieux à ce sujet. Pourtant il est évident que le souverain qui reprend, après une longue interruption, l'exercice de ses anciens droits, doit répondre des engagements contractés par le gouvernement intermédiaire qui lui a succédé, et que ce dernier pouvait en outre, après la dissolution complète de l'ancien État, occuper valablement les biens de celui-ci comme vacants et sans maître.

Le droit de postliminie n'a pas lieu en faveur d'une nation ou d'un souverain qui s'est soumis entièrement au vainqueur. Après avoir abdiqué ou renoncé à son indépendance, l'on ne saurait prétendre au rétablissement de l'ancien ordre des choses et aux conséquences qui en découlent. Une révolution heureuse, ou la générosité d'un vainqueur étranger, en rendant aux vaincus leur indépendance, pourront leur procurer une nouvelle existence: mais la simple cessation du gouvernement établi n'aura pas les mêmes effets.[1]

DROIT DE POSTLIMINIE PAR RAPPORT AUX PARTICULIERS ET AUX DROITS PRIVÉS.

§ 189. Les lois romaines déjà admettaient une double espèce de postliminie par rapport aux droits privés des particuliers. Elles distinguaient les droits personnels des subjugués en guerre de leurs droits réels.

Le droit personnel de postliminie s'attache principalement à la qualité personnelle de prisonnier de guerre. Il n'avait pas, dans le monde ancien, la même signification qu'on y attache aujourd'hui. La captivité antique embrassait l'esclavage, qui est incompatible avec toute espèce de condition civile. A un système développé avec une logique aussi rigoureuse que l'était le droit romain, il fallait en conséquence une fiction toute spéciale, suffisant pour maintenir le prisonnier de guerre et les personnes soumises à sa puissance dans la jouissance des droits civils de leur patrie, ou pour les y rétablir. Ainsi, par exemple, en vertu d'une fiction empruntée par la jurisprudence à une loi connue sous le nom de Lex Cornelia, le testament d'un

[1]) Vattel § 210. 213. La soumission au pouvoir du conquérant, l'hommage qui lui est prêté, l'acceptation de fonctions par lui conférées, n'impliquent pas en eux-mêmes une soumission volontaire permanente. Tout cela peut être l'effet de la violence, des moyens pour échapper à des mesures plus rigoureuses.

citoyen romain décédé dans la captivité fut réputé avoir été fait par un citoyen libre, pourvu que l'acte fût d'une date antérieure à la perte de la liberté. De même le prisonnier qui recouvrait la liberté, était réputé n'avoir jamais perdu ses droits de citoyen romain.

Selon le droit de guerre moderne au contraire, la captivité est une simple suspension matérielle de la liberté individuelle; en conséquence elle n'entraîne qu'une suspension de l'exercice des droits civils, autant, bien entendu, qu'une détention temporaire rend cet exercice impossible. Elle ne saurait entraîner d'autres effets légaux, et le prisonnier, dès qu'il recouvre la liberté, reprend la pleine jouissance de ses droits. Il peut même, pendant la durée de sa captivité, pourvoir à l'administration de ses biens par des mandataires spéciaux. Il peut y être pourvu en outre d'office. Déjà le droit romain le plus récent permettait à cet effet la nomination d'un curateur.[1] C'est donc avec raison que plusieurs publicistes modernes ont considéré le prétendu „jus postliminii personarum“ comme une formule vieillie et entièrement inutile.[2] Aujourd'hui la condition légale du prisonnier de guerre est tout simplement celle d'un absent, et elle produit les effets que les lois intérieures des nations attachent à cette qualité.

Ainsi la solution de la question de savoir, à partir de quel moment le droit de postliminie produit ses effets, ne saurait plus être celle que lui donnaient les lois romaines. Selon ces dernières, ses effets commençaient dès la rentrée du prisonnier de guerre dans sa patrie, ou dès son arrivée chez une nation alliée, et, par exception, lors de la conclusion de la paix.[3] Tous ceux qui s'étaient livrés à l'ennemi les armes à la main, les transfuges, les individus livrés à l'ennemi par leur propre nation, ceux qui refusaient de retourner dans leur patrie, furent expressément exclus du bénéfice de postliminie. Le droit moderne exclut seulement les personnes que les lois intérieures

1) Loi 3. Cod. de postlimin.

2) V. notamment Titius, Jus privatum X, 15, § 20. 21. X, 16, § 6.

3) Loi 14 prim. Dig. de captivis. Le texte de cette loi est très-controversé.

de leur patrie ou des conventions conclues avec l'ennemi privent de la faculté de rentrer dans leurs pays ou de la jouissance des droits civils. Les autres causes d'exclusion des lois romaines ne peuvent être prises en considération que lorsqu'il s'agit de fixer le terme légal de la captivité de guerre. En ce cas le droit de postliminie subsiste, mais il se trouve temporairement suspendu. Telle sera, par exemple, la condition de prisonniers livrés par leur propre nation à l'ennemi pour lui avoir manqué de parole, ou à l'égard de ceux qui, s'étant réfugiés chez une nation neutre, ont été livrés de nouveau à l'ennemi. Notons seulement que l'extradition est un droit, mais nullement un devoir des peuples neutres.

Les lois romaines admettaient encore le droit de postliminie à l'égard d'individus qui avaient été faits prisonniers ou esclaves par une nation neutre ou non-alliée. D'un autre côté elles n'admettaient pas cette fiction à l'égard de personnes tombées au pouvoir de pirates ou de l'une des parties hostiles dans une guerre civile. Il est inutile d'examiner aujourd'hui ces diverses espèces. Le droit des gens moderne, qui ne voit dans l'état de prisonnier de guerre qu'un cas d'absence forcée, s'applique également à ces espèces, conformément aux règles du droit public interne.

DIVERSES APPLICATIONS DU DROIT DE POSTLIMINIE EN MATIÈRE CIVILE.

§ 190. En vertu du droit de postliminie, les anciens rapports, tant réels que personnels ou mixtes, sont régulièrement rétablis. Les lois romaines s'accordent là-dessus avec les lois modernes. Cependant ces dernières n'admettent pas non plus certaines exceptions du droit romain. Le droit de postliminie, quant à ses effets, procède d'ailleurs d'une double façon: Tantôt il rétablit les prisonniers dans la plénitude des droits civils dont ils avaient été privés dans l'intervalle; tantôt il fait recouvrer au propriétaire les choses dont il a été dépossédé par l'ennemi.[1]

Le prisonnier de guerre recouvre incontestablement son

[1]) Loi 19 prim. Dig. de postlimin.

premier état, en ce qui concerne ses droits politiques et personnels, à moins qu'il n'en ait été privé par un jugement rendu à la suite d'un crime ou délit commis par lui sur le territoire ennemi. La question de savoir si le prisonnier rentré dans sa patrie peut réclamer sa restitution dans les fonctions publiques dont il était chargé avant sa captivité, est du domaine du droit public interne. Les lois romaines n'admettaient pas de pareilles réclamations, à raison du traitement ou de la pension échus dans l'intervalle et autres.[1] Mais aujourd'hui des considérations d'équité, comme les textes des lois, l'ont souvent décidé autrement.

Les lois romaines exceptaient encore le mariage du bénéfice de postliminie, ou du moins elles exigeaient une espèce de restitution à cet égard.[2] Cette disposition a été abrogée, sinon par l'empereur Justinien, du moins par l'Église chrétienne: le mariage subsiste au profit du prisonnier de guerre.[3]

Le postliminie produit encore l'exercice de tous les droits réels établis sur les immeubles tant naturels que par destination. La possession seule, qui est un simple fait, étant perdue dans l'intervalle doit être recouvrée de nouveau.[4]

Selon le droit des gens moderne, les obligations résultant des conventions privées ne subissent aucune modification et subsistent dans toute leur force pendant l'état de captivité. Peu importe que le prisonnier soit créancier ou débiteur, que le mon-

[1]) Loi 1. Cod. de re militari. V. cependant Brunnemann, ad hunc titulum no. 23.

[2]) Loi 14. § 1 et loi 8. Dig. de postlimin. L'interprétation de ces lois est contestée. V. Grotius III, 8, § 9 et le commentaire de Cocceji. On a tiré des conséquences opposées de la nouvelle 22, chap. 7.

[3]) V. notamment chap. 1. § 1. C. 34. quaest. 1 et 2. Leyser, meditat. spons. 659. medit. 16.

[4]) Loi 20. § 1. Dig. de postlimin. Grotius, hoc titulo § 13. Wheaton, Intern. Law IV, 2, § 16 (édit. franç. § 17). V. aussi la disposition canonique citée plus haut, et Capitul. Franc. libr. VII. chap. 157: „Quicunque necessitate captivitatis ducti sunt, et non sua voluntate, sed hostili depraedatione ad adversarios transierunt, quaecunque in agris vel in mancipiis ante tenuerunt sive a fisco possidentur, sive aliquid ex his per principem cuicunque datum est, sine ullius contradictione personae, tempore quo redierint, vindicent ac praesumant: si tamen cum adversariis non sua voluntate fuerint sed captivitate se detentos esse probaverint.“

tant de la créance ait été recouvré par l'ennemi ou non, ainsi qu'il résulte de ce que nous avons dit ci-dessus, lors de l'examen des droits de l'un des belligérants sur les choses incorporelles appartenant à l'autre (§ 134).[1]

On excepte du droit de postliminie les choses mobilières, du moins celles qui, d'après les usages généraux ou d'après les lois intérieures, sont devenues propriété ennemie à titre de butin de guerre. Nous avons déjà expliqué ces usages au § 135 et 136 ci-dessus. Toutefois il y a des publicistes qui admettent le droit de postliminie à l'égard de toutes les choses mobilières, et ils prétendent que les lois intérieures ou les conventions publiques peuvent seules déroger à cette règle.[2] Ils soutiennent que les lois romaines, qui exceptaient en général du droit de postliminie les meubles, sauf certains objets qui composaient l'équipement militaire des troupes,[3] n'ont aucun caractère obligatoire pour les nations; qu'elles ont une autorité purement civile dans les pays où elles sont restées en vigueur jusqu'à ce jour. En effet tous les praticiens conviennent que les textes des collections justiniennes n'ont jamais été appliqués intégralement, surtout en matière internationale.[4]

Tout ce qui vient d'être dit s'applique parfaitement aussi aux droits privés des souverains et des membres des familles souveraines; par exemple aux immeubles par eux possédés à titre particulier et de fideicommis et qui ne font pas partie des domaines de l'État. Ces derniers peuvent incontestablement, à la suite d'une occupation ou d'une conquête régulière, être aliénés d'une manière valable, ainsi que nous l'avons dit au § 188 ci-dessus: les biens privés de la famille souveraine continuent à rester sa propriété.

1) H. Cocceji, dans sa Dissert. de postlim. et amnestia, et sur Grotius p. 133, examine les diverses questions qui peuvent se présenter ici.

2) Textor, Synopsis juris gent. 18, 102. Titius, à l'endroit cité chap. 10. 16. § 10 et 11. Leyser, Spec. 659. med. 1—3. Cocceji sur Grotius III, 9. 15.

3) Cicéron, Topica chap. 8: „postliminio redeunt homo, navis, mulus clitellarius, equus, equa, quae frena recipere solet.“ V. loi 2. Dig. de postlim.

4) Grotius, hoc titulo § 15. Schilter, Exercitat. ad Pandectas 50. § 11.

REPRISES OU RECOUSSES DES NAVIRES.[1]

§ 191. Le navire neutre saisi par un croiseur peut être enlevé par l'autre belligérant. Quel doit être le sort de ce bâtiment et de sa cargaison? Existe-t-il un droit de reprise au profit de l'ancien propriétaire? et quel est le droit du repreneur, ce nommé droit de recousse (jus recuperationis)? Les usages maritimes en vigueur jusqu'à ce jour ont rempli de nombreuses difficultés ces questions, dont la solution n'a pas fait un seul pas depuis la fin du siècle dernier. L'essai classique sur les armateurs, publié à cette époque par Charles de Martens, sera encore aujourd'hui consulté avec le plus grand fruit, et nous croyons devoir y renvoyer le lecteur. Les cas principaux qui peuvent se présenter ici se résument dans les propositions suivantes:

La reprise peut être opérée

1° par un bâtiment de guerre du belligérant;
2° par un corsaire;
3° par l'équipage même du navire capturé; ou enfin
4° par des autorités étrangères dans le port où le navire capturé, soit accidentellement, soit volontairement, a été conduit par le corsaire.

Le navire et la cargaison, avant d'avoir été repris sur l'ennemi, peuvent avoir appartenu, conjointement ou séparément,

1° au gouvernement ou à des sujets du territoire auquel appartient le repreneur;
2° à une puissance associée de guerre;
3° à une puissance ayant fourni des secours; ou
4° à une puissance neutre par rapport à la partie belligérante qui a opéré la recousse.

Il peut arriver en outre que le navire recous soit de nouveau enlevé au repreneur.

[1]) de Steck, Essais sur plusieurs matières no. 7 et 8. de Martens, Ueber Caper § 40 suiv. Jouffroy, Droit maritime p. 313. Pöhls, Seerecht IV, § 509—511. de Kaltenborn, Seerecht II, p. 365. Hautefeuille, Droits et obligations des neutres IV, p. 378. Wheaton, Éléments, édition franç. II, 26. Massé n. 416. Willimore III, 505. Halleck XXXV, 12.

Les questions à décider sont

1° à qui appartient la propriété du navire repri cargaison;

2° en quoi consiste le droit de recousse du repren le propriétaire?

D'abord, si le navire appartient à un ressortis même nation que le repreneur, il est évident que l térieures de cette nation sont seules applicables, que formément à leurs dispositions que doit s'opérer la du navire et de la cargaison à leurs anciens propriét lois maritimes de presque toutes les puissances ont re et leurs dispositions à cet égard, étrangères au droit int échappent à notre critique.[1]

Lorsqu'au contraire il s'agit de la recousse d'un navire appartenant à une nation autre que celle du repreneur, la décision n'appartient pas exclusivement aux tribunaux du territoire du repreneur. Elle doit être rendue conformément à des règles conventionnelles arrêtées en commun: autrement la partie lésée pourra réclamer par voies internationales. Il s'agit en effet presque toujours ici de faits qui ne tombent pas sous l'application des lois intérieures des États, c'est-à-dire, de faits accomplis sur la mer libre. Les lois intérieures ne seraient applicables que dans le cas où la recousse a été opérée dans les eaux territoriales d'une nation.

§ 192. Il est difficile de tracer des règles fixes, généralement reconnues, sur cette partie du droit international. Le point principal, qu'il ne faut jamais perdre de vue, est la question de savoir si le navire, au moment de la recousse, était déjà la propriété du corsaire ou du gouvernement intéressé ou non? Les lois romaines appliquaient le droit de postliminie, sinon à tous les navires, du moins à certaines espèces d'entre eux, sans avoir égard à l'espace de temps, pendant lequel ils étaient restés entre les mains de l'ennemi. Mais ces dispositions ne sont nullement aujourd'hui une règle commune du droit

[1]) V. l'aperçu dans l'ouvrage de Martens § 60 suiv. Sur la jurisprudence anglaise v. Wildman II, p. 276; sur la jurisprudence française de Pistoye et Duverdy II, p. 104; Wheaton II, p. 33 suiv.

international. On ne saurait non plus invoquer aujourd'hui les dispositions du Consulat de la Mer, lesquelles d'ailleurs ne s'occupent que de la recousse d'un navire repris sur l'ennemi par le belligérant.[1] Les clauses éparses relatives au droit de recousse qu'on rencontre dans plusieurs conventions publiques, ne suffisent pas pour former un corps de doctrine complet.[2] La jurisprudence des diverses puissances maritimes est loin d'être fixée: elle se guide ordinairement par des convenances politiques plutôt que par des principes juridiques.[3]

Les publicistes dont l'autorité est souvent invoquée dans les décisions des tribunaux des prises, partent généralement du point de vue suivant: Les belligérants acquièrent le domaine des navires ennemis ou neutres et de leurs cargaisons, dès qu'ils ont été saisis par suite de contraventions aux lois de la neutralité. Mais ils sont loin d'être d'accord entre eux, lorsqu'il s'agit de déterminer si le seul fait de la saisie, ou du moins une possession de vingt-quatre heures, suffit, ou bien si le navire saisi doit être conduit „inter praesidia," ou si enfin il faut un jugement de condamnation régulièrement prononcé par un tribunal des prises? Nous avons déjà vu que les principes, d'après lesquels il est statué sur la légitimité ou l'illégitimité d'une prise, sont aussi contestés sous bien des rapports.

Ainsi on cherche vainement dans cette matière une règle commune. Néanmoins la vérité a été proclamée ici, timidement d'abord, car elle heurte les opinions reçues, par Linguet[4] et Jouffroy,[5] et en dernier lieu par de Martens.[6] En voici les conclusions:

1) Cons. de la Mer art. 287. V. de Martens § 56.

2) Ces traités sont cités par de Martens §. 61. 63. 65. 67. 69. 71 suiv. Le traité de février 1814 entre l'Espagne et l'Angleterre, dans les Nouveaux Supplém. II, 640. Sur les questions de savoir si les clauses: „traitement des nations les plus favorisées, ou: semblable à celui des propres sujets" confère également un privilége en matière de recousse. V. Martens § 57 et 58.

3) La jurisprudence française s'est prononcée récemment en faveur du relâchement d'un navire neutre qui a été recous. Sirey, Recueil I, 2, 201.

4) Annales, t. VI, p. 104. 5) Pag. 332 suiv. 6) Loc. cit. § 45.

„Les lois de la guerre n'accordent d'une manière absolue à aucun belligérant un droit de propriété soit sur les navires soit sur les cargaisons capturés, sans distinguer s'ils appartiennent à l'ennemi ou à une puissance neutre. Le domaine subsiste tout entier au profit du propriétaire originaire. Ce droit, la recousse ne saurait le lui enlever, mais elle lui impose seulement l'obligation d'une indemnité due au repreneur, lors de la restitution des biens recous. Les belligérants peuvent sans doute stipuler librement dans le traité de paix définitif que toute recousse des navires et des cargaisons capturés, faite postérieurement au traité, serait considérée comme non valable. Mais les puissances neutres et auxiliaires n'en conservent pas moins le droit de réclamer la restitution des biens qui leur ont éte enlevés, partout où ces biens se trouvent.“

En présence de ces règles si nettes, la controverse n'est pas possible et elle doit se taire. Leur adoption contribuerait surtout à faire tomber le système de spoliation qui jusqu'à présent a prévalu dans les guerres maritimes. Il ne faut pas qu'une prise s'effectue avec un caractère irrévocable, exclusif de toute restitution ultérieure lors de la conclusion de la paix même, du moins à l'égard des nations neutres. Le temps viendra aussi où ce principe à son tour deviendra une vérité, malgré les prédictions sinistres de William Scott et des juges qui lui ressemblent. Pour eux toute demande de restitution des biens conquis pendant la guerre aux propriétaires légitimes, est taxée de pure chimère d'une époque antédiluvienne.[1]

1) V. de Martens, Erzählungen I, p. 292.

LIVRE TROISIÈME.

DES FORMES DU COMMERCE INTERNATIONAL

OU

DE LA PRATIQUE DES ÉTATS DANS LEURS RELATIONS RÉCIPROQUES

EN TEMPS DE PAIX ET EN TEMPS DE GUERRE.

INTRODUCTION.

§ 193. La mission du droit international, ainsi que nous l'avons expliqué au commencement, est de rapprocher les peuples et de faciliter leurs relations réciproques. Les lois intérieures des divers États règlent les conditions du commerce international des particuliers dans un but exclusivement privé. A l'égard des relations essentiellement libres d'État à État, des souverains et de leurs représentants, soit pendant la paix, soit en temps de guerre, il existe un certain nombre de formes dont l'ensemble compose d'une part le cérémonial public, et d'autre part le droit diplomatique. Les règles relatives à ce dernier sont également connues dans la pratique française sous le nom de „protocole diplomatique“ (§ 201 ci-après). Nous allons nous occuper de ces deux branches importantes du droit public.

Chapitre Ier.

RÈGLES GÉNÉRALES DU CÉRÉMONIAL DANS LES RELATIONS RÉCIPROQUES DES NATIONS ET DES SOUVERAINS.

§ 194. Le droit au respect que les États se doivent mutuellement, impose incontestablement aux souverains l'obligation de s'abstenir, dans leurs relations personnelles et dans leur correspondance, de toutes les formes blessantes au point de vue général de la morale, ainsi qu'il a été expliqué au § 32. Mais il ne prescrit nullement certaines formes positives. L'inégalité de rang qui s'est établie entre les États souverains, et le sentiment de leur dignité individuelle d'une part, l'esprit de la chevalerie occidentale et les usages des Cours d'autre part, ont introduit des formes dont l'ensemble constitue le cérémonial public. Il embrasse une foule de ces graves riens (selon l'expression d'un spirituel écrivain, M. de Flassan), dont l'oubli ou l'inobservation sont regardés comme un outrage public. C'est à cause de ce caractère en quelque sorte obligatoire, que la science politique ne doit pas le négliger entièrement.[1]

Le cérémonial s'applique:

1° aux relations directes des souverains et des membres des familles souveraines, soit dans leurs rencontres personnelles, soit dans leur correspondance;

2° au commerce diplomatique, verbal ou par écrit;

3° à la correspondance entre les autorités de divers États;

4° au salut des navires sur mer.

[1]) Les ouvrages relatifs à cette matière en général peu juridique sont indiqués par d'Ompteda § 207 et 208 et de Kamptz § 138. Les plus importants, quoique vieillis sur plusieurs points, sont les suivants:

Il Ceremoniale historico e politico di Gregorico Leti. 6 vol. Amstel. 1685. 12.

F. G. de Winterfeld, Teutsche und Ceremonial Politica. 3 vol. Frankf. und Leipzig 1700. 1762. 8.

G. Stievens, Europäisches Hofceremonial. Leipzig 1714. tome II 1723.

J. C. Lünig, Theatrum ceremoniale historico-politicum. Leipzig 1716. tome II 1719. 1720.

J. B. de Rohr, Einleitung zur Ceremonialwissenschaft. Berlin 1730. tome II 1735.

G. Chr. Gebauer, Programma de ceremon. natura atque jure. Goetting. 1737.

Rousset, Cérémonial diplomatique des Cours de l'Europe. Amsterd. et à la Haye 1739. fol.

J. J. Moser, Versuch des neuesten Europ. Völkerrechts. Tome II.

Dans ces divers ouvrages cependant on trouve pêle-mêle tout ce qui est relatif au cérémonial public, au cérémonial de Cour et à l'étiquette, sans qu'il soit possible d'y distinguer nettement ce qui constitue les lois du cérémonial. Pour les usages modernes comparez Halleck, V, § 16 et suivants.

En conséquence on peut distinguer entre le cérémonial de terre et le cérémonial maritime international, ou encore, d'une manière plus exacte, entre:

1° le cérémonial purement personnel, en cas de rencontre personnelle;

2° le cérémonial par écrit et spécialement celui de chancellerie; et enfin

3° le cérémonial maritime.

Tout repose ici sur des usages arbitraires. Le cérémonial véritablement international, dont on est en droit d'exiger la stricte exécution, n'existe qu'à l'égard des usages établis soit par des traités, soit par des traditions constantes, dont l'inobservation, selon l'opinion commune des peuples, est regardée comme une insulte.

Il existe en outre, en dehors du droit international:

le cérémonial particulier des Cours,[1] réglé par chaque souverain selon ses convenances, pourvu qu'il ne contienne aucune violation du cérémouial public ci-dessus indiqué à l'égard d'autres nations;

ensuite:

l'étiquette des États ou les égards que les gouvernements et leurs chefs s'accordent réciproquement par complaisance, par courtoisie ou par amitié, comme, par exemple, la notification d'événements heureux ou tristes, les compliments de félicitation ou de condoléance, les compliments présentés aux princes étrangers ou aux membres de familles souveraines à leur passage, le deuil, l'usage de s'envoyer des présents et des décorations.

Comme les souverains s'accordent généralement ces politesses dans leurs rapports réciproques, un oubli à cet égard serait de nature à froisser l'intimité de ces relations. Mais à moins qu'il ne survienne d'autres circonstances graves, on ne saurait y voir une insulte. Un manque de politesse autorise certainement la rétorsion, mais il ne donne aucunement lieu à

[1]) V. Fr. C. de Moser, Hofrecht. 1754. J. J. Moser, Versuche I, chap. 6, p. 331.

une demande en réparation, qu'il faudra au contraire admettre en cas de violation d'une des règles strictes du cérémonial.

Nous allons examiner à présent d'abord les règles traditionnelles du cérémonial en dehors du commerce diplomatique, qui fera l'objet des chapitres suivants.

DROIT DE PRÉSÉANCE.

§ 195. Toutes les fois que les représentants des diverses puissances se rencontrent personnellement, il devient nécessaire de déterminer les places qu'ils doivent occuper respectivement. C'est ce qu'on entend par le droit de préséance. C'est la personne, il est vrai, qui devrait donner de l'importance à la place par elle occupée, et non pas la recevoir de celle-ci; cependant, comme les usages ont établi entre les divers États certaines distinctions de rang, en même temps qu'ils ont donné aux places une certaine importance, la puissance d'un rang plus élevé peut incontestablement réclamer à son profit la préséance sur celles d'un rang inférieur. Les souverains au contraire ou leurs représentants qui jouissent d'un rang égal, sont en droit d'exiger que les places soient distribuées entre eux de manière à ce qu'il n'en résulte aucune reconnaissance d'infériorité des uns vis-à-vis des autres.

La place d'honneur ou la première, qui est due à la personne du rang le plus élevé, varie naturellement selon qu'il s'agit d'être assis ou d'être debout, dans l'ordre linéal (c'est-à-dire, lorsque plusieurs personnes marchent à la suite l'une de l'autre) comme dans l'ordre latéral (in latere, lorsque plusieurs personnes se trouvent placées l'une à côté de l'autre).[1]

Pour les actes publics, l'usage a établi également un certain ordre dans les places d'honneur. Dans le préambule et dans le corps de l'acte, celui qui est nommé le premier a la première place, celui qui le suit immédiatement a la seconde, et ainsi de suite. Les signatures sont ordinairement rangées sur deux colonnes: dans celle à droite (dans le sens du blason),

1) V. Lünig ou Moser, Hofrecht; et en résumé Klüber, Droits des gens § 101—103; de Martens, Manuel diplomatique § 39 et son Guide diplomatique.

la place supérieure est la première: la même place dans la colonne à gauche, vis-à-vis de la première, est la seconde; la place inférieure de la colonne droite est la troisième, et ainsi de suite.

Lorsque les puissances intéressées sont d'un rang égal, ou qu'il y a contestation à cet égard, il faut recourir à certains expédients. Tels sont:

l'arrangement par lequel on convient de se dispenser de l'observation de toutes les formalités;

l'alternat;[1]

le recours au sort;

des reversales, ou une déclaration par laquelle un souverain fait connaître que par tel acte émané de lui, il n'entend pas porter préjudice à ses droits pour l'avenir;

enfin une déclaration réciproque par laquelle les parties conviennent qu'un acte passé entre elles ne doit pas tirer à conséquence pour l'avenir.

Un souverain qui vient rendre visite à une Cour étrangère, y est traité avec les plus grands égards. Il est d'usage d'accorder au prince étranger, même d'un rang égal, la préséance et la main d'honneur. Louis XVIII évita pourtant de se soumettre à cet usage, lorsqu'il traita chez lui les souverains alliés.[2]

Dans les traités ou conventions passés entre des puissances d'un rang égal, on observe ordinairement l'alternat, c'est-à-dire, chacune d'entre elles occupe, tant dans l'introduction que par rapport aux signatures, la première place dans l'exemplaire qui lui est destiné. Ce mode a été suivi dans les ratifications de l'acte final de Vienne.[3] Il arrive aussi que chacune des parties contractantes délivre à l'autre une expédition du traité, mais

¹) Klüber § 104. Phillimore II, 49. Halleck V, 14.

²) de Chateaubriand, Congrès de Vérone. tome II, p. 345 (édit. de Leipzig).

³) V. Protocole du Congrès de Vienne du 19 mars 1815 art. VII (§ 208 ci-après). Les tentatives de régulations ultérieures à ce sujet ont échoué contre l'indifférence de la Grande-Bretagne et par suite de la révolution de juillet. On voulait nommément que les cours grand-ducales ne fussent pas comprises dans l'alternat.

qui alors n'est signée que par elle seule.[1] Quelquefois aussi on a recours au sort ou à l'un des autres modes ci-dessus indiqués.

DE LA COURTOISIE.

§ 196. Tous les souverains, ainsi que les membres des familles souveraines, ont le droit de prétendre à une certaine courtoisie, c'est-à-dire, à ce que, dans leurs relations réciproques, verbales ou par écrit, certains titres leur soient accordés. On emploie à cet effet les titres indiqués déjà au § 53, al. IV et 55 ci-dessus, auxquels, dans les allocutions du moins, il n'est pas permis d'en substituer d'autres d'un rang inférieur.

Il est en outre d'usage que les têtes couronnées adoptent le titre de *frères* ou de *soeurs* dans leur correspondance réciproque, ainsi que dans celle avec les princes qui ont droit aux honneurs royaux. Les épouses des souverains jouissent des mêmes prérogatives.[2]

Un style différent est établi entre le Pape et les souverains catholiques. Ces derniers, auxquels se conforment aussi les princes protestants par déférence, donnent au Pape le titre de *très-saint Père* ou de *Sainteté,* et reçoivent de lui celui de *fils très-aimé* (carissime in Christo fili, dilectissime fili).

Les têtes couronnées seules peuvent exiger que, dans les allocutions, on emploie à leur égard le terme de *Sire.*[3]

Les autres honneurs et distinctions qui forment la courtoisie des États, reposent sur des usages d'amitié et de parenté, ou font partie du style de chancellerie. Sous ce dernier rapport, nous y reviendrons au chapitre II ci-après.

CÉRÉMONIAL MARITIME.[4]

§ 197. Le cérémonial maritime international est d'une nature particulière. On l'observe dans les cas suivants:

1) Moser, Versuche VIII, p. 276. 277.
2) Moser, Opusc. academ. p. 413.
3) Sur l'origine de ce terme v. Lünig, Theatrum ceremoniale p. 20. 88.
4) V. Bynkershoek, Quaest. juris publici II, § 21. de Réal V, p. 993. J. J. Moser, Vermischte Abhandlungen aus dem Völkerrecht II, no. 6.

1° lorsqu'un navire passe sous le canon d'une forteresse ou d'une place maritime étrangère, ou lors de son entrée dans une rade ou dans un port étrangers;

2° dans des occasions solennelles, lors du séjour d'un navire en port étranger;

3° lors de la rencontre de deux navires en pleine mer.

Le cérémonial maritime consiste dans certaines pratiques, notamment dans l'échange du salut des navires. On distingue différentes manières de faire ce salut.

1° Le salut de pavillon plié, usité autrefois même entre les navires de guerre. Ce salut est de la plus grande humilité et même avilissant, si l'on amène le pavillon tout bas. Aussi les nations ne se soumettent-elles plus à cette dernière manière de saluer.

2° Le salut du canon tiré à un certain nombre, ordinairement inégal, de coups. Le nombre le plus considérable est en général de 21 coups. Cependant les coutumes des divers États le dépassent souvent.

Dans des circonstances solennelles on tire à boulet.

3° En arborant et en faisant flotter le pavillon.

4° En amenant les voiles hautes, en amenant ou ferlant le pavillon ou le mât de perroquet.

5° Le salut d'une ou de trois salves de mousqueterie, joint à celui du canon.

6° L'arrêt du navire rencontré et l'envoi à bord d'un ou de plusieurs officiers de l'autre navire. Enfin:

7° Le salut de la voix, répété à plusieurs reprises et en nombre inégal.

Relativement à l'observation de ces diverses manières de salut, nous ne pouvons, en dehors des prétentions particulières

Le même, Versuche II, p. 481 et Beiträge II, p. 441. Fr. Charles de Moser, Kleine Schriften IX, p. 287; X, p. 218; XII, p. 1 suiv. Bouchaud, Théorie des traités de commerce p. 41. de Cancrin, Abhandl. I, § 80. Pestel, Selecta capita juris gentium maritimi § 7. Encyclopédie méthodique. Marine, t. II. m. Honneurs; t. III. m. Saluer. Klüber, Droit des gens § 117 suiv. de Martens, Europ. Völkerrecht § 154 suiv. Surtout Ortolan I, 349. Riquelme p. 254. Phillimore II, 39. de Cussy, Droit maritime I, 2, § 61.

de certaines nations et des conventions conclues à cet égard, admettre, comme règles générales du droit international, que les suivantes:

I. Chaque puissance a la faculté de régler sur son territoire maritime ou dans ses propres eaux la manière de salut des navires, pourvu qu'elle ne contienne rien de blessant pour la dignité des autres puissances.[1] Tel serait, par exemple, l'ordre donné à des navires étrangers d'amener tout bas leur pavillon lors de leur entrée dans un port.[2] — Sous ce rapport il est ordinairement d'usage que les navires de guerre étrangers, lors de leur passage devant une forteresse ou une place maritime, ou lors de leur entrée dans un port, saluent par des coups de canon. On leur rend le salut par le même nombre de coups. Il en est de même à l'égard du salut des navires de guerre entre eux.[3] — Les bâtiments de commerce sont obligés quelquefois d'abaisser la voile de hune.

II. En pleine mer et dans le territoire maritime d'une tierce puissance il n'y a aucune obligation générale de se saluer pour les bâtiments qui se rencontrent.[4] Dans les mers territoriales seulement la puissance dominante peut exiger le premier salut des navires qui les traversent. Ce droit ne saurait lui être contesté dès que le domaine de ces mers n'est pas disputé. Mais en aucun cas une puissance n'est tenue d'accorder davantage à une autre. Les prétentions de l'Angleterre sur ce qu'elle s'est habituée à appeler „Narrow Seas“ ont, à toutes les époques,

[1]) Les lois maritimes des principales puissances contiennent de pareilles dispositions. V. surtout pour l'Angleterre Laws of the admirality, t. II, p. 303, (Phillimore II, § 36. 37 suiv.); pour la France les Ordonnances du 31 octobre 1827 et du 1er juillet 1831 (Nouveau Recueil par de Martens et Murhard X, p. 380. 381) et le décret du 15 août 1851; pour l'Espagne Abreu, Colleccion Phil. IV, P. VII, p. 642. Carol. II, P. I, p. 549; pour l'Amérique du Nord, Halleck V, 27.

[2]) Encyclopédie, Marine t. II, p. 389. Ortolan I, p. 370.

[3]) Moser, Kleine Schriften IX, p. 297. de Martens, Völkerr. § 155. Les navires d'un rang plus élevé répondent quelquefois par un nombre moindre de coups. Ortolan p. 371.

[4]) de Martens § 155. Encore de nos jours les vaisseaux amiraux demandent un premier salut. Ortolan p. 371.

donné lieu à d'ardentes contestations et à de nombreux actes de violence. Les Pays-Bas notamment ont dû souscrire à ces prétentions dans les années 1667, 1674 et 1783.[1]

III. Comme simples actes de courtoisie, non pas comme des actes obligatoires, il faut considérer les cas suivants:

1° Lorsqu'un navire de guerre rencontre l'escadre d'une puissance étrangère, il salue le premier par des coups de canon. Il en est de même lorsque des bâtiments isolés viennent se rallier à une escadre étrangère.

2° Une escadre auxiliaire salue la première l'escadre principale.

3° Si deux navires de guerre se rencontrent, celui qui est d'un rang inférieur, salue le premier. S'ils sont du même rang, celui qui marche sous le vent doit saluer le premier. Le navire portant le pavillon d'amiral reçoit toujours le premier salut.

4° Les corsaires saluent les premiers les navires de guerre, et ne peuvent pas exiger que le salut leur soit rendu.

5° Les bâtiments de commerce saluent les premiers des navires de guerre, en amenant les voiles et le pavillon, quelquefois aussi à coups de canon. Cependant s'ils marchent à pleines voiles, ils peuvent se dispenser de l'une ou de l'autre de ces formalités.[2]

Il est d'usage de saluer le premier, même du canon du fort et des places, un bâtiment portant un souverain, un prince de rang royal ou un ambassadeur étranger.

Il serait à désirer que les nations pussent enfin se mettre d'accord sur la suppression du salut des navires qui se rencontrent en pleine mer. Déjà des conventions ont été conclues en ce sens entre plusieurs nations.[3] Ce qui certainement ne saurait jamais se justifier, c'est qu'en pleine paix on ne reculait pas devant l'emploi de la force pour obtenir le salut, et que

[1]) V. Nau, Völkerseerecht § 139. Ortolan p. 351. Aujourd'hui l'Angleterre paraît avoir renoncé à ces prétentions. Tellegen p. 43. Halleck V, 18.

[2]) Moser, Versuche II, p. 482. Nau § 142.

[3]) Moser, Kleine Schriften XII, p. 22. Klüber, Droit des gens § 121. Nau § 143. Ortolan p. 366 suiv.

certaines puissances exigeaient envers leurs vaisseaux, de la part des vaisseaux étrangers, des actes de soumission et de respect qui compromettent la dignité des nations. Lors même que la formalité du salut résulterait d'un traité antérieur, une simple plainte, en cas d'omission, devrait suffire, sauf à en exiger ultérieurement le redressement par voie diplomatique.[1]

Chapitre II.

DU COMMERCE DIPLOMATIQUE DES ÉTATS.

§ 198. Il résulte de la nature des choses que les affaires extérieures des États doivent être dirigées exclusivement par les souverains et par leurs ministres responsables, selon la constitution particulière des divers États, soit envers le chef seul du gouvernement, soit aussi envers les mandataires de la nation. Cette partie de la science politique a été de tout temps traitée avec des soins tout particuliers. En effet, si elle ne détermine pas seule les destinées des nations, elle leur imprime du moins un caractère formel ou, pour ainsi dire, légal. Le langage moderne de l'Europe désigne par le mot *diplomatique* tout ce qui y est relatif ou en dépend d'une manière essentielle. Il entend par là soit les actes authentiques qui forment les bases des intérêts des États, soit les modes solennels et sans doute indispensables des négociations et de leurs résultats. On applique aussi quelquefois ce mot-là d'une manière à peu-près ridicule à des convenances très accidentelles pour l'art diplomatique. L'espèce d'auréole dont la diplomatie aimait à s'entourer autrefois, a engagé plus d'un publiciste à traiter avec une certaine coquetterie, avec une certaine dévotion, principalement ses formes extérieures. Nous prétendons retracer seulement dans les pages suivantes les règles générales et essentielles du com-

[1]) De nombreux exemples d'actes de violence commis par les puissances les plus fortes, sont racontés par Moser, Beiträge II, p. 445.

merce diplomatique. A cet effet nous traiterons simplement, dans notre manière habituelle, d'abord des divers agents diplomatiques; ensuite de l'art diplomatique, et enfin des formes des négociations. La diplomatie de nos jours ne marche plus d'un pas aussi affecté et aussi guindé que celle d'autrefois. Elle a pris des allures plus simples, et si ses ressorts ne se meuvent pas, comme dans le monde ancien, au grand jour de la publicité, ils sont pourtant plus reconnaissables et plus faciles à pénétrer.

SECTION I.
DES AGENTS DU COMMERCE DIPLOMATIQUE.[1]

ORIGINE ET PRINCIPE NATUREL.

§ 199. Les peuples du monde ancien déjà entretenaient entre eux des relations diplomatiques, sinon permanentes, du moins transitoires. Ils traitaient ensemble par leurs hommes d'États et leurs orateurs (*πρέσβεις*, legati, oratores) sur leurs intérêts réciproques, à mesure que ces intérêts surgissaient occasionnellement.

[1]) Parmi les ouvrages innombrables relatifs à cette matière nous citons: Alberici Gentilis, De legationibus libri III. Londin. 1583. 1585. Hannov. 1594 (ou 1596). 1607. 1612. Abr. de Wicquefort, L'ambassadeur et ses fonctions. A la Haye 1680. 1681. (Compilation de peu de valeur). J. G. Uhlich, Les droits des Ambassadeurs et des autres Ministres publics les plus éminents. A Leipzig 1731. J. Baron de Pacassi, Einleitung in die sämmtlichen Gesandtschaftsrechte. Wien 1777. Fr. Xav. de Moshamm, Europäisches Gesandtschaftsrecht. Landshut 1805. Merlin, Répertoire univ. de la jurisprud. m. Ministre public. Vattel liv. IV. chap. 5. J. J. Moser, Versuche t. 3 et Beiträge zu dem neuesten Europäischen Völkerrecht t. 3. Klüber, Droit des gens § 166. Schmelzing, Völkerrecht II, p. 90 suiv. Charles Bar. de Martens, Manuel diplomatique. Leipz. et Paris 1822. Le même, Guide diplomatique. Paris et Leipz. 1832. de Hofmann, Guide diplomatique. Bruxelles 1838; 4e édit. publiée par l'Auteur et de Wegmann 1851; le même, Traité complet de diplomatie par un ancien Ministre. Paris 1833. 3 vol. (V. la critique dans la Revue anglaise Foreign Quarterly Review, février 1834). A. Mirus, Das Europäische Gesandtschaftsrecht. 2 cahiers. Leipzig 1847. E. C. Grenville Murray, Droits et devoirs des envoyés diplomatiques. Londres 1853. Sur l'ancienne littérature v. Struv, Bibliotheca juris nat. et gent. C. H. de Römer, Handbuch für Gesandte. I. Leipzig 1791. d'Ompteda II, p. 534 suiv. de Kamptz, Neue Liter. § 200.

La diplomatie d'alors était un art accessible à tout le monde.[1] Les papes commençaient de bonne heure à entretenir auprès des princes des races franques, des missions permanentes connues sous le nom de *apocrisarii* ou *responsales*.[2] Le système moderne d'ambassades permanentes s'est développé dans les diverses cours de l'Europe depuis le xve siècle, simultanément cette politique secrète que nous avons essayé d'esquisser dans notre introduction (page 11 ci-dessus) et avec le système des armées permanentes. Il avait pour but autant une surveillance réciproque que le maintien d'une bonne entente constante et une prompte expédition des intérêts réciproques des nations.[3] C'est ainsi que les „Corps diplomatiques" accrédités auprès des Cours ont pris naissance. Ce terme lui-même, à ce qu'il paraît, a été inventé en 1754 par une dame de la cour de Vienne.[4]

Aujourd'hui la puissance qui prétendrait rompre ou repousser ses relations diplomatiques avec les autres États, se retirerait par là même du système politique de l'Europe.

DROIT D'ENVOYER OU DE RECEVOIR DES AGENTS DIPLOMATIQUES.

§ 200. Tout souverain a le droit incontesté d'envoyer, pour les affaires d'État, des ministres publics aux autres puissances. Lui seul peut leur conférer le caractère officiel. Aucun sujet, quelque considérables que soient d'ailleurs son importance et ses prérogatives, ne jouit d'un droit analogue.

On ne saurait au contraire refuser ce droit:

1° aux souverains soumis à un vasselage ou à une protection étrangère;

2° aux États mi-souverains, dans les limites du moins que leur constitution politique les y autorise.[5]

1) L'histoire de l'ancienne diplomatie est racontée par Weiske, dans ses Considérations sur les Ambassadeurs des Romains comparés avec les modernes. Zwickau 1834.

2) V. à ce sujet la Nouvelle de Justinien. 123, chap. 25.

3) Ward, Enquiry II, p. 483.

4) V. la lettre du Ministre prussien de Fürst à Frédéric II dans Vehse, Geschichte des österreichischen Hofes VIII, p. 113.

5) V. surtout Merlin sect. II. § 1. Schmelzing § 274.

A cette catégorie appartiennent, par exemple, aussi les divers cantons suisses, en ce qui concerne les rapports qui ne sont pas de la compétence exclusive du pouvoir central de la Confédération.[1]

Enfin:

3° à l'usurpateur avec lequel on veut entretenir ou coutinuer des relations diplomatiques; mais d'un autre côté aussi il appartient au souverain détrôné dont la restauration est regardée comme possible, pourvu que les relations établies avec l'usurpateur ne s'y opposent pas.

Des autorités non-souveraines n'ont pas le droit d'envoyer des ministres publics, à moins qu'il ne leur soit concédé expressément, ainsi que cela a eu lieu quelquefois au profit de vice-rois et de gouverneurs de provinces.

Les mêmes règles s'appliquent aussi en général au droit de recevoir des ministres publics, avec tous les effets qu'y rattachent les lois internationales. Car considéré en lui-même, on ne saurait naturellement le refuser à des particuliers. Rien ne les empêche de recevoir d'un souverain étranger des agents diplomatiques. Par quels motifs serait-il défendu à une tête couronnée d'envoyer un représentant auprès d'une maison princière non-souveraine, par exemple, dans une affaire matrimoniale ou dans d'autres affaires purement personnelles? Néanmoins tout État souverain a le pouvoir de déterminer les conditions auxquelles il consent à recevoir des ministres publics, et les droits et les prérogatives qui se rattachent à l'exercice de leurs fonctions.[2]

[1]) V. Constitution de la Confédération helvétique du 12 septembre 1848 art. 8 et 9. Autrefois il existait aussi des villes et des corps politiques soumis à une puissance suzeraine, qui néanmoins, dans des affaires de guerre, de commerce et autres, avaient le droit d'envoyer des ambassadeurs. Vattel cite à ce sujet les villes de Neufchâtel et de Bienne comme jouissant du droit de bannière (jus armorum) et par suite de celui d'envoyer des ministres publics.

[2]) Un intéressant document sur le droit d'envoyer ou de recevoir des ministres publics, ce sont les prétendues lois de Charles V. relatives aux ambassadeurs, qui se trouvent dans de Réal t. V. p. 140 suiv. et dans Rousset, Cérémonial diplom. t. II, p. 481. V. aussi de Martens, Erzäh-

Il n'existe aucune obligation pour un État souverain de recevoir des ministres publics des autres puissances. C'est une pure question de convenances. Cependant le souverain qui refuse sans motifs de recevoir un ministre étranger, s'expose à la rétorsion. Au surplus l'esprit d'humanité s'oppose à ce qu'une puissance repousse en pleine paix les communications officielles d'une autre, sans les entendre.[1] Il arrive quelquefois qu'un gouvernement refuse de recevoir en qualité de ministre tel ou tel individu ou un de ses propres sujets.[2] De même il peut refuser de recevoir des ministres dont les pouvoirs sont incompatibles avec les lois et la constitution de l'État. Ainsi aucun gouvernement n'est tenu de recevoir des légats ou des nonces du pape, porteurs des pouvoirs qui leur sont conférés expressément ou tacitement par les lois ecclésiastiques, et dont l'exercice donnerait lieu à des collisions avec l'autorité souveraine de l'État en matière religieuse. En pareil cas, ainsi que cela se pratique en France, un gouvernement peut exiger que les pouvoirs du ministre ecclésiastique soient nettement définis et réduits à des limites raisonnables.[3]

CLASSIFICATION DES AGENTS DU COMMERCE DIPLOMATIQUE.

§ 201. En dehors de la part active que les souverains eux-mêmes prennent à la direction générale des relations extérieures de leurs États, il existe un certain nombre d'agents qui en sont chargés d'une manière spéciale. Ce sont:

I. Le ministre des affaires étrangères.

Nous insistons notamment sur l'organisation du Ministère des affaires étrangères en France, par ordonnance du 13 août 1844, avec son bureau de protocole qui expédie les traités, les

lungen t. I, p. 371. Malgré leur contenu assez exact, elles ne nous paraissent pas appartenir à l'époque de Charles V, et jusqu'à nouvelle preuve nous les regardons comme apocryphes. Nous indiquerons plus loin un document analogue relatif aux immunités des ambassadeurs.

1) Vattel IV, chap. 65. 66. Merlin, à l'endroit cité, sect. II, § 3.

2) J. J. Moser, Versuche t. III, p. 89. Beiträge t. III, p. 90. Bielfeld, Institut. II, p. 178. Merlin sect. III, no. 3. Klüber, Droit des gens. § 176. 187.

3) Mirus § 94 suiv. Merlin, Répert. univ. mot: Ministre public, sect. V. § 7.

concessions, brevets, provisions, exequatur; qui instruit pour le ministre les questions relatives au cérémonial et au protocole, aux priviléges, immunités et franchises des ambassadeurs et ministres étrangers.[1]

II. Les agents et les mandataires envoyés par un souverain en pays étranger, pour y traiter des affaires politiques, ou bien pour y entamer des négociations proprement dites.

Ces derniers sont chargés tantôt de missions ou de fonctions diplomatiques permanentes auprès des puissances étrangères, tantôt seulement de certaines missions passagères. A cet effet on distingue les catégories suivantes:

1° les ministres publics (legati publice missi), revêtus d'un caractère public et officiel, et envoyés par un souverain en pays étranger, pour y traiter des affaires politiques ou bien pour y entamer des négociations proprement dites;

2° les agents, chargés de missions analogues, mais sans caractère public et officiel;

3° les commissaires délégués pour régler certaines affaires particulières, telles qu'une délimitation de frontières, l'arrangement d'un différend litigieux, l'exécution de quelque article d'un traité ou d'une convention. Ils ne communiquent pas directement avec le souverain étranger ni avec ses ministres;

4° les consuls chargés de veiller aux intérêts du commerce (§ 244 suiv.).

Ces divers agents sont nommés définitivement ou provisoirement (ad interim), pour un temps fixe ou indéterminé.

On distingue en outre le personnel auxiliaire, les secrétaires et les autres membres de bureau, les courriers d'ambassade etc.

CONDITION LÉGALE DES PERSONNES DIPLOMATIQUES EN GÉNÉRAL.

§ 202. Toutes les personnes qui appartiennent à l'une des catégories ci-dessus indiquées, doivent être considérées d'abord comme fonctionnaires de l'État qu'elles représentent: elles jouissent

[1]) Journal des Débats du 20 septembre 1844.

en conséquence des droits et des prérogatives, en même temps qu'elles sont soumises aux devoirs qui découlent de cette qualité. Ensuite elles se trouvent dans des rapports internationaux soit avec l'État auprès duquel elles sont envoyées, soit quelquefois aussi vis-à-vis de tierces puissances, avec lesquelles leur mission les met nécessairement ou accidentellement en contact. Nous n'avons à nous occuper ici que de leur caractère international, d'abord en général, et puis pour les diverses catégories en particulier. Lorsque l'agent diplomatique envoyé auprès d'un gouvernement étranger est sujet de ce dernier, son caractère public et international est d'une nature mixte. Car en pareil cas le consentement du gouvernement étranger est indispensable, et ce consentement peut être conditionnel et limité. Il implique une suspension forcée des rapports de sujétion pendant toute la durée de la mission, du moins dans toutes les circonstances où ils seraient incompatibles avec l'exercice des fonctions diplomatiques.

Les usages de plusieurs Cours, et notamment de la Cour de France, se sont prononcés contre ces rapports mixtes de leurs sujets. C'est surtout depuis le règne de Louis XVI que les gouvernements en France ont maintenu rigoureusement le principe de ne jamais recevoir d'aucune puissance étrangère un de leurs propres sujets en qualité de ministre public. Les lois de Suède s'expliquent également à cet égard avec beaucoup d'énergie. Par un motif analogue la Diète germanique refuse d'admettre dans son sein des bourgeois de la ville libre de Francfort comme représentants de souverains allemands, excepté les délégués de cette ville même.[1]

DES PRÉROGATIVES DONT JOUISSENT EN GÉNÉRAL LES AGENTS DIPLOMATIQUES.[2]

§ 203. L'établissement de relations diplomatiques entre les divers États implique nécessairement de leur part une conces-

[1]) V. la convention de 1816 dans Klüber, Staatsarchiv II. — Merlin, à l'endroit cité, p. 250. — Codex Legum Suec. de criminibus § 7.

[2]) On trouve une bonne critique des doctrines et des usages relatifs à cette matière, dans la dissertation de Evertsen de Jonge, intitulée:

sion importante. C'est qu'ils consentent à accorder à leurs agents diplomatiques respectifs la sûreté et la liberté sans lesquelles ces derniers ne pourraient remplir leurs fonctions d'une manière convenable, honorable et régulière, et qui constituent leur *caractère représentatif.*[1] Les droits fondamentaux qui résultent du caractère public des ministres étrangers, sont *l'inviolabilité personnelle* et *l'exterritorialité* ou l'exemption de toute juridiction civile de l'État dans lequel ils résident, autant du moins que celle-ci pourrait les gêner dans l'exercice de leurs fonctions. Ils jouissent en outre de certaines prérogatives et de certains droits honorifiques d'une nature moins essentielle, fondés soit sur les usages généraux des États, soit sur les usages particuliers de certains d'entre eux, et qui font partie du *cérémonial diplomatique ou d'ambassade.* Ces droits, qui varient selon les différents ordres des ministres publics, constituent leur *caractère cérémonial.*

INVIOLABILITÉ.[2]

§ 204. L'inviolabilité des ministres étrangers est un principe tellement nécessaire pour les relations extérieures des États, qu'il a été reconnu par tous les peuples, même par ceux de l'antiquité.[3] Il impose au gouvernement, lorsqu'une fois il a reconnu un ministre étranger en sa qualité de mandataire de son souverain, le devoir non-seulement de s'abstenir lui-même de tout acte qui serait contraire à l'inviolabilité attachée à la personne du ministre, mais encore de réprimer sévèrement toute atteinte matérielle ou morale qu'elle pourrait subir sur son territoire. L'offense commise envers un ministre étranger consti-

Over de grenzen van de regten van gezanten en van secretarissen van vreemde mogendheden. Utrecht 1850.

[1]) Plusieurs publicistes ont attaché à cette expression des idées nébuleuses, ainsi que l'observe avec raison Pinheiro-Ferreira sur Vattel IV, chap. 70.

[2]) Les monographies sont indiquées par d'Ompteda § 252. de Kamptz § 227. V. en outre Grotius II, 18. 4. Wicquefort I, sect. 2. Bynkershoek, De foro competente legatorum chap. 1.

[3]) V. déjà à cet égard lex ultima D. de legatis et Cicéron, in Verrem I, 33. Ajoutons les observations de Ward, Enquiry II, p. 494 et de Hert, Opusc. III, p. 419.

tue une offense envers son propre gouvernement. En ce sens les lois intérieures des États punissent comme crime d'État tout délit commis envers la personne de l'agent diplomatique.[1] Des représailles mêmes ne peuvent pas servir de prétexte à des actes de violence, à moins que le gouvernement du ministre ne se soit rendu lui-même coupable d'une pareille violation du droit international.[2]

L'inviolabilité due à la personne du ministre étranger ne commence que du moment où son caractère public a été suffisamment constaté et reconnu comme tel par le gouvernement auprès duquel il doit résider.[3] Elle est accordée non-seulement à tout agent diplomatique régulièrement accrédité, mais aussi à ceux qui sont attachés à sa personne et à sa mission.[4] Elle comprend également, au profit de l'agent diplomatique, la liberté absolue de correspondre avec son propre gouvernement, d'envoyer et de recevoir des lettres et des dépêches, soit par des courriers particuliers, pourvus de pièces nécessaires pour justifier de leur qualité, soit par l'intermédiaire des postes locales. Il faut seulement, en ce cas, que les lettres et les dépêches remises par eux à l'administration des postes, portent un cachet diplomatique incontesté.[5]

Le ministre public et les personnes de sa suite ne peuvent pas invoquer en leur faveur le privilége de l'inviolabilité, si, par leur conduite peu régulière, ils provoquent de la part du gouvernement, près duquel ils résident, des actes de sûreté et de défense ou de répression. De même le ministre n'a pas le droit de l'invoquer dans des circonstances entièrement étrangères à son caractère public: du moins les atteintes portées à son inviolabilité ne sauraient donner lieu en pareil cas à des

1) Loi 7. D. ad legem Juliam de vi publica. Code pén. franç. art. 25. Code pénal prussien § 80. Code pénal de Bavière art. 125. Code pénal de Saxe art. 139.

2) Merlin, à l'endroit cité, sect. V, § 3.

3) Merlin sect. V, § 3, no. 3 et § 4, no. 14.

4) V. loi 7. D. ad legem Juliam de vi publ.

5) Moser, Versuche IV, 140. Beiträge IV, 542. Ch. Fr. de Moser, Kleine Schriften 4, no. 2. Schmelzing, Völkerr. § 339.

réclamations diplomatiques.[1] Il ne pourra pas non plus se plaindre, si celui qui s'est rendu coupable d'une offense envers lui, ignorait sa qualité officielle.[2]

Le gouvernement qui commet une offense envers un ministre étranger accrédité auprès de lui, est tenu, selon la nature de l'offense, d'accorder une réparation conformément aux voies internationales retracées ci-dessus (§ 102). Si c'est l'un de ses sujets qui s'est rendu coupable d'une offense semblable, il doit être poursuivi, conformément aux dispositions des lois de l'État, à la réquisition du ministre offensé. Mais nous ne pouvons admettre qu'il soit permis à ce dernier de se faire droit lui-même de l'offense qu'on lui aurait faite, si ce n'est en cas de défense légitime: il doit en demander satisfaction au gouvernement sur le territoire duquel l'acte a été commis.[3]

EXTERRITORIALITÉ.

§ 205. Le principe qui fait considérer les agents diplomatiques comme n'ayant point quitté les États de leur souverain, et qui par suite les excepte de la juridiction civile des tribunaux du pays où ils résident effectivement (§ 42), était reconnu sous plusieurs rapports déjà dans l'antiquité. Les Romains accordaient même aux députés provinciaux un droit connu sous le nom de „jus domum revocandi", c'est-à-dire, ces derniers jouissaient, pendant leur séjour à Rome, de la faculté de récuser la compétence des tribunaux tant en matière civile qu'en ma-

¹) Ainsi un diplomate qui se produit comme auteur, n'est pas protégé par son caractère officiel contre les attaques de la critique. Il suffit qu'elle respecte ce caractère, pour qu'elle n'ait qu'à répondre des injures personnelles ou des faits de diffamation. Il en serait de même des insultes adressées à un ministre étranger, s'il se trouvait dans un mauvais lieu. En ce sens la loi 15, § 15 Dig. de injur. disait: Si quis virgines appellasset si tamen ancillari veste vestitas, minus peccare videtur; multo minus si meretricia veste vestitae fuissent.

²) Vattel IV, § 82. Merlin V, no. 2.

³) de Pacassy, Gesandtschaftsrecht p. 167. Klüber, Droit des gens § 203 note *e.* cite l'opinion contraire de Römer. De nombreux cas de violations des droits d'ambassadeur et des satisfactions accordées, sont racontés par de Martens, Causes célèbres II, p. 390. 439 suiv. et par Mirus § 340.

tière pénale, à raison de créances antérieures ou de délits qui leur étaient reprochés, ou du moins de n'y répondre que provisoirement.[1] Cette exemption de la juridiction territoriale, jointe à l'inviolabilité établie au profit des ambassadeurs proprement dits, s'est transformée, dans les usages modernes des nations, en exterritorialité, qu'il n'est pas permis toutefois d'appliquer d'une manière absolue à toutes les personnes diplomatiques. Il y a au contraire un grand nombre de points douteux, que les rapports naturels du commerce diplomatique peuvent seuls expliquer et résoudre.

De la nature des choses il résulte seulement que les agents diplomatiques, après avoir été reconnus et admis comme tels, doivent être traités, même dans leurs affaires personnelles, avec des égards particuliers, afin qu'ils puissent remplir leurs fonctions avec une entière indépendance („Ne impediatur legatio, — ne ab officio suscepto legationis avocetur," ainsi que s'expriment déjà là-dessus les lois romaines). En l'absence de conventions publiques, il faut recourir aux dispositions des lois intérieures du pays où réside le ministre, pour réprimer les lésions commises à son préjudice. Le règle naturelle du droit international s'oppose simplement à tout acte de souveraineté, tant en matière judiciaire qu'en matière administrative, incompatible avec l'inviolabilité personnelle du ministre étranger et avec la dignité de l'État qu'il représente. Elle s'oppose notamment à tout acte de contrainte sur sa personne.

Une exemption absolue de la juridiction territoriale en matière personnelle, au profit du ministre étranger, ne résulte nullement de son caractère public. M. Pinheiro-Ferreira[2] l'a démontré naguère encore après plusieurs anciens publicistes. Aussi n'est-elle pas admise partout d'une manière générale. Néanmoins il faut convenir qu'une juridiction dépourvue de moyens de contrainte ou d'exécution présente un médiocre intérêt, outre les

[1]) Loi 2. § 3—6, loi 24. § 1. 2, et loi 25. D. de judiciis. Loi 12 D. de accusation., et là-dessus le commentaire de Bynkershoek, dans son traité: De judice competenti chap. 6. Les opinions des publicistes modernes sont indiquées par Wheaton, Histoire p. 170. (I, 286).

[2]) Sur Vattel IV, 92.

difficultés d'en déterminer les limites exactes. C'est ce qui explique, comment la fiction de l'exterritorialité a été reçue dans la pratique moderne des États.[1]

DEVOIRS DES AGENTS DIPLOMATIQUES EN PAYS ÉTRANGER.

§ 206. Le premier devoir de l'agent diplomatique envoyé dans une Cour étrangère est de veiller scrupuleusement aux intérêts du souverain qu'il représente, dans les termes et les limites de ses instructions. Le salut, la dignité et le maintien de l'État représenté déterminent exclusivement le sens ou l'interprétation de ces instructions; en même temps que le respect dû aux droits de l'État et du souverain étrangers détermine les moyens d'obtenir ce but. En conséquence, l'agent diplomatique doit s'abstenir de toute offense envers le gouvernement et envers les institutions de l'État étranger; il ne doit s'immiscer en aucune façon dans son administration intérieure et éviter de prendre un ton de commandement ou d'autorité.[2] Il doit se renfermer dans le rôle de ses fonctions, qui consistent à faire des communications, à entamer des négociations et à soutenir la dignité de sa position par voie de défense. S'il en dépasse les limites, le gouvernement auprès duquel il est envoyé, a le droit de l'y rappeler, en même temps qu'il peut demander satisfaction à son souverain. Enfin il est généralement admis qu'un ministre étranger accusé d'un crime contre la sûreté de l'État,

[1]) L'exterritorialité est admise dans la jurisprudence française. Un arrêt de la Cour royale de Paris, en date du 22 juillet 1815, a statué: que pendant l'exercice de ses fonctions à l'étranger, l'ambassadeur ou le ministre ne cesse point d'appartenir à sa patrie, il y conserve son domicile, et le juge de ce domicile exerce la juridiction sur lui comme s'il était présent. (Dalloz 1815, 2, 919, no. 3.)

En général les étrangers accrédités de quelque manière que ce soit auprès du gouvernement français, et ceux qui se trouvent occasionnellement sur le territoire français, par suite des transactions politiques auxquelles le gouvernement a pris part, n'ont de rapports directs qu'avec le ministre des affaires étrangères: ils ne communiquent avec les autres ministres et les autorités secondaires que par son entremise. (Arrêté du 22 messidor an XIII, art. 1.)

[2]) Wicquefort, l'Ambassadeur II, chap. 4.

peut être éloigné ou expulsé du pays.[1] En pareil cas, ainsi que nous allons le voir, le privilége de l'exterritorialité ne saurait le protéger: car cette immunité ne doit pas porter atteinte au droit de police intérieure de l'État offensé.

Tous les actes du ministre qui ne dépassent pas les termes de son pouvoir dûment présenté et certifié, obligent son souverain. Ce dernier ne peut refuser de les approuver et de les ratifier, à moins que les circonstances ne l'y autorisent (§ 87 ci-dessus), que le ministre n'ait fait un usage frauduleux de ses pouvoirs, ou qu'il n'ait omis de produire les pièces limitatives des pouvoirs. Au surplus il va sans dire que le gouvernement qui, lors des négociations, en connaissait l'insuffisance, ne peut se prévaloir de sa propre fraude vis-à-vis de l'autre.

En un mot, les devoirs de l'agent diplomatique consistent dans sa fidélité envers son propre souverain et dans sa loyauté envers le souverain étranger. Il n'y a rien d'aussi contraire à ces devoirs qu'un système de corruption réciproque des agents diplomatiques. On ne devrait pas même regarder comme licite, pas plus que dans les autres administrations publiques de l'État, l'usage de leur offrir des présents, à l'occasion de négociations terminées.[2] Le seul espoir d'obtenir des présents suffit quelquefois pour aveugler l'esprit et pour endormir la conscience sur le bien de l'État.[3]

1) Merlin sect. V, § 4, no. 10. 11.

2) Leyser spec. 671. Coroll.

3) Les prétendues lois de Charles V au sujet des Ambassadeurs disent là-dessus: „IX. Le caractère d'Ambassadeur est si respectable que, quand même il ferait un traité contraire aux intérêts du Prince qui l'a envoyé, ce Prince n'en serait pas moins tenu d'observer inviolablement le traité. Autrement il violerait le droit des gens et de la société civile. — X. Si un Ambassadeur devient infidèle au Prince qui l'envoie, et s'il le trahit en faveur du Prince chez lequel il réside, tous les traités qu'il conclura dans cette situation seront absolument nuls, de quelque espèce et nature qu'ils soient. — XI. Aucun Prince ne pourra, sans encourir le blâme d'infamie, tenter de corrompre l'Ambassadeur d'un autre, quand même cet autre Prince serait son ennemi, parce qu'une séduction de cette nature blesse le droit des gens. S'il arrive qu'un Ambassadeur devienne infidèle à son Prince, le souverain chez lequel il réside doit le lui renvoyer chargé de fers. — XII. Qu'il soit défendu à l'Ambassadeur de

POSITION DE L'AGENT DIPLOMATIQUE A L'ÉGARD DE TIERCES PUISSANCES.

§ 207. Tout ce qui vient d'être dit s'applique uniquement aux rapports établis entre l'agent diplomatique et le gouvernement auprès duquel il est envoyé; mais nullement aux rapports qui pourraient exister entre lui et de tierces puissances. Celles-ci ne sont tenues d'observer envers lui d'autres égards que ceux qu'elles accordent en général à des sujets étrangers, et particulièrement aux sujets de la puissance à laquelle il appartient. Elles ne sont pas tenues de souffrir qu'une mission étrangère vienne porter aucun préjudice à leurs droits de souveraineté. Néanmoins l'intérêt général qui exige la liberté du commerce diplomatique, et le respect mutuel que les États, tant qu'ils continuent à rester en relations d'amitié, se doivent entre eux, leur conseillent de ne pas troubler inutilement ce commerce. Une espèce de convention tacite les oblige même à le favoriser autant que possible.[1]

recevoir des présents du Prince avec lequel il traite, surtout si l'on peut soupçonner que par là ce Prince veut l'obliger à favoriser ses intérêts. Il peut néanmoins, selon l'usage établi dans les Cours, recevoir, à la fin des négociations, l'illustre marque de bienveillance que les souverains ont coutume de donner en pareille conjoncture; mais lorsqu'il est de retour dans sa patrie, il doit mettre ce présent aux pieds de son prince et reconnaître qu'il ne le tient que de sa bonté.“ — V. en outre J. Chr. Eschenbach, Imperans — an factum ministri contra jussum specialem agentis ratum habere sit obligatus? Rostock 1753. A. G. Schmuck (sive Eisler), De contractu legati contra mandatum arcanum valido. Vitemberg. 1758.

[1]) Dans les prétendues lois de Charles V no. XV, il est dit à ce sujet: „Lorsque les Ambassadeurs devront passer par d'autres souverainetés que celles où leur maître les a envoyés, il faudra qu'ils soient munis de passeports pour éviter tous fâcheux accidents, car, à leur passage, ils ne peuvent prétendre à d'autres égards que ceux qui sont accordés par le droit des gens aux étrangers selon leur rang et leur fortune; mais la correspondance mutuelle des nations veut qu'un caractère si éminent soit respecté partout.“ Vattel IV, 84 émet une opinion analogue. Cependant tout dépend ici de la bonne volonté de la tierce puissance. La vraie opinion est soutenue par Merlin V, § 3, no. 4; § 5, no. 14. Ward, Enquiry II, p. 556 suiv. Wheaton, Internat. Law III, 1, 11 (édit. franç. p. 20).

Toutefois les États n'ont jamais reconnu l'inviolabilité d'un ministre étranger qui se trouve en dehors du territoire où il était envoyé. Ils ont au contraire, dans toutes les occasions urgentes, maintenu le principe qu'ils n'étaient pas tenus de respecter le caractère public d'un ministre, dès qu'il se trouvait en conflit avec leurs propres droits et intérêts. Un gouvernement a quelquefois fait arrêter, lors du passage sur son territoire, le ministre d'un souverain avec lequel il était en guerre. D'autres fois l'arrestation d'un ministre a été prononcée à cause de dettes personnelles ou d'engagements civils. L'arrestation du maréchal de Belle-Isle en 1744 et celle du comte de Wartensleben en 1763 fournissent à cet égard des exemples mémorables.[1] Il n'existe non plus aucun doute qu'un ministre étranger ne puisse être arrêté, poursuivi et puni à raison de crimes commis par lui dans le territoire d'une tierce puissance.[2]

Certainement un agent diplomatique ne doit point, à moins d'ordres formels à ce sujet, s'immiscer dans les démêlés qui ont éclaté entre le gouvernement auprès duquel il est envoyé, et un tiers.[3] Autrement on pourra demander qu'il soit rappelé à ses devoirs. Mais d'un autre côté il est protégé par son caractère international sur le territoire où il réside, lors même qu'il tomberait entre les mains d'une puissance ennemie contre laquelle il n'aurait commis aucun acte d'hostilité.[4] Il faut en dire autant de la correspondance d'un ministre avec son gouvernement et vice versa, expédiée d'un territoire neutre ou à un tel et par des navires neutres.[5] Enfin aucune raison de droit ne pourra autoriser un belligérant à enlever l'agent diplomatique

[1]) de Martens, Erzählungen I, p. 152. 170. de Martens, Causes célèbres I, p. 285.

[2]) V. un exemple dans les Causes célèbres par le baron de Martens I, p. 311.

[3]) Comparez de Martens, Erzählungen I, 302.

[4]) Telle fut la position du comte de Monti à Danzig. V. de Martens, Causes célèbres I, p. 210.

[5]) Wheaton, Intern. Law III, 1, 20 (édit. franç. p. 19). Phillimore, IV, 368. Halleck XXVI, 18. Ortolan II, 218. Marquardsen, der Trentfall, p. 68.

de son adversaire sur le territoire ou même sur le navire d'une nation neutre.[1]

I. DIFFÉRENTS ORDRES D'AGENTS DIPLOMATIQUES.

§ 208. Il n'existe en principe aucune différence fondamentale entre les agents diplomatiques de diverses puissances accrédités à une même Cour. Néanmoins le cérémonial des Cours et la pratique générale des États ont introduit certaines classifications, en même temps qu'ils distinguent dans la même classe entre les envoyés ordinaires et les envoyés extraordinaires. Pendant longtemps ces derniers jouissaient d'une supériorité de rang sur les premiers: cette distinction toutefois n'est plus reconnue aujourd'hui.

D'après les usages les plus récents, la première classe comprend:

les légats *a* ou *de latere*, ainsi que les nonces du Pape[2] et les ambassadeurs des puissances temporelles.[3]

La seconde classe comprend:

les agents accrédités auprès des souverains, portant le titre d'internonces,[4] d'envoyés, de ministres plénipotentiaires et de ministres.

La troisième classe:

les chargés d'affaires accrédités seulement auprès des ministres des affaires étrangères, peu importe d'ailleurs qu'ils portent

[1]) Il y en a des exemples. Le dernier est l'affaire du Trent (1861). Nous nous référons là-dessus aux dépêches très-instructives échangées à cette occasion, et pour le tout à l'ouvrage précité de M. Marquardsen.

[2]) C'est par erreur que Bielfeld, dans ses Institutions politiques t. II, p. 272, semble vouloir distinguer entre les *legati de* et *a* latere. Une différence existe seulement entre les légats *a* (ou *de*) *latere* et les *nonces*, en ce que les premiers sont nommés parmi les cardinaux.

[3]) En espagnol: *embaxadores*, en italien: *ambaciatori*, peut-être par une dérivation du mot espagnol: *embiar* (envoyer) ou du mot latin (du moyen âge) *Ambactia*, en allemand *Ambacht* = *Amt* (emploi). Pinheiro sur Vattel IV, 70 donne une étymologie étrange de ce mot.

[4]) L'Autriche envoie des internonces à Constantinople depuis le règne de Léopold I (1678). V. Vehse, Geschichte des österreichischen Hofes VI, p. 121.

le titre de ministres ou non; les consuls chargés d'une mission diplomatique particulière de leur gouvernement.

Les agents diplomatiques portant le titre de ministres-résidents accrédités auprès d'une Cour, forment une classe intermédiaire entre les agents de seconde et de troisième classe.[1]

[1]) Voici comment s'exprime le règlement sur le rang entre les agents diplomatiques, inséré au protocole des plénipotentiaires des huit puissances signataires aux Conférences de Vienne, dans leur séance du 19 mars 1815:

„Pour prévenir les embarras qui se sont souvent présentés, et qui pourraient naître encore des prétentions de préséance entre les différents agents diplomatiques, les plénipotentiaires des puissances signataires du traité de Paris sont convenus des articles qui suivent; et ils croient devoir inviter ceux des autres têtes couronnées à adopter le même règlement:

Art. I. Les employés diplomatiques sont partagés en trois classes:
celle des ambassadeurs, légats ou nonces;
celle des envoyés, ministres ou autres accrédités auprès des souverains;
celle des chargés d'affaires accrédités auprès des ministres chargés des affaires étrangères.

Art. II. Les ambassadeurs, légats ou nonces, ont seuls le caractère représentatif.

Art. III. Les employés diplomatiques en mission extraordinaire, n'ont, à ce titre, aucune supériorité de rang.

Art. IV. Les employés diplomatiques prendront rang entre eux dans chaque classe, d'après la date de la notification officielle de leur arrivée.

Le présent règlement n'apportera aucune innovation relativement aux représentants du Pape.

Art. V. Il sera déterminé dans chaque État un mode uniforme pour la réception des employés diplomatiques de chaque classe.

Art. VI. Les liens de parenté ou d'alliance de famille entre les Cours ne donnent aucun rang à leurs employés diplomatiques.

Art. VII. Dans les actes ou traités entre plusieurs puissances qui admettent l'alternat, le sort décidera, entre les ministres, de l'ordre qui devra être suivi dans les signatures.

Le présent règlement est inséré au protocole des plénipotentiaires des huit puissances signataires du traité de Paris dans leur séance du 19 mars 1815.“

On peut regarder comme un supplément à ce règlement, la convention arrêtée entre les plénipotentiaires d'Autriche, de France, de la Grande-Bretagne, de Prusse et de Russie, dans la séance du 21 novembre 1818 du Congrès d'Aix-la-Chapelle:

Ces distinctions de rang n'existaient pas dans l'ancienne pratique des États. On ne connaissait que les ambassadeurs et les agents. Peu à peu les autres titres ou qualifications ont commencé à être usités dans plusieurs Cours. D'ailleurs la diversité de rang n'établit aucune différence entre les divers agents par rapport à leurs fonctions diplomatiques, à leur capacité de négocier et à la validité des actes par eux reçus. Les ambassadeurs seuls jouissent à un degré éminent du caractère représentatif, peut-être d'après l'exemple des cardinaux-légats qui, selon le langage de l'Église romaine, sont considérés comme les fils du saint-père.

CHOIX DE LA PERSONNE DU MINISTRE PUBLIC.

§ 209. Le choix du ministre dépend exclusivement de la volonté du souverain qui le constitue. Ni le sexe ni la naissance ou le rang social ne présentent ici un obstacle absolu. Il est rare que l'on choisisse des femmes pour être appelées aux fonctions de ministre public; l'histoire en offre cependant quelques exemples.[1] Il importe seulement que le ministre choisi soit agréable à la Cour près de laquelle on l'envoie. Car, ainsi que nous l'avons déjà fait remarquer (au § 197 ci-dessus), celle-ci n'est tenue en aucune façon de recevoir une personne qui lui est désagréable ni de traiter directement avec elle.

„Pour éviter les discussions désagréables qui pourraient avoir lieu à l'avenir sur un point d'étiquette diplomatique que l'annexe du recès de Vienne, par laquelle les questions de rang ont été réglées, ne paraît pas avoir prévu, il est arrêté entre les cinq Cours que les ministres résidents accrédités auprès d'elles formeront, par rapport à leur rang, une classe intermédiaire entre les ministres du second ordre et les chargés d'affaires."

V. sur les origines de ces dénominations Merlin, loc. cit. sect. I. Schmelzing, Völkerr. § 281; notamment de celle de „Ministre-résident" Wurm, dans la Revue intitulée: Zeitschrift für Staatswissenschaften X, p. 558. Gutschmidt (resp. Ferber) de praerogativa ord. inter legatos § 39.

[1]) Des exemples sont cités par Leyser, spec. 671. med. 10; Merlin sect. III, no. 3. Mirus § 127. 128. — Suivant Gessner, de iure uxoris legati et iure legatae. Hal. 1851. p. 42. la Maréchale de Guébriant a été seule ambassadrice de son chef. — Aujourd'hui on envoie quelquefois des émissaires en jupons, chargés de missions secrètes. C'est un mode pratiqué par certaines Cours avec beaucoup de succès.

On peut, selon le caractère et l'importance de la mission, envoyer à une Cour plusieurs ministres, d'un rang soit égal soit inégal, et dont les fonctions sont déterminées par leur pouvoir. D'une manière analogue un seul ministre peut être accrédité près de plusieurs Cours à la fois, ou par plusieurs souverains près de la même Cour.

Quant au rang ou à la classe du ministre à envoyer, le choix en appartient exclusivement au gouvernement qui le constitue. Cependant il est généralement reconnu aujourd'hui:

1° que, d'après le principe de la réciprocité, les puissances ne s'envoient que des ministres du même ordre. Les puissances de second et de troisième rang consultent à cet égard l'état de leurs ressources matérielles;

2° qu'aucune puissance jouissant des honneurs royaux ne reçoit chez elle, en qualité de ministres de première classe, les agents diplomatiques d'une puissance qui ne jouirait pas des mêmes honneurs.

Toutefois il serait difficile de prouver que le droit d'envoyer des ministres de première classe n'appartient qu'aux États qui peuvent prétendre aux honneurs royaux.[1] Il est constant que des souverains d'un rang inférieur s'envoient quelquefois réciproquement des ambassadeurs. Bien plus, comme les ambassadeurs jouissent à un degré éminent du caractère représentatif, il est évident qu'on doit choisir un ministre de ce rang pour représenter son souverain dans des affaires purement personnelles, par exemple, dans une affaire matrimoniale. Par suite ce droit ne devrait être refusé pas même au souverain le plus faible. La question des frais, à la vérité, conseille sans doute en pareil cas d'avoir recours à quelque expédient.

EXPÉDITION DE L'AGENT DIPLOMATIQUE — ÉTABLISSEMENT DE SON CARACTÈRE PUBLIC.

§ 210. Le ministre, du jour de sa nomination, est revêtu d'un caractère public par rapport à l'État qu'il représente. Les instructions qu'il reçoit de son gouvernement, déterminent la

[1]) V. déjà Vattel IV, 78. Merlin sect. II, § 2, no. 1, et en outre Moser, Versuche t. III, p. 5 et Beiträge t. III, p. 7.

conduite qu'il doit tenir pendant le cours de sa mission, tant envers la Cour à laquelle il est envoyé, les membres du corps diplomatique etc., que relativement à l'objet même de sa mission. Indépendamment du chiffre qu'il reçoit pour la correspondance avec sa Cour, il est encore d'usage de lui remettre le „chiffre banal,“ celui qui est connu de tous les ministres de la même puissance et dont, dans l'occasion, ils se servent dans leur correspondance mutuelle.[1]

Tout ministre chargé de certaines affaires ou de certaines négociations, doit être muni d'un *plein pouvoir* rédigé par écrit, qui indique l'objet et les limites de son mandat. Ce pouvoir forme la base unique de la validité des actes passés par le ministre, et non pas les instructions qui ne sont destinées qu'à lui seul, à moins qu'elles ne soient explicatives du pouvoir et qu'elles ne doivent être communiquées par lui.

Tout ministre est en outre muni régulièrement (et lorsqu'il s'agit d'une mission générale et permanente, exclusivement) d'une *lettre de créance.*[2] Le souverain qui l'envoie communique dans cette lettre le but général de la mission au souverain auprès duquel il doit être accrédité, en priant ce dernier d'ajouter foi à ce qu'il lui dira de la part de sa Cour.[3] Les agents diplomatiques de troisième classe ne reçoivent pas de lettres de créance: ils sont accrédités directement par leur ministre chargé des affaires étrangères auprès de son collègue à l'étranger.

Il résulte de ce qui précède que le caractère public de l'agent diplomatique envoyé à une Cour étrangère, ne se développe dans toute son étendue, et ne lui assure la jouissance de tous ses droits, qu'après que le gouvernement près duquel il doit résider, a été informé de sa mission d'une manière of-

¹) Les termes consacrés ici sont: *la double-clef,* c'est-à-dire, *le chiffre chiffrant* et *le chiffre déchiffrant;* puis *le chiffre banal.* V. J. L. Klüber, Kryptographie. Tübingen 1809. Callière, Sur la manière de négocier. chap. 20. Mirus § 160 suiv.

²) Il n'est plus d'usage aujourd'hui de charger un ministre d'un plein pouvoir qui l'autorise à traiter avec toutes les puissances (actus ad omnes populos). Lamberti, Mémoires VIII, p. 742; IX, p. 655: Mirus § 136—141.

³) Mirus § 132—134.

ficielle. Toutefois il n'est pas nécessaire qu'il soit reçu d'une manière plus ou moins solennelle. On s'accorde au contraire généralement à reconnaître que, la Cour une fois prévenue de sa mission, le ministre public doit jouir de l'inviolabilité la plus éminente depuis le moment qu'il touche le territoire de l'État auprès duquel il est accrédité, jusqu'à celui où il le quitte, ou, en cas de guerre et de renvoi, jusqu'à l'expiration du délai qui lui a été accordé pour s'éloigner. L'expédition et la remise de passe-ports ne sont qu'un mode de constater le caractère officiel du ministre vis-à-vis des autorités locales du territoire qu'il doit traverser.

Mais en ce qui touche les droits et les prérogatives résultant du cérémonial diplomatique, ils ne se produisent naturellement avec tous leurs effets, que du jour où le gouvernement étranger, après avoir obtenu une notification de l'arrivée du ministre, a pris les dispositions nécessaires pour le recevoir, et que le ministre a observé toutes les formalités nécessaires pour se présenter à la Cour; en un mot, du jour où il a été admis à l'audience du souverain.[1]

S'il survient un changement dans le grade du ministre, on observe à son égard le même cérémonial qu'envers le nouveau ministre arrivant pour résider avec ce titre. Ainsi, lorsqu'un ministre reçoit l'ordre de sa Cour de déployer momentanément le caractère d'ambassadeur à la Cour où il se trouve accrédité avec un titre moins élevé, il présente dans une audience et sa lettre de rappel et sa lettre de créance.

DROITS DES PERSONNES DIPLOMATIQUES EN GÉNÉRAL.

§ 211. Depuis longtemps il est d'usage, tant dans les Cours que dans les républiques souveraines, aussi jalouses les unes

[1]) Merlin observe avec raison à ce sujet (V, 3, 3, à l'endroit cité déjà au § 201): „Il est certain que son caractère public ne se développe *dans toute son étendue,* que lorsqu'il est reconnu et admis par le souverain à qui il remet ses lettres de créance. Mais pour ce qui est de la protection du droit des gens, de la sûreté et de l'inviolabilité de sa personne, il doit en jouir dès qu'il a mis le pied dans le pays où il est envoyé, et qu'il s'est fait reconnaître.“

que les autres de la dignité de leurs représentants diplomatiques, de revendiquer, en faveur de ces derniers, certains droits et certaines prérogatives qui dépassent de loin les besoins réels.

Ces droits se manifestent:

tantôt sous la forme d'une interprétation extensive et traditionnelle de l'inviolabilité et de l'indépendance dues au ministre public d'une puissance étrangère, qui ont abouti au système d'exterritorialité expliqué au § 42 ci-dessus;[1]

tantôt sous la forme de certains honneurs et de certaines distinctions accordés au ministre public par une espèce de convention tacite et qui composent son caractère cérémonial.

Sous ce double rapport il n'existe aucune loi formelle et généralement obligatoire.[2] Ce n'est que sur certains points qu'il est possible de constater des usages admis entre quelques États ou fondés sur une nécessité commune.

DROITS DU MINISTRE PUBLIC QUI DÉCOULENT DU PRINCIPE D'EXTERRITORIALITÉ.

1. Inviolabilité.

§ 212. L'inviolabilité dont jouit le ministre quant à sa personne, s'applique à son épouse et à ses enfants, ainsi qu'aux gens qui composent sa suite. Elle s'applique en outre aux choses qui se rapportent directement à sa personne et à sa dignité, spécialement:

1° à l'hôtel du ministre, autant qu'il l'occupe avec sa famille et sa suite;[3]

¹) On trouve déjà ce système dans Grotius II, 18, 4. Il est vrai que les auteurs l'ont souvent contesté depuis; par exemple Cocceji, tout récemment Pinheiro-Ferreira et Evertsen dans sa dissertation citée plus haut.

²) Les „Immunités accordées par l'empereur (Charles V) aux ambassadeurs" (v. de Réal, Rousset et de Martens, Erzählungen I, 369) sont sans doute aussi apocryphes que les lois sus-indiquées. On trouve plusieurs lois particulières dans de Martens, à l'endroit cité, t. I, p. 330 et t. II, p. 334.

³) Merlin sect. V, § 5, no. 3. Vattel IV, § 117.

2° au mobilier garnissant l'hôtel par lui occupé;
3° à la voiture ou à l'équipage du ministre.[1]

Le droit positif regarde ces divers objets, aussi bien que la personne du ministre, comme exempts du pouvoir territorial. Ils ne peuvent faire l'objet d'aucune poursuite, ni de la part du gouvernement ni des particuliers: toute atteinte commise à cet égard constitue une violation du droit international. Les créanciers mêmes du ministre public qui se trouvent nantis d'objets appartenant à celui-ci n'y pourront exercer d'autres droits que ceux qui n'ont pas besoin d'être autorisés en justice.[2]

Néanmoins l'immunité desdites choses ne saurait pas non plus arrêter le cours ordinaire de la justice criminelle du pays. Aussi a-t-on sagement limité de nos jours le droit d'asile dont autrefois on a tant abusé. Nul motif légitime ne peut autoriser un ministre à faire servir son hôtel ou ses voitures pour soustraire à la juridiction compétente du pays des individus prévenus d'un crime, ou à favoriser leur évasion.[3] Le respect qui lui est dû à lui et au souverain qu'il représente, exige seulement qu'on pareil cas l'extradition du criminel s'effectue avec beaucoup de ménagements et de la manière la moins blessante pour sa personne. Ainsi, lorsqu'il est constant qu'un individu prévenu d'un crime s'est réfugié dans l'hôtel d'un ministre, les autorités du pays ont non-seulement le droit de faire entourer de gardes l'hôtel et de prendre au dehors les mesures nécessaires pour que le coupable ne puisse s'échapper; mais ils peuvent encore, dans le cas où le ministre, après avoir été dûment sollicité par l'autorité compétente, se refuse à son extradition, le faire enlever de l'hôtel à main armée. Cependant en procédant à la visite, elles doivent éviter tout ce qui peut porter

1) Vattel § 118. Bynkershoek, De judice compet. XVI, 4.

2) Le cas où se trouvait M. Wheaton lui-même à Berlin vis-à-vis de son locataire a donné lieu à une controverse intéressante. V. Wheaton, Éléments du droit intern. I, p. 203. Evertsen de Jonge, Over de grenzen etc. p. 285. Gessner, de iure uxoris legati, p. 33. Halleck IX, 16.

3) Chrét. Thomasius, De jure asyli legatorum aedibus competente. Lipsiae 1689, et dissert. 1695, no. XVI. Bynkershoek, loc. cit. chap. 21. Merlin V, § 5, no. 4.

préjudice aux droits et aux égards dus à la personne du ministre et de sa suite.[1]

En dehors du cas qui vient d'être indiqué, il n'est pas permis aux autorités locales de pénétrer dans l'hôtel d'un ministre public et d'y procéder à une perquisition, lors même qu'il existerait des soupçons qu'il sert d'abri à un criminel ou à cacher les traces d'un crime. Le ministre interrogé à cet égard ne peut, au besoin, refuser de donner des explications. S'il les refuse ou qu'elles paraissent insuffisantes, la perquisition serait autorisée. Ce droit surtout ne saurait être contesté au gouvernement étranger, lorsqu'il aurait des motifs de supposer que l'hôtel sert d'asile à une entreprise criminelle tramée contre lui.

C'est dans ces limites que subsiste encore aujourd'hui ce qu'on est convenu d'appeler la *franchise de l'hôtel* (jus franchisiae sive franchisiarum, Quartierfreiheit). Quant à la franchise de quartier, en vertu de laquelle toutes les maisons situées dans l'arrondissement de l'hôtel d'un ministre étranger étaient exemptes de la juridiction du pays, en y arborant les armes du souverain son maître, tolérée autrefois en certaines Cours, on doit la considérer comme généralement abolie à présent.[2] Il en est de même de l'usage souvent pratiqué anciennement par des ministres étrangers, d'accorder des lettres de franchise à des personnes qu'ils voulaient couvrir de leur protection. C'est un abus manifeste, que les gouvernements ne sont pas tenus de tolérer.[3]

En ce qui concerne les États autres que ceux près desquels un ministre public est accrédité, il n'est considéré, à moins de conventions particulières, ainsi que nous l'avons déjà dit (au

[1]) V. les espèces racontées par Merlin, à l'endroit cité; de Martens, Erzählungen t. I, p. 217 suiv.; les Causes célèbres par le baron de Martens t. I, p. 174; sur les anciennes prétentions des ministres étrangers, idem, Causes célèbres t. II, p. 371. Halleck IX, 22.

[2]) A Rome elle était réglée par une Bulle d'Innocent XI de 1687. Schmauss, C. iur. Sent. p. 1069. Aujourd'hui il n'en reste qu'un droit d'asile ouvert à ceux qui sont poursuivis à cause de délits correctionnels.

[3]) Moser, Versuch IV, p. 320.

§ 207), que sous les rapports généraux d'étranger. Rien ne les autorise à y pouvoir invoquer comme de droit l'inviolabilité résultant de leur caractère public.

2. Droit du culte privé ou domestique.

§ 213. De l'inviolabilité et de l'indépendance accordées au ministre public, dérive encore le droit du culte privé ou domestique dont il jouit, quand même ce culte n'est pas reconnu dans le territoire où le ministre exerce ses fonctions.[1] Il ne peut être exercé que dans l'hôtel même du ministre. Il ne doit pas être célébré en public, avec une pompe extérieure, au son de cloches et d'orgues. On ne doit pas donner à la chapelle du ministre les dehors d'une église, visibles sur la voie publique, tels que des vitraux d'église etc., à moins d'une autorisation spéciale du gouvernement local. D'ailleurs il est généralement reconnu aujourd'hui que les ambassadeurs et les ministres de seconde classe, ainsi que les ministres-résidents, peuvent avoir dans leur quartier une chapelle particulière. Ils ont en outre le droit d'entretenir les personnes nécessaires au service du culte, lesquelles toutefois ne peuvent être nommées par eux qu'en vertu d'une autorisation de leur gouvernement. Les actes paroissiaux célébrés régulièrement dans la chapelle du ministre par l'ecclésiastique y attaché, produisent tous leurs effets civils. Cela est vrai surtout par rapport aux personnes qui font partie du personnel de l'ambassade et pour lesquelles ce dernier est la seule autorité ecclésiastique compétente. Une autre question est celle de savoir si ces actes sont également valables lorsqu'ils s'appliquent à des personnes étrangères à la mission ou à des indigènes, et s'il est permis à ces derniers de faire leurs dévotions dans la chapelle d'un ministre? La solution de cette question dépend des lois intérieures de chaque État et de la tolérance de son gouvernement.

L'ecclésiastique attaché à la chapelle d'un ministre étranger

[1]) V. surtout J. H. Böhmer, Jus ecclesiasticum Protestant. III, 3, 37 et 45 seq. J. J. Moser, Versuch t. IV, p. 155. Idem, Beiträge t. IV, p. 185. de Martens, Völkerrecht, chap. VII. Klüber § 215. 216. Schmelzing § 355. Wildman I, p. 129.

ne doit pas se montrer en public avec les insignes de son état. Il ne doit pas non plus entreprendre de faire des prosélytes en faveur de son culte parmi les personnes professant un culte différent, ni les admettre à la participation de son culte à moins d'une autorisation expresse ou tacite du gouvernement intéressé.

Enfin le libre exercice du culte religieux subsiste, au profit du ministre, pendant toute la durée de ses fonctions. S'il s'absente temporairement en congé, on ne conteste point aux gens de sa suite qu'il laisse en son hôtel, l'exercice de leur culte.[1] Mais ce culte doit cesser en cas de suspension effective ou de révocation du ministre.

3. Immunité de la juridiction criminelle dont jouit l'agent diplomatique.

§ 214. Un principe très-controversé pendant les siècles précédents, mais généralement admis dans la pratique actuelle des États, est celui qui excepte l'agent diplomatique de la juridiction criminelle de l'État auprès duquel il est accrédité.[2] La pratique elle-même des trois derniers siècles ne fournit pas un seul exemple de poursuites criminelles dirigées contre un ministre étranger. Mais il est constant en même temps qu'il n'est pas permis à ce dernier de s'abriter derrière son caractère public pour commettre impunément des actes coupables ou scandaleux. Non-seulement le particulier menacé peut user à son égard de tous les moyens de défense; non-seulement les autorités de police peuvent intervenir pour empêcher par voie préventive que des désordres ou des crimes ne se commettent sur le territoire; mais aussi, après la perpétration même d'un crime, le gouvernement auprès duquel le ministre est accrédité, est en droit de prendre toutes les mesures propres à sauvegarder ses intérêts et à faire disparaître le mauvais exemple, en y procédant toutefois avec les égards dus à ses fonctions.

Parmi ces mesures qui, bien entendu, ne peuvent pas être décrétées par des fonctionnaires inférieurs, mais seulement par

[1]) Schlözer, Briefwechsel, t. III, p. 76.

[2]) L'histoire de ce dogme international est racontée par Bynkershoek, De judice compet. legati, chap. 24 et 17 à 19. Wheaton, Hist. p. 170 suiv. Il est fixé depuis Grotius II, 18, § 4.

les autorités suprêmes,[1] on comprend, en cas de contraventions peu importantes, un avertissement confidentiel fait directement au ministre, ou une plainte adressée à son gouvernement; en cas d'infractions plus graves, une demande de rappel et de satisfaction faite à son souverain. Dans l'intervalle il peut être soumis, quant à sa personne, à une surveillance toute spéciale. Dans le cas où il ne serait pas donné suite à la demande en rappel, le gouvernement auprès duquel il est accrédité, est en droit de l'éloigner de sa résidence et de lui intimer l'ordre de quitter, dans un délai déterminé, les États du souverain. Enfin, s'il s'était rendu coupable d'un attentat quelconque contre la sûreté du souverain ou contre la sûreté du gouvernement près duquel il réside, ce dernier pourra le traiter en conspirateur et en ennemi, et le détenir jusqu'au moment où il aura obtenu une réparation complète, à moins que l'agent détenu ne parvienne à se disculper des faits qui lui sont reprochés.[2]

Si le ministre d'une puissance étrangère se trouve être le sujet du gouvernement près duquel il est envoyé, son caractère public le protégera difficilement contre les poursuites dirigées contre lui à raison des infractions qui lui sont reprochées;[3] cependant il faut que les poursuites soient portées à la connaissance du souverain qu'il représente, et que les intérêts de ce dernier soient ménagés.

4. Exemption de la juridiction civile et de police.

§ 215. La fiction connue sous le nom d'*exterritorialité* une fois admise, l'exemption de l'agent diplomatique de toute juri-

[1]) Merlin, Questions de droit; mot parlementaire.

[2]) Ces règles sont fondées sur une nécessité interne et sont confirmées par la jurisprudence. V. Merlin sect. V, § 4, no. 10—13. Ward, Enquiry II, p. 486. 506. Les publicistes modernes les admettent tous sans exception. Comparez Phillimore II, 173. Pour les anciens auteurs v. d'Ompteda § 253 et de Kamptz § 228. La tentative la plus récente d'une accusation dirigée contre un ministre, est celle portée par le chevalier d'Éon contre l'ambassadeur de Guerchy, mais il paraît que l'affaire n'a pas eu de suite. V. Moser, Versuch, p. 419. Ward, dans son examen très-attentif de la question, ne fait aucune mention de ce cas.

[3]) Wicquefort lui-même s'est trouvé en 1675 dans cette position, ainsi que le raconte Bynkershoek chap. 18, § 6.

diction civile de l'État près duquel il réside, dans les limites retracées au § 42 no. VII ci-dessus, en découlait necessairement. Néanmoins, relativement à cette exemption les opinions des publicistes ont toujours été beaucoup plus partagées que par rapport à l'immunité de la juridiction criminelle.[1] En effet, ainsi que nous l'avons déjà fait remarquer, le caractère public de l'agent diplomatique ne justifie pas par soi-même son exemption absolue de la juridiction territoriale sans aucune exception. Néanmoins il n'existe à notre connaissance aucun pays, où l'on ait admis d'autres exceptions à l'immunité du ministre que celles qui peuvent se concilier avec le principe de l'exterritorialité. Pour le moment, il faut donc considérer toute controverse engagée à ce sujet comme étant sans importance.[2]

Au point de vue de la théorie, il serait sans doute facile d'élever des doutes relativement à la question de savoir si la pratique générale des États sur cette matière repose sur des convenances précaires ou sur la conviction d'une nécessité réelle; si, en conséquence, il ne serait pas permis à chacun d'eux de s'éloigner des maximes actuelles, sans porter atteinte aux droits des autres?[3] Mais en supposant même que cette question doive être résolue dans un sens affirmatif, il faudra toujours convenir que la juridiction civile de l'État sur le ministre étranger ne devra pas dépasser les limites dans lesquelles elle doit se renfermer à l'égard d'un étranger non domicilié; et que dans tous les cas elle ne saurait entraîner, au détriment du ministre étranger, l'application de la contrainte par corps ni la saisie de ses biens meubles.

[1]) Bynkershoek, dans son excellente dissertation intitulée: De judice competenti, et Evertsen de Jonge, à l'endroit cité, ont expliqué parfaitement cette matière, tant au point de vue doctrinal qu'historique. Ce dernier toutefois, conformément à l'ancienne jurisprudence hollandaise à cet égard, a trop cherché à restreindre l'immunité du ministre dans l'intérêt du droit privé. V. les autres ouvrages cités par de Kamptz § 236 et d'Ompteda § 265.

[2]) C'est ce que Merlin déjà cherche à démontrer, sect. V, § 4, no. 1—9. Leyser, spec. 671 med. 19. Ward, Enquiry II, p. 497. Wildman I, p. 93. Phillimore II, 191. Halleck IX, 17.

[3]) Ainsi que le soutient Pinheiro sur Vattel IV, § 92 suiv.

Ce qui vient d'être dit de l'exemption de la juridiction civile s'applique également à l'exemption de la juridiction de police. Un ministre étranger, à la vérité, ne peut se dispenser, ni dans son hôtel ni au dehors, de l'observation des règlements de police qui ont pour but la sûreté et l'ordre publics. Il doit veiller à ce que, dans l'intérieur de son hôtel, il ne se commette aucun acte de nature à porter atteinte à la sûreté publique. Néanmoins, en cas de contravention, il n'y a pas lieu de procéder contre lui par voie de poursuite. Il faut se borner au contraire à son égard aux mesures applicables en cas d'infractions légères, indiquées par nous au paragraphe précédent.

5. Juridiction exercée par le ministre étranger sur les personnes de sa suite.

§ 216. La position exceptionnelle du ministre public à l'étranger, la fiction qui le fait considérer comme n'ayant point quitté le territoire de son souverain, l'idée enfin que le ministre, de première classe du moins, représente la personne du souverain, ont donné naissance à l'opinion qu'il exerce une juridiction spéciale sur les personnes de sa suite.[1] Les annales de la diplomatie citent un certain nombre d'envoyés diplomatiques qui se sont arrogé le droit de prononcer la peine capitale,[2] dans des limites à peu près tout aussi arbitraires que les souverains l'exerçaient à certaines époques sur leurs propres sujets. A plus forte raison ils revendiquaient à leur profit l'exercice d'une juridiction civile. Néanmoins ces prétentions n'ont jamais été admises d'une manière définitive dans la pratique des États. Dans tous les cas le droit de juridiction ne pouvait, et ne peut encore aujourd'hui être le résultat que d'une délégation formelle du gouvernement étranger. Mais ni celui-ci, ni le gouvernement près duquel le ministre est accrédité, ne peuvent l'autoriser à

[1]) Bynkershoek, loc. cit., chap. 15 et 21; Merlin sect. V, § 6, no. 2; sect. IV, no. 4 suiv.; le comte de Garden, dans son Traité complet de diplom. II, p. 143. 169 se sont prononcés en faveur de la juridiction du ministre. Contra Evertsen de Jonge p. 374.

[2]) Mémoires de Sully VI, 1 et Baron de Martens, Causes célèbres. II, 370.

exercer dans son hôtel une juridiction criminelle, pas plus qu'on ne le permettrait à un souverain étranger. Ce n'est qu'en Turquie et dans plusieurs autres États barbaresques, que les représentants des puissances européennes jouissent d'une juridiction très-étendue, notamment en matière pénale, „conformément aux usages des Francs.“ Aussi la Porte exige-t-elle que les ambassadeurs qu'elle envoie en Europe, jouissent, sur les gens de leur suite, d'une juridiction bien plus illimitée encore.[1]

Dans les cours européennes au contraire la juridiction du ministre a été circonscrite dans des limites très-étroites, et elle a été réservée presque entièrement aux tribunaux de la patrie. Voici cependant quelques-uns des cas principaux où elle se manifeste encore:

1° En cas de crime ou de délits commis par une personne de la suite du ministre, son rôle se borne à faire arrêter le prévenu ou à demander son extradition; à faire constater les faits, autant que les localités de l'hôtel le permettent, éventuellement à requérir à cet effet les autorités étrangères; à procéder à l'interrogatoire des gens de l'hôtel comme témoins; et généralement à procéder aux actes d'instruction et à faire mettre en exécution les actes de réquisition envoyés par les autorités judiciaires de son pays. Mais d'un autre côté, tant qu'il s'agit d'un délit ou d'un crime commis dans l'intérieur de l'hôtel par les gens de la suite du ministre, ou bien sur eux, et que le coupable a été saisi dans l'hôtel, le gouvernement près duquel le ministre est accrédité, ne peut, sous aucun prétexte, en demander l'extradition (§ 63, V ci-dessus).

2° Le ministre exerce la juridiction volontaire ou gracieuse à l'égard des personnes de sa suite. En conséquence il peut recevoir des testaments, légaliser les contrats et les actes de l'état civil, faire apposer des scellés etc.

Pour que de tels actes, faits par un ministre en faveur des sujets de son souverain, mais qui n'appartiennent point à sa suite, doivent être regardés comme valables, il faut qu'il ait

[1]) Moser, Beitr. IV, p. 256. de Steck, Versuche über verschiedene Materien. Berlin 1783. XII, p. 88. Mirus § 355.

reçu un mandat spécial à cet effet. Le gouvernement auprès duquel il est accrédité, pourra en outre refuser d'en admettre la validité toutes les fois que l'affaire en litige est envisagée par lui comme étant du ressort de ses tribunaux.

Dans aucune Cour de l'Europe chrétienne, les ministres étrangers ne sont investis du droit de statuer sur les contestations entre leurs nationaux ou seulement entre les personnes de leur suite.[1] Ils sont ici chargés exclusivement de mettre à exécution les commissions qui leur sont adressées, notamment celles qui ont pour objet un interrogatoire de parties ou de témoins, tout en se conformant aux prescriptions des lois de leur patrie.

Anciennement on revendiquait encore, en faveur du ministre, un certain droit de correction modérée sur les personnes de sa suite qui sont directement à ses gages. Mais un pouvoir semblable est peu conforme aux institutions de notre époque et ne se rencontre plus que dans des cas exceptionnels.[2]

QUELQUES AUTRES IMMUNITÉS DU MINISTRE PUBLIC.

§ 217. Outre les immunités qui viennent d'être indiquées, plusieurs autres encore ont été établies en faveur du ministre public, tant par une extension du principe d'exterritorialité que par des considérations d'hospitalité. Il s'agit notamment de l'immunité des impositions directes et indirectes, laquelle toutefois n'est fondée ni sur une nécessité interne, ni sur le caractère public de l'agent diplomatique. Son exemption de tout impôt personnel, tant pour sa personne que pour les gens de sa suite, résulte à la vérité de sa qualité d'étranger. Mais on ne s'en est pas tenu là: on a encore demandé et accordé l'exemption des impositions indirectes: on fait jouir en particulier le ministre public de l'immunité des droits d'entrée pour tous les objets qu'il est dans le cas de faire venir de l'étranger. Pourtant les abus auxquels cette exemption a souvent donné lieu, ont engagé la

1) Le comte de Garden, dans son Traité compl. de diplomatie. III, chap. 21, p. 143. 169. 170 soutient le contraire, mais il se trouve évidemment en contradiction avec la pratique moderne. V. Evertsen de Jonge p. 377.

2) Merlin sect. IV, no. 4 suiv. Martens, Völkerr. § 219. Evertsen p. 379.

plupart des gouvernements à limiter et à modifier considérablement un privilége que rien ne les obligeait à accorder aux représentants des puissances étrangères.

Ces derniers doivent donc tolérer la visite des objets qu'ils font arriver des pays étrangers, à la condition toutefois que les préposés de la douane, chargés de la visite, ne pénètrent ni dans leur hôtel, ni dans leurs équipages de cour. Au besoin on se contente à cet effet de l'affirmation par eux donnée qu'il ne s'y trouve aucun objet prohibé ou de contrebande.

En aucun cas l'immunité des impositions directes et indirectes accordée au ministre, ne comprend:

1° les charges réelles qui grèvent les immeubles par lui possédés dans le territoire où il réside, telles que les impôts fonciers;

2° les impositions personnelles qui grèvent l'exercice de certaines industries, étrangères aux fonctions du ministre, telles que les droits de patente;

3° les droits de péage et autres que l'on fait payer aux voyageurs pour l'entretien des routes, des ponts et chaussées ou canaux. Quelquefois on en exempte le ministre par pure courtoisie ou par convenance. Il en est de même des impositions communales, des droits de portes et fenêtres etc.

Néanmoins il serait difficile d'établir, au sujet de cette immunité internationale, des règles uniformes et d'une application générale.[1]

CÉRÉMONIAL D'AMBASSADE.

§ 218. La réception du ministre public par la Cour près de laquelle il est envoyé, forme un premier point très-important

[1]) V. Merlin sect. V, § 5, no. 2. Halleck IX, 24. Les dispositions des lois intérieures de plusieurs États sont indiquées par de Martens, Erzählungen, t. I et II, appendice. Pour la Russie un oukase de 1817 inséré dans le Nouveau Recueil par de Martens t. III, p. 96. En Espagne il existe un décret royal du mois d'octobre 1814. A Naples un décret royal du 22 février 1819, dans le Nouveau Recueil par de Martens t. V, p. 346. En Prusse un règlement de 1797. A Stockholm les ministres étrangers jouissent depuis 1825 d'une exemption générale de tous les impôts.

du cérémonial diplomatique. Il n'existe aucun mode uniforme en matière de cérémonial: l'usage suivi dans chaque Cour sert de guide et est la seule règle à suivre en cette matière. Le ministre peut prétendre seulement à être reçu avec les égards dus au rang du souverain qu'il représente et au rang personnel qu'il occupe lui-même dans la hiérarchie diplomatique. Il est en droit d'exiger d'être traité à l'égal des autres représentants du même ordre.

A cet effet il doit, en arrivant dans le lieu de sa résidence, notifier ou faire notifier son arrivée au Ministre des affaires étrangères, et demander le jour auquel il peut être admis à l'audience du souverain, pour lui présenter sa lettre de créance. Le style ou l'usage adopté dans chaque Cour, ainsi que la volonté du souverain, décident si la réception du ministre étranger doit avoir lieu dans une audience publique ou privée. Il en est de même des formalités plus ou moins solennelles de son arrivée et de son départ, de l'entrée ou de l'introduction de l'ambassadeur. Le droit international n'a pas la mission de retracer minutieusement tous ces détails. Il se contente de poser en règle générale, qu'elles ne doivent contenir rien de blessant pour la dignité et le respect mutuel des États.[1]

Il en est de même des visites d'étiquette qu'un ministre, après s'être dûment légitimé auprès du souverain, est dans le devoir de faire soit aux membres du corps diplomatique, soit à d'autres personnes. C'est encore une affaire de convenances politiques, bien que souvent il ait été question ici de droits qui ont provoqué des discussions ardentes.

De pures visites de convenance, dont un ministre ne saurait se dispenser dans un État monarchique, sont celles qui ont pour objet sa présentation à l'épouse du souverain, au successeur présomptif de la couronne, aux princes et aux princesses du sang; ensuite les visites rendues au Ministre des affaires étrangères et aux membres du corps diplomatique. Sous ce dernier rapport, il a été souvent question d'un droit de première visite. L'ambassadeur ou ministre de première classe attend que le Ministre des affaires étrangères, et surtout les membres présents du corps

[1]) V. là-dessus Bynkershoek, Quaestiones juris publ. II, 7. Wicquefort t. I, chap. 19.

diplomatique, lui fassent la première visite d'étiquette: il exige même très-souvent des ministres de seconde classe qu'ils lui fassent demander le jour et l'heure à laquelle ils peuvent la lui faire. Cependant tout repose ici sur des usages de pure courtoisie, et rien ne peut être exigé à titre légal.[1]

RANG DES AGENTS DIPLOMATIQUES ENTRE EUX.

§ 219. La jalousie avec laquelle les gouvernements ont veillé en tout temps au respect de leur dignité, a motivé de leur part de nombreux règlements relatifs au rang à observer respectivement entre leurs agents diplomatiques. Sous ce rapport encore l'esprit de notre époque et de nos moeurs s'est relâché considérablement de la rigueur des anciennes maximes. C'est ce qui nous permet de les réduire aux propositions suivantes:

I. Entre les ministres de la même puissance, le rang se règle d'après les instructions de leur souverain, et tacitement d'après l'ordre établi dans la lettre de créance commune.

II. Entre les ministres de différentes puissances, on se règle d'après le rang auquel ils appartiennent, sans avoir égard au rang de leurs souverains respectifs.

III. Entre les ministres du même ordre on suivait autrefois le rang de leurs souverains ou le rang du souverain près duquel ils étaient envoyés, vis-à-vis de ceux qu'ils étaient chargés de représenter. Mais le règlement inséré au protocole des plénipotentiaires des huit puissances signataires du traité de Vienne, du 19 mars 1815, prescrit sous ce rapport: que les employés diplomatiques prendront rang entre eux, dans chaque classe, d'après la date de la notification officielle de leur arrivée, sauf la préséance que les puissances, catholiques du moins, s'accordent à concéder aux représentants du Pape. Il dispose en outre que les liens de parenté ou d'alliance de famille entre les Cours, ne donnent aucun rang à leurs agents diplomatiques; et que les agents en mission extraordinaire ne jouissent, à ce titre, d'aucune supériorité de rang.

IV. Il est d'usage, lorsqu'un ministre reçoit ou traite chez

[1]) V. Gutschmid, resp. Ferber, de praerogativa ordinis inter legatos. Lips. 1755. Merlin sect. IV.

lui des ministres du même rang, qu'il leur accorde le pas ou la préséance. Les ambassadeurs seuls se dispensent de l'observation de cette règle, surtout à l'égard des agents d'une classe inférieure.[1]

PRÉROGATIVES SPÉCIALES DES MINISTRES DE PREMIÈRE CLASSE.

§ 220. Dans la pratique moderne des États européens, des honneurs particuliers ont toujours été accordés aux ambassadeurs, qui sont censés jouir à un degré éminent du caractère représentatif. C'est en vertu de ce caractère qu'ils prétendent avoir le pas immédiatement après les princes du rang impérial ou royal, et qu'ils le demandent sur tous les princes régnants quand ceux-ci ne sont pas d'un rang égal à celui de leur souverain. Cette prétention toutefois ne s'appuie sur aucune raison suffisante, le caractère représentatif de l'ambassadeur n'étant qu'une simple fiction dénuée de toute vérité interne. Le mandataire d'une personne physique ne se confond jamais avec celle-ci. De même la personne du souverain ne saurait se multiplier, en conférant à d'autres des prérogatives exclusivement accordées au souverain seul.[2] Il en résulte que le ministre de première classe n'est, dans l'État près duquel il est envoyé, qu'un sujet étranger de premier rang, supérieur à d'autres sujets comme représentant de son souverain, mais aucunement en droit de demander le pas sur des princes régnants.

Les prérogatives reconnues des ministres de première classe sont les suivantes:

1° ils jouissent du titre d'*excellence*, qu'ils sont en droit d'exiger de tous ceux avec lesquels ils traitent par écrit ou de vive voix, à l'exception toutefois du souverain auprès duquel ils sont accrédités;

2° ils ont le droit d'avoir un dais dans leur salle de cérémonie;

3° ils ont le droit de se couvrir pendant la cérémonie de leur présentation au souverain, auprès duquel ils sont envoyés,

[1]) Comparez Gutschmid dans l'ouvrage cité.

[2]) H. Cocceji, De repraesentatione legator., et sur Grotius II, 18, 4.

mais seulement après que ce dernier a remis son chapeau sur sa tête;[1]

4° le droit d'aller à six chevaux;

5° le droit de recevoir des honneurs militaires.[2]

On accorde aux légats et aux nonces du Pape, dans les Cours catholiques du moins, le pas sur les ambassadeurs; c'est ce qui s'explique par la position particulière de l'Église romaine.[3] Néanmoins la Cour de Rome n'a pas réussi à obtenir, en faveur des cardinaux-légats, le rang que leur donne le cérémonial établi par Sixte V.[4]

DE LA FAMILLE ET DE LA SUITE DU MINISTRE PUBLIC.

§ 221. Au nombre des personnes appartenant à la suite du ministre public, qui participent à plusieurs de ses prérogatives, savoir à l'inviolabilité personnelle et à l'exterritorialité, on distingue notamment les suivantes:

1° les femmes des ministres, pendant le séjour de ces derniers dans le territoire étranger.

En général, l'épouse du ministre ne jouit pas de droits honorifiques particuliers: traitée comme une étrangère d'un rang élevé, ce n'est que par courtoisie qu'on lui accorde parmi les dames de la cour la place d'honneur que son mari est en droit de prétendre sur les maris de celles-ci. L'épouse seule de l'ambassadeur porte de titre d'ambassadrice: elle a le droit du tabouret dans les cercles de l'impératrice ou de la reine, à moins que les coutumes de la cour ne s'y opposent. Mais elle ne saurait prétendre à l'exercice de son culte dans une chapelle particulière en son hôtel.[5]

2° Les enfants et les autres personnes de la famille du ministre qui résident près de lui.

1) Wicquefort I, chap. 19, p. 229. Ward, Enquiry II, p. 563. 602. note.

2) Quelquefois leur arrivée a été annoncée à coups de canon. Moser, Beiträge III, p. 187.

3) Cet usage est contesté. V. Moser, Versuche IV, p. 52.

4) Ward, Enquiry II, p. 385. 386.

5) Fr. Ch. de Moser, Kleine Schriften. Vol. IV. Gessner, de iure uxoris legati. 1851. En Angleterre les comtesses ont le pas sur les ambassadrices.

Par rapport au cérémonial diplomatique, ces derniers sont traités comme des étrangers, selon le rang qu'ils occupent dans la société.

3° Les secrétaires d'ambassade et ceux de légation de première et de seconde classe, chargés de diverses fonctions qui sont fixées par leur gouvernement respectif.

Ils ne peuvent pas prétendre à un cérémonial particulier à la Cour près de laquelle ils remplissent leurs fonctions.

4° Les personnes attachées aux missions, notamment à celles de première classe, le directeur de chancellerie, le secrétaire-interprète; les gentilshommes portant le titre d'attachés et d'élèves, les pages dans des missions de grande cérémonie, telles que les demandes en mariage.

5° L'aumônier et le médecin attachés à la mission.

6° Les officiers de la maison et les gens à livrée, employés au service particulier du ministre.

Anciennement on accordait aux questions relatives au personnel d'ambassade une importance qu'elles ont cessé d'offrir aujourd'hui. Sous ce rapport aussi l'opinion publique, ainsi que des considérations économiques, ont introduit des changements notables. Les gouvernements ont incontestablement le droit de s'opposer à une augmentation exagérée du personnel des missions diplomatiques. Ils pourront, dans un intérêt de police intérieure, faire inviter les ministres étrangers à envoyer au département des affaires étrangères, après leur arrivée, la liste des personnes appartenant à leur suite, et à indiquer les changements qui peuvent survenir pendant le temps de leur mission.[1] Ils imposent en outre à leurs sujets certaines conditions relativement à l'entrée en service de ministres étrangers.[2]

Toutes les personnes qui viennent d'être indiquées, jouissent de la protection spéciale du droit international, et ne sont point soumises aux lois et à la juridiction du territoire où elles résident, lors même qu'elles seraient sujets de ce territoire. En

[1]) La bulle d'or (aurea bulla) de l'empereur Charles IV déjà a tracé de sages limites relativement au personnel d'ambassade des Électeurs de l'Empire.

[2]) V. pour les États-Unis de Martens, Erzählungen II, p. 398.

conséquence elles sont exclusivement justiciables, tant en matière civile qu'en matière criminelle, des tribunaux de leur propre pays ou du ministre, dans les limites de la juridiction qui lui a été déléguée. C'est un principe généralement admis dans la pratique moderne des États. Nous citons à ce sujet pour l'Angleterre un acte du parlement de 1789; pour la France un décret du 11 décembre 1789; pour la Prusse le code général de procédure (Allgemeine Gerichtsordnung, tome I titre 2 §. 63, 67 et suiv.); pour les États-Unis un acte du Congrès de 1790; pour le Danemark une ordonnance royale du 8 octobre 1708.[1]

Dans les congrès qui réunissent un grand nombre de plénipotentiaires de diverses puissances, on est convenu quelquefois de soumettre les gens de service des ministres à la juridiction des autorités locales. C'est ce qui est arrivé, par exemple, dans les congrès de Münster, de Nymègue et de la Haye.[2]

Il est encore incontesté que les personnes de la suite d'un ministre, dès qu'elles quittent son service, sont justiciables des tribunaux des lieux où elles se trouvent. Mais il n'en est pas ainsi des sujets du souverain représenté par le ministre: à moins d'une autorisation spéciale, ce dernier ne doit guère consentir à leur extradition, pour les faire juger par les tribunaux locaux.[3] Le ministre n'exerce pas non plus un pouvoir semblable à l'égard des personnes de sa famille, ni à l'égard de celles qui ne sont point à ses gages, mais qui sont nommées par son gouvernement et qui sont attachées à la mission. Elles

[1]) Merlin sect. V, § 2 suiv. Dalloz, Dictionnaire du droit, m. Agent diplomatique. no. 10 et 20. de Martens, Causes célèbres. I, p. 59. Idem, Erzählungen I, p. 353; II, p. 397. — Les principaux publicistes s'accordent sur ce point. V. Ward, Enquiry II, p. 553 suiv. Des contestations qui ont surgi sur ce point en 1790 encore entre le gouvernement prussien et la Cour palatinale, sont racontées par de Martens, Nouv. causes célèbres II, p. 22 suiv. Il cite (t. I, p. 247) un autre cas, où un gouvernement soutenait l'exterritorialité des domestiques de son représentant, en employant des représailles.

[2]) Wicquefort t. I, chap. 28. Règlement des États-Généraux du 29 mai 1697.

[3]) V. Vattel IV, 124, qui oublie seulement qu'en pareil cas le ministre ne doit pas agir sans instructions.

jouissent des garanties résultant de leur caractère politique ou constitutionnel.[1]

Les personnes attachées à une ambassade en France, ne peuvent être citées devant les tribunaux français pour l'exécution des obligations par elles contractées, en cette qualité, envers des Français. (Dalloz, Jurispr. gén. I. 330.)

Enfin il est inutile de faire remarquer que le gouvernement près duquel le ministre est accrédité, conserve toujours le droit de l'éloigner, ainsi que les personnes de sa suite, lorsqu'ils se rendent coupables d'un crime d'État, et d'employer les mesures que les circonstances rendent nécessaires pour assurer la sûreté de l'État et le maintien de l'ordre public.[2]

II. AGENTS ET COMMISSAIRES.

§ 222. Les publicistes modernes ne se sont expliqués que d'une manière très-vague sur le véritable caractère des agents ou des commissaires, chargés d'affaires particulières d'un État ou d'un souverain.[3] La vanité diplomatique, autant qu'une espèce de superstition politique, ont contribué à obscurcir ce caractère. Pour le faire ressortir dans toute sa netteté, il importe d'établir plusieurs distinctions:

I. Les simples agents chargés d'affaires particulières ou privées d'un État ou d'un souverain, dépourvus de fonctions politiques, telles que la négociation d'un emprunt, l'administration et la surveillance de domaines privés du souverain, situés en pays étranger etc. Dans ces divers cas il ne saurait être question d'une mission diplomatique, ni des immunités y attachées.

II. Les agents secrets, qu'on envoie et qu'on accrédite auprès

[1]) Pour les secrétaires de légation v. Vattel IV, 122. Merlin sect. VI, no. 6.

[2]) Une ordonnance royale portugaise du 11 décembre 1748 déclara même en cas de contraventions, les personnes de la suite du ministre déchues de leur exemption et punissables d'après les dispositions des lois. V. de Martens, Erzählungen I, p. 339.

[3]) Il est curieux de voir les efforts que, par exemple, Wicquefort et Vattel IV, 75 se donnent pour ne rien dire de bien précis sur ces personnes.

d'un gouvernement étranger, sans leur donner toutefois le caractère formel de ministre public. Quelquefois aussi ils sont chargés seulement de se procurer certains renseignements par des voies régulières, quoique secrètes; ou bien de faire des communications extraordinaires à un gouvernement étranger et d'en recevoir à leur tour. Ces derniers ne peuvent non plus prétendre à aucune espèce de cérémonial diplomatique, ni aux immunités du ministre.

III. Les agents et les commissaires envoyés en pays étranger avec des instructions formelles et patentes, mais sans titre officiel, soit parce que les circonstances s'opposent encore à l'établissement de relations régulières et permanentes, soit pour l'exécution seulement de quelque article d'un traité ou d'une convention, une délimitation de frontières etc. Ces agents jouissent ordinairement des prérogatives accordées en général aux ministres publics (§ 204. 205), prérogatives que l'absence d'un titre officiel ne saurait certainement leur enlever.[1] Ceci est d'autant plus vrai qu'anciennement il n'existait, en dehors du titre d'ambassadeur, aucun autre que celui de simples agents, dont le caractère diplomatique n'a jamais été contesté. Le droit d'exterritorialité toutefois ne s'applique pas à ces agents dans toute son étendue.[2]

Les consuls occupent une position particulière que nous examinerons plus loin (§ 244).

FIN DES MISSIONS DIPLOMATIQUES.

§ 223. Conformément à la nature légale du mandat, les fonctions de l'agent diplomatiques cessent:

[1]) Vattel aussi, à l'endroit cité, ne le leur conteste pas en définitive. Une ordonnance des États-Généraux, en date du 29 mars 1651, reconnaît expressément ce principe. V. Moser, Beiträge IV, p. 530. La pratique générale des États, à la vérité, ne s'est pas toujours accordée là-dessus. Ainsi, en France, on refusait autrefois toute immunité diplomatique aux agents des villes hanséatiques, chargés de leurs intérêts internationaux de commerce. Merlin sect. I, no. 5 in fine.

[2]) C'est le cas où se trouvent les commissaires que les membres principaux du Zollverein s'envoient mutuellement. Ils sont exempts de la juridiction territoriale et d'impôts publics.

1° lorsque le but de la mission est rempli;
2° lors de l'expiration du terme fixé pour la durée de la mission;
3° par la mort de l'agent;
4° par le rappel de l'agent ou la révocation de ses fonctions, laquelle résulte implicitement de sa nomination à d'autres fonctions, incompatibles avec les précédentes;
5° par le décès soit de son souverain, soit de celui auprès duquel il était accrédité, dans le cas où la mission avait pour objet des affaires purement personnelles, ou lorsque les pouvoirs s'adressaient exclusivement au souverain décédé.

Ce dernier cas existe ordinairement aujourd'hui à l'égard des ministres de première et de seconde classe, y compris les ministres résidents. Ils sont obligés, après le décès de leur souverain ou de celui auprès duquel ils étaient accrédités, de produire de nouvelles lettres de créance ou de nouveaux pouvoirs, pour que l'on puisse continuer à traiter avec eux. Les fonctions des simples chargés d'affaires au contraire, dont les pouvoirs découlent directement du caractère officiel du ministre des affaires étrangères, ne cessent pas par le décès de ce dernier.[1]

Les fonctions de l'agent diplomatique cessent encore par suite d'une impossibilité de continuer l'objet de sa mission; notamment

1° lors d'une guerre entre les deux États, à moins que cette éventualité n'ait été prévue dans ses pouvoirs;[2]
2° lorsqu'il est renvoyé par le gouvernement auprès duquel il est accrédité, ou lorsque ce dernier refuse de le recevoir et de traiter avec lui.

Le renvoi qui a lieu pour motifs insuffisants, est de nature à provoquer des mesures de rétorsion et à justifier une demande en réparation, s'il est accompagné de procédés blessants. Il faut, bien entendu, que son renvoi n'ait pas été provoqué par sa propre conduite.[3]

1) Pinheiro-Ferreira sur Vattel IV, 76.
2) Wicquefort, l'Ambassadeur. I, sect. 30, p. 445.
3) Des exemples de renvoi d'un ministre sont racontés par Wicquefort

Enfin les fonctions de l'agent diplomatique, et par suite son caractère officiel, sont suspendus seulement:

1° en cas de mésintelligence entre les deux États, lorsqu'elle n'est pas suivie de l'ouverture d'hostilités;

2° en cas d'événements importants survenus pendant le cours de la mission, qui en rendent la continuation problématique ou des modifications probables, tels qu'un changement de règne. En pareil cas, il est d'usage que la suspension des fonctions diplomatiques soit dénoncée par l'une ou par l'autre partie;

3° en cas de décès ou d'abdication volontaire ou forcée de l'un des deux souverains.

En effet, une extinction des pouvoirs de l'agent diplomatique ne se présume pas de plein droit, à moins qu'ils ne soient, ainsi que nous venons de le dire, d'une nature exclusivement personnelle. Autrement, un changement de règne n'est tout au plus que suspensif de l'exercice des fonctions diplomatiques.

EFFETS DE LA SUSPENSION ET DE LA FIN DES MISSIONS DIPLOMATIQUES.

§ 224. Le caractère international du ministre public ne cesse tout d'un coup ni par la suspension ni par la fin de sa mission. Dans l'ancien monde et au moyen âge, l'usage existait, en cas de mésintelligence ou de rupture survenue entre deux gouvernements, de se livrer à des actes de violence, souvent d'une atrocité féroce, envers les envoyés diplomatiques réciproques. La Porte Ottomane aussi, jusqu'à une époque fort récente, suivait l'usage de retenir comme otages les ministres étrangers des puissances avec lesquelles elle était en guerre, et de les faire enfermer aux Sept-Tours.[1] Mais de meilleures pratiques ont prévalu depuis longtemps dans l'Europe chrétienne et à Stamboul. La personne du ministre étranger est inviolable

p. 443. Moser, Kleine Schriften VIII, p. 81; IX, p. 1. de Martens, Causes célèbres. II, p. 485.

1) Ward, Enquiry I, p. 285; II, p. 477. Pütter, Beiträge p. 167.

même chez l'ennemi. Telle fut la maxime proclamée déjà par le droit canon.[1]

Quand, par suite d'événements imprévus, le ministre se trouve dans le cas de suspendre ses fonctions, il ne cesse jamais pour cela de jouir des prérogatives dues à son caractère public: la suspension a pour effet seulement l'interruption des relations d'État à État.

Dans le cas où la mission est terminée entièrement, le gouvernement intéressé a encore incontestablement le droit de mettre ses intérêts en sûreté, et de retirer librement du territoire étranger les personnes et les choses qui lui appartiennent. Ainsi, en cas de mésintelligence ou d'hostilités mêmes, il faut accorder au ministre étranger les moyens et le temps nécessaires pour retourner dans son pays avec sa suite et ses effets. Il faut respecter son caractère d'exterritorialité ou d'inviolabilité,[2] en lui accordant un délai convenable. Un délai évidemment trop court constituerait une violation du droit international. Ce ne sera qu'à l'expiration de ce délai, ou si le ministre vient à annoncer que ses fonctions ont cessé entièrement et qu'il se retire dans la vie privée, qu'il n'y a plus lieu de respecter son caractère officiel.

§ 225. Lorsqu'un ministre vient à mourir dans le pays où il a été envoyé, il n'existe à la vérité aucun cérémonial particulier relativement à sa sépulture.[3] Le droit d'exterritorialité, dont le défunt jouissait de son vivant, autorise la famille à faire transporter le corps embaumé dans sa patrie. En ce cas, si le corps n'est pas inhumé dans le lieu même du décès, il est d'usage de l'exempter des droits d'étole et d'autres charges sur le territoire que le convoi doit traverser.[4]

[1]) Canon 2 distinct. 1.

[2]) Bielfeld, Institutions II, p. 179, § 30. Il est juste que le ministre renvoyé soit exempt des droits de sortie, ainsi que le prescrivait formellement le décret royal de Naples du 22 février 1819. Nouveau Recueil t. V, p. 346.

[3]) Un écrivain de l'époque de Louis XIV a fait cette observation singulièrement curieuse: „Dès qu'un ambassadeur est mort, il rentre aussitôt dans la vie privée.“

[4]) Moser, Versuch IV, p. 192.

La veuve et la famille, ainsi que les personnes de la suite du ministre défunt, continuent à jouir pendant un certain délai qui leur est fixé, ou jusqu'à leur départ, des immunités auxquelles il pouvait prétendre de son vivant.[1] Elles peuvent, bien entendu, y renoncer en rentrant dans la vie privée. Les biens meubles dépendant de la succession doivent leur être remis libres de droits de mutation et d'autres charges. Le partage de la succession est exclusivement régi par les lois de la patrie du défunt. Mais il est permis aux créanciers dans le pays du décès, d'y faire valoir tous leurs droits.

L'apposition des scellés est un acte qui appartient exclusivement à la juridiction de l'État représenté par le ministre défunt. En effet il importe que tout ce qui touche aux intérêts de cet État soit mis en sûreté et à l'abri d'une indiscrétion. C'est donc au secrétaire d'ambassade ou de légation de la même puissance, à faire procéder à l'apposition des scellés et à faire dresser un inventaire des biens meubles et immeubles de la succession.[2] A défaut d'un secrétaire de légation, un ministre de Cour alliée fait procéder à ces actes: à Rome le cardinal-protecteur est chargé de remplir ces fonctions. Le gouvernement auprès duquel a résidé le ministre étranger, ne doit faire apposer les scellés et pourvoir à la sûreté des archives que dans un cas extrême, avec tous les ménagements dus aux intérêts de la puissance alliée.

§ 226. Lorsqu'un ministre vient à être rappelé d'une Cour, sans qu'il existe des raisons de mésintelligence qui l'obligent à la quitter, il est d'usage de lui faire remplir à peu près les mêmes formalités, observées par lui lors de son arrivée. Les ministres de première et de seconde classe, quelquefois aussi les ministres-résidents remettent au souverain, dans une audience de congé, publique ou privée, leurs *lettres de rappel*. Le souverain remet au ministre partant une lettre en réponse à celle de rappel. Dans cette *lettre de récréance*, il exprime la satis-

1) Moser, Abhandl. verschiedener Rechtsmaterien. VI, p. 438. Leyser, Meditat. V, spec. 671. Engelbrecht, Observat. selectae forens. Spec. 4.

2) C. F. Pauli, De obsignatione rerum legati ejusque comitatus. Halae 1751. Moser, Versuch IV, p. 569.

faction de la conduite tenue par le ministre pendant le séjour à sa Cour. On l'accompagne très-souvent de l'envoi de présents ou bien, selon les usages les plus récents, de celui de décorations. Toutefois cela est une affaire de pure convenance, qui n'a rien d'obligatoire.[1]

Sous aucun prétexte il n'est permis de retenir un ministre étranger, ni les personnes de sa suite, ni les choses qui lui appartiennent, sur le territoire où il réside, si ce n'est par voie de rétorsion. Tant que le terme fixé pour son départ n'est pas expiré, aucun acte de souveraineté ou de juridiction n'est admissible à son égard, pas plus que pendant la durée de l'exercice de ses fonctions. On ne peut former contre lui aucune demande en justice, ni pratiquer une saisie-arrêt ou une contrainte quelconque. Le gouvernement près duquel le ministre est accrédité, ne peut donc pourvoir aux intérêts de ses sujets et à leurs réclamations contre lui et sa suite, que par des voies indirectes. Ainsi, par exemple, après avoir fait annoncer dans les journaux le prochain départ du ministre, il doit intercéder auprès de lui d'une manière officieuse en faveur des créanciers, dont les réclamations ont été liquidées, sans que toutefois il puisse refuser de lui délivrer ses passe-ports. Il n'y a que les immeubles particuliers du ministre, qui demeurent soumis à la juridiction du territoire où ils sont situés. A l'égard des meubles qui sont soumis au droit de revendication de la part d'un regnicole, il sera permis de prendre certaines mesures conservatoires par voie administrative, pourvu qu'elles ne portent point atteinte à l'inviolabilité personnelle du ministre.[2]

Si le ministre étranger, après avoir cessé ses fonctions, continue à résider dans le pays où il était envoyé, il ne peut décliner la juridiction des tribunaux de ce pays, même à raison

[1]) Moser, Versuch IV, p. 531. Beiträge p. 432 suiv. Pour les usages les plus récents v. Mirus § 180—182.

[2]) Merlin sect. V, § 4, no. 6 et 7. Evertsen revendique des droits plus étendus en faveur de la juridiction territoriale. — Il a été jugé qu'aucune saisie des biens d'un ministre étranger ne peut avoir lieu en France pour des dettes contractées avant ou pendant le cours de sa mission (Paris 15 avril 1813, Sirey 1814, II, 306).

de ses engagements antérieurs. Il en est autrement de crimes ou de délits commis par lui ou par les gens de sa suite pendant la durée de ses fonctions. L'exercice de l'action pénale est paralysé à leur égard par la fiction de l'exterritorialité qui les fait considérer comme n'ayant point quitté le territoire de leur souverain. Les actions civiles au contraire, protégées par le droit des gens, peuvent être poursuivies en tous lieux.

SECTION II.

DE L'ART DIPLOMATIQUE.[1]

DÉFINITION.

§ 227. La diplomatie ou le maniement des rapports extérieurs est un véritable art de l'homme politique agissant au dehors, art qui s'appuie sur des bases rationnelles et qui se propose des buts conformes à la raison. Ses bases sont les droits et la sûreté des États, son but leurs intérêts légitimes. Toute diplomatie qui se rend l'instrument d'une politique ambitieuse, qui sème la division pour régner, manque à son principe et est digne de reproches. Elle doit éviter d'être turbulente et trop active. Elle ne doit pas surtout prétendre au rôle d'arbitre des destinées des nations, mais se contenter de celui plus modeste de les contenir dans les limites qui leur sont tracées par un ordre supérieur. Car elle ne doit pas perdre de vue qu'une direction suprême préside à l'histoire des États et que chaque État vit de sa vie individuelle dans la chaîne des événements. Un État peut à la vérité, par une surexcitation de ses forces, sortir momentanément de la voie qui lui est tracée dans l'histoire, et acquérir une importance passagère, peu en rapport avec ses ressources. Mais à une époque de surexcitation succède nécessairement une époque de prostration et d'épuisement. L'État qui a trop présumé de ses forces, retombe d'une manière peu glorieuse dans une position souvent au-dessous de celle qu'il devait occuper d'après l'ordre naturel des choses. C'est là précisément

[1]) V. les ouvrages cités au § 199, qui traitent aussi de l'art diplomatique, quoique seulement sous un point de vue extérieur. V. en outre: Kölle, Betrachtungen über Diplomatie. Stuttgart et Tubingue 1838.

que se manifeste la vraie science diplomatique comme fondement de l'action diplomatique, à savoir dans une entente profonde de l'histoire et des rapports donnés. Loin de se borner à chercher seulement dans l'histoire des exemples bons à imiter, elle doit s'appliquer surtout à reconnaître tout ce qu'il y a de vrai et de nécessaire dans les rapports établis.

La mission de l'art diplomatique consiste ainsi à construire, à l'aide des rapports établis, les règles de conduite nécessaires aux droits et à la prospérité des États, à combattre par des voies morales le mal et le nuisible, et enfin à maintenir, jusqu'à sa suprême limite, l'honneur des nations.[1] La diplomatie qui se met au service d'une coterie ou d'une caste, qui poursuit un système factice, contraire à la marche de l'histoire et de l'esprit du monde, mérite un blâme sévère. Elle doit s'en prendre en ce cas à elle-même, si elle arrive à des résultats diamétralement opposés à ses combinaisons.

Si l'art diplomatique a pour base et pour but la vérité, il emprunte ses moyens à la vérité: il ne doit pas dégénérer en art de mensonge. Sous ce rapport il se rapproche de l'art oratoire, auquel il ressemble sur bien des points. C'est la vérité encore qui forme le principal champ d'action de l'art oratoire. Sa mission consiste à mettre au jour des vérités inconnues ou à les éclaircir. Il n'est plus digne d'estime lorsqu'il se met au service d'une cause immorale ou contraire à la justice.

ORIGINES ET PROGRÈS DE L'ART DIPLOMATIQUE.

§ 228. Le lien intime qui existe entre l'art diplomatique et l'art oratoire a sans doute eu pour effet, dans le monde ancien, d'appeler les orateurs à la conduite des négociations politiques. C'est sur le „forum“, au grand jour de la publicité, que se débattaient les destinées des peuples. L'orateur, l'homme d'État et l'ambassadeur ne formaient alors le plus souvent qu'une seule personne. La diplomatie ne s'était pas encore détachée

[1]) D'excellentes observations en ce sens se trouvent déjà dans Mably, Principes des négociations. chap. 2. V. aussi Macchiavel, Del principe. chap. 25.

comme une branche spéciale de la science politique, bien que des exemples d'éminents diplomates abondent dans l'antiquité.

Au moyen âge la diplomatie, comme tant d'autres choses, formait le patrimoine du haut clergé: quelquefois les hommes de l'épée s'en chargeaient à leur tour. Elle fut alors simple, dénuée de tout art et concise. Après la suppression des franchises populaires et municipales, lors de la transition de l'État féodal à l'État administratif et absolu, la diplomatie s'est transformée en instrument docile au service de la politique caractérisée plus haut (Introduction, page 11). Ce fut en général une diplomatie du mensonge — et l'on ne cherchait guère à en disconvenir — ou l'art de dissimuler caché sous le masque de formes conventionnelles. La maxime à l'ordre du jour fut alors: „Qui nescit dissimulare nescit regnare", et ensuite: „il faut répondre au mensonge par le mensonge." Semer partout, pour l'intérêt du prince, l'espionnage et la corruption, telle fut la mission principale de la diplomatie. Louis XI de France et Ferdinand-le-Catholique ont été les types de cette politique dite macchiavélique.[1]

Les progrès des moeurs et de l'éducation publique qui s'accomplissaient sous la propagande de la renaissance des lettres et des beaux-arts dès la fin du xve siècle, apportaient du moins une ombre de bonne foi et de justice dans les allures de la diplomatie, quoiqu'au fond le secret, la ruse et des prétextes factices continuassent toujours à en être les ressorts principaux. C'est l'époque de Charles V et de Philippe II.[2] Plus tard elle va s'abriter sous l'éclat de la galanterie, d'un ton exquis, de futilités de toute espèce. Elle devient le jouet des Cours et elle se perd dans les intrigues qui les agitent. Elle arrive à son apogée sous Louis XIV. La Cour de Versailles devient une espèce de Parnasse de la diplomatie moderne, où, à quelques exceptions près, l'Europe entière vient brûler l'encens pendant la seconde moitié du xviie et la première moitié du xviiie siècle. Malgré ses roueries, malgré l'extrême souplesse de sa manière de négocier, elle n'en cherche pas moins à couvrir toutes ses préten-

1) Flassan, Histoire de la diplom. franç. I, p. 235. 246. 247. 306.

2) Mably chap. IV, p. 37. Flassan p. 372.

tions et ses exigences du masque de la justice. Avec quel art infini la diplomatie française ne s'est-elle pas efforcée de prouver que le testament de Charles II d'Espagne devait déroger à l'acte de partage précédemment conclu![1] Quelle atteinte profonde les chambres de réunion de Louis XIV n'ont-elles pas portée aux principes de la justice! Sous quels prétextes futiles se sont accomplis les actes successifs du partage de la Pologne!

Pendant cette période de la diplomatie française on rencontre néanmoins de temps en temps des tentatives marquées au coin de la loyauté, des efforts faits dans l'intérêt de la vérité et de l'évidence, comme, par exemple, au congrès de Westphalie. A ce congrès des docteurs en droit, avec des formes pédantesques, viennent plaider les causes des parties respectives. La diplomatie britannique n'a pas, du moins depuis l'entrée de la Grande-Bretagne dans son époque de grandeur et de liberté, encouru le reproche de poursuivre ses fins par la duplicité et le mensonge. Elle s'est fait remarquer plutôt par des procédés opposés, par l'absence d'égards et par la rudesse.

Enfin la diplomatie de la République française se manifeste avec toute l'ardeur impétueuse du torrent révolutionnaire. En s'affranchissant souvent des formes reçues, elle ne reconnaît d'autres bases que la puissance et ses convenances. Elle ne respecte aucun droit acquis. Elle se maintient avec cet esprit sous l'Empire, en même temps qu'elle reprend les formes monarchiques, sous un ton dominateur et absolu. Après la chute du premier Empire, les hommes d'État des Cours souveraines représentées au Congrès de Vienne, n'avaient qu'un but, le rétablissement de l'équilibre politique. Le retour à l'ancien état des choses étant devenu impossible, il fallait trancher arbitrairement les questions de population et de territoire. Il fallait couvrir des créations en partie arbitraires d'une métaphysique pleine de mysticisme et dont la légitimité allait devenir le symbole. Divers obstacles toutefois s'opposaient à la faire proclamer hautement.

Le rôle actuel de la diplomatie nous paraît consister surtout à maintenir la paix générale, à favoriser le commerce et

[1]) Lamberty, Histoire du siècle. I, p. 221. 243.

l'industrie dans les voies nouvelles où ils sont entrés, et à assurer le bien-être matériel des peuples.

CARACTÈRES DIPLOMATIQUES.[1]

§ 229. De grands caractères politiques ont été de tout temps fort rares. Un grand nombre d'entre eux sans doute sont restés inconnus dans l'histoire: tous ceux surtout qui, tout en travaillant dans des positions subalternes, n'en ont pas moins contribué au succès de négociations dont d'autres devaient recueillir la gloire. Au surplus l'historien doit se taire quelquefois sur les faits diplomatiques des hommes d'État: car il ne lui est pas toujours permis de lever le rideau et de voir ce qui se passe dans les coulisses.

Nous n'avons ni la prétention ni l'espace nécessaire pour retracer une histoire de la diplomatie et de ses principaux représentants jusqu'à l'époque la plus récente. Le nombre seul de ces coryphées que l'Église romaine a trouvés à toutes les époques à son service, suffirait pour remplir plusieurs volumes. Nous nous contenterons d'esquisser très-rapidement quelques-uns des talents les plus éminents des temps passés, avec exclusion des contemporains. Ce sont tantôt de grands princes, tantôt des ministres et des négociateurs.

Au nombre des souverains nous rencontrons, dans l'antiquité, en première ligne Philippe de Macédoine, modèle de diplomatie, si la finesse et la ruse, s'exerçant à des mystifications pleines d'artifices, peuvent prétendre à ce titre. Dans les temps modernes nous distinguons Charles V, Henri IV de France, Élisabeth et Guillaume III d'Angleterre; ce dernier est incontestablement le plus grand politique du XVIIe siècle. Ensuite Louis XIV, et même Louis XV, qui se livrait à la diplomatie avec un certain goût; — Charles-Émanuel de Savoie, avec son système bascule; — Catherine de Russie, Frédéric II de Prusse et l'empereur Joseph II. Ces trois derniers souverains, en oubliant les traditions diplomatiques, n'hésitaient pas à jeter quelquefois le poids de leurs épées dans la balance des négociations.

1) Quelques détails se trouvent dans Wicquefort II, chap. 17. Voyez aussi Vergé, Diplomates et Publicistes. Paris 1856.

Le règne de princes éminents rejette dans l'ombre toute action partielle ou individuelle: les diplomates seuls employés directement à leur service, se détachent du fond commun comme des individualités fortement caractérisées. Leurs travaux, racontés quelquefois par eux-mêmes dans des mémoires qu'ils ont légués à la postérité, contiennent sans doute un grand nombre d'exemples utiles à étudier.[1] L'Italie est le berceau de la diplomatie.[2] La France lui succède et fournit une foule de diplomates éminents: sous Henri IV Sully, de Morney, de Sillery et surtout Arnould Dossat, dont l'art brillait par la franchise et l'honnêteté, seules vertus qui eussent quelque chance de réussir à Rome. Sous Louis XIII on voit briller le comte de Brienne, le maréchal de Bassompierre, Richelieu, le père Joseph de la Tremblaye, et, comme négociateur, le comte d'Estrades. Le règne de Louis XIV compte Mazarin, Servien, Colbert, de Torcy qui a accompli avec un plein succès ce travail de Sisyphe qu'on a appelé le Congrès d'Utrecht. Le règne de Louis XV est moins fécond; ce n'est que beaucoup plus tard, dans les premières années de notre siècle, que le génie diplomatique semble s'être épuisé en produisant Talleyrand de Périgord.

Parmi les diplomates et les négociateurs anglais nous nommons en premier lieu le cardinal Wolsey; les deux Cecil sous le règne d'Élisabeth, Henry Wotton, vrai modèle de l'ancienne école, sous Jacques I. C'est lui qui aimait à citer cette maxime: „Il volto sciolto, i pensieri stretti,“ et qui, à Augsbourg, mettait ces paroles dans un album: „Legatus est vir bonus peregre missus ad mentiendum reipublicae causa.“ A ce caractère dissimulé on peut opposer le caractère noble et plein de franchise de William Temple, qui professait le principe que dans la politique il fallait toujours dire la vérité.[3] Grand sur le champ

[1]) Ces mémoires sont indiqués par Klüber, Droit des gens. Supplém. § 37 suiv. et par le baron de Martens, dans son Guide diplom., Bibliothèque choisie. I, p. 509. Mirus II, § 87.

[2]) V. Reumont, Italienische Diplomaten von 1260—1550 dans Fréd. de Raumer, Historisches Taschenbuch. 1841. p. 373.

[3]) V. sur lui: Luden, Biographie von W. Temple. Göttingen 1808. Foreign quarterly review, loc. cit. p. 28.

de bataille comme dans les négociations, d'une conduite noble et d'un esprit plein de finesse, — tel fut Marlborough. Son rival Charles Bolingbroke se trouve bien au-dessous de lui. Si les règnes de George I et de George II ne fournissent que des talents inférieurs quoique variés, les deux Pitt résument de nouveau l'idéal de la politique anglaise, dont ils étendent au loin l'influence prépondérante.[1] Cette politique profondément nationale trouve au présent siècle un nouveau représentant dans Canning. A côté de ces diplomates anglais se placent dignement Washington et Franklin.

Parmi les autres États de l'Europe, les républiques de Venise et des Provinces-Unies des Pays-Bas sont restées, jusqu'à la fin du dernier siècle, des écoles distinguées de talents politiques et pratiques. Venise avait ses Contarini, Cornaro, Soranzo et Nani; les Pays-Bas avaient leur François van Aarssens, le grand-pensionnaire de Witt, Jérôme Beverning, Jean Oldenbarneveld et les deux Hugues et Pierre de Groot (Grotius). L'Espagne cite avec orgueil Olivarez, Don Haro, le comte de Pegneranda.

La maison d'Autriche a eu le bonheur de posséder une suite non interrompue de profonds diplomates. Le comte Trautmannsdorf s'est acquis, au congrès de paix de Münster (Osnabrück), un mérite immortel, non-seulement à l'égard de son pays, mais aux yeux de toute l'Europe. Plus tard le comte de Kaunitz a déployé un grand talent dans la défense des intérêts exclusifs de la maison impériale. Mais c'est dans le cours de notre siècle que la diplomatie autrichienne devait célébrer ses plus brillants triomphes. Metternich pouvait dire un jour qu'il a quelquefois gouverné l'Europe.

En Prusse l'intervention directe et constante des souverains dans la conduite des affaires politiques n'a réservé aux talents de la diplomatie que l'honneur de la mise en scène. Toutefois les noms de Dohna, Herzberg, Hardenberg, Guillaume de Humboldt et Bernstorff méritent d'être cités avec reconnaissance.

Si nous jetons un regard sur la Scandinavie, nous rencontrons en Suède Salvius et Oxenstierna, esprits éminents; en

[1]) V. sur les Pitt Flassan t. IV.

Danemark Bernstorff et le comte Lynar. En ce qui concerne la diplomatie russe, nous trouvons moins de noms historiques à citer, tout en faisant l'aveu qu'elle est toujours parvenue par des voies sûres à obtenir ses fins, sans commettre des fautes manifestes.

BUT DE LA DIPLOMATIE.

§ 230. Le but fondamental de la diplomatie est de pourvoir à la liberté du développement extérieur des États. En conséquence elle doit avant tout régler sa conduite selon la position politique véritable, c'est-à-dire naturelle, tant de l'État qu'elle est appelée à représenter, que de celui avec lequel elle va se trouver en contact. Cette position complexe, il faut qu'elle l'étudie et qu'elle cherche à s'identifier entièrement avec elle. Un État de premier ordre adoptera à cet égard un autre système qu'un État de second ordre, de même que celui de ce dernier différera de celui d'un État inférieur.[1]

Une grande puissance peut compter sur le succès de sa politique, lorsqu'au sentiment complet de sa force elle joint une sage modération.[2] Tout en cherchant à maintenir sa position prépondérante, qu'elle ne repousse pas les ouvertures équitables des autres gouvernements, qu'elle tente de les prévenir dans l'échange de procédés amicaux, sans toutefois se prêter avec trop de confiance aux propositions des puissances rivales! Qu'elle ne regarde jamais sa position comme à l'abri de tout danger, qu'en conséquence elle pourvoie, dans les temps de tranquillité et de prospérité, aux moments du danger et des orages! Qu'elle se garde surtout de se reposer dans une inaction stérile, mais qu'elle prenne part au contraire aux affaires des autres, non pas pour les troubler, mais pour les ramener au principe de la justice! Pour les puissances qui, sans avoir une voix délibérative dans les affaires générales, se trouvent

1) Mably, Droit des gens. I, p. 15. 16. 39 suiv.

2) Mably, ibid. p. 34 et 35, cite à ce sujet l'exemple des Romains. Mais cela est vrai seulement pour l'époque de la république, lorsqu'ils avaient encore des chefs qui étaient de vrais modèles d'abnégation personnelle. A l'époque de la décadence ils ont donné de nombreuses preuves du contraire.

pourtant en mesure de se maintenir au premier rang, leur mission principale consiste à conserver leur influence, tout en se gardant d'affecter le ton d'une puissance dominante. En ce cas elles ont sur celle-ci un avantage très-considérable, celui de trouver plus facilement des alliés, avantage qu'elles pourraient perdre en franchissant les limites de leur importance réelle.

Les États de second ordre ont ordinairement un intérêt naturel et commun, celui d'empêcher, autant que possible, l'immixtion dans leurs affaires et la prépondérance des puissances de premier rang. L'État de second ordre qui se trouve placé, par sa situation territoriale, entre deux grandes puissances, est obligé toujours d'acheter chèrement leur neutralité et leur amitié. Si, sous l'influence d'événements heureux, un pareil État réussit à obtenir certains avantages et à améliorer sa position, il agit prudemment de s'en tenir là, au lieu d'ambitionner l'éclat trompeur d'une grande puissance. C'est le développement complet de toutes ses ressources intérieures que la politique d'un État de second ordre doit principalement se poser pour but.

Les États de troisième ordre n'ont qu'à veiller surtout au maintien de leur intégrité. Le principal but de leur politique extérieure consistera dans la défense de leur neutralité, et le jour où cela leur deviendra impossible, l'alliance loyale d'une grande puissance pourra leur offrir un abri suffisant.

Cependant un seul mobile doit préoccuper la pensée et diriger exclusivement l'action de l'homme politique, celui de défendre jusqu'au dernier soupir l'honneur et la sûreté de son État, par suite de ne jamais reculer devant le danger, mais de le combattre en face. Il doit voir venir les événements, les apprécier d'un oeil calme, et non pas aller au-devant pour les provoquer. Rien n'est aussi dangereux pour la sûreté des États qu'une diplomatie trop active, se livrant à l'échange trop fréquent des bons offices et des ouvertures de négociations, dans le but unique de se créer de la besogne. L'histoire du XVIIIe siècle contient à cet égard plusieurs exemples mémorables. La manie de traités alors régnante n'a rien créé de grand, et elle n'a fait naître que des troubles et des désordres.[1] Il n'y a pas

[1]) Mably I, p. 10. Écrits politiques du comte de Lynar I, p. 216.

moins d'inconvénients à entamer à la fois plusieurs affaires ou à vider plusieurs différends. Concentrer toutes ses forces autour d'un but unique, en négligeant des fins moins importantes ou plus éloignées, cela vaut certes mieux que d'éparpiller ses forces dans diverses directions.[1]

ÉCOLE DE DIPLOMATIE.

§ 231. La vie et l'histoire forment l'école de la diplomatie. Elles seules font mûrir les talents que des académies ne suffiront jamais à faire naître. Anciennement des hommes de l'épée, sans préparation savante, furent souvent employés aux négociations diplomatiques, concurremment avec des prêtres élevés à l'école de la hiérarchie. Ce ne fut que plus tard que les hommes de la robe ou de la plume commençaient à s'en mêler. Ils provoquaient les plaintes de ceux de l'épée, qui leur reprochaient de se mêler d'affaires qui entraînaient quelquefois la guerre, et d'être d'autant plus disposés à s'y engager et à consentir à l'effusion du sang, qu'ils ne risquaient pas leur propre vie.[2] C'est ainsi que naguère encore des hommes de l'épée allaient en répétant leurs doléances, que les plumes gâtaient ou reperdaient tout ce qu'ils avaient conquis. Néanmoins il est constant que la politique et la diplomatie ne sont pas le champ du guerrier. Celui-ci, en ne s'occupant que de l'état des choses du moment, exige souvent beaucoup plus qu'il n'est conforme à la justice. Or c'est la justice qui est la plus solide garantie du développement durable des États. Nous ne prétendons pas dire pour cela que de grands capitaines ne puissent être en même temps d'éminents diplomates. L'histoire ancienne et moderne sont fécondes en exemples brillants de la réunion de ces deux qualités.

S'il arrive ainsi qu'un talent politique devienne quelquefois un bon diplomate, sans s'être préparé à l'école pour cette mission, il se maintiendra néanmoins, de nos jours, difficilement à

[1]) V. à ce sujet les observations remarquables de Macchiavelli, Discorsi II, 1. Mably I, p. 18.

[2]) V. ces plaintes dans les mémoires de Brienne à l'occasion du traité de 1661 par lui désapprouvé.

la hauteur de sa position sans une instruction solide. La vie du monde, même dans les sphères élevées, suffira tout au plus pour former des figurants. En conséquence il est permis d'exiger du véritable diplomate des connaissances approfondies des principes du droit, notamment du droit public européen, du droit constitutionnel des États, de l'histoire universelle, des forces respectives des diverses nations, enfin des connaissances suffisantes en matière de langues.[1] Des écoles spéciales contribueraient incontestablement beaucoup à propager ces connaissances. Mais elles ne sauraient créer à elles seules des diplomates, ni lier la liberté du gouvernement dans le choix de ses sujets.[2]

CAPACITÉ ET RESPONSABILITÉ DE L'AGENT DIPLOMATIQUE.

§ 232. Suivant une observation déjà ancienne, il est facile de composer l'idéal du parfait diplomate, mais il sera toujours très-difficile de le retrouver dans le monde; et la réunion la plus complète des qualités diplomatiques ne suffira pas toujours pour rendre le succès certain. Le succès dépend souvent beaucoup plus de circonstances accessoires que de l'évidence et de la justice de la cause; en sorte que l'art de l'homme d'État consiste quelquefois dans la manière seulement dont il saisit et apprécie les circonstances. Ainsi il peut arriver que l'homme le plus honorable et le plus capable échoue dans une négociation, uniquement parce qu'il n'a pas su se plier à certaines conjonctures, parce qu'elles lui paraissaient trop mesquines et qu'il dédaignait de s'en servir, comme étant incompatibles avec son honneur. Un autre homme d'État au contraire, d'une importance bien inférieure, n'hésitera pas à faire dépendre de

[1]) Un aperçu des connaissances nécessaires ou utiles au diplomate se trouve dans de Dresch, Kleine Schriften. 1827. p. 11 suiv.

[2]) C'est sous cette réserve qu'un arrêté du ministre des affaires étrangères de Prusse de 1827 prescrit ce qui suit: Tout aspirant à la carrière diplomatique doit avoir suivi pendant trois années des cours académiques et avoir été reçu licencié en droit (Auscultator); après avoir travaillé ensuite pendant une année dans une cour de justice, il doit passer un examen destiné à constater ses connaissances en matière de droit administratif et industriel. Il y a de semblables règlements dans d'autres pays; par exemple en Angleterre, en Russie etc.

leur emploi la réussite de sa mission. Ainsi autrefois il était facile de spéculer sur certaines affections personnelles, sur des embarras dans les Cours. Un courtisan habile pouvait obtenir plus qu'un grave diplomate. Mlle. de Kerroual, à la taille, à la bouche fines, aux beaux yeux, a obtenu pour la France, à la Cour de Charles II d'Angleterre, bien plus qu'un congrès de paix. Combien de succès ont été le résultat de petites galanteries diplomatiques![1] Toutefois de pareils moyens devront toujours être considérés comme exceptionnels. Sous ce rapport aussi les temps ont bien changé! Les destinées des nations ne dépendent plus, d'une manière aussi absolue, des caprices de quelques individus. L'esprit constitutionnel moderne a imprimé un caractère plus grave aux modes de traiter les affaires publiques. Il a cuirassé, pour ainsi dire, la politique des États contre de légères frivolités.

Quand il s'agit du choix de personnes diplomatiques, les conditions de capacité ne seront pas les mêmes pour le négociateur et pour celui qui est chargé de la direction générale des affaires extérieures d'un État. Pour ce dernier les qualités délicates de l'homme du monde seront moins nécessaires: sa position est plutôt celle de l'homme concentré et réfléchi. Il a à tracer les plans, à en surveiller l'exécution, à retenir entre ses mains les fils de l'ensemble. Il lui est permis de se produire avec plus d'énergie et de résolution que le négociateur. Il résume en sa personne la politique de son pays, politique qui doit reposer surtout sur le fait, sur les intérêts bien entendus et sur les forces réelles de sa nation.

Pour le négociateur, au contraire, le choix de la personne dépend de sa mission. Une tête médiocre suffira pour des affaires qui peuvent être aisément embrassées d'un seul coup d'oeil, qui n'ont pas besoin d'être précipitées, dont le but est clair et dont les motifs sont bien précisés. Il est facile alors au négociateur de s'en tenir strictement à ses instructions et d'agir en conséquence dans les formes reçues. Mais ces qualités ne suffisent pas dans des affaires plus importantes, pour lesquelles il est impossible de donner des instructions détaillées,

[1]) Mably, Droit public. I, chap. 19.

où il faut souvent saisir ce qu'offrent les circonstances, et se contenter, à défaut de l'objet de la négociation, d'un équivalent. Les qualités requises en pareil cas, une grande souplesse unie à une prompte décision, égalent quelquefois, si elles ne les dépassent pas, celles du diplomate dirigeant. C'est en ce sens que Villeroi écrivait au président Janin sous le roi Henri IV: „Mais le roi entend que vous tiriez vous-même les principales instructions de ce que vous avez à faire.“

Les qualités particulières du négociateur sont: un certain naturel de conduite libre de toute affectation; de la connaissance de soi et de l'empire sur soi-même; un esprit d'observation délicat; de la réserve, non pas à l'excès et jusqu'au ridicule; de la finesse unie à la dignité, sans des dehors prétentieux; de la présence d'esprit et de la facilité d'improviser et d'agir promptement, et enfin une éloquence précise et non surchargée.

Enfin les vertus cardinales tant du diplomate dirigeant que du diplomate agissant, sont:

la probité et la loyauté; — le mensonge peut obtenir des succès passagers, mais la vérité et la justice, soutenues avec persévérance, finissent par triompher;

la présence d'esprit et le courage sans fanfaronnades et sans étourderie;

une incorruptibilité inaccessible aux tentations;

une certaine ardeur pour sa vocation, c'est-à-dire, pour la justice, pour la dignité et le salut de la nation et du souverain, sans ambition personnelle.

Pour le diplomate obligé d'agir dans le silence du cabinet, le sentiment de bien faire et de satisfaction personnelle doit l'emporter sur le désir immodéré d'acquérir des titres à l'immortalité.

Sur la responsabilité de l'agent diplomatique un célèbre publiciste (M. de Flassan) a dit, et on l'a souvent répété après lui: „Qu'il fallait être très-indulgent à l'égard des erreurs de la politique, à cause de la facilité d'y tomber.“ C'est ce qui ne signifie en aucune façon que la conduite de l'agent diplomatique soit à l'abri de toute responsabilité. Les intérêts sacrés qui lui sont confiés, lui imposent au contraire une attention suprême dans l'accomplissement de sa tâche.

ART DE NÉGOCIER.[1]

§ 233. L'agent diplomatique chargé d'une négociation particulière auprès d'une puissance étrangère, doit, avant toutes choses, chercher à se pénétrer du but et des motifs de la négociation, ainsi que des moyens qui peuvent y conduire. Il doit observer et rapporter tout fidèlement au constituant, lui communiquer les obstacles et les doutes qui se présentent, sans cependant toujours attendre des instructions: il doit savoir au contraire faire lui-même des propositions. Il cherchera à se mettre sur un pied convenable à la Cour près de laquelle il est envoyé, et il évitera avec soin de fournir aucun motif à des mal-entendus. Il cachera sous des dehors pleins d'aménité le dépit qu'il éprouve, sans se laisser détourner de son but par de vaines paroles ou par des choses étrangères à sa mission.

Qu'il soit précis dans ses ouvertures, sûr et logique dans la réplique et dans la discussion, qu'il ne perde jamais de vue l'objet de sa mission, tout en le poursuivant avec mesure et sans opiniâtreté. Il doit se garder surtout de lutter contre des obstacles qu'il est impossible de surmonter immédiatement. Dans les affaires privées, là où les lois et les tribunaux viennent à l'appui des prétentions respectives des parties, il est nécessaire quelquefois de chercher à s'arracher réciproquement des concessions à force d'opiniâtreté. Mais dans les relations d'État à État, où les traités eux-mêmes n'obligent qu'aussi longtemps qu'on trouve convenable de les observer ou qu'on redoute la supériorité de la force, il est toujours très-dangereux de pousser les choses jusqu'au bout. La prudence conseille de la condescendance et des ménagements momentanés, dans les cas mêmes

[1]) Des traités spéciaux relatifs à la matière sont: Le parfait ambassadeur par Don Antonio de Vera et de Cuniga, par Lancelotte. Paris 1635 suiv. de Callières, De la manière de négocier avec les Souverains. Paris 1716; nouv. édit. tome II, Londres 1750. Ryswick 1756. Pecquet, De l'art de négocier avec les Souverains. Paris 1736. A la Haye 1738. Mably, Principes de négociation. A la Haye 1737 (forme aussi l'introduction de son Droit public de l'Europe). Die politische Unterhandlungskunst, oder Anweisung, mit Fürsten und Republiken zu unterhandeln. Leipzig 1811. Mirus § 71 et section II. (Littérature).

où l'on est en droit d'exiger. Le diplomate renoncera plutôt à la gloire d'avoir triomphé des obstacles, dès qu'il n'est pas sûr d'obtenir un succès durable. Un événement imprévu suffit quelquefois pour vaincre facilement les obstacles.[1]

SECTION III.

DES FORMES DES NÉGOCIATIONS DIPLOMATIQUES.

§ 234. Les négociations relatives aux affaires d'État se poursuivent soit de vive voix, soit par écrit, tantôt directement entre les souverains, tantôt entre les agents diplomatiques. Quelquefois les actes diplomatiques sont adressés directement à tous les sujets d'un souverain ou du public. Le style diplomatique varie selon les divers usages des États, et il a été expliqué tant dans des traités généraux, que dans des ouvrages spéciaux.

Parmi les traités généraux relatifs à la pratique des États, nous indiquons les suivants:

J. J. Moser, Einleitung zu den Kanzleigeschäften. Hanau 1750.

Chrét. de Beck, Versuch einer Staatspraxis und Kanzleiübung aus der Politik der Staaten und Völker. Wien 1754. II. édit. 1773.

Chr. D. Voſs, Handbuch der allgemeinen Staatswissenschaften. Leipzig 1799. Tome IV. Staatsgeschäftenlehre oder Staatenpraxis.

H. Bensen, Versuch einer systematischen Entwickelung der Lehre von den Staatsgeschäften. 2 vol. Erlangen 1800. 1802.

Die Staatsgeschäftenlehre in ihren allgemeinen Umrissen. 2 vol. Wien 1814.

Fréd. Ch. Moser, Versuch einer Staatsgrammatik. Frankfurt 1749.

Les écrits spéciaux relatifs à cette matière, sont:

J. S. Sneedorf, Essai d'un traité du style des Cours. Goettingue 1751; nouv. édition publiée par du Clos. Ibid. 1776.

Charles de Martens, Manuel diplomatique. Paris 1822. Le même, Guide diplomatique.

Meisel, Cours de style diplomatique. Tome I. II. Dresde 1823.

Voyez en outre les écrits indiqués par de Kamptz, Neue Literatur § 146; et par Mirus sect. II, p. 125 suiv.

[1]) V. les observations de Mably, à l'endroit cité p. 174. 175. Foreign quarterly Review t. XIII, p. 4.

LANGUE DIPLOMATIQUE.

§ 235. La langue, propriéte éminente de l'homme en général, est sans doute du domaine exclusif de chaque nation. Tout État, tout souverain jouit incontestablement de la faculté de se servir exclusivement d'une langue dans laquelle seule il manifeste ses volontés, et dont les autorités publiques doivent faire usage dans leurs actes. Mais il n'est pas en droit de prétendre que les souverains étrangers consentent à traiter avec lui dans le même idiome. Il doit au contraire leur accorder la faculté analogue de s'exprimer à leur façon. Tout ce que chaque partie pourra exiger de l'autre, c'est que les communications lui soient adressées d'une manière formelle et intelligible.

Les inconvénients résultant de l'emploi de divers idiomes ont fait naître, en dehors du principe incontestable en lui-même, le besoin de se servir d'une langue neutre, intelligible pour toutes les parties. C'est ainsi qu'une certaine langue diplomatique a pu être adoptée, du moins entre certains États ou passagèrement pour certaines négociations. De celle-ci il faut distinguer en outre la langue en usage dans certaines Cours pour la conversation orale.[1]

Les usages des États et des Cours ont souvent varié sous ce double rapport, sans que toutefois ils aient jamais dérogé complétement au principe sus-indiqué.

La langue latine fut ordinairement, jusqu'au commencement du XVIIIe siècle, la langue officielle des négociations et des actes publics. Le traité de la Quadruple-Alliance, conclu en 1718 à Londres, a été rédigé en latin. Aujourd'hui c'est notamment la Cour romaine, qui se sert encore de cette langue dans ses bulles et ses actes internationaux. Jadis la langue nationale fut parlée dans chaque Cour; mais depuis le règne de Philippe II d'Espagne elle fut, dans plusieurs Cours, remplacée par la langue espagnole. — C'est sous Louis XIV que la langue française commença à devenir celle de la société et des souverains de

[1]) Fréd. Ch. Moser, Abhandlungen von den europäischen Hof- und Staatssprachen. Frankfurt 1750. de Rohr, Einleitung in die Ceremonialwissenschaft, p. 405. J. J. Moser, Versuche II, p. 153.

l'Europe. Bientôt elle devint aussi celle des négociations diplomatiques et des traités, et par cela même un puissant auxiliaire de la politique de la France.[1] Toutefois jamais le français n'a été adopté comme langue officielle entre les États, ni en vertu d'une loi internationale, ni en vertu d'un de ces usages qui reposent sur une nécessité interne. Dans les traités rédigés en français, les puissances contractantes ont, au contraire, souvent fait insérer un article séparé, pour déclarer que cette langue a été employée sans tirer à conséquence. Ainsi l'acte du congrès de Vienne (article 120) contient à cet égard la disposition formelle: „La langue française ayant été exclusivement employée dans toutes les copies du présent traité, il est reconnu par les puissances qui ont concouru à cet acte, que l'emploi de cette langue ne tirera point à conséquence pour l'avenir; de sorte que chaque puissance se réserve d'adopter, dans les négociations et conventions futures, la langue dont elle s'est servie jusqu'ici dans ses relations diplomatiques, sans que le traité actuel puisse être cité comme exemple contraire aux usages établis.“

Il y a des puissances qui continuent toujours à maintenir le principe que toute communication officielle doit leur être adressée dans leur propre langue, ou accompagnée du moins d'une traduction. C'est en ce sens qu'est conçu l'arrêté de la confédération germanique en date du 12 juillet 1817. D'un autre côté les ministres de certaines puissances n'emploient que leur propre langue dans des relations avec les Cours près desquelles ils sont envoyés, avec l'obligation de joindre des traductions aux communications faites dans l'intérêt du gouvernement qu'ils représentent. Ainsi le ministre Canning ordonnait à tous les agents diplomatiques de la Grande-Bretagne résidant à l'étranger, de se servir exclusivement de la langue anglaise dans les communications officielles. — La Porte Ottomane correspond avec les Cours européennes en langue turque, mais ordinairement ses communications étaient accompagnées autrefois d'une traduction

1) La rédaction du traité des Pyrénées en fournit un exemple. V. là-dessus les mémoires de Brienne. (de Schiller, Allgem. Sammlung historischer Memoiren. Série II, vol. 17, p. 143.)

latine; de nos jours elle y en joint une en langue française. Elle ne regardait comme obligatoires pour elle que les traités rédigés en langue turque-arabe.

Les mêmes règles s'appliquent aux communications verbales qui se font dans les occasions solennelles, par exemple aux discours prononcés dans les audiences publiques. Le ministre étranger tient, ou du moins il peut tenir son discours dans sa propre langue: un interprète est chargé de le traduire. Le souverain répond dans la sienne. Ce principe entraînait des inconvénients qui l'ont fait abandonner, en lui substituant d'autres expédients. La personne d'un rang inférieur emploie la langue de celle d'un rang plus élevé, ou bien on s'entend sur l'usage d'une langue neutre, familière aux deux parties, telle que l'est aujourd'hui la langue française.

STYLE DIPLOMATIQUE.

§ 236. S'il est vrai, comme l'a dit un éminent écrivain, que le style est l'homme, dont il réfléchit les idées, le style dans lequel s'exprime l'État, doit emprunter quelque chose à son caractère élevé. Le ministre chargé de parler au nom de l'État, doit faire abstraction de sa propre individualité et choisir les formes qui font le mieux ressortir la dignité de cet être collectif, organe suprême de la raison sociale. Le style diplomatique doit se maintenir à une certaine hauteur, sans toutefois prétendre au langage des dieux, sans cesser d'être celui des hommes. Il doit être marqué au coin de la précision dans les termes, de l'ordre dans l'exposé des faits, il doit éviter les expressions basses et communes. La logique et la clarté, voilà les qualités essentielles d'un style qui n'est ni celui du métaphysicien, ni celui de l'orateur.[1]

L'importance qui s'attache à toute espèce de compositions

[1]) Flassan, dans son Discours préliminaire à l'Histoire de la diplomatie française, observe à cet égard: „Le style diplomatique, à quelque sujet qu'il s'applique, ne doit pas être celui de l'académicien, mais celui d'un penseur froid, revêtant d'une expression pure et exacte une logique non interrompue. La chaleur qui fait presque toujours le succès de l'éloquence, doit en être exclue."

diplomatiques, tant à cause du respect que les parties se doivent personnellement, que de la gravité du sujet, leur impose l'obligation de les rédiger avec une attention toute particulière, ne fussent-elles destinées qu'à remplir un simple besoin du cérémonial. Des erreurs, des fautes légères donnent quelquefois lieu à des mal-entendus. Il serait sans doute peu convenable de les traiter toujours avec la même rigueur. On n'y attache aucune importance, dès qu'elles ne contiennent rien de blessant. Lorsqu'au contraire une partie se croit lésée dans ce qu'elle est en droit de prétendre, elle relève l'erreur en avertissant ou en protestant pour l'avenir. Ou bien, si elle suppose qu'on y ait mis de l'intention, elle refuse de faire une réponse quelconque avant que d'avoir obtenu le redressement. Elle peut refuser aussi de recevoir la pièce et la déclarer inadmissible.[1]

CORRESPONDANCE DES SOUVERAINS.

§ 237. Les lettres que s'adressent les souverains, sont conçues ordinairement dans des termes génériques, lors même qu'elles traitent des affaires d'État: elles les effleurent plutôt qu'elles n'entrent dans le fond même des questions. Les formes dont se servent les souverains dans leur correspondance mutuelle, varient selon le rang qu'ils s'accordent entre eux, et selon l'objet qu'ils traitent. Tantôt ils interviennent, dans le cours d'une négociation, d'une manière directe, en faveur de leurs agents diplomatiques (autoritatis interpositio); tantôt ils se recommandent certaines personnes ou certaines affaires. On distingue à cet effet les lettres de conseil des lettres de cabinet.

C'est dans les *lettres de conseil (de chancellerie, de cérémonial)* que s'observent le plus rigoureusement tous les points du cérémonial public (§ 196). Dans le préambule on a soin d'énoncer tous les titres du souverain qui écrit, en les faisant précéder de la formule: „par la grâce de Dieu", lorsqu'il s'agit d'un souverain couronné. Viennent ensuite les titres de celui auquel on écrit, ainsi que le nom de frère ou de soeur, que les

[1]) Fréd. Ch. Moser, Versuch einer Staatsgrammatik; idem, Abhandlung von Kanzleifehlern, dans ses: Kleine Schriften V, p. 229. Von Ahndung fehlerhafter Schreiben. Frankfurt 1750.

rois et les reines s'accordent réciproquement. Les souverains inférieurs donnent aux rois un titre de parents respectueux. Dans le corps de la lettre on parle de soi-même au pluriel *nous*, en donnant à l'autre le nom de sa dignité (Votre Majesté, Votre Altesse etc.), et l'on finit par la formule du salut usité. Après quoi l'on met le nom de la résidence et la date; plus bas est placée la signature du souverain, contresignée par le ministre d'État. Ces sortes de lettres sont toujours scellées du grand sceau de l'État.

Les *lettres de cabinet* sont rédigées dans un style moins sévère que les lettres de conseil. La suscription en est très-simple (Monsieur mon frère, Madame ma soeur, ou, lorsqu'on écrit à des supérieurs, Sire). On parle de soi-même au singulier dans le corps de la lettre, qu'on lie par quelques expressions obligeantes avec la fin. Ces lettres s'expédient sous un petit couvert, en y appliquant le petit ou le sceau moyen de l'État.[1]

Les *lettres autographes* sont dépourvues de tout cérémonial quant aux titres, et d'un style plus familier. Entre les souverains égaux, ces lettres sont une marque d'amitié; envers les inférieurs, une marque particulière d'estime et d'affection. Les événements de famille, tels que les mariages, les naissances, les décès, se notifient ordinairement par des lettres de conseil.

Il n'existe en général aucune obligation d'employer de préférence l'une des formes sus-indiquées. On peut dire seulement que les lettres de chancellerie et de cabinet font partie de la correspondance officielle des États; et que les premières ne s'emploient qu'entre égaux et à l'égard des inférieurs. Ceux d'un rang inférieur ne peuvent écrire dans cette forme au souverain de premier rang que sous certaines modifications.

DIVERSES ESPÈCES DE COMPOSITIONS DIPLOMATIQUES.

§ 238. Parmi les actes émanés d'un cabinet qui n'ont pas nécessairement besoin du concours d'un négociateur ou d'un ministre public, on distingue les suivants:

[1]) V. pour les détails d'ailleurs très-variés Moser, Versuch II, p. 164 suiv. Sneedorf, Style des cours, chap. 2. Baron de Martens, Manuel diplom., chap. 9. J. Ch. Lünig, Theatrum ceremoniale historico-politicum. Leipzig 1720. — Il existe ordinairement à ce sujet un cérémonial spécial dans les diverses Cours.

les manifestes et les proclamations;
les actes de protestation;
les déductions;
les lettres de cérémonie, les lettres de créance et de rappel des agents diplomatiques;
les ratifications;
les actes de garantie;
les réversales;
les actes d'abdication, de cession, de renonciation etc.[1]

Pour être valables, plusieurs de ces actes ont besoin de la signature du souverain. D'autres, au contraire, sont destinés exclusivement pour le public, ou portent seulement la signature du département des affaires étrangères d'où ils émanent. Leur rédaction varie nécessairement selon leur contenu et leur but, sans toutefois être soumise à des règles fixes et invariables. Dans les actes publics, et notamment dans les traités où plusieurs puissances ou leurs représentants se trouvent nommés, on observe un certain ordre que nous avons indiqué au § 195 in fine.

MANIÈRE DE NÉGOCIER.

§ 239. Les négociations relatives aux affaires d'État sont de deux espèces, ou bien de simples communications, ou bien des négociations proprement dites. Celles-ci peuvent être traitées soit directement entre l'agent diplomatique et le souverain auprès duquel il est accrédité, soit entre lui et le ministre chargé du département des affaires étrangères, soit entre les commissaires nommés à cet effet par les gouvernements. Enfin elles peuvent avoir lieu par l'entremise d'une ou de plusieurs puissances tierces médiatrices (§ 88).

Les communications auxquelles les négociations peuvent donner lieu, se font ou de vive voix ou par écrit. En ce dernier cas on a recours à des mémoires, à des notes ou c'est à dire à des lettres que les agents négociateurs échangent entre eux. On distingue à cet effet les notes signées des notes verbales. Les premières sont considérées, quant à leur contenu, comme obli-

1) On trouve des exemples des différents écrits diplomatiques dans les ouvrages indiqués ci-dessus.

gatoires. Les secondes s'emploient surtout lorsqu'une affaire est restée depuis quelque temps en suspens, dans le but d'en hâter la reprise ou de provoquer une réponse. Enfin, dans les notes confidentielles, non signées, les ministres s'expliquent plutôt en leur propre nom qu'en celui des souverains qu'ils représentent. Elles sont censées être données *pour éclairer l'état des affaires* et elles ne tirent pas à conséquence.[1]

Les communications verbales se transmettent:

1° dans des audiences accordées à l'agent diplomatique par le souverain ou par le chef de la république. Il dépend de la constitution de chaque État, si elles doivent avoir lieu en présence du ministre des affaires étrangères;

2° dans des conférences avec le ministre des affaires étrangères ou avec les chefs qui le représentent,[2] soit dans les formes d'un libre entretien, soit par la lecture d'un aide-mémoire élaboré par l'agent diplomatique lui-même, ou d'une dépêche reçue avec autorisation d'en faire part à l'autre gouvernement, ou même d'en donner copie.

Il est d'usage de ne pas refuser au ministre étranger une audience ou une conférence qu'il requiert, pourvu qu'il en indique d'avance l'objet d'une manière convenable. Si les délibérations dans les conférences doivent servir de base à des négociations ultérieures, on dresse à la suite de chaque conférence un procès-verbal ou un protocole, que signent les plénipotentiaires qui y ont pris part.[3] Quelquefois le ministre étranger résume les

[1]) Baron de Martens, Manuel diplom., § 50 suiv.

[2]) C'est principalement dans les conférences diplomatiques, dit de Martens (Manuel p. 120), qu'un négociateur peut montrer ses talents, par la manière d'énoncer son opinion et de faire ses objections aux propositions que l'on avance. Le ton qu'un ministre négociateur adopte, contribue beaucoup à faciliter le succès d'une affaire; car l'objection la plus irrécusable, si elle n'est point émise avec ménagement, deplaira toujours, et l'on ne parviendra que difficilement alors à faire adopter son opinion par ceux avec lesquels on est dans le cas de traiter.

[3]) Le terme de „protocole" est d'une création toute récente dans le langage diplomatique. Il est incontestablement correct: déjà dans la latinité du moyen âge ce terme, ainsi que ceux de *registratura, registratio,* était usité pour exprimer un acte officiel destiné à constater des délibérations ou des négociations.

explications réciproques dans un aperçu de conversation ou dans une note, dont il fait approuver le contenu.[1]

CONGRÈS.

§ 240. Le congrès est devenu de nos jours un mode favori de réunions diplomatiques, pour traiter d'affaires d'une importance majeure. Quelquefois les souverains y figurent en personne; mais le plus souvent ils s'y font représenter par des plénipotentiaires spéciaux. Un certain nombre de souverains n'est nullement nécessaire pour la réunion d'un congrès: deux suffisent.

Anciennement on ne connaissait que les congrès destinés à terminer une guerre par une pacification générale, et des entrevues personnelles des souverains, où ils traitaient de leurs affaires particulières. C'est dans le cours de notre siècle que les congrès ont reçu un nouveau caractère, celui de compléter et d'affermir la paix précédemment conclue, d'en développer les résultats, de prévenir des dangers futurs, en un mot, de faire concerter des mesures à prendre en commun sur des affaires d'un intérêt général.[2] Très-souvent on distingue d'un congrès formel de simples conférences ministérielles, dans lesquelles se réunissent les représentants des puissances intéressées.

Les avantages d'un congrès sur de simples négociations particulières sont évidents, bien que la politique des États ne conseille pas toujours d'y avoir recours.[3]

Toute puissance peut prendre l'initiative d'une proposition tendant à la réunion d'un congrès ou de conférences ministérielles. On s'entend dans des négociations ou des conventions préliminaires sur le but, le lieu et les formes du congrès. Lorsque l'on est convenu de l'endroit où il doit avoir lieu, les puissances principalement intéressées y envoient leurs plénipotentiaires. De tierces puissances qui ne sont pas partie principale, ne sont pas en droit d'exiger leur admission. Elles peuvent envoyer seulement des agents diplomatiques chargés de tenir leurs ca-

1) de Martens, loc. cit. § 55.

2) Ainsi, lors de la réunion du Congrès de Vienne, la paix était faite d'avance par le traité de Paris.

3) Mably I, p. 146.

binets au courant des affaires qui s'y traitent, et de veiller à ce qu'il n'y soit rien arrêté de contraire aux intérêts de ces derniers.

Les délibérations du congrès commencent par l'échange et l'examen des pleins-pouvoirs. Cette opération terminée, on s'entend sur tout ce qui a rapport à la manière de délibérer, ainsi que sur les objets relatifs au cérémonial, au rang, à la préséance etc., objets qui autrefois provoquaient souvent de longues et ardentes discussions. La direction des délibérations appartient soit à un ministre médiateur, soit à un ministre élu, soit à un conseil directeur, ainsi que cela a eu lieu au congrès de Vienne. On ne décide point par pluralité de voix, il faut qu'il y ait accord parfait pour toutes les décisions à prendre. Chaque partie a le droit de sécession. En dehors des conférences communes des conférences particulières se poursuivent quelquefois entre plusieurs des puissances représentées. A la suite de chaque conférence, on dresse un procès-verbal ou un protocole, signé par les plénipotentiaires qui y ont pris part, après en avoir approuvé le contenu. Les résolutions du congrès sont consignées dans un acte final.[1]

D'après les usages les plus récents, c'est le président du conseil du pays où ont lieu les délibérations, qui y préside. Dans les différentes conférences qui ont eu lieu à Londres, c'est toujours le chef du foreign office qui a présidé; il en a été de même lors des conférences de Vienne, et naguère ce fut le ministre de France qui présida au congrès de Paris. Du reste, le droit de présider ne donne d'autre privilége que de diriger les débats; car dans la signature des protocoles, on procède par ordre alphabétique.

[1]) V. pour les détails les ouvrages spéciaux indiqués par d'Ompteda § 180 suiv. et par de Kamptz § 74—91. Pour le Congrès de Vienne et ceux qui l'ont suivi, v. les Continuations du Recueil de traités par de Martens. Comparez de plus l'Appendice.

Chapitre III.

ÉTABLISSEMENTS INTERNATIONAUX PARTICULIERS POUR LES INTÉRÊTS SOCIAUX DES PEUPLES.

CARTELS CONCERNANT LA SURETÉ PUBLIQUE ET LA JUSTICE.

§ 240ᵃ Un champ fécond a été ouvert à la diplomatie moderne en matière des intérêts sociaux de toutes les nations ou de quelques-unes en particulier. Le résultat de cette tâche commune se trouve d'abord dans un grand nombre de cartels concernant la sûreté publique et la justice, nommément ceux qui règlent l'usage des passeports, l'extradition et la réception réciproque des vagabonds (§ 62) ainsi que celles des malfaiteurs (§ 63).[1] D'une plus grande importance, quoique plus rares encore, sont ceux qui établissent des principes communs pour les cas de conflit en fait de justice criminelle et civile, en réglant la compétence réciproque des tribunaux et l'exécution des jugements,[2] quelquefois aussi la punition des délits forestiers commis dans les contrées limitrophes. Les suppléments du Recueil de Martens contiennent un grand nombre de cartels pareils.

VOIES DE COMMUNICATIONS INTERNATIONALES, VOIES POSTALES, FERRÉES ET TÉLÉGRAPHIQUES. — ÉTABLISSEMENTS DE QUARANTAINE.

§ 241. Les voies de communication postales, ferrées et télégraphiques, par suite des développements qu'elles ont reçus de nos jours, sont devenues les agents principaux de la révolution économique et sociale qui s'accomplit sous nos yeux. Créées sous l'impulsion et par l'intervention directe des gouvernements, elles facilitent autant leurs propres relations réciproques que celles des peuples. Il serait sans doute à désirer qu'un certain système uniforme pût s'établir dans la direction générale de ces nouvelles voies, sinon entre tous les États de

[1]) Comparez Phillimore I, 417.

[2]) Krug, Das Internationalrecht der Deutschen. Leipzig 1851.

la famille européenne, du moins entre les États limitrophes. Les dernières années ont vu des progrès notables s'accomplir sous ce rapport. Nous aimons à le proclamer avec reconnaissance.

Un tableau général comparé, mettant en regard, par un procédé synoptique, les résultats acquis dans les diverses branches du travail social chez les différentes nations, offrirait un puissant intérêt: mais il nous paraît être plutôt du domaine de la statistique que du droit international.[1] Nous nous bornons à quelques notices très-sommaires, qui se rapportent d'une manière plus directe à notre sujet.

I. Pour l'Allemagne la convention conclue le 6 avril 1850 entre l'Autriche et la Prusse et revue le 5 décembre 1851, relative à la création d'une union postale austro-allemande, est du plus haut intérêt. Font partie de cette union: l'Autriche et la Prusse, y compris les duchés d'Anhalt, de Schwarzbourg et de Waldeck, jusqu'à l'année 1860; puis la Bavière, les duchés de Saxe, le Hanovre, le Wurtemberg, les grand-duchés de Bade et de Luxembourg, le Brunswick, le Mecklembourg, Oldenbourg, les villes hanséatiques et les pays qui forment le territoire postal de Thurn et de Taxis, toutefois avec la faculté de dénoncer la convention tous les ans. Le but de l'union postale est d'établir des dispositions uniformes, relatives à la taxe et aux modes d'expédition des lettres et articles de messagerie, destinés à circuler dans les territoires des États respectifs de l'union ou à l'étranger. — Il existe également entre les divers États un grand nombre de conventions postales. Nous citons spécialement celles conclues par la Prusse avec les États suivants: les États-Unis, du $\frac{17 \text{ juillet}}{28 \text{ août}}$ 1852 pour l'échange des paquets directs de lettres; la Belgique, du 17 janvier 1852 pour le règlement des communications réciproques et des taxes postales; la Grande-Bretagne, du 1 octobre 1846 et du 18 mars 1849; la France, du 11 août 1847 et du 19 août 1853; les Pays-Bas, du 26 janvier 1851; l'Espagne, du 19 janvier 1852; le Danemark et le duché

[1]) V. le compte-rendu de la deuxième session du Congrès international de statistique, publié par les ordres de S. E. M. le ministre de l'agriculture, du commerce et des travaux publics, par M. A. Legoyt. Paris 1856. p. 31 (Statistique des voies de communication).

de Holstein, du 19 décembre 1853; la Russie, du $\frac{19 \text{ juin}}{1 \text{ juillet}}$ 1843 et du 28 décembre 1851, la Suède, du 5 avril 1852, pour le règlement des communications réciproques des postes et des bateaux à vapeur.

II. En ce qui concerne les voies ferrées, on peut consulter les diverses conventions qui ont pour objet de régler le mode d'exploitation et le service des lignes internationales.[1]

III. Quant aux lignes télégraphiques, nous citons, parmi les conventions destinées à lier le système télégraphique d'un État avec celui des États voisins, les suivantes: Convention relative à l'union télégraphique austro-allemande du 25 juillet 1850, augmentée des stipulations additionnelles du 14 octobre 1851 et du 23 septembre 1853. Cette union embrasse l'Autriche, la Prusse, la Bavière, la Saxe, le Hanovre, le Wurtemberg et le royaume des Pays-Bas; elle a traité dernièrement avec la Russie (26 novembre 1854). Des conventions télégraphiques ont été conclues également par la France avec l'Angleterre, le grand-duché de Bade, la Sardaigne et la Suisse.[2]

IV. Il y a une autre matière analogue sur laquelle un rapprochement notable s'est opéré entre les divers États de l'Europe. Nous voulons parler du régime des quarantaines, soumis depuis trop longtemps à une législation surannée. Des conférences ont eu lieu à cet effet à Paris, il y a quelques années, entre les délégués de tous les États limitrophes de la Méditerranée: la France, l'Autriche, Naples, l'Espagne, la Grande-Bretagne, la Grèce, le Portugal, la Sardaigne, la Toscane, Rome et la Turquie. Ces conférences qui se sont prolongées pendant quarante-huit séances, depuis le 23 juillet 1851 jusqu'au 19 janvier 1852, ont abouti à un projet de *convention sanitaire internationale,* ainsi qu'à un projet de *règlement de quarantaine inter-*

1) V. les écrits indiqués par Helwing dans ses: Mittheilungen des statistischen Bureaus zu Berlin 1854. p. 373, notamment: Colonial and international postage. London 1854, et Heidemann et Hütten, Das Postwesen unserer Zeit. 1er vol. Leipzig 1854. — Pour la législation en matière de chemins de fer, Helwing p. 72.

2) V. surtout la Revue intitulée: Zeitschrift des deutsch-österreichischen Telegraphenvereins. Berlin 1854. 12 cahiers.

national. Jusqu'ici le projet n'a été ratifié qu'entre la France et la Sardaigne.[1] — Les mesures à prendre contre les débordements du choléra indien forment une nouvelle tâche de la surveillance internationale.

INSTITUTIONS INTERNATIONALES POUR L'INDUSTRIE.

§ 242. Parmi les diverses branches de l'industrie, celles dont l'existence et la prospérité reposent essentiellement sur une garantie efficace de nouveaux procédés ou de nouvelles inventions, ont été l'objet principal de conventions internationales. Beaucoup a été fait dans ces dernières années pour la protection solidaire des oeuvres littéraires et artistiques[2], beaucoup moins pour celle de la propriété industrielle, tant par rapport aux brevets d'invention qu'aux modèles et aux dessins de fabrique.

En premier lieu, nous citons les lois de la confédération germanique, relatives à la répression de la contrefaçon en matière littéraire et artistique des 2 avril 1835, 8 novembre 1837, 22 avril 1841 et 19 juin 1845, qui ont été suivies d'un grand nombre de lois spéciales de divers États d'Allemagne. Plusieurs conventions analogues ont été conclues depuis 1840 entre les États d'Italie, à l'exception de Naples. Une autre convention a été conclue le 13 mai 1846 entre la Prusse et l'Angleterre, à laquelle ont accédé la Saxe, le Hanovre, les duchés d'Anhalt et de Brunswick. Enfin un certain nombre de traités ont été

[1]) V. Moniteur du 1 juin 1853. Le compte-rendu des délibérations très-intéressantes auxquelles les conférences ont donné lieu, a été publié en deux volumes à l'Imprimerie impériale.

[2]) Jolly, Lehre vom Nachdruck. Heidelberg 1852. (V. la Revue intitulée: Archiv für civilistische Praxis t. XXXV, supplém.) Ad. Enslin, Ueber internationale Verlagsverträge. Berlin 1855. Pour l'Italie v. Zeitschrift für ausländische Gesetzgebung t. XII, p. 461. Pour la Grande-Bretagne: P. Burke, The law of international copyright between England and France. Londres 1851. Pour la France: Delalain, Législation française et belge de la propriété littéraire et artistique. Paris 1854. Villefort, De la propriété littéraire et artistique au point de vue international. Paris 1851. — Pour la propriété industrielle v. Étienne Blanc et Al. Beaume, Code général de la propriété industrielle, littéraire et artistique, comprenant les législations de tous les pays et les traités internationaux. Paris et Leipzig 1854. Foelix, Traité du droit international privé II, 9, 6.

contractés par la France où le Code Napoléon, dans l'article 11, avait consacré le principe de la réciprocité. Ce furent d'abord ceux avec la Sardaigne (28 août 1843; conventions supplémentaires du 22 avril 1846 et du 5 novembre 1850) et avec le Portugal (12 avril 1851). Peu de temps après la France, donnant un grand exemple et procédant par un simple appel à la réciprocité, conférait à tous les auteurs étrangers le droit de poursuivre la contrefaçon de leurs oeuvres sur son territoire. Tel est le sens du décret du 28 mars 1852, ainsi conçu:

1. La contrefaçon, sur le territoire français, d'ouvrages publiés à l'étranger et mentionnée en l'article 425 du Code pénal, constitue un délit.

2. Il en est de même du débit, de l'exportation et de l'expédition des ouvrages contrefaits. L'exportation et l'expédition de ces ouvrages sont un délit de même espèce que l'introduction, sur le territoire français, d'ouvrages qui, après avoir été imprimés en France, ont été contrefaits chez l'étranger.

3. Les délits prévus par les articles précédents sont réprimés conformément aux articles 427 et 429 du Code pénal.

L'article 463 du même Code pourra être appliqué.

4. Néanmoins la poursuite ne sera permise que sous l'accomplissement des conditions exigées relativement aux ouvrages publiés en France, notamment par l'article 6 de la loi du 19 juillet 1793.

Après avoir proclamé ainsi le principe de la propriété en faveur de tous les auteurs étrangers indistinctement, à la seule condition de la formalité préalable du dépôt, la France reprit le cours des négociations. Les traités conclus depuis le décret jusqu'à ce jour, ont déjà répondu à cette grande manifestation.[1]

TRAITÉS ET ÉTABLISSEMENTS DE COMMERCE ET DE NAVIGATION.

§ 243. Les traités et les établissements destinés spécialement à favoriser la navigation et le commerce internationaux, sont:

I. Les ports francs, c'est-à-dire, les ports ouverts au com-

[1]) Comparez le traité avec la Prusse du 2 août 1862.

merce de toutes les nations, affranchis des droits d'entrée et de sortie et autres, en tout ou en partie, à l'exception des droits de navigation ordinaires. De tels ports sont aujourd'hui Marseille, en vertu d'une ordonnance royale du 10 septembre 1817, Livourne, Messine, Brindisi, Venise, Trieste, Fiume, Aden, Brake en Oldenbourg, Harbourg en Hanovre; autrefois aussi Villefranche en Savoie.[1]

II. Les traités de commerce et de navigation, conclus soit séparément soit ensemble (§ 91 ci-dessus), et dont le but ordinaire est la liberté et la sûreté du commerce et de la navigation marchande. Ils ne règlent pas seulement des rapports pacifiques, mais on y prévoit aussi les cas de guerre. Les traités de commerce ont principalement pour objet: l'exportation, l'importation et le transit des denrées et marchandises, les droits dont elles sont grevées, les droits et les immunités des sujets commerçants des puissances contractantes par rapport à leur industrie, à leur juridiction, à leur culte, à leurs propriétés et à leurs contrats. Tantôt ils sont assimilés à cet égard aux regnicoles, tantôt on leur accorde les droits des nations les plus favorisées. Ces conventions ont encore pour objet: l'établissement de consulats, la position et les prérogatives des consuls. En prévision de la guerre entre les puissances contractantes, on y stipule le libre départ des sujets respectifs dans un délai déterminé; et en cas de guerre avec une tierce puissance, on règle les conditions de neutralité.

Les traités de navigation ont spécialement pour but: l'exemption de la navigation réciproque de restrictions onéreuses et sa protection contre des actes arbitraires et de violence; quelquefois aussi ils tendent à restreindre la liberté naturelle dans un intérêt de protection locale. Les divers objets de ces sortes de traités sont: la constatation de la nationalité du pavillon et des papiers de bord; l'admission des navires des puissances contractantes dans les rades et ports respectifs; leur traitement relativement à l'administration de la justice, de

[1]) Schmaufs, Corpus juris gentium I, p. 647. 652. de Kaltenborn, Seerecht I, p. 37. 47. 61. 62. 64. Pour Harbourg v. Martens, N. Rec. Suppl. XIII (1855) p. 32.

la police et des impositions indirectes; l'entrée et la sortie des marchandises transportées; en cas de guerre entre les contractants, la renonciation à l'embargo et à la délivrance de lettres de marque; en cas de guerre avec une tierce puissance, les droits du pavillon neutre, etc.[1]

III. Les traités de douanes, notamment les traités d'union douanière, parmi lesquels le „Zollverein" (union douanière) allemand figure en première ligne.

L'origine du „Zollverein" remonte à la loi générale des douanes pour la monarchie prussienne, du 26 mai 1818. Cette loi commence par proclamer le principe de la liberté industrielle et commerciale. Toutefois la diversité des rapports avec les États étrangers et la supériorité de leur puissance industrielle, ne permettant pas d'appliquer ce principe dans toute sa latitude, la loi fixe un tarif modéré pour les produits fabriqués étrangers. La prohibition est abolie. La franchise est déclarée absolue à l'exportation. Toute entrave est supprimée à l'intérieur. L'appréciation au poids, à la mesure et à la pièce remplace les classifications puériles et les définitions vexatoires „ad valorem" des anciens tarifs.

Après cette première tentative couronnée d'un plein succès, le gouvernement prussien entama dès 1822 des négociations tendant à faire tomber les barrières fiscales des soixante-dix tarifs différents dont souffrait l'Allemagne. La première convention fut celle conclue le 14 février 1828 avec le grand-duché de Hesse. L'électorat de Hesse y accéda le 25 août 1831. Bientôt après eut lieu la fusion de la ligue prusso-hessoise avec celle bavaro-wurtembergeoise fondée en 1828, et elle s'agrandit par l'accession du royaume de Saxe et de la ligue douanière et commerciale des États de Thuringe. La réalisation du grand Zollverein allemand fut désormais un fait accompli. Sa durée fut limitée primitivement jusqu'au 1er janvier 1842: mais n'ayant pas été dénoncé dans l'intervalle, il fut tacitement prorogé pour 12 ans. Dans l'intervalle il s'était accru par l'adhésion de Bade, de Nassau, de Francfort, de Lippe, de Brunswick et du Luxem-

[1]) Klüber, Völkerrecht § 150.

bourg. L'existence et le renouvellement du Zollverein furent sérieusement menacés lors de l'expiration de ce dernier délai: l'opinion publique et la sagesse des gouvernements l'ont maintenu. Il réussit même à attirer dans son sein le Hanovre et Oldenbourg, et il est parvenu à se rapprocher du moins de l'Autriche par le traité de commerce et de douanes du 19 février 1853.

Aujourd'hui le Zollverein embrasse dans sa circonscription territoriale tous les États de l'Allemagne, à l'exception de l'Autriche au midi et du Mecklembourg, des villes hanséatiques et des duchés de Holstein et de Lauenbourg au nord. Sa durée a été prolongée en 1864 jusqu'à la fin de l'année 1877.

Le but et la constitution de la ligue douanière sont expliqués dans les traités réciproques des principaux États intéressés. Les derniers traités de 1853 la définissent, comme étant une union relative à un système commun de douanes et de commerce, conformément aux traités antérieurement stipulés. Aux termes de la convention conclue avec le Hanovre et Oldenbourg, elle a pour objet la liberté de commerce et une législation uniforme en matière de droits d'entrée, de sortie et de transit.

Le but de la ligue étant toujours un système uniforme de douanes et de commerce, les règles suivantes en découlent naturellement:

1° Des lois uniformes pour tous les États de la ligue relativement aux droits d'entrée, de sortie et de transit, mais nullement exclusives de modifications particulières, pourvu qu'elles ne nuisent pas aux intérêts généraux. Les lois concertées ou à concerter en commun, à savoir la loi, le tarif et le règlement de douanes, forment à cet effet la règle fondamentale, à laquelle il ne peut guère être dérogé que „par voie de consentement de toutes les parties contractantes." Les traités n'établissent à ce sujet aucun principe absolu vis-à-vis des pays étrangers, ni celui de protection, ni celui de libre échange. On peut dire seulement que l'idée fondamentale de la législation prussienne de 1818, à savoir une protection équitable et modérée de l'industrie nationale par rapport à l'industrie étrangère, subsiste toujours. Le tarif et la législation douanière reposent encore aujourd'hui sur cette loi, et tous les États de la ligue se sont trouvés bien sous son régime.

2° Il existe entre les différents États de la ligue une liberté complète de commerce et de transit. Certains objets ou articles seulement peuvent être exclus ou soumis à des droits élevés. Mais en général la législation douanière tend à établir une égalité complète à l'égard des objets qui continuent à être soumis encore à des droits différentiels, et en attendant elle remédie à cet inconvénient par des droits de compensation. Elle stipule expressément l'égalité de traitement de tous les sujets de la ligue relativement aux impôts de consommation, de circulation etc. Elle promet en outre un système uniforme de monnaies, de poids et de mesures: elle l'a déjà réalisé en partie par les conventions monétaires de 1838, de 1845, de 1857 et de 1858, ainsi que par l'adoption de poids douaniers uniformes.

3° Tous les droits d'entrée, de sortie et de transit perçus dans le territoire de la ligue, sont communs et sont répartis entre les différents États à raison de leur population. A cet effet un bureau central a été établi, et l'on a admis le droit de contrôle réciproque.

4° Chaque année, au mois de juin, les délégués des États du Zollverein qui jouissent d'une voix délibérative, se réunissent en assemblée générale. Cette assemblée prononce: sur les plaintes qui surgissent relativement à l'exécution des traités constitutifs de la ligue; elle approuve les comptes définitifs et la répartition des recettes. Elle délibère sur les voeux et les propositions concernant les changements à introduire dans l'administration et dans les lois douanières. Dans les deux premiers cas, l'unanimité des voix est nécessaire: si elle ne peut être obtenue, l'affaire doit être soumise à une décision arbitrale. Dans les deux derniers cas, au contraire, les résolutions des plénipotentiaires doivent être soumises à la ratification de leurs gouvernements.[1]

[1]) V. les divers traités dans les Archives du commerce rédigées au ministère du commerce et des travaux publics depuis 1845 et en outre W. Oechelhäuser, Der Zollverein. Frankf. 1751. Idem: Die Verfassung des deutschen Zollvereins. Augsb. 1851.

DES CONSULS.[1]

§ 244. Parmi les diverses institutions établies dans l'intérêt du commerce par le droit public européen, l'institution consulaire est sans contredit une des plus anciennes, bien que, dès le commencement, elle n'ait pas été connue sous cette dénomination. Les origines remontent vers l'époque où le commerce luttait encore péniblement pour son existence, où il était obligé tantôt de chercher un abri dans les corporations municipales dont il était issu, tantôt, en s'expatriant sur un sol étranger, de s'y constituer en corporation indépendante après y avoir acquis une certaine influence. Ce n'est que beaucoup plus tard que les souverains territoriaux ont commencé à lui accorder leur protection, au moment où ils accomplissaient leur oeuvre de consolidation.

Le commerce une fois régulièrement constitué, un de ses premiers besoins, dès qu'il s'établissait à l'étranger, fut celui d'obtenir une juridiction propre et indépendante, appelée à intervenir non seulement dans les contestations entre les sujets de la même nation ou avec les habitants du pays, mais aussi dans toutes les occasions où il s'agissait de mettre les intérêts du commerce à l'abri des actes arbitraires des autorités locales. Déjà au XIIe siècle on rencontre, dans les cités commerciales si florissantes de la Méditerranée, de magistrats connus sous le nom de consuls, chargés d'une juridiction en matière commerciale. De même on rencontre lors des croisades, et auparavant

[1]) L'ouvrage le plus complet sur cette matière est le Manuel des Consuls, par Alex. de Miltitz. Londres et Berlin 1837. V. en outre Fréd. Borel, De l'origine et des fonctions des Consuls. 1807. 1812. D. Warden, On the origine, nature, progress and influence of the consular establishment. 1813. J. Bursotti, Guide des agents consulaires. 1838. Jose Ribeiro dos Santos et Jose-Feliciano de Castilho Barreto, Traité du Consulat. 1839. Mirus, Gesandtschaftsrecht § 375—396. Mensch, Manuel pratique du Consulat. Leipzig 1846. Jochmus, Handbuch für Consuln mit besonderer Rücksicht auf Deutschland. Dessau 1852. L. Neumann, Handbuch des Consularwesens. Wien 1854. H. O. Oppenheim, Praktisches Lehrbuch der Consulate aller Länder. Erlangen 1854. Phillimore II, 235—275. Halleck. V. aussi R. de Mohl, Geschichte und Litteratur der Staatswissenschaften I, p. 410 suiv.

déjà dans l'empire byzantin et dans les royaumes chrétiens de la Syrie, sous diverses dénominations, une magistrature analogue, établie au profit des nations et des villes qui trafiquaient dans ces contrées. Dans le XIIIe siècle toutefois nous ne retrouvons plus en Orient de traces de cette institution, qui reposait encore généralement sur le principe de la personnalité des coutumes: chaque nation ne consentait à être jugée que d'après ses propres coutumes.

Après l'invasion des royaumes chrétiens d'Orient par les fiers descendants d'Osman, les peuples commerçants de l'Europe durent chercher à obtenir de ces souverains et de leurs vice-rois en Égypte et dans les États barbaresques, des capitulations ou des conventions qui leur permissent d'y continuer leur trafic. Ils durent chercher en même temps à obtenir une juridiction indépendante qui reparaît sous le nom antique de *consulaire*. C'est vers la même époque que les républiques italiennes, les cités florissantes situées sur les côtes de Provence et de Catalogne, les cités naguère si riches et si puissantes des Flandres et de la ligue hanséatique, commençaient à fonder non-seulement sur les côtes de la Méditerranée, mais aussi sur le littoral des mers du Nord et de la Baltique, des établissements de commerce régis par des autorités particulières, chargées de fonctions judiciaires et dotées de nombreux priviléges par les souverains territoriaux. Ainsi, par exemple, on rencontrait dans les factories de la ligue hanséatique une magistrature connue sous le nom d'Aldermann et d'adjoints, dans d'autres cités ou républiques des gouverneurs, des conservateurs, des préteurs ou des consuls. Comme l'usage de missions permanentes dans les Cours souveraines n'existait pas encore, ces magistrats étaient chargés aussi de fonctions diplomatiques.[1]

§ 245. Une pareille institution, exempte de la juridiction territoriale et engagée dans de fréquents conflits avec les auto-

[1]) V. sur ces notices historiques l'ouvrage d'Alex. de Miltitz, principalement le Résumé t. II, part. 1re, p. 394. de Martens, dans son Essai intitulé: Versuch einer historischen Entwickelung des Wechselrechtes, avait déjà fourni des notices précieuses. V. en outre de Steck, Handelsverträge p. 215 et Versuche p. 119.

rités régulières du territoire, ne pouvait guère se concilier avec les développements du système moderne des États et la consolidation du pouvoir monarchique. Elle devait au contraire paraître une usurpation sur la liberté et l'indépendance de la souveraineté territoriale. Dès lors commença à se manifester partout la tendance d'assujettir le commerce des étrangers aux lois et aux tribunaux locaux. En créant des juges de commerce spéciaux, quelquefois, ainsi que cela a eu lieu en France, sous le nom même de consuls, on avait soin de les charger également de la protection du commerce étranger dans des limites raisonnables. Par l'établissement de missions diplomatiques permanentes dans les Cours souveraines, les intérêts commerciaux des peuples furent en outre représentés d'une manière plus directe et plus efficace qu'ils ne l'avaient été jusqu'alors. Il ne restait donc tout au plus qu'à pourvoir aux intérêts locaux du commerce étranger par l'envoi d'agents chargés de leur défense auprès des autorités des lieux. C'est ainsi que l'institution de juges consulaires du moyen âge s'est transformée enfin en celle de simples agents, chargés d'une mission protectrice et de certaines attributions de police sur leurs nationaux. Dans ces conditions elle s'est conservée, en vertu de concessions réciproques, d'une manière très-salutaire dans tous les États chrétiens de l'Europe et du Nouveau-Monde. Dans les États musulmans au contraire, notamment aux Échelles du Levant et dans les pays barbaresques, elle a gardé un caractère différent, à la vérité vivement contesté en ce dernier temps, soit en vertu d'anciens priviléges concédés aux diverses nations, soit en vertu de traités qui en garantissent le maintien en termes formels.[1] Le même système a été mis en activité par les puissances maritimes envers la Chine, le Japon, la Perse, le Siam, le Maroc.

ATTRIBUTIONS DES CONSULS ACTUELS.

§ 246. D'après la pratique généralement admise aujourd'hui dans les États européens et du Nouveau-Monde, les consuls, ainsi que nous venons de le dire, forment une espèce particu-

[1]) V. de Miltitz t. II, part 2, p. 3 suiv. Ces traités sont indiqués par Mirus § 396.

lière d'agents diplomatiques, chargés de la défense des intérêts du commerce de leurs pays dans les places où ils sont envoyés. Tantôt sujets du pays qu'ils représentent (consules missi), tantôt sujets du pays même où ils résident (consules electi), ils ne peuvent entrer en fonctions que lorsque les deux gouvernements intéressés sont d'accord sur le choix même de leur personne. Aucun gouvernement n'est tenu d'admettre malgré lui des consuls étrangers. Aussi a-t-on soin de se faire accorder expressément cette faculté par une convention publique. Dans la plupart des traités de commerce modernes intervenus entre les États où il existe à cet égard des usages incontestés, on trouve des clauses semblables. Il existe cependant certains traités qui excluent expressément l'admission réciproque des agents consulaires.[1]

La nomination de l'agent consulaire se fait par lettres de provision délivrées par le gouvernement qu'il représente. D'après la théorie générale, tout État, même l'État mi-souverain en possession d'un pavillon spécial, a le droit de se faire représenter dans les places de commerce étrangères par ses sortes d'agents.

L'agent consulaire ne peut entrer en fonctions qu'après avoir obtenu la confirmation du souverain dans le territoire duquel il doit exercer ses fonctions. Cette confirmation lui est surtout nécessaire s'il est sujet du même souverain.[2] Elle lui est délivrée par un acte d'exequatur ou de placet, qui justifie de sa qualité auprès des autorités locales.

Le titre de l'agent consulaire varie selon l'étendue et l'importance de ses fonctions. Il prend le titre de consul général, lorsque ses fonctions embrassent tout un territoire ou plusieurs places de commerce; ou bien simplement celui de consul, de

1) Comme, par exemple, dans un traité entre la France et les Pays-Bas: il paraît toutefois que cette clause a été abrogée. Une décision fédérale du 12 novembre 1815 défend l'établissement des consulats dans les forteresses de la confédération germanique. Comparez aussi de Steck, Essais sur divers sujets internationaux p. 52.

2) Cela a été expressément stipulé dans le traité entre les États-Généraux et le roi des Deux-Siciles, du 27 août 1753, art. XLI. Wenck, Codex juris gent. II, p. 753.

vice-consul ou de suppléant. Ces titres toutefois n'ont pas toujours une signification aussi précise.

§ 247. Les fonctions ordinaires des consuls consistent:[1]

1° A surveiller toujours la stricte observation des traités de commerce et de navigation, tant par le gouvernement près duquel ils résident, que par la nation qu'ils représentent. Si la bonne entente vient à être troublée, ils doivent faire auprès des autorités compétentes les démarches nécessaires pour la rétablir. Ils prennent connaissance de l'arrivée des navires de leur nation, de leurs chargements et de leurs équipages. Ils sont chargés aussi de la police des passeports.

2° Ils portent des secours ou des conseils aux commerçants et aux marins de leur nation, toutes les fois que ces derniers les réclament. Ils peuvent exiger des autorités étrangères l'extradition des hommes de l'équipage qui se sont enfuis des navires de leur nation, dans les limites établies par les traités ou par les usages.

3° Ils sont investis d'une espèce de juridiction volontaire pour la constatation des faits et des accidents qui touchent les intérêts privés de leurs nationaux. A cet effet ils délivrent aux marins et aux négociants des certificats authentiques.

4° Ils cherchent à arranger à l'amiable les difficultés qui s'élèvent entre les sujets de leur nation, et entre ces derniers et les habitants du pays. Quelques traités leur

[1]) Des dispositions très-étendues sur les attributions et les prérogatives consulaires se trouvent dans le traité entre la France et l'Espagne du 13 mars 1769. Wenck, Codex juris gent. III, p. 746. Martens, Recueil t. I, p. 629. Parmi les traités les plus récents nous citons ceux intervenus entre la France et le Texas du 25 septembre 1839, art. 8—13, entre la France et la Sardaigne du 4 février 1852 (Gazette des tribunaux 11 mars 1852). V. Laget de Podio, Juridiction des consuls de France à l'étranger. 2e édit. Marseille 1843. Pour les autres États v. Mirus § 390. Phillimore II, 247. B. de Cussy, Règlements consulaires des principaux États. Leipzig 1852. König, Preufsens Consular-Reglements. Berlin 1854, et les ouvrages indiqués au § 244, notamment Neumann (pour l'Autriche). Wertheim, Manuel des Consuls des Pays-Bas. Amsterd. 1861.

accordent même le droit d'arbitrage dans les différends des capitaines avec les hommes de l'équipage.[1]

Les attributions des consuls envoyés aux Échelles du Levant et dans les États asiatiques et barbaresques, sont plus étendues, malgré des réclamations continuelles dont elles ont été quelquefois l'objet dans ces pays. Des traités récents stipulent encore en faveur des consuls européens dans ces contrées le droit de juridiction criminelle sur leurs nationaux. Ils y sont investis en outre, en vertu d'usages traditionnels, de la juridiction civile, non-seulement à l'égard des contestations de leurs nationaux entre eux, mais aussi avec les indigènes. Ils y sont accrédités et traités en ministres étrangers.[2]

§ 248. Parmi les prérogatives des agents consulaires dans les États européens, nous distinguons notamment l'immunité de charges et de services personnels, qui leur permet de remplir librement leurs fonctions.[3] Les traités admettent l'exemption de la juridiction criminelle tantôt d'une manière absolue, tantôt ils exceptent les cas de crimes atroces. Ils sont justiciables des tribunaux des lieux en matière civile, notamment en matière commerciale.[4] Ils jouissent de toutes les prérogatives des mi-

1) V. le traité des Villes hanséatiques avec les États-Unis de l'Amérique de 1852. (N. R. G. XVII, 1, p. 161) et celui de la Prusse avec les Pays-Bas du 16 juin 1856. (Ibid. p. 187.)

2) de Steck, Versuche. 1783. no. XII, p. 88. Mirus § 395. Phillimore II, 271. Halleck X, 21.

3) V. le traité entre les Pays-Bas et la Grèce de 1845 dans le Nouveau Recueil t. V, p. 30. Halleck X, 11.

4) V. le traité indiqué ci-dessus entre la France et l'Espagne de 1769 art. 2. Allgem. Preufs. Gerichts-Ordnung I, 2, § 65.

Le principe général a été proclamé dans un arrêt de la Cour royale d'Aix de 1843, ainsi conçu:

Attendu que si les Ambassadeurs sont indépendants de l'autorité souveraine du pays dans lequel ils exercent leur ministère, ce privilége n'est pas applicable aux consuls;

que ceux-ci ne sont que des agents commerciaux; que si les lois de police et de sécurité obligent en général tous ceux qui habitent le territoire français, il en résulte que l'étranger qui se trouve, même casuellement, sur ce territoire, doit concourir de tous les moyens à faciliter l'exercice de la justice criminelle;

nistres publics, de l'inviolabilité et de l'exterritorialité, lorsqu'ils sont chargés aussi d'autres fonctions diplomatiques, comme, par exemple, dans les États mi-souverains ou dépendants. C'est ce qui est vrai surtout à l'égard des consuls envoyés dans les provinces soumises à la suzeraineté de la Porte, qui leur accorde aussi le droit d'asile et le libre exercice du culte dans leur hôtel.[1]

D'après les usages généraux, les consuls ne peuvent guère prétendre au cérémonial des ministres publics.[2] Ils leur accordent seulement le droit de mettre au-dessus de la porte de leur hôtel les armes du souverain qu'ils représentent. C'est d'après le rang de ce dernier que se règle le rang entre eux. Ils ne jouissent pas d'honneurs particuliers de préséance.[3]

Les consuls étrangers sont justiciables des tribunaux français, pour les délits qu'ils commettent en France (Aix 14 août 1829. Dalloz, Rép. pér. 30. 2. 116).

Quoique les consuls étrangers en France ne jouissent pas

attendu que si la convention diplomatique dont le consul d'Espagne se prévaut pour être dispensé de venir déposer devant la cour, était sans inconvénients pour le temps où elle fut faite, alors que la procédure criminelle était secrète, elle est inapplicable aujourd'hui où, d'après le droit public qui nous régit, les débats sont publics et où les témoins sont tenus de déposer oralement devant le jury;

mais attendu que le consul est étranger; qu'il a pu ignorer l'économie et le mécanisme de la procédure criminelle française et qu'il y a de la bonne foi dans son refus;

la Cour déclare n'y avoir lieu à condamner Mr. Soller à l'amende.

Reste à savoir si cet arrêt est exact dans toutes ses parties. L'instruction générale du 8 août 1814 pour les Consuls de France en pays étranger, leur accorde expressément „l'immunité personnelle, excepté dans le cas de crime atroce et sans préjudice des actions, qui seraient intentées contre eux pour les faits de commerce.“ C'est ce que, dans une occasion récente, les autorités de Lübeck ont admis aussi en faveur du consul français. Le traité entre la France et la Sardaigne du 4 février 1852 contient des concessions importantes à ce sujet.

1) Mirus § 395.

2) Mais aux termes de plusieurs traités. V. Nouveau Recueil S. V, p. 172. 411. 412.

3) J. J. Moser, Versuche VII, p. 831. 843. Wheaton, Intern. Law III, 1, § 22.

des priviléges accordés aux représentants des puissances étrangères, ils ne peuvent cependant être poursuivis devant les tribunaux français à raison des actes qu'ils font en France par ordre de leur gouvernement et avec l'approbation des autorités françaises (13 vendémiaire an IX. Dalloz, Jurispr. gén. 1. 330).

Chapitre IV.
DE L'ESPIONNAGE.[1]

§ 249. On entend par espions les personnes qui, sans caractère public, et dans un but secret, sous les faux dehors d'amis, de neutres etc., tâchent de prendre des renseignements en pays étranger ou ennemi sur les affaires particulières d'un gouvernement, sur la position d'une armée, d'une place de guerre etc. On distingue à cet effet des espions de guerre et des espions politiques.

Au point de vue moral, il est incontestablement permis de se procurer par des voies secrètes des renseignements qu'on ne pourrait obtenir autrement, surtout lorsqu'il s'agit de se garantir de certains dangers.[2] En pareil cas, on doit éviter seulement de faire usage de moyens contraires à l'ordre public, tels que la corruption de fonctionnaires publics. Autrement l'État lésé pourra appliquer envers l'espion les dispositions de ses lois intérieures dans toute leur rigueur, sans que le gouvernement qui l'a envoyé soit en droit de s'en plaindre. En ordonnant ou en approuvant ces procédés, ce dernier commettrait même une offense envers l'autre.

Du reste c'est exclusivement d'après les règles du droit public interne qu'il faut décider la question de savoir si l'on est tenu d'accepter une mission semblable de son propre gou-

[1]) V. surtout de Kamptz, Beiträge zum Staats- und Völkerr. I, p. 63. Il ne s'occupe principalement que des espions de guerre.

[2]) Grotius III, 4, 19 et le commentaire de Cocceji.

vernement, ou si l'on est en droit de l'accepter de la part d'un gouvernement étranger.

ESPIONS DE GUERRE.

§ 250. On traite d'espions de guerre seulement ceux qui, en dehors de leurs fonctions régulières, cherchent à prendre des renseignements relatifs à l'état de guerre existant entre les belligérants, soit dans le propre territoire de l'un d'entre eux, soit dans les positions occupées par lui en pays conquis. L'officier ennemi qui, dans son uniforme, en vue d'une reconnaissance, pénètre dans un poste, ou qui, sur le poste qui lui est assigné, cherche à obtenir des renseignements de prisonniers dont il s'est emparé, n'est pas traité en espion. Il en est de même d'un individu qui, dans un but personnel, tâche de se procurer des renseignements sur la position d'une armée.

L'espionnage qui ne constitue pas en lui-même un crime, le devient à l'égard de la personne qui s'y est livrée envers son propre gouvernement, car il prend alors le caractère d'une trahison. Ils est permis aussi aux belligérants de prendre les mesures les plus énergiques, propres à prévenir ou à réprimer l'espionnages de leurs positions et de leurs forces. L'espion étant engagé dans une entreprise hostile, les anciens usages de la guerre lui réservaient, lorsqu'il était arrêté en flagrant délit, la peine de la corde, les usages modernes le plus souvent celle de la balle, selon les lois martiales de chaque nation. Vainement l'individu arrêté voudra-t-il s'abriter derrière un ordre formel de son gouvernement ou derrière les devoirs militaires d'une obéissance aveugle, pour échapper à l'application de la peine.[1]

L'espion arrêté par la suite, après que sa mission a cessé, peut tout au plus être soumis à des mesures de sûreté, mais les pénalités édictées par les lois de la guerre cessent d'être applicables à sa personne.[2]

[1]) La procédure suivie en 1780 envers le major anglais André, et son exécution, malgré de puissantes intercessions en sa faveur, fournissent un triste exemple à ce sujet. V. de Martens, Erzählungen I, p. 303. Sargent, Life of Major d'André. Boston 1861.

[2]) de Kamptz, à l'endroit cité § 14.

ESPIONS POLITIQUES.

§ 251. Les émissaires secrets envoyés en pays étranger, sont chargés de s'enquérir sur la situation intérieure de ce pays ou sur la politique de son gouvernement. Aucun État n'est tenu de souffrir chez lui des émissaires secrets qu'à son insu un gouvernement étranger envoie sur son territoire. Mais l'emploi de ces agents n'a jamais été considéré comme un acte illicite, pas plus que celui de moyens de corruption pour se procurer des nouvelles secrètes. Cependant l'émissaire politique peut être soumis à des pénalités:

1° lorsqu'il est sujet du pays où il est envoyé, et qu'en communiquant des nouvelles sur certains objets, il viole les lois de sa patrie en matière criminelle;

2° lorsque, tout étant sujet du gouvernement qui l'a envoyé, il a fait cependant usage de moyens défendus par les lois du pays où il se trouve.

Enfin l'émissaire politique sera traité comme espion de guerre, s'il a été envoyé dans le but de préparer l'exécution d'une entreprise secrète et hostile.

APPENDICE.

I.

ACTE DE LA DITE SAINTE ALLIANCE.[1]

V. p. 13.

Au nom de la très-sainte et indivisible Trinité.

LL. MM. l'Empereur d'Autriche, le Roi de Prusse et l'Empereur de Russie, par suite des grands événements qui ont signalé en Europe le cours des trois dernières années, et principalement des bienfaits qu'il a plu à la divine Providence de répandre sur les États dont les gouvernements ont placé leur confiance et leur espoir en elle seule, ayant acquis la conviction intime, qu'il est nécessaire d'asseoir la marche à adopter par les puissances dans leurs rapports mutuels sur les vérités sublimes que nous enseigne l'éternelle religion du Dieu sauveur:

Déclarons solennellement que le présent acte n'a pour objet que de manifester à la face de l'Univers leur détermination inébranlable, de ne prendre pour règle de leur conduite, soit dans l'administration de leurs états respectifs, soit dans leurs relations politiques avec tout autre gouvernement, que les préceptes de cette religion sainte, préceptes de justice, de charité et de paix qui, loin d'être uniquement applicables à la vie privée, doivent au contraire influer directement sur les résolutions des princes, et guider toutes leurs démarches, comme étant le seul moyen de consolider des institutions humaines et de remédier à leurs imperfections.

En conséquence, LL. MM. sont convenues des articles suivants:

Art. I. Conformément aux paroles des saintes Écritures, qui ordonnent à tous les hommes de se regarder comme frères, les trois monarques contractants demeureront unis par les liens d'une fraternité véritable et indissoluble, et se considérant comme compatriotes, ils

[1]) Nous reproduisons cet acte auquel la plupart des souverains chrétiens ont accédé, non pas comme obligatoire de droit, mais uniquement comme document historique.

se prêteront en toute occasion et en tout lieu assistance, aide et secours; se regardant envers leurs sujets et armées comme pères de famille, ils les dirigeront dans le même esprit de fraternité, dont ils sont animés pour protéger la religion, la paix et la justice.

Art. II. En conséquence, le seul principe en vigueur, soit entre lesdits gouvernements, soit entre leurs sujets, sera celui de se rendre réciproquement service, de se témoigner par une bienveillance inaltérable l'affection mutuelle dont ils doivent être animés, de ne se considérer tous que comme membres d'une même nation chrétienne, les trois princes alliés ne s'envisageant eux-mêmes que comme délégués par la Providence pour gouverner trois branches d'une même famille, savoir: l'Autriche, la Prusse et la Russie, confessant ainsi que la nation chrétienne, dont eux et leurs peuples font partie, n'a réellement d'autre souverain que celui à qui seul appartient en propriété la puissance, parce qu'en lui seul se trouvent tous les trésors de l'amour, de la science et de la sagesse infinie, c'est à dire Dieu, notre divin sauveur Jésus-Christ, le verbe du Très-Haut, la parole de vie. LL. MM. recommandent en conséquence avec la plus tendre sollicitude à leurs peuples, comme unique moyen de jouir de cette paix qui naît de la bonne conscience et qui seule est durable, de se fortifier chaque jour davantage dans les principes et l'exercice des devoirs que le divin Sauveur a enseignés aux hommes.

Art. III. Toutes les puissances qui voudront solennellement avouer les principes sacrés qui ont dicté le présent acte, et reconnaîtront combien il est important au bonheur des nations trop longtemps agitées que ces vérités exercent désormais sur les destinées humaines toute l'influence qui leur appartient, seront reçues avec autant d'empressement que d'affection dans cette sainte alliance.

Fait triple et signé à Paris l'an de grâce 1815, le 14/26 Septembre.

François. Frédéric-Guillaume. Alexandre.

II.

a.

PROTOCOLE

SIGNÉ A AIX-LA-CHAPELLE LE 15 NOVEMBRE 1818 PAR LES PLÉNIPOTENTIAIRES DES COURS D'AUTRICHE, DE FRANCE, DE LA GRANDE-BRETAGNE, DE PRUSSE ET DE RUSSIE.

V. page 13.

Les ministres d'Autriche, de France, de la Grande-Bretagne, de Prusse et de Russie, à la suite de l'échange des ratifications de la convention signée le 9 Octobre, relativement à l'évacuation du territoire Français par les troupes étrangères, et après s'être adressé, de part et d'autre, les notes ci-jointes en copie, se sont réunis en conférence, pour prendre en considération les rapports, qui, dans l'état actuel des choses, doivent s'établir entre la France et les puissances cosignataires du traité de paix du 20 Novembre 1815, rapports qui, en assurant à la France la place qui lui appartient dans le système de l'Europe, la lieront étroitement aux vues pacifiques et bienveillantes que partagent tous les souverains, et consolideront ainsi la tranquillité générale.

Après avoir mûrement approfondi les principes conservateurs des grands intérêts qui constituent l'ordre des choses établi en Europe; sous les auspices de la Providence divine, moyennant le traité de Paris du 30 Mai 1814, le recès de Vienne, et le traité de paix de l'année 1815, les cours signataires du présent acte ont unanimement reconnu et déclarent en conséquence:

b.

DÉCLARATION.

A l'époque où la pacification de l'Europe est achevée par la résolution de retirer les troupes étrangères du territoire Français, et où cessent les mesures de précaution que des événemens déplorables avoient rendus nécessaires, les ministres et plénipotentiaires de LL. MM. l'Empereur d'Autriche, le Roi de France, le Roi de la Grande-Bretagne, le Roi de Prusse et l'Empereur de toutes les Russies, ont reçu de leurs souverains l'ordre de porter à la connoissance de toutes les cours de l'Europe les résultats de leur réunion à Aix-la-Chapelle, et de faire à cet effet, la déclaration suivante:

La convention du 9 Octobre, qui a définitivement réglé l'exécution des engagemens consignés dans le traité de paix du 20 Novembre 1815, est considérée par les souverains qui y ont concouru comme l'accomplissement de l'oeuvre de la paix, et comme le complément du système politique destiné à en assurer la solidité. L'union intime établie entre les monarques associés à ce système, par leurs principes, non moins que par l'intérêt de leurs peuples, offre à l'Europe le gage le plus sacré de sa tranquillité future.

L'objet de cette union est aussi

1° Qu'elles sont fermement décidées à ne s'écarter, ni dans leurs relations mutuelles, ni dans celles qui les lient aux autres États, du principe d'union intime qui a présidé jusqu'ici à leurs rapports et intérêts communs; union devenue plus forte et indissoluble par les liens de fraternité chrétienne que les souverains ont formés entre eux.

2° Que cette union, d'autant plus réelle et durable, qu'elle ne tient à aucun intérêt isolé, à aucune combinaison momentanée, ne peut avoir pour objet que le maintien de la paix générale, fondé sur le respect religieux pour les engagemens consignés dans les traités pour la totalité des droits qui en dérivent.

3° Que la France, associée aux autres puissances par la restauration du pouvoir monarchique, légitime et constitutionnel, s'engage à concourir désormais au maintien et à l'affermissement d'un système qui a donné la paix à l'Europe, et qui seul peut en assurer la durée.

4° Que si, pour mieux atteindre le but ci-dessus énoncé, les puissances qui ont concouru au présent acte, jugeoient nécessaire d'établir des réunions particulières, soit entre les augustes souverains eux-mêmes, soit entre leurs ministres et plénipotentiaires respectifs, pour y traiter en commun de leurs propres intérêts, en tant qu'ils se rapportent à l'objet de leurs délibérations actuelles, l'époque et l'endroit de ces réunions seront, chaque fois, préalablement arrêtés au moyen de communications diplomatiques, et que, dans le cas où ces réunions auroient pour objet des affaires spécialement liées aux intérêts des autres États de l'Europe, elles simple que grand et salutaire. Elle ne tend à aucune nouvelle combinaison politique, à aucun changement dans les rapports sanctionnés par les traités existans. Calme et constante dans son action, elle n'a pour but que le maintien de la paix et la garantie des transactions qui l'ont fondée et consolidée.

Les souverains en formant cette union auguste, ont regardé comme la base fondamentale leur invariable résolution de ne jamais s'écarter, ni entre eux ni dans leurs relations avec d'autres états, de l'observation la plus stricte des principes du droit des gens, principes qui dans leur application à un état de paix permanent, peuvent seuls garantir efficacement l'indépendance de chaque gouvernement et la stabilité de l'association générale.

Fidèles à ces principes, les souverains les maintiendront également dans les réunions auxquelles ils assisteroient en personne, ou qui auroient lieu entre leurs ministres, soit qu'elles aient pour objet de discuter en commun leurs propres intérêts, soit qu'elles se rapportent à des questions dans lesquelles d'autres gouvernemens auroient formellement réclamé leur intervention; le même esprit, qui dirigera leurs conseils, et qui règnera dans leurs communications diplomatiques, présidera aussi à ces réunions, et le repos du Monde en sera constamment le motif et le but.

C'est dans ces sentimens que les souverains ont consommé l'ouvrage auquel ils étoient appelés. Ils ne cesseront de travailler à l'affermir et à le perfectionner. Ils reconnoissent solennellement que leurs devoirs envers Dieu et envers les peuples qu'ils n'auront lieu qu'à la suite d'une invitation formelle de la part de ceux de ces états que lesdites affaires concerneroient, et sous la réserve expresse de leur droit d'y participer directement, ou par leurs plénipotentiaires.

5° Que les résolutions consignées au présent acte, seront portées à la connoissance de toutes les cours Européennes, par la déclaration ci-jointe, laquelle sera considérée comme sanctionnée par le protocole en faisant partie.

Fait quintuple et réciproquement échangé, en original, entre les cabinets signataires.

A Aix-la-Chapelle, le 15 Novembre 1818.

Metternich. Richelieu.
Castlereagh. Wellington.
Bernstorff. Nesselrode.
Capo-d'Istria.

gouvernent, leur prescrivent de donner au Monde, autant qu'il est en eux, l'exemple de la justice, de la concorde, de la modération. Heureux de pouvoir consacrer désormais tous leurs efforts à protéger les arts de la paix, à accroître la prospérité intérieure de leurs États, et à réveiller ces sentimens de religion et de morale dont le malheur des temps n'a que trop affoibli l'empire.

Aix-la-Chapelle, le 15 Novembre 1818.

Metternich.
Richelieu.
Castlereagh.
Wellington.
Hardenberg.
Bernstorff.
Nesselrode.
Capo-d'Istria.

III.

TRAITÉ DE PAIX ET D'AMITIÉ.

CONCLU, LE 30 MARS 1856,

ENTRE LA FRANCE, L'AUTRICHE, LE ROYAUME-UNI DE LA GRANDE-BRETAGNE ET D'IRLANDE, LA PRUSSE, LA RUSSIE, LA SARDAIGNE ET LA TURQUIE.

V. page 14.

Au nom de Dieu tout-puissant:

Leurs Majestés l'empereur des Français, la reine du royaume-uni de la Grande-Bretagne et d'Irlande, l'empereur de toutes les Russies, le roi de Sardaigne et l'empereur des Ottomans, animés du désir de mettre un terme aux calamités de la guerre, et voulant

30*

prévenir le retour des complications qui l'ont fait naître, ont résolu de s'entendre avec Sa Majesté l'empereur d'Autriche sur les bases à donner au rétablissement et à la consolidation de la paix, en assurant, par des garanties efficaces et réciproques, l'indépendance et l'intégrité de l'empire Ottoman.

A cet effet, Leurs dites Majestés ont nommé pour leurs plénipotentiaires, savoir:

(*Suivent les noms des plénipotentiaires avec le détail de leurs titres et dignités dans l'ordre suivant:* M. le comte Walewski et M. le baron de Bourqueney, *pour la France;* M. de Buol et M. de Hübner, *pour l'Autriche;* lord Clarendon et lord Cowley, *pour la Grande-Bretagne;* M. le comte Orloff et M. le baron de Brunnow, *pour la Russie;* M. de Cavour et M. de Villamarina, *pour la Sardaigne;* Aali-Pacha et Mehemmed-Djemil-Bey, *pour la Turquie. — Puis le préambule continue ainsi:*)

L'entente ayant été heureusement établie entre eux, Leurs Majestés l'empereur des Français, l'empereur d'Autriche, la reine du royaume-uni de la Grande-Bretagne et d'Irlande, l'empereur de toutes les Russies, le roi de Sardaigne et l'empereur des Ottomans, considérant que, dans un intérêt européen, Sa Majesté le roi de Prusse, signataire de la convention du treize juillet mil huit cent quarante et un, devait être appelée à participer aux nouveaux arrangements à prendre, et appréciant la valeur qu'ajouterait à une oeuvre de pacification générale le concours de Sa dite Majesté, l'ont invitée à envoyer des plénipotentiaires au Congrès.

En conséquence, Sa Majesté le roi de Prusse a nommé pour ses principaux plénipotentiaires, savoir:

(*Suivent les noms et les titres de* MM. de Manteuffel et de Hatzfeldt.)

Les plénipotentiaires, après avoir échangé leurs pleins-pouvoirs, trouvés en bonne et due forme, sont convenus des articles suivants:

ARTICLE 1er. Il y aura, à dater du jour de l'échange des ratifications du présent traité, paix et amitié entre Sa Majesté l'empereur des Français, Sa Majesté la reine du royaume-uni de la Grande-Bretagne et d'Irlande, Sa Majesté le roi de Sardaigne, Sa Majesté impériale le sultan, d'une part, et Sa Majesté l'empereur de toutes les Russies, de l'autre part, ainsi qu'entre leurs héritiers et successeurs, leurs États et sujets respectifs, à perpétuité.

ART. 2. La paix étant heureusement rétablie entre Leurs dites Majestés, les territoires conquis ou occupés par leurs armées, pendant la guerre, seront réciproquement évacués.

Des arrangements spéciaux régleront le mode de l'évacuation, qui devra être aussi prompte que faire se pourra.

Art. 3. Sa Majesté l'empereur de toutes les Russies s'engage à restituer à Sa Majesté le sultan la ville et la citadelle de Kars, aussi bien que les autres parties du territoire ottoman dont les troupes russes se trouvent en possession.

Art. 4. Leurs Majestés l'empereur des Français, la reine du royaume-uni de la Grande-Bretagne et d'Irlande, le roi de Sardaigne et le sultan s'engagent à restituer à Sa Majesté l'empereur de toutes les Russies les villes et ports de Sébastopol, Balaklava, Kamiesch, Eupatoria, Kertsch, Ieni-Kaleh, Kinburn, ainsi que tous les autres territoires occupés par les troupes alliées.

Art. 5. Leurs Majestés l'empereur des Français, la reine du royaume-uni de la Grande-Bretagne et d'Irlande, l'empereur de toutes les Russies, le roi de Sardaigne et le sultan accordent une amnistie pleine et entière à ceux de leurs sujets qui auraient été compromis par une participation quelconque aux événements de la guerre, en faveur de la cause ennemie.

Il est expressément entendu que cette amnistie s'étendra aux sujets de chacune des parties belligérantes qui auraient continué, pendant la guerre, à être employés dans le service de l'un des autres belligérants.

Art. 6. Les prisonniers de guerre seront immédiatement rendus de part et d'autre.

Art. 7. Sa Majesté l'empereur des Français, Sa Majesté l'empereur d'Autriche, Sa Majesté la reine du royaume-uni de la Grande-Bretagne et d'Irlande, Sa Majesté le roi de Prusse, Sa Majesté l'empereur de toutes les Russies et Sa Majesté le roi de Sardaigne déclarent la Sublime-Porte admise à participer aux avantages du droit public et du concert européens. Leurs Majestés s'engagent, chacune de son côté, à respecter l'indépendance et l'intégrité territoriale de l'empire Ottoman, garantissent en commun la stricte observation de cet engagement, et considéreront, en conséquence, tout acte de nature à y porter atteinte comme une question d'intérêt général.

Art. 8. S'il survenait, entre la Sublime-Porte et l'une ou plusieurs des autres puissances signataires, un dissentiment qui menaçât le maintien de leurs relations, la Sublime-Porte et chacune de ces puissances, avant de recourir à l'emploi de la force, mettront les autres parties contractantes en mesure de prévenir cette extrémité par leur action médiatrice.

Art. 9. Sa Majesté impériale le sultan, dans sa constante sollicitude pour le bien-être de ses sujets, ayant octroyé un firman qui, en améliorant leur sort, sans distinction de religion ni de race, consacre ses généreuses intentions envers les populations chrétiennes de son empire, et voulant donner un nouveau témoignage de ses sentiments à cet égard, a résolu de communiquer aux puissances contractantes ledit firman, spontanément émané de sa volonté souveraine.

Les puissances contractantes constatent la haute valeur de cette communication. Il est bien entendu qu'elle ne saurait, en aucun cas, donner le droit auxdites puissances de s'immiscer soit collectivement, soit séparément, dans les rapports de Sa Majesté le sultan avec ses sujets, ni dans l'administration intérieure de son empire.

Art. 10. La convention du treize juillet mil huit cent quarante et un, qui maintient l'antique règle de l'empire Ottoman relative à la clôture des détroits du Bosphore et des Dardanelles, a été revisée d'un commun accord.

L'acte conclu à cet effet conformément à ce principe, entre les hautes parties contractantes, est et demeure annexé au présent traité, et aura même force et valeur que s'il en faisait partie intégrante.

Art. 11. La mer Noire est neutralisée; ouverts à la marine marchande de toutes les nations, ses eaux et ses ports sont, formellement et à perpétuité, interdits au pavillon de guerre soit des puissances riveraines, soit de toute autre puissance, sauf les exceptions mentionnées aux articles 14 et 19 du présent traité.

Art. 12. Libre de toute entrave, le commerce, dans les ports et dans les eaux de la mer Noire, ne sera assujetti qu'à des règlements de santé, de douane, de police, conçus dans un esprit favorable au développement des transactions commerciales.

Pour donner aux intérêts commerciaux et maritimes de toutes les nations la sécurité désirable, la Russie et la Sublime-Porte admettront des consuls dans leurs ports situés sur le littoral de la mer Noire, conformément aux principes du droit international.

Art. 13. La mer Noire étant neutralisée, aux termes de l'article 11, le maintien ou l'établissement sur son littoral d'arsenaux militaires-maritimes devient sans nécessité comme sans objet. En conséquence, Sa Majesté l'empereur de toutes les Russies et Sa Majesté impériale le sultan s'engagent à n'élever et à ne conserver, sur ce littoral, aucun arsenal militaire-maritime.

Art. 14. Leurs Majestés l'empereur de toutes les Russies et le sultan, ayant conclu une convention à l'effet de déterminer la force et le nombre des bâtiments légers, nécessaires au service de leurs côtes, qu'elles se réservent d'entretenir dans la mer Noire, cette convention est annexée au présent traité, et aura même force et valeur que si elle en faisait partie intégrante. Elle ne pourra être ni annulée ni modifiée sans l'assentiment des puissances signataires du présent traité.

Art. 15. L'acte du Congrès de Vienne ayant établi les principes destinés à régler la navigation des fleuves qui séparent ou traversent plusieurs États, les puissances contractantes stipulent entre elles qu'à l'avenir ces principes seront également appliqués au Danube et à ses embouchures. Elles déclarent que cette disposition fait désormais partie du droit public de l'Europe, et la prennent sous leur garantie.

La navigation du Danube ne pourra être assujettie à aucune entrave ni redevance qui ne serait pas expressément prévue par les stipulations contenues dans les articles suivants. En conséquence, il ne sera perçu aucun péage basé uniquement sur le fait de la navigation du fleuve, ni aucun droit sur les marchandises qui se trouvent à bord des navires. Les règlements de police et de quarantaine à établir, pour la sûreté des États séparés ou traversés par ce fleuve, seront conçus de manière à favoriser, autant que faire se pourra, la circulation des navires. Sauf ces règlements, il ne sera apporté aucun obstacle, quel qu'il soit, à la libre navigation.

Art. 16. Dans le but de réaliser les dispositions de l'article précédent, une commission dans laquelle la France, l'Autriche, la Grande-Bretagne, la Prusse, la Russie, la Sardaigne et la Turquie seront, chacune, représentées par un délégué, sera chargée de désigner et de faire exécuter les travaux nécessaires, depuis Isatcha, pour dégager les embouchures du Danube, ainsi que les parties de la mer y avoisinantes, des sables et autres obstacles qui les obstruent, afin de mettre cette partie du fleuve et lesdites parties de la mer dans les meilleures conditions possibles de navigabilité.

Pour couvrir les frais de ces travaux, ainsi que des établissements ayant pour objet d'assurer et de faciliter la navigation aux bouches du Danube, des droits fixes, d'un taux convenable, arrêtés par la commission à la majorité des voix, pourront être prélevés, à la condition expresse que, sous ce rapport comme sous tous les autres, les pavillons de toutes les nations seront traités sur le pied d'une parfaite égalité.

Art. 17. Une commission sera établie et se composera des délégués de l'Autriche, de la Bavière, de la Sublime-Porte et du Wurtemberg (un pour chacune de ces puissances), auxquels se réuniront les commissaires des trois principautés danubiennes, dont la nomination aura été approuvée par la Porte. Cette commission, qui sera permanente, 1° élaborera les règlements de navigation et de police fluviale; 2° fera disparaître les entraves, de quelque nature qu'elles puissent être, qui s'opposent encore à l'application au Danube des dispositions du traité de Vienne; 3° ordonnera et fera exécuter les travaux nécessaires sur tout le parcours du fleuve; et 4° veillera, après la dissolution de la commission européenne, au maintien de la navigabilité des embouchures du Danube et des parties de la mer y avoisinantes.

Art. 18. Il est entendu que la commission européenne aura rempli sa tâche, et que la commission riveraine aura terminé les travaux désignés dans l'article précédent, sous les n°s 1 et 2, dans l'espace de deux ans. Les puissances signataires réunies en conférence, informées de ce fait, prononceront, après en avoir pris acte, la dissolution de la commission européenne, et, dès lors, la commission riveraine permanente jouira des mêmes pouvoirs que ceux dont la commission européenne aura été investie jusqu'alors.

Art. 19. Afin d'assurer l'exécution des règlements qui auront été arrêtés d'un commun accord, d'après les principes ci-dessus énoncés, chacune des puissances contractantes aura le droit de faire stationner en tout temps deux bâtiments légers aux embouchures du Danube.

Art. 20. En échange des villes, ports et territoires énumérés dans l'article 4 du présent traité, et pour mieux assurer la liberté de la navigation du Danube, Sa Majesté l'empereur de toutes les Russies consent à la rectification de sa frontière en Bessarabie.

La nouvelle frontière partira de la mer Noire, à un kilomètre à l'est du lac Bourna Sola, rejoindra perpendiculairement la route d'Akerman, suivra cette route jusqu'au val de Trajan, passera au sud de Belgrad, remontera le long de la rivière de Yalpuck jusqu'à la hauteur de Saratsika, et ira aboutir à Katamori sur le Pruth. En amont de ce point, l'ancienne frontière, entre les deux empires, ne subira aucune modification.

Des délégués des puissances contractantes fixeront, dans ses détails, le tracé de la nouvelle frontière.

Art. 21. Le territoire cédé par la Russie sera annexé à la Principauté de Moldavie, sous la suzeraineté de la Sublime-Porte.

Les habitants de ce territoire jouiront des droits et priviléges assurés aux Principautés, et, pendant l'espace de trois années, il leur sera permis de transporter ailleurs leur domicile, en disposant librement de leurs propriétés.

ART. 22. Les Principautés de Valachie et de Moldavie continueront à jouir, sous la suzeraineté de la Porte et sous la garantie des puissances contractantes, des priviléges et des immunités dont elles sont en possession. Aucune protection exclusive ne sera exercée sur elles par une des puissances garantes. Il n'y aura aucun droit particulier d'ingérence dans leurs affaires intérieures.

ART. 23. La Sublime-Porte s'engage à conserver auxdites Principautés une administration indépendante et nationale, ainsi que la pleine liberté de culte, de législation, de commerce et de navigation.

Les lois et statuts aujourd'hui en vigueur seront revisés. Pour établir un complet accord sur cette revision, une commission spéciale, sur la composition de laquelle les hautes puissances contractantes s'entendront, se réunira sans délai à Bucharest, avec un commissaire de la Sublime-Porte.

Cette commission aura pour tâche de s'enquérir de l'état actuel des Principautés et de proposer les bases de leur future organisation.

ART. 24. Sa Majesté le sultan promet de convoquer immédiatement, dans chacune des deux provinces, un divan *ad hoc*, composé de manière à constituer la représentation la plus exacte des intérêts de toutes les classes de la société. Ces divans seront appelés à exprimer les voeux des populations relativement à l'organisation définitive des Principautés.

Une instruction du congrès réglera les rapports de la commission avec ces divans.

ART. 25. Prenant en considération l'opinion émise par les deux divans, la commission transmettra, sans retard, au siége actuel des conférences, le résultat de son propre travail.

L'entente finale avec la puissance suzeraine sera consacrée par une convention conclue à Paris entre les hautes parties contractantes; et un hatti-chériff, conforme aux stipulations de la convention, constituera définitivement l'organisation de ces provinces, placées désormais sous la garantie collective de toutes les puissances signataires.

ART. 26. Il est convenu qu'il y aura, dans les Principautés, une force armée nationale, organisée dans le but de maintenir la sûreté de l'intérieur et d'assurer celle des frontières. Aucune entrave ne pourra être apportée aux mesures extraordinaires de défense que, d'accord avec la Sublime-Porte, elles seraient appelées à prendre pour repousser toute agression étrangère.

Art. 27. Si le repos intérieur des Principautés se trouvait menacé ou compromis, la Sublime-Porte s'entendra avec les autres puissances contractantes sur les mesures à prendre pour maintenir ou rétablir l'ordre légal. Une intervention armée ne pourra avoir lieu sans un accord préalable entre ces puissances.

Art. 28. La Principauté de Servie continuera à relever de la Sublime-Porte, conformément aux hatts impériaux qui fixent et déterminent ses droits et immunités, placés désormais sous la garantie collective des puissances contractantes.

En conséquence, ladite Principauté conservera son administration indépendante et nationale, ainsi que la pleine liberté de culte, de législation, de commerce et de navigation.

Art. 29. Le droit de garnison de la Sublime-Porte, tel qu'il se trouve stipulé par les règlements antérieurs, est maintenu. Aucune intervention armée ne pourra avoir lieu en Servie sans un accord préalable entre les hautes puissances contractantes.

Art. 30. Sa Majesté l'empereur de toutes les Russies et Sa Majesté le sultan maintiennent, dans son intégrité, l'état de leurs possessions en Asie, tel qu'il existait légalement avant la rupture.

Pour prévenir toute contestation locale, le tracé de la frontière sera vérifié et, s'il y a lieu, rectifié, sans qu'il puisse en résulter un préjudice territorial pour l'une ou l'autre des deux parties.

A cet effet, une commission mixte, composée de deux commissaires russes, de deux commissaires ottomans, d'un commissaire français et d'un commissaire anglais, sera envoyée sur les lieux, immédiatement après le rétablissement des relations diplomatiques entre la cour de Russie et la Sublime-Porte. Son travail devra être terminé dans l'espace de huit mois, à dater de l'échange des ratifications du présent traité.

Art. 31. Les territoires occupés pendant la guerre par les troupes de Leurs Majestés l'empereur des Français, l'empereur d'Autriche, la reine du royaume-uni de la Grande-Bretagne et d'Irlande et le roi de Sardaigne, aux termes des conventions signées à Constantinople, le douze mars mil huit cent cinquante-quatre, entre la France, la Grande-Bretagne et la Sublime-Porte; le quatorze juin de la même année, entre l'Autriche et la Sublime-Porte, et le quinze mars mil huit cent cinquante-cinq, entre la Sardaigne et la Sublime-

Porte, seront évacués après l'échange des ratifications du présent traité, aussitôt que faire se pourra. Les délais et les moyens d'exécution feront l'objet d'un arrangement entre la Sublime-Porte et les puissances dont les troupes ont occupé son territoire.

Art. 32. Jusqu'à ce que les traités ou conventions qui existaient avant la guerre entre les puissances belligérantes aient été ou renouvelés ou remplacés par des actes nouveaux, le commerce d'importation ou d'exportation aura lieu réciproquement sur le pied des règlements en vigueur avant la guerre; et leurs sujets, en toute autre matière, seront respectivement traités sur le pied de la nation la plus favorisée.

Art. 33. La convention conclue, en ce jour, entre Leurs Majestés l'empereur des Français, la reine du royaume-uni de la Grande-Bretagne et d'Irlande, d'une part, et Sa Majesté l'empereur de toutes les Russies, de l'autre part, relativement aux îles d'Aland, est et demeure annexée au présent traité, et aura même force et valeur que si elle en faisait partie.

Art. 34. Le présent traité sera ratifié, et les ratifications en seront échangées à Paris, dans l'espace de quatre semaines, ou plus tôt, si faire se peut.

En fait de quoi, les plénipotentiaires respectifs l'ont signé et y ont apposé le sceau de leurs armes.

Fait à Paris, le treizième jour du mois de mars de l'an mil huit cent cinquante-six.

(L. S.)

Signé A. Walewski. Bourqueney. Buol-Schauenstein. Hubner. Clarendon. Cowley. Manteuffel. Hatzfeld. Orloff. Brunnow. Cavour. de Villamarina. Aali. Mehemmed-Djémil.

ARTICLE ADDITIONNEL ET TRANSITOIRE.

Les stipulations de la convention des détroits signée en ce jour ne seront pas applicables aux bâtiments de guerre employés par les puissances belligérantes pour l'évacuation par mer des territoires occupées par leurs armées; mais lesdites stipulations reprendront leur entier effet aussitôt que l'évacuation sera terminée.

Fait à Paris, le trentième jour du mois de mars de l'an mil huit cent cinquante-six.

(*Mêmes signatures que ci-dessus.*)

PREMIÈRE ANNEXE.

Au nom de Dieu tout-puissant.

Leurs Majestés l'empereur des Français, l'empereur d'Autriche, la reine du royaume-uni de la Grande Bretagne et d'Irlande, le roi de Prusse, l'empereur de toutes les Russies, signataires de la convention du treize juillet mil huit cent quarante et un, et Sa Majesté le roi de Sardaigne, voulant constater, en commun, leur détermination unanime de se conformer à l'ancienne règle de l'empire ottoman, d'après laquelle les détroits des Dardanelles et du Bosphore sont fermés aux bâtiments de guerre étrangers tant que la Porte se trouve en paix:

Lesdites Majestés, d'une part, et Sa Majesté le sultan, de l'autre, ont résolu de renouveler la convention conclue à Londres le treize juillet mil huit cent quarante et un, sauf quelques modifications de détail qui ne portent aucune atteinte au principe sur lequel elle repose.

En conséquence, Leurs dites Majestés ont nommé, à cet effet, pour leurs plénipotentiaires, savoir:

(*Suivent les noms et les titres des plénipotentiaires, dans le même ordre et avec le même détail que dans le préambule du traité principal.*)

Lesquels, après avoir échangé leurs pleins pouvoirs, trouvés en bonne et due forme, sont convenus des articles suivants:

Art. 1er. Sa Majesté le sultan, d'une part, déclare qu'il a la ferme résolution de maintenir, à l'avenir, le principe invariablement établi comme ancienne règle de son empire, et en vertu duquel il a été de tout temps défendu aux bâtiments de guerre des puissances étrangères d'entrer dans les détroits des Dardanelles et du Bosphore, et que, tant que la Porte se trouve en paix, Sa Majesté n'admettra aucun bâtiment de guerre étranger dans lesdits détroits.

Et Leurs Majestés l'empereur des Français, l'empereur d'Autriche, la reine du royaume-uni de la Grande-Bretagne et d'Irlande, le roi de Prusse, l'empereur de toutes les Russies et le roi de Sardaigne, de l'autre part, s'engagent à respecter cette détermination du sultan à se conformer au principe ci-dessus énoncé.

Art. 2. Le sultan se réserve, comme par le passé, de délivrer des firmans de passage aux bâtiments légers sous pavillon de guerre, lesquels seront employés, comme il est d'usage, au service des légations des puissances amies.

Art. 3. La même exception s'applique aux bâtiments légers sous pavillon de guerre que chacune des puissances contractantes est autorisée à faire stationner aux embouchures du Danube, pour assurer l'exécution des règlements relatifs à la liberté du fleuve, et dont le nombre ne devra pas excéder deux pour chaque puissance.

Art. 4. La présente convention, annexée au traité général, signé à Paris en ce jour, sera ratifiée, et les ratifications en seront échangées dans l'espace de quatre semaines, ou plus tôt, si faire se peut.

En foi de quoi, les plénipotentiaires respectifs l'ont signée et y ont apposé le sceau de leurs armes.

Fait à Paris, le trentième jour du mois de mars de l'an mil huit cent cinquante-six.

(Mêmes signatures qu'au bas du traité principal.)

DEUXIÈME ANNEXE.

Au nom de Dieu tout-puissant.

Sa Majesté l'empereur de toutes les Russies et Sa Majesté Impériale le sultan, prenant en considération le principe de la neutralisation de la mer Noire établi par les préliminaires consignés au protocole no. 1, signé à Paris le 25 février de la présente année, et voulant, en conséquence, régler d'un commun accord le nombre et la force des bâtiments légers qu'elles se sont réservé d'entretenir dans la mer Noire pour le service de leurs côtes, ont résolu de signer, dans ce but, une convention spéciale, et ont nommé à cet effet:

(Suivent les noms et les titres des plénipotentiaires de Russie et de Turquie.)

Lesquels, après avoir échangé leurs pouvoirs, trouvés en bonne et due forme, sont convenus des articles suivants:

Art. 1er. Les hautes parties contractantes s'engagent mutuellement à n'avoir dans la mer Noire d'autres bâtiments de guerre que ceux dont le nombre, la force et les dimensions sont stipulés ci-après.

Art. 2. Les hautes parties contractantes se réservent d'entretenir chacune, dans cette mer, six bâtiments à vapeur de cinquante mètres de longueur à la flottaison, d'un tonnage de huit cents tonneaux au maximum, et quatre bâtiments légers à vapeur ou à voiles d'un tonnage qui ne dépassera pas deux cents tonneaux chacun.

Art. 3. La présente convention, annexée au traité général signé à Paris en ce jour, sera ratifiée, et les ratifications en seront échangées dans l'espace de quatre semaines, ou plus tôt, si faire se peut.

En foi de quoi, les plénipotentiaires respectifs l'ont signée et y ont apposé le sceau de leurs armes.

Fait à Paris, le trentième jour du mois de mars de l'an mil huit cent cinquante-six.

(Suivent les signatures des plénipotentiaires de Russie et de Turquie.)

TROISIÈME ANNEXE.

Au nom de Dieu tout-puissant.

Sa Majesté l'empereur des Français, Sa Majesté la reine du royaume-uni de la Grande-Bretagne et d'Irlande, et Sa Majesté l'empereur de toutes les Russies, voulant étendre à la mer Baltique l'accord si heureusement rétabli entre elles en Orient, et consolider par là les bienfaits de la paix générale, ont résolu de conclure une convention, et nommé à cet effet:

(Suivent les noms et les titres des plénipotentiaires de France, d'Angleterre et de Russie.)

Lesquels, après avoir échangé leurs pleins pouvoirs, trouvés en bonne et due forme, sont convenus des articles suivants:

Art. 1er. Sa Majesté l'empereur de toutes les Russies, pour répondre au désir qui a été exprimé par Leurs Majestés l'empereur des Français et la reine du royaume-uni de la Grande-Bretagne et d'Irlande, déclare que les îles d'Aland ne seront pas fortifiées, et qu'il n'y sera maintenu ni créé aucun établissement militaire ou naval.

Art. 2. La présente convention, annexée au traité général signé à Paris en ce jour, sera ratifiée, et les ratifications en seront échangées dans l'espace de quatre semaines, ou plus tôt, si faire se peut.

En foi de quoi, les plénipotentiaires respectifs l'ont signée et y ont apposé le sceau de leurs armes.

Fait à Paris, le trentième jour du mois de mars de l'an mil huit cent cinquante-six.

(Suivent les signatures des plénipotentiaires dénommés.)

IV.

BULLE DU PAPE GRÉGOIRE XVI CONCERNANT LES CAS DE SOUVERAINETÉ CONTESTÉE.

V. page 30 et 101.

Gregorius Episcopus Servus Servorum Dei ad futuram rei memoriam.

Solicitudo Ecclesiarum, quo Romani Pontifices ex commissa sibi divinitus Christiani Gregis custodia assidue urgentur, eos ipsos impellit, ut quod in terrarum gentiumque omnium orbe ad rectam rei sacrae procurationem, atque ad animarum salutem magis expediat, nitantur impense conciliare. Ea tamen identidem est temporum conditio, eae in imperio statuque Civitatum vicissitudines, commutationesque, ut inde propediantur ipsi haud raro, quominus spiritualibus populorum necessitatibus prompte, libereque subveniant. Posset enim ab iis potissimum, qui secundum elementa mundi sapiunt, rapi in invidiam auctoritas eorundem, quasi studio partium permoti judicium quodammodo de personarum juribus ferant, si pluribus de Principatu contendentibus quidpiam ipsi pro illarum regionum Ecclesiis, ac praesertim ad earum Episcopos adsciscendos decernant, re cum iis collata, qui actu ibidem summa rerum potiuntur. Infestam hanc, perniciosamque suspicionem omni fere aetate insectati sunt Romani Pontifices, quorum tanti interest, ipsius fallaciam patefieri, quanti stat aeterna illorum salus, quibus ob id caussae opportuna denegentur, vel saltem diutius, ac par est differantur auxilia.

(Suit une énumération de plusieurs déclarations du Saint-Siége, notamment de celle de Clément V: Clem., si summus Pontifex, de sent. exc.; de Jean XXII, de Pie II, de Sixte IV, de Clément XI. La bulle du pape Grégoire XVI continue ainsi:)

Quare audita selecta Venerabilium Fratrum Nostrorum S. R. E. Cardinalium Congregatione, de Apostolicae potestatis plenitudine, motu proprio, ac de matura deliberatione, praedictam Constitutionem felicis Recordationis Clementis V Praedecessoris Nostri, quam occasione non absimilium super aliquo Principatu contentionum ceteri Praedecessores Nostri Joannes XXII, Pius II, Sixtus IV et Clemens XI approbarunt et innovarunt, exemplis eorundem inducti, iisque prorsus inhaerentes, similiter approbamus, ac denuo sancimus, declarantes pro futuris quoque temporibus, quod si quis a Nobis vel a Successoribus Nostris, ad spiritualis Ecclesiorum Fideliumque Regiminis negotia componenda, titulo cujuslibet dignitatis etiam regalis ex certa scientia, verbo, constitutione, vel literis, aut legatis quoque hinc inde oratoribus nominetur, honoretur, seu quovis alio modo, actuve, quo talis in eo dignitas facto agnoscatur, aut si easdem ob causas cum iis, qui alio quocumque Gubernationis genere rei publicae praesunt, tractari, aut sanciri aliquid contigerit, nullum ex actibus, ordinationibus et conventionibus id generis jus iisdem attributum, acquisitum, probatumque sit, ac nullum adversus ceterorum jura et privilegia ac patronatus discrimen, jacturaeque et immutationis argumentum illatum censeri possit ac debeat: quam quidem de jurium partium incolumitate conditionem pro adjecta actibus istiusmodi habendam semper esse edicimus, decernimus et mandamus, illud iterum Nostro ac Romanorum Pontificum Successorum Nostrorum nomine denunciantes, in hujuscemodi temporum, locorum personarumque circumstantiis ea tantum quaeri, quae Christi sunt, atque unice, veluti susceptorum consiliorum finem, ea ob oculos versari, quae ad spiritualem aeternamque Populorum felicitatem facilius conducant.

Decernentes, hasce literas semper firmas validas et efficaces existere et fore, suosque plenarios et integros effectus sortiri et obtinere, atque ab eis ad quos spectat et pro tempore quandocumque spectabit inviolabiliter observari debere: in contrarium facientibus etiam expressa specifica et individua mentione dignis non obstantibus quibuscumque. Nulli ergo omnino hominum liceat hanc paginam nostrae approbationis, Sanctionis, declarationis, denunciationis, decreti, mandati, ac voluntatis infringere vel ei ausu temerario contraire; si quis autem hoc attentare praesumpserit, indignationem, Omnipotentis Dei ac Beatorum Petri et Pauli Apostolorum ejus se noverit incursurum. Datum Romae apud Sanctam Mariam Majorem Anno Incarnationis Dominicae Millesimo octingentesimo trigesimo primo Nonis Augusti Pontificatus Nostri Anno primo.

B. Card. Pacca Pro-Dat. — Th. Card. Bernettus.

Vissa de Curia

D. Testa. V. Cugnonius.

Loco † plumbi.

V.

PROTOCOLE D'AIX-LA-CHAPELLE

CONCERNANT

LES TITRES DES SOUVERAINS ET DES MEMBRES DE LEURS FAMILLES.

V. page 58.

Protocole séparé. Séance du 11 Octobre 1818 entre les cinq puissances.

La conférence ayant été informée de l'intention de Son Alt. Royale l'Électeur de H. de prendre le titre de Roi et ayant pris connaissance des lettres adressées par ce prince aux souverains pour obtenir leur consentement à cette démarche:

Les Ministres des cinq Cabinets réunis à Aix l. Ch. prenant en considération que le but de leur réunion est celui de consolider l'ordre actuel des choses, et non pas de créer de nouvelles combinaisons, considérant de plus que le titre porté par un souverain n'est pas un objet de simple étiquette mais un fait tenant à des rapports essentiels et à d'importantes questions politiques, sont d'avis qu'en leur qualité collective ils ne sauraient prononcer sur cette demande; pris séparément les Cabinets déclarent qu'attendu que la demande de S. A. R. l'Électeur de H. n'est justifiée par aucun motif satisfaisant, il n'y a rien qui puisse les engager à y accéder.

Les cabinets prennent en même temps l'engagement de ne reconnaître à l'avenir aucun changement ni dans les titres des souverains ni dans ceux de princes de leurs maisons sans en être préalablement convenus entre eux.

Ils maintiennent ce qui a été statué à cet égard jusqu'ici par des actes formels. Les cinq Cabinets appliquent explicitement cette dernière réserve au titre d'Altesse Royale, qu'ils n'admettront désormais que pour les chefs des maisons Granducales, l'Électeur de Hesse y compris, et pour leurs Héritiers présomptifs.

Sign. Metternich. Richelieu. Castlereagh. Wellington. Hardenberg. Bernstorff. Nesselrode. Capo-d'Istria.

VI.

TRAITÉ EUROPÉEN

CONCERNANT

LE RACHAT DES DROITS DE DOUANE ET D'AUTRES IMPOSÉS AUX NAVIRES PASSANT LES BELTS ET LE SUND

DU 14 MARS 1857.[1]

V. page 151.

Sa Majesté le Roi de Prusse, Sa Majesté l'Empereur d'Autriche, Roi de Hongrie et de Bohême, Sa Majesté le Roi des Belges, Sa Majesté l'Empereur des Français, Sa Majesté la Reine du Royaume-Uni de la Grande-Bretagne et d'Irlande, Sa Majesté le Roi de Hanovre, Son Altesse Royale le Grand-Duc de Mecklembourg-Schwerin, Son Altesse Royale le Grand-Duc d'Oldenbourg, Sa Majesté le Roi des Pays-Bas, Sa Majesté l'Empereur de Toutes les Russies, Sa Majesté le Roi de Suède et de Norvége et les Sénats des Villes Libres et Hanséatiques de Lubeck, Brême et Hambourg, d'une part,

Et Sa Majesté le Roi de Danemark, d'autre part,

Étant animés d'un égal désir de faciliter et d'accroître les relations commerciales et maritimes qui existent actuellement entre leurs États respectifs, ou par leur intermédiaire, tant au moyen de la suppression complète et à jamais de tout droit perçu sur les navires étrangers et leurs cargaisons à leur passage par le Sund et les Belts, qu'au moyen d'un dégrèvement sur les marchandises transitant par les routes qui relient la mer du Nord et l'Elbe à la mer Baltique, ont résolu de négocier, dans ce but, un traité spécial et ont, à cet effet, muni de leurs pleins-pouvoirs, savoir:

(Suivent les noms des plénipotentiaires.)

Lesquels, après avoir échangé leurs pleins-pouvoirs trouvés en bonne et due forme, sont convenus des articles suivants.

Art. 1er. Sa Majesté le Roi de Danemark prend envers Sa Majesté le Roi de Prusse, Sa Majesté l'Empereur d'Autriche, Roi de Hongrie et de Bohême, Sa Majesté le Roi des Belges, Sa Majesté l'Empereur des Français, Sa Majesté la Reine du Royaume-Uni de la Grande-Bretagne et d'Irlande, Sa Majesté le Roi de Hanovre, Son Altesse Royale le Grand-Duc de Mecklembourg-Schwerin, Son Altesse Royale le Grand-Duc d'Oldenbourg, Sa Majesté le Roi des Pays-Bas, Sa Majesté l'Empereur de Toutes les Russies, Sa Majesté

[1]) De pareils traités sont conclus par le Danemark avec les États-Unis d'Amérique, avec l'Espagne et le Portugal.

le Roi de Suède et Norvége et les Sénats des Villes Libres et Hanséatiques de Lubeck, Brême et Hambourg, qui l'acceptent, l'engagement

1° de ne prélever aucun droit de douane, de tonnage, de feu, de phare, de balisage ou autre charge quelconque, à raison de la coque ou des cargaisons, sur les navires qui se rendront de la mer du Nord dans la Baltique ou vice-versà, en passant par les Belts ou le Sund, soit qu'ils se bornent à traverser les eaux danoises, soit que des circonstances de mer quelconques ou des opérations commerciales les obligent à y mouiller ou relâcher. Aucun navire quelconque ne pourra désormais, sous quelque prétexte que ce soit, être assujetti au passage du Sund ou des Belts à une détention ou entrave quelconque; mais S. M. le Roi de Danemark se réserve expressément le droit de régler, par accords particuliers, n'impliquant ni visite, ni détention, le traitement fiscal et douanier des navires appartenant aux Puissances qui n'ont point pris part au présent traité;

2° de ne prélever sur ceux de ces mêmes navires qui entreront dans les ports Danois ou qui en sortiront, soit avec chargement soit sur lest, qu'ils y aient ou non accompli des opérations de commerce, non plus que sur leurs cargaisons, aucune taxe quelconque dont ces navires ou leurs cargaisons auraient été passibles à raison du passage par le Sund et les Belts, et dont la suppression est stipulée par le paragraphe précédent; et il est bien entendu que les taxes qui seront ainsi abolies et qui ne pourront par conséquent être perçues, soit dans le Sund et les Belts, soit dans les ports Danois, ne pourront non plus être rétablies indirectement par une augmentation dans ce but des taxes de port ou de douane actuellement existant ou par l'introduction dans le même but de nouvelles taxes de navigation ou de douane ni de toute autre manière quelconque.

Art. 2. S. M. le Roi de Danemark s'engage, en outre, envers les susdites Hautes Parties Contractantes,

1° à conserver et maintenir dans le meilleur état d'entretien tous les feux et phares actuellement existant, soit à l'entrée ou aux approches de ses ports, hâvres, rades et rivières ou canaux, soit le long de ses côtes, ainsi que les bouées, balises et amers actuellement existant et servant à faciliter la navigation dans le Kattegat, le Sund et les Belts;

2° à prendre, comme par le passé, en très-sérieuse considération, dans l'intérêt général de la navigation, l'utilité ou l'opportunité, soit de modifier l'emplacement ou la forme de ces mêmes feux, phares, bouées, balises et amers, soit d'en augmenter le nombre, le tout sans charge d'aucune sorte pour les marines étrangères;

3° à faire, comme par le passé, surveiller le service du pilotage, dont l'emploi dans le Kattegat, le Sund et les Belts sera, en tout temps, facultatif pour les capitaines et patrons de navires. Il est entendu que les droits de pilotage seront modérés, que leur taux devra être le même pour les navires danois et pour les bâtiments étrangers, et que la taxe de pilotage ne pourra être exigée que des seuls navires qui auront volontairement fait usage de pilotes;

4° à permettre, sans restriction aucune, à tous entrepreneurs privés, danois ou étrangers, d'établir et de faire stationner librement et aux mêmes conditions, quelle qu'en soit la nationalité, dans le Sund et les Belts, des bateaux servant exclusivement à la remorque des navires qui voudront en faire usage;

5° à étendre à toutes les routes ou canaux qui relient actuellement ou qui viendraient à relier plus tard la mer du Nord et l'Elbe à la mer Baltique, l'exemption de taxes dont jouissent en ce moment, sur quelques-unes de ces routes, les marchandises nationales ou étrangères dont la nomenclature suit:

Agaric etc. etc.

Il est bien entendu que si, ultérieurement, d'autres produits venaient, sur une route quelconque, à jouir d'une franchise analogue, cette même exemption de taxes de transit serait étendue, de plein droit, à toutes les routes ci-dessus spécifiées;

6° à abaisser, sur toutes ces mêmes routes ou canaux, au taux uniforme et proportionnel au poids de seize (16) skillings danois au plus par cinq cents livres danoises, le droit de transit sur les marchandises qui en sont actuellement passibles, sans que ce taux puisse être augmenté par toute autre taxe, sous quelque dénomination que ce soit.

En cas d'abaissement des taxes de transit au dessous du taux ci-dessus spécifié, S. M. le Roi de Danemark s'engage à placer toutes les routes ou canaux qui unissent ou uniront la mer du Nord et l'Elbe à la mer Baltique ou à ses tributaires sur un pied de parfaite égalité avec les routes les plus favorisées qui existent actuellement ou qui viendront à être établies sur son territoire.

7° S. M. le Roi de Suède et de Norvége, ayant aux termes d'une convention spéciale conclue avec S. M. le Roi de Danemark, pris envers Sa dite Majesté l'engagement d'entretenir les fanaux sur les côtes de Suède et de Norvége servant à éclairer et à faciliter le passage du Sund et l'entrée du Kattegat, S. M. le Roi de Danemark s'engage à s'entendre définitivement avec S. M. le Roi de Suède et de Norvége dans le but d'assurer pour l'avenir, comme par le passé, le maintien et l'entretien de ces fanaux, sans qu'il en résulte aucune charge pour les navires passant par le Sund et le Kattegat.

Art. 3. Les engagements contenus dans les deux articles précédents produiront leur effet à partir du 1 Avril 1857.

Art. 4. Comme dédommagement et compensation des sacrifices que les stipulations ci-dessus doivent imposer à S. M. le Roi de Danemark, S. M. le Roi de Prusse, S. M. l'Empereur d'Autriche, Roi de Hongrie et de Bohême, S. M. le Roi des Belges, S. M. l'Empereur des Français, S. M. la Reine du Royaume-Uni de la Grande-Bretagne et d'Irlande, S. M. le Roi de Hanovre, Son Altesse Royale le Grand-Duc de Mecklembourg-Schwerin, Son Altesse Royale le Grand-Duc d'Oldenbourg, S. M. le Roi des Pays-Bas, S. M. l'Empereur de Toutes les Russies, S. M. le Roi de Suède et de Norvége et les Sénats des Villes Libres et Hanséatiques de Lubeck, Brême et Hambourg s'engagent de Leur côté, à payer à S. M. le Roi de Danemark, qui l'accepte, une somme totale de 30,476,325 Rigsdalers à répartir de la manière suivante:

	Rd. R. M.
Sur la Prusse . . . . pour	4,440,027
- l'Autriche	29,434
- la Belgique	301,455
- Brême	218,585
- la France	1,219,003
- la Grande-Bretagne . . .	10,126,855
- Hambourg	107,012
- le Hanovre	123,387
- Lubeck	102,996
- le Mecklembourg	373,663
- la Norvége	667,225
- l'Oldenbourg	28,127
- les Pays-Bas	1,408,060
- la Russie	9,739,993
- la Suède	1,590,503

Il est bien entendu que les Hautes Parties Contractantes ne seront éventuellement responsables que pour la quote part mise à la charge de chacune d'Elles.

Art. 5. Les sommes spécifiées dans l'article précédent, pourront, sous les réserves exprimées dans le § 3 de l'article 6 ci-après, être soldées en vingt ans, par quarante payements semestriels d'égale valeur, qui comprendront le capital et les intérêts décroissants des termes non échus.

Art. 6. Chacune des Hautes Puissances Contractantes s'engage à régler et déterminer avec S. M. le Roi de Danemark, par convention séparée et spéciale:

1° le mode et le lieu de payement des quarante termes semestriels sus-énoncés pour la quote part mise à sa charge par l'article 4;

2° le mode et le cours de conversion en argent étranger des monnaies danoises énoncées dans le même article;

3° les conditions et le mode de l'amortissement intégral ou partiel auquel Elle se réserve expressément le droit de recourir en tout temps pour l'extinction anticipée de Sa quote part d'indemnité ci-dessus déterminée.

Art. 7. L'exécution des engagements réciproques contenus dans le présent traité est expressément subordonnée à l'accomplissement des formalités et règles établies par les lois constitutionnelles de celles des Hautes Puissances Contractantes qui sont tenues d'en provoquer l'application, ce qu'elles s'obligent à faire dans le plus bref délai possible.

Art. 8. Le présent traité sera ratifié et les ratifications en seront échangées à Copenhague avant le 1 Avril 1857, ou aussitôt que possible après l'expiration de ce terme.

En foi de quoi, les Plénipotentiaires respectifs l'ont signé et y ont apposé le cachet de leurs armes.

Fait à Copenhague le quatorzième jour du mois de Mars de l'an mil huit cent cinquante-sept.

(L. S.)

Oriolla. Carl Jaeger. Beaulieu. Dotézac. Andrew.
Buchanan. Hanbury. Prosch. Th. Erdmann. du Bois.
Tęgoborski. Wetterstedt. Krüger. Bluhme.

VII.

SPÉCIFICATION DES CONVENTIONS

CONCERNANT

LA NAVIGATION DES FLEUVES QUI SÉPARENT OU TRAVERSENT DIFFÉRENTS ÉTATS.[1]

Amazone.

1851, Octobre 23 (Brésil, Pérou), Annuaire des deux Mondes, 1852—53, p. 934.

Dniester.

1810, Mars 7/19, Art. III (Autriche, Russie), Martens, Nouv. Rec. I, 254.

1812, Mai 28, Art. IV (Russie, Turquie), N. R. III, 399.

1818, Novembre 9/21 (Autriche, Russie), N. R. IV, 541.

Danube (Donau).

1718, Juillet 27 (Paix de Passarowitz: Autriche, Turquie), Art. II, Schmauss, Corp. Jur. Gent. Acad. II, 1716.

1779, Mai 13 (Teschen: Autriche, Palatinat), Art. V, Rec. II, 671. Pour le Danube, l'Inn et la Salza.

1784, Février 24, Art. IV (Autriche, Turquie), R. III, 723.

1784, Août 31, Art. IV etc. (Autriche, Bavière), R. III, 755.

1816, Avril 14, Art. IX (Autriche, Bavière), N. R. III, 15.

1840, Juillet 13/25 (Autriche, Russie), N. R. Gén. I, 209.

1850, Novembre 13 (Autriche, Russie), Protocole touchant la prolongation de l'Art. IX de la Convention de 1840, R. Man. VI, 433.

1853, Juin 30 (Bavière, Russie), R. M. VII, 245.

1856, Mars 30, Art. XV—XX (Paix de Paris), ci-dessus No. III.

1857, Novembre 7, v. Karathéodory, Droit intern. concernant les fleuves etc., p. 176.

[1]) Ce tableau est emprunté aux V lettres de feu Mr. Wurm de 1858 avec la permission expresse de M. l'éditeur. Les citations se rapportent pour la plupart au Recueil des Traités commencé par Martens et continué dans le Nouveau Recueil (N. R.), dans les Nouveaux Suppléments (N. S.), dans le Nouveau Rec. gén. (N. R. G.), dans le Recueil Général de Samwer (R. G.), enfin dans le Recueil Manuel de M. le Baron de Cussy (R. Man.).

Douro.

1835, Août 31 (Espagne, Portugal), N. R. XIV, 97.
1840, Mai 23 (Espagne, Portugal), N. R. G. I, 98.

Elbe.

1815, Mai 18 (Prusse, Saxe), N. R. G. IV, 280, 281.
1821, Juin 23, Acte de navigation, N. R. V, 714.
1824, Septembre 18, Articles supplémentaires, N. R. VI, 588.
1828, Juillet 17 (Prusse, Anhalt-Coethen), R. M. IV, 174.
1831, Mai 17 (Prusse, Anhalt-Bernburg), Navigation de la Saale et de l'Elbe, R. M. IV, 321.
1835, Août 29 (Prusse, Saxe-Royale), R. M. IV, 423.
1843, Mai 13 (Hanovre, Danemark), N. R. G. V, 292.
1843, Août 30 (Prusse, Saxe-Royale, Hanovre, Danemark, Mecklembourg-Schwerin), N. R. G. V, 530; R. M. V, 343.
1844, Avril 14, Acte additionnel, N. R. G. VI, 386; R. M. V, 383.
1844, Avril 13 (tous les États riverains), Police fluviale, N. R. G. VI, 463; R. M. V, 387.
1844, Avril 13 (tous les États riverains), Péage de Stade, N. R. G. VI, 473.
1851, Décembre 2 (États riverains), Protocole de la Conférence du 2 Déc. touchant la 3me révision de l'acte pour la navigation de l'Elbe du 23 Juin 1821, R. M. VI, 695.
1853, Décembre 20 (Danemark, Prusse, Saxe-Royale, Mecklembourg-Schwerin), R. M. VII, 285.
1863, 4 Avril (Autriche, Prusse et les autres États riverains), V. Bulletin des lois de Prusse de 1863, p. 384 etc.

Ems.

1815, Juin 9, Acte final du Congrès de Vienne, Art. XXX, N. R. II, 398.
1843, Mars 13, Acte de navigation, N. R. G. V, 125.

Escaut (Schelde).

1648, Janvier 30 (Munster), Art. XIV (Hollande et Espagne), Schmauss, Corp. Jur. Gent. Acad. I, 619.
1785, Septembre 20, Art. VI (Hollande et Autriche), R. IV, 52.
1795, Mai 16, Art. XVIII (France et Hollande), R. IV, 91.
1814, Mai 30 (première paix de Paris), Art. secret III, § 2; Klüber, Acten des Wiener Congresses III, 11; N. S. 1, 329.
1815, Mars 20, Articles Viennois, N. R. II, 447.
1839, Avril 19 (Belgique, Hollande), Art. IX, R. M. IV, 575—577.

1842, Novembre 5 (Belgique, Pays-Bas), Navigation intérieure, N. R. G. III, 617.

1843, Mai 20 (Belgique, Pays-Bas), Règlement, N. R. G. V, 295.

1846, Juillet 29 (Belgique, Pays-Bas), N. R. G. IX, 274.

St.-John.

1842, Août 9, Art. III (Grande-Bretagne, États-Unis d'Amérique), N. R. G. III, 460.

Lahn.

1844, Octobre 16 (Prusse, Hesse-Darmstadt, Nassau), N. R. G. VII, 420.

St.-Laurent (St.-Lawrence).

1854, Juin 5, Art. IV (États-Unis, Grande-Bretagne), Annuaire des deux Mondes, 1854—1855, p. 732; R. M. VII, 338.

Meuse (Maas).

1797, Octobre 17 (Campo Formio: France, Autriche), Art. secret II, R. VI, 428.

1815, Mars 20, N. R. II, 447; Klüber, Acten des Wiener Congresses III, 239.

1833, Novembre 12 (Hollande, Belgique), N. R. XIII, 138.

1845, Juillet 12 (Hollande, Belgique), N. R. G. VIII, 383; comp. 1846, Juillet 29 (Hollande, Belgique), N. R. G. IX, 274.

Mein.

1804, Août 15, Convention de l'octroi, Art. XXIV, R. VIII, 268.

1815, Mars 20, N. R. II, 447.

1828, Janvier 18 (Bavière, Wurtemberg), Art. XXIX, N. R. VII, 539.

1828, Juillet 31, Arrêté de la Confédération; Klüber, Oeffentliches Recht des deutschen Bundes, § 581 *a*.

Moselle.

1815, Mars 20, N. R. II, 447; comp. Klüber, Acten des Wiener Congresses III, 235.

Neckar.

1815, Mars 20, N. R. II, 447.

1835, Mai 12 (Prusse, Bade, Wurtemberg, Hesse-Darmstadt), N. R. XIII, 435.

1835, Juillet 30, Août 15 (Bade, Hesse-Darmstadt, Wurtemberg), N. R. XIII, 412; R. M. IV, 422.

1842, Juillet 1 (États riverains), Acte de navigation, N. R. G. IV, 630; R. M. V, 189.

Oder.

1818, Décembre 7/19 (Russie, Prusse), Art. II, N. R. IV, 884.

Parana et Uruguay (Rio de la Plata).

1849, Novembre 24 (Grande-Bretagne, Confédération Argentine), Art. IV, R. G. II, 48.

1850, Août 31 (non ratifié), (Confédération Argentine, France), Art. VI, R. G. II, 53. V. Textes comparés des projets de traités Le Prédour, des Bases-Hood et du traité anglais (Paris 1851), p. 13, 14.

1853, Juillet 10 (Confédération Argentine, France), Annuaire des deux Mondes, 1853—54, p. 947; R. M. VII, 259. 261. Le Parana et l'Uruguay ouverts à tous les pavillons; Traités identiques de la même date avec la Grande-Bretagne et les États-Unis.

Pô.

1815, Juin 9, Acte final du Congrès de Vienne, Art. XCVI, N. R. II, 422.

1834, Décembre 4 (Autriche, Sardaigne), N. R. XIII, 198; (Lago Maggiore, Pô, Ticino).

1849, Juillet 3 (Autriche, Parme), R. M. VI, 299.

1849, Juillet 3 (Autriche, Modène, Parme), R. G. I, 525; R. M. VI, 293.

1849, Août 6 (Autriche, Sardaigne), Art. V, R. G. I, 182; R. M. VI, 300.

1850, Février 12, Accession du St.-Siége, R. G. I, 532.

1851, Octobre 18 (Autriche, Sardaigne), Art. XII, R. M. VI, 630.

1851, Novembre 22 (Autriche, Sardaigne), R. M. VI, 649 à 655.

1859, Novembre 10 (Paix de Zurich: Autriche, France, Sardaigne), Art. XVIII, Annuaire des deux Mondes, 1858—1859, p. 1000.

Pruth.

1812, Mai 28 (Bukarest: Russie, Turquie), Art. IV, N. R. III, 399.

Rhin.

1803, Février 25 (Recès de la députation de l'Empire), Art. XXXIX, R. VII, 501.

1804, Août 15 (Empire d'Allemagne, France), R. VIII, 261; R. M. II, 314.

1815, Juin 9, Règlement, N. R. II, 436.

1831, Mars 31, Convention concernant la navigation du Rhin (États riverains: Bade, Bavière, France, Hesse-Darmstadt, Nassau, les Pays-Bas, Prusse), R. M. IV, 271; N. R. IX, 252.

1834, Décembre 1, Commission centrale, N. R. XII, 734.

1834, Novembre 20, Articles supplémentaires, N. R. G. II, 537.

1835, Mai 12 (Prusse, Bade, Hesse-Darmstadt, Wurtemberg); N. R. XIII, 435.

1837, Août 1, 1838, Juillet 17, 1839, Juillet 17, Septembre 5, Articles supplémentaires, N. R. G. II, 542—546.

1837, Octobre 13 (Bade, Francfort), R. M. IV, 493.

1840, Juillet 9 (Bavière, Bade, Hesse-Darmstadt, Nassau), N. R. G. I, 153.

1840, Septembre 21, Commission centrale, N. R. G. I, 386; R. M. V, 70.

1844, Avril 20 (France, Bade), R. M. V, 388.

1845, Octobre, Articles supplémentaires, N. R. G. VIII, 576.

1846, Mai 30, Articles supplémentaires, N. R. G. IX, 172; N. R. G. XIII, 7.

1847, Août 17, V[e] protocole de la séance de la commission centrale, R. M. VI, 161.

1849, Octobre 11, Articles supplémentaires, R. M. VI, 161.

1853, Juillet 29 (Bade, Suisse), R. M. VII, 303.

1863, Août 3, Article supplémentaire.

Stecknitz (Canal de).

1815, Juin 9, Acte final du Congrès de Vienne, Art. XXX, N. R. II, 399.

1847, Juin 23 (Lubeck, Danemark), Art. XII, N. R. G. X, 608.

Trave.

1847, Juin 23 (Lubeck, Danemark), Art. XIII, N. R. G. X, 609.

Vistule (Weichsel).

1807, Juillet 7 (Tilsit: France, Russie), Art. VIII, R. VIII, 639.

1807, Juillet 9 (Tilsit: France, Prusse), Art. XX, R. VIII, 665.

1815, Mai 3 (Russie, Autriche), Art. XXIV etc. (Fleuves et canaux dans l'ancienne Pologne), N. R. II, 231.

1815, Mai 3 (Russie, Prusse), Art. XXII etc., N. R. II, 242.

1815, Juin 9, Acte final du Congrès de Vienne, Art. XIV, N. R. II, 387.

1818, Août 5/17 (Russie, Autriche), N. R. IV, 540.

1818, Décembre 7/19 (Russie, Prusse), N. R. IV, 582.

Weser.

1818, Novembre 15, Protocole du Congrès d'Aix-la-Chapelle (Péage d'Elsfleth), N. R. IV, 554.

1819, Août 25, Protocole de la Diète Allemande (Abolition du péage d'Elsfleth), N. R. IV, 645.

1823, Septembre 10, Acte de navigation, N. R. VI, 301 (Prusse, Hanovre, Hesse-Électorale, Brunswick, Oldenbourg, Lippe et la ville de Brême), R. M. III, 570.

1823, Septembre 9 (Hanovre, Brême), Convention séparée, N. R. VI, 336.

1823, Septembre 10 (Prusse, Brême), Convention séparée, ibid. 338.

1825, Décembre 21, Convention supplémentaire, N. R. G. II, 572.

1839, Septembre 5, Articles supplémentaires, R. M. IV, 616.

1856, Janvier 26 (Hanovre, Prusse, Hesse-Électorale, Brême), Droits de navigation, R. M. VII, 646.

1857, Septembre 3, Acte additionnel, Coll. des Lois de Prusse de 1858, p. 433.

VIII.

DÉCLARATION

DU 16 AVRIL 1856, QUI RÈGLE DIVERS POINTS DE DROIT MARITIME.

Les plénipotentiaires qui ont signé le traité de Paris du 30 mars 1856, réunis en conférence,

Considérant:

Que le droit maritime, en temps de guerre, a été pendant longtemps l'objet de contestations regrettables;

Que l'incertitude du droit et des devoirs en pareille matière donne lieu, entre les neutres et les belligérants, à des divergences d'opinion qui peuvent faire naître des difficultés sérieuses et même des conflits;

Qu'il y a avantage, par conséquent, à établir une doctrine uniforme sur un point aussi important;

Que les plénipotentiaires, assemblés au Congrès de Paris, ne sauraient mieux répondre aux intentions dont leurs gouvernements sont animés qu'en cherchant à introduire dans les rapports internationaux des principes fixes à cet égard;

Dûment autorisés, les susdits plénipotentiaires sont convenus de se concerter sur les moyens d'atteindre ce but, et, étant tombés d'accord, ont arrêté la déclaration solennelle ci-après:

1° La course est et demeure abolie;

2° Le pavillon neutre couvre la marchandise ennemie, à l'exception de la contrebande de guerre;

3° La marchandise neutre, à l'exception de la contrebande de guerre, n'est pas saisissable sous pavillon ennemi;

4° Les blocus, pour être obligatoires, doivent être effectifs, c'est-à-dire maintenus par une force suffisante pour interdire réellement l'accès du littoral de l'ennemi.

Les gouvernements des plénipotentiaires soussignés s'engagent à porter cette déclaration à la connaissance des États qui n'ont pas été appelés à participer au Congrès de Paris et à les inviter à y accéder.

Convaincus que les maximes qu'ils viennent de proclamer ne sauraient être accueillies qu'avec gratitude par le monde entier, les plénipotentiaires soussignés ne doutent pas que les efforts de leurs gouvernements pour en généraliser l'adoption ne soient couronnés d'un plein succès.

La présente déclaration n'est et ne sera obligatoire qu'entre les puissances qui y ont ou qui y auront accédé.

Fait à Paris, le 16 avril 1856.

(Suit la signature des plénipotentiaires de l'Autriche, de la France, de la Grande-Bretagne, de la Prusse, de la Russie, de la Sardaigne et de la Turquie.

Nous faisons suivre le rapport de M. le Comte Walewski à l'Empereur Napoléon du 12 juin 1858, imprimé à l'imprimerie Impériale au mois d'août 1858.

Sire,

Votre Majesté daignera se rappeler que les Puissances signataires de la déclaration du 16 avril 1856 s'étaient engagées à faire des démarches pour en généraliser l'adoption. Je me suis empressé en conséquence de communiquer cette déclaration à tous les Gouvernements qui n'étaient pas représentés au Congrès de Paris, en les invitant à y accéder, et je viens rendre compte à l'Empereur de l'accueil favorable que cette communication a reçu de la plupart de ceux auxquels elle a été transmise.

Adoptée et consacrée par les Plénipotentiaires de l'Autriche, de la France, de la Grande-Bretagne, de la Prusse, de la Russie, de la Sardaigne et de la Turquie, la déclaration du 16 avril a obtenu l'entière adhésion des États dont les noms suivent, savoir:

Bade, la Bavière, la Belgique, Brême, le Brésil, le duché de Brunswick, le Chili, la Confédération Argentine, la Confédération Germanique, le Danemark, les Deux-Siciles, la République de l'Équateur, les États-Romains, Francfort, la Grèce, Guatemala, Haïti, Hambourg, le Hanovre, les deux Hesses, Lubeck, Mecklembourg-Schwérin, Mecklembourg-Strélitz, Nassau, Oldenbourg, Parme, les Pays-Bas, le Pérou, le Portugal, la Saxe, Saxe-Altenbourg, Saxe-Cobourg-Gotha, Saxe-Meiningen, Saxe-Weimar, la Suède et la Norvége, la Suisse, la Toscane, le Wurtemberg.

Les États reconnaissent donc avec la France et les autres Puissances signataires du Traité de Paris;

1° Que la course est et demeure abolie; 2° (etc. ut supra).

Le Gouvernement de l'Uruguay a donné également son entier assentiment à ces quatre principes, sauf ratification du pouvoir législatif.

L'Espagne, sans accéder à la déclaration du 16 avril, à cause du premier point, qui concerne l'abolition de la course, a répondu qu'elle s'appropriait les trois autres. Le Mexique a fait la même réponse. Les États-Unis seraient prêts de leur côté à accorder leur adhésion, s'il était ajouté à l'énoncé de l'abolition de la course, que la propriété privée des sujets ou citoyens de nations belligérantes serait exempte de saisie sur mer de la part des marines militaires respectives.

Sauf ces exceptions, tous les cabinets ont adhéré sans réserve aux quatre principes qui constituent la déclaration du Congrès de Paris, et ainsi se trouve consacré dans le droit international de la presque totalité des États de l'Europe et de l'Amérique un progrès, auquel le Gouvernement de Votre Majesté, continuant l'une des plus honorables traditions de la politique française, peut se féliciter d'avoir puissamment contribué.

Afin de constater ces adhésions je propose à l'Empereur d'autoriser l'insertion au Bulletin des lois des notes officielles dans lesquelles elles se trouvent consignées, et, si Votre Majesté agrée cette proposition, je ferai publier de la même manière les accessions qui pourront me parvenir ultérieurement.

Je suis avec respect, Sire,

De Votre Majesté

le très-humble et très-obéissant serviteur et fidèle sujet,

Signé A. Walewsky.

Approuvé:

Signé Napoléon.

Le refus du gouvernement des Etats-Unis de l'Amérique fut motivé, le 28 juillet 1856, dans une note de M. Marcy, ministre des affaires étrangères à M. de Sartiges, ambassadeur français à Washington. Après avoir reconnu que probablement le Congrès de Paris avait été guidé dans ses décisions par des réflexions humanitaires, il est dit qu'on y était resté à mi-chemin; qu'on aurait dû déclarer la propriété privée ennemie aussi inviolable sur la haute mer que sur terre. Que si cette proposition était adoptée, les États-Unis consentiraient à l'abolition de la course de même qu'aux autres points de la déclaration. Mais que, le système de défense américain étant basé sur l'emploi de volontaires dans la guerre de terre, de corsaires dans la guerre de mer, le gouvernement ne pouvait consentir à une modification du droit international qui l'obligerait à l'entretien d'une armée et d'une flotte de guerre régulière. Enfin la note explique les dangers qu'avec un pareil système les puissances maritimes de second et de troisième rang encourraient vis-à-vis des puissances qui ont les moyens et la politique d'entretenir de grandes flottes de guerre.

Le message du Président Pierce au Congrès de Washington du mois de décembre 1856 était conçu dans le même sens.

L'objet en question est depuis resté là, malgré quelques efforts de le pousser plus loin. L'idée américaine de réduire le droit de butin maritime à celui sur terre fut prise au sérieux par le commerce de l'Allemagne. Le 2 décembre 1859 trois cents commerçants assemblés à Brême prirent la résolution suivante: „L'inviolabilité des personnes et des propriétés en temps de guerre maritime, y compris celles des ressortissants belligérants, lorsque le but de la guerre ne s'y oppose pas absolument, est impérieusement réclamée par la conscience juridique de l'époque actuelle.“ En même temps on forma un comité pour communiquer cette résolution au sénat et à la chambre de commerce de Brême, aux consuls étrangers y résidant et à tous ceux qui, en Allemagne et ailleurs, étaient spécialement intéressés à la prospérité du commerce maritime.

Ce „pronunciamento“ fut agréé par les représentants du commerce à Hambourg, à Stettin, à Bielefeld et à Breslau, ainsi que par la chambre d'industrie et de commerce de la Haute-Bavière. En Prusse et en Hanovre les Chambres des députés prirent des résolutions semblables, et en France les Chambres de commerce de Bordeaux et de Marseille, en Suède les commerçants de Gothenbourg donnèrent des déclarations dans le même sens.

En Angleterre, les propositions de Brême n'eurent pas un accueil aussi favorable. Quelques voix, il est vrai, s'y firent entendre pour elles dans le Daily News et dans l'Economist; mais le Times, cette voix de l'esprit public régnant, les critiqua malicieusement dans un article du 10 décembre 1860, et les députés du commerce de Liverpool, Bristol, Manchester, Leeds, Hull, Belfast et Glocester, qui devaient faire accueillir au gouvernement anglais le nouveau progrès du droit maritime en temps de guerre, manquèrent tout-à-fait de succès auprès de Lord Palmerston. Celui-ci leur répondit le 3 février 1860 qu'il ne pouvait flatter la députation en se donnant l'air de partager son opinion. Que pour lui, il estimait que l'existence de l'Angleterre dépendait de sa prépondérance maritime et que, par conséquent, elle ne pouvait se dessaisir du droit de capturer les vaisseaux des autres puissances et de faire prisonniers leurs équipages. La guerre, disait-il, est sans doute un fléau terrible, mais la conservation de soi-même exige quelquefois qu'on la fasse, et une puissance dans la position de l'Angleterre ne peut renoncer à aucun moyen d'affaiblir son ennemi sur mer. Les matelots que l'Angleterre ne ferait pas prisonniers sur les vaisseaux de commerce ennemis, seraient bientôt à combattre sur les vaisseaux de guerre. La propriété privée n'est du reste pas plus respectée dans la guerre sur terre que dans celle de mer. Une armée en pays ennemi prend ce dont elle a besoin ou envie sans avoir égard aux droits de propriété. L'Angleterre en donnerait la preuve si jamais une armée ennemie réussissait à débarquer sur son rivage.

La matière en question, assoupie depuis ce temps-là, est reproduite actuellement par M. Ercole Vidari à Pavie dans un ouvrage[1] plein de verve et digne de la patrie des grands publicistes qui, au siècle passé, ont pris la tâche de fixer les droits de la neutralité dans les guerres maritimes.

Quant à notre opinion nous renvoyons nos lecteurs aux explications données plus-haut aux §§ 123. 130 suiv. 139. 175.

Tout en prenant fait et cause des progrès humanitaires, nous ne saurions nous cacher les grandes difficultés de la matière en question.

Il s'agit d'un conflit dit communément conflit entre la théorie et la pratique, plus précisement dit d'un conflit entre les intérêts privés et les intérêts et devoirs gouvernementaux. Nous craignons même que la pleine liberté du commerce en temps de guerre, dont il s'agit principalement, ne puisse être accompagnée de suites dangereuses, en nous rappelânt le mot que Goethe a fait dire à son Méphistophélès:

> „La guerre, le commerce et la piraterie font une trinité inséparable.“

[1]) Del rispetto della proprietà privata dei popoli belligeranti per l'Avvocato Ercole Vidari. Milano 1865.

IX.

PRATIQUE DES CONGRÈS.

Les congrès ont été convoqués lors de la conclusion des traités de Vienne uniquement par les cinq grandes puissances européennes; ils se sont généralement tenus conformément au protocole et à la déclaration du Congrès d'Aix-la-Chapelle, lequel a eu lieu en 1818.

Il est vrai que ces deux pièces ne coïncidaient pas mot pour mot; cependant il ne s'y trouvait pas non plus de différences importantes. Le Protocole obligeait essentiellement les signataires et la France, après que cette puissance eut accédé au Congrès; la Déclaration, communiquée par voie diplomatique aux autres Cours, contient les engagements qui, vis-à-vis de ces Cours, ont été pris par les cinq grandes puissances. Elle repose sur les principes du droit international et le déclare expressément, tandis que le Protocole s'en rapporte à la maxime de la Sainte Alliance et aux traités; il expose les points de vue sous lesquels les grandes puissances sont convenues de juger les questions politiques soumises à leur décision, dans le cas où la solution de ces questions échapperait aux principes généralement reconnus du droit international.

La Déclaration contenait donc la norme générale pour tous les gouvernements du Concert européen qui y accédaient ou y accéderaient expressément ou tacitement; le Protocole était la norme particulière des grandes puissances et n'avait d'importance pour les autres gouvernements qu'en tant qu'il leur indiquait dans quel esprit leurs affaires seraient traitées par les représentants de la Pentarchie européenne. Nous allons entrer dans quelques détails relativement à ce rapport entre la Déclaration et le Protocole.

L'une et l'autre de ces pièces contiennent une déclaration de droit en partie matérielle, en partie formelle. La déclaration matérielle consiste dans la reconnaissance obligatoire d'un droit international, bien que cette reconnaissance soit toute générale; la déclaration formelle est la partie essentiellement pratique des deux pièces. Elle établit comme règlement des négociations des cinq grandes puissances la pratique des congrès de princes et des conférences diplomatiques; tout en attribuant à ces négociations une portée plus grande que n'avaient eu les congrès antérieurs à celui de Vienne; l'importance de ce dernier faisait espérer aux grandes puissances que les congrès à venir leur serviraient

à discuter leurs propres intérêts;

à s'occuper des questions pour lesquelles un autre gouvernement aurait demandé l'intervention des cinq grandes puissances.

On s'entendait généralement à reconnaître

que les négociations communes ne pourraient concerner que des intérêts et des questions politiques qui ne sont point exactement limitées ou définies.

Il en résultait qu'on regarderait comme objets de négociations communes:

1° la requête d'une des grandes puissances mêmes, qui voudrait faire discuter une question importante pour elle-même, ou pour elle et les autres puissances, ou enfin pour l'une de ces dernières;

2° la réclamation d'intervention d'un autre gouvernement quelconque. (Le Protocole emploie le terme *d'invitation,* la Déclaration celui de *réclamation* d'intervention.)

La supposition dont on partait sans aucun doute en 1818 était celle d'un gouvernement légitime et généralement reconnu. Il va sans dire que les grandes puissances pouvaient avoir un certain intérêt à l'existence d'un gouvernement constitué d'une manière quelconque de fait, intérêt assez puissant pour les engager à entrer en négociations au sujet d'un pareil gouvernement, comme cela s'est vu lors du soulèvement des Grecs, et plus tard dans les affaires de Belgique. Dans ce dernier cas les puissances se sont crues obligées de veiller au maintien ou au rétablissement de la paix en Europe, et leur conduite vis-à-vis des Grecs s'explique facilement par les maximes de la Sainte Alliance, qui justifiaient à la rigueur le soin que ces puissances prenaient de leurs confrères chrétiens vis-à-vis de la Turquie.

La réunion des grandes puissances européennes dans le but de traiter en commun les questions politiques que nous venons de citer, bien qu'elle fût rendue possible, n'était pourtant nullement obligatoire ni pour elles toutes, ni pour chacune d'elles en particulier. Tout ce qui pouvait se déduire des maximes de la Sainte Alliance, c'était une obligation de prêter une oreille attentive aux réclamations d'un allié; sous le point de vue du droit cependant chaque puissance devait se réserver la liberté d'examiner si le cas d'une négociation commune était donné ou non.

Ce droit de libre examen ne cessait naturellement pas non plus dans le cours des négociations mêmes. Chaque puissance restait indépendante dans ses opinions et dans ses déclarations; rien ne se décidait par la majorité des voix. Il est vrai que lorsqu'il n'y avait pas accord d'opinions, les puissances qui se rencontraient dans la même manière de voir étaient libres de la mettre en pratique; toutefois elles étaient tenues de ne pas compromettre l'existence du lien commun qui les unissait toutes, et de respecter le droit et l'indépendance des puissances dont les convictions étaient opposées aux leurs.

C'était aussi du consentement de toutes les puissances que dépendait la décision de la question s'il serait permis à un autre souverain de prendre part aux négociations et aux décrets des alliés. Les autres gouvernements n'étaient nullement en droit de demander à être admis directement et à prendre part aux délibérations du congrès; ils étaient libres seulement d'envoyer leurs représentants à l'endroit où se tenait le congrès, et des négociations pouvaient avoir lieu, de la part du congrès ou de la conférence, avec ces plénipotentiaires. Le Protocole réserve seulement expressément à la puissance qui a formellement demandé le traitement d'une question par les cinq puissances réunies, *le droit de participer à cette réunion directement ou par ses représentants*. Cette réserve ne se trouve point dans la Déclaration; — preuve que les grandes puissances ont voulu se réserver pour chaque cas spécial la décision si ce droit devait être accordé au gouvernement qui le demandait.

Les décrets des congrès ou des conférences n'avaient que la force de conventions contractuelles des puissances qui y avaient pris part. Ils n'obligeaient pas même le gouvernement qui avait demandé l'intervention du congrès, et n'avaient la force d'un jugement arbitral que dans le cas où les parties intéressées avaient remis au congrès la décision d'une question en litige. Il est vrai que les puissances pouvaient, dans leur propre intérêt, mettre à exécution leurs arrêts, seulement elles devaient avoir soin de ne pas blesser les principes du droit des gens, qu'elles regardaient elles-mêmes comme la base de leurs négociations, autant que ces principes n'étaient pas sujets à contestation.

Tels sont les principes de la déclaration d'Aix-la-Chapelle, principes qui n'ont guère été précisés davantage par la pratique des congrès et des conférences postérieurs à la réunion de 1818.

Le congrès de Troppau, transféré plus tard à Laibach (1820, 1821) soumit à ses délibérations les changements de constitution amenés par des soulèvements révolutionnaires dans le royaume de Naples et en Piémont et autorisa une intervention à main armée de la part de l'Autriche dans ces pays. Les puissances alliées justifièrent leur arrêt par le danger menaçant d'une conflagration générale, mais on invita le roi de Naples à prendre part aux délibérations communes, et l'empereur François I lui écrivit textuellement ce qui suit:

> En nous décidant à cette délibération commune, nous n'avons fait que nous conformer aux transactions de 1814, 1815, 1818, transactions dont V. M., ainsi que l'Europe, connaît le caractère et le but, et sur lequel repose *cette alliance tutélaire, uniquement destinée à garantir de toute atteinte l'indépendance et l'intégrité territoriale de tous les États, et à assurer le repos et la prospérité de l'Europe par le repos et la prospérité de chacun des pays dont elle se compose.* (Martens, N. R., IX, 586.)

Il est vrai que la Grande-Bretagne n'a point accédé aux démarches faites en 1820 par les autres puissances; cependant le cabinet de St. James (Lord Castlereagh), sans partager les opinions des autres gouvernements, n'a point mis d'entraves aux mesures prises par ces derniers.

Le congrès de Vérone (1822, 1823), dirigé contre la constitution et le gouvernement des cortès en Espagne, donna son consentement à une intervention de la part de la France, non sans rencontrer aussi cette fois de l'opposition du côté de l'Angleterre.

Les conférences provoquées par les affaires hollando-belgiques et tenues par les cinq grandes puissances à Londres eurent un caractère plus prononcé.

Ce qu'il y avait de particulièrement intéressant dans ces conférences, c'est qu'elles étaient convoquées sur la demande du roi des Pays-Bas, qui avait réclamé l'intervention conciliatoire des grandes puissances dans les affaires néerlandaises, dans le but surtout d'amener une trêve sur la base du status quo jusqu'à la conclusion de la paix définitive.

Les plénipotentiaires des cinq grandes puissances, s'érigeant en arbitres absolus, se saisirent seuls de l'affaire en litige, en sorte que leurs décrets déposés dans les différents protocoles n'étaient au fond que des règlements catégoriques pour les parties en guerre. Pour préparer et pour faire exécuter ses arrêts la conférence se servit de commissaires spéciaux. Le roi des Pays-Bas lui-même ne fut point invité à participer aux délibérations et aux décrets, sans que ses plaintes réitérées à ce sujet changeassent en rien la chose; on traitait son gouvernement comme partie tout aussi bien que les représentants des provinces révoltées. Ce fut la conférence qui vida enfin définitivement l'affaire en question, il est vrai non sans une intervention armée de la part de la France et de l'Angleterre, et après que les cinq grandes puissances eurent conclu avec la Belgique le traité du 15 novembre 1831, en vertu duquel elle était reconnue comme état souverain et indépendant.

On a été justement choqué du procédé de la conférence et de ses protocoles, et la justification qu'elle a essayé d'en donner dans le 19e protocole en date du 19 février 1831,[1] n'a pu écarter tous les doutes élevés contre la légitimité de sa manière d'agir.

La conférence avait été invitée à coopérer avec le gouvernement néerlandais à étouffer la révolution belge; à prêter son concours à faire cesser une scission amenée dans un État dont la base reposait sur les guerres et les traités de 1815; au lieu de cela elle s'érigea en arbitre entre deux parties belligérantes, leur dicta ses décrets et recourut enfin à l'emploi de la force armée, ou du moins n'empêcha pas cet emploi, pour couper finalement en deux parties un royaume créé en 1815.

La logique ou la sophistique de la justification de ce procédé revient au fond à dire ceci: que la création d'un royaume des Pays-Bas avait été une erreur, et que les puissances qui l'avaient créé, après avoir reconnu leur erreur, se devaient à eux et aux intérêts de l'Europe en général de prendre efficacement soin de la sûreté générale et du rétablissement de la paix. „Chaque nation, disait-on, a ses droits particuliers; mais l'Europe aussi a son droit; c'est l'ordre social qui le lui a donné!"

Il est vrai que la conférence n'a pas directement imposé ses arrêts aux parties intéressées, elle s'est attendue seulement, au fur et à mesure qu'elle les prenait, à les voir accepter par les parties en guerre; il est vrai aussi que ces dernières ont protesté contre plusieurs points dans les arrêts de la conférence et qu'elles ont amené par là des décrets ultérieurs; mais quelle résistance efficace l'une ou l'autre de ces parties pouvait-elle opposer à cinq grandes puissances réunies!

Sans aucun doute le procédé de la conférence aurait été moins blessant, si le gouvernement hollandais avait été admis à participer

[1] (Martens) Murhard, Rec. I, 226.

aux délibérations des autres puissances, comme cela avait eu lieu relativement à Naples au congrès de Troppau-Laibach, et comme le protocole d'Aix-la-Chapelle paraît l'établir comme règle.

Le seul point de vue juste, celui de délibérations communes et conciliatoires sur les intérêts communs des grandes puissances avec d'autres gouvernements intéressés, est celui qui a été adopté lors des conférences tenues à Paris en 1856; c'est le seul point de vue qui garantisse réellement l'indépendance et l'égalité légale des États.

Outre la Sublime Porte — qui ne pourra guère être regardée comme ayant droit de vote dans toutes les affaires européennes —, une sixième puissance a été représentée au congrès de Paris.

Toutefois il est peu probable qu'une augmentation encore plus considérable des membres du congrès donnerait plus de poids à ses décrets; il est à craindre au contraire que ce ne soit là le moyen d'affaiblir leur autorité. Tout ce que l'on peut accorder, c'est que pour certaines affaires politiques la compétence d'un congrès général sera la seule équitable, et que c'est d'un congrès pareil que partira la décision la plus efficace du sort des nations et des gouvernements; mais il ne faut point s'attendre à ce que cette décision soit toujours irrévocable ou même seulement toujours juste. C'est ce que l'histoire des congrès tenus jusqu'à nos jours prouve surabondamment.

TABLE ALPHABÉTIQUE.

IMPRIMERIE DE GUSTAVE SCHADE A BERLIN
Marienstrafse 10.

Printed in Dunstable, United Kingdom

91220121R00298